Jean Piaget:
Das Erwachen der Intelligenz beim Kinde

Einführung von Hans Aebli
Aus dem Französischen von
Bernhard Seiler

Klett-Cotta
im
Deutschen
Taschenbuch
Verlag

Ungekürzte Ausgabe
Februar 1992
Deutscher Taschenbuch Verlag GmbH & Co. KG, München

Titel der französischen Originalausgabe:
La naissance de l'intelligence chez l'enfant

ISBN 3-12-929110-5
Umschlaggestaltung: Boris Sokolow
Gesamtherstellung: C. H. Beck'sche Buchdruckerei, Nördlingen
Printed in Germany · ISBN 3-423-15098-X

Das Buch

Im Zentrum von Jean Piagets Schaffen steht die Erforschung der Welt kindlichen Denkens; mit dem Teilaspekt der frühkindlichen Intelligenzentwicklung befaßt sich der große Genfer Psychologe in dem vorliegenden Klassiker. ›Das Erwachen der Intelligenz beim Kinde‹ basiert auf minuziösen Beobachtungen, die Piaget an seinen eigenen drei Kindern über den Zeitraum ihrer ersten achtzehn Lebensmonate durchführte. Aus seinen empirischen Erhebungen leitet er sechs charakteristische Entwicklungsstadien ab, die von einer ersten Betätigung und Übung der Reflexe bis zur Erfindung neuer Mittel durch geistige Kombination reichen. Wesentlichste Faktoren im Prozeß intelligenten Handelns sind nach Piaget einerseits die Assimilation, die Einbeziehung neuer Objekte in bereits bestehendes Verhalten, und andererseits die Akkomodation, die Anpassung dieser Verhaltensschemata an die stets sich verändernden äußeren Gegebenheiten. So gehen neue und höhere Verhaltensweisen aus einfacheren und weniger differenzierten hervor. – ›Das Erwachen der Intelligenz beim Kinde‹ eignet sich hervorragend als Einführung in die psychologische Theorie Piagets: Das Buch vermittelt »nicht nur wertvolle Einblicke in die Einzelheiten der frühkindlichen Entwicklung, es offenbart zugleich Piagets grundsätzliche Auffassung, welche sich nicht nur in der empirischen Kleinarbeit eminent bewährt hat, sondern die auch in einem Maße philosophisch erhellt ist, das man jeder psychologischen Theorienbildung wünschen möchte.« (Hans Aebli)

Der Autor

Jean Piaget, geboren am 9. August 1896 in Neuchâtel/Schweiz, war zwischen 1926 und 1954 Professor für Psychologie in Neuchâtel, Genf und Lausanne. Bis 1967 war er Direktor des Internationalen Erziehungsbüros, ab 1932 leitete er auch das Institut Jean-Jacques Rousseau. Er starb am 16. September 1980 in Genf. Piaget war einer der Hauptvertreter der Entwicklungspsychologie (Genfer Schule); er befaßte sich vor allem mit der Entwicklung der kognitiven Strukturen beim Kind sowie mit erkenntnistheoretischen Fragen.

Inhalt

Einführung

Das ›Erwachen der Intelligenz‹ ist eines der wichtigsten Werke Piagets. 1936 erstmals erschienen, markierte es den Beginn der zweiten Schaffensperiode des großen Genfers. Hatte er sich vorher mit der Sprache, dem Denken, dem Weltbild und dem moralischen Urteil des Kindes beschäftigt, so verfolgt er nun einzelne Verhaltensweisen und Tätigkeiten des Kindes in minutiöser Weise und beschreibt sie in ihrem Wandel. Auch der Gegenstand dieser Untersuchungen ist neu: Hier geht es um die kindliche Entwicklung der ersten eineinhalb Lebensjahre, um jene Phase also, die vor dem Erscheinen der eigentlichen Sprache liegt, und um das »sensomotorische« Verhalten, in dem das Kind der dinglichen Umwelt begegnet und diese handelnd zu »begreifen« sucht.

Das ›Erwachen der Intelligenz‹ basiert auf qualitativen Beobachtungen, welche Piaget bei seinen eigenen drei Kindern während der ersten 18 Monate regelmäßig selbst erhoben hat. Darauf baut die Deutung der geistigen Entwicklung des Kleinkindes auf. Sie enthält schon alle wesentlichen Züge der von Piaget später elaborierten Entwicklungstheorie. Als erstes erkennt man deutlich, wie sehr sich Piaget dem menschlichen Verhalten von der *Biologie* her nähert. Er sieht das Verhalten ebenso wie seinen Träger, den Organismus, als eine Manifestation des Lebendigen. Dementsprechend geht Piaget mit der Leitvorstellung einer Phylogenese und einer Ontogenese an die Analyse des menschlichen Verhaltens heran. Hier wie dort sieht er eine Wechselwirkung von Organismus und Umwelt, in der sich die Evolution vollzieht. Aber wie ist diese Beziehung systematisch zu fassen? Piaget setzt die klassischen Deutungen der Evolution in Parallele zu den möglichen Deutungen des Verhaltens und der Erkenntnis, wobei sich die biologischen Lösungen zwischen Lamarck und dem Vitalismus und die psychologisch-erkenntnistheoretischen zwischen dem Empirismus und dem präformistischen Intellektualismus ansiedeln.

Piagets eigene Position steht *Kant* näher, als er es selbst ausspricht. Wenn er beschreibt, wie das Kleinkind die Dinge seiner Umwelt kennenlernt, indem es sie in seine Verhaltensschemata einbezieht, und wie es die Erscheinungen dieser Welt nur in dem Maße in den Griff bekommt, als es über die geeigneten Assimilationsschemata verfügt, wenn er schließlich festhält, daß diese Schemata des handelnden Erfassens der Wirklichkeit die praktischen Vorläufer der begrifflichen Instrumente darstellen, mit deren Hilfe es die Wirklichkeit später gedanklich »begreift«, so äußert sich darin trotz aller biologisierenden Form primär eine kantianische Auffassung vom Erkennen der Wirklichkeit. Im Prozesse des Erkennens sind die »Assimilationsschemata« funktionelle Äquivalente der Apriori, der subjektiven Bedingungen und Instrumente des Erkennens. Aber während Kant die subjektiven Bedingungen des Erkennens weitgehend statisch und daher ahistorisch gesehen hatte, so ist Piagets Theorie – im Gefolge Darwins, Spencers, Deweys und Bergsons – eine genetische und daher historische. Psychologisch ausgedrückt: Piagets Entwicklungstheorie enthält eine implizite *Lerntheorie.* Auch sie ist biologisch eingekleidet: Piaget spricht von der Akkommodation der Verhaltensschemata an neue Umweltgegebenheiten. Im Prozesse dieser Akkommodation verändern sich die Verhaltensschemata, aber nicht bloß quantitativ, sondern im Sinne einer Differenzierung und Integration und daher einer Höherentwicklung. Dies macht Piagets Deutung der Entwicklung zu einer wahrhaft genetischen Theorie. Sie postuliert und zeigt das Hervorgehen der neuen, höheren Verhaltensweisen aus einfacheren und weniger angepaßten Vorläufern. Piaget hat diese Konzeption später eine „konstruktivistische« genannt: Sie stellt Entwicklung als progressiven Aufbau von Verhaltensschemata dar, als einen Aufbau, der sich aus der notwendigen Anpassung an immer neue Gegebenheiten der Erscheinungswelt ergibt, der aber umgekehrt den erreichten Stand der Angepaßtheit immer wieder aufbricht und überschreitet.

Unter diesem Gesichtspunkt sind vielleicht Piagets eigener Titel ›La naissance de l'intelligence‹ (Die Geburt der Intelligenz) und die von uns gewählte Übersetzung des Titels ›Das Erwachen der Intelligenz‹ mißverständlich. Es handelt sich nicht um das zu einem bestimmten Zeitpunkt der Entwicklung sich abspielende Ereignis eines plötzlichen Hervortretens eines intellektuellen »Vermögens«. Für Piaget ist die Intelligenz nichts anderes als der strukturelle Aspekt des Verhaltens, so daß also überall da Intelligenz zu sehen ist, wo Verhalten vorliegt. Indem er die Entstehung und Entwicklung der Intelligenz untersucht, beschreibt er nichts anderes als die allmählich sich differenzierenden und koordinierenden Strukturen des Verhaltens. Wenn der Leser diese Tatsache im Auge behält, wird er wohl kaum zum Opfer des von Piaget selbst gewählten Titels und der von Herausgeber und Verlag gewählten Übersetzung desselben werden.

So vermittelt dieses Buch nicht nur wertvolle Einblicke in die Einzelheiten der frühkindlichen Entwicklung, es offenbart zugleich Piagets grundsätzliche Auffassung, welche sich nicht nur in der empirischen Kleinarbeit eminent bewährt hat, sondern die auch in einem Maße philosophisch erhellt ist, das man jeder psychologischen Theorienbildung wünschen möchte.

Hans Aebli

Vorwort zur zweiten Auflage

Das vorliegende Werk, das auf vielseitigen Wunsch in zweiter Auflage erscheint, ging einem anderen mit dem Titel ›Der Aufbau der Wirklichkeit beim Kinde‹ voran und sollte durch eine Studie über die Entstehung der Nachahmung beim Kinde vervollständigt werden. Diese letztere Untersuchung, deren Veröffentlichung wir immer wieder verschoben haben, erschien im Jahre 1945, indem wir sie dem Werk ›Nachahmung, Spiel und Traum‹ einfügten, denn sie war sehr stark mit der Analyse des Spiels und der Quellen der Vorstellungssymbole verquickt. Diese drei Werke bilden also zusammen ein Ganzes, denn sie erforschen die Ursprünge der Intelligenz, das heißt also die verschiedenen Manifestationen der sensomotorischen Intelligenz und die elementarsten Formen der Vorstellung.

Die im vorliegenden Band entwickelten Thesen, soweit sie vor allem die Bildung der sensomotorischen Schemata und den Mechanismus der mentalen Assimilation betreffen, haben zu sehr erfreulichen Auseinandersetzungen geführt. Es liegt uns daher am Herzen, allen zu danken, die an diesen Diskussionen teilgenommen haben. Mögen sie uns widersprochen oder uns unterstützt haben, alle haben sie ein wohlwollendes Interesse an unseren Bemühungen offenbart. Es ist uns unmöglich, hier alle Autoren zu zitieren und zu kommentieren. Wir möchten aber die hervorragenden Studien von H. Wallon und P. Guillaume herausgreifen und besprechen.

In seinem interessanten Werk ›De l'acte à la pensée‹ hat H. Wallon uns die Ehre einer ausführlichen Diskussion angedeihen lassen, auf die wir schon in ›Nachahmung, Spiel und Traum‹ zu sprechen kamen. Die zentrale Idee Wallons ist die Trennung, die er zwischen dem Bereich der sensomotorischen Intelligenz (charakterisiert durch die »Intelligenz der Situationen«) und demjenigen der Vorstellung (verbale Intelligenz) vornimmt. Daher setzt er in seiner bemerkenswerten Studie über ›Les origines de la pensée chez l'enfant‹, die inzwischen erschienen ist, die Ursprünge des Denkens erst bei ungefähr vier Jahren an, als ob sich nichts Wesentliches zwischen den Eroberungen der sensomotorischen Intelligenz und den Anfängen der begrifflichen Vorstellung ereignet hätte. Einer so radikalen These, die diametral dem widerspricht, was wir im gegenwärtigen Werke verteidigen, können wir heute mit zwei Arten von Argumenten begegnen.

Erstens hat uns die eingehende, in Zusammenarbeit mit Bärbel Inhelder durchgeführte Untersuchung der Entwicklung der räumlichen Vorstellungen eine noch größere Kontinuität zwischen der Sensomotorik und der Vorstellung entdecken lassen, als wir geahnt hatten. Es gibt zwar keinen direkten Übergang von einer Ebene zur anderen, und alle Konstruktionen der sensomotorischen Intelligenz müssen durch die beginnende Vorstellung neu konstruiert werden. Nur auf diesem Weg vermag die Intelligenz die Grenzen des sensomotorischen Unterbaues zu überschreiten, aus dem sie hervorgeht. Aber die Rolle dieses Unterbaues verliert deswegen nicht an Bedeutung. Da das Kleinkind durch die Koordination seiner Handlungen zuerst einige Verhaltensschemata konstruierte, wie zum Beispiel das Schema des permanenten Gegenstandes, die Verhaltensschemata der zwei- und dreidimensionalen Einschachtelung, der Rotationen und Translationen, die Übereinanderschichtung usw., gelangt es schließlich zum Aufbau seines »Vorstellungsraumes« und vermag es zwischen die vorverbale Intelligenz und die Anfänge der Euklidischen Raumanschauung eine Reihe von »topologischen« Anschauungen einzufügen, die man in den Zeichnungen, in den stereognostischen Wahrnehmungen, in der Konstruktion und Kombination von Gegenständen usw. am Werke sieht. In all diesen Bereichen treffen also Sensomotorik und Vorstellung zusammen.

Zweitens möchten wir vor allem darauf hinweisen, daß die Konstruktion einer Reihe von Wahrnehmungsschemata, deren Bedeutung für die nachfolgende Strukturierung des Denkens man nicht leugnen kann, ohne sich einer übertriebenen Vereinfachung schuldig zu machen, auf eine vorverbale sensomotorische Tätigkeit zurückzuführen ist. So haben die Wahrnehmungskonstanzen der Form und der Größe die sensomotorische Bildung des permanenten Gegenstandes zur Voraussetzung. Wie sollte ein vierjähriges Kind denken können, ohne an Gegenstände zu glauben, deren Form und Dimensionen unveränderlich bleiben, und wie sollte es ohne einen langwierigen Erarbeitungsprozeß auf dem sensomotorischen Niveau zu diesem Glauben gelangen können?

Natürlich sind die sensomotorischen Schemata keine Begriffe, und die funktionale Verwandtschaft, auf die wir im gegenwärtigen Werke insistieren, schließt in keiner Weise die strukturale Gegensätzlichkeit zwischen diesen Extremen aus, mag aufgrund der Übergangsformen eine noch so große Kontinuität bestehen. Ohne vorausgehende Verhaltensschemata aber würde das sich bildende Denken auf ein rein verbales Element reduziert. Darauf laufen sehr viele von den Ausführungen Wallons hinaus. Die Intelligenz der frühen Kindheit offenbart sich aber am besten auf der Ebene der konkreten Handlungen, und erst mit sieben oder acht Jahren entstehen aus diesen miteinander koordinierten Handlungen die Operationen, die ihrerseits nun fähig sind, das verbale Denken auf logische Weise zu strukturieren und es mit einem kohärenten Mechanismus zu unterstützen.

Kurz, die These Wallons vernachlässigt den progressiven Aufbau der Operationen und setzt einen zu großen Abstand zwischen das Verbale und das sensomotorische Element. Dabei ist doch der sensomotorische Unterbau notwendig, damit die Vorstellung die operativen Schemata bilden kann, die im Endzustand auf rein formale Weise funktionieren und so Sprache und Denken miteinander versöhnen.

Die sehr interessante Untersuchung von P. Guillaume[1] jedoch stimmt in den großen Linien mit unseren Schlußfolgerungen überein, mit Ausnahme eines allerdings ganz wesentlichen Punktes. Ganz im Einklang mit seinen gestalttheoretischen Interpretationen führt P. Guillaume eine grundlegende Unterscheidung zwischen den Wahrnehmungsmechanismen und den intellektuellen Prozessen ein und erklärt die letzteren durch die ersteren (zum Unterschied von Wallon). Es würde zu weit führen, diese Diskussion mit allen Einzelheiten in einem Vorwort aufzugreifen. Wir beschränken uns auf folgende Antwort: Die systematische Untersuchung der Wahrnehmung beim Kinde, die wir vor einiger Zeit mit Lambercier[2] in Angriff genommen haben, hat uns im Gegenteil dazu geführt, an der Permanenz der Wahrnehmungskonstanzen zu zweifeln, an die P. Guillaume glaubt (Größenkonstanz usw.). Unseres Erachtens muß man die augenblicklichen Wahrnehmungsvorgänge mit vorwiegend rezeptivem Charakter von der »Wahrnehmungstätigkeit« unterscheiden, die die einzelnen Wahrnehmungen sowohl im Raum wie in der Zeit nach ganz bestimmten und bemerkenswerten Gesetzmäßigkeiten (so vor allem einer mit dem Alter zunehmenden Beweglichkeit und Reversibilität) verbindet. Diese Wahrnehmungstätigkeit wird von der Gestalttheorie teilweise vernachlässigt und ist überdies nur eine der vielen Erscheinungsformen der sensomotorischen und folglich vorverbalen Intelligenz. Die sensomotorischen Schemata des ersten Lebensjahres stehen also in lebendiger Interaktion mit der Wahrnehmung einerseits und der Intelligenz andererseits und all ihren elementaren Formen.

Genf, im Juni 1947

Jean Piaget

[1] P. Guillaume: L'intelligence sensori-motrice d'après J. Piaget, in: Journal de Psychologie, Jg. 37 und 38, April 1940 bis Juni 1941, S. 264–280.

[2] Siehe: Recherches sur le développement des perceptions (I–VIII), in: Archives de Psychologie, 1942–1947.

Einführung
Die Intelligenz in biologischer Sicht

Die Frage der Beziehung zwischen Vernunft und biologischer Organisation stellt sich notwendigerweise zu Beginn einer Studie über die Entstehung der Intelligenz. Eine solche Diskussion kann zwar gegenwärtig noch nicht zu positiven Ergebnissen führen. Es dürfte aber besser sein, in aller Klarheit die Postulate, von denen man in seinen Untersuchungen ausgeht, bloßzulegen, als dem Einfluß der einen oder anderen möglichen Lösung dieses Problems unbewußt zu erliegen.

Die verbale oder rationale Intelligenz ruht auf der praktischen oder sensomotorischen Intelligenz. Diese wiederum kombiniert Gewohnheiten und erworbene Assoziationen, die selbst das gesamte System der Reflexe voraussetzen, dessen Verknüpfung mit der anatomischen und morphologischen Struktur des Organismus evident zutage liegt. Es besteht also eine gewisse Kontinuität zwischen der Intelligenz und den rein biologischen Prozessen der Formbildung und der Anpassung an das Milieu. Welche Bedeutung hat sie?

Man darf zunächst nicht übersehen, daß gewisse hereditäre Faktoren die intellektuelle Entwicklung bedingen. Aber diese Tatsache kann vom biologischen Standpunkt aus in zwei ganz verschiedenen Richtungen gedeutet werden, deren Nichtunterscheidung wahrscheinlich die klassische Auseinandersetzung über die angeborenen Ideen und sogar über das epistemologische Apriori verdunkelt hat.

Es sind erstens hereditäre Faktoren struktureller Art zu unterscheiden, die mit dem Aufbau unseres Nervensystems und unserer Sinnesorgane verbunden sind. So können wir einige physikalische Strahlungen wahrnehmen, aber nicht alle, ebenso nehmen wir auch Körper nur wahr, wenn sie eine bestimmte Größe haben usw. Diese strukturalen Gegebenheiten beeinflussen die Bildung unserer fundamentalsten Begriffe. So ist zum Beispiel unsere Raumwahrnehmung ohne Zweifel von diesen Anlagefaktoren abhängig, mögen wir auch fähig sein, in unserem Denken Räume zu konstruieren, die die Anschauung übersteigen und rein deduktiver Art sind.

Diese erste Art von Eigenschaften liefert der Intelligenz nützliche Strukturen; im Gegensatz zu den Faktoren der zweiten Gruppe hat sie aber auch eine Einschränkung zur Folge. Die Wahrnehmungsweisen, deren wir fähig sind, sind nur einige wenige von all denen, die denkbar sind. Der an unsere Sinnesorgane gebundene Euklidische Raum ist nur eines der möglichen Raumsysteme, die an die physikalische Wirklichkeit angelegt werden können. Die deduktive und organisierende Tätigkeit unserer Vernunft dagegen ist unbegrenzt und führt ganz besonders im Bereich der Raumvorstellungen zu Generalisationen, die jede Anschauung übersteigen. Diese Tätigkeit ist darum auch in einem ganz anderen Sinn hereditärer Art. Es handelt sich bei dieser zweiten Art um eine erbliche Veranlagung der Funktion und nicht um eine Übermittlung einer bestimmten soundso gearteten Struktur. H. Poincaré konnte das räumliche Begriffssystem der »Gruppe« nur als a priori gegeben betrachten, insofern es an die Tätigkeit der Intelligenz selber gebunden ist.

Bezüglich der Vererbung der Intelligenz als solcher ist dieselbe Unterscheidung zu treffen. Einerseits stellt sich auch hier das Problem der Vererbung der Struktur: Die »artspezifische Vererbung« der Gattung Mensch impliziert bei allen Rassen ein ganz bestimmtes Intelligenzniveau, das jenes der Affen usw. übersteigt. Andererseits ist die Funktionsweise der Vernunft (*ipse intellectus,* der nicht selber aus der Erfahrung stammt) selbstverständlich an die »allgemeine Vererbung« des lebendigen Organismus gebunden. Wie der Organismus sich den Veränderungen der Umwelt nicht anpassen könnte, wenn er nicht schon strukturiert oder organisiert wäre, so könnte auch die Intelligenz keine einzige Gegebenheit der Außenwelt erfassen, wenn sie nicht mit gewissen, allen intellektuellen Strukturen gemeinsamen Funktionen, wie zum Beispiel der Kohärenz (deren letzte Ausprägung das Prinzip der Non-contradictio darstellt), der Beziehungsbildung usw., ausgerüstet wäre.

Diese zweite Art von vererbten psychischen Realitäten ist von grundlegender Wichtigkeit für die Entwicklung der Intelligenz. Wenn tatsächlich in allen intellektuellen Strukturen ein Kern von Funktionsweisen existiert, der aus dem innersten Wesen jeder biologischen Organisation hervorgeht, dann wird dieser invariante Kern selbstverständlich der Entwicklung der aufeinanderfolgenden Strukturen, die die Vernunft in der Auseinandersetzung mit der Wirklichkeit erarbeitet, eine Richtung verleihen. Er wird somit die Rolle spielen, die die Philosophen dem Apriori zugeschrieben haben, das heißt, er wird die Existenz der Strukturen von gewissen notwendigen und nicht weiter reduzierbaren Bedingungen abhängig machen. Man hat manchmal nur den Fehler begangen, das Apriori in fertigen und am Anfang der Entwicklung schon bereitliegenden Strukturen verwirklicht zu glauben. Die invariante Funktion des Denkens ist zwar schon in den primitivsten Entwicklungsstadien am Werke, drängt sich aber dem Bewußtsein erst nach und nach auf, und zwar dank der Erarbeitung von Strukturen, die dieser Funktionsweise immer besser angepaßt sind. Das Apriori nimmt daher die Form notwendiger Strukturen erst am Ende der Entwicklung der Begriffe und nicht zu ihrem Beginn an. Mag das Apriori folglich auch vererbt sein, so steht es doch am äußersten Gegenpol der sogenannten »angeborenen Ideen«.

Die Strukturen der ersten Art erinnern in stärkstem Maße an die klassischen angeborenen Ideen, und so versteht man, daß die Gestalttheorie den Nativismus für die Raumtheorie und die Wahrnehmung »guter Gestalten« wieder beleben konnte. Zum Unterschied aber von den Funktions-Invarianten haben diese Strukturen vom Standpunkt der Vernunft aus nicht den Charakter der Notwendigkeit, es sind rein innere, beschränkte und beschränkende Gegebenheiten, die von der äußeren Erfahrung und vor allem von der intellektuellen Tätigkeit unaufhörlich überschritten werden. Mögen sie also in einem bestimmten Sinn auch angeboren sein, so haben sie doch nichts von einem Apriori im erkenntnistheoretischen Sinn des Wortes an sich.

Wir werden nun zuerst die funktionellen Invarianten analysieren, dann (unter 3.) die Frage erörtern, die durch die Existenz der vererbten artspezifischen Strukturen (der ersten Art) gestellt wird.

1. Die funktionellen Invarianten der Intelligenz und die biologische Organisation

Die Intelligenz ist Anpassungsverhalten. Um ihre Beziehungen zu den Lebenserscheinungen im allgemeinen zu erfassen, müssen wir also die Relationen präzisieren, die zwischen dem Organismus und seiner Umwelt existieren. Das Leben ist ja tatsächlich eine fortwährende Neuschöpfung von immer komplexeren Formen und die Verwirklichung eines stets besseren Gleichgewichts zwischen diesen Formen und der Umwelt. Die Intelligenz als Sonderfall der biologischen Anpassung setzt also ganz wesentlich eine Organisation voraus, deren Funktion darin besteht, das Universum zu strukturieren, wie der Organismus seine unmittelbare Umwelt strukturiert. Zur Beschreibung des funktionellen Mechanismus des Denkens in echt biologischen Termini genügt es also, die Invarianten herauszulösen, die allen von irgendwelchen Lebenserscheinungen hervorgebrachten Strukturierungen gemeinsam sind. Nicht nur die speziellen Ziele, die die praktische Intelligenz in ihren Anfängen verfolgt (denn diese Ziele werden sich mit der Zeit ja so ausweiten, daß sie das gesamte Wissen umfassen), müssen in dieser Anpassungsterminologie ausgedrückt werden können, sondern auch die fundamentale Beziehung zwischen dem Denken und den Dingen, die der Erkenntnis als solcher eigentümlich ist. Der Organismus paßt sich seiner Umwelt an, indem er auf materielle Weise neue Formen hervorbringt und sie dem Universum einfügt. Die Intelligenz geht darin noch weiter, indem sie auf mentale Weise Strukturen erzeugt, die das genaue Gegenstück der Umweltstrukturen sind. Vor allem zu Beginn der geistigen Entwicklung ist die intellektuelle Anpassung in gewissem Sinne eingeschränkter als die biologische Anpassung. Sie führt sie aber weiter und gelangt so unendlich weit über sie hinaus. Mag vom biologischen Standpunkt aus die Intelligenz auch ein Sonderfall der Organtätigkeit sein, und mögen die wahrgenommenen oder erkannten Dinge nur einen geringen Teil des umgebenden Milieus, dem sich der Organismus anzupassen sucht, darstellen, so kehrt sich doch dieses Verhältnis nach und nach um. Das schließt die Suche nach funktionellen Invarianten nicht aus.

In der geistigen Entwicklung gibt es sowohl veränderliche wie unveränderliche Elemente. Daraus resultieren gewisse Mißverständnisse in der psychologischen Terminologie. Einerseits werden den unteren Entwicklungsstadien Eigenschaften der höheren zugeschrieben, und andererseits wird den Stadien und Operationen nicht Rechnung getragen. Unsere Aufgabe besteht also darin, sowohl den Präformismus der intellektualistischen Psychologie als auch die Hypothese der Andersartigkeit des Geistigen zu vermeiden. Das kann nur durch die Unterscheidung zwischen veränderlichen Strukturen und unveränderlichen Funktionen gelingen. Ebenso wie die hauptsächlichen Lebensfunktionen aller Organismen identisch sind, obschon sie bei den verschiedenen Arten von ganz verschiedenen Organen vollzogen werden, wird in der Entwicklung des Kindes zum Erwachsenen eine Kette der verschiedenartigsten Strukturen aufgebaut, in denen aber immer dieselben Denkfunktionen erhalten bleiben.

Diese invarianten Funktionsweisen gehören in den Bereich der beiden allgemeinsten biologischen Funktionen, der *Organisation* und der *Anpassung*. Beginnen wir mit letzterer. Jedermann sieht in der intellektuellen Entwicklung einen Adaptationsprozeß am Werke. Was aber der Begriff der Adaptation genau meint, wird nicht gesagt.

Gewisse Biologen definieren die *Adaptation* ganz einfach durch Erhaltung und Überleben, das heißt also durch das Gleichgewicht zwischen Organismus und Umwelt. So verliert der Begriff aber jeden Wert, denn er vermengt sich mit dem Begriff des Lebens. In der Fähigkeit zu überleben gibt es Abstufungen, und die Anpassung impliziert ein Mehr und Weniger. Man muß also unterscheiden zwischen Anpassung als Zustand und Anpassung als Prozeß. Im Zustand der Anpassung ist nichts klar und verständlich. Wenn wir aber den Anpassungsprozeß verfolgen, klären sich die Dinge auf. Anpassung geschieht dann, wenn der Organismus sich in Abhängigkeit von seiner Umwelt umgestaltet und wenn diese Umgestaltung eine Verstärkung der Austauschbeziehungen zwischen Umwelt und Organismus zur Folge hat, die zu seiner Erhaltung beitragen.

Wir wollen versuchen, die Sache in rein formaler Weise zu präzisieren. Der Organismus ist ein System von physikalischen und chemischen Umwandlungsprozessen, die sich in ständiger Interaktion mit der Umwelt gegenseitig erzeugen. Es seien a, b, c usw. die Elemente dieses organisierten Ganzen und x, y, z usw. die entsprechenden Elemente des umgebenden Milieus, dann ergibt sich folgendes Organisationsschema:

$$(1)\ a + x \rightarrow b$$
$$(2)\ b + y \rightarrow c$$
$$(3)\ c + z \rightarrow a \text{ usw.}$$

Die Prozesse (1), (2) usw. können aus chemischen Reaktionen (wenn der Organismus Substanzen x verarbeitet und sie in Substanzen b verwandelt, die an seiner Struktur teilnehmen) oder auch aus irgendwelchen physikalischen Transformationen oder schließlich ganz besonders aus sensomotorischen Verhaltensweisen bestehen (wenn ein Zyklus von körperlichen Bewegungen a kombiniert mit äußeren Bewegungen x zu einem Resultat b führt, das selbst wieder seinen Platz in diesem Organisationszyklus findet). Die Organisationselemente a, b, c usw. stehen zu den Umweltelementen x, y, z usw. in einem *Assimilations*verhältnis, das durch die Funktionsweise des Organismus nicht zerstört wird. Es erhält vielmehr den Organisationszyklus und koordiniert die Gegebenheiten der Umwelt, so daß sie in diesen Zyklus eingeordnet werden können. Nehmen wir einmal an, in einem bestimmten Milieu trete eine Veränderung auf, die x in x' verwandle. Dann ergeben sich für den Organismus zwei Möglichkeiten; entweder paßt er sich nicht an, und der Zyklus wird unterbrochen, oder aber er paßt sich an, so daß der organisierte Zyklus modifiziert wird und sich wieder schließt:

$$(1)\ a + x' \rightarrow b'$$
$$(2)\ b' + y \rightarrow c$$
$$(3)\ c + z \rightarrow a$$

Nennen wir das Resultat der Einwirkungen der Umwelt (Transformation von b in b') eine *Akkommodation,* dann gilt, daß die *Anpassung das Gleichgewicht zwischen Assimilation und Akkommodation darstellt.*

Diese Definition kann ebensogut auf die Intelligenz selbst angewendet werden. Die Intelligenz ist nämlich in dem Maße *Assimilation,* als sie ihren Strukturen alle Gegebenheiten der Erfahrung einverleibt. Ob also das Denken mittels des Urteils das Neue auf Bekanntes zurückführt und so das Universum auf seine ihm bekannten Begriffe reduziert oder die sensomotorische Intelligenz die wahrgenommenen Dinge durch eine Einordnung in die vorhandenen Schemata strukturiert, in allen Fällen enthält die intellektuelle Anpassung ein Element der Assimilation. Assimilation aber ist Strukturierung durch Einverleibung der äußeren Wirklichkeit in die aus dem eigenen Tun herausgewachsenen Formen. Allen Arten des organischen Lebens ist diese Anpassung durch Assimilation der Gegenstände an das Subjekt eigentümlich: Das einfache organische Leben erarbeitet sich materielle Formen und assimiliert an sie die Substanzen und Energien des umgebenden Milieus; die praktische oder sensomotorische Intelligenz vollzieht Handlungen und assimiliert dem Schematismus dieser motorischen Verhaltensweisen die verschiedenen Situationen, die ihm durch die Umwelt dargeboten werden, und die reflexive oder erkennende Intelligenz begnügt sich damit, die Formen zu denken oder sie innerlich zu konstruieren, um ihnen dann den Inhalt der Erfahrung anzugleichen.

Ebensowenig kann man daran zweifeln, daß das geistige Leben auch eine *Akkommodation* an die Umwelt darstellt. Assimilation kann nie in ausschließlicher Weise geschehen, denn indem beispielsweise die Intelligenz die neuen Elemente den vorhandenen Schemata einverleibt, modifiziert sie fortwährend diese Schemata, um sie den neuen Gegebenheiten anzupassen. Umgekehrt werden aber auch die Dinge nicht an sich erkannt, da ja die Akkommodationswirkung nie möglich ist ohne den umgekehrten Prozeß der Assimilation. So werden wir finden, daß zum Beispiel der Begriff des Gegenstandes keinesfalls angeboren ist, sondern vielmehr eine sowohl assimilatorische wie akkommodatorische Konstruktion voraussetzt.

Mit einem Wort, die intellektuelle Anpassung tendiert wie jede andere Art von Anpassung fortlaufend dahin, ein Gleichgewicht zwischen den sich gegenseitig ergänzenden Mechanismen der Assimilation und der Akkommodation herzustellen. Der Geist ist nur dann einer bestimmten Wirklichkeit angepaßt, wenn die Akkommodation vollständig ist, das heißt, wenn nichts mehr in dieser Wirklichkeit die Schemata des Subjektes zu verändern vermag. Ebenso liegt auch keine Anpassung vor, wenn die neue Wirklichkeit motorische oder geistige Verhaltensweisen erzwingt, die denjenigen widersprechen, die im Kontakt mit früheren Gegebenheiten angenommen wurden. Eine Anpassung ist erst dann gegeben, wenn es eine Kohärenz zwischen den früheren und den jetzigen Verhaltensweisen gibt, das heißt, wenn eine Assimilation erfolgt. Natürlich nimmt auf der Ebene der Motorik die Kohärenz eine ganz andere Form an als auf der Ebene des reflexiven Denkens oder auf der rein organischen Ebene, und viele Möglichkeiten sind denkbar. Aber in allen Fällen ist die Anpassung erst dann vollendet, wenn sie zu einem stabilen System führt, das heißt, wenn ein Gleichgewicht existiert zwischen Akkommodation und Assimilation.

Das führt uns zur Funktion der *Organisation* oder der Strukturbildung. Vom biologischen Standpunkt aus kann die Organisation nicht von der Anpassung getrennt werden. Anpassung und Organisation sind die beiden sich ergänzenden Prozesse ein und desselben Mechanismus, wobei die Organisation den internen Aspekt dieses Zyklus und die Adaptation seinen äußeren Aspekt darstellt. Im intelligenten Verhalten, und zwar sowohl in seiner reflektierten als auch in seiner praktischen Form, findet man dieses doppelte Phänomen der funktionalen Zusammengehörigkeit und der Dependenz zwischen Organisation und Anpassung wieder. Organisation wird definiert als Beziehung zwischen den Teilen und dem Ganzen. Nun weiß man aber zur Genüge, daß jede intellektuelle Operation immer in Beziehung steht zu allen anderen und daß ihre eigenen Elemente demselben Gesetz unterworfen sind. Darum ist auch jedes Verhaltensschema mit allen anderen koordiniert und stellt gleichzeitig in sich selbst eine Gesamtheit mit genau differenzierten Teilen dar. Jeder Intelligenzakt setzt ein System von gegenseitigen Implikationen und zu ihnen solidarischen Bedeutungen voraus. Die Beziehungen zwischen Organisation und Anpassung sind also genau dieselben, wie wir sie auf der rein organischen Ebene gefunden hatten. Die wichtigsten »Kategorien«, die die Intelligenz zur Anpassung an die Umwelt benützt – Raum und Zeit, Ursache und Substanz, Klassifikation und Zahl usw. –, entsprechen jede einem ganz bestimmten Aspekt der Wirklichkeit, genauso wie jedes körperliche Organ zu einer speziellen Eigenschaft der Umwelt in Beziehung steht. Aber über diese Anpassung an die Dinge hinaus sind sie so ineinander verquickt, daß es unmöglich ist, sie durch logische Analyse auseinanderzuhalten. Die Übereinstimmung des Denkens mit den Dingen und die Übereinstimmung des Denkens mit sich selber drücken diese doppelte invariante Funktion der Anpassung und der Organisation aus. Diese beiden Aspekte des Denkens sind aber untrennbar miteinander verbunden: Indem sich das Denken den Dingen anpaßt, strukturiert es sich selbst, und indem es sich selbst strukturiert, strukturiert es auch die Dinge.

2. Die funktionellen Invarianten und die Kategorien der Vernunft

Es stellt sich uns jetzt folgendes Problem: Auf welche Weise bestimmen die funktionellen Invarianten die Kategorien der Vernunft oder, wie man auch sagen kann, die übergreifenden Formen der intellektuellen Tätigkeit, die man auf allen Stufen der geistigen Entwicklung wiederfindet und deren erste strukturale Kristallisationen wir in der sensomotorischen Intelligenz vorfinden? Das wollen wir jetzt zu beschreiben versuchen.

Wir haben aber keineswegs die Absicht, das Höhere auf das Niedere zu reduzieren. Die Geschichte der Wissenschaften zeigt, daß jedes Bemühen, durch Deduktion die Kontinuität zwischen zwei Disziplinen herzustellen, nicht zu einer Reduktion des Höheren auf das Niedere führt, sondern vielmehr zwischen den beiden Beziehungspunkten ein Reziprozitätsverhältnis schafft und keinesfalls die Eigenart der höheren Disziplin zerstört. So können also die funktionellen Beziehungen zwischen Intellekt und biologischer Organisation in keiner Weise den Wert der Vernunft gefährden, sondern führen im Gegenteil zu einer Ausweitung des Begriffs der vitalen Adaptation. In gewissem Sinne sind die Kategorien der Vernunft in der biologischen Funktionsweise vorgebildet, wenngleich sie auch keineswegs in ihr, sei es als bewußte oder unbewußte Strukturen, enthalten sind. Damit aus der biologischen Anpassung, die ja eine Art materieller Erkenntnis der Umwelt darstellt, eine bewußte und erkenntnismäßige Vorstellung entsteht, ist eine ganze Reihe weiterer Strukturierungen notwendig. Um es noch einmal zu sagen: Die rationalen Begriffe vermögen tatsächlich die reine Funktionsweise auszudrücken, im Gegensatz zu den Initialstrukturen, die gleichsam an der Oberfläche des Organismus und der Umwelt verbleiben und nur ganz oberflächlich Beziehungen dieser beiden Wirklichkeiten unter sich ausdrücken. Die rationalen Begriffe muß man am Ende, nicht am Anfang der intellektuellen Entwicklung suchen. Die Analyse der unteren Entwicklungsstadien, die wir in diesem Werk in Angriff nehmen wollen, wird dadurch erleichtert, daß man zeigt, daß die biologischen Invarianten, von denen wir eben gesprochen haben, zu einer Art von funktionellem Apriori der Vernunft werden, wenn sie im Verlauf der großen Etappen der geistigen Entwicklung vom Bewußtsein erarbeitet und durchdacht worden sind.

Hier folgt eine Aufstellung der verschiedenen Funktionen und Kategorien, die man auf diese Weise erhält:

Biologische Funktion	*Intellektuelle Funktion*	*Denkkategorien*
Organisation	Regulationsfunktion	A. Ganzheit × Beziehung (Reziprozität) B. Ideal (Ziel) × Wert (Mittel)
Anpassung	Assimilation Implikationsfunktion	A. Qualität × Klasse B. Quantitativer Bezug × Zahl
	Akkommodation Explikationsfunktion	A. Gegenstand × Raum B. Kausalität × Zeit

Wir unterscheiden in dieser Tabelle »Relationen« im allgemeinsten Sinne des Wortes und »Quantitative Bezüge«, die dem entsprechen, was man auf der Ebene des Denkens die »Logik der Relationen« nennt. Die Beziehungen, die von dieser Logik der Relationen ins Auge gefaßt werden, sind im Unterschied zu denen der Logik der Klassen immer quantitativ, sei es, daß sie ein »mehr« oder »weniger« enthalten (zum Beispiel die Vergleiche »mehr oder weniger dunkel« etc.); sei es, daß sie einfach eine Anordnung oder eine Reihung ausdrücken (zum Beispiel die Beziehungen der Verwandtschaft, »Bruder von« etc.), die ebenfalls die Quantität voraussetzen. Die Beziehungen hingegen, die den Gedanken der Ganzheit enthalten, gehen über die quantitative Ordnung hinaus und implizieren nur eine ganz allgemeine Relativität im weitesten Sinn des Wortes (Reziprozität zwischen den Elementen einer Ganzheit).

Die Kategorien, die sich auf die organisatorische Funktion beziehen, kann man mit Höffding die »fundamentalen Kategorien« oder »regulatorischen Kategorien« nennen, weil sie sich mit allen anderen kombinieren lassen und sich in jeder psychischen Operation finden. Diese Kategorien spalten sich in einer statischen Betrachtungsweise in die Begriffe von *Ganzheit* und *Beziehung* und in einer dynamischen Sicht in diejenigen des *Ideals* und des *Werts*.

Der Begriff der *Ganzheit* bringt die für jede intelligente oder biologische Struktur typische Interdependenz zum Ausdruck. Auch wenn Verhaltensweisen und Bewußtsein unabhängig voneinander in den ersten Wochen der Existenz zu entstehen scheinen, so verlängern sie in Wirklichkeit doch eine vorangehende physiologische Struktur und kristallisieren sich von selbst zu Systemen, deren Kohärenz sich nach und nach präzisiert. Was ist zum Beispiel der für die Bildung des Raumes ganz wesentliche Begriff der »Gruppe der Ortsveränderungen« (»groupe de déplacements«) anderes als die Idee einer organisierten Ganzheit, die sich in Bewegungen manifestiert? In gleicher Weise sind die der sensomotorischen Intelligenz eigentümlichen Verhaltensschemata in sich selbst und untereinander im allgemeinen durch das Gesetz der Ganzheit bestimmt. Ebenso verwandelt eine kausale Beziehung ungeordnete und unzusammenhängende Gegebenheiten in ein geordnetes Gefüge usw.

Höffding hat auch sehr gut gezeigt, daß der ergänzende Begriff zu Ganzheit nur die Idee der *Beziehung* sein kann. Die Relation ist auch tatsächlich eine fundamentale Kategorie, insofern sie jeder psychischen Tätigkeit immanent ist und sich mit allen anderen Begriffen kombinieren läßt. Den Grund sehen wir darin, daß jede Ganzheit ein System von Relationen darstellt, genauso wie jede Relation ein Teilelement einer Gesamtheit ist. So gesehen, manifestiert sich die Relation schon auf dem Niveau der physiologischen Prozesse und findet sich auf allen weiteren Ebenen. Bereits die elementarsten Wahrnehmungen (wie Köhler es für die Farbwahrnehmung bei Hühnern zeigen konnte) stehen untereinander in Beziehung und strukturieren sich zu organischen und geschlossenen Ganzheiten. Es scheint unnötig, auf ähnliche Tatsachen im Bereich des rationalen Denkens hinzuweisen.

Die Kategorien »Ideal« und »Wert« drücken dieselbe Funktion unter ihrem dynamischen Aspekt aus. Wir nennen »Ideal« jedes Wertsystem, das ein Ganzes darstellt und folglich ein Endziel von bestimmten Handlungen bildet, und wir verstehen unter »Werten« die für dieses Ganze spezifischen Werte oder Mittel, die gestatten, dieses Ziel zu erreichen. Das Verhältnis von Ideal und Wert ist also dasselbe wie dasjenige von Ganzheit und Relation. Das Ideal oder der Wert jeder Ordnung entspricht einer Ganzheit, die im Begriff ist, sich zu bilden, da der Wert ja auf allen Ebenen nichts anderes als einen Ausdruck für das Verlangen darstellt. Verlangen ist tatsächlich das Anzeichen dafür, daß ein Gleichgewicht zerstört ist oder eine Ganzheit noch nicht vollständig hergestellt ist, weil ihr irgendein Element zur Vollendung fehlt und sie nach diesem Element verlangt, um ihr Gleichgewicht zu realisieren. Die Beziehungen zwischen Ideal und Wert sind also von derselben Art wie diejenigen zwischen Ganzheit und Relation. Das leuchtet auch ein, da ja das Ideal nichts anderes als die noch nicht erreichte Gleichgewichtsform der wirklichen Ganzheiten ist und die Werte nichts anderes als die diesem System untergeordnete Mittel-Zweck-Beziehung darstellen. Wir dürfen also die Finalität nicht als eine spezielle Kategorie auffassen, sondern nur als den subjektiven Ausdruck eines Gleichgewichtsprozesses, der selber die Finalität nicht impliziert, wohl aber die allgemeine Unterscheidung von realem und idealem Gleichgewicht. Ein gutes Beispiel dafür findet man in den Gesetzen der Kohärenz und der Einheit, die dem logischen Denken eigen sind und seine unaufhörliche Bemühung nach einem Gleichgewicht der intellektuellen Ganzheiten zum Ausdruck bringen. Diese Normen definieren also das ideale, von der Intelligenz aber nie erreichte Gleichgewicht und bestimmen so die einzelnen Worte des Urteils. Daher nennen wir auch »regulative Funktion« die Operationen, die sich auf die Ganzheit und auf die Werte beziehen, um sie von den explikativen und den implikativen Funktionen zu unterscheiden.[1]

Wie sollen wir aber die Kategorien verstehen, die mit dem Anpassungsgeschehen, das heißt also mit der Assimilation und der Akkommodation verknüpft sind? Unter den Kategorien des Denkens unterscheidet Höffding die »realeren« (nämlich diejenigen, die sowohl die Tätigkeit der Vernunft als auch ein von der Erfahrung abhängiges *hic et nunc* implizieren; zu ihnen gehören die Kausalität, die Substanz oder das Objekt, der Raum und die Zeit, die alle eine unauflösbare Synthese von »Gegebenheiten« und von Deduktionen darstellen) und die »formaleren« (nämlich diejenigen, die zwar weniger gut angepaßt sind, aber dennoch den Ansatzpunkt für eine unbegrenzte deduktive Erweiterung bilden, wie zum Beispiel die logischen und mathematischen Relationen). Die ersteren drücken also in stärkerer Weise den zentrifugalen Prozeß der Explikation und der Akkommo-

[1] In ›Le langage et la pensée chez l'enfant‹, S. 309, nannten wir »gemischte Funktion« diese Verbindung von Implikation und Explikation, die wir heute mit dem Begriff der Organisation verbinden. Aber das kommt auf dasselbe hinaus, da ja die Organisation eine Synthese von Assimilation und Akkommodation darstellt.

dation aus, und die zweiten ermöglichen die Assimilation der Dinge an die intellektuellen Strukturen und die Konstruktion der Implikationen.

Die Implikationsfunktion umfaßt ihrerseits zwei funktionelle Invarianten, die man auf allen Entwicklungsstadien wiederfindet. Die eine entspricht der Synthese der *Qualitäten*, das heißt den Klassenbegriffen oder den Verhaltensschemata, die andere ist eine Synthese der *quantitativen Beziehungen* oder der *Zahl*. Diese elementaren Instrumente der Intelligenz offenbaren schon mit dem Auftreten der ersten sensomotorischen Verhaltensschemata ihre gegenseitige Abhängigkeit. Die explikative Funktion betrifft die Gesamtheit der Operationen, die die Deduktion der Realität gestatten, das heißt, die es möglich machen, der Realität eine gewisse Dauerhaftigkeit zu verleihen, und die uns gleichzeitig den Grund für ihre Verwandlungen liefern. Von diesem Standpunkt aus kann man in jeder Erklärung zwei komplementäre Aspekte unterscheiden, von denen der eine sich auf die Erarbeitung der *Gegenstände* und der andere auf die *Kausalität* bezieht. Die Kausalitätsaspekte sind dabei gleichzeitig das Produkt der Ursächlichkeit und die Bedingung für ihre Entwicklung. Daraus entsteht der Zirkel Gegenstand × *Raum* und Ursächlichkeit × *Zeit*, indem sich zur Interdependenz der Funktionen ein reziprokes Verhältnis von Materie zu Form hinzugesellt.

Auf diese Weise wird ersichtlich, daß die Funktionskategorien der Erkenntnis ein wirkliches Ganzes darstellen, das dem System der Intelligenzfunktionen nachgebildet ist. Diese Beziehung wird besser verständlich werden, wenn wir die Beziehungen zwischen Organisation und Anpassung einerseits und Assimilation und Akkommodation andererseits analysieren.

Wir haben ja schon gesehen, daß die Organisation den internen Aspekt der Anpassung darstellt, vorausgesetzt, daß man die Anpassungsprozesse nicht während ihres Vollzugs ins Auge faßt, sondern die Interdependenz der schon adaptierten Elemente. Andererseits besteht die Anpassung ganz einfach aus der Struktur in ihren Auseinandersetzungen mit den Einflüssen der Umwelt. Diese gegenseitige Abhängigkeit kann man aber auf der Ebene der Intelligenz nicht nur in der Interaktion von Vernunfttätigkeit (Organisation) und Erfahrung (Anpassung) beobachten, deren Untrennbarkeit durch die gesamte Geschichte des wissenschaftlichen Denkens bewiesen wird. Sie findet sich auch in der Beziehung der Funktionskategorien untereinander. Es ist ja keine einzige zeitlich-räumliche Struktur mit objektivem und kausalem Charakter möglich, ohne eine logisch-mathematische Deduktion, denn diese beiden Wirklichkeitsarten bilden einander sich entsprechende Ganzheits- und Beziehungssysteme. Diese Tatsache wird in bezug auf den Zirkel von Akkommodation und Assimilation, das heißt also von Erklärung und Implikation, durch das Problem, das Hume bezüglich der Kausalität aufgeworfen hat, sehr schön beleuchtet. Wie kann der Begriff der Ursache gleichzeitig der Vernunft und der Erfahrung entstammen? Wenn man die Kausalität auf eine rein formale Kategorie reduziert, entgeht die Realität ihrem Zugriff (wie E. Meyerson großartig bewiesen hat), und wenn man aus ihr eine einfache Folge von Erfahrungstatsachen macht, verliert sie den Charakter der Notwendigkeit. Diesem Dilemma sucht sich die kantianische Lösung, die von Brunschvicg wieder aufgenommen wurde, zu entziehen. In diesem Ansatz ist die Kausalität eine »Analogie der Erfahrung«, das heißt eine nicht weiter reduzierbare Interaktion zwischen dem Implikationsbezug und den raumzeitlichen Gegebenheiten. Genau dasselbe kann man von den anderen »Realitäts«-Kategorien sagen: Sie alle setzen die logische Implikation voraus, obwohl sie auch ebenso viele Akkommodationen an die äußere Wirklichkeit darstellen. Umgekehrt können sich sowohl Klassen- wie Zahlbegriffe nicht bilden ohne Verknüpfung mit den Serien von raumzeitlichen Ereignissen, die die Gegenstände und ihre kausalen Relationen konstituieren.

Abschließend möchten wir noch bemerken, daß ebenso wie jedes Organ eines lebendigen Körpers selbst wieder seine eigene Organisation besitzt, so auch jedes Element einer intellektuellen Struktur durchstrukturiert ist und somit eine eigene geschlossene Organisation enthält. Daher können die Funktionskategorien der Intelligenz, die sich in die wesentlichen Mechanismen der Organisation (oder Strukturierung), der Assimilation und der Akkommodation aufspalten, Aspekte dieser drei Funktionen enthalten, um so mehr als diese drei sich ständig ersetzen können, und so unaufhörlich ihren Ansatzpunkt auswechseln. Die Frage, wie diese Funktionen die wesentlichen Kategorien des Geistes charakterisieren, sich ihre eigenen Organe heranbilden und sich zu Strukturen kristallisieren, braucht nicht in dieser Einleitung beantwortet zu werden, da ja das ganze vorliegende Werk der Analyse der Anfänge dieser Konstruktion gewidmet ist. Zur besseren Vorbereitung dieser Analyse folgen einige Worte über die vererbten Strukturen, die diese geistige Strukturierung ermöglichen.

3. Die vererbten Strukturen und die Theorien der Anpassung

Es gibt, wie wir gesehen haben, zwei Arten von Erbanlagen, die die Entwicklung der menschlichen Vernunft beeinflussen:

Funktionelle Invarianten, die an die allgemeine Vererbung der Lebensprozesse gebunden sind, und spezifische Organe oder Struktureigenschaften, die mit der speziellen Vererbung des Menschen zusammenhängen und als elementare Instrumente der intellektuellen Anpassung dienen. Es stellt sich in diesem Zusammenhang die Aufgabe, die Art und Weise zu analysieren, wie die vererbten Strukturen die intellektuelle Anpassung vorbereiten, und die Möglichkeit zu prüfen, inwieweit biologische Anpassungstheorien eine Theorie der Intelligenz sein können.

Die Reflexe und sogar die Morphologie der Organe, an die sie gebunden sind, bilden eine Art antizipierter Erkenntnis der Umwelt, allerdings eine unbewußte und rein materielle Erkenntnis, die aber für die spätere Entwicklung der eigentlichen Erkenntnis unentbehrlich ist. Wie ist eine solche Anpassung vererbter Strukturen möglich? Dieses biologische Problem ist beim gegenwärtigen Stand der Wissenschaft noch unlösbar, aber ein kurzer Hinweis auf die Diskussionen, zu denen es Anlaß bot und immer noch bietet, scheint uns nützlich, denn die verschiedenen Lösungsversuche laufen parallel zu den verschiedenen Theorien über die Intelligenz und können somit zur Erhellung der Intelligenztheorien dienen, weil sie die Allgemeinheit dieser Tendenzen unterstreichen. Es lassen sich tatsächlich fünf wichtige Standpunkte bezüglich des Problems der Anpassung unterscheiden, und jeder von ihnen entspricht *mutatis mutandis* einer bestimmten Interpretation der Intelligenz. Damit wollen wir allerdings nicht sagen, daß ein bestimmter Autor, der eine der fünf charakteristischen Lehrmeinungen der Biologie zur seinigen macht, gleichzeitig auch in der Psychologie den ihr entsprechenden Standpunkt einnehme. Welche Kombinationen in den Meinungen der Autoren aber auch immer auftreten mögen, so bestehen doch unzweifelhaft »gemeinsame Mechanismen« zwischen den biologischen und den psychologischen Erklärungen der Phänomene der allgemeinen Anpassung und der intellektuellen Anpassung.

Die erste Lösung ist diejenige des *Lamarckismus.* Nach Lamarck wird der Organismus durch die Umwelt gestaltet. Die Außenwelt wirkt auf den Organismus ein und hat die Ausbildung von Gewohnheiten und individuellen Akkommodationen zur Folge, die eine dauerhafte Umformung der Organe nach sich ziehen und vererbt werden. Dieser biologischen Theorie, die den Primat der Gewohnheit vertritt, entspricht in der Psychologie der *Assoziationismus.* Für den Assoziationismus verdankt die Erkenntnis ihr Entstehen ganz allein erworbenen Gewohnheiten, die ohne irgendwelche internen Tätigkeiten die intelligenten Verhaltensweisen hervorbringen und mit bedingen.

Nach dem *Vitalismus* dagegen geschieht Anpassung kraft des einem jeden Lebewesen zukommenden besonderen Vermögens, sich geeignete Organe auszubilden. In gleicher Weise erklärt der *Intellektualismus* die Intelligenz durch sich selber, indem er dem Lebewesen ein angeborenes Erkenntnisvermögen verleiht. Danach ist die Tätigkeit dieses Vermögens ein nicht weiter erklärbarer und auflösbarer Akt, von dem sich das gesamte psychische Geschehen ableitet.

Für die *Präformationstheorie* besitzen die Strukturen einen rein endogenen Ursprung, und die angelegten Veränderungsmöglichkeiten aktualisieren sich ganz einfach nach Maßgabe des Kontaktes mit der Umwelt, die folglich die Rolle eines »Auslösers« spielt. Für die verschiedenen epistemologischen und psychologischen Theorien, die man unter dem Titel des *Apriorismus* zusammenfassen kann, gehen die geistigen Strukturen jeder Erfahrung voraus. Diese liefert ihnen nur die Gelegenheit, sich zu offenbaren, erklärt sie aber in keiner Weise. Ob man die Strukturen mit den klassischen Nativisten als psychologisch angeboren betrachtet oder ob man in ihnen zeitlose logische Formen, die an einer Welt von Intelligibilien teilhaben, sieht, ist für unsere Betrachtungsweise nicht von Belang. Wichtig ist, daß sie im Subjekt vorgeformt sind und nicht durch das Subjekt in Funktion seiner Erfahrung erarbeitet werden. Sowohl in der Biologie wie in der Logik führte diese Theorie in gleicher Weise zu extremen Haltungen. So wurde die Hypothese aufgestellt, daß alle »Gene«, die sich im Verlauf der Evolution manifestiert haben – und zwar die für eine bestimmte Art schädlichen Gene mit eingeschlossen –, im lebenden Organismus präformiert gewesen seien. In ähnlicher Weise nahm Russell an, daß alle Ideen, die irgendwann einmal menschlichen Gehirnen entspringen, auch die falschen Ideen, von Ewigkeit her existieren.

Man könnte der biologischen Doktrin der »Emergenz« einen besonderen Platz einräumen. Nach ihr erscheinen ja die Strukturen als nicht reduzierbare Synthesen, die in einer Art von fortlaufendem Schöpfungsakt aufeinander folgen. Die psychologische Gestalttheorie könnte man mit diesen Theorien in Parallele setzen. Es handelt sich aber in Wirklichkeit nur um einen – der Absicht nach allerdings etwas dynamischeren – Apriorismus, der in seinen einzelnen Erklärungsversuchen immer wieder auf den eigentlichen Apriorismus zurückgreift, wenn er sich nicht in Richtung auf die fünfte Lösung orientiert.

Der vierte Standpunkt, den wir als *Mutationismus* kennzeichnen möchten, wird von den Biologen eingenommen, die, ohne präformationistischen Gedankengängen anzuhängen, lehren, daß die Strukturen einen rein endogenen Ursprung haben, aber aus zufälligen internen Umwandlungsprozessen entspringen und sich dann der Umwelt dank einer nachträglichen Selektion anpassen. Wenn man diese Interpretation auf die Ebene der nicht vererbten Anpassungsprozesse transponiert, so entsteht daraus die »Versuch-und-Irrtum«-Theorie, die dem *Pragmatismus* und dem *Konventionalismus* eigen ist. Nach dieser Theorie erklärt sich die Anpassung der Verhaltensweisen durch eine nachträgliche Selektion von Verhaltensformen, die in einer bestimmten Umweltsituation auf rein zufällige Weise entstehen. So ist zum Beispiel der Euklidische Raum mit seinen drei Dimensionen, der uns infolge der besonderen Art unserer Wahrnehmungsorgane als »wahrer« erscheint, ganz einfach »bequemer«, weil er eine bessere Anpassung dieser Organe an die Gegebenheiten der Umwelt gestattet.

Man könnte schließlich eine fünfte Lösung unterscheiden, nach der der Organismus und die Umwelt ein untrennbares Ganzes bilden. Dieser Meinung zufolge müßte man neben zufälligen Mutationen auch Anpassungsprozessen einen Platz einräumen, die sowohl eine dem Organismus eigentümliche Strukturierung als auch eine Einwirkung der Umwelt implizieren und bei denen die beiden Pole Umwelt und Organismus unlöslich miteinander verknüpft sind. Für die Theorie der Erkenntnis hat das zur Folge, daß die Bildung des Objektes von der Tätigkeit des Subjektes abhängt und daß umgekehrt die Bindung des Objektes die Tätigkeit des Subjektes impliziert. Sie schließt also eine nicht weiter analysierbare Interdependenz zwischen Erfahrung und Vernunft ein. Der biologische *Relativismus* verlängert sich so zu einer Theorie der Interdependenz von Subjekt und Objekt oder auch der Assimilation des Objektes durch das Subjekt und der Akkommodation des Subjektes an das Objekt.

Es besteht also offensichtlich eine Parallele zwischen den biologischen Theorien der Anpassung und den Erkenntnistheorien, die wir eben besprochen haben. Die genetische Intelligenzforschung muß nun zwischen diesen verschiedenen möglichen Theorien wählen. Zur besseren Vorbereitung dieser Wahl und im Sinne der Ausweitung des Begriffs der Anpassung haben wir vom Standpunkt der Vererbungsmorphologie der Lebewesen einen Fall von »Kinetogenese« analysiert, der geeignet ist, die verschiedenen Interpretationen, die wir eben aufgezählt haben, zu beleuchten[2] und die Analogie der Lösungsversuche zu illustrieren.

Fast in allen Sumpfgebieten Europas und Asiens existiert ein Wasserweichtier, die *Limnaea stagnalis* (L.), mit einer typisch länglichen Form. Diese Art besitzt aber in den großen Seen der Schweiz, Schwedens usw. eine Variation, die *Limnaea lacustris,* die eingezogen und kugelig aussieht und deren Entstehung mit Leichtigkeit durch die während der gesamten Wachstumszeit notwendige motorische Akkommodation des Tieres an die Wellen und an die Bewegung des Wassers erklärt werden kann. Nachdem wir diese Erklärung experimentell verifiziert hatten, gelang uns in zahlreichen Aufzuchten im Aquarium der Beweis, daß diese zusammengezogene Variation, deren

[2] Les races lacustres de la »limnaea stagnalis«. Recherche sur le rapport de l'adaptation héréditaire avec le milieu, in: Bulletin biologique de la France et de la Belgique, Band 63, 1925, S. 424–455. Und: L'adaptation de la limnaea stagnalis aux milieux lacustres de la Suisse romande, in: Revue Suisse de Zoologie, Band 36, S. 263–531 sowie Tafeln 3–6.

geologische Geschichte man vom Paläolithikum bis in unsere Zeit verfolgen kann, in den dem Wind am meisten ausgesetzten Orten des Neuenburger und des Genfer Sees erblich und vollständig stabil geworden war. Diese Genotypen gehorchen insbesondere den Mendelschen Fortpflanzungsgesetzen.

Auf den ersten Blick scheint sich also die Lösung Lamarcks aufzudrängen: Die Gewohnheit, sich zusammenzuziehen, die unter dem Einfluß der Wellen erworben wurde, würde schließlich erblich übermittelt in der Form eines morphologischen Reflexes, der damit das Merkmal einer neuen Rasse bestimmen würde. Mit anderen Worten, der Phänotyp hätte sich so auf unmerkliche Weise in einen Genotyp verwandelt dank der andauernden Wirkung der Umwelt in derselben Richtung. Leider gelingt es aber auch in diesem Fall im Laboratorium nicht, wie übrigens in keinem anderen Fall, die Vererbung dieser erworbenen Eigenschaft zu beweisen. Die Limnäen, die in einem künstlich bewegten Milieu aufgezüchtet werden und die typisch kontrahierte Form annehmen, vererben diese im Laboratorium erworbene Form nicht an ihre Nachkommen. Andererseits weisen nicht alle mittelgroße Seen Limnäen der zusammengezogenen Variation auf. Mag die Umwelt bei der Bildung der vererbten Kontraktion einen gewissen Einfluß ausgeübt haben, so ist dieser Einfluß doch von bestimmten Schwellen (der Intensität, der Dauer usw.) abhängig. Der Organismus erleidet also diese Einflüsse nicht auf passive Weise, sondern reagiert aktiv durch eine entsprechende Anpassung. Diese Anpassung ist folglich nicht identisch mit einer aufgezwungenen Gewohnheit.

Auch der Vitalismus vermag keinen einzigen Anpassungsprozeß in seinem exakten Verlauf zu erklären. Warum sollte die unbewußte Artintelligenz, wenn sie wirklich existiert, nicht überall dort intervenieren, wo sie von Nutzen wäre? Warum hat diese Kontraktion von den ersten nacheiszeitlichen Populationen unserer Seen bis zum ersten Auftreten Jahrhunderte gebraucht, und warum existiert sie noch nicht in allen Seengebieten?

Dieselben Einwürfe richten sich an die präformationistische Lösung des Problems. Die vierte Lösung dagegen scheint eine unangreifbare Position zu halten. Nach der Mutationstheorie verdanken nämlich die kontrahierten Erbstrukturen ihr Entstehen endogenen, aber rein zufälligen Umformungen. Die Variationen stünden also in keinem Zusammenhang mit der Umwelt und mit den phänotypischen Anpassungen des Individuums. Diese aufgrund zufälliger Mutationen besser adaptierten Formen würden sich in den bewegten Gebieten unserer Seen, also gerade an den Orten vermehren, an denen die länglichen Formen durch natürliche Selektion ausgeschlossen sind. Zufall und nachträgliche Selektion würden so die Anpassung erklären, ohne daß ein Rückgriff auf einen mysteriösen Eingriff der Umwelt auf die Vererbung notwendig wäre; die Anpassung der individuellen und nicht erblichen Variationen bliebe dagegen an die Wirkung der Umwelt gebunden. Im Falle unserer Lymnäen können aber zwei sehr starke Einwände gegen eine solche Interpretation vorgebracht werden. Es ist erstens zu bedenken, daß die länglichen Artformen als solche in den Seelandschaften, wo das Wasser sehr bewegt ist, zwar nicht existieren können, die zusammengezogenen Arttypen dagegen in allen Wassern leben, in denen diese Art überhaupt vertreten ist. So haben wir sie seit Jahren an ein stehendes Gewässer des schweizerischen Mittellandes akklimatisiert. Wenn es sich also um zufällige Mutationen handelte, dann müßten diese Genotypen ohne Unterschied überall vertreten sein. In Wirklichkeit sind sie aber nur in Seelandschaften und auch da nur in solchen aufgetreten, die dem Wind am meisten ausgesetzt sind, wo also eine individuelle und phänotypische Anpassung an die Wellen ganz offensichtlich vorliegt. Zweitens scheint eine nachträgliche Selektion im Falle der Lymnäen unnütz, ja unmöglich, denn die länglichen Formen können selber kontrahierte Variationen, die nicht oder noch nicht erblich sind, hervorbringen. Man kann also weder von zufälligen Mutationen noch von nachträglicher Selektion sprechen, um eine solche Anpassung zu erklären.

Es bleibt also nur eine fünfte und letzte Lösung: die Möglichkeit erblicher Anpassungen, die gleichzeitig sowohl eine Einwirkung der Umwelt als auch eine Reaktion des Organismus voraussetzen, die nicht in der einfachen Einprägung von Gewohnheiten besteht. Es existieren also schon auf der Ebene der Formbildung und der Reflextätigkeit Interaktionsprozesse zwischen Umwelt und Organismus, die eine aktive Differenzierung der Reflexe und eine entsprechende Bildung von Formen des Organismus mit sich bringen, ohne daß der Organismus dabei ganz einfach in passiver Weise der Einwirkung der Umwelt erliegen würde. Er beschränkt sich auch nicht im Kontakt mit ihr auf die Entfaltung vorgeformter Strukturen (im vorliegenden Fall würde es sich um die Entwicklung von Anhaft- und Kontraktionsreflexen handeln). Mit anderen Worten, die erbliche Fixierung der Phänotypen oder der individuellen Anpassungen beruht nicht einfach auf einer Wiederholung von Gewohnheiten, die zu ihrer Bildung geführt haben, sondern auf einem Mechanismus eigener Art, der rückwirkend oder vorgreifend auf der Ebene der Formbildung und der Reflextätigkeit zum selben Ergebnis führt.

Für das Problem der Intelligenz ergeben sich aus diesen Beispielen folgende Konsequenzen: Die Intelligenz steht seit ihren ersten Anfängen dank der vererbten Anpassungstätigkeiten des Organismus in einem Beziehungsnetz, das Umwelt und Organismus umspannt. Sie erscheint also nicht als ein Vermögen, das von der spezifischen Situation des Organismus unabhängige Überlegungen anstellen kann. Sie ist vielmehr von Anfang an durch biologische Apriori gebunden. Sie hat nichts von einem unabhängigen Absoluten an sich, sondern ist eine von vielen Beziehungen, die zwischen dem Organismus und den Dingen bestehen. Wenn also die Intelligenz auf diese Weise die organische Anpassung, die ihr vorausgeht, weiterführt, so besteht der Fortschritt der Vernunft ohne Zweifel in einer immer vollkommeneren Bewußtmachung der dem Leben selbst eigenen organisatorischen Tätigkeit, und die primitiven Stadien der psychologischen Entwicklung stellen einfach die oberflächlichsten Weisen der bewußten Aufhellung dieses Organisationsprozesses dar. Dann sind auch die morphologisch-reflexiven Strukturen des lebendigen Körpers und die biologische Assimilation, die am Ausgangspunkt der elementaren psychischen Assimilationsformen steht, nichts anderes als der äußerlichste und materiellste Entwurf einer Anpassung, deren höhere Formen in der intellektuellen Tätigkeit ihre eigentliche Natur immer besser darstellen. Man könnte also sagen, daß die Intelligenztätigkeit von einem Verhältnis der Interdependenz zwischen Organismus und Umwelt oder von einem Zustand der Indifferenzierung zwischen Subjekt und Objekt ausgeht, dann aber gleichzeitig sowohl zur Eroberung der Dinge als auch zur Reflexion über sich selber voranschreitet, wobei diese beiden der Richtung nach gegensätzlichen Prozesse sich zueinander korrelativ verhalten. Von diesem Gesichtspunkt aus erscheint die physiologische und anatomische Organisation dem Bewußtsein nach und nach als artfremd, und die Intelligenztätigkeit wird vom Subjekt im selben Maß als das Wesen seiner Existenz angesehen. Von daher erklärt sich die Umkehrung in den Perspektiven, die sich mit dem Fortschritt unserer geistigen Entwicklung vollzieht. Diese Tatsache erklärt auch, wie die Vernunft, obwohl sie doch die zentralsten biologischen Mechanismen weiterführt, diese schließlich sowohl an Äußerlichkeit als auch an komplementärer Verinnerlichung übertrifft.

Erster Teil
Das elementare sensomotorische Anpassungsverhalten

Die Intelligenz tritt nicht etwa an einem bestimmten Punkt unserer geistigen Entwicklung als ein in sich geschlossener Mechanismus in Erscheinung, der sich in radikaler Weise von den vorangehenden Mechanismen unterscheidet. Sie besitzt im Gegenteil eine bemerkenswerte Kontinuität zu den angelegten Reflexen und den auf erworbenen Gewohnheiten beruhenden Assoziationen. Sie beruht auf diesen Prozessen und benützt sie zugleich. Bevor wir also die Intelligenz als solche analysieren, müssen wir untersuchen, in welcher Weise die sich bildenden Gewohnheiten und die Betätigung der Reflexe selbst ihr Auftreten vorbereiten. Das wird uns in diesem ersten Teil beschäftigen, wobei das erste Kapitel von den Reflexen handelt, soweit sie psychologisch von Belang sind. Das zweite Kapitel wird den ersten durch Koordination einfacher Reaktionen entstandenen Verhaltensweisen, das heißt den sogenannten »elementaren Gewohnheiten«, gelten.

Kapitel I
Das erste Stadium: Betätigung und Übung der Reflexe

Wenn wir zur Vorbereitung der Analyse der ersten Intelligenzakte notwendigerweise bis zu den vererbten organischen Reaktionsweisen zurückgehen, so tun wir das doch nicht in der Absicht, ihre verschiedenen Formen gleichsam für sich selbst zu studieren. Wir sind vielmehr bestrebt, sie in globaler Weise zu charakterisieren und ihre Auswirkung auf das gesamte Verhalten des Individuums zu untersuchen. Wir werden uns daher bemühen, das psychologische Problem der Reflexe vom rein biologischen Problem scharf zu trennen.

Für den Biologen besitzen die Verhaltensweisen, die man während der ersten Lebenswochen des Individuums beobachten kann, eine sehr große Komplexität. Erstens existieren nämlich Reflexe ganz verschiedener Ordnungen. Die einen werden vom Rückenmark, andere vom verlängerten Mark, und wieder andere von den optischen Schichten und sogar von der Gehirnrinde aus gesteuert. Zweitens bestehen zwischen Reflex und Instinkt nur graduelle Unterschiede. Neben den Reflexen des Zentralnervensystems darf man aber auch die Reflexe des autonomen Nervensystems und all die Reaktionsweisen, die der sogenannten »protopathischen« Sensibilität entspringen, nicht übersehen. Weiter gibt es auch eine ganze Reihe von reaktiven, das Verhalten strukturierenden Handlungen, deren Bedeutung für die Anfänge der geistigen Entwicklung H. Wallon aufgezeigt hat. Es dürfte aber sehr schwerfallen, die Organisation dieser Mechanismen darzustellen, ohne den endokrinen Prozessen den ihnen zukommenden Platz einzuräumen, wissen wir doch, welche Rolle ihnen in zahlreichen emotionalen oder informativen Reaktionsweisen zugewiesen werden mußte.

Der physiologischen Psychologie stellen sich also im Augenblick eine ganze Menge von Problemen, deren wichtigstes sich wohl darauf bezieht, die Auswirkungen der hier unterschiedenen Mechanismen im Verhalten der einzelnen Individuen zu bestimmen. Eine der wichtigsten Fragen dieser Art analysiert H. Wallon in seinem schönen Buch ›L'enfant turbulent‹. Er formuliert sie in folgender Weise: »Gibt es ein emotionales Stadium oder ein Stadium der postularen oder extrapyramidalen Reaktionsweisen, das dem sensomotorischen oder kortikalen Stadium vorangeht?« Wallon führt in seiner fundierten Diskussion ein reichhaltiges pathologisches Material zur Unterstützung seiner genetischen Analyse an und offenbart damit die ganze Komplexität der elementaren Verhaltensweisen. Er weist auf die Notwendigkeit hin, im Zusammenspiel der physiologischen Faktoren aufeinanderfolgende Entwicklungsstufen zu unterscheiden.

So verführerisch aber auch die auf diese Weise erzielten Ergebnisse sein mögen, so scheint es uns doch kaum möglich, heute schon über ein bloß beschreibendes Vorgehen hinauszugelangen, wenn es um die Erfassung der Kontinuität zwischen den ersten Verhaltensweisen des Säuglings und seinen zukünftigen intellektuellen Verfahrensweisen geht. Obwohl wir also die Bemühungen Wallons, die psychischen Vorgänge mit den Lebensprozessen selbst zu identifizieren, mit Sympathie verfolgen, glauben wir unsererseits, uns auf die Erfassung ihrer funktionalen Identität beschränken zu müssen und die Grenzen des einfachen äußeren Verhaltens nicht überschreiten zu dürfen.

Angesichts der Reaktionsweisen der ersten Wochen stellt sich uns folgendes Problem: Wie wird das Neugeborene durch seine Erbausstattung, die sensomotorischen, postularen usw. Reaktionen, auf die Anpassung an die äußere Umwelt und auf den Erwerb der späteren, durch die progressive Benützung der Erfahrung charakterisierten Verhaltensweisen vorbereitet?

Das psychologische Problem stellt sich also in dem Augenblick, da man die Reflexe, die Haltungen usw. nicht mehr in ihrer Abhängigkeit von den inneren Prozessen des Organismus, sondern in ihren Beziehungen zur äußeren Umwelt, so wie sie sich der Tätigkeit des Individuums entgegenstellt, ins Auge faßt. In dieser Betrachtungsweise wollen wir die wichtigsten Reaktionsweisen der ersten Wochen untersuchen: die Saugreflexe, die Greifreflexe, das Schreien und die Lauterzeugung, die Bewegungen und Haltungen der Arme, des Kopfes und des Rumpfes usw.

Es fällt dabei auf, daß diese Tätigkeiten von den ersten Anfängen ihres primitiven Funktionierens sowohl für sich allein als auch in Beziehung zueinander zu einer Systematisierung neigen, die ihren Automatismus bei weitem überschreitet. Es gibt also von Geburt an »Verhalten« im eigentlichen Sinne, in das das Individuum gesamthaft einbezogen wird und das nicht nur in einem Spiel von isolierten Automatismen besteht, die einzig durch ihre innere Ursächlichkeit miteinander verkoppelt sind. Mit anderen Worten, die fortlaufenden Manifestationen eines Reflexes, wie zum Beispiel des Saugreflexes, sind nicht mit einer periodischen Inbetriebsetzung eines Motors vergleichbar, den man nur alle paar Stunden benützt und in der Zwischenzeit ruhen läßt, sondern stellen einen geschichtlichen Ablauf dar, bei dem jede Episode von der vorausgehenden abhängt und die folgenden mit bedingt. Diese Manifestationen sind also Glieder einer im eigentlichen Sinn organischen Evolution. Wie der interne Mechanismus dieser Betätigung auch beschaffen sein mag, man kann ihren Verlauf von außen verfolgen und die Dinge so beschreiben, als ob jede einzelne Reaktion alle anderen ohne innere

Zwischenglieder bestimmen würde. In diesem Sinne liegt eine totale Reaktion vor, das heißt, wir stehen am Anfang der Psychologie.

1. Die Saugreflexe

Greifen wir als Beispiel die Saugreflexe oder den Sauginstinkt heraus. Diese Reflexe sind sehr komplex. Sie implizieren eine große Zahl von zentripetalen (afferenten) Nervenfibern des Trigeminus und des Glossafaringicus, ebenso wie zentrifugale (efferente) Fibern des Nervus facialis, des Nervus hypoglossicus und des Masticator. Das Zentrum dieser verschiedenen Innervationen liegt im verlängerten Mark. Wir bringen zuerst einige Beobachtungen:

Bb. 1:[1] Von der Geburt an beobachtet man Saugversuche: Impulsive Bewegungen der Lippen, die vorgestreckt werden, verbunden mit Verschiebungen der Zunge, während zu gleicher Zeit die Arme ungeordnete, aber mehr oder weniger rhythmische Gesten ausführen und der Kopf sich seitlich hin und her bewegt usw.

Wenn die Hände zufällig die Lippen berühren, wird sofort der Saugreflex ausgelöst. Das Kind saugt zum Beispiel einen Augenblick lang an seinen Fingern, aber vermag sie natürlich nicht in seinem Mund zu halten noch ihnen mit den Lippen nachzufolgen. So saugten Lucienne eine viertel Stunde und Laurent eine halbe Stunde nach ihrer Geburt an ihren Händchen. Bei Lucienne dauerte dieses Saugen an den Fingern mehr als 10 Minuten, weil die Hand dank ihrer besonderen Lage unbeweglich blieb.

Einige Stunden nach der Geburt erstes Saugen des Kolostrums. Es ist bekannt, wie verschieden sich die Kinder bei dieser ersten Mahlzeit anstellen. Bei den einen, zu denen Lucienne und Laurent gehörten, genügt der Kontakt der Lippen und ohne Zweifel auch der Zunge mit der Brustwarze, und schon stellen sich Saug- und Schluckreaktionen ein. Bei anderen, wie zum Beispiel bei Jacqueline, braucht es mehr Zeit, bis die Koordination gelingt: Das Kind läßt die Brust jeden Augenblick wieder los und sucht sie auch nicht wieder aus eigenem Antrieb, noch bemüht es sich mit derselben Kraftanstrengung wie vorher darum, wenn man ihm die Brustwarze wieder in den Mund bringt. Schließlich gibt es noch Kinder, auf die man einen richtigen Druck und Zwang ausüben muß: den Kopf halten, die Brustwarze zwischen die Lippen zwängen und in Kontakt mit der Zunge bringen usw.

Bb. 2: Am ersten Tag nach der Geburt ergreift Laurent mit seinen Lippen die Brustwarze, ohne daß man sie ihm in den Mund halten muß. Er sucht sofort wieder nach ihr, sobald ihm infolge irgendeiner Bewegung die Brust entweicht.

Am zweiten Tag beginnt Laurent zwischen den Mahlzeiten im Leeren zu saugen, indem er die spontanen Bewegungen des ersten Tages wiederholt: Die Lippen öffnen und schließen sich wie beim richtigen Saugen, aber ohne Gegenstand.

[1] Bb. ist die Abkürzung für Beobachtung(en).
Die ab Bb. 4 verwendeten Ziffernkombinationen – zum Beispiel 0; 0 (9) – bezeichnen das Alter des Kindes: Jahr; Monat (Tag).

Dieses Verhalten ist bei ihm in der Folge immer häufiger geworden, und wir werden es nicht mehr hervorheben.

Am selben Tag beobachtet man bei Laurent den Beginn eines reflexartigen Suchens, das sich in den folgenden Tagen entwickeln wird und ohne Zweifel den charakteristischen Suchhandlungen der späteren Entwicklungsstadien (Erwerb von Gewohnheiten und empirische Intelligenz) funktionell äquivalent ist. Auf dem Rücken liegend, hat Laurent den Mund offen und bewegt leicht Lippen und Zunge, indem er Saugreaktionen andeutet und den Kopf von links nach rechts bewegt, wie wenn er einen Gegenstand suchen würde. Diese Gesten verlaufen zum Teil unter Schweigen, zum Teil werden sie von einem Brummen, das mit einer Mimik von Ungeduld und Hunger verbunden ist, unterbrochen.

Bb. 3: Am dritten Tag macht Laurent neue Fortschritte in seinem Anpassungsverhalten an die Brust: Es genügt, daß er mit den Lippen die Brustwarze oder die umgebenden Gewebe streift, und schon beginnt er mit offenem Mund zu suchen, bis er Erfolg hat. Aber er sucht sowohl auf der falschen wie auf der richtigen Seite, das heißt auf der Seite, auf der der Kontakt hergestellt wurde.

Bb. 4: Mit 0; 0 (9) liegt Laurent auf einem Bett und versucht zu saugen, indem er den Kopf von links nach rechts hin und her bewegt. Er streift dabei mehrere Male zufälligerweise seine Lippen mit der Hand und saugt sofort an ihr. Im Verlauf seines Suchens stößt er auch auf eine Federdecke, dann auf eine Wolldecke, und jedesmal beginnt er sogleich, am Gegenstand zu saugen, um ihn nach einem Augenblick wieder loszulassen, worauf er jedesmal zu weinen beginnt. Wenn er an seiner Hand saugt, wendet er sich nicht von ihr ab, wie er es bei den Decken tut, aber die Hand entweicht ihm von selbst infolge der mangelnden Koordination der Bewegungen. Er beginnt auch sogleich, sie wieder zu suchen.

Bb. 5: Sobald Laurents Wange mit der Brust in Berührung kommt, beginnt er mit 0; 0 (12) zu suchen, bis er zu trinken findet. Seine Bemühungen richten sich jetzt jedesmal nach der richtigen Seite, das heißt nach der Seite, auf der er die Berührung gespürt hat.

Mit 0; 0 (20) beißt er in die Brust, die man ihm fünf Zentimeter neben der Brustwarze dargeboten hat. Er saugt einen Augenblick lang an der Haut, läßt sie dann los, verschiebt seinen Mund um zwei Zentimeter und beginnt wiederum zu saugen, um sofort damit aufzuhören. Bei einem dieser Versuche berührt er zufälligerweise die Brustwarze mit der Außenseite seiner Lippen und erkennt sie nicht. Beim weiteren Suchen berührt er sie aber durch Zufall mit der Schleimhaut der Unterlippe (sein Mund steht weit offen). Da bringt er seine Lippen sogleich in die richtige Stellung und beginnt zu saugen.

Am selben Tage Wiederholung dieses Versuches: Nachdem er einige Sekunden an der Brust gesaugt hat, verzichtet er darauf fortzufahren und beginnt zu weinen. Dann fängt er von neuem an, hört wiederum auf, aber ohne zu weinen, und saugt einen Zentimeter daneben; so fährt er fort, bis er die Brustwarze findet.

Bb. 6: Noch am selben Tage biete ich Laurent, der vor Hunger weint (aber mit Unterbrechungen und ohne Heftigkeit), meinen umgebogenen Zeigefinger dar. Er saugt sogleich daran, verwirft ihn aber einige Sekunden später wieder und beginnt von neuem zu weinen. Zweiter Versuch: dieselbe Reaktion. Dritter Versuch: Er saugt daran, diesmal lange und ausgiebig, und ich selbst entziehe ihm den Finger erst nach einigen Minuten.

Bb. 7: Laurent liegt mit 0; 0 (21) auf der rechten Seite, die Arme eng am Körper und die Hände verschränkt, saugt er lange an seinem rechten Daumen und bleibt dabei vollständig unbeweglich. Dieselbe Beobachtung wurde am Vorabend vom Kindermädchen gemacht. Ich entziehe ihm seine rechte Hand, und er beginnt sie sogleich zu suchen, indem er den Kopf von links nach rechts wendet. Da seine Hände infolge seiner Stellung unbeweglich geblieben sind, findet Laurent in drei wiederholten Versuchen seinen Daumen wieder, und jedesmal setzt ein lang anhaltendes Saugen ein. Aber wenn man ihn auf den Rücken legt, dann weiß er die Bewegung der Arme nicht mit derjenigen des Mundes zu koordinieren. Seine Hände weichen zurück, obwohl er sie mit den Lippen sucht.

Mit 0; 0 (24) dieselbe Beobachtung: Während Laurent an seinem Daumen saugt, bewegt er sich nicht im geringsten (man möchte von einem richtigen Brustsaugen sprechen: vollständiges Saugen, verbunden mit Keuchen usw.).

Wenn die Hand allein den Mund streift, erfolgt gar keine Koordination.

Bb. 8: Als Laurent 0; 0 (21) ist, lege ich mehrere Male den Rücken meines Zeigefingers an seine Wangen. Er wendet sich jedesmal nach der richtigen Seite und öffnet den Mund. Dieselben Reaktionen erfolgen bei Berührungen mit der Brustwarze.

Später greife ich dieselben Versuche wie bei Bb. 5 wieder auf. Mit 0; 0 (21) beginnt Laurent, an den Hautgeweben zu saugen, mit denen er in Berührung kommt. Er läßt sie nach einem Augenblick wieder los, aber sucht mit offenem Mund, indem er mit seinen Lippen beinahe über die Haut streift. Er schnappt nach der Brustwarze, sobald er sie mit der Schleimhaut der Unterlippe berührt.

Am Abend wiederhole ich denselben Versuch im Verlauf des Stillens, das man zu diesem Zweck unterbricht. Laurent ist schon halb eingeschlafen: Seine Ärmchen fallen zurück, und seine Hände öffnen sich (zu Beginn der Mahlzeit bog er seine Ärmchen auf die Brust zurück und drückte seine Händchen zusammen). Man bringt seinen Mund mit der Haut der Brust, etwa fünf Zentimeter von der Brustwarze entfernt, in Berührung. Er beginnt sofort zu saugen, ohne die Augen zu öffnen, aber nach einigen Augenblicken wird er durch den Mißerfolg geweckt: Seine Augen öffnen sich weit, seine Ärmchen beugen sich wieder, und er saugt hastig schnell. Dann gibt er es auf und beginnt von neuem, ein bißchen daneben auf der linken Seite, die zufälligerweise die richtige Seite ist. Da er immer noch nichts findet, verschiebt er den Kopf weiter nach links, aber die Rotationsbewegung, in die er seinen Kopf versetzt, bewirkt, daß er den Kontakt mit der Brust verliert und in tangentialer Richtung von ihr weggelangt. Im Verlauf dieser tangentialen Bewegung streift er zufällig die Brustwarze mit dem linken Mundwinkel, und nun verhält er sich so, wie wenn er die Brustwarze sogleich erkannt hätte. Statt weiter auf ungezielte Weise herumzusuchen, konzentriert er das Suchen auf die unmittelbare Umgebung der Brustwarze. Da aber die Seitwärtsbewegungen seines Kopfes eine tangentiale Kurve zur Folge hatten, deren Krümmung zu derjenigen, der Brust nicht parallel, sondern entgegengesetzt verläuft, schwingt sein Kopf frei im Raum umher und wird dabei nur durch zufällige und ganz leichte Berührungen mit der Brustwarze gelenkt. Erst nach einigen Augenblicken führen diese immer gezielter lokalisierten Versuche zum Erfolg. Die letzte Phase des gezielten Suchens war bemerkenswert ob der Geschwindigkeit, mit der jede Berührung der Brustwarze unmittelbar einen Versuch auslöste, die Brustwarze in den Mund einzuführen. Dabei öffneten und schlossen sich die Lippen mit unglaublicher Kraft. Darüber hinaus war diese Phase auch durch eine progressive Annäherung der tangentialen Kurvenbewegungen an die Berührungspunkte gekennzeichnet.

Mit 0; 0 (23) ein neuer Versuch. Laurents Kopf befindet sich zehn Zentimeter neben der Brust und sucht links und rechts. Während er zur Linken sucht, berührt man seine rechte Wange mit der Brustwarze, er wendet sich sofort um und sucht zur Rechten. Man entfernt ihn wieder um fünf Zentimeter. Er fährt aber weiter fort, auf der richtigen Seite zu suchen. Man nähert ihn der Brust. Sobald er ihre Haut fühlt, sucht und findet er die Brustwarze.

Dasselbe Experiment wird mit dem gleichen Resultat am Abend dieses Tages wiederholt. Nach einigen erfolgreichen Saugakten entfernt man ihn wieder. Er streckt sich aber sofort nach der richtigen Seite aus.

Mit 0; 0 (24) scheinen Laurents Bewegungen im gleichen Versuch sehr viel schneller zu verlaufen. Insbesondere genügt ihm jetzt schon eine Berührung der Brustwarze mit der Außenseite der Lippen zur genaueren Lokalisierung seiner Suchbewegungen. Er bedarf hierzu nicht mehr der Berührung mit der inneren Schleimhaut. Überdies werden, sobald er die Brustwarze gefunden hat, die Seitwärtsbewegungen seines Kopfes exakter (die Ausschläge sind weniger groß) und schneller. Schließlich scheint es auch, daß er nun bereits fähig sei, nicht nur Seitwärtsbewegungen zu machen, sondern den Kopf zu heben, wenn er die Brustwarze mit der Oberlippe berührt hat.

Bb. 9: Mit 0; 0 (22): Laurent ist wach, eine Stunde nach der Mahlzeit, er weint, aber nur schwach und mit Unterbrechung. Ich lege meine rechte Hand auf seinen Mund, ziehe sie aber zurück, bevor er zu saugen beginnt. Da führt er siebenmal nacheinander einen vollständigen Saugakt ohne Objekt durch, indem er den Mund öffnet und schließt und die Zunge entsprechend bewegt usw.

Bb. 10: Es folgen zwei Beobachtungen, die von einer unterschiedlichen Anpassung zeugen, je nachdem ob das Bedürfnis nach Nahrung schwach oder stark ist. Mit 0; 0 (25) liegt Laurent ohne großen Appetit (er hat seit seiner letzten Mahlzeit nicht geweint) auf dem Rücken, und man bringt seine rechte Wange mit der Brustwarze in Berührung. Er dreht sich zur richtigen Seite, nun zieht man die Brust um fünf bis zehn Zentimeter zurück. Er reckt sich einige Sekunden lang in der richtigen Richtung und gibt dann auf. Nach einem Augenblick der Ruhe (er liegt noch immer auf dem Rücken, das Gesicht gegen die Decke) beginnt er den Mund wieder schwach zu bewegen und den Kopf von links nach rechts zu wenden. Schließlich streckt er ihn nach der falschen Richtung. Kurzes Suchen in dieser Richtung, dann weinerlicher Ausdruck (Mundwinkel herabgezogen usw.) und wieder Anhalten. Einen Augenblick später neues Suchen in der falschen Richtung. Man berührt die Mitte seiner rechten Wange: gar keine Reaktion. Erst als die Brustwarze seine Haut ungefähr einen Zentimeter von den Lippen entfernt berührt, wendet er sich ihr zu und ergreift sie.

Wenn man diese Beschreibung liest, könnte man den Eindruck gewinnen, als ob die ganzen Übungen der letzten Wochen vergebens waren. Vor allem könnte man geneigt sein zu schließen, die Erregungszone des Reflexes beschränke sich auf einen

Umkreis von ungefähr einem Zentimeter um die Lippen herum und die Wangen selbst seien nicht sensibel. Am folgenden Tag aber ergibt dasselbe Experiment entgegengesetzte Resultate, wie man sehen wird.

Mit 0; 0 (26) liegt Laurent auf dem Rücken. Er hat großen Hunger. Ich berühre die Mitte seiner Wange mit meinem gebogenen Zeigefinger, bald auf der rechten, bald auf der linken Seite: Er bewegt sich jedesmal sofort auf die richtige Seite zu. Während er immer noch auf dem Rücken liegt, bekommt er die Brustwarze in der Mitte der rechten Wange zu fühlen. Er versucht sofort nach ihr zu schnappen, aber man zieht sie um zehn Zentimeter zurück. Da bewegt er den Kopf noch weiter nach der richtigen Seite und sucht ganz offensichtlich. Von den Bemühungen erschöpft, ruht er sich einen Augenblick aus, das Gesicht gegen die Decke gewandt. Dann macht sich sein Mund wieder auf die Suche, wobei der Kopf sich sogleich wieder nach der richtigen Seite orientiert. Diesmal rückt er so weit voran, bis er die Brustwarze spürt, zuerst in der Nasengegend, dann zwischen Nasenflügel und Mundwinkel. Jetzt wiederholt er zweimal hintereinander ganz deutlich die Bewegung, die wir bei 0; 0 (24) (siehe Bb. 8) notiert haben: Er hebt den Kopf, um die Brustwarze zu fassen. Das erste Mal erwischt er die Warze nur mit dem Mundwinkel und verliert sie wieder. Eine oder zwei Sekunden nachher hebt er den Kopf wieder mit Nachdruck und gelangt zum Ziel.

Bemerkenswert ist die Art und Weise, mit der er im Alter von 0; 0 (29) die Brustwarze erkennt: Er sucht ihre nähere Umgebung mit geöffneten und unbeweglichen Lippen ab, bevor er zupackt.

Die theoretische Wichtigkeit solcher Beobachtungen scheint uns ebenso groß wie ihre Banalität.[2] Sie demonstrieren uns handgreiflich die Entwicklung und Umwandlung eines Systems von reinen Reflexen in ein psychologisches Verhalten, indem sich einfach seine Funktionsweise systematisiert. Wir wollen nun diesen Prozeß analysieren, indem wir ihn zuerst unter dem Gesichtspunkt der fortschreitenden Anpassung und dann unter demjenigen der sich bildenden Organisation betrachten.

2. Die Übung der Reflexe

Was den *Anpassungsvorgang* betrifft, ist hervorzuheben, daß der Reflex, mag er als vererbter physiologischer Mechanismus noch so gut funktionieren und beinahe als unveränderlicher Automatismus erscheinen, nichtsdestoweniger einer gewissen Übung bedarf, um sich wirklich anzupassen. Auch der Reflex ist folglich einer graduellen Akkommodation an die äußere Wirklichkeit fähig.

Betrachten wir zuerst das Element der *Akkommodation*. Der Saug-

[2] Wir sind glücklich, auf die Übereinstimmung dieser Beobachtungen mit denen von R. Ripin und H. Hetzer: Frühestes Lernen des Säuglings in der Ernährungssituation, in: Zeitschrift für Psychologie, Band 118, 1930, S. 82–127, hinweisen zu können. Die Beobachtungen, die wir schon vor einigen Jahren an unseren Kindern gemacht haben, waren unabhängig von denjenigen von Ripin und Hetzer, was ihre Übereinstimmung um so bemerkenswerter macht.

reflex ist eine vererbte Einrichtung, die von Geburt an funktioniert und entweder durch eine unbestimmte spontane Bewegung oder durch einen äußeren Reiz ausgelöst wird (Bb. 1). Damit diese Einrichtung aber die Funktion einer nützlichen Tätigkeit erlange, das heißt, zum Saugen und Schlucken der Muttermilch geeignet werde, genügt es oft, die Brustwarze in den Mund des Neugeborenen zu stecken. Man weiß aber auch (Bb. 1), daß nicht jedes Kind sich von vornherein richtig verhält. Es gibt Säuglinge, die erst nach langer Übung den Zustand der normalen Funktionsweise erreichen. Darin zeigt sich ein erster Aspekt von Akkommodation: Die Berührung mit dem Gegenstand verändert in gewissem Sinne die Tätigkeit des Reflexes. Selbst wenn die Verknüpfung dieser Tätigkeit mit dem Brustkontakt erblich angelegt wäre, würde dadurch seine Rolle bei ihrer Konsolidierung nicht herabgemindert. Man weiß ja, daß gewisse Instinkte verlorengehen können oder bestimmte Reflexe aufhören, in normaler Weise zu spielen, wenn ihnen die angemessene Umwelt mangelt.[3] Aber diese Abhängigkeit geht noch weiter. Der Kontakt mit der Umwelt beeinflußt nicht nur die Entwicklung der Reflexe, sondern in gewisser Weise auch ihre Koordination. Die Bb. 2, 3, 5 und 8 demonstrieren diese Abhängigkeit. Anfänglich vermochte das Kind nur an der Brustwarze zu saugen, wenn man sie ihm in den Mund brachte. Nach und nach lernt es aber, sie zu ergreifen und sogar zu entdecken. Zuerst war dazu direkte Berührung notwendig, schließlich genügt aber jede Berührung mit irgendeinem näher oder weiter von der Brustwarze entfernt liegenden Gebiet.[4]

Wie soll man solche Akkommodation erklären? Es scheint uns schwierig zu sein, so kurz nach der Geburt den Mechanismus der erworbenen Assoziationen im weiteren Sinn oder den des »konditionierten Reflexes« ins Auge zu fassen. Der eine wie der andere Mecha-

[3] So führt Larguier des Bancels in ›Introduction à la psychologie‹, 1921, S. 178, aus, nachdem er die berühmten Versuche Spaldings über den Zerfall der Instinkte bei den frisch ausgeschlüpften Küken erwähnt hat: »Der Sauginstinkt ist vergänglich. Ein Kalb, das man von seiner Mutterkuh getrennt und ein oder zwei Tage von Hand ernährt hat, weigert sich meistens zu säugen, wenn man es einer anderen Kuh zuführt. Das Kind benimmt sich in ähnlicher Weise. Wenn man es zuerst mit dem Löffel ernährt, hat es nachher große Mühe, sich an die Brust zu gewöhnen.«

[4] Siehe Preyer: L'âme de l'enfant, 1887, S. 213–217. Bemerkenswert sind folgende Stellen: »Sicher ist der Saugakt am ersten Tag nicht so erfolgreich wie am zweiten Tag, und ich habe oft normale Neugeborene gesehen (1869), bei denen die Saugbemühungen während der ersten Stunden absolut erfolglos verliefen. Wenn ich ihnen einen Elfenbeinstift in den Mund steckte, verliefen ihre Saugbewegungen ganz unkoordiniert« (S. 215). »Es ist auch allgemein bekannt, daß die neugeborenen Kinder die Brustwarze nicht ohne Hilfe finden, wenn man sie an die Brust legt; erst nach einigen Tagen erweisen sie sich dazu in der Lage, das heißt also viel später als die Tiere« (S. 215f.). »Es geschieht oft, daß die Brustwarze nicht in den Mund des Kindes hineingelangt, wenn man das Kind an die Brust legt, dann saugt es an der daran angrenzenden Haut; und das kann man noch in der dritten Woche beobachten ...« (S. 216).

nismus setzt eine systematische Dressur voraus. Die Analyse der vorliegenden Verhaltensweisen weist im Gegenteil charakteristische Unterschiede zu den erworbenen Assoziationen auf. Während bei diesen Prozessen, der konditionierte Reflex macht dabei keine Ausnahme, eine Assoziation zwischen einer beliebigen Wahrnehmung, die dem Bereich des Reflexes nicht nahezustehen braucht, und dem Reflex selber (zum Beispiel zwischen einem Laut, einer visuellen Wahrnehmung usw. und dem Speichelreflex) hergestellt wird, generalisiert sich bei unseren Beobachtungen ganz einfach das dem Reflex eigentümliche Empfinden (Berührung der Lippen mit einem fremden Körper) und zieht so die Betätigung des Reflexes in immer zahlreicheren Situationen nach sich. In den Bb. 2, 3, 5 und 8 besteht die Akkommodation zum Beispiel ganz wesentlich in einem Fortschritt beim kontinuierlichen Suchen nach der Brustwarze: Zu Beginn (Bb. 2 und 3) löst die Berührung mit irgendeinem Punkt der Brust einfach ein momentanes Saugen in diesem Gebiet aus, das unmittelbar von Tränen oder einem ungeordneten Suchen gefolgt wird, während einige Tage später (Bb. 5) dieselbe Berührung ein gezieltes Suchen auslöst, wobei das Kind angespannt nach dem Erfolg strebt. Es ist daher sehr interessant zu beobachten, wie in diesem Fall der durch jeden Kontakt mit der Brust erregte Saugreflex seine Tätigkeit augenblicklich einstellt, wenn das Kind bemerkt, daß das Saugen nicht mit einer Befriedigung, wie zum Beispiel der Nahrungsaufnahme, verbunden ist (siehe Bb. 5 und 8). Das Suchen setzt dann jedesmal von neuem ein, bis das Saugen Nahrung bringt. Die Bb. 2, 3, 4 und 5 bis 8 zeugen von einer großen Reihe von verschiedenen Akkommodationsarten: Das Saugen an der Bettdecke oder an der Wolldecke usw. wird verworfen, während das Saugen an der Brust akzeptiert wird; das Saugen an einer menschlichen Haut (zum Beispiel die Hand des Kindes usw.) wird akzeptiert, wenn es nur darum geht, zu saugen um des Saugens willen, aber es wird verworfen, wenn der Hunger groß ist (genauso verhält es sich bezüglich der Brust, wenn es sich um einen anderen Ort als den der Brustwarze handelt); der väterliche Zeigefinger (Bb. 6) wird abgelehnt, wenn das Kind nach der Brust verlangt, aber als Beruhigungsmittel angenommen usw. In all diesen Verhaltensweisen scheint uns ein ganz evidenter Lernvorgang in Funktion der Umwelt am Werke zu sein.

Ohne Zweifel gibt es für alle diese Tatsachen eine physiologische Erklärung, die sich streng an den Reflexbereich hält. Die »Irradiationen«, die »lange dauernden Erregungen«, die »Erregungssummationen« und die Verknüpfung von Reflexen untereinander erklären ohne Zweifel die Tatsache, daß das Suchen des Kindes immer systematischer wird und daß eine bestimmte Berührung, die noch keine Dauerbetätigung auszulösen vermochte, einige Tage später dazu ausreicht usw. Es ist also unnötig, Mechanismen zu postulieren, die sich dem

Reflex überlagern, wie es später die Gewohnheit und das intelligente Verständnis tun werden. Die Notwendigkeit der Umwelt für die Entfaltung der Reflextätigkeit bleibt nichtsdestoweniger bestehen. Die reflexive Anpassung enthält mit anderen Worten immer ein Element der Akkommodation. Es ist sehr unwahrscheinlich, daß Laurent Federdecke, Wolldecke und den väterlichen Zeigefinger mit solcher Heftigkeit verworfen hätte, nachdem sie doch bereits einen Saugreflex ausgelöst hatten, wenn diesem nicht der Kontakt mit der Brustwarze und die Erfahrung der Milcheinnahme vorausgegangen wären.[5]

Wenn aber auch bei jeder Anpassung eines Reflexes die Akkommodation an die Umwelt eine gewisse Rolle spielt, so bleibt diese Akkommodation doch immer untrennbar mit einer progressiven *Assimilation* verknüpft, die in der Betätigung des Reflexes besteht. Man kann ganz allgemein sagen, daß der Reflex durch seine Ausübung konsolidiert und verstärkt wird. Diese Tatsache ist nur der direkteste Ausdruck für den Assimilationsmechanismus. Dabei manifestiert sich die Assimilation in erster Linie durch ein wachsendes Bedürfnis nach Wiederholung, das die Ausübung des Reflexes charakterisiert (funktionelle Assimilation), und in zweiter Linie durch diese Art von rein praktischem oder sensomotorischem Wiedererkennen, das dem Kind die Anpassung an die verschiedenen Gegenstände, mit denen seine Lippen in Kontakt treten, erlaubt (wiedererkennende und generalisierende Assimilation).

Das Bedürfnis nach Wiederholung ist schon für sich allein sehr bedeutungsvoll: Es handelt sich nämlich um ein Verhalten mit einer geschichtlichen Komponente, die zu den einfachen, mit dem Zustand des Organismus in einem bestimmten Moment verbundenen Stimuli hinzutritt. Stimuli erster Ordnung, die den Reflex auszulösen vermögen, sind Berührungen mit einem äußeren Gegenstand: So konnte Preyer Saugbewegungen auslösen, indem er die Lippen eines Neugeborenen berührte, und die Bb. 1 zeigt uns Kinder, die eine viertel oder eine halbe Stunde nach ihrer Geburt an ihrer Hand saugen. Interne Stimuli oder Stimuli zweiter Ordnung sind motivationale Zustände des Körpers, wie zum Beispiel unbestimmte spontane Bewegungen (Bb. 1) oder vom Hunger verursachte Erregungszustände. Nach diesen ganz bestimmten Reizen, die an besondere Momente des Lebens des Organismus gebunden scheinen, kommt unseres Erachtens die Wiederholung der Reflexbewegung selbst. Auch sie spielt die Rolle eines Bewegungsauslösers. Warum zum Beispiel saugt Lucienne zehn Minuten lang unmittelbar nach ihrer Geburt an ihren Fingern? Nicht

[5] Bei den Tieren gibt jedes etwas komplexere Reflexverhalten Anlaß zu ähnlichen Reaktionen. Die Kopulationsversuche führen bei den Lymnäen zum Beispiel zu den seltsamsten Handlungen, bevor der Akt gelingt.

der Hunger kann die Ursache dafür sein, da die Nabelschnur ja erst durchschnitten worden ist. Es liegt natürlich auch ein äußerer Reiz vor, da ja die Lippen die Hand berühren. Aber warum dauert in diesem Fall die Reizwirkung weiter, wo doch das Saugen zu keinem anderen Resultat als eben der Ausübung des Reflexes führt? Schon bei diesem primitiven Mechanismus scheint also eine Art von zirkulärem Prozeß seine Tätigkeit zu begleiten. Die Tätigkeit des Reflexes wird durch seine eigene Ausübung verstärkt. Diese Interpretation mag in bezug auf diese ersten Erscheinungen zweifelhaft erscheinen. Sie drängt sich aber angesichts der darauffolgenden Verhaltensweisen immer stärker auf. Nachdem Laurent zum Beispiel einige Male gestillt worden ist (Bb. 2), kann man bei ihm Anfänge eines Saugens ohne Objekt beobachten. Es dürfte schwerfallen, darin nicht eine Art Eigenerregung zu erblicken. In den Bb. 2, 3, 4, 5 und 8 scheint auch der Fortschritt im Aufsuchen der Brust für eine Verstärkung der Saugtendenz durch das Funktionieren zu sprechen. Als einen Gegenbeweis könnte man den progressiven Zerfall der nicht benutzten Reflexmechanismen ansehen. Wie soll man diese Tatsachen interpretieren? Es handelt sich selbstverständlich noch nicht um »Zirkulärreaktionen« im Sinne Baldwins, das heißt um die Wiederholung einer erworbenen oder eben sich bildenden, auf einen Gegenstand bezogenen Verhaltensweise. Es sind Reflexbewegungen und nicht erworbene Verhaltensweisen. Sie enthalten Empfindungen, die an den Reflex selbst gekoppelt sind und nicht an das äußere Objekt. Dennoch ist ihr Mechanismus, vom rein funktionellen Standpunkt aus betrachtet, der Zirkulärreaktion vergleichbar. So liegt in Bb. 9 der klare Tatbestand vor, daß die leichteste Erregung nicht nur eine Reflexreaktion, sondern eine Folge von sieben solchen Reaktionen auszulösen vermag. Ohne irgendeine Hypothese über den Erhaltungsmodus dieser Erregung zu wagen und noch viel weniger diese Wiederholung als bewußt angestrebten und gespeicherten Vorgang zu interpretieren, so muß man doch in einem solchen Falle feststellen, daß eine eindeutige Tendenz zur Wiederholung vorliegt oder – objektiv ausgedrückt – daß eine akkumulative Wiederholung gegeben ist.

Dieses Bedürfnis nach Wiederholung ist aber nur einer der Aspekte eines allgemeineren Prozesses, den wir als Assimilation qualifizieren können. Aufgrund seiner Tendenz zur Wiederholung verleibt sich der Reflex jeden Gegenstand ein, der geeignet ist, ihm als Erreger zu dienen. Es sind in dieser Hinsicht zwei ganz verschiedene, aber von diesem Standpunkt aus sehr bedeutungsvolle Phänomene zu unterscheiden.

Das erste Phänomen könnte man als »generalisierende Assimilation« bezeichnen. Es besteht in der Einverleibung immer vielfältigerer Gegenstände in dasselbe Reflexschema. Wenn das Kind zum Beispiel

Hunger verspürt, aber nicht genug, um in zorniges Weinen auszubrechen, und wenn seine Lippen durch irgendeine zufällige Berührung gereizt werden, kann man der Bildung dieser Verhaltensweise beiwohnen, die besonders aufgrund ihrer zukünftigen Entwicklungen und der zahllosen Analogien zu anderen Verhaltensweisen so bedeutungsvoll ist. So beginnt das Kind je nach dem Spiel des Zufalls und den Gegenständen, mit denen es in Berührung kommt, schon in der zweiten Woche an seinen Fingern oder an den Fingern, die man ihm darbietet, an seinem Kopfkissen oder an seiner Bettdecke oder an seinen eigenen Wäschestücken usw. zu saugen. Es assimiliert also diese Gegenstände der Tätigkeit des Reflexes.

Wenn wir dabei von generalisierender Assimilation sprechen, behaupten wir selbstverständlich nicht, daß das Neugeborene einen bestimmten Gegenstand (zum Beispiel die Mutterbrust) schon erkenne und diese Erkenntnis dann auf andere Gegenstände ausdehne. Mit anderen Worten, wir schreiben dem Säugling natürlich keine irgendwie geartete intentionale Generalisierung im Sinne eines bewußten Überganges vom Einzelnen zum Allgemeinen zu. Dies geschieht um so weniger, als die intelligente Generalisierung unseres Erachtens selbst nie mit einem solchen bewußt vollzogenen Schritt anhebt, sondern immer von einem indifferenzierten Schema ausgeht, in dem Individuelles und Generelles miteinander kombiniert sind und sich ergänzen. Wir vertreten nur die Meinung, daß das Neugeborene ohne irgendwelches Bewußtsein der Individualität der Gegenstände und der Generalität seines Verhaltens dem globalen Verhaltensschema des Saugens eine ganze Reihe von mehr oder weniger komplexen Gegenständen einordnet und daß sich daraus der Eindruck eines generalisierenden Assimilationsprozesses ergibt. Ist das nicht ein Spiel mit Worten, einen so einfachen Tatbestand in der Sprache der Assimilation auszudrücken? Spräche man nicht besser von »der Auslösung eines Reflexes durch eine Klasse analoger Reize«? Und wenn man unbedingt am Ausdruck Assimilation festhalten will, muß man dann wirklich schließen, daß die für einen bestimmten Reflex ungewohnten Reize (zum Beispiel die Gesamtheit der Gegenstände, die fähig sind, bei ihrer Annäherung ans Auge den Lidreflex auszulösen) alle Anlaß bieten zu einem identischen, aber generalisierenden Assimilationsphänomen? Keineswegs. Das besondere und eigentlich psychologische Problem, das sich im Fall des Saugreflexes stellt, ist die Tatsache, daß die Assimilation der verschiedenen Objekte an den Saugakt sich unmerklich generalisiert, bis sie sich im Stadium der erworbenen Zirkulärreaktionen und erst recht im Stadium der intentionalen Bewegungen zu einem sehr komplexen und sehr widerstandsfähigen Verhaltensschema ausgebildet hat. Denn mit Beginn des zweiten Lebensmonates wird das Kind tatsächlich ganz systematisch an seinem Daumen saugen (wobei die Bewegungen jetzt koordiniert und gezielt verlaufen und nicht mehr dem bloßen Zufall gehorchen). Wenn es schließlich fünf Monate alt ist, werden seine Hände alle Gegenstände zum Mund führen, und es wird sich sogar dieser Verhaltensweisen bedienen, um die Gegenstände wiederzuerkennen und die erste Art von Raum (den »Saugraum« von Stern) zu bilden. Es darf daher als gewiß erachtet werden, daß die ersten sich im Saugverhalten vollziehenden Assimilationen, auch wenn in ihnen die Berührung mit der Brust von der Berührung mit anderen Gegenständen nicht unterschieden wird, nicht ein undifferenziertes Geschehen sind, das mit dem Fortschritt der Ernährung verschwinden wird, sondern den Ausgangspunkt immer komplexerer Assimilationen bilden.

Nach diesen Feststellungen stellt sich die Frage der Interpretation dieser generalisierenden Assimilation. Man kann den Saugreflex als ein globales Schema von koordinierten Bewegungen auffassen. Auch wenn dieses Schema von Bewußtsein begleitet ist, führt es noch nicht zur Wahrnehmung von Gegenständen, ja nicht einmal zur Wahrnehmung bestimmter Empfindungsbilder. Dieses Verhaltensmuster enthält allenfalls das Bewußtsein bestimmter Körperstellungen, die im äußersten Fall aufgrund der Empfindungen der Lippen und des Mundes sensomotorisch integriert werden. Weil dieses Schema oder Muster zu Wiederholungen und kumulativen Betätigungen Anlaß gibt, funktioniert es nicht bloß unter Zwang eines bestimmten äußeren oder inneren Reizes, sondern läuft gleichsam für sich selber ab. Mit anderen Worten, das Kind saugt nicht nur, um sich zu ernähren, sondern auch, um sich über seinen Hunger hinwegzutäuschen und um den Erregungszustand, der mit der Mahlzeit verbunden war, zu verlängern usw., und schließlich saugt es sogar einfach nur, um zu saugen. In diesem Sinn ist das dem Saugschema einverleibte Objekt tatsächlich an die Tätigkeit dieses Schemas assimiliert. Man darf den Gegenstand, an dem gesaugt wird, nicht als eine Nahrung für den Organismus im allgemeinen auffassen, sondern muß ihn sozusagen als Nahrung der Saugtätigkeit selber und ihrer verschiedenen Formen verstehen. Vom Standpunkt des Bewußtseins, wenn hier überhaupt schon Bewußtsein vorliegt, ist eine solche Assimilation viel eher undifferenziert als wirklich generalisiert. Vom Standpunkt der Tätigkeit aus aber ist sie eine generalisierende Ausweitung dieses Verhaltensschemas und kündet, wie wir angedeutet haben, noch weitere und umfassendere Generalisierungen an.

Neben dieser generalisierenden Assimilation zeichnet sich aber schon in den ersten Wochen eine andere Form von Assimilation ab, die man »wiedererkennende Assimilation« nennen könnte. Diese zweite Form scheint der ersten zu widersprechen, stellt aber in Wirklichkeit einen Fortschritt dar, so gering er auch sein mag. Was wir nämlich eben über die die generalisierende Assimilation charakterisierende Undifferenziertheit gesagt haben, stimmt tatsächlich nur bei Zuständen geringen Appetits oder der Sättigung. Sobald nämlich das Kind großen Hunger hat, sucht es nach Nahrung und wird die Brustwarze von allen anderen Dingen unterscheiden. Dieses Suchen und Unterscheiden scheint eine beginnende Differenzierung in das globale Saugschema einzuführen. Diese Differenzierung bringt folglich auch ein ansatzweises Wiedererkennen ganz praktischer und rein motorischer Art mit sich, das aber doch ausreicht, um den Terminus der wiedererkennenden Assimilation zu gestatten. Prüfen wir einmal aus dieser Sicht die Art und Weise, mit der das Kind die Brustwarze wiederfindet. Schon vom dritten Tage an (Bb. 3) scheint Laurent die Brustwarze von den sie umgebenden Geweben zu unterscheiden. Er verlangt nach Milch und will nicht mehr bloß saugen. Vom zehnten Tage an beobachtet man (Bb. 4), mit welcher Geschwindigkeit er die Bettdecke oder die Wolldecke verwirft, die er eben zu saugen begonnen hat, um etwas Substantielleres zu finden. Auch die Reaktion auf den dargebotenen Zeigefinger des Vaters (Bb. 6) könnte nicht deutlicher sein: Enttäuschung und Tränen. Schließlich zeugt in gleicher Weise auch das tastende Suchen auf der Brust selbst (Bb. 5 und 8) von dieser Diskrimination. Wie soll man diese Art von Wiedererkennen erklären?

Ebensowenig wie bei der generalisierenden Assimilation kann hier von Wiedererkennen eines »Gegenstandes« gesprochen werden. Der Grund liegt auf der Hand, denn nichts in den Bewußtseinszuständen des Neugeborenen erlaubt ihm, die äußere Welt von der inneren zu unterscheiden. Auch wenn wir voraussetzen, daß das Neugeborene gleichzeitig schon visuelle Empfindung (einfaches Sehen von Lichteindrücken ohne Form und Tiefe), akustische Empfindungen, Tast- und Geschmacksempfindungen und kinästhetische Empfindungen, die mit dem Saugreflex verbunden sind, erleben könne, so ist es doch klar, daß auch die Gesamtheit dieser Empfindungen nicht ausreicht, um ein Bewußtsein von Gegenständen auszubilden. Wir werden im zweiten Band dieses Werkes sehen, daß jedes Gegenstandsbewußtsein intellektuelle Operationen im eigentlichen Sinne voraussetzt, weil ohne sie die Permanenz der Form und der Substanz nicht gewährleistet ist. Es kann sich auch nicht einfach um ein wahrnehmungmäßiges Wiedererkennen handeln, das heißt um das Wiedererkennen von sensorischen Eindrücken aus der Außenwelt, obwohl natürlich diese Art von Wiedererkennen der Erarbeitung von Gegenständen weit vorangeht (eine Person, ein Spielzeug oder ein Handtuch als »Bild« wiedererkennen, noch bevor aus ihnen permanente Gegenstände werden). Mag die Brust, die der Säugling ergreift, für den Beobachter außerhalb des Kindes liegen und ein von ihm verschiedenes Bild darstellen, für das

Neugeborene existieren nur Bewußtseinszustände von Haltungen, von Emotionen und von Hunger oder Befriedigungseindrücken. Weder der Gesichtssinn noch das Gehör geben auf dieser Stufe Anlaß zu Wahrnehmungen, die über diese globalen Reaktionen hinausgehen. Wie H. Wallon sehr schön gezeigt hat, haben die äußeren Einflüsse nur Bedeutung im Rahmen der durch sie hervorgerufenen Haltungen des Körpers. Wenn der Säugling die Brustwarze vom Rest der Brust oder von den Fingern oder irgendwelchen anderen Gegenständen abhebt, so erkennt er noch keinen Gegenstand, noch unterscheidet er ein sensorisches Gebilde von einem anderen. Er findet ganz einfach einen bestimmten sensomotorischen Verhaltenskomplex (einen kombinierten Saug- und Schluckakt) unter den analogen Verhaltenskomplexen wieder, die seine Welt ausmachen und in denen Subjekt und Objekt noch vollständig undifferenziert ineinander übergehen. Mit anderen Worten, dieses elementare Wiedererkennen besteht im striktesten Sinn des Wortes in der »Assimilation« der Gesamtheit der Gegebenheiten an eine bestimmte Struktur oder Organisation, die schon einmal funktioniert hat und nur dank dieses Funktionierens in der Vergangenheit die gegenwärtige Diskrimination gestattet. Aber damit wird schon die Tatsache erklärt, daß die Wiederholung des Reflexes von selbst zu einer wiedererkennenden Assimilation wird, die, obwohl rein praktischer Natur, dennoch den Anfang der Erkenntnis darstellt.[6] Man formuliert denselben Sachverhalt genauer, indem man sagt, die Wiederholung des Reflexes führe zu einer allgemeinen und verallgemeinernden Assimilation der Dinge an die Reflextätigkeit. Infolge der Variationen, die nach und nach in dieses Verhalten eingeführt werden (Saugen, um zu saugen, Saugen, um über den Hunger hinwegzutäuschen, Saugen, um sich zu ernähren usw.), ergibt sich eine zunehmende Differenzierung des Assimilationsschemas, und in den am meisten fortgeschrittenen Fällen gestattet diese Differenzierung eine wiedererkennende Assimilation.

Wir können also abschließend zusammenfassen, daß die der Anpassung des Reflexes eigentümliche Assimilation sich unter drei verschiedenen Formen darbietet: kumulative Wiederholung, Generalisierung der Reflextätigkeit mit Einverleibung neuer Objekte in ihre

[6] Wir möchten noch einmal betonen, daß wir nicht den Anspruch erheben, die Art der Bewußtseinszustände, die diese Assimilation begleiten, zu präzisieren. Ob diese Zustände rein emotionaler oder affektiver Natur sind und an die Saugstellungen gebunden, oder ob von Anfang an eine bewußte sensorische und kinästhetische Diskrimination gegeben ist, das können wir aufgrund der Analyse des Verhaltens der ersten zwei oder drei Lebenswochen nicht entscheiden. Dieses Verhalten zeigt uns ganz einfach das tastende Suchen und die Diskrimination, die die Reflextätigkeit charakterisieren. Dabei offenbaren sich fundamentale Tatsachen, die es gestatten, schon auf dieser primitiven Stufe von psychologischer Assimilation zu sprechen.

Funktionsweise und schließlich motorisches Wiedererkennen. In letzter Analyse stellen aber diese drei Formen ein und denselben Sachverhalt dar: Der Reflex ist als ein organisiertes und geordnetes Geschehen aufzufassen, dessen Eigentümlichkeit darin besteht, sich durch Betätigung zu erhalten und folglich früher oder später für sich allein zu funktionieren (Wiederholung), sich die Gegenstände einzuverleiben, die dieser Funktion angemessen sind (generalisierende Assimilation) und die Situationen zu diskriminieren, die bestimmten spezifischen Weisen seiner Tätigkeit entsprechen (motorisches Wiedererkennen). Wir werden in der Folge sehen – und das ist das einzige Ziel dieser Analyse –, daß diese Prozesse sich in derselben Form auf den Entwicklungsstufen der erworbenen Zirkulärreaktionen, der ersten intentionalen Verhaltensschemata und der im eigentlichen Sinn intelligenten Verhaltensweisen wiederfinden. Die Verschiebungen, die sich dabei offenbaren, sind durch die zunehmende Komplexität der Strukturen zu erklären.

Die progressive Anpassung der Reflexschemata setzt also deren *Organisation* oder Struktur voraus. Diese Wahrheit stellt in der Physiologie einen banalen Tatbestand dar. Nicht nur der Reflexbogen setzt eine solche Organisation voraus, sondern alle Reflexe eines jeden Lebewesens, das nicht Laboratoriumsversuchen unterworfen wird, bilden ein einheitliches und organisches System. Nach der Auffassung von Graham Brown muß man den einfachen Reflex als das Ergebnis eines Differenzierungsprozesses auffassen. Die Psychologen neigen dagegen viel zu stark dazu, sich einen Reflex oder selbst einen komplexen Instinktakt, wie zum Beispiel den Saugakt, als eine Summe von Bewegungen vorzustellen, die möglicherweise noch mit der Aufeinanderfolge von Bewußtseinszuständen gekoppelt gedacht und nicht als eine wahre Ganzheit aufgefaßt werden. Zwei wesentliche Umstände veranlassen uns aber, den Saugakt bereits als eine wirkliche psychische Organisation aufzufassen: Die Tatsache nämlich, daß dieser Akt früher oder später eine Bedeutung erhält und die Tatsache, daß er in ein gerichtetes Suchen ausmündet.

Was die Bedeutungen angeht, haben wir gesehen, wie weit sich die verschiedenen Saugakte differenzieren, je nachdem, ob das Neugeborene Hunger hat und Nahrung zu erhalten sucht oder ob es saugt, um sich zu beruhigen, oder ob es nur saugt, um zu spielen. Die verschiedenen Saugakte scheinen also tatsächlich eine Bedeutung für den Säugling selbst zu besitzen. Die Ruhe, die auf die stürmischen Schreie und Tränen folgt, sobald das Kind in die für das Stillen notwendige Lage gebracht wird und es die Brustwarze suchen kann, zeigt zur Genüge, daß dieses Bewußtsein, wenn überhaupt schon ein Bewußtsein vorhanden ist, von vornherein Bewußtheit von Bedeutungen ist. Nun ist aber jede Bedeutung notwendigerweise relativ zu anderen Bedeutungen, und das schon auf der elementaren Ebene der einfachen motorischen Wiedererkennensakte.

Zweitens wird die Existenz einer Organisation durch die Tatsache des gerichteten Suchens bezeugt. Dieses Suchen, das der Säugling schon so früh an den Tag legt, sobald er mit der Brust in Berührung kommt, ist in Tat und Wahrheit eine erstaunliche Sache, mag sie auch noch so alltäglich sein. Dieses auf dem Prinzip von Akkommodation und Assimilation beruhende Suchen muß vom Standpunkt der Organisation als eine erste Manifestation des Dualismus von Verlangen und Befriedigung, das heißt also von Wert und Wirklichkeit oder von der sich vervollständigenden und gleichzeitig unvollständigen Ganzheit, aufgefaßt werden. Dieser Dualismus tritt auf allen Ebenen des zukünftigen Handelns wieder in Erscheinung, und die gesamte geistige Entwicklung versucht ihn zu reduzieren, er wird sich aber ständig verschärfen.

Das sind, vom doppelten Standpunkt der Anpassung und Organisation aus gesehen, die ersten Erscheinungsweisen des psychologischen Lebens, das noch auf vererbten physiologischen Mechanismen basiert. Diese leider allzu schematische Analyse vermag wenigstens sichtbar zu machen, in welcher Weise das psychische Verhalten die rein reflexive Organisation erweitert und trotzdem dauernd von ihr abhängt. Die physiologische Erbmasse des Organismus liefert einen vollständig organisierten und erblich angelegten Mechanismus. Dieser Mechanismus ist virtuell angepaßt, hat aber noch nie funktioniert. Die Psychologie beginnt mit der Betätigung dieses Mechanismus. Diese Betätigung verwandelt den Mechanismus noch in keiner Weise, ganz im Gegenteil zu dem, was man im Verlauf der folgenden Entwicklungsstadien beobachten wird (Erwerb von Gewohnheiten, Verstehen usw.). Seine Tätigkeit beschränkt sich auf eine verstärkende Betätigung und baut ihn nicht in neue und umfassendere Organisationsweisen ein. Innerhalb der Grenzen dieses Funktionierens gibt es aber Platz für eine historische Abfolge, die tatsächlich den Anfang des psychischen Lebens darstellt. Diese Abfolge ruft selbstverständlich nach einer physiologischen Erklärung: Wenn der Reflexmechanismus sich durch Übung verstärkt oder infolge mangelnder Übung zerfällt, so gewiß nur deshalb, weil aufgrund der Gesetze der Reflextätigkeit Koordinationen geknüpft oder gelöst werden. Aber eine solche physiologische Erklärung macht eine psychologische Betrachtung keineswegs überflüssig. Es ist wahrscheinlich, daß Bewußtseinszustände diesen komplexen Reflexmechanismus der Saugtätigkeit begleiten. Diese Bewußtseinszustände haben notwendigerweise eine innere Geschichte. Derselbe Bewußtseinszustand kann sich nicht zweimal auf genau dieselbe Weise wiederholen. Durch die Wiederholung erwirbt er die Eigenschaft des »Schon-einmal-erlebt-Habens« (déjà vu) usw., er bekommt also eine Bedeutung. Sollte aber zufälligerweise bei einer Reflexhandlung kein Bewußtseinszustand erfolgen, so verleihen ihr der Entwicklungscharakter und die Kontinuität mit den folgenden Entwicklungsstadien dennoch den Charakter einer eigentlichen Verhaltensweise. Das wollen wir nun abschließend genauer umreißen.

Verhaltensweisen im eigentlichen Sinn implizieren immer eine individuelle Benützung der Erfahrung. Der Reflex als vererbter Mechanismus stellt in gewissem Sinne eine das Individuum überdauernde Berücksichtigung der Erfahrung dar. Wie diese Erfahrung in Erbmechanismen verankert wird, das ist ein biologisches Problem, von dem wir schon gesprochen haben und das vom Psychologen, mag es ihn auch noch so sehr interessieren, mit seinen eigenen Methoden nicht gelöst werden kann. Wenn der vererbte Saugreflex aber betätigt und geübt wird, setzt eine Art von Lernen ein. Dieses Lernen setzt außer der Erbanlage eine individuelle Berücksichtigung der Erfahrung voraus. Diese Grundtatsache erlaubt uns, ein solches Verhalten dem psychologischen Bereich einzuordnen, während ein einfacher Reflex, der diesem Bedürfnis nach Übung und Lernen in Funktion der Umwelt (so zum Beispiel das Niesen) nicht nachkommt, für uns ohne Interesse ist. Worin besteht dieses Lernen? Man kann versuchen, es zu definieren ohne Bezug auf eine bestimmte Theorie und die diesen Prozeß eventuell begleitenden Bewußtseinszustände. Die an reflexive oder instinktive Mechanismen gekoppelten Lernvorgänge haben im Gegensatz zu den aufgrund von Gewohnheiten oder intelligenten Strukturen erworbenen Verhaltensweisen die besondere Eigenart, nichts von dem festzuhalten, was außerhalb dieser Mechanismen liegt. Die Gewohnheit zum Beispiel, die einen ein, zwei oder drei Monate alten Säugling angesichts eines Gegenstandes den Mund öffnen läßt, setzt eine gedächtnismäßige Fixierung voraus. Ein taktilomotorisches Verhaltensschema, das sich auf diesen Gegenstand bezieht, wurde ausgebildet, und dieses Verhaltensschema erklärt für sich allein die Einförmigkeit dieser Reaktion. In gleicher Weise impliziert das Lernen einer intellektuellen Operation (zum Beispiel des Zählens) die Erinnerung an die Gegenstände oder an die Erfahrungen im Umgang mit diesen Gegenständen. In beiden Fällen wird also etwas behalten, was außerhalb des ursprünglichen Mechanismus des betreffenden Aktes liegt. Im Gegensatz dazu behält das Kind, das zu saugen beginnt, nichts von dem, was nicht mit dem Saugakt selbst zusammenhängt. Es bewahrt ohne Zweifel weder von den Gegenständen noch von den sensorischen Eindrükken, auf die sich seine sukzessiven Versuche bezogen haben, irgendeine Spur. Es registriert ganz einfach die Reihe dieser Versuche als reine sich gegenseitig konditionierende Handlungen. Wenn es die Brustwarze wiedererkennt, handelt es sich dabei nicht um das Wiedererkennen eines Dinges oder eines Bildes, sondern um die Assimilation eines sensomotorischen Verhaltenskomplexes an einen anderen. Das Erlernen dieses Saugaktes setzt natürlich Umwelt und Erfahrung voraus, da ja keine Funktionsübung ohne Berührung mit der Umwelt möglich ist. Aber es handelt sich dabei um einen Lernvorgang besonderer Art, in gewissem Sinne um einen autodidaktischen Vorgang und nicht um einen eigentlichen Erwerb. Einerseits übersteigen also diese ersten psychologischen Verhaltensweisen die rein physiologische Ebene – wie die individuelle Betätigung eines vererbten Mechanismus über die Erbanlage selbst hinausgeht –, andererseits hängen sie im höchsten Grade von ihr ab.

Aus diesen ersten Anfängen menschlichen Verhaltens ergibt sich eine große Erkenntnis: Schon die mit einem Reflexmechanismus verbundenen Lernprozesse ziehen innerhalb der von uns definierten Grenzen ein sehr komplexes Spiel von Akkommodationen, Assimilationen und individuell verschiedenen Strukturen nach sich. Da der Reflexmechanismus, ohne irgend etwas von der Umwelt als solcher zu registrieren, dieser Umwelt dennoch bedarf, ergibt sich ein Akkommodationsprozeß. Ebenso impliziert dieser Vorgang einen Assimilationsvorgang, da er sich ja durch seine Tätigkeit jeden Gegenstand, der zu seiner Erhaltung beitragen kann, einverleibt und sogar die so einverleibten Gegenstände dank der Gleichheit und der Verschiedenheit der erzeugten Haltungen diskriminiert. Schließlich impliziert er auch eine Organisation, die den inneren Aspekt dieses progressiven Anpassungsgeschehens darstellt. Die aufeinanderfolgenden Vollzüge des Reflexmechanismus bilden organisierte Ganzheiten, und die in den ersten Schritten dieses Lernprozesses erfolgenden Suchhandlungen werden eben durch die Struktur dieser Ganzheiten orientiert. Diese Verhaltensweisen übersteigen die rein physiologische Ebene nur in dem sehr geringen Ausmaße, nach dem ihre individuelle Betätigung eine von den vererbten Strukturen unabhängige Geschichte besitzt (sie als »Verhaltensweisen« zu behandeln, wie wir das hier getan haben, mag daher beinahe als metaphorische Sprechweise erscheinen). Dennoch scheinen sie eine grundlegende Bedeutung für die darauffolgende geistige Entwicklung zu haben. Tatsächlich werden wir die Akkommodations-, Assimilations- und Organisationsfunktion, welche wir im Vollzug des Reflexmechanismus unterscheiden konnten, im Verlauf der folgenden Entwicklungsstadien wiederfinden und dabei ihre stets zunehmende Bedeutung erkennen. Dieser funktionelle Kern wird uns in gewissem Sinne sogar als das Wesen der Strukturen selbst aufgehen, je mehr wir diese intellektuellen Strukturen sich zu immer komplexeren Koordinationen zusammenfügen sehen.

3. Die Assimilation als Grundtatsache des psychischen Lebens

Beim Studium der Reflextätigkeiten haben wir eine Grundtendenz vorgefunden, die auf jeder neuen Stufe der intellektuellen Entwicklung in neuer Form in Erscheinung treten wird. Es handelt sich um die Tendenz, Verhaltensweisen wieder zu vollziehen und sie an immer neuen äußeren Gegenständen ablaufen zu lassen. Wir nennen diesen Vorgang Assimilation. Diese Assimilation ist gleichzeitig reproduzierend, generalisierend und wiedererkennend, sie macht Wesen und Prinzip der Funktionstätigkeit des Saugreflexes aus. Ohne diese Assimilation kann sich der Reflex auch nicht akkommodieren. Andererseits stellt sie den dynamischen Ausdruck der statischen Struktur dar, die wir Organisation nennen. Sie bildet also in doppelter Hinsicht eine Grundtatsache, deren genetische Konsequenzen die psychologische Analyse aufzudecken hat.

Drei Umstände bestätigen uns in dieser Ansicht:

Der erste Umstand besteht in der Tatsache, daß die Assimilation einen sowohl dem organischen Leben als auch der geistigen Tätigkeit gemeinsamen Prozeß darstellt und als solcher eine Brücke von der Physiologie zur Psychologie schlägt. Worin der innere Mechanismus der biologischen Assimilation auch immer bestehen mag, es ist eine Erfahrungstatsache, daß ein Organ sich nur aufgrund seiner Tätigkeit entwickelt (unter Voraussetzung eines gewissen Gleichgewichts zwischen nützlicher Übung und Müdigkeit). Umfaßt das betreffende Organ das äußere Verhalten des Subjektes, erhält dieses Phänomen der funktionellen Assimilation sowohl einen physiologischen als auch psychologischen Aspekt, die voneinander nicht getrennt werden können. Das einzelne Detail ist physiologischer Natur, während die Reaktion in ihrer Gesamtheit psychischer Natur ist. Nehmen wir als Beispiel das Auge, das sich unter dem Einfluß der Sehtätigkeit (Wahrnehmung von Lichtquellen, von Formen usw.) entwickelt. Schon vom physiologischen Standpunkt aus darf man das Licht als Nahrung für das Auge bezeichnen (das gilt insbesondere für die primitiven Fälle von Hautsensibilität bei den unteren Klassen der wirbellosen Tiere, bei denen sich das Auge auf eine Anhäufung von Pigment reduziert, die auf Lichtquellen in der Nähe reagiert). Das Licht wird durch die lichtempfindlichen Gewebe absorbiert und assimiliert, und dieses Geschehen löst eine entsprechende Entwicklung dieser Organe aus. Dieser Prozeß setzt ohne Zweifel ein Zusammenspiel von vielen, sehr komplexen Mechanismen voraus. Begnügt man sich aber mit einer globalen Beschreibung – die sich nur auf das gesamte Verhalten und folglich auf den psychologischen Aspekt beziehen kann –, dann stellt das Sehen der Dinge das wesentliche Nahrungsmittel des Auges dar, denn dadurch wird das Organ fortwährend in Tätigkeit gehalten und seine Entfaltung herausgefordert. Das Auge bedarf der Sehbilder genauso, wie der Körper chemische, energetische usw. Nahrung aufnehmen muß. Von den vom Organismus assimilierten Außendingen werden einzelne in physische und chemische Prozesse eingegliedert, andere dienen ganz allgemein der globalen Funktionstätigkeit als Nahrung. Im ersten Fall sprechen wir von »physiologischer«, im zweiten Fall von »psychologischer Assimilation«. Das Grundphänomen besteht aber in beiden Fällen in einer Einverleibung der Welt in die Tätigkeit des Subjektes.

Der zweite Umstand beruht auf der Tatsache der Wiederholung, in der man allgemein das elementarste Phänomen des psychischen Lebens erblickt. Wie soll man sonst die Tendenz eines jeden Individuums erklären, mag man sein Verhalten auch noch so weit zurückverfolgen, jedes Erlebnis und jede Erfahrung zu reproduzieren? Diese Tatsache ist nur dann einsichtig, wenn die wiederholte Verhaltensweise eine funktionelle Bedeutung besitzt, das heißt einen Wert für das Subjekt hat. Woher kommt dieser Wert? Einzig aus der Tätigkeit selbst. Auch in dieser Hinsicht erscheint also die funktionelle Assimilation als ein ganz ursprüngliches Faktum.

Drittens umfaßt die Assimilationstätigkeit von Anfang an im Mechanismus der Wiederholung ein wesentliches Element der Koordination zwischen Neuem und Altem. Dieses koordinative Element unterscheidet die Assimilation von der passiven Gewohnheit und kündigt bereits den Urteilsprozeß an. Tatsächlich impliziert der Reproduktionsakt, aus dem die Assimilation wesentlich besteht, immer die Einverleibung einer aktuellen Gegebenheit in ein vorliegendes Schema, das eben durch die Wiederholung gebildet wird. So verstanden, kennzeichnet Assimilation alle intellektuellen Mechanismen und stellt ihnen gegenüber das eigentliche Urphänomen dar.

Könnte man die Beschreibung dieses Prozesses nicht vereinfachen, indem man sich eines weniger bedeutungsträchtigen und daher vieldeutigen Begriffs bediente? In seinen bemerkenswerten Abhandlungen zur funktionellen Psychologie[7] hat Claparède an den Ausgangspunkt jeder geistigen Tätigkeit das Bedürfnis gestellt. Wie soll man erklären, daß bestimmte Verhaltensweisen zu einer spontanen Wiederholung Anlaß geben? Wie kommt es, daß nützliche Akte sich von selbst reproduzieren? Weil sie einem Bedürfnis entsprechen, sagt uns Claparède. Die Bedürfnisse bilden somit den Übergang vom organischen Leben, aus dem sie entspringen, zum psychischen Leben, dessen Motor sie darstellen.

Der große Vorteil dieser Terminologie gegenüber der Assimilationsterminologie besteht in der größeren Einfachheit. Es dürfte daher

[7] Siehe: L'éducation fonctionelle.

auch recht schwer fallen, mit den Grundzügen der Theorie Claparèdes nicht einverstanden zu sein. Da ja das Bedürfnis der faßbare Ausdruck des Assimilationsprozesses ist, können wir natürlich die Berechtigung dieser Auffassung, der wir persönlich viel verdanken, nicht in Zweifel ziehen. Die Frage ist nur, ob diese Auffassung gerade wegen ihrer Einfachheit nicht Anfangsprobleme aufwirft, die bei einer Verwendung des Assimilationsbegriffes der biologischen Forschung überlassen werden können. Zwei Schwierigkeiten scheinen uns vor allem zu entstehen.

Die erste: Wenn das Bedürfnis der Motor jeder Tätigkeit ist, wie vermag es dann die zu seiner Befriedigung notwendigen Bewegungen zu orientieren? Claparède hat die Analyse dieser Frage selbst mit bewunderungswürdiger Schärfe in Angriff genommen. Er sagt uns, daß man nicht nur nicht wisse, warum für die Verfolgung eines Ziels die dafür zweckmäßigen Handlungen herangezogen werden, sondern noch weniger könne man einsehen, auf welche Weise nach dem Scheitern eines Mittels andere versucht werden. Geschieht es doch insbesondere in dem Falle, wo der Reflex von erworbenen Assoziationen überformt wird, daß ein und dasselbe Bedürfnis eine ganze Reihe von verschiedenen Verhaltensweisen auslöst, die alle auf dasselbe Ziel hin tendieren. Welche Kraft steht hinter diesem Prozeß, wählt die günstigen Reaktionen aus und koordiniert sie?

Der Versuch, diese fundamentalen Probleme zu lösen, dürfte heute noch verfrüht sein. Könnten aber die Schwierigkeiten nicht einfach dadurch entstehen, daß man das Bedürfnis von der in ihrer Gesamtheit betrachteten Handlung lostrennt? Die primären Bedürfnisse existieren ja nicht vorgängig und außerhalb der Prozesse und Mechanismen, die zu ihrer Befriedigung führen. Im Gegenteil, sie treten erst während der Tätigkeit dieser Funktionen in Erscheinung. Es wäre darum verfehlt zu sagen, daß sie der Wiederholung vorausgehen. Viel richtiger wäre es zu sagen, daß sie ihr entspringen. Es besteht also ein Kreis ohne Anfang und Ende. Das Saugen im Leeren oder jede ähnliche Tätigkeit stellt einen Vorgang dar, der das Bedürfnis ebensosehr verstärkt, wie umgekehrt das Bedürfnis diesen Prozeß auslöst. Vom psychologischen Standpunkt aus darf man daher das Bedürfnis nicht losgelöst von seiner Betätigung oder Aktivierung betrachten. Es bildet nur einen Teilaspekt dieser Tätigkeit. Vom physiologischen Standpunkt andererseits setzt das Bedürfnis eine Organisation mit »beweglichem Gleichgewicht« voraus, deren vorübergehendes Ungleichgewicht es verrät. Das Bedürfnis bezeichnet also in beiden Sprechweisen die Tatsache einer momentan unvollendeten Ganzheit, die nach Vollendung trachtet. Gerade diese Tatsache drücken wir mit dem Terminus Assimilationszyklus oder Assimilationsschema aus. Das Bedürfnis offenbart den Zwang, den ein Organismus oder ein Organ verspürt, eine äußere Gegebenheit in seinen Funktionsablauf einzubauen. Nicht das Bedürfnis ist also das ursprüngliche Faktum, sondern das Assimilationsschema, dessen introspektiv erfaßten Aspekt es darstellt. Vielleicht ist darum die Frage, auf welche Weise das Bedürfnis die zweckmäßigen Verhaltensschritte auslöse und auf ein Ziel ausrichte, ein Pseudoproblem. Weil diese Bewegungen schon ein Ziel besitzen, werden sie vom Bedürfnis ausgelöst. Mit anderen Worten, die geordneten, zur Wiederholung neigenden Verhaltensprozesse und das Bedürfnis selbst bilden ein einziges und unteilbares Ganzes. Insofern als diese Auffassung einen Reflex oder eine angeborene Organisation betrifft, scheint sie selbstverständlich zu sein. Sie verliert aber diesen Evidenzcharakter, sobald man erworbene Handlungskomplexe ins Auge faßt. Vielleicht kommt aber auch diese Schwierigkeit ganz einfach daher, daß man die Entstehung von Handlungskomplexen zu additiv versteht. Die Theorie der Assimilation erklärt die Entstehung neuer Verhaltensschemata durch Verknüpfung und Differenzierung früherer Verhaltensschemata. Sie führt sie nicht auf eine Reihe von isolierten, nebeneinander bestehenden Elementen zurück. Daher vermag sie sogar zu erklären, wie ein einzelnes Bedürfnis eine Reihe von aufeinanderfolgenden Versuchen auslösen kann. Denn erstens ist jede Assimilation generalisierend, und zweitens besitzen Assimilationsschemata die Fähigkeit, entweder sich durch gegenseitige Assimilation zu verbinden oder auch in isoliertem Zustande zu funktionieren (siehe in diesem Zusammenhang die Stadien vier bis sechs).

Wenn man das Bedürfnis als das ursprüngliche Phänomen des psychischen Lebens betrachtet, ergibt sich aber noch eine zweite Schwierigkeit. Denn in einer solchen Betrachtungsweise erfüllen die Bedürfnisse die Rolle eines Verbindungsgliedes zwischen dem Organismus und dem Bereich des Psychischen. Sie stellen dann in gewissem Sinne den physiologischen Motor der geistigen Tätigkeit dar. Zwar spielen gewiß bestimmte körperliche Bedürfnisse in einer großen Zahl von niederen Verhaltensweisen (wie zum Beispiel das Suchen nach Nahrung in der Tierpsychologie) diese Rolle. Beim jungen Menschenkinde aber gehören die wichtigsten Bedürfnisse der funktionalen Ordnung an. So erzeugt die Tätigkeit der Organe aus sich allein ein psychisches Bedürfnis eigener Art oder vielmehr eine Reihe sich ergänzender und stellvertretender Bedürfnisse, deren Komplexität von allem Anfang an über die einfache, bloß organische Befriedigung hinausgeht. Je mehr überdies die Intelligenz sich entwickelt und durchsetzt, desto mehr wandelt sich die Assimilation der Wirklichkeit an die eigene Tätigkeit zu einem wirklichen Verstehen. Dabei entwickelt sich das Bedürfnis, die Dinge den Schemata des Subjektes einzuordnen, zum Hauptmotiv des Intelligenzverhaltens. Diese Funktion des Bedürfnisses, unaufhörlich über sich selbst hinauszugelangen, läßt die Intelligenz die rein organische Ebene überwinden und scheint uns damit von neuem zu beweisen, daß die Grundtatsache nicht das Bedürfnis als solches, sondern vielmehr der Assimilationsakt ist. Die Assimilation verbindet sowohl das funktionale Bedürfnis nach Wiederholung als auch die Koordination von Subjekt und Objekt, die bereits Implikation und Urteil ankündigt, zu einer Einheit.

Selbstverständlich bietet der Rückgriff auf den Assimilationsbegriff in keiner Weise eine Erklärung der Assimilation selber. Die Psychologie kann nur mit der Beschreibung eines Grundphänomens beginnen, ohne in der Lage zu sein, dieses selber zu erklären. Das Ideal einer absoluten Deduktion führt notwendigerweise zu einer rein verbalen Erklärung. Einer solchen Versuchung zu widerstehen bedeutet aber als Ausgangspunkt der Analyse die elementare Gegebenheit zu wählen, die gleichzeitig sowohl einer biologischen Behandlung als auch einer psychologischen Analyse zugänglich ist. Die Assimilation ist ein solches Prinzip. Die Erklärung des Assimilationsvorgangs ist Sache der Biologie. Die Existenz einer organisierten Ganzheit, die sich durch Assimilation der Umwelt erhält, wirft tatsächlich das Problem des Lebens selbst auf. Da man aber auch nicht ohne weiteres das Höhere auf das Niedere zurückführen kann, wird die Biologie das Problem der Assimilation nicht erhellen können, ohne auf seinen psychologischen Aspekt hinzuweisen. Von einer bestimmten Tiefensicht an stellen die vitale und die mentale Organisation nur noch ein und dasselbe dar.

Kapitel II
Das zweite Stadium: Die ersten erworbenen Anpassungsverhalten und die primäre Zirkulärreaktion

Die vererbten Anpassungsmechanismen werden im Verlauf der Entwicklung von nicht angeborenen Anpassungsmechanismen überhöht, denen sie sich nach und nach unterordnen. Mit anderen Worten, die Reflexmechanismen werden in fortschreitendem Maße in die kortikalen Tätigkeiten integriert. Diese neuen Anpassungsmechanismen werden für gewöhnlich als »erworbene Assoziationen« (erworbene Handlungskomplexe), als »Gewohnheiten« oder sogar als »konditionierte Reflexe« bezeichnet. Zu ihnen gehören eigentlich auch die intentionalen Handlungen, die, wie wir sehen werden, das dritte Stadium charakterisieren. Gewiß kommt schon den ersten Entwicklungsstufen der psychologischen Assimilation eine gewisse immanente Intentionalität zu. Die Assimilationshandlung ist sich aber auf diesen Stufen ihrer Intentionalität nicht bewußt. Daher trägt sie auch noch nichts zur Differenzierung des Verhaltens bei, bevor sich nicht eine Assimilation mittels sekundärer Verhaltensschemata herausbildet. Das ist aber erst mit der Entwicklung der Greiftätigkeit und den ersten sich aus ihr ergebenden Einwirkungen auf die Dinge der Fall. Dem vorliegenden Stadium können wir also als obere Grenze die intentionalen Handlungen und als untere Grenze die ersten nicht angeborenen Anpassungserscheinungen zuordnen.

Tatsächlich aber ist es äußerst schwierig, das effektive Auftreten der ersten erworbenen Anpassungserscheinung zeitlich festzusetzen.

Von einem theoretischen Standpunkt aus könnte man folgendes Kriterium adoptieren: Bei jedem Verhalten, dessen Anpassungsprozesse erblich festgelegt sind, bilden Assimilation und Akkommodation eine unteilbare und undifferenzierte Einheit, während sie sich mit dem ersten Auftreten erworbener Anpassungserscheinungen zu dissoziieren beginnen. Mit anderen Worten, die vererbten Anpassungsmechanismen zeigen keinen über ihre Tätigkeit hinausgehenden Lernfortschritt. Die erworbenen Anpassungsmechanismen implizieren dagegen einen Lernfortschritt, der sich auf neue Gegebenheiten der Umwelt bezieht und gleichzeitig eine Einordnung von Gegenständen in die so differenzierten Verhaltensschemata mit sich bringt. Wenn man aber von der Theorie zur Interpretation der tatsächlichen Gegebenheiten übergeht, stellen sich dieser Unterscheidung zwischen erworbener und präformierter Koordination große Schwierigkeiten entgegen.

Wie soll man nämlich den Augenblick feststellen, mit dem der Reflexmechanismus beginnt, äußerliche Gegebenheiten festzuhalten? Wie wir schon gesagt haben, wird beim Reflexmechanismus nur die eigene Tätigkeit verfestigt. In diesem Sinne bildet die Akkommodation bei einem angelegten Verhaltensschema, mag sie auch die Erfahrung und den Kontakt mit der Umwelt voraussetzen, mit der Assimilation, das heißt also mit der Funktionstätigkeit dieses Schemas, eine unteilbare Einheit. Von einem bestimmten Augenblick an hält aber die Tätigkeit des kleinen Kindes etwas fest, was selbst nicht zu ihr gehört. Sie beginnt sich unter dem Einfluß der Erfahrung zu verwandeln. Damit ist die erworbene Akkommodation gegeben. Wenn das Kind zum Beispiel in systematischer Weise an seinem Daumen saugt, und zwar nicht mehr bloß dann, wenn der Daumen zufällig zum Munde gelangt, sondern aufgrund einer Koordination von Hand und Mund, kann man von erworbener Akkommodation sprechen. Weder die Reflexe des Mundes noch diejenigen der Hand schließen in ihrer Erbkonstitution eine solche Koordination ein (der Instinkt »am Daumen saugen« existiert nicht!), und nur die Erfahrung allein kann dieses Gebilde erklären. An diesem Verhalten kann also mit relativer Sicherheit die Unterscheidung vollzogen werden. Bei vielen anderen Verhaltensweisen dagegen kann man eine klare Grenze zwischen reinem Reflexverhalten und durch die Erfahrung erweitertem Reflexverhalten kaum ziehen. Zahlreiche Aspekte der visuellen Akkommodation zum Beispiel stellen ein unentwirrbares Gemenge von reiner Reflextätigkeit und wirklicher Neubildung dar.

In bezug auf die Assimilation stellt sich dieselbe Schwierigkeit. Die dem Reflex eigentümliche psychologische Assimilation besteht, wie wir gesehen haben, in einer kumulativen Wiederholung, verbunden mit einer progressiven Einverleibung von Gegenständen in den so gebildeten Zyklus. Ein solches Verhalten impliziert aber eine gewisse Ausrichtung durch die neuen Resultate, zu denen es führt. Gewiß wohnt dem Saugakt von Anfang an ein gezieltes Suchen inne und, vorausgesetzt, daß das Kind hungrig ist, verleiht der Erfolg den vorangegangenen erfolglosen Versuchen eine Bedeutung. Aber das neu gefundene Resultat besitzt im Vergleich mit dem ursprünglichen sensomotorischen Feld des Reflexes nicht den Charakter von etwas Neuem. Ganz anders im Bereich der erworbenen Anpassungsmechanismen. Bei ihnen verleiht das neue Ergebnis den Wiederholungen eine Richtung. Die Neuheit des Ergebnisses besteht entweder im Charakter der sensorischen Eindrücke, die das Ergebnis bestimmen, oder in den Vorgehensweisen, die zu seiner Erreichung führen. Während also beim Reflex Assimilation und Akkommodation eine Einheit bildeten, unterscheidet sich künftig die Reproduktion der neuen Handlung oder die Assimilation von Gegenständen an das Schema dieser Handlung von der Assimilation selbst. Ein solcher Prozeß kann noch sehr wenig differenziert bleiben, besonders dann, wenn die erworbene Anpassung die reflexive Anpassung nur verlängert. Aber er wird sich um so mehr von der Akkommodation abheben, je komplexer die neue Handlung ist. So stellt bei der Ausbildung der Greifbewegung die unaufhörliche Wiederholung eines gelungenen Manövers eine viel geringere Akkommodationsleistung dar als der Versuch, einen Gegenstand in einer neuen Situation zu ergreifen. Die Wiederholung eines Verhaltenszyklus, der bereits vollständig ausgebildet oder wenigstens schon in Bildung begriffen ist, entspricht dem, was J. M. Baldwin eine »Zirkulärreaktion« genannt hat. Diese Zirkulärreaktion stellt unseres Erachtens die diesem zweiten Stadium eigentümliche Form des Assimilationsprozesses dar. Mag aber theoretisch eine solche Unterscheidung zwischen der einfachen Wiederholung eines Reflexes und der »Zirkulärreaktion« klar und verständlich sein, so stellen sich auch hier der konkreten Analyse die größten Hindernisse in den Weg.

Nach diesen Ausführungen wollen wir nun die Tatsachen untersuchen. Wir werden sie nach den verschiedenen Tätigkeitsbereichen gruppieren.

1. Die erworbenen Gewohnheiten im Bereich der Saugtätigkeit

Den reflexiven Verhaltensweisen, die wir im ersten Kapitel beschrieben haben, überlagern sich mit Beginn des zweiten und dritten Lebensmonats bestimmte, unbestreitbar neue Formen der Saugtätigkeit. Wir beginnen damit, die Bildung der beiden wichtigsten Zirkulärreaktionen zu beschreiben, das systematische Vorstrecken der Zunge (dem später das Spielen mit dem Speichel und den Lippen usw. folgt) und das Saugen am Daumen. Diese beiden Tätigkeiten werden uns das typische Bild einer spontan durch aktive Assimilation und Akkommodation erworbenen Gewohnheit liefern. Hierauf werden wir einige Fälle von Akkommodation besprechen, die man für gewöhnlich als »assoziativen Transfer« oder als »sensomotorische Assoziation« (Auslösen des Saugaktes durch verschiedene Signale, wie zum Beispiel Stellung, Lärm, optische Signale usw.) bezeichnet. Es wird sich zeigen, daß diese Teilakkommodationen, mögen sie auch noch so mechanisch und passiv erscheinen, in Wirklichkeit einfach isolierte, vom Gesamtzyklus der Zirkulärreaktion losgelöste Glieder sind. Schließlich wird noch von gewissen Koordinationen des Saugaktes und des Sehens die Rede sein.

Es folgen nun Beispiele für die erste Gruppe von Tatbeständen (Zirkulärreaktionen):

Bb. 11: Mit 0; 0 (30) liegt Laurent wach, aber ohne zu weinen, und schaut mit weit geöffneten Augen vor sich hin. Er saugt fast unaufhörlich im Leeren, indem er dabei den Mund in einem langsamen Rhythmus öffnet und schließt, während die Zunge dauernd in Bewegung ist. In gewissen, ganz bestimmten Momenten bleibt die Zunge nicht hinter den Lippen zurück, sondern leckt an der Unterlippe. Darauf fängt er wieder von neuem mit vollem Einsatz zu saugen an.

Es sind zwei Interpretationen möglich. Entweder sucht Laurent in solchen Momenten nach Nahrung. Dann ist das Herausstrecken der Zunge nur ein Reflex, der mit den Mechanismen des Saugens und des Schluckens verbunden ist. Oder aber dieses Verhalten stellt den Beginn einer Zirkulärreaktion dar: ein interessantes Ergebnis, das durch Wiederholung erneuert werden soll. Im gegenwärtigen Stadium scheint noch beides möglich. Manchmal wird nämlich das Herausstrecken der Zunge von unkoordinierten Bewegungen der Ärmchen begleitet, in einem Ausdruck von Ungeduld und Zorn. In diesem Fall sucht Laurent ganz offensichtlich nach Nahrung und ist ob des Mißerfolgs enttäuscht. Bald jedoch wird das Herausstrecken der Zunge von langsamen und rhythmischen Gesten der Arme und einer Mimik der Zufriedenheit begleitet. In diesem Fall handelt es sich offensichtlich um ein Spiel mit der Zunge in der Art einer Zirkulärreaktion.

Bb. 12: Mit 0; 1 (3) streckt Laurent von neuem mehrmals hintereinander seine Zunge heraus. Er ist hellwach, liegt unbeweglich da, zuckt nur dann und wann mit den Armen und saugt nicht in eigentlicher Weise im Leeren: Er hält ganz einfach den Mund offen und streicht langsam mit seiner Zunge über die Unterlippe.

Mit 0; 1 (5) beginnt Laurent zuerst damit, im Leeren zu saugen, ersetzt aber dieses Tun nach und nach durch das eben beschriebene Verhalten. Mit 0; 1 (6) spielt er ganz offensichtlich mit seiner Zunge, indem er bald die Unterlippe ableckt, bald die Zunge zwischen Lippen und Zahnfleisch schiebt. In den folgenden Tagen wiederholt sich dieses Verhalten sehr häufig und wird jedesmal von einer Mimik der Zufriedenheit begleitet.

Bb. 13: Mit 0; 1 (24) spielt Lucienne mit ihrer Zunge, indem sie damit unaufhörlich die Unterlippe leckt. Die Beobachtung kennzeichnet eine Gewohnheit, die schon einige Tage zuvor erworben sein muß. Dieses Verhalten dauerte bis zum Beginn des Daumenlutschens und sogar noch darüber hinaus an.

Bb. 14: Nachdem Laurent in der zweiten Hälfte des zweiten Monats gelernt hat, am Daumen zu lutschen, setzt er mit verschiedenen Unterbrechungen das Spiel mit der Zunge und das Saugen an der Zunge fort. Seine Geschicklichkeit wird dabei immer größer. So kann ich mit 0; 1 (20) folgende Grimassen feststellen: Er wölbt die Lippen, streckt seine Zunge zwischen Zahnfleisch und Lippen durch und erzeugt durch schnelles Schließen des Mundes einen klatschenden Laut.

Bb. 15: Im dritten Monat gesellen sich zum Herausstrecken der Zunge und zum Saugen an den Fingern neue Zirkulärreaktionen. Sie bestehen aus Bewegungen des Mundes. So spielt Laurent mit 0; 2 (18) mit seinem Speichel: Er läßt ihn im Innern des halboffenen Mundes sich speichern und schluckt ihn dann plötzlich hinunter. Zur selben Zeit saugt er leer, indem er entweder die Zunge vorstreckt oder zurückbehält und die Haltung der Lippen auf verschiedene Weisen modifiziert: Er wölbt seine Unterlippe und zieht sie nach innen etc. Diese Tätigkeiten werden in der

Folge immer vielfältiger und verdienen daher vom Standpunkt, auf den wir uns in dieser Untersuchung stellen, keine detaillierte Analyse mehr.

Das Lutschen an den Fingern führt ebenso zu offensichtlichen Neuerwerbungen:

Bb. 16: Mit 0; 1 (1) wird Laurent kurze Zeit vor der Mahlzeit vom Kindermädchen beinahe senkrecht gehalten. Er hat großen Hunger und sucht zu saugen, indem er fortwährend den Mund öffnet und den Kopf hin und her dreht. Seine Ärmchen beschreiben dabei schnelle ausholende Bewegungen und stoßen sich immer wieder am Gesicht. Zweimal hintereinander, nachdem seine Hand einen Augenblick lang die rechte Wange berührt hat, dreht Laurent den Kopf und versucht, seine Finger mit dem Mund zu ergreifen. Das mißlingt ihm das erste Mal, gelingt ihm aber beim zweiten Versuch. Doch sind die Armbewegungen nicht mit denen des Kopfes koordiniert, daher entweicht die Hand dem Zugriff wieder, während der Mund den Kontakt weiterhin aufrechtzuerhalten versucht. In der Folge erwischt er jedoch zufällig den Daumen. Daraufhin wird der ganze Körper unbeweglich, die rechte Hand hält den linken Arm, und die linke Hand bleibt am Mund. Solange Laurent an seinem linken Daumen lutscht, verharrt er ganz ruhig, wie er es sonst tut, wenn er mit Wohlbehagen und Leidenschaft (Keuchen usw.) an der Brust saugt.

Die Analogie zu Bb. 7 ist vollständig. Nur ist es sicherer, daß nichts Äußerliches das Kind dazu zwingt, seine Hand im Mund zu behalten: Die Arme werden nicht aufgrund der liegenden Stellung des Kindes, sondern durch eine spontan eingenommene Haltung unbeweglich gehalten. Nichtsdestoweniger erlaubt die beobachtete Tatsache zwei Interpretationen: Entweder bringt das Lutschen allein den ganzen Körper und folglich auch die Hände zur Ruhe, wie das seit den ersten Tagen nach der Geburt schon der Fall sein könnte (das Neugeborene preßt während des Stillens seine Arme an den Rumpf, und es leuchtet ein, daß es sich ebenso verhalten kann, wenn es an seinem zufällig entdeckten Daumen lutscht, oder es besteht tatsächlich eine direkte Koordination zwischen dem Saugakt und den Bewegungen der Arme. Die nachfolgenden Beobachtungen scheinen zu zeigen, daß das gegenwärtige Verhalten des Säuglings eine solche Koordination ankündigt.

Bb. 17: Mit 0; 1 (2) schreit Laurent vor Hunger in seiner Wiege. Man nimmt ihn heraus und hält ihn beinahe vertikal. Sein Verhalten durchschreitet darauf vier aufeinanderfolgende Phasen, die klar voneinander geschieden sind. Zuerst wird er ruhig und sucht zu saugen, indem er den Kopf von links nach rechts dreht und mit den Armen herumfuchtelt. Dann, in der zweiten Phase, scheinen seine Arme, statt ausladende Bewegungen zu beschreiben, sich immer mehr dem Mund zu nähern. Mehrmals hintereinander berührt die eine oder die andere Hand die Lippen; die rechte Hand gelangt dabei bis an die Wange des Kindes und drückt einige Sekunden dagegen. Während dieses Spiels bleibt der Mund weit offen und versucht unaufhörlich nach irgend etwas zu schnappen. Dann erwischt er den linken Daumen, und die beiden Arme werden sofort stillgelegt. Der rechte Arm wird gegen die Brust gedrückt und kommt unter den linken Arm zu liegen, der selbst durch den Mund stillgehalten wird. Während einer dritten Phase kreuzen die Arme wiederum ziellos durch den Raum, weil der linke Daumen nach einigen Minuten dem Mund entfahren ist. Dabei strampelt das Kind vor Zorn, reckt den Kopf zurück, und die Schreie wechseln ab mit neuen Saugversuchen. Schließlich beginnt die vierte Phase: Die

Hände nähern sich von neuem dem Mund, und dieser versucht unaufhörlich nach den Fingern zu schnappen, die ihn streifen. Diese letzten Versuche bleiben erfolglos, und der Knabe überläßt sich schließlich den Tränen.

Kann man bei diesen Versuchen von Koordination sprechen? Für jede dieser Phasen findet man in den Verhaltensweisen der vorhergehenden Wochen ein Analogon: Man kann von den ersten Tagen an beobachten, wie die Säuglinge mit verkrampften Fingern im Gesicht herumfuchteln, während es scheint, als ob ihr Mund irgend etwas zu ergreifen sucht. Die Aufeinanderfolge der vier Phasen scheint aber doch eine beginnende Verknüpfung zwischen den Bewegungen der Arme und den Versuchen zu saugen anzuzeigen.

Bb. 18: Mit 0; 1 (3) scheint Laurent (in derselben oben beschriebenen Position) vor dem Stillen gar keine Koordination zwischen den Händen und dem Mund aufzuzeigen. Dagegen beugt er nach einer seiner Mahlzeiten, während er noch ganz wach liegt und immer noch zu saugen versucht, seine Arme unaufhörlich in Richtung des Mundes, statt wie bisher zufällig herumzufuchteln. Wenn ich es exakter beschreiben sollte, würde ich sagen, daß ich mehrmals den Eindruck hatte, als ob der zufällige Kontakt der Hand mit dem Mund diese nach dem Mund ausrichte und als ob dann (und nur dann) die Hand versuchen würde, zum Mund zurückzugelangen. Tatsächlich hat Laurent dabei viermal Erfolg. Viermal gelingt es ihm, an seinen Fingern zu lutschen und Hand und Arme unbeweglich zu halten. Aber das hat nie länger als einige Sekunden gedauert. Am Abend desselben Tages liegt Laurent nach dem Stillen ganz wach und versucht, weiter zu saugen. Er unterbricht seine Versuche von Zeit zu Zeit durch energisches Schreien. Daraufhin ergreife ich seinen rechten Arm und führe ihn so, daß er mit dem Mund an seiner Hand saugen kann. Sobald seine Lippen mit der Hand in Berührung kommen, erlahmt jeder Widerstand in den Armen, und sie verweilen einige Augenblicke lang an derselben Stelle. Seit ich diesen Versuch unternehme – seit 0; 0 (15) –, stelle ich dieses Phänomen zum ersten Mal so eindeutig fest. Für gewöhnlich war diese Stellung nicht von Dauer. Nur wenn das Kind dazu kam, am Daumen zu lutschen, folgte dauerhafte Unbeweglichkeit (siehe Bb. 7 und Bb. 16). Dieses Mal aber bleibt der Arm einen Augenblick lang unbeweglich, obwohl nur der Handrücken allein mit den Lippen in Berührung ist. Die Lippen versuchen ganz offensichtlich, die ganze Hand zu erforschen. Einen Moment später verliert die Hand den Kontakt mit dem Mund, findet ihn aber von selbst wieder. Dabei hat nicht bloß der Mund nach der Hand gesucht, die Hand hat sich selber nach dem Mund ausgestreckt. Wenn ich die erste Beobachtung mitzähle, konnte ich dreizehnmal hintereinander beobachten, wie die Hand zu den Lippen zurückkehrte und in den Mund eingeführt wurde. Es liegt also diesmal zweifelsohne eine Koordination vor. Man sieht deutlich, wie der Mund sich öffnet und sich die Hand gleichzeitig zum Mund hin bewegt. Dabei sind auch die Mißerfolge bedeutungsvoll: Es geschieht manchmal, daß die gestreckten Finger zur Wange fahren, während der Mund weit offensteht und bereit ist, sie aufzunehmen.

Bb. 19: Mit 0; 1 (4) liegt Laurent nach der Sechs-Uhr-Mahlzeit noch hellwach (im Gegensatz zu den vorhergehenden Mahlzeiten) und ist noch nicht vollständig zufriedengestellt. Er saugt zuerst kräftig im Leeren, dann sieht man, wie seine rechte Hand sich dem Mund nähert, die Unterlippe berührt und sich schließlich schnappen läßt. Da aber nur der Zeigefinger ergriffen wurde, entweicht die Hand wieder.

Sie entfernt sich, kehrt aber schnell wieder zurück. Diesmal gelangt der Daumen in den Mund, während sich der Zeigefinger zwischen Zahnfleisch und Oberlippe verirrt. Die Hand wird um etwa fünf Zentimeter zurückgezogen, um sogleich wieder in den Mund zurückgeführt zu werden. Diesmal wird der Daumen allein ergriffen, während die anderen Finger draußen bleiben. Laurent wird nun ganz ruhig und saugt mit Macht. Er ereifert sich dabei so stark, daß man ihm die Hand nach einigen Augenblicken wegnimmt. Darauf nähert sich die Hand zum vierten Mal dem Mund: Drei Finger dringen in den Mund ein. Die Hand wird wieder herausgenommen und ein fünftes Mal eingeführt. Diesmal ist es wieder der Daumen allein. Unermüdlich wird daran gesaugt. Ich ziehe die Hand heraus und führe sie an die Seite hinunter. Eine Pause lang scheint Laurent auf das Saugen zu verzichten und blickt satt und zufrieden vor sich hin. Aber nach einigen Minuten beginnen sich die Lippen wieder zu bewegen, und sogleich nähert sich ihnen die Hand. Es folgt eine ganze Reihe von Mißerfolgen: Die Finger gelangen zum Kinn und zur Unterlippe. Der Zeigefinger dringt zwar zweimal hintereinander (als sechster und siebter Erfolg) in den Mund ein. Beim achten Mal bleibt der Daumen allein zurück, und es folgt pausenloses Lutschen. Ich entführe die Hand noch einmal. Neue Pause ohne Bewegung der Lippen, dann neue Versuche, neunter und zehnter Erfolg, worauf der Versuch abgebrochen wird.

Bb. 20: Mit 0; 1 (5) und 0; 1 (6) versucht Laurent ganz offensichtlich, seinen Daumen zu erfassen, sobald er wach ist. Aber es gelingt ihm nicht, solange er auf dem Rücken liegt. Er fährt mit der Hand im Gesicht herum, ohne den Mund zu finden. Wenn man ihn aber senkrecht hält (indem man ihn um die Taille faßt, Arme und Rumpf frei), findet seine Hand schnell zu den Lippen. Mit 0; 1 (7) entdecke ich, wie er an seinem Daumen lutscht, während er ausgestreckt daliegt. Aber er verliert ihn immer wieder, weil der Daumen nicht ins Innere der Mundhöhle gelangt, sondern sich zwischen Oberlippe und Zahnfleisch verirrt. Es besteht dennoch insofern ein Fortschritt, als der Daumen jedesmal, wenn er aus dem Mund fällt, augenblicklich dorthin zurückgeführt wird, und zwar mehrmals hintereinander. Unglücklicherweise aber schlägt sich Laurent zwischen diesen Erfolgen auf Nase, Wangen und Augen. Nach einem neuerlichen Mißerfolg hört er verärgert auf. In den folgenden Tagen kann man diese Koordination von Hand und Mund als gelungen betrachten. Mit 0; 1 (9) zum Beispiel saugt Laurent an seinem Daumen, während er auf dem Rücken liegt: Ich nehme ihm den Daumen aus dem Mund, und mehrmals hintereinander bringt er ihn beinahe auf direktem Weg (nachdem er höchstens zwischen Nase und Kinn getastet hat) in den Mund zurück und ergreift immer nur den Daumen, während die anderen Finger außerhalb des Mundes bleiben.

Bb. 21: Während des zweiten Monats hat Laurent ebenso gut an seinem linken wie an seinem rechten Daumen gesaugt. Mit 0; 1 (21) zum Beispiel versucht er, am Daumen der linken Hand zu saugen, während er auf dem Bauch liegt. Seine Stellung führt zu einem Mißerfolg; darauf nimmt er den rechten Arm. Da es ihm nicht gelingt, den Daumen zu ergreifen, dreht er sich nach und nach auf die rechte Seite und schließlich auf den Rücken. Dort setzt er sogleich seine Bemühungen fort. Er erreicht den rechten Daumen beinahe, aber in der Folge eines zufälligen Mißerfolgs wendet er sich wieder der linken Hand zu und versucht, sie zum Mund zu führen. Sein Versuch scheitert noch einmal. Darauf probiert er es wieder mit der rechten

Hand, und diesmal gelingt es ihm, den rechten Daumen zu packen. Dieses Beispiel zeigt deutlich, daß Laurent gleich geschickt (oder gleich ungeschickt) ist beim Lutschen am einen wie am anderen Daumen. In der Folge dagegen gewöhnt er sich daran, nur noch am linken Daumen zu saugen, und zwar so sehr, daß dieser wund geworden ist und man ihn einbinden und die Hand zurückbinden mußte. Zuerst reagierte er mit Zornausbrüchen und vergeblichen Bemühungen, dann verlegte er sich wieder darauf, am rechten Daumen zu saugen – mit 0; 2 (7) und auch an den folgenden Tagen.

Bb. 22: Im Verlauf des dritten Monats hat bei Laurent unter der Einwirkung neuer Interessen, wie zum Beispiel solcher visueller, phonischer usw. Art, das Daumenlutschen zunehmend an Bedeutung verloren. Mit 0; 2 (15) notiere ich, daß Laurent fast nur noch am Daumen lutscht, um seinen Hunger zu stillen und vor allem, um sich selber einzuschläfern. Wir haben da ein interessantes Beispiel für die Spezialisierung einer Gewohnheit vor uns, wie wir sie in gleicher Weise bei Jacqueline beobachten konnten. Sobald Laurent weint, holt er den Daumen zu Hilfe. Mit 0; 2 (19) notiere ich sogar, daß er die Augen schließt und sich in die Schlafstellung begibt, sobald sein Daumen die Lippen berührt. Noch ein Fortschritt muß erwähnt werden. Im Verlauf dieses dritten Monats bringt das Kind im Augenblick, wo es zum Saugen ansetzt, den Daumen in Oppositionsstellung. Noch gegen Ende des zweiten Monats beginnt Laurent am Handrücken, an einzelnen Fingern oder an zwei oder mehreren Fingern zusammen zu saugen und vermag zu diesem Zweck den Daumen noch nicht zu isolieren. Im Verlauf des dritten Monats dagegen setzt sich der Daumen von den übrigen Fingern ab, und es gelingt Laurent bei jedem Versuch, an ihm allein zu lutschen.

Bb. 23: Bei Lucienne, die diese Art von Dressur, der ich Laurent unterwarf, nicht erhalten hatte, dauerte es bis 0; 2 (2), bis die Koordination zwischen den Bewegungen der Arme und der Saugtätigkeit unbestrittenermaßen gefestigt war. Mit 0; 1 (25) und 0; 1 (26) berühren die Hände unaufhörlich den Mund, aber ich notiere bei ihr noch immer eine gewisse Unfähigkeit, den Daumen längere Zeit zwischen den Lippen zu behalten und vor allem, ihn wiederzufinden, wenn er herausgefallen ist. Hingegen konnte ich mit 0; 2 (2) folgende beiden Beobachtungen machen: Um 18 Uhr nach der Mahlzeit irren ihre Hände um den Mund herum, und sie saugt abwechslungsweise an den Fingern (vor allem am Zeigefinger), am Handrücken und an den Knöcheln. Als die Hand dem Mund entweicht, versucht sie, diese dem Mund wieder nahe zu bringen, und jetzt wird die Koordination hergestellt. Um 20 Uhr ist Lucienne wach und saugt von neuem an den Fingern: Die Hand bleibt längere Augenblicke unbeweglich. Als sie dann aber dem Mund doch wieder entwischt, kann man gleichzeitig beobachten, wie der Mund versucht, sie zu ergreifen, und die Hand bemüht ist, sich ihm zu nähern. Am folgenden Tage mache ich wieder dieselben Beobachtungen: Die Koordination gelingt den ganzen Vormittag und auch am Abend für kurze Zeit. Ich habe insbesondere folgenden Fall notiert: Die Hand tastet in der richtigen Richtung, dann werden die Finger auf einmal mit einer plötzlichen Bewegung in den Mund gesteckt, während dieser unbeweglich weit offengehalten wurde. Die darauffolgenden Beobachtungen haben bestätigt, daß es sich hier wirklich um eine stabile Koordination gehandelt hatte.

Bb. 24: Bei Jacqueline konnten die ersten sicheren Beobachtungen mit 0; 1 (28) und an den folgenden Tagen gemacht werden. Sie führt ihre linke Hand zum Mund, wenn sie sehr hungrig ist, zum Beispiel einige Augenblicke vor dem Stillen. Nach dem Stillen steckt sie wiederum sehr oft die Finger in den Mund, um das Saugen noch zu verlängern. Ab ungefähr 0; 4 (5) entwickelt sich daraus eine systematische Gewohnheit, und Jacqueline muß an ihrem Daumen lutschen, um einschlafen zu können. In diesem Zusammenhang muß auch festgehalten werden, daß sie ergriffene Gegenstände ungefähr mit 0; 3 (15) zum Mund führt.

Das Vorstrecken der Zunge und das Saugen oder Lutschen an den Fingern stellen also die beiden ersten Beispiele für ein Verhalten dar, das zwar die dem Reflex eigentümliche Funktionstätigkeit (Saugen im Leeren usw.) verlängert, aber den vererbten Mechanismen einige äußere Elemente hinzufügt. Auch bei der Verwendung der Zunge zum Lutschen scheint mehr als das bloße Reflexspiel der Saugtätigkeit vorzuliegen. In bezug auf die Verwendung des Daumens existiert aber sicher kein »Fingerlutschinstinkt«, und selbst wenn die Handlung, die Nahrung zum Munde zu führen, eine vererbte Verhaltensweise wäre, so erlaubt ihr spätes Auftreten doch nicht, das Daumenlutschen als eine erworbene Ausweitung dieses Reflexes zu betrachten. Halten wir auch noch fest, daß diese erworbenen Koordinationen durch ein Element der Eigentätigkeit charakterisiert sind: Es handelt sich bei ihnen tatsächlich nicht um an den Reflex assoziierte Verhaltensweisen, die vom Milieu auferzwungen würden, sondern um Beziehungsbildungen, die das Kind selbst entdeckt oder sogar im eigentlichen Sinn im Verlauf seiner Bemühungen geschaffen hat. Dieser doppelte Aspekt des Erworbenseins und der Eigentätigkeit charakterisiert die Zirkulärreaktionen, wobei wir diesen Begriff nicht im etwas weiten Sinn von M. Baldwin, sondern im engeren Sinn von M. Wallon verwenden und darunter die Funktionstätigkeit verstehen, die zur Repetition oder Neuentdeckung eines interessanten Ergebnisses führt.

Außer den eigentlichen Zirkulärreaktionen entstehen aus der Saugtätigkeit auch Verhaltensweisen, bei denen die Akkommodation überwiegt. Es handelt sich um assoziative Neubildungen, die man oft als »assoziierten Transfer« bezeichnet, wenn man nicht gar von »konditionierten Reflexen« spricht. Es steht fest, daß die Zirkulärreaktionen solche Transferhandlungen nach sich ziehen können. Im Verlauf der progressiven Koordination von Saugtätigkeit und Hand- und Armbewegungen entwickeln sich selbstverständlich in ihrem Gefolge Assoziationen, durch die der Daumen eine Beziehung zum Mund erhält. Die Berührung der Finger mit den Windeln, dem Gesicht, den Lippen usw. dient früher oder später als Signal für die Lenkung der Hand. Neben diesen aufgrund von Gedächtnisspuren erworbenen Beziehungen oder Übertragungen, die mit der Zirkulärreaktion verbunden sind, scheint es auch Verhaltensweisen zu geben, die das Resultat einer einfachen, automatischen Dressur sind, ohne daß bei ihnen das Element der Eigentätigkeit, das den vorher erwähnten Reaktionen eigen ist, mit im Spiele wäre. Was ist davon zu halten?

An dieser Stelle möchten wir an die sehr schönen Beobachtungen über Dressurhandlungen des Säuglings im Zusammenhang mit der Ernährungssituation erinnern, die man den beiden Mitarbeiterinnen von Frau Bühler, den Damen Hetzer und Ripin verdankt.[1]

Nach diesen Autorinnen kann man im Verhalten des Kindes drei Stadien unterscheiden. Das erste Stadium charakterisiert die erste Woche: Der Säugling versucht nur zu saugen, wenn seine Lippen mit der Brust oder der Saugflasche in Berührung kommen. Das entspricht dem, was wir in Kapitel I unter 1. und 2. dargestellt haben. Das zweite Stadium erstreckt sich von der zweiten bis zur achten oder neunten Woche: Der Säugling beginnt, nach der Brust zu suchen, sobald er in die Stellung gebracht wird, die regelmäßig dem Stillen (der Toilette, dem Wechseln der Windeln, der ausgestreckten Stellung usw.) vorausgeht. Das dritte Stadium schließlich beginnt zwischen 0; 3 und 0; 4 und unterscheidet sich durch die Intervention visueller Zeichen: Es genügt, daß das Kind die Saugflasche oder irgendwelche an die Mahlzeit erinnernden Gegenstände bemerkt, und schon öffnet es den Mund und beginnt zu schreien. Untersuchen wir die zweite und die dritte dieser Verhaltensweisen gesondert: Sowohl die eine wie die andere sind Handlungen, die – zwar unter verschiedenen Gesichtspunkten – assoziative Neubildungen darstellen.

Die charakteristischen Verhaltensweisen des zweiten der genannten Stadien scheinen zum Typus der passiven Assoziation (»Signalwirkung«) zu gehören. Anders als die Transferhandlungen, die der aktiven Zirkulärreaktion eigentümlich sind, scheinen diese Assoziationen durch den Druck äußerer, sich wiederholender Umstände zustandezukommen. Aber das ist eine Täuschung. Wir werden sehen, daß auch derartige Akkommodationen einen wesentlichen Teil Eigentätigkeit voraussetzen. Natürlich sind wir mit Frau Bühler und ihren Mitarbeiterinnen von der Richtigkeit dieser Beobachtungen überzeugt. Es steht außer Zweifel, daß in einem bestimmten Moment der Entwicklung sich Beziehungen zwischen der Stellung des Kindes, seinen Tast- und Lautempfindungen etc. und der Auslösung der Saugbewegungen bilden. Dagegen scheint uns sowohl der Zeitpunkt des Auftretens dieser Verhaltensweisen, als auch ihre Interpretation einer genaueren Klärung zu bedürfen. Wir wollen zuerst zwei Beobachtungen anfügen, die den Sinn unserer Bemerkungen präzisieren werden:

[1] Siehe: R. Ripin und H. Hetzer: Frühestes Lernen des Säuglings in der Ernährungssituation, in: Zeitschrift für Psychologie, Bd. 118, 1930, S. 82, und Charlotte Bühler, Kindheit und Jugend, 1931, S. 14ff.

Bb. 25: Ich habe bei Laurent versucht festzustellen, von welchem Zeitpunkt an man von einer Assoziation zwischen der Stellung des Kindes und dem Suchen nach der Brust sprechen kann. Es scheint mir unmöglich, eine solche Assoziation vor dem zweiten Monat annehmen zu können. Mit 0; 0 (6) und an den folgenden Tagen versucht Laurent zwar zu saugen, sobald er auf die Waage, auf den Toilettentisch oder das Bett seiner Mutter gelegt wird, während er vorher nie etwas gesucht und nur in seiner Wiege geschrien hat. Mit 0; 0 (9) liegt Laurent halb eingeschlafen in seiner Wiege; solange man ihn getragen hat, hat er nichts gesucht, sobald man ihn aber auf das Bett legt, öffnet er den Mund, wendet den Kopf von links nach rechts, fuchtelt mit den Ärmchen herum und spannt den ganzen Körper an. Mit 0; 0 (10) macht er keine Suchbewegungen, solange er in der Wiege liegt, beginnt aber sogleich damit, wenn er vom Kindermädchen in die Arme genommen wird. Bis zum Ende des ersten Monats verhält er sich in dieser Weise. Handelt es sich hier um reine Koinzidenzen oder um eine wirkliche assoziative Verknüpfung von Stellung und Saugakt? Es ist uns unmöglich, diese Frage zu entscheiden, denn solche Tatbestände können ohne assoziative Übertragung erklärt werden. Wir haben schon im ersten Kapitel darauf hingewiesen, wie früh die mit der Reflextätigkeit gekoppelten Verhaltensweisen des Saugens im Leeren und des abtastenden Suchens auftreten. Es ist daher nicht erstaunlich, daß das Kind nach der Mutterbrust sucht, sobald es weder weint noch schläft, noch seine Aufmerksamkeit durch irgendeine Bewegung gefangengenommen wird. In der Wiege wird es nicht suchen, weil es durch nichts von seinem Hungergeschrei abgelenkt wird und weil dieses Schreien sich selbst durch eine Art von reflexiver Wiederholung, von der wir schon gesprochen haben, verstärkt. Wenn man es trägt, wird es auch nicht suchen, weil das wiegende Schwanken seine Aufmerksamkeit vollauf beschäftigt. Sobald man es aber auf die Waage legt oder auf den Toilettentisch, oder wenn man seine Windeln wechselt, oder wenn die Mutter oder das Kindermädchen es in den Armen halten, ohne sich zu bewegen, dann wird es nach etwas »Saugbarem« suchen, bevor es zu weinen beginnt, weil weder Tränen noch irgendwelche Erregungen, die mit der Bewegung verbunden sind, es daran hindern. Folgt daraus, daß eine Verbindung besteht zwischen der »Trinklage« und dem Saugakt? Nichts gestattet das zu bestreiten, aber ebensowenig es zu behaupten. Hält man sich überdies vor Augen, wie schwer es ist, einem Tier einen konditionierten Reflex beizubringen, und wie sehr ein solcher Reflex immer wieder von neuem »bestätigt« werden muß, damit er nicht extinguiert werde, dann wird man sehr vorsichtig sein, bevor man einen solchen Mechanismus in den Verhaltensweisen der ersten Lebenswochen postuliert.[2]

[2] Wir möchten damit keineswegs leugnen, daß man nicht schon bald nach der Geburt bestimmte konditionierte Reflexe erzeugen könne. So soll es ja D. P. Marquis gelungen sein, bei drei bis zehn Tage alten Säuglingen ganz bestimmte Töne mit dem Saugreflex zu assoziieren (vgl. Journal of genetic psychology, Band 39, 1931, S. 479). W. S. Ray scheint sogar Feten konditioniert zu haben (vgl. Child development, Band 3, 1932, S. 175). Wir behaupten nur, daß angesichts der bestehenden Schwierigkeiten die Vorsicht uns dazu verpflichtet, wenn immer möglich zu Erklärungen zu greifen, die mehr befriedigen können als alle diejenigen, die man manchmal aus der Existenz des konditionierten Reflexes herzuleiten glaubt.

Dagegen kann das Suchen nach der Mutterbrust in dem Augenblick von den anderen Verhaltensweisen differenziert werden, wo Laurent seinen Daumen zu finden versteht (Beginn des zweiten Monats), und jetzt kann man mit Sicherheit eine Beziehung zwischen der Trinklage und diesem Suchen postulieren. Vor dem Stillen sucht das Kind nur dann in der Wiege an seinen Fingern zu saugen, wenn es nicht schreit oder schläft. Sobald es aber in die Eßstellung

Bb. 26: Dieser progressiven Akkommodation an die Gesamtsituation entsprach die Akkommodation an die Mutterbrust. Diese Akkommodation machte im zweiten Monat gewichtige Fortschritte und ging weit über die Akkommodation der Reflextätigkeit in den ersten Wochen hinaus. So haben wir zum Beispiel bei Jacqueline ab 0; 1 (14) und Lucienne ab 0; 1 (27) die Fähigkeit registriert, den Kopf auf die richtige Seite zu wenden, sobald man sie von einer Brust zur anderen brachte. Durch die Verschiebung hätte sich der Kopf der Kinder eigentlich eher nach außen drehen müssen, sie aber drehten ihn von selbst der Brust zu. Eine solche Verhaltensweise impliziert natürlich keineswegs eine korrekte Orientierung im Raum. Sie verrät uns nur, daß die Berührungen mit dem Arm der Mutter dem Kind künftig als Signale dienen können, um die Richtung zur Nahrung festzustellen und aufzufinden. Wenn dem aber so ist, so haben wir selbstverständlich einen Fall von erworbener Assoziation (ein erworbenes assoziatives Verhalten) vor uns, das heißt eine Akkommodation, die über die einfache reflexive Akkommodation hinausgeht.

Mit Beginn des zweiten Monats finden auch wir die Existenz der von Frau Bühler und ihren Mitarbeiterinnen beobachteten Beziehungen bestätigt. Setzen diese Beziehungen zwischen der Gesamtsituation und der Saugtätigkeit notwendigerweise die Hypothese eines »assoziativen Transfers« (»Signalwirkung«) voraus?

In dieser Frage steckt ein ganz allgemeines Problem, auf das wir unter 5. zurückkommen werden. Wir möchten uns hier auf folgende Bemerkung, die uns grundlegend scheint, beschränken: Diese erworbene Assoziierung der zur Trinklage gehörenden Signale mit dem Saugreflex ist dem Kinde nicht auf rein mechanische Weise oktroyiert worden. Es handelt sich nicht um ein bloß passiv registrierendes Verhalten. Da der Sauginstinkt durch ein ständiges, aktives Suchen gekennzeichnet ist, wird diese Assoziation in der Folge immer von aktiven Bemühungen und gezielten Suchhandlungen des Subjektes erworben. Hüten wir uns daher vor einem allzu simplifizierten Vergleich mit dem konditionierten Reflex. Die Assoziation zwischen der Trinklage und dem Saugakt wird unseres Erachtens nicht aufgrund einer reinen Dressur hergestellt, sonst bliebe es unerklärlich, warum nicht auch die optischen Signale schon im zweiten Monat zu einer Dressur ähnlicher Art Veranlassung geben könnten. Das Saugschema, das heißt also diese organisierte Gesamtheit von Bewegungen und Haltungen, die dem Saugakt eigen ist, umfaßt auch Stellungen, die über die Oralsphäre hinausgehen. Diese Stellungen werden nicht passiv

gebracht wird (in die Arme seiner Mutter oder aufs Bett gelegt wird usw.), verlieren die Hände alle Anziehungskraft, sie entfernen sich vom Mund, und es ist deutlich sichtbar, daß das Kind nichts anderes mehr sucht als die Brust selbst, das heißt also den Kontakt mit der Nahrung. Mit 0; 1 (4) zum Beispiel war vor dem Stillen kein Versuch über das Fingerlutschen möglich, da Laurent den Kopf nach allen Seiten drehte, sobald er sich in der Eßstellung befand. Im zweiten Monat machte die Koordination zwischen der Stellung und dem Suchen nach der Brust zahlreiche Fortschritte. So versucht Laurent ab Ende des zweiten Monats nur noch zu saugen, wenn er sich in den Armen seiner Mutter befindet, aber nicht mehr auf dem Toilettentisch.

eingenommen und implizieren daher früher oder später eine Reaktion des ganzen Körpers: die Glieder beruhigen sich, die Hände werden zusammengedrückt usw., sobald der Säugling die typische Stellung beim Stillen einnimmt. Daher wird auch bald eine bloße Andeutung dieser Stellungen den gesamten Zyklus der Saugtätigkeit auslösen, weil die mit der Trinklage gekoppelten kinästhetischen und postularen Sinnesempfindungen unmittelbar dem Saugschema assimiliert werden. Es vollzieht sich also nicht eine Assoziation zwischen einem unabhängigen Signal und einem bestimmten sensomotorischen Verhaltensschema, noch wird eine Koordination zwischen zwei Gruppen von unabhängigen Verhaltensschemata (wie es zwischen Sehen und Saugen der Fall wäre usw.) hergestellt, sondern es wird ein einziges, aus einer kombinierten Akkommodation und Assimilation bestehendes Verhaltensschema konstituiert und progressiv erweitert. Man könnte höchstens sagen, daß in diesem Fall die Akkommodation über die Assimilation überwiegt.

Wir kommen nun zu den komplexesten Erweiterungen der Saugtätigkeit (dem dritten Stadium von Hetzer und Ripin), der Assoziierung von Saugen und Sehen. Nach Hetzer und Ripin könnte man schon im dritten und vierten Monat beobachten, daß das Kind sich zum Stillen bereit macht, sobald es nur die Flasche oder irgendein anderes Objekt, das mit der Nahrungsaufnahme verknüpft ist, zu sehen bekommt. Ein solches Verhalten stellt nicht eine einfache, mehr oder weniger passive Verbindung zwischen einem Signal und einer Handlung dar. Unseres Erachtens könnte man vom Wiedererkennen eines äußeren Bildes und von Bedeutungen, die diesem Bild zugeschrieben werden, sprechen. – Wir haben ähnliche Beobachtungen machen können:

Bb. 27: Jacqueline öffnet mit 0; 4 (27) und an den folgenden Tagen den Mund, sobald man ihr die Flasche zeigt. Man hat aber bei ihr die teilweise Flaschenfütterung erst mit 0; 4 (12) begonnen. Mit 0; 7 (13) notiere ich, daß sie den Mund auf verschiedene Weise öffnet, je nachdem ob man ihr die Saugflasche oder einen Löffel reicht.

Lucienne hört mit 0; 3 (12) zu weinen auf, sobald sie sieht, wie ihre Mutter sich das Kleid öffnet, um sie zu stillen.

In gleicher Weise reagiert Laurent zwischen 0; 3 (15) und 0; 4 auf die visuellen Signale. Wenn man ihn nach der gewöhnlichen Reinigung und unmittelbar vor der Fütterung in meine Arme legt, und zwar in der Stillstellung, so schaut er mich an und sucht rundherum, schaut mich wieder an, versucht aber nicht, an der Brust zu saugen. Wenn ich ihn daraufhin in die Arme seiner Mutter lege, schaut er sie an, und noch bevor er die Brust berührt, öffnet er weit den Mund, schreit und strampelt, kurz, er zeigt sehr bedeutungsvolle Reaktionen.

Derartige Verhaltensweisen übertreffen bei weitem die bloße Koordination von Stellung und Saugtätigkeit. Implizieren sie doch ein eigentliches Wiedererkennen visueller Bilder und setzen voraus, daß diese Bilder in bezug auf das Saugschema mit Bedeutung geladen sind. Folgt daraus, daß die Saugflasche usw. schon »Gegenstände« für das Kind darstellen, wie Frau Bühler es annimmt? (a.a.O., S. 18.) Wir würden es nicht wagen, so weit zu gehen (in ›Der Aufbau der Wirklichkeit beim Kinde‹ werden wir unsere Gründe angeben). Sensorische Bilder können wiedererkannt werden und eine Bedeutung erhalten, ohne deswegen den Charakter der substantiellen und räumlichen Permanenz, die mit dem Objekt verbunden ist, anzunehmen. Wir würden aber zugestehen, daß diese Bilder vom Kinde als »draußen« liegend wahrgenommen werden, das heißt, sie werden in ein kohärentes Gefüge von Bildern und Beziehungen hineinprojiziert. Da ja die Saugflasche für den Säugling zu zwei verschiedenen Reihen von Verhaltensschemata gehört, die ganz unterschiedliche Handlungen und Anpassungen auslösen können (nämlich Seh- oder Saughandlungen), und da ja in der Saugflasche diese beiden Schemata zusammentreffen und sich koordinieren, besitzt sie notwendigerweise einen gewissen »Außenweltcharakter«. Dem Daumenlutschen hingegen kommt diese Bedingung nicht zu. Obwohl dieses Lutschen vom Beobachter aus gesehen eine Koordination der Bewegungen von Hand und Mund voraussetzt, erkennt das Kind den Daumen nur insofern er ein Saugobjekt ist. Darüber hinaus besteht keine Koordination der auf dieses Objekt bezogenen, unabhängigen Verhaltensschemata. Beim Auslösen der Saugtätigkeit durch visuelle Signale dürfen wir von Wiedererkennen sprechen. Dieses Wiedererkennen ist Funktion einer Koordination zweier Verhaltensschemata (saugen und sehen).

Zusammenfassend dürfen wir also drei charakteristische Neubildungen im Bereich der Saugtätigkeit festhalten, die alle erst auftreten, wenn das Stadium der bloß vererbten Anpassungstätigkeit überwunden ist. An erster Stelle steht die eigentliche »Zirkulärreaktion«: mit der Zunge spielen, systematisches Daumenlutschen usw. Diese Reaktion stellt ein wesentlich aktives Verhalten dar, das die im ersten Kapitel beschriebene Reflextätigkeit zwar verlängert, aber darüber hinaus ein Element der Akkommodation an die Gegebenheiten der Erfahrung einführt. Die Passivität hingegen nimmt zu bei den Akkommodationen, die mehr oder weniger automatisch in Funktion der Umwelt erfolgen. Aber auch diese Akkommodationen werden durch eine Eigentätigkeit des Subjektes ausgelöst.

Das Verhalten wird schließlich komplexer, wenn beim Wiedererkennen visueller Bilder, die mit der Saugtätigkeit gekoppelte Signale darstellen, heterogene Handlungsschemata koordiniert werden.

Ohne den theoretischen Folgerungen, die wir unter 5. aus diesen Tatsachen ziehen werden, vorgreifen zu wollen, dürfen wir dennoch schon jetzt nach der Bedeutung dieser drei Handlungszyklen vom

Standpunkt der Anpassungsmechanismen fragen. Die Zirkulärreaktion ist sicher als eine aktive Synthese von Assimilation und Akkommodation aufzufassen. Sie ist Assimilation in dem Maße, wie sie die im ersten Kapitel beschriebene Assimilation des Reflexes verlängert. Am Daumen zu lutschen oder an der Zunge zu saugen bedeutet, diese Gegenstände an die Tätigkeit des Saugakts zu assimilieren. Dagegen ist die Zirkulärreaktion in dem Maße ein Akkommodationsprozeß, wie sie eine neuartige, im vererbten Reflexmechanismus nicht gegebene Koordination darstellt. Im sogenannten »assoziativen Transfer« ist vor allem ein Akkommodationsvorgang verwirklicht, weil sich in ihm von der Umwelt nahegelegte Assoziierungen vollziehen. Insoweit er aber durch Differenzierungen vorangehender Zirkulärreaktionen zustande kommt, impliziert er auch Assimilationsprozesse. Zwischen der diesem Transfer eigenen Akkommodation und der Akkommodation der Zirkulärreaktion besteht also nur ein gradueller Unterschied: Die Zirkulärreaktion ist aktiver, während der assoziative Transfer passiver ist. Die Koordination von Handlungsschemata, durch die visuelle, den Saugakt betreffende Signale wiedererkannt werden, ist einfach eine komplexere Form dieses selben Mechanismus. Sie ist Assimilation im zweiten Grad, insofern sie zwei Assimilationsschemata (Sehen und Saugen) miteinander koordiniert, und sie ist Akkommodation im zweiten Grad, insofern sie die Kette der erworbenen Assoziationen weiterführt.

2. Das Sehen

Wir werden hier keineswegs die visuellen Wahrnehmungen und Akkommodationen für sich genommen untersuchen. Entsprechend dem Ziel dieses Werkes wollen wir einfach den Versuch unternehmen, in den mit dem Sehen zusammenhängenden Verhaltensweisen die verschiedenen die Entwicklung der Intelligenz betreffenden Aspekte zu unterscheiden. Bei der Besprechung und der Darstellung des Aufbaus des Raumbegriffs werden wir allerdings auf bestimmte Fragen der visuellen Akkommodation zurückkommen müssen.

Wie bei der Saugtätigkeit werden wir auch bei den auf dem Gesichtssinn beruhenden Verhaltensweisen eine Reihe von Formen unterscheiden, die sich vom reinen Reflex über die Zirkulärreaktion zu den neu gebildeten Koordinationen zwischen verschiedenen Handlungsschemata visueller und anderer Art erstrecken.

Über die Sehreflexe hätten wir eigentlich im ersten Kapitel sprechen müssen. Da sie aber bei weitem nicht die Bedeutung der Saugreflexe besitzen, dürfen wir es damit bewenden lassen, sie hier der Vollständigkeit halber zu erwähnen. Mit der Geburt sind die reflexive Wahrnehmung des Lichtes und in ihrem Gefolge alle Reflexe gegeben, die für die Anpassung der Sehtätigkeit unter verschiedenen Umständen sorgen (der Pupillarreflex und der Augenlidreflex, die beide eine Reaktion auf Helligkeitsgrade darstellen). Alle anderen Dimensionen der Sehtätigkeit (Formwahrnehmung, Größenwahrnehmung, Wahrnehmung von Stellungen und Distanzen von Oberflächenbeschaffenheit usw.) entstehen durch eine Kombination der Reflextätigkeit mit den höheren Fertigkeiten. Die auf der Wahrnehmung des Lichtes beruhenden Verhaltensweisen implizieren genauso wie die Saugtätigkeit, aber in einem geringeren Grade, eine Art gelernter Anpassung des Reflexes und seiner Bemühungen. Ich habe beispielsweise bei Laurent seit Ende der ersten Woche notiert, wie stark sich sein Ausdruck in Gegenwart leuchtender Gegenstände verändert, wie sehr er sich bemüht – ohne Erfolg natürlich – ihren Verschiebungen mit seinem Blick zu folgen. Nur der Kopf vermag einen Augenblick lang die Bewegung der Gegenstände mit zu vollziehen, die Augen sind dazu nicht fähig. Preyer (a.a.O., S. 3) notiert für die ersten Tage einen Ausdruck von Zufriedenheit angesichts eines nicht zu intensiven Lichts; vom sechsten Tage an kehrte sein Sohn den Kopf dem Fenster zu, wenn man ihn davon entfernte. Solche Verhaltensweisen dürfen wahrscheinlich auf dieselbe Art erklärt werden wie die mit der Saugtätigkeit zusammenhängenden Reflexhandlungen: Das Licht ist ein Reiz (also funktionelle Nahrung) für die Sehtätigkeit. Daher die Tendenz, die Wahrnehmung einer Lichtquelle nicht zu verlieren (Assimilation), daher auch die unvollkommenen Versuche, die Lichtquelle wieder aufzufinden, wenn sie aus dem Gesichtskreis verschwindet (Akkommodation). Sehr wahrscheinlich wird aber diese Anpassung der Reflextätigkeit noch nicht durch eigentliche Neubildungen erweitert. Diese Tätigkeit – man wird wohl schon von »Tätigkeit« auf dieser Stufe sprechen dürfen, da ja bereits ein Bemühen vorliegt – impliziert nicht notwendigerweise Lernprozesse in Abhängigkeit von der Umwelt.

Gegen Ende des ersten Monats aber ändert sich die Situation ganz wesentlich, da Fortschritte in Richtung auf ein gezieltes Schauen erfolgen. Man weiß tatsächlich, daß die Gehirnrinde beteiligt ist, sobald eine motorische Akkommodation des Auges an die Verschiebung der Gegenstände stattfindet. Für den Psychologen sind diese in der vierten Woche erzielten Fortschritte äußerst signifikant. Wie Preyer es ausdrückt, beginnt das Kind »wirklich zu schauen, statt stumpf vor sich hin zu blicken«, und das Gesicht nimmt »einen intelligenten Ausdruck« an (a.a.O., S. 35). Zu diesem Zeitpunkt hört der Säugling oft auf zu schreien und sogar leer zu saugen, um während langer Minuten ununterbrochen vor sich hin zu schauen. Hier einige Beispiele für dieses Verhalten:

Bb. 28: Mit 0; 0 (16) folgt der Blick Jacquelines einer Zündholzflamme noch nicht, die in ihrem Gesichtsfeld zwanzig Zentimeter vor den Augen vorbeizieht. Nur ihr Gesichtsausdruck verändert sich bei diesem Anblick, und sie bewegt den Kopf, wie um die Lichtquelle wieder aufzufinden. Trotz des Halbdunkels im Zimmer gelingt ihr das nicht. Mit 0; 0 (24) dagegen verfolgt sie die Zündholzflamme unter denselben Bedingungen in vollkommener Weise. An den folgenden Tagen folgt ihr Blick den Bewegungen der Hand, eines Taschentuchs, das hin und her fährt usw. Von diesem Zeitpunkt an geschieht es öfter, daß sie wach liegt ohne zu weinen, indem sie vor sich hinschaut.

Bb. 29: Auch Lucienne gelingt es von der vierten Woche an, mit dem Blick Gegenstände zu verfolgen. Gleichzeitig wird sie fähig, Gegenstände wieder aufzufinden, die ihrem Gesichtsfeld entwichen sind, vorausgesetzt, daß sie in derselben Richtung weiterfahren, die sie bis dahin innehatten. Dabei verfolgt sie den Gegenstand gleichsam durch ruckartige Bewegungen, indem sie zuerst leicht die Augen dreht, dann, wenn sie den Gegenstand aus dem Blick verloren hat, den Kopf wendet und schließlich wiederum den Gegenstand mit den Augen allein verfolgt usw.

Bb. 30: Laurent vermochte bis 0; 0 (21) nur schlecht koordinierte Kopfbewegungen zu vollziehen, wie wir sie schon oben notiert haben; sie zeugen bekanntlich nur von einem Verlangen, die Erregung andauern zu lassen. Mit 0; 0 (21) dagegen verfolgt er mit den Augen zum ersten Mal ein brennendes Streichholz, das sich in einem halbdunklen Raum zwanzig Zentimeter vor seinen Augen vorbeibewegt. Mit 0; 0 (23) liegt er in seinem Bettchen, wobei der Kopf auf der rechten Wange ruht. Ich zeige ihm meine Finger in zwanzig Zentimeter Entfernung, und er verfolgt sie, wobei er sich vollständig nach links wendet. Mit 0; 0 (25) vollziehe ich dasselbe Experiment mit einem Taschentuch: Ich vermag seinen Kopf in eine Winkelbewegung von 180 Grad zu versetzen, das heißt in eine Hin- und Herbewegung; mit solcher Aufmerksamkeit verfolgt er den Gegenstand.

Bb. 31: Mit 0; 0 (24) betrachtet Laurent meinen unbeweglichen Handrücken so aufmerksam und mit so stark vorgestreckten Lippen, daß ich darauf gefaßt bin, er beginne gleich zu saugen. Aber es handelt sich um ein visuelles Interesse. Mit 0; 0 (25) verbringt er beinahe eine ganze Stunde ohne zu weinen und mit weit offenen Augen in seiner Wiege. Mit 0; 0 (30) mache ich dieselbe Beobachtung. Er betrachtet unaufhörlich einen Punkt an einer Franse seiner Wiege, indem er dabei fortwährend kleine Anpassungsbewegungen vollzieht, wie wenn sein Kopf Mühe hätte, die Stellung nicht zu wechseln, und der Gegenstand ihn immer wieder in Bann ziehe. Solange er so schaut, bleiben seine Ärmchen unbeweglich, während sie von neuem in Bewegung geraten, sobald er wieder im Leeren zu saugen anfängt. Mit 0; 1 (6) unterbricht Laurent sein Weinen, wenn ich ein Taschentuch zehn Zentimeter vor seine Augen halte. Er betrachtet es aufmerksam, verfolgt es mit den Augen, wenn ich es verschiebe; aber einmal aus dem Blick verloren, bleibt es für ihn unauffindbar.

Bb. 32: Mit 0; 1 (7) beginnt Laurent, stillstehende Gegenstände zu fixieren, indem er mit seinen Augen eine bestimmte Richtung einzuhalten versucht, allerdings noch ohne Koordination. Das tut er jedoch nur, nachdem eine vorausgegangene Bewegung dieses Gegenstandes seine Neugier erregt hat. So liegt er zum Beispiel in seiner Wiege und betrachtet vor sich einen ganz bestimmten Punkt des Verdecks. Ich schlage nun dieses Verdeck auf die andere Seite der Wiege hinunter, so daß er statt des Stoffes einen freien Raum über seinem Kopfe vorfindet, der durch den Rand des heruntergeschlagenen Daches begrenzt wird. Laurent fixiert sogleich diesen Rand und fährt ihm mit den Augen von links nach rechts nach. Er zeichnet auf diese Weise in grober Annäherung die Linie nach, die von einem weißen Saum am Dach gebildet wird und fixiert schließlich mit seinem Blick einen ganz besonders gut sichtbaren Punkt an diesem Saum. Mit 0; 1 (8) gleiches Experiment mit gleichem Resultat. Während er aber den Saum beobachtet, bemerkt er mein unbewegliches Gesicht (ich habe mich vor ihn gestellt, um seine Augen direkt von vorn beobachten zu können). Er fixiert nun abwechslungsweise den Saum und meinen Kopf, indem er seinen Blick selber lenkt, ohne daß irgendeine äußere Bewegung an den fixierten Gegenständen seine Aufmerksamkeit steuern würde.

Wie soll man solche Verhaltensweisen charakterisieren? Es kann sich selbstverständlich nicht um ein Interesse des Kindes für die Gegenstände selbst, auf die es die Augen richtet, handeln. Diese sensorischen Bilder können für das Kind noch keine Bedeutung haben, da sie ja weder mit der Saug- noch mit der Greiftätigkeit, noch mit irgendeinem anderen Bedürfnis in Beziehung stehen. Andererseits besitzen derartige Bilder weder Tiefe noch Oberflächenbeschaffenheit (die ersten Akkommodationen an die Distanz treten gleichzeitig mit den ersten Orientierungsversuchen des Blickes auf). Sie sind nichts anderes als Flecken, die erscheinen, sich bewegen und verschwinden, ohne die Eigenschaften der Beständigkeit und Festigkeit zu besitzen. Mit einem Wort, es sind weder Objekte, noch unabhängige Bilder und auch nicht Bilder mit einer ihnen von außen zukommenden Bedeutung. Welches ist also der Motor des kindlichen Verhaltens? Es bleibt nur noch das Bedürfnis zu sehen selbst, das diese Aufgabe übernehmen könnte. Das Neugeborene reagiert von den ersten Tagen an auf das Licht und sucht nach ihm, sobald die mit dieser Wahrnehmung gekoppelte Reflextätigkeit daraus ein Bedürfnis macht. In gleicher Weise vermag die Tätigkeit des Sehens und Betrachtens den Gegenständen, die mit den Augen verfolgt werden, einen funktionellen Wert zu verleihen, sobald der Blick sich bewegende Punkte verfolgen kann. Mit anderen Worten, das Kind betrachtet bewegte Gegenstände zu Beginn ganz einfach deswegen, weil sie eine Nahrung der Sehtätigkeit sind. Wenn später die verschiedenen Akkommodationen an die Distanz, an die Oberflächenbeschaffenheit usw. die visuelle Wahrnehmung bereichern, werden die von den Augen verfolgten Gegenstände auch diesen zahlreichen Operationen in differenzierterer Weise als Nahrung dienen. Noch später – manchmal auch gleichzeitig – erhalten die visuellen Bilder auch für das Hören, das Greifen, das tastende Fühlen und für alle Kombinationen der sensomotorischen und intellektuellen Fähigkeiten Bedeutung. Sie vermögen auf diese Weise immer subtilere Funktionen zu unterhalten. Die anfänglich undifferenzierte Assimilation des Gegenstandes an die Tätigkeit des Blickes wandelt sich somit nach und nach um in den Prozeß des Wiedererkennens und des Strukturierens der Bilder und ihrer räumlichen Beziehungen und wird so zur Fähigkeit des »objektiven« Sehens. Doch bevor die visuelle Wahrnehmung des Säuglings die Gegenstände zu verfestigen vermag, bleibt sie auf ihre rein funktionale Betätigung beschränkt, das heißt, der Gegenstand wird im eigentlichen Sinn an das Tun des Subjektes assimiliert. Das ausdauernde Suchen, das die Sehtätigkeit anfänglich charakterisiert, ist also von der gleichen Art wie bei der Funktionstätigkeit des Saugreflexes, um ein schon analysiertes Beispiel zu nennen. Diese zu Beginn ausschließlich reflexartige Tätigkeit wird mit der Zeit durch die neu erworbene und komplexere Tätigkeit der »Zirkulärreaktion« überhöht. Auf der Entwicklungsstufe, auf der sich das Kind im zweiten und im dritten Monat befindet, scheinen Zirkulärreaktionen sicher aufzutreten. Die Lenkung des Blickes hängt natürlich selbst wiederum von einem Spiel von Reflexen ab, aber da diese kortikaler Natur sind, kann sich ihre Aktivität von Anfang an in erworbene Reaktionen ausweiten, das heißt, es findet bei ihnen von Anfang an ein Lernen in Abhängigkeit von den Gegenständen selbst statt.

Nach diesen Erwägungen wollen wir nun die Zirkulärreaktionen analysieren. Eine Zirkulärreaktion ist also eine erworbene und funktionale Betätigung eines Reflexes. Sie verstärkt und erhält nicht nur diese Reflextätigkeit und ihren Mechanismus, sondern auch die neuentstandene Erweiterung des Reflexmechanismus zu einem ganzheitlichen sensomotorischen Verhalten, das um seiner selbst willen gesucht wird. Als Anpassungsverhalten impliziert die Zirkulärreaktion, der Regel entsprechend, sowohl einen Akkommodations- wie auch einen Assimilationspol.

Die *Akkommodation* besteht in der Gesamtheit der im Kontakt mit den Gegenständen und dank dem Spiel immer komplexerer »Akkommodationsreflexe« erworbenen Erweiterungen (Assoziationen) des Sehverhaltens. Diese »Akkommodationsreflexe« umfassen die Akkommodation der Linse, die Einstellung der Pupille auf Helligkeit und Distanz und die binokuläre Konvergenz. Selbstverständlich sind die Instrumente dieser Akkommodation reflexiver Art und schon in der vererbten Struktur des Auges selbst mitgegeben. Sie führen aber erst dann zu einer wirksamen Anpassung, wenn sie sich üben und Erfahrung gewinnen. Mit anderen Worten, das Kind gelangt erst dann zu einer korrekten Anwendung dieser Instrumente, wenn es sich in der Wahrnehmung der Formen, der Oberflächenbeschaffenheit und der Tiefe, in der Abschätzung der Distanzen und in der Beziehungsbildung zwischen den Perspektiven übt, kurz, wenn es seine Akkommodationsreflexe an den Dingen selbst spielen läßt. Wir brauchen hier nicht im einzelnen auf diese Mechanismen einzugehen, da wir einige von ihnen beim Raumproblem (vgl. ›Der Aufbau der Wirklichkeit beim Kinde‹) wiederfinden werden. Wir wollen uns mit einer einzigen Bemerkung begnügen. Es ist eine gut bekannte Tatsache, daß das Kind in dem hier betrachteten Entwicklungsstadium die Distanzen noch nicht abzuschätzen vermag. Erstens sind im Alter von vier bis fünf Monaten die Pupillenakkommodation und die binokuläre Konvergenz noch nicht für alle Distanzen stabilisiert, zweitens unterlaufen dem Kind vielerlei Schätzungsfehler, sobald es anfängt, nach Gegenständen zu greifen (siehe ›Der Aufbau der Wirklichkeit beim Kinde‹, Kapitel II, 1. und 2.). Soll das heißen, daß die Tiefensicht aufgrund der Erfahrung allein erworben werde? Selbstverständlich nicht, denn die Existenz der »Akkommodationsreflexe« zeigt, daß das Subjekt aufgrund seiner vererbten Anlage früher oder später notwendigerweise dem Raum eine Tiefe zuschreibt, mögen seine ersten Schätzungen auch fehlerhaft sein. Ist folglich die Akkommodation an die Tiefe ein Lernprozeß wie die Anpassung des Saugreflexes an die wirklichen Gegebenheiten: ein Lernprozeß, der die Umwelt zwar voraussetzt, weil jede Betätigung sich auf eine Umwelt bezieht, aber ihr nichts verdankt, weil er inhaltlich nichts aus den Dingen selbst bezieht? Man könnte diese These vertreten, wenn der Raum von den in ihm enthaltenen Gegenständen unabhängig wäre. Aber es leuchtet ein, daß die Tiefe nicht unabhängig sein kann von den konkreten Distanzschätzungen an den Gegenständen. Von einem Subjekt zu sagen, es besitze Tiefensicht, bedeutet doch notwendigerweise, daß es diesen Gegenstand als weiter entfernt oder als näher als jenen anderen wahrnimmt. Die Erfahrung leistet aber gerade im Erwerb dieser besonderen Wahrnehmungen ihren Beitrag. Damit das Kind entdecken kann, daß der Wiegengriff in der Tiefe weiter absteht als ihr Rand, genügt ihm die vererbte Anlage zur Tiefensicht keineswegs. Es wird die verschiedenen Ansichten der Dinge in Beziehung bringen, seine Wahrnehmungen vergleichen, kurz, Erfahrung sammeln müssen. Es gibt also keine reflexive Akkommodation an die Tiefe an sich, sondern nur einzelne Akkommodationen an verschiedene Wahrnehmungsgegenstände, und diese wiederum setzen neben der vererbten Anpassungsfähigkeit erworbene »Zirkulärreaktion« voraus. In diesem Sinn impliziert die funktionale, ganz allgemein verstandene Betätigung des Gesichtssinnes erworbene Akkommodation und nicht nur Reflextätigkeit.

Die zur Betätigung des Gesichtssinnes gehörende Zirkulärreaktion setzt aber auch ein Element der *Assimilation* voraus. Wie wir weiter oben betont haben, ist die Assimilation in erster Linie ein Reproduktionsmechanismus. Wenn das Kind immer wieder schaut und schaut und jeden Tag die es umgebenden Gegenstände von neuem betrachtet, so liegt das nicht daran, daß sie als Gegenstände sein Interesse erweckten, noch daran, daß sie mit äußerer Bedeutung behaftete Zeichen wären, auch nicht daran (wenigstens ganz am Anfang), daß sie sensorische Bilder sind, die wiedererkannt werden können.

Der Grund ist ganz einfach: Diese sich bewegenden und leuchtenden Flecken sind Nahrung für das Sehen und ermöglichen durch den Übungsprozeß die Entwicklung der Sehfunktion. Die Gegenstände werden also zuerst an die Sehtätigkeit assimiliert. Ihr einziges Interesse besteht darin, gesehen und betrachtet werden zu können.

Wie geschieht der Übergang von dieser rein funktionalen Assimilation, die in bloßer Wiederholung besteht, zum objektiven Sehen, das heißt also zu einer Assimilation, die eine exakte Anpassung der Struktur des Subjektes an die Struktur der Dinge und umgekehrt voraussetzt? Drei Etappen sind zu nennen: die generalisierende Assimilation, die wiedererkennende Assimilation und die Koordination der visuellen Assimilationsschemata mit den anderen mentalen Assimilationsschemata.

Wir verwenden den Terminus »generalisierende Assimilation« (im selben Sinn gebraucht wie in Kapitel I in bezug auf das Saugschema), um den ebenso wichtigen wie banalen Tatbestand auszudrücken, daß das Kind mit Beginn der vierten und fünften Woche eine immer größere Zahl von Dingen betrachtet, indem es gleichsam in konzentrierten Kreisen vorwärtsschreitet. Wie die oben angeführten Beobachtungen es bezeugen, begnügt sich der Säugling anfänglich damit, entweder die Gegenstände, die man langsam zwanzig bis dreißig Zentimeter vor seinem Gesicht an ihm vorbeiführt, mit den Augen zu verfolgen (Bb. 30) oder unverwandt vor sich hinzublicken (Bb. 31). Dann beginnt er (Bb. 32), seinen Blick selbst auf bestimmte Gegenstände zu lenken: Von diesem Zeitpunkt an wird es möglich, in groben Zügen das spontane, visuelle Interesse des Kindes abzuschätzen. Dabei kann man feststellen, daß das Kind weder allzu bekannte Gegenstände fixiert, weil es von ihnen gleichsam übersättigt ist, noch allzu neue, weil sie keinem seiner Schemata entsprechen (zum Beispiel die Gegenstände, die zu weit weg sind, als daß überhaupt Akkommodation stattfinden könnte, oder die zu klein sind oder zu groß, um analysiert werden zu können usw.). Mit einem Wort, das Sehen im allgemeinen und die verschiedenen Arten von visueller Akkommodation im besonderen werden nach und nach an immer komplexeren und verschiedenartigeren Situationen geübt. In diesem Sinne ist die Assimilation der Gegenstände an die Sehtätigkeit »generalisierend«.

Hier einige Beispiele dafür:

Bb. 33: Nachdem Laurent gelernt hat, seinen Blick selbst zu steuern (Bb. 32), erforscht er nach und nach seine Umwelt. Mit 0; 1 (9) zum Beispiel prüft er nacheinander die verschiedensten Bilder, die sich ihm darbieten, sobald er aufrecht vom Kindermädchen gehalten wird: Zuerst nimmt er mich wahr, dann hebt er die Augen und betrachtet die Wände des Zimmers. Dann wendet er sich in der Richtung einer Fensterluke usw. Mit 0; 1 (15) erforscht er systematisch das Dach seiner Wiege, dem ich einen leichten Stoß versetzt habe: Er beginnt am Rand und kommt dann Schritt für Schritt dazu, die hintere Wand des Daches zu betrachten, obwohl diese schon seit längerer Zeit wieder stillsteht. Vier Tage später vollzieht er diese Erforschung in der umgekehrten Richtung. Er fängt beim Dach selbst an, prüft dann einen Schleier, der den Rand des Daches überragt, ein Stück der Decke (in derselben Richtung), mein Gesicht, das er vor sich entdeckt, und schließlich den leeren Raum. In der Folge fängt er dieses prüfende Erforschen seiner Wiege immer wieder von neuem an, aber im dritten Monat fixiert er die am Dach befestigten Spielklappern und auch das Dach selbst nur noch, wenn eine ungewohnte Bewegung seine Neugier erweckt hat oder wenn er einen neuen, auffallenden Punkt daran entdeckt (eine bestimmte Falte des Stoffes usw.).

Bb. 34: Ebenso deutlich fixiert und erforscht er die Personen seiner Umwelt. Vor allem nach 0; 1 (15), das heißt, nachdem er zum ersten Mal gelächelt hat. Wenn man sich über ihn beugt, wie zum Beispiel bei der Reinigung, dann erforscht er das Antlitz, das sich ihm darbietet, von oben bis unten; die Haare, die Augen, die Nase, der Mund, alles nährt seine visuelle Neugier. Mit 0; 1 (10) betrachtet er abwechselnd das Kindermädchen und mich, und während er mich prüfend anschaut, schwankt die Richtung seines Blickes zwischen meinen Haaren und meinem Gesicht hin und her. Mit 0; 1 (21) verfolgt er das Umhergehen des Kindermädchens im Zimmer. Mit 0; 1 (25) betrachtet er abwechslungsweise das Kindermädchen, seine Mutter und mich, wobei er bei jedem Gesicht anhält und dann spontan und plötzlich den Blick von einem Gesicht zum anderen springen läßt.

Sehr schnell verliert aber das Fixieren der Gesichter den Charakter eines rein visuellen Interesses. Insbesondere durch Koordination mit den Hörschemata und den globalen Situationen, die sich auf die Fütterung, die Reinigung usw. beziehen, erhalten die vertrauten Gesichter Bedeutung. Aber damit gelangen wir über den Bereich der rein generalisierenden Assimilation hinaus. Diese taucht jedoch wieder auf, sobald ein ungewohnter Zug das visuelle Bild der vertrauten Personen verändert hat. So bemerkt Laurent mit 0; 2 (4) an seiner Mutter eine Perlenkette, die für ihn mehr Interesse bekommt als das Gesicht. Mit 0; 2 (13) nimmt meine Baskenmütze seine Aufmerksamkeit gefangen. Mit 0; 2 (18) ist es die Rasierseife an meinem Kinn, dann meine Pfeife. An den folgenden Tagen ist es meine Zunge, die ich im Verlauf von Versuchen zur Nachahmung herausstrecke usw. Mit 0; 2 (29) schaut er mir mit der höchsten Aufmerksamkeit zu, wie ich esse: Er prüft nacheinander das Brot, das ich halte, und mein Gesicht, dann mein Glas und wiederum mein Gesicht. Er verfolgt mit den Augen meine Hand, die ich zum Mund führe, fixiert meinen Mund usw.

Bb. 35: Generalisierende Assimilation findet nicht nur in bezug auf die Gegenstände, die der Blick des Kindes nacheinander entdeckt, sondern auch in bezug auf die aufeinanderfolgenden Stellungen statt, die das Kind zum Schauen einnimmt. Erwähnenswert ist in dieser Hinsicht das abwechselnde Hin und Her des Blickes. Wie wir eben gesehen haben, fixiert Laurent im Verlauf des zweiten Monats nacheinander die verschiedenen Gegenstände oder die verschiedenen Teile ein und desselben

Gegenstandes, wie zum Beispiel – wie in Bb. 34 – drei unbewegliche Personen neben seiner Wiege oder das Haar und das Gesicht ein und derselben Person. Aber in diesem Fall wechselt der Blick von einem Bild zum anderen ohne Regelmäßigkeit. Im Verlauf des dritten Monats dagegen kann man folgendes Verhalten notieren: Der Blick prüft gleichsam gegenüberstellend zwei verschiedene Gegenstände, indem er abwechslungsweise von einem zum anderen wandert. Mit 0; 2 (11) zum Beispiel ist Laurent dabei, eine am Dach seiner Wiege befestigte Spielklapper zu betrachten, als ich parallel dazu ein Taschentuch befestigte: Sein Blick wechselt nun reihum vom Taschentuch zur Spielklapper und zurück, dann lächelt er. Mit 0; 2 (17) erforscht er einen Teil des Daches seiner Wiege, nachdem ich das Dach in leichte Bewegung versetzt habe. Laurent fixiert einen Punkt des Daches, dann beobachtet er die Spielklapper, die sich bewegt, dann kehrt sein Blick zum Dach zurück, und so verfährt er sechsmal hintereinander. Ich wiederhole den Versuch einen Augenblick später und zähle neun neuerliche Blickwechsel – siehe auch weiter unten Bb. 92 mit 0; 3 (13): das Beispiel mit dem Behälter und mit der Kette. Ein solches Verhalten stellt ohne Zweifel ein primitives Vergleichen dar, wobei es sich allerdings nur um einen rein visuellen Vergleich handelt. Es ist kaum denkbar, daß Laurent der Beziehung zwischen der Bewegung des Daches und derjenigen der Spielklapper eine kausale Bedeutung verleiht: Er vergleicht ganz einfach zwei Schauspiele miteinander.

Bb. 36: Hier noch ein anderes Beispiel einer Generalisierung, die dank der Lage des Kindes zustande kommt. Mit 0; 2 (21) wendet Laurent am Morgen ganz spontan seinen Kopf zurück und betrachtet lange Zeit den Hintergrund seiner Wiege aus dieser Stellung. Dann lächelt er, kehrt zur normalen Stellung zurück und fängt wieder von neuem an. Ich habe dieses Verhalten mehrmals beobachten können, vor allem sobald Laurent aus einem kurzen Schläfchen, das bei ihm häufig vorkommt, erwacht. Um vier Uhr nachmittags, von einem längeren Schläfchen kaum aufgewacht, wendet er wiederum seinen Kopf zurück und bricht in lautes Lachen aus. Dieses Verhalten besitzt alle Eigenschaften einer typischen Zirkulärreaktion. An den folgenden Tagen wird diese Erforschung der Wiege fortgesetzt, und noch eine Woche später bleibt das Interesse daran ebenso groß.

Diese Beispiele zeigen uns die spontane Entwicklung des kindlichen Sehens dank seiner Betätigung. Nachdem das Dach der Wiege zuerst nur »einen Blick um des Blickes willen« erzeugte, wenn man so sagen darf, erregen die einzelnen Details und die daran vorgenommenen Änderungen in zunehmendem Maße das Interesse des Kindes. Das Interesse für bestimmte Gesichter zieht ein Interesse für alle anderen nach sich und auch für alles, was die vertraute Erscheinungsform dieser Gesichter verändert. Die ungewohnten Anblicke, die an bestimmte, zufällig entdeckte Stellungen geknüpft sind, entzünden unmittelbar seine Aufmerksamkeit. Mit einem Wort, die Betätigung des Gesichtssinns zieht die Generalisierung dieser Tätigkeit nach sich.

Die sich ständig ausdehnende Generalisierung des Sehschemas vollzieht sich aber nicht ohne eine komplementäre Differenzierung des globalen Schemas in verschiedene Spezialschemata, wobei diese Differenzierung von selbst zur »Wiedererkennung« führt. Die anfänglich rein funktionale Assimilation (schauen, um zu schauen) verwandelt sich so in eine Assimilation der Gegenstände an bestimmte Spezialschemata. Das bedeutet, daß sich die Sehtätigkeit objektiviert (schauen, um zu sehen). So befinden sich zum Beispiel unter den Dingen, die das Kind nicht müde wird zu betrachten, solche, die unbeweglich sind (das Dach der Wiege), andere, die sich leicht bewegen (die Fransen des Daches), wieder andere, die dauernd ihre Stellung verändern, erscheinen und verschwinden, eine Zeitlang stillstehen, um sich dann plötzlich in Nichts aufzulösen (die menschlichen Gesichter). Jede Klasse dieser visuellen Bilder generalisiert sich durch Anwendung. Das bringt aber auch gleichzeitig eine Differenzierung dieser Tätigkeit mit sich: Jede Klasse setzt nämlich eine Tätigkeit *sui generis* der Sehfunktion voraus, ebenso wie die Brust, der Daumen, das Kopfkissen usw. die Saugtätigkeit in verschiedener Weise aktivieren. Die generalisierende Assimilation zieht also von selbst die Bildung spezieller Schemata nach sich. Indem nun das Kind die Gegenstände, die in sein Gesichtsfeld treten, diesen Schemata einordnet, »erkennt« es sie eben dadurch. Dieses Wiedererkennen ist also wahrscheinlich zu Beginn globaler Art. Das Kind erkennt nicht dieses ganz besondere Gesicht wieder, sondern dieses Gesicht in dieser ganz bestimmten Situation. Je mehr aber die generalisierende Assimilation dem Subjekt erlaubt, die sichtbare Außenwelt seinen Schemata einzuverleiben, desto mehr werden sich diese aufspalten und somit eine genauere Rekognition gestatten.

Die rein funktionale und generalisierende Assimilation kann im Verhalten des Kindes beobachtet werden. Gibt es aber auch eine Möglichkeit, die Behauptungen, die wir eben über die wiedererkennende Assimilation gemacht haben, zu kontrollieren? Sobald der Säugling zu lächeln beginnt und sich sein Mienenspiel und der Ausdruck seiner Gefühle differenzieren, wird die Analyse des Wiedererkennungsprozesses ohne allzu großes Risiko möglich. Unter diesem Gesichtspunkt sollen dabei die ersten Gelegenheiten analysiert werden, bei denen das Kind unter dem Eindruck visueller Bilder lächelt. Diese Situationen können uns über die Anfänge der Rekognition belehren.

Man weiß, daß das Lächeln ein Reflexmechanismus ist, der im Gefolge oder als Begleitung angenehmer Zustände auftritt und sich früher oder später zu einem sozialen Zeichen mit verschiedenen Bedeutungen entwickelt. Dieses Zeichen beinhaltet immer eine Beziehung zu menschlichen Personen. Folgt daraus, daß das Lächeln ein vererbter sozialer Verhaltensmechanismus ist, der schon in den ersten Erscheinungsweisen, wie Frau Bühler es vertritt, eine »Reaktion auf Personen« ist? Oder darf man die Ansicht vertreten, das Lächeln spezialisiere sich erst nach und nach in bezug auf seine Funktionen als

Sozialzeichen und es stelle während der ersten Monate eine einfache Lustreaktion auf die verschiedenartigsten Reize dar, selbst wenn es zum ersten Mal im Zusammenhang mit der menschlichen Stimme und den Bewegungen des menschlichen Gesichtes auftritt? Wir werden für diese zweite Interpretation optieren. Das Lächeln stellt unseres Erachtens also ein gutes Anzeichen für ein gerade stattfindendes Wiedererkennen im allgemeinsten Sinne dar. Die Interpretation von Frau Bühler scheint uns den Tatsachen nicht zu entsprechen, was auch schon C. W. Valentine[3] bewiesen hat. In einer allzu kategorischen Bemerkung hält Frau Bühler[4] den wenigen Beobachtungen von Valentine die Statistiken, auf die sie sich stützt, entgegen. Aber eine gut gemachte Beobachtung, vor allem wenn man sie einem so guten Beobachter wie C. W. Valentine verdankt, schlägt alle Statistiken aus dem Felde. Was uns betrifft, läßt die Beobachtung unserer drei Kinder keinen Zweifel darüber zu, daß das Lächeln des Säuglings in erster Linie eine Reaktion auf vertraute Bilder und Situationen, auf schon Gesehenes (déjà vu) darstellt. Das Kind lächelt, wenn vertraute Gegenstände plötzlich wieder auftauchen und eine Gefühlsreaktion auslösen oder wenn ein bestimmtes Schauspiel mehrmals hintereinander sich abspielt. Erst nach und nach schränkt sich das Lächeln auf menschliche Personen ein, die in ganz besonderem Maße solche vertrauten Gegenstände darstellen und zu solchen »Wiedererscheinungen« oder Wiederholungen Anlaß bieten. Zu Beginn der Entwicklung aber kann jedes Ding eine solche emotionelle Rekognition auslösen und ein Lächeln hervorrufen.

Bb. 37: Laurent hat zum ersten Mal mit 0; 1 (15) um 6.10 Uhr und um 12.30 Uhr gelächelt, als er das Kindermädchen den Kopf hin und her wiegen sah und singen hörte. Es handelte sich dabei offenbar um einen globalen Eindruck, bei dem visuelles Wiedererkennen, Wahrnehmung einer rhythmischen Bewegung und Gehör verbunden sind. An den folgenden Tagen ist die Stimme immer noch notwendig, um das Lächeln auszulösen, aber mit 0; 1 (25) genügt der Anblick des Kindermädchens allein. Mit 0; 1 (30) dieselbe Beobachtung. Erst mit 0; 2 (2) lächelt er seinen Eltern zu, ohne daß sie irgendwelche Laute hervorbringen. Mit 0; 2 (3) weigert er sich, seiner Großmutter und einer Tante zuzulächeln, obwohl sie die verschiedensten Anstrengungen unternehmen. Schließlich lächelt er der Tante zu, als sie ihren Hut abnimmt. Mit 0; 2 (4) zeigt er seiner Mutter (die keinen Laut von sich gibt) ein breites Lächeln, verweigert aber einige Augenblicke später seine Huld einer Dame desselben Alters. Während dieses dritten Monats gelingt es mir nicht, ihn durch meinen Anblick allein zum Lächeln zu bringen, wenn ich unbeweglich bleibe (ohne Bewegung des Kopfes) oder wenn ich mich nur aus einer gewissen Distanz (einem Meter oder mehr) zeige. Im vierten Monat dagegen sind diese Bedingungen nicht

[3] Charles Wilfried Valentine: The foundations of child psychology, British Association, 1930.

[4] Charlotte Bühler: Kindheit und Jugend, 1931, S. 27, Bemerkung 1.

mehr nötig. Mit 0; 2 (26) erkennt mich Laurent am Morgen nicht, als ich noch nicht gekämmt bin: Er schaut mich erschreckt und mit hängenden Mundwinkeln an, dann erkennt er mich plötzlich wieder und lächelt. Beim Anblick seiner Schwestern lächelt er erst viel später als bei den Eltern, aber nach der Mitte des dritten Monats reagiert er ihnen gegenüber in gleicher Weise. Und schon im vierten Monat scheint er Kinder Erwachsenen vorzuziehen, wenn ihm beide weniger bekannt sind. So fürchtet sich Laurent mit 0; 3 (7) vor einem Nachbarn, aber zeigt großes Interesse und lächelt mit den Augen beim Anblick seines Sohnes, der zwölf Jahre alt ist (ein blonder Knabe, der sehr jung aussieht und mit den Schwestern Laurents verwechselt werden könnte).

Bb. 38: Was unbelebte Gegenstände angeht, so zeigte Laurent seit Beginn des dritten Monats großes Interesse für die Spielklappern aus Stoff und Zelluloid, die ich am Dach seiner Wiege befestigt hatte. So betrachtet Laurent mit 0; 2 (5) diese Gegenstände noch ohne zu lächeln, aber indem er periodisch den Laut »aa« ausstößt und einen entzückten Ausdruck zeigt. Mit 0; 2 (11) lächelt er über das ganze Gesicht, als er diese Klappern sich hin und her wiegen sieht: Er hat aber weder vor noch während dieses Schauspiels irgend jemand gesehen, denn ich habe die Klappern von weitem mit einem Stock bewegt. Überdies gleichen die Klappern in keiner Weise einem menschlichen Antlitz: Es sind kleine Kugeln aus Wolle oder Zelluloid. Das Geräusch der Klappern, das bei diesem ersten Lächeln eine Rolle spielen könnte, war in der Folge sicher nicht mehr im Spiel. Noch fünfmal lächelt Laurent am selben Tage den unbeweglichen Klappern zu. Am Abend des gleichen Tages habe ich ein Taschentuch neben den Klappern aufgehängt. Laurent vergleicht diese Gegenstände (siehe Bb. 35), dann lächelt er (er hat mich weder gesehen noch gehört). An den folgenden Tagen tritt diese Reaktion ebenso deutlich und häufig auf. Mit 0; 2 (15) notiere ich siebenmal ein Lächeln Dingen gegenüber (den unbeweglichen Klappern, dem unbeweglichen Dach der Wiege; den Bewegungen der Wiege, wenn man sie trägt, ohne dabei einen Laut von sich zu geben oder sich Laurent zu zeigen usw.) und nur dreimal ein Lächeln gegenüber Personen (seiner Mutter). Mit 0; 2 (18) lächelt er fünfmal hintereinander vor sich hin, indem er dabei den Tüllschleier, der ihn vor den Insekten beschützt, fixiert (ich sehe es durch das Dach der Wiege hindurch). Am selben Tag lächelt und zwitschert er vor Erregung und schaut begeistert auf eine Klapper. Als man ihn für ein Luftbad auszieht, lacht er während der ganzen Zeit aus vollem Hals, auch wenn er allein ist. Er fuchtelt dabei mit den Händen herum und betrachtet die umgebenden Gegenstände, vor allem die braune Wand des Balkons. Mit 0; 2 (19) hat er den ganzen Tag hindurch nie ein Lächeln für Menschen übrig gehabt, dagegen lächelte er allen vertrauten Gegenständen zu. Im besonderen lächelt er zum ersten Mal (fünfmal hintereinander am selben Tag) beim Anblick seiner linken Hand, die er seit ungefähr vierzehn Tagen mit seinen Augen verfolgt (siehe weiter unten Bb. 62). Mit 0; 2 (21) lächelt er schon, bevor er seine Hand zum Gesicht lenkt. Vom selben Tag an lernt er rückwärts zu schauen (wie man es im Verlauf der Bb. 36 gesehen hat), und er lächelt beinahe jedesmal bei dieser ungewohnten Perspektive. Von 0; 2 (25) an lächelt er im Verlauf aller Greifversuche, also zum Beispiel wenn er eine Klapper schüttelt usw. Mit 0; 3 (6 und 7) manifestiert er ein gewisses Erstaunen und sogar Unruhe vor neuen Gegenständen, die er gerne ergreifen möchte (Glanzpapier, Silberpapier, medizinische Instrumente usw.), aber lächelt (oder lächelt nur mit den Augen) beim Ergreifen vertrauter Gegenstände (Spielsachen aus Stoff und Zelluloid, Tabakbeutel und anderes mehr).

Bb. 39: Lucienne bringt mit ihrem Lächeln ebenfalls ein deutliches Wiedererkennen sowohl gegenüber Dingen als auch Personen zum Ausdruck. Auch ihr erstes Lächeln gilt einer Person – mit 0; 1 (24) –, als diese den Kopf bewegt und eine Reihe von Tönen erzeugt. Dann lächelt sie beim bloßen Anblick ihrer Mutter mit 0; 1 (27), später tut sie dasselbe auch ihrem Vater gegenüber. Ab 0; 2 (2) lächelt sie vertrauten Gegenständen zu, die an ihrer Wiege oder am Dach derselben befestigt sind. Mit 0; 2 (13) zum Beispiel lächelt sie zum Dach hin: Sie schaut aufmerksam auf einen bestimmten Punkt, dann lächelt sie und krümmt sich vor Vergnügen, dann fixiert sie wieder diesen Punkt usw. Mit 0; 2 (19) löst das für gewöhnlich am Dach befestigte Band ihre Heiterkeit aus: Sie schaut es an, krümmt sich dabei vor Lachen, schaut es von neuem an usw. Mit 0; 2 (27) zeigt sie ein breites Lachen vor den Klappern, die sich hin und her bewegen. Mit 0; 3 (0) lacht sie dem Dach zu, das man an die richtige Stelle rückt (ohne daß Lucienne die Person sieht oder hört).

Die verschiedene Art des Lächelns zeugt also deutlich von ungleichen Erkennungsweisen. Die Reaktionen sind verschieden von Person zu Person und gegenüber ein und derselben Person von Situation zu Situation (je nach dem Abstand, den Bewegungen usw.). Mag also der ursprüngliche Wiedererkennungsakt globaler Natur sein, das heißt, sich in einer undifferenzierten Weise auf verschiedene Situationen und verschiedene Arten des Anblicks beziehen, so präzisiert sich dieses Wiedererkennen doch deutlich von Mal zu Mal, weil die generalisierende Assimilation und die ihr entsprechende Akkommodation die Situation laufend differenzieren. Diese Reaktion geschieht in gleicher Weise gegenüber den Dingen. Wir dürfen also folgern, daß die zirkuläre Sehreaktion, das heißt die erworbene Adaptation im Bereiche des Gesichtssinnes, wie jede Art von Anpassung sowohl ein Moment der Akkommodation der Funktion an den Gegenstand als auch ein Moment der Assimilation des Gegenstandes an die Funktion umfaßt. Diese Assimilation ist zuerst rein funktionaler und wiederholender Natur (Wiederholung oder reine Zirkulärreaktion) und wird dann zur gleichen Zeit sowohl generalisierend als auch wiedererkennend. Erst wenn die Wiedererkennungsfunktion der visuellen Wahrnehmung ein gewisses Niveau erreicht, darf man annehmen, daß die Wahrnehmung ein und desselben Dinges (Vorganges) in verschiedenen Bildern geschieht und nicht mehr eine einfache Tätigkeit darstellt, die das Bild zwar als Nahrung aufnimmt, aber kein Interesse aufbringt für das Bild an sich.

Aber dieser Prozeß allein kann nicht genügen, um die zunehmende Objektivierung der visuellen Anpassung zu erklären. Die Tatsache, daß ein sensorisches Bild wiedererkannt wird, wenn es wieder erscheint, reicht nicht aus, aus ihm ein äußeres Objekt zu machen. Jeder subjektive Zustand kann wiedererkannt werden, ohne daß er der Tätigkeit von Gegenständen, die vom Ich unabhängig sind, zugeschrieben wird. Das säugende Neugeborene erkennt die Mutterbrust an der

Kombination von Saug- und Schluckreflexen, ohne deswegen aus der Mutterbrust eine Sache zu machen. Ebenso kann das einen Monat alte Kind gewisse visuelle Bilder wiedererkennen, ohne sie deswegen wirklich in die Außenwelt zu verlegen. Welche weitere Bedingung muß daher erfüllt sein, damit sich solche Bilder zu verselbständigen beginnen? Die visuellen Schemata müssen, so will uns scheinen, mit anderen Assimilationsschemata koordiniert werden, wie zum Beispiel den Greifschemata, den Hörschemata oder den Saugschemata. Alle diese verschiedenen Schemata derselben Dinge müssen zu einem Weltbild organisiert und verbunden werden. Erst durch ihre Verbindung zu einer geschlossenen Gesamtheit erhalten sie einen Anfang von Objektivität.

Das führt uns zum dritten Aspekt der visuellen Zirkulärreaktionen, zum Aspekt der *Organisation.* Tatsächlich hängen die sichtbaren Gebilde, denen das Kind sich anpaßt, aufgrund eben dieser Anpassung untereinander zusammen und koordinieren sich auch mit Schemata anderer Art. Die Organisation der visuellen Bilder untereinander kann so von selbst zu Unterscheidungen Veranlassung geben. An erster Stelle sind die Koordinationen bezüglich der Stellung, der Distanz, der Größe usw. zu nennen, die den Sehraum konstituieren, von denen wir aber hier nicht sprechen werden, weil die Frage eine eigene Untersuchung verdient (vgl. ›Der Aufbau der Wirklichkeit beim Kinde‹). An zweiter Stelle kommen rein qualitative Koordinationen (Farb- und Lichtverhältnisse usw. und sensomotorische Beziehungen), die sich in der generalisierenden und wiedererkennenden Assimilation manifestieren. Unabhängig von jeder Koordination mit anderen Verhaltensschemata (greifen, fühlen usw.) sind die visuellen Schemata auch untereinander koordiniert und bilden daher mehr oder weniger organisierte Ganzheiten. Aber für die im Augenblick gestellte Frage ist nicht die Koordination visueller Schemata unter sich, sondern mit den anderen Verhaltensschemata von entscheidender Bedeutung. Die Beobachtung zeigt ja, daß schon sehr früh, ja beinahe schon mit der beginnenden Orientierung des Blickes Sehen und Hören sich koordinieren (siehe weiter unten Bb. 94 bis 149). In der Folge knüpfen sich Beziehungen zwischen Sehen und Saugen (siehe Bb. 27), dann zwischen Sehen, Greifen, Fühlen und kinästhetischen Eindrücken usw. Diese Koordination zwischen verschiedenen Sinneseindrücken und diese zusammenfassende Verarbeitung heterogener Schemata verleihen den visuellen Bildern immer reichere Bedeutungen, entblößen die Assimilation des Gesichtssinnes ihres Selbstzweckes und machen aus ihr ein Werkzeug im Dienst einer umfassenderen Assimilation. Wenn ein Kind mit sieben oder acht Monaten unbekannte Gegenstände zuerst anschaut, bevor es sie ergreift, um sie zu wiegen, darüber zu streichen, sie fallen zu lassen und wieder aufzulesen usw., so schaut es nicht um des bloßen Schauenwollens (rein visuelle Assimilation, in der der Gegenstand eine bloße Nahrung für den Blick ist), es schaut auch nicht, um zu sehen (generalisierende oder wiedererkennende visuelle Assimilation, bei der der Gegenstand einfach schon erarbeiteten visuellen Schemata einverleibt wird), sondern es schaut, um zu handeln, das heißt, um den neuen Gegenstand an die Schemata des Wiegens, des Streichens, des Fallenlassens usw. zu assimilieren. Es existiert jetzt nicht bloß mehr eine Organisation zwischen den visuellen Schemata, sondern auch zwischen diesen und allen anderen Verhaltensschemata. Diese progressive Organisiertheit verleiht den Sehbildern Bedeutung und Festigkeit und ordnet sie in ein umfassendes Weltbild ein.

Vom Standpunkt der funktionalen Kategorien des Denkens, die mit den biologischen Invarianten der mentalen Entwicklung identisch sind, dürfte es interessant sein festzustellen, in welchem Maße diese innere Organisation hier wie überall Quelle und Ursprung ganzheitlicher Strukturen und Werte ist. Solange die Organisation der visuellen Schemata eine mehr oder weniger geschlossene Ganzheit darstellt, bildet das Sehen einen Wert an sich, und die Assimilation der Dinge bedeutet ihre Assimilation an das Sehen selbst. In dem Maße jedoch, wie sich die Welt der gesehenen Dinge mit anderen Werten koordiniert, das heißt, als sich zwischen visuellen und anderen Schemata eine zusammenhängende Organisation bildet und ein Prozeß gegenseitiger Anpassung vollzieht, verwandelt sich die visuelle Assimilation in ein Mittel im Dienst höherer Ziele und erhält somit den Charakter eines abgeleiteten Wertes im Vergleich zu den Hauptwerten. Diese Hauptwerte bestehen aus den umfassenden Ganzheiten, die das Gehör, die Greiftätigkeit und die aus ihr entspringenden Fertigkeiten kombinieren. Das werden wir auf den folgenden Seiten sehen.

3. Die Stimmbildung und das Hören

Wie die Saug- und Sehtätigkeit geben auch Stimmbildung und Hören Anlaß zu erworbenen Anpassungsvorgängen, die zu den vererbten Anpassungsprozessen hinzutreten. Auch in diesem Fall bestehen die ersten erworbenen Anpassungsprozesse in Zirkulärreaktionen, bei denen man wiederum Akkommodations-, Assimilations- und Organisationsaspekte unterscheiden kann.

Die Phonation manifestiert sich nach der Geburt im Schrei des Neugeborenen und in den ersten Wochen in seinem Wimmern. Es ist nicht unmöglich, daß dieses Reflexverhalten von Anfang an Ansätze zu Weiterentwicklungen ähnlicher Art bietet, wie wir sie beim Sehen und Saugen notiert haben. Das gilt besonders angesichts folgender Beobachtungen, die aber leider nur mit Vorbehalt aufgenommen werden dürfen. Die erste betrifft den eigentümlichen Rhythmus, der sich sehr früh im Schreien eines jeden Kindes durchsetzt. Laurent hat während der ersten Wochen nachts fast nie geweint, aber fast alle Tage zwischen 16 und 18 Uhr. Lucienne weinte vor allem vormittags usw. Die zweite Beobachtung bezieht sich auf die Möglichkeit einer Ansteckung im Schreien schon während der ersten Wochen. Wenn ein Baby im gemeinsamen Saal der Neugeborenen einer Klinik schreit, scheinen mehrere sein Beispiel nachzuahmen. Überdies hatte ich den Eindruck, als ob meine Stimme (ich machte »aha, aha« usw.) Laurents Weinen auslöste, als er 0; 0 (4 und 5) alt war. Der Rhythmus, von dem hier die Rede war, könnte aber seine Ursache in einem organischen Rhythmus (insbesondere dem Verdauungsrhythmus) haben, ohne daß eine Übung des Reflexes mit im Spiele wäre, und die angebliche Ansteckung beim Weinen könnte zufällig sein oder aus der einfachen Tatsache herrühren, daß das Schreien der anderen das Kind weckt, denn ein Neugeborenes schreit ja immer, sobald es wach ist. Ziehen wir also keine voreiligen Schlüsse.

Dagegen tritt zur reflexartigen Lauterzeugung mit ein bis zwei Monaten die Zirkulärreaktion, sobald der leichte Seufzer, der das Weinen ankündigt, um seiner selbst willen unterhalten wird und nach und nach zu verschiedenen Modulationen Anlaß bietet. Von diesem Zeitpunkt an darf man die Lautbildung als erworbenes Verhalten auffassen, und wir werden sie in diesem Sinne analysieren.

Was das Gehör betrifft, kann man beinahe von den ersten Tagen an ein Interesse für Töne beobachten. Vom Ende der zweiten Woche an hörte Laurent zum Beispiel einen Augenblick zu weinen auf, wenn er einen nahe bei seinem Ohr erzeugten Laut vernahm. Von erworbener Anpassung kann man aber erst sprechen, wenn der wahrgenommene Laut eine etwas länger dauernde Unterbrechung der eben vollzogenen Handlung und ein eigentliches Suchen auslöst. Wir haben das bei Laurent im zweiten Monat festgestellt.

Der Grund dafür, daß wir Stimmbildung und Gehör gleichzeitig untersuchen, besteht darin, daß Stimme und Gehör beim Kind von dem Augenblick an, wo die Zirkulärreaktion in beiden Bereichen die vererbte Anlage erweitert und verlängert, immer miteinander verbunden sind. So regelt das normale Kind nicht nur seine eigene Lauterzeugung nach den wahrgenommenen akustischen Signalen, sondern scheint durch andere Stimmen in der Übung seiner eigenen Stimme direkt beeinflußt zu werden. Ist diese Koppelung von Gehör und Stimme teilweise vererbt und dann durch erworbene Anpassungsprozesse konsolidiert, oder ist sie allein erworben? Es dürfte sehr schwierig sein, das zu entscheiden. Wenn das Schreien anderer Säuglinge von Geburt an nachgeahmt würde, dürfte man mit Sicherheit eine vererbte Verbindung annehmen. Selbst wenn aber die Tatsache einer Anstekkung durch das Geschrei anderer sicher feststünde, so ließe sie sich dennoch auf andere Weise als durch Nachahmung erklären, wie wir gesehen haben. Wir wollen darum keine Hypothesen über die Vererbung der Beziehungen zwischen Lauterzeugung und Gehör in die Welt setzen, sondern uns darauf beschränken, die diesbezüglichen Verhaltensweisen von der Zeit an zu untersuchen, wo erworbene Anpassung vorliegt.

Hier nun zuerst einige Beobachtungen zur Stimmbildung:

Bb. 40: Jacqueline gebrauchte ihre Stimme bis zur Mitte des zweiten Monats nur, um das gewöhnliche Wimmern und ein ganz bestimmtes, heftiges Schreien, das Verlangen und Zorn ausdrücken sollte, vernehmen zu lassen, wenn sie der Hunger hartnäckiger quälte. Mit 0; 1 (14) scheint ihr Schreien nicht mehr bloß Ausdruck für Hunger oder irgendein physisches Unbehagen (insbesondere Bauchschmerzen) zu sein, sondern sich ein wenig zu differenzieren zu beginnen. Das Schreien hört zum Beispiel auf, sobald man das Kind aus der Wiege nimmt, und setzt dann wieder mit voller Stärke ein, wenn man es kurz vor der Mahlzeit hinlegt. Außerdem läßt Jacqueline ein wirkliches Wutgeschrei vernehmen, wenn man das Stillen unterbricht. Diese beiden Beispiele lassen erkennen, daß das Schreien mit Verhaltensweisen, die Erwartung und Enttäuschung ausdrücken und eine erworbene Anpassung implizieren, verbunden ist. Diese Differenzierung der mentalen, die Stimmbildung begleitenden Zustände weitet sich sehr schnell zu einer Differenzierung der vom Kinde ausgestoßenen Töne aus: Bald ist das Schreien herrisch und wütend, bald klagend und weich. Von diesem Augenblick an kann man auch deutlich die ersten »Zirkulärreaktionen« der Tonerzeugung feststellen. Es kommt zum Beispiel vor, daß das Seufzen, das das Schreien ankündigt oder weiterführt, um seiner selbst willen als ein interessanter Laut unterhalten wird. So zum Beispiel mit 0; 1 (22). Es kommt auch vor, daß das Wutgeschrei in einen hellen Schrei ausmündet, der das Kind von seinem Schmerz ablenkt und der in einer Art von kurzem Triller endet, so mit 0; 2 (2). Das Lächeln seinerseits kann von unbestimmten Lauten begleitet werden, zum Beispiel mit 0; 1 (26). Die im Anschluß an oder als Begleiterscheinung von Schreien oder von Lächeln hervorgebrachten Laute können auch in direkter Weise wiederentdeckt und als solche unterhalten werden: So lallt Jacqueline mit 0; 2 (12) einen Augenblick lang, ohne zu lächeln oder zu seufzen. Mit 0; 2 (13) erzeugt sie eine Art von Triller. Mit 0; 2 (15) verwandelt sich das Weinen in ein Spiel mit der Stimme, das aus »aha«, »ahi« usw. besteht. Mit 0; 2 (15) unterbricht sie sogar ihre Mahlzeit, um ihr Lallen wieder aufzugreifen. Von 0; 2 (18) an wird ihr Spiel mit der Stimme schließlich zu ihrer liebsten Beschäftigung, wenn sie wach liegt.

Halten wir noch fest, daß diese ersten Zirkulärreaktionen fast unmittelbar von »stimmlichen Ansteckungen« und seit 0; 2 von deutlichen Nachahmungen gefolgt werden, wie wir es bei der Besprechung der Nachahmung sehen werden.

Bb. 41: Bis 0; 1 (8) konnte ich bei Laurent nichts registrieren, was einer stimmlichen Zirkulärreaktion entsprochen hätte. Seine Lauterzeugung bestand nur in Hunger- und Schmerzgeschrei oder in Seufzern, die dem Geschrei vorausgingen oder nachfolgten. Mit 0; 0 (9) hatte Laurent allerdings einen Laut, der einem »aha« glich, hervorgebracht, ohne zu schreien, aber nur ein einziges Mal; für gewöhnlich geht dieser Laut dem Schreien voraus. Mit 0; 1 (8) beobachtet man dagegen bei ihm vage Stimmübungen. Es könnte sich aber auch um einen Anfang von Seufzen handeln, das durch visuelles oder auditives Interesse unterbrochen worden ist. Mit 0; 1 (9) wird das Seufzen dagegen um seiner selbst willen unterhalten, und zwar einige Sekunden lang, bevor es zum Schreien kommt. Sobald der erste Schrei erfolgt, ahme ich das Wimmern Laurents nach: Er hört daraufhin zu schreien auf und beginnt wiederum zu seufzen. Diese erste lautliche Nachahmung scheint nach meiner Ansicht die Existenz der Zirkulärreaktion zu garantieren: Wenn nämlich ein anderer nachgeahmt werden kann, so existiert erst recht eine Nachahmung seiner selbst, das heißt »eine Zirkulärreaktion«. Mit 0; 1 (15) notiere ich eine Reihe von flüchtigen »arr« oder von »rra« und mit 0; 1 (20) einen Laut, der einem »ö« gleicht und die Zufriedenheit markiert, die Laurent, allein und hellwach, beim Saugen im Leeren empfindet. Dieser letztere Ton tritt mit 0; 1 (22) und mit 0; 1 (26) in derselben Situation in ununterbrochener Folge wieder auf, während die Laute »aa« oder »rra«, die ich vor Laurent in Nachahmung seiner Produktionen erzeuge, mit 0; 1 (22) ein Lächeln und ähnliche Töne bei ihm auslösen. Mit 0; 1 (28) gibt es bei ihm eine Zirkulärreaktion mit den Lauten »aha«, »öhö« usw., und mit Beginn des dritten Monats erfolgen die ersten Stimmübungen. Mit 0; 2 (7) lallt Laurent am Abend im Halbdunkeln. Seit 0; 2 (16) lallt er am Morgen nach dem Erwachen oft eine halbe Stunde lang ununterbrochen.

Bb. 42: In einigen besonderen Fällen kann man die Tendenz feststellen, rein zufällig entdeckte Töne in einer Zirkulärreaktion zu wiederholen. Nachdem Lucienne mit 0; 2 (12) husten mußte, wiederholt sie das mehrmals aus reinem Vergnügen und lächelt dabei. Laurent tut dasselbe mit 0; 3 (5). Mit 0; 2 (11) bläst Laurent und erzeugt dabei ein vages Geräusch mit dem Mund. Mit 0; 2 (26) ahmt er den Klang seiner eigenen Stimme nach, wie dieser für gewöhnlich mit seinem Lachen verbunden ist, aber ohne dabei zu lachen, aus rein phonetischem Interesse. Mit 0; 2 (15) räuspert sich Lucienne unter ähnlichen Umständen usw.

Eine Fortsetzung dieser Beschreibung ist unnütz, da uns ja die Stimmbildung nicht um ihrer selbst willen interessiert, sondern nur insofern, als sie Gelegenheit zu Anpassungen allgemeiner Art bietet. In dieser Beziehung dürfte es leicht fallen, in den lautlichen Zirkulärreaktionen, von denen wir eben gesprochen haben, die Prozesse der Akkommodation, der Assimilation und der Organisation wiederzufinden, an die uns das Saugen und das Sehen schon gewöhnt haben. Es liegt in erster Linie Akkommodation vor, denn die Zirkulärreaktion stellt ein Bemühen dar, den zufällig entdeckten neuen Ton wiederum zu erzeugen. Darin offenbart sich eine beständige Anpassung der Stimmorgane an die durch das Gehör wahrgenommenen Laute (siehe zum Beispiel Bb. 42), auch wenn diese Laute von der eigenen Stimme hervorgebracht wurden. Sehr bald findet auch eine lautliche Akkommodation durch Nachahmung von Lauten statt, die von anderen hervorgebracht wurden. Wir können aber diesen Problemkreis dem Werk über die Nachahmung überlassen. Die Stimmübung ist sodann Assimilation im dreifachen Sinn des Begriffs. Sie ist Assimilation durch Wiederholung in dem Maße, wie jedes lautliche Schema sich durch Übung verfestigt.

Sie ist generalisierende Assimilation, insofern die Zirkulärreaktion in fortschreitendem Maße die Lautmaterie in zahlreichen Kombinationen vervielfältigt, die von vielen Autoren im einzelnen beschrieben wurden. Sie ist wiedererkennende Assimilation, in dem Maße, wie die Zirkulärreaktion und die sich ausbildende Nachahmungsfähigkeit eine Diskrimination bestimmter Töne von anderen implizieren. Schließlich ist die Lauterzeugung eine Organisation (ein geordnetes Gefüge) in einem doppelten und komplementären Sinn. Erstens, weil die Gesamtheit der erzeugten Töne ein in sich zusammenhängendes Artikulationssystem bildet, und zweitens, weil sich die Lauterzeugung unmittelbar mit anderen Verhaltensschemata und insbesondere mit den auditiven Schemata koordiniert.

Das führt uns zum Gehör. Die ersten erworbenen Anpassungsprozesse bezüglich des Gehörs stammen aus dem zweiten Monat. Zu dieser Zeit werden zwei wesentliche Koordinationen gebildet, die Koordination mit der Stimme und die Koordination mit dem Sehen. Bis dahin ist die einzige Reaktion, die man beobachten kann, das Interesse des Kindes an der Stimme. Da aber diese Reaktion von keinerlei sichtbarer Akkommodation begleitet wird, mit Ausnahme des Lächelns und der Koordinationen, von denen wir eben gesprochen haben, ist es schwer, eine Grenzlinie zu ziehen zwischen reflexartiger und erworbener Anpassung.

Bb. 43: Mit 0; 1 (0) begnügt sich Jacqueline noch damit, ihr Schreien zu unterbrechen, wenn sie eine Stimme oder einen angenehmen Laut hört, aber sie versucht nicht auszumachen, woher der Laut kommt. Mit 0; 1 (6 und 13) dieselbe Reaktion. Ab 0; 1 (10) beginnt sie dagegen, der Stimme zuzulächeln. Von diesem Zeitpunkt an ist es möglich, in groben Zügen die Töne, die sie wiedererkennt und die ihr Lächeln auslösen (Geräusche, im Sington erzeugte Laute usw., die ihren eigenen Lauterzeugungen ähnlich sind), von denjenigen zu unterscheiden, die sie erstaunen, beunruhigen oder interessieren. Dasselbe kann man bei Lucienne von 0; 1 (13) an beobachten. Der Laut »ra«, der eine Nachahmung ihrer eigenen Lautbildung darstellt, bringt sie ab 0; 1 (25) drei oder vier Wochen lang fast unfehlbar zum Lächeln und löst ab 0; 1 (26) einen vagen Nachahmungsversuch aus. Laurent lächelt erst ab 0; 1 (20), wenn er eine Stimme hört, aber schon seit 0; 0 (12) genügt der Laut einer Stimme, um sein Schreien zu unterbrechen. Das Interesse für den Laut erzeugt seit 0; 1 (8) ein Bemühen, die Stimme zu lokalisieren. Im allgemeinen sind es hohe Laute, die der Kinderstimme ähnlich sind, die ihn zum Lächeln bringen; die tiefen Laute erstaunen und beunruhigen ihn. Der Laut »bss« bringt ihn im Verlauf des dritten Monats mit Sicherheit zum Lächeln (bevor er ihn noch selber hervorbringt), vorausgesetzt, daß man ihn hoch genug singt. Mit 0; 1 (22) erkennt er sehr gut den Klang des Bleis in den Zelluloidkugeln, und er schaut sofort unfehlbar zum richtigen Ort hin, sobald er ihn hört.

Diese Beobachtungen genügen, um uns zu zeigen, daß das Kind sich bei den Lauten in gleicher Weise verhält wie bei den Sehakten. Einerseits akkommodiert es sich in fortschreitendem Maße an sie, andererseits assimiliert es sie. Diese Assimilation ist anfänglich bloßes Vergnügen daran, die Laute zu hören (Zirkulärreaktionen oder Assimilation durch Wiederholung). In dem Maße aber, wie die gehörten Töne voneinander unterschieden werden, entsteht gleichzeitig eine generalisierende Assimilation (das heißt ein Interesse für immer vielfältigere Töne) und ein Wiedererkennen ganz bestimmter Laute (der Laute »ra, bss« usw.).

Gehen wir nun zu den Koordinationen zwischen Geräuschen und Bildern (Sehtätigkeit) über:

Bb. 44: Mit 0; 2 (12) dreht Jacqueline den Kopf auf die Seite, von der ein Geräusch kommt. Als sie zum Beispiel eine Stimme hinter sich vernimmt, orientiert sie sich in der richtigen Richtung. Mit 0; 2 (26) vermag sie die Geräuschquelle ziemlich genau zu lokalisieren. Es macht den Anschein, als ob sie so lange suche, bis sie die Person erblickt, die spricht. Aber es ist natürlich schwer zu sagen, ob sie die Geräuschquelle und das visuelle Bild miteinander identifiziert oder ob sie sich ganz einfach an den Laut akkommodiert.

Bb. 45: Mit 0; 1 (26) hält Lucienne den Kopf nach links, als ich sie von rechts anrufe, daraufhin dreht sie den Kopf sofort um und sucht mit den Augen. Mit 0; 1 (27) trägt man sie unter meinem Fenster vorbei, von wo aus ich sie anrufe: Sie wendet darauf den Kopf nach links und nach rechts und schließlich nach oben, jedoch in einer Richtung von ungefähr 45 Grad zu weit nach links. Ihre Bewegungen zeugen aber deutlich von einem Versuch, sich nach dem Geräusch auszurichten. Man hat dabei den starken Eindruck, daß sie versucht zu sehen, was sie hört, und sich nicht nur nach dem Ton zu akkommodieren. Mit 0; 2 (12) dreht sie ebenfalls den Kopf, als ich sie anspreche, und sucht mit den Augen, bis sie mich gesehen hat, auch wenn ich dabei unbeweglich bleibe.

Bb. 46: Mit 0; 1 (8) läßt sich bei Laurent der beginnende Versuch einer Tonlokalisierung feststellen. Er liegt auf dem Rücken, ohne mich zu sehen, und betrachtet das Dach seiner Wiege. Dabei bewegt er Mund und Arme. Ich rufe ihn ganz leise, indem ich »aha, aha« mache. Er verändert sofort seinen Ausdruck, hört still hin und scheint mit dem Blick zu suchen. Sein Kopf schwankt tatsächlich leicht von links nach rechts, ohne sich allerdings nach der richtigen Seite zu wenden, und der Blick, statt auf einen Punkt fixiert zu bleiben wie vorher, scheint zu suchen. An den folgenden Tagen orientiert Laurent seinen Kopf schon besser nach der Seite, von wo der Ton kam, und sein Blick wandert nun in der richtigen Richtung. Aber es ist immer noch nicht möglich zu entscheiden, ob das Kind die Geräuschquelle zu sehen versucht oder ob sein Blick ganz einfach eine reine auditive Akkommodation begleitet.

Bb. 47: Mit 0; 1 (15) dagegen scheint Laurent mit dem Blick das Gesicht zu suchen, das zur wahrgenommenen Stimme gehört. Zwei Voraussetzungen müssen allerdings erfüllt sein, die wir etwas genauer präzisieren wollen. Am Morgen dieses Tages hat Laurent nämlich zum ersten Mal gelächelt, und zwar dreimal nacheinander. Wahrscheinlich wurde dieses Lächeln durch einen globalen auditiven und visuellen Eindruck ausgelöst. Am Nachmittag desselben Tages stelle ich mich zur Linken Laurents auf, während er in seiner Wiege liegt und nach rechts schaut. Ich rufe »aha, aha.« Darauf dreht Laurent langsam den Kopf nach links und bemerkt mich plötzlich. Ich habe schon zu singen aufgehört. Er schaut mich lange an. Ich wechsle daraufhin auf seine Rechte hinüber, ohne daß er mich mit dem Blick verfolgen könnte, und rufe wieder. Laurent wendet sich erneut in meine Richtung und scheint mich mit den Augen zu suchen. Er sieht mich, betrachtet mich, aber dieses Mal ohne einen Ausdruck von Verständnis (ich verhalte mich nämlich in diesem Moment ganz unbeweglich). Ich wechsle zur Linken, rufe, und er dreht sich um. Als Gegenbeweis wiederhole ich dasselbe Experiment, indem ich aber mit den Händen an die Scheiben klopfe (die Wiege befindet sich zwischen den beiden Flügeln einer Glastüre). Laurent wendet sich jedesmal nach der richtigen Seite und sucht mit dem Blick eher in der Richtung des Geräusches als in der meiner Gestalt, die er beim Vorbeistreifen der Augen wahrnehmen muß. Er scheint also den Klang der menschlichen Stimme mit dem visuellen Bild eines menschlichen Gesichts zu assoziieren, während er nach etwas anderem Ausschau hält, wenn er ein neues Geräusch vernimmt. Die weitere Beobachtung zeigt allerdings, daß noch zwei Bedingungen erfüllt sein müssen, damit Laurent seinen Blick auf ein menschliches Antlitz heftet, wenn er eine Stimme gehört hat. Er muß dieses Gesicht kurz vorher gesehen haben, und es muß sich in Bewegung befinden. Mit 0; 1 (20) trete ich zum Beispiel ein, ohne daß Laurent mich gesehen hat, und mache »aha«. Seine Augen suchen mit größter Aufmerksamkeit (die Bewegungen der Arme haben ganz aufgehört), aber sie beschränken sich auf die Erforschung des durch die Lage gegebenen Gesichtsfeldes (er prüft das Dach seiner Wiege, die Decke des Zimmers usw.). Einen Augenblick später zeige ich mich Laurent (von vorn), verschwinde dann und rufe ihn bald von links, bald von rechts der Wiege. Nun sucht er jedesmal in der richtigen Richtung. Am folgenden Tag wiederhole ich dasselbe Experiment mit dem gleichen Ergebnis. Dabei stelle ich überdies fest, daß er mich ohne Interesse anschaut, ja, beinahe überhaupt nicht sieht, wenn ich mich still verhalte. Er fixiert mich aber mit seinem Blick, wenn ich mich bewege, und sein Suchen hört dann auf, wie wenn er jetzt wüßte, daß ich es bin, der singt. Mit 0; 1 (22) sucht er mich ebenso überall, wobei er gleichzeitig scharf auf meine Stimme aufpaßt. Dann nimmt er mich wahr, obgleich ich keine Bewegung mache, fährt aber in seinem Suchen fort, ohne dem sichtbaren Bild meiner Person Bedeutung beizumessen. Da schüttle ich den Kopf, und nun und auch künftig sucht er jedesmal in meiner Richtung, wenn ich rufe, und scheint sich erst zufriedenzugeben, wenn er mich entdeckt hat. An den folgenden Tagen stelle ich dasselbe Phänomen fest.

Bb. 48: Vom Alter 0; 1 (26) an orientiert sich Laurent dagegen jedesmal nach der richtigen Seite, sobald er meine Stimme vernimmt (auch wenn er mich unmittelbar vorher nicht gesehen hat), und scheint befriedigt, wenn er mein Gesicht, das ich unbeweglich halte, entdeckt hat. Mit 0; 1 (27) schaut er nacheinander seinen Vater, seine Mutter und von neuem seinen Vater an, nachdem er meine Stimme vernommen hat. Es scheint also tatsächlich, als ob er diese Stimme einem visuell bekannten Gesicht zuschreiben würde. Mit 0; 2 (14) vermag er Jacqueline, die circa zwei Meter entfernt ist, am Klang ihrer Stimme zu identifizieren. Gleiche Beobachtung mit 0; 2 (21). Mit 0; 3 (1) stelle ich mich ganz klein vor ihn hin, während er in den Armen seiner Mutter ruht, und mache »bss« (ein Laut, den er sehr liebt). Daraufhin sucht er zu seiner Linken, dann zu seiner Rechten, dann vor sich, dann unter sich, nun bemerkt er meine Haare und senkt die Augen, bis er mein unbewegliches Gesicht wahrnimmt. Jetzt lächelt er endlich. Man darf diese letztere Beobachtung mit Sicherheit als die Identifikation der Stimme und des visuellen Bildes einer Person betrachten.

Bb. 49: Für die von Dingen herrührenden Geräusche scheint Laurent die auditiv-visuelle Koordination ungefähr zum selben Zeitpunkt zu haben wie in bezug auf Personen. Mit 0; 1 (22) dreht er sich zum Beispiel sofort in der Richtung einer Zelluloidkugel, in der Bleikügelchen rasseln. Sie ist allerdings in Bewegung; aber mit 0; 1 (26) findet er sie auch, wenn sie sich nicht bewegt. Mit 0; 2 (6) richtet er seinen Blick auf einen elektrischen Kochtopf, wenn ich mittels des Deckels Geräusche erzeuge. Mit 0; 2 (11) ist er im Begriffe, an seinem Daumen zu saugen und nach rechts zu blicken, als ich eine Zelluloidklapper, die erst seit einigen Tagen am Dach seiner Wiege hängt (höchstens zwei Wochen), schüttele. Er läßt sofort seinen Daumen fahren und schaut nach oben an den richtigen Ort. Er wußte also, woher der Ton kam. Am Abend desselben Tages zeigt er dieselbe Reaktion, und zwar ohne langes Suchen, obwohl er von einem langen Schlaf noch ganz benommen ist. Am nächsten und an den darauffolgenden Tagen mache ich die gleiche Beobachtung. Mit 0; 2 (14) bemerkt Laurent auf eine Distanz von einem Meter meine Pfeife, die ich ganz leicht gegen eine Holzwand schlage; sein Blick verläßt den Berührungspunkt, sobald das Geräusch verebbt, findet ihn aber sogleich wieder, wenn ich von neuem anfange. Die gleiche Reaktion zeigt er mit 0; 2 (15) in bezug auf einen Spazierstock (in einer Distanz von eineinhalb bis zwei Metern). Er findet den Stock auch an verschiedenen Orten, wenn ich den Berührungspunkt wechsle.

Mit dem dritten Monat darf also die Existenz einer Koordination zwischen Sehen und Hören als sicher gelten, während die im zweiten Monat beobachteten Tatsachen auf einer einfachen Akkommodation des Kopfes an die Richtung des Geräusches beruhen könnten. Unsere Ergebnisse stimmen also mit denen überein, die B. Löwenfeld[5] erhalten hat.

Diese Koordination von Laut- und Sehbild stellt ein interessantes Problem: Die bis jetzt aufgezeigten Koordinationen gehören zu zwei extremen Arten. Einerseits gibt es mehr oder weniger passive, von der Umwelt erzwungene Assoziationen; so zieht die spezifische Fütterungsstellung beim ein bis zwei Monate alten Säugling ein Suchen nach der Brust nach sich. Es schien uns allerdings, daß solche Assoziationen sich nur bei Gelegenheit von Akkommodationen und aktiven Bemühungen bilden könnten. Dieses Element der aktiven Akkommodation scheint hier aber doch auf seinen einfachsten Ausdruck reduziert zu sein. Es ist die Umwelt, die den Inhalt dieser Akkommodationen bestimmt, bevor das Kind ihn tatsächlich assimiliert (durch Wiedererkennen usw.). Am anderen Extrem befindet sich das aktive Wiedererkennen eines mit Bedeutung geladenen Zeichens: So erkennt der

[5] B. Löwenfeld: Systematisches Studium der Reaktionen der Säuglinge auf Klänge und Geräusche, in: Zeitschrift für Psychologie, Band 104, 1927, S. 62–96.

drei bis vier Monate alte Säugling seine Flasche an ihrem visuellen Wahrnehmungsbild und weiß genau, daß sie die unmittelbar bevorstehende Mahlzeit ankündigt. Bei der Koordination von Hören und Sehen stehen wir nun aber vor Verhaltensweisen, die zeitlich mit den Koordinationen des Sehens und Saugens (zweite Art) ähnlich sind. Wie sollen wir sie also interpretieren? Müssen wir annehmen, daß der Klang der Stimme ein einfaches Signal darstellt, das den Säugling dazu veranlaßt, mit den Augen das zu dieser Stimme gehörende Gesicht zu suchen, etwa in derselben Weise, wie der Klang der Glocke beim Hund den Speichelfluß aufgrund eines konditionierten Reflexes auslöst? Oder sollen wir den Standpunkt vertreten, daß der Klang der Stimme ein mit Bedeutung geladenes Zeichen darstellt, von dem das Kind erkennt, daß es zur visuellen Wahrnehmung des fremden Antlitzes gehört? Wenn wir bei den Koordinationen zwischen Körperstellung und Saugakt die Existenz eines noch so geringen aktiven Akkommodationsprozesses postulieren, dann dürfte die Antwort selbstverständlich sein. Eine Reihe von Zwischengliedern verbindet diese beiden extremen Arten (aktive und passive Koordination) miteinander. Die Koordination von Hören und Sehen ist dann zwischen diesen beiden Extremen zu lokalisieren. Mit anderen Worten, die Verknüpfung eines Lautes und einer visuellen Wahrnehmung ist niemals eine rein passive Assoziation, sie ist aber auch keine von vornherein einsichtige Beziehungsknüpfung (Wiedererkennen von Bedeutungen). Dieser Zwischenzustand und der entsprechende Fortschritt im Begreifen ruft aber nach einer näheren Erklärung.

Aufgrund all dessen, was wir bis jetzt vom Assimilationsprozeß erfahren haben, darf man das Prinzip aufstellen, daß jedes Assimilationsschema das gesamte Universum mit Einschluß der mittels anderer Verhaltensschemata assimilierten Bereiche zu erobern sucht. Nur die Widerstände der Umwelt oder die Unverträglichkeiten, die mit den Tätigungsbedingungen des Subjektes zusammenhängen, bremsen diese Generalisierungstendenz. Zum Beispiel saugt das Kind an allem, was seinen Mund oder sein Gesicht berührt, und lernt gleichzeitig, die Bewegungen seiner Hände mit der Saugtätigkeit im Maße der verspürten Lust zu koordinieren. Wenn es Gegenstände zu ergreifen vermag, wird es an allem saugen, was ihm in die Hände gerät. Daß der Säugling nicht von Anfang an an den Dingen zu saugen versucht, die er sieht, rührt weniger daher, daß diese Bereiche keine Beziehung zur Saugtätigkeit hätten (es geschieht häufig, daß er im Leeren saugt, sobald ein Laut seine Aufmerksamkeit erregt hat), als vielmehr daher, daß es für das Kind schwierig ist, zwei Dinge gleichzeitig zu tun (aufmerksam schauen und im Leeren saugen usw.). Trotz des Fehlens einer direkten Koordination von Saugtätigkeit und visuellen Wahrnehmungen ist es nicht ausgeschlossen, daß der Saugzyklus von besonders interessanten

Bildern in Gang gebracht wird: Das seltsame Vorstrecken der Lippen, das man bei ganz kleinen Kindern (siehe Bb. 31) im Zustand großer Anspannung der Aufmerksamkeit wahrnimmt, dürfte wohl die Andeutung eines Saugaktes darstellen, wenn es nicht durch einen rein automatischen Mechanismus tonischer oder postularer Art erklärt werden muß.[6]

In bezug auf die Verhaltensschemata des Sehens, Hörens, Greifens usw. wird das Kind nach und nach in gleicher Weise versuchen, alles zu sehen, alles zu hören, alles zu ergreifen usw. Sehr gut drückt Charlotte Bühler diese Tatsache bezüglich der ersten sensorischen Reaktionen aus, wenn sie sagt, daß während der ersten Monate die Antwort auf einen Reiz mehr von den funktionalen Bedürfnissen des Subjektes als von der Natur dieses Reizes abhänge (Bühler: Kindheit und Jugend, S. 26). Es ist daher für die ersten auditiven Anpassungen ganz natürlich, daß der Säugling gleichzeitig zu sehen und zu hören versucht, zumindest von dem Zeitpunkt an, wo er gelernt hat, selber die Bewegung seiner Augen zu lenken – 0; 1 (7) bei Laurent; siehe Bb. 32. Die beginnende Koordination von Hören und Sehen setzt also nicht notwendigerweise eine passive Assoziation voraus, sondern kann auf einer aktiven Assimilation beruhen. Es ist allerdings wahr, daß das Kind, wenn es den Kopf wendet, um sich an den Ton zu akkommodieren, von selbst ein interessantes visuelles Gebilde entdeckt (im Falle der menschlichen Stimme das dazugehörige Gesicht). Ein Element rein passiver Assoziation kann also nicht vollständig ausgeschlossen werden. Einfache Assoziationen würden aber bei der Koordination von Sehen und Hören niemals zu einem eigentlichen Suchen führen (das Gesicht suchen, das zur Stimme gehört, und später die Geräusche suchen, die zu den gesehenen Gegenständen gehören), wenn es den visuellen und auditiven Assimilationsschemata nicht gelänge, den entsprechenden Bereich des anderen Schemas durch aktive Assimilation einzubeziehen und zu verarbeiten.

Erklären wir die Sache noch genauer. Wenn das Kind zu einem bestimmten Zeitpunkt systematisch zu suchen beginnt, welchen visuellen Gebilden die gehörten Töne entsprechen, so entspringt das in erster Linie dem Bedürfnis, alles zu sehen. Es ist sich dabei noch gar nicht bewußt, daß der Laut notwendigerweise von einem sichtbaren Gegenstand herrührt. Sowohl der Gesichtssinn als auch der Gehörsinn werden also durch den Laut erregt. So löst zum Beispiel mein »aha« in der Bb. 46 bei Laurent ebenso ein Bedürfnis zu sehen wie zu

[6] Preyer – in ›L'âme de l'enfant‹, S. 251–252 – interpretiert dieses Vorstrecken der Lippen als eine vererbte Assoziation des Saugaktes mit dem Sehen (sein Sohn zeigte diese Reaktion am sechsten Tage beim Anblick einer Kerze). Wenn überhaupt eine Assoziation stattfindet, kann sie unseres Erachtens ebensogut durch reflexartige Assimilation ohne Rückgriff auf Vererbung erklärt werden.

hören aus. Nicht, weil Laurent wüßte, daß dieser Laut von einem bestimmten visuellen Gebilde stammt, sondern einfach, weil der Reiz alle Bedürfnisse gleichzeitig erregt. Mit anderen Worten, das Kind bemüht sich, die neuen Gegebenheiten in alle vorhandenen Assimilationsschemata einzuordnen. Es orientiert überdies seinen Kopf in der Richtung der Geräuschquelle aufgrund einer Akkommodation an den Laut, die mit den Bewegungen des Auges, das einem Gegenstand folgt, verglichen werden könnte. Es ist darum nur natürlich, daß der Blick sich nach derselben Seite richtet wie der Kopf, was im Beobachter den Eindruck erweckt, als ob das Kind zu sehen wünsche, was es hört (siehe Ende der Bb. 46), während es ohne Zweifel einfach gleichzeitig sehen und hören will. Schließlich bestätigt der Erfolg in bestimmten Fällen das Bemühen. Der Klang der menschlichen Stimme stellt in dieser Beziehung ein hervorstechendes Beispiel dar: Ein solcher Laut bietet fast immer Gelegenheit zu einer doppelten Assimilation, einer auditiven sowohl wie visuellen. Mit anderen Worten, das menschliche Gesicht besitzt in der Welt des ein bis zwei Monate alten Kleinkindes diese einzigartige Eigenschaft, gleichzeitig eine Gesamtheit von vielen Assimilationen zu ermöglichen. Das menschliche Gesicht ist zudem sowohl sichtbar als auch beweglich und erregt daher im höchsten Grade die visuellen Interessen; am Gesicht bleibt der Blick des Kindes haften oder kehrt dauernd zu ihm zurück, wenn es seine Aufmerksamkeit auf den Klang der Stimme konzentriert. Schließlich nimmt die visuelle Gestalt des Gesichtes unter den interessantesten Erlebnissen der kindlichen Existenz einen zentralen Ort ein (aus der Wiege genommen werden, Toilette, Mahlzeit usw.). Wenn es sich um Menschen handelt, darf man nicht von einer Assoziation verschiedener Assimilationen sprechen, sondern nur von globaler Assimilation. Diese Tatsache erklärt selbstverständlich, warum das Lächeln in Gegenwart von Personen häufiger ist als gegenüber Dingen. Aufgrund der Koordination von Hören und Sehen vermag das Kind offenbar sehr früh das Antlitz anderer Menschen zu identifizieren, denn es stellt sowohl ein visuelles Gebilde als auch eine lautliche Gestalt dar. Wie wird diese Identifikation vollzogen? Selbstverständlich faßt das Kind die Person eines Menschen noch nicht als Ursache der Stimme auf. Umgekehrt darf man aber auch nicht sagen, daß Klang und Sehbild bloß miteinander assoziiert seien. Vielmehr muß angenommen werden, daß sich die visuellen und die auditiven Schemata gegenseitig assimilieren: Das Kind sucht das Gesicht zu hören und die Stimme zu sehen. Diese gegenseitige Assimilation führt zur Identifikation der visuellen und lautlichen Gebilde, noch bevor durch komplexere Verfestigungen der permanente Gegenstand und die Kausalität entstehen. (Das erklärt den Umstand, daß der Prozeß der Identifikation einer Stimme mit dem zugehörigen Gesicht so relativ lange

Etappen durchläuft: Vgl. Bb. 47 und 48.) Mit anderen Worten, das menschliche Gesicht kann sowohl gehört als auch gesehen werden usw. Wenn aber in diesem besonderen Fall und in einigen anderen hervorstechenden Beispielen (Spielklapper usw.) die Koordination von Gesicht und Gehör gelungen ist, dann wird das Kind auf systematische Weise und bei allen Dingen nach Beziehungen zwischen den Lauten und den visuellen Gebilden suchen.

Untersuchen wir schließlich die Koordination von Gehör und Lautbildung. Diese Koordination scheint viel einfacher zu sein, da ja jede Lauterzeugung von vornherein von einer auditiven Wahrnehmung begleitet wird und sich nach ihr richtet. Diese Tatsache könnte den Anschein erwecken, als ob hier keine intersensorische Koordination vorliege, sondern eine reine Zirkulärreaktion: Eine Reihe von Bewegungen führt zu einem sensorischen Effekt und wird infolge des interessanten Resultates unterhalten. Das mag für die einfache Tonerzeugung zutreffen. Man beobachtet aber auch den umgekehrten Prozeß, bei dem das Gehör auf die Tonerzeugung einwirkt. Wir haben ja gesehen (Bb. 41), daß die lautliche Ansteckung beinahe ebenso früh auftritt wie die ersten Zirkulärreaktionen der Phonation: Das Wimmern anderer Kinder bewirkt und unterhält das Wimmern des Kindes usw. Was heißt das anderes, als daß die Aktionsschemata der Lauterzeugung und des Gehörs sich gegenseitig genauso assimilieren wie diejenigen des Gehörs und des Gesichts? Ebenso wie das Kind lernt, auf den Ton seiner Stimme zu hören, statt bloß zu schreien (damit eröffnet es den Reigen der erworbenen Zirkulärreaktionen), so hört es auch auf die Stimme anderer. Je ähnlicher überdies die vernommenen Laute den von ihm selbst erzeugten Lauten sind, desto gewisser kann es sie nur mittels seiner entsprechenden lautlichen und stimmlichen Schemata wahrnehmen. Daher ist die Nachahmung von Lauten anfänglich nichts anderes als eine Verwechslung oder Vermengung der eigenen Stimme mit derjenigen anderer Menschen, die aus der Tatsache folgt, daß die Stimme der anderen in aktiver Weise, das heißt mittels der Schemata der Lauterzeugung, wahrgenommen wird.

Zusammenfassend dürfen wir festhalten, daß die Analyse der Lautbildungs- und Hörschemata und ihrer Koordination in vollem Umfange bestätigt, was wir in bezug auf Saug- und Sehtätigkeit konstatiert haben. Jeder dieser Anpassungsprozesse umfaßt ein Element der Akkommodation an die Umwelt: Akkomodation an die Richtung der Laute, an ihre abgestufte Vielfalt usw. Jeder impliziert auch ein Element der Assimilation. Diese Assimilation ist in erster Linie Assimilation durch reine Wiederholung: hören, um zu hören, schreien oder wimmern, um Laute zu vernehmen usw. Sie wird dann aber auch zur generalisierenden Assimilation: immer vielfältigere Töne hören oder hervorbringen. Sie findet schließlich ihre Vollendung in einer wiedererkennenden Assimilation: einen bestimmten Klang oder Laut wiederfinden. Diese wahrgenommenen oder erzeugten Laute besitzen anfänglich nur eine interne Organisation: Indem die einen auf die anderen ausgerichtet sind und von ihnen beeinflußt werden, haben sie nur in dem von ihnen gebildeten System Bedeutung. Dieses System aber wird vom Kinde durch Übung unterhalten und ausgebaut, und an dieses System assimiliert es die verschiedenen wahrgenommenen Geräusche. Es wird vom Kind auch soweit wie möglich an neue Geräusche akkommodiert. Nach und nach wird diese interne Organisation schließlich in ein umfassenderes System (Organisation) eingeordnet, das ihm neue Bedeutungen verleiht: Der Laut koordiniert sich mit dem Sehbild usw. Diese Koordination impliziert aber keinen neuen Prozeß: Sie kommt allein durch eine gegenseitige Assimilation der visuellen und der auditiven Schemata zustande usw.

Mag dieser letztgenannte Prozeß beim ein bis zwei Monate alten Kind der Analyse auch große Widerstände entgegensetzen, so gewährt uns nun die Analyse des Greifaktes Gelegenheit, die Beschreibung des Koordinationsmechanismus heterogener Schemata weiter voranzutreiben.

4. Der Greifakt

Neben Mund, Auge und Ohr ist die Hand eines der wesentlichsten Instrumente, deren sich die Intelligenz, wenn sie einmal ausgebildet ist, bedient. Meines Erachtens stellt die definitive Verfestigung der Greifmechanismen den Anfangspunkt komplexerer Verhaltensweisen dar, die wir »Assimilation mittels sekundärer Schemata« nennen werden und die die ersten Formen eines intentionalen Tuns charakterisieren. Die gründliche Analyse der Art und Weise, wie die Greiftätigkeit sich ausbildet, ist daher von äußerster Wichtigkeit. Mehr noch als bei den vorangegangenen Verhaltensschemata stehen wir mit dem Greifprozeß vor einem unentbehrlichen Verbindungsglied zwischen den organischen Anpassungsprozessen und den eigentlich intellektuellen Anpassungsvorgängen.

Die Hauptbetätigung der Hand ist das Greifen. Trotzdem darf diese Rolle selbstverständlich nicht gänzlich von der Aufgabe, zu berühren und abzutasten, oder von den Koordinationen zwischen Bewegungsempfindungen und Sehbildern usw. getrennt analysiert werden. Wir werden darum diese Fragen auch zu streifen haben, aber gleichsam nur im Vorübergehen, denn der Zweck dieses Werkes besteht ja nicht darin, ein vollständiges Inventar der Verhaltensweisen des ersten Lebensjahres zu geben. Daher werden uns auch nur die Fälle interessieren, die etwas zur Analyse der Intelligenz beisteuern können.

Man kann unseres Erachtens im Bildungsprozeß des Greifaktes fünf Stufen unterscheiden. Das Studium des Verhaltens unserer drei Kinder hat uns zwar gezeigt, daß diese Stufen nicht bestimmten Altersstufen entsprechen. Ihre Abfolge erwies sich dagegen als notwendig (mit Ausnahme vielleicht der dritten Stufe). Wir wollen nun zuerst die Befunde anführen und die Abfolge der Entwicklungsstufen prüfen.

Die *erste Stufe* umfaßt die *impulsiven Bewegungen* und den *reinen Reflex*. Das Neugeborene schließt die Hand, wenn man einen leichten Druck auf seine Handfläche ausübt: So hat Lucienne einige Stunden nach ihrer Geburt ihre Finger ohne Gegenstellung des Daumens um meinen Zeigefinger geschlossen. Auf den ersten Blick könnte es scheinen, daß dieser Reflex weder von einem deutlich erkennbaren Bemühen noch von irgendeinem Übungsprozeß begleitet wird, denn das Kind läßt sogleich wieder los, was es gefaßt hat. Nur während des Stillens, wenn seine Hände in beinahe verkrampfter Weise geschlossen bleiben, und bevor der allgemeine Muskeltonus nachläßt, ist der Säugling fähig, irgendeinen Gegenstand (Bleistift usw.) während einiger Minuten festzuhalten. Es wäre aber unklug, vorschnell auf einen reinen Automatismus zu schließen und die Greifreflexe von den Saugreflexen abzuheben, bei denen wir gesehen haben, in welchem Ausmaß ihre aktive Betätigung sowohl Akkommodations- wie Assimilationsprozesse voraussetzt. Tatsächlich zeugt das Verhalten des Kindes, wenn es seine Hand um einen Gegenstand schließt, der die Handfläche berührt hat, von einem bestimmten Interesse: Laurent zum Beispiel hörte mit 0; 0 (12) zu weinen auf, wenn ich ihm meinen Finger in die Hand gab, um gleich darauf wieder von neuem zu weinen. Der Greifreflex ist also dem Seh- und Hörreflex der ersten Wochen vergleichbar und keineswegs etwa solchen Reflexen wie Niesen, Gähnen usw., die in keiner Weise die Aufmerksamkeit des Subjektes beanspruchen. Allerdings verharren die Dinge lange in diesem Stadium, und die Greiftätigkeit entfaltet nicht unmittelbar eine systematische Übung, wie es bei der Saugtätigkeit der Fall ist. Man könnte sich aber fragen, ob nicht die impulsiven Bewegungen der Arme, der Hände und der Finger, die während der ersten Wochen fast ununterbrochen in Bewegung sind (die Arme umherwerfen, langsam die Hände öffnen und schließen, die Finger bewegen usw.), eine Art funktionaler Übung dieser Reflexe darstellen.

Die *zweite Stufe* beginnt mit den *ersten Zirkulärreaktionen, die sich auf die Bewegung der Hände beziehen und jeder eigentlichen Koordination der Greiftätigkeit mit Saug- und Sehtätigkeit vorangehen.* Zu dieser Stufe möchten wir die Gesamtheit der Zirkulärreaktionen gerechnet wissen, die aus Greifhandlungen bestehen, welche um des Greifens willen vollzogen werden (Gegenstände ergreifen und halten, ohne sie anzusehen oder sich zu bemühen, sie zum Munde zu führen).

Ferner gehören ebenfalls Reaktionen des Tastsinnes und der Bewegungsempfindungen dazu (an irgendeinem Gegenstand kratzen, die Finger, die Hände oder die Arme bewegen usw.), dann Koordination der Saugtätigkeit mit Handbewegungen (an den Fingern saugen usw.) und schließlich die Koordinationen zwischen Sehen und gewissen allgemeinen Bewegungen (die Finger und die Hände anschauen usw.). Ausgeschlossen sei aber von diesem Stadium die Koordination von Saug- und Greiftätigkeit im eigentlichen Sinn (einen Gegenstand ergreifen, um ihn zum Munde zu führen). Sie stellt ein Charakteristikum der dritten Etappe dar und bringt einen wesentlichen Fortschritt des systematischen Greifens. Nicht zu diesem Stadium gehören auch die Koordination von Sehen und Greifen (ergreifen, um anzuschauen, im visuellen Feld wahrgenommene Gegenstände ergreifen), die sich erst auf der vierten und fünften Stufe bilden werden und den endgültigen Erfolg der Greiftätigkeit markieren.

Wenn wir die ersten Zirkulärreaktionen im Bereich der Handbewegungen und der Greiftätigkeit in dieser Weise definieren, so steht natürlich an erster Stelle die unwillkürliche Betätigung der Hände und der Finger, die ohne Unterbrechung die impulsiven Bewegungen und die Reflexe der ersten Etappe weiterführen. Wir haben ja festgestellt, daß gewisse impulsive Bewegungen von Geburt an eine Übung des Greifmechanismus ohne Objekt darzustellen scheinen. Es ist nun interessant zu beobachten, daß vom zweiten Monat an einige dieser Bewegungen systematischer werden und sich zu wirklichen Zirkulärreaktionen entwickeln. Sie sind durch umfassendere Akkommodationen und Assimilationen deutlich gekennzeichnet.

Bb. 50: Mit 0; 1 (8) hält Laurent seinen Arm gestreckt und beinahe unbeweglich, während sich seine Hand öffnet, sich dann halb schließt, um sich wieder zu öffnen usw. Wenn die Innenfläche seiner Hand die Decken und den Stoff berühren, dann greift diese zu, läßt wieder los usw., in einem unaufhörlichen Hin und Her. Die Beschreibung dieser ungenauen Bewegungen ist nicht leicht, aber es dürfte schwerfallen, in ihnen nicht ein Greifen um des Greifens willen zu sehen oder sogar ein Greifen ohne Objekt, ähnlich den im Zusammenhang mit dem Saugakt, dem Sehen usw. beschriebenen Phänomenen. Bei diesen Verhaltensweisen läßt sich aber weder eine eigentliche Akkommodation an den Gegenstand noch selbst irgendeine Kontinuität feststellen.

Bb. 51: Bis 0; 1 (19) konnte ich bei Laurent gar keine, auch keine vorübergehende Akkommodation der Hand an den Gegenstand feststellen, außer der rein reflexartigen Akkommodation. Heute scheint es mir dagegen, als ob die Berührung meiner Hand mit seinem kleinen Finger oder eines Taschentuches mit den Fingerkuppen oder der Außenseite seiner Finger ein gewisses Suchen auslöse. Die Hand bleibt zwar nicht ruhig, wie es später der Fall sein wird. Indem sie hin und her fährt, probiert sie gewissermaßen verschiedene Stellungen aus und stößt dabei jedesmal von neuem an meine Finger oder an das Taschentuch und bringt sich dadurch in eine günstigere Lage, um zuzugreifen (die Handfläche scheint sich nach dem Gegenstand zu orientieren). Selbstverständlich bleibt die Interpretation solcher Bewegungen sehr prekär. Mit 0; 1 (20) erzeugt die Berührung von Laurents linker geschlossener Hand mit einem zusammengeknüllten Taschentuch, das ich ihm hinhalte, folgende Bewegungen: Die Hand entfernt sich, wobei sie sich öffnet, kehrt dann offen zurück und stößt an den Gegenstand, ergreift ihn ohne Nachdruck, entfernt sich wieder von neuem, um wiederum zurückzukehren und ihn zu ergreifen usw. Die Hand scheint tatsächlich durch die Berührung mit dem Gegenstand gereizt zu werden, und es scheint ein Anfang von Akkommodation stattzufinden. Aber die Hand fährt hin und her, statt sich ruhig zu verhalten und wirklich zu suchen.

Bb. 52: Vom Alter 0; 1 (22) an scheinen Laurents Greifbewegungen mehr Kontinuität aufzuweisen. So hält er mit 0; 1 (22) während viereinhalb Minuten ein entfaltetes Taschentuch, das er zufällig ergriffen hat, in seiner Hand (wobei sein Arm bald unbeweglich bleibt, bald sich langsam bewegt). Mit 0; 1 (23) hält er ungefähr zwei Minuten lang eine Spielklapper fest, die ich auf seine Handfläche gelegt habe. Als sie ihm halb entgleitet, ergreift er sie wieder von sich aus (zweimal hintereinander). Aber sehr bald tritt ein totales Desinteresse daran auf. Gleiche Beobachtung mit 0; 1 (26) und 0; 1 (29). Mit 0; 1 (25) öffnet er seine Hand und ergreift meine Zeigefinger, wenn ich seine Finger von außen berühre. Diese anfänglich eher zweifelhafte Beobachtung scheint sich aber an den folgenden Tagen zu bestätigen. Mit 0; 1 (30) drückt Laurent während einiger Augenblicke meinen Daumen, den er zufällig mit seinem Handrücken gestreift hat, ohne ihn loszulassen.

Bb. 53: Mit 0; 2 (3) erscheint bei Laurent eine Zirkulärreaktion, die sich nach und nach präzisiert und den Beginn des systematischen Greifens darstellt: kratzen und versuchen zu ergreifen, loslassen, kratzen und von neuem zu ergreifen versuchen usw. Von 0; 2 (3) bis 0; 2 (6) beobachtet man dieses Verhalten nur während des Fütterns: Laurent kratzt leicht an der nackten Schulter seiner Mutter. Aber von 0; 2 (7) an tritt dieses Verhalten ganz deutlich auch in der Wiege auf, Laurent kratzt an dem über die Decke geschlagenen Leinentuch, ergreift es dann und hält es einen Augenblick fest, um es dann wieder loszulassen und von neuem zu kratzen, und so geht es endlos weiter. Mit 0; 2 (11) dauert dieses Spiel ununterbrochen eine gute Viertelstunde, und zwar mehrere Male im Verlauf des Tages. Mit 0; 2 (12) kratzt und greift er unaufhörlich meine Faust, die ich an seinen rechten Handrücken gelegt habe. Es gelingt ihm sogar, abtastend meinen Mittelfinger ausfindig zu machen, ihn allein zu ergreifen und während einiger Augenblicke festzuhalten. Mit 0; 2 (14) und 0; 2 (16) notiere ich ausdrücklich, wie deutlich das spontane Ergreifen des Bettuches die Eigenschaften einer Zirkulärreaktion zeigt; zuerst tasten, dann regelmäßige rhythmische Tätigkeit (kratzen, ergreifen, festhalten und loslassen) und schließlich in zunehmendem Maße Desinteressiertheit.

Im Laufe der Entwicklung wird dieses Verhalten einfacher, indem Laurent immer weniger kratzt, bevor er nach kurzer taktiler Exploration tatsächlich zugreift. So geschieht es schon mit 0; 2 (11), daß Laurent sein Bettuch oder ein Taschentuch ergreift und lange Zeit ununterbrochen festhält, wobei die Einleitungsphase des Kratzens stark gekürzt worden ist. Ebenso knautscht er mit 0; 2 (14) mit der rechten Hand an einem Verband herum, den man an seiner linken Hand anbringen mußte. An den folgenden Tagen wird sein taktiles Interesse beinahe vollständig absorbiert durch gegenseitiges Sich-Ergreifen der Hände und durch eine taktile Exploration des Gesichts, auf die wir sogleich zurückkommen werden. Es ist interessant, daß Laurent (dessen Frühreife in bezug auf das Daumenlutschen schon festgestellt wurde) schon im dritten Monat beginnt, Gegenstände zu ergreifen, um an ihnen zu saugen oder zu lutschen. So wechselt er von der zweiten zur dritten Stufe.

Bb. 54: Lucienne zeigte bis zum Alter von zweieinhalb Monaten die gleichen unbestimmten Reaktionen wie Laurent (siehe Bb. 50 bis 52). Gegen 0; 2 (12) notiere ich eine Erregung ihrer Hände bei Berührung mit der Decke: Sie ergreift und läßt los, kratzt am Stoff usw. Gleiche Reaktionen an den folgenden Tagen. Mit 0; 2 (16) knautscht sie ein Kopfkissen. Mit 0; 2 (20) öffnet und schließt sie die Hände im Leeren und kratzt dann an einem Stoff. Mit 0; 2 (27) hält sie während einiger Augenblicke mit der Hand ihre Decke fest, dann eine Ecke des Bettuches, die sie zufällig ergriffen hat, dann eine kleine Puppe, die ich auf ihre Handfläche gelegt habe. Mit 0; 3 (3) stößt ihre Hand an die Steppdecke: Sie kratzt daran, wobei sie sehr aufmerksam beobachtet, was sie tut, dann läßt sie die Decke los, ergreift sie wieder usw. Darauf verliert sie den Kontakt mit dem Gegenstand; sobald sie aber die Decke von neuem fühlt, faßt sie wieder zu, ohne zu kratzen. Dieselbe Reaktion zeigt sie mehrmals hintereinander. Es besteht also bei ihr eine ziemlich systematische Zirkulärreaktion, die vom Tastsinn und nicht vom Gesichtssinn geleitet wird.

Es dürfte nicht schwerfallen, in diesen Reaktionen das Äquivalent zu den ersten Verhaltensweisen des Gesichtssinns und des Gehörsinns zu sehen: Assimilation aufgrund reiner Wiederholung (ergreifen, um zu ergreifen) und beginnende Akkommodation (Lenkung der Hand und der Finger in Abhängigkeit vom Gegenstand, wenn sie mit diesem Gegenstand in Kontakt sind). Es kann aber noch keine Rede sein von feineren Akkommodationen noch von wiedererkennenden und generalisierenden Assimilationen.

Dagegen beobachtet man schon bei diesen frühen Verhaltensweisen eine Koordination der Handbewegungen mit den Handlungen der Saugtätigkeit. Bei unseren drei Kindern jedenfalls trat systematisches Fingerlutschen nicht auf, sondern nur gleichzeitig mit den ersten erworbenen Betätigungen der Hand und der Finger. Darüber hinaus konnten wir noch andere sehr frühe Reaktionen feststellen, bei denen die Finger nicht nur mit der Saugtätigkeit, sondern auch mit der gesamten taktilen Empfindungsfähigkeit des Gesichtes und der übrigen Körperteile, die nach und nach entdeckt werden, koordiniert erscheinen.

Bb. 55: Als Jacqueline lernte, an ihren Fingern zu lutschen – was ihr in korrekter Weise von 0; 1 (28) an gelang –, fuhr sie ständig mit ihrer Hand im Gesicht herum, ohne den Anschein zu erwecken, das Gesicht systematisch zu explorieren; sie lernte dabei wohl viel eher bestimmte Berührungen wiederzuerkennen. Mit 0; 2 (7) führt sie zum Beispiel ihre rechte Hand genau auf die Nase, während man diese reinigt. Ebenso reibt sie sich im Verlauf ihres dritten Lebensmonates mehrmals nacheinander die Augen, bis sie gereizt und entzündet sind.

Bb. 56: Mit 0; 2 (17) und an den folgenden Tagen drückt Lucienne mehr oder weniger systematisch die Finger ihrer rechten Hand gegen das rechte Auge und schläft in dieser Haltung ein. Vielleicht hat die Reizung des Auges vor dem Einschlafen diese wiederholte Reaktion hervorgerufen. Mit 0; 2 (25) kratzt sie sich mit dem Handrücken am Auge, und zwar so oft, daß sich der Wimpernbogen entzündet.

Bb. 57: Mit 0; 2 (8) knautscht Laurent ständig in seinem Gesicht herum, und zwar vor, während und nach dem Fingerlutschen. Diese Verhaltensweise erwirbt allmählich ein Interesse um ihrer selbst willen und führt so zu zwei deutlich unterscheidbaren Gewohnheiten. Die erste besteht darin, die Nase zu halten. So quietscht Laurent mit 0; 2 (17) vor Vergnügen und lächelt still vor sich hin, ohne jedes Verlangen zu lutschen, wobei er mit der rechten Hand die Nase hält. Er wiederholt dieses Verhalten mit 0; 2 (18) während des Lutschens (er hält die Nase mit vier Fingern und lutscht dabei am Daumen). Mit 0; 2 (19) ergreift er die Nase bald mit der Rechten, bald mit der Linken, nebenher reibt er sich das Auge, kehrt aber ständig zur Nase zurück. Am Abend desselben Tages hält er die Nase mit beiden Händen. Mit 0; 2 (22) scheint er seine rechte Hand zur Nase zu führen, als ich ihn daran zwicke. Mit 0; 2 (24) und an den folgenden Tagen berührt er seine Nase immer wieder von neuem.

Bb. 58: Die zweite Gewohnheit, die sich Laurent während derselben Epoche angeeignet hat, bestand darin, sich die Augen bald mit dem Handrücken, bald mit allen Fingern zu reiben. Dieses Verhalten wird vor allem beim Erwachen während des Sich-Streckens beobachtet. Es dürfte sich aber nicht um einen speziellen Reflex handeln. Wenn das Sich-Strecken auch schon seit der Geburt beobachtet wird, so scheint das Reiben der Augen doch erst jetzt aufzutreten und auch nur sporadisch. Darüber hinaus reibt sich Laurent die Augen zu jeder Zeit, und zwar unabhängig vom Schlaf, wie wenn sein Tastgefühl die Augen entdeckt hätte und in einer Art von Zirkulärreaktion unaufhörlich zu ihnen zurückkehrte. Mit 0; 2 (16) notiere ich sogar, daß sich sein Auge schließt, bevor die rechte Hand zu ihm gelangt, und daß er sie gar nicht mehr anschaut. Mit 0; 2 (18) zeigt er das gleiche Verhalten: Beide Augen schließen sich im voraus, während er aber nur das rechte reibt. Mit 0; 2 (19) dreht er in dem Moment den Kopf nach links, als die linke Hand auf sein Auge zusteuert. Darauf reibt er sich beide Augen mit beiden Händen gleichzeitig. Mit 0; 2 (20) macht er eine Faust, um sich die Augen zu reiben. Er schließt dabei schon vorher die Augen und lächelt vor Vergnügen. Es besteht also gar keine Beziehung zum Sich-Recken. An den folgenden Tagen beobachte ich die gleichen Reaktionen.

Bb. 59: Die Berührungen der Hände mit dem eigenen Körper beschränken sich nicht auf die Nase und die Augen. Bald verdeckt Laurent das ganze Gesicht mit den beiden zusammengefalteten Händen. Bald – mit 0; 2 (24) – wird die Brust mit starken regelmäßigen Schlägen bearbeitet. Vor allem aber werden die Hände, wenn man so sagen kann, voneinander gegenseitig entdeckt und abgetastet. In besonderem Maße konnte dieses Verhalten bei Laurent beobachtet werden, nicht nur deswegen, weil es bei ihm zur Bildung eines ganz besonders hartnäckigen Gewohnheitsschemas führte, sondern vor allem auch, weil dieses Verhaltensschema bei ihm sehr früh mit der Saugtätigkeit und vor allem auch mit der Sehtätigkeit koordinierte Greifbewegungen auslöste. Vorher müssen wir aber noch bemerken, daß Laurent schon während der Ausbildung des Daumenlutschens (Bb. 6 bis 21) häufig beide Hände vereinigte, während er an den Fingern der einen Hand lutschte. Dieses Verhalten trat bei ihm sporadisch bis zum Ende des zweiten Monates auf. Vom dritten Monat an führte es zur Bildung einer systematischen Gewohnheit. So notiere ich mit 0; 2 (4) und 0; 2 (10), daß er offenbar seine Hände abtastet. Mit 0; 2 (14) knautscht er mit der rechten Hand an einem Verband der linken. Mit 0; 2 (17) entziehe ich ihm die linke Hand mittels einer Schnur (die daran befestigt worden ist, um Laurent am Lutschen seines linken Daumens zu hindern). Mehrmals hintereinander ergreift er diese Hand wieder mittels seiner Rechten. Die Präzision, mit der er diese Handlung ausführt, während die linke Hand dauernd versucht, den Widerstand der Schnur zu überwinden, um wieder zum Mund zu gelangen, zeigt, daß es sich um ein fest eingefahrenes Verhaltensschema handelt. Mit 0; 2 (19) vereinigt Laurent mehrmals seine Hände, und gegen Abend dieses Tages tut er das fast ohne Unterlaß: Er tastet sie ab, dann lutscht er gleichzeitig an beiden, läßt sie los, ergreift sie wieder usw. Das Hauptinteresse liegt beim Greifen, und erst an zweiter Stelle kommt das Saugen. An den folgenden Tagen wird dieses Verhalten immer häufiger, aber wir müssen hier seine Beschreibung abbrechen, weil die Intervention des Blickes dieses »Vereinigungsschema« zu modifizieren beginnt. Mit 0; 2 (24) kann man tatsächlich beobachten, daß Laurent seine vereinigten Hände mit solcher Aufmerksamkeit untersucht, daß dadurch ihre Bewegung verändert wird, was ganz charakteristisch für die dritte Stufe ist. Vor allem hat die Systematisierung dieser Gewohnheit, die Hände zu vereinigen, zur Folge, daß der Augenblick, in dem Laurent mit beiden Händen einen Gegenstand ergreift und ihn zum Munde führt, schneller verwirklicht wird, was ebenfalls typisch ist für diese dritte Stufe (wir würden sogar mittels dieses letzteren Fortschritts den Übergang von der zweiten zur dritten Greifstufe definieren).

Diese Koordinationen der Bewegung der Hände mit dem Auge (Bb. 55 bis 58) stellen kein besonderes Problem. Es sind keine gegenseitigen Assimilationen unabhängiger Verhaltensschemata, wie das bei der Koordination von Sehen und Hören zum Beispiel der Fall ist. Sie bilden ja tatsächlich nur eine Ausweitung der ursprünglichen und rein taktilen Greifschemata (Bb. 50 bis 54). Die Vereinigung der beiden Hände dagegen ist in einem bestimmten Sinn eine gegenseitige Assimilation, die aber auch nicht über den Bereich der taktilen Greifbewegung hinausgeht. Bis jetzt stellt allein die Koordination des Daumens mit der Saugtätigkeit, die wir weiter oben (Bb. 16 bis 24) studiert haben, eine beginnende gegenseitige Assimilation zwischen unabhängigen Verhaltensschemata dar; mag zwar der Mund an der Hand lutschen und die Hand den Weg zum Mund finden, so kann doch die Hand noch nicht alles ergreifen, was der Mund lutschen kann.

Wir wollen nun die Koordinationen des Sehens mit den Bewegungen der Hände untersuchen. Preyer und Tournay haben notiert, daß das Kind während der siebzehnten Woche zum ersten Mal seine Hände in systematischer Weise betrachtet hat. Wallon, der diese Angaben in ›L'enfant turbulent‹, S. 97 und 98 zitiert, scheint in einer solchen Übereinstimmung das Anzeichen für ein generelles Faktum zu sehen.

Die Beobachtung unserer Kinder bestätigt aber leider die angegebenen Zeitpunkte nicht: Sie scheint uns vielmehr zu zeigen, daß die Koordination des Sehens mit den Bewegungen der Hände einen fortschreitenden Prozeß darstellt, der mehr von der funktionellen Übung als von in der Zeit deutlich lokalisierbaren Erwerbungen abhängt. Der einzige leicht zu bestimmende Zeitpunkt ist derjenige des Auftretens folgender Verhaltensweisen: Zu einem bestimmten Zeitpunkt ergreift das Kind Gegenstände, die es in seinem Gesichtsfeld im Verein mit seiner eigenen Hand wahrgenommen hat, und bevor es sie ergreift, betrachtet es abwechslungsweise die Hand und die Gegenstände. Dieses Ereignis (das von Prayer in der siebzehnten Woche angesetzt wird) trat bei Jacqueline mit 0; 6 (1) auf, bei Lucienne mit 0; 4 (15) und bei Laurent mit 0; 3 (6)! Es charakterisiert die von uns unterschiedene vierte Stufe des Greifverhaltens. Aber schon vor diesen Verhaltensweisen kann man vielerlei Koordinationen zwischen dem Sehen und den Bewegungen der Hände beobachten, Koordinationen, die während der gegenwärtigen Stufe beginnen und auf der dritten Stufe fortgesetzt werden. Hier folgen nun die von uns auf der zweiten Stufe notierten Beobachtungen.

Bb. 60: Lucienne schaut mit 0; 2 (3) zweimal hintereinander am selben Tag, nachdem sie systematisch ihren Daumen zu lutschen begann, ihre Finger an, die eben aus dem Munde herauskamen (siehe Bb. 23). Dieser Blick ist nur ganz flüchtig, aber das Auge wird an die Distanz akkommodiert. Mit 0; 2 (12) und am folgenden Tag betrachtet sie dagegen ihre Hand mit größerer Aufmerksamkeit. Mit 0; 2 (15) beobachte ich sie, während sie auf der rechten Seite liegt und an ihrem Lätzchen lutscht. Ihre Hände bewegen sich vor ihren Augen (die Finger sind unaufhörlich in Bewegung), ergreifen die Laken und lassen sie wieder los, kratzen an der Decke, und alle Augenblicke dringen die rechte Hand oder beide Hände zusammen von neuem in den Mund ein. Lucienne scheint dabei mit den Augen die Bewegungen ihrer Hände zu verfolgen (der Blick senkt und hebt sich in korrekter Weise usw.), aber die Hände fügen sich nicht in die Grenzen des Sehbereiches ein. Der Gesichtssinn paßt sich also den Bewegungen der Hände an, aber die umgekehrte Abhängigkeit ist noch nicht verwirklicht. Mit 0; 2 (16) liegt Lucienne auf der linken Seite, und ihre Hand knautscht am Kopfkissen herum: Dabei haftet ihr Blick aufmerksam an dieser Hand. Mit 0; 2 (17) liegt sie auf dem Rücken, ihre rechte Hand ist ausgestreckt, und die Finger bewegen sich leicht. Sie betrachtet diese Hand mit der größten Aufmerksamkeit und lächelt. Einen Augenblick später verliert sie die Hand aus dem Blick (die Hand hat sich gesenkt), hierauf sucht der Blick offensichtlich nach ihr, und als die Hand wieder aufsteigt, verfolgt er sie sogleich. Mit 0; 2 (20) betrachtet Lucienne ebenfalls ihre Hände, und zwar vor allem die linke. Die Hände öffnen und schließen sich abwechselnd, und zwar gleichzeitig und oft auch außerhalb des Gesichtsfeldes, was deutlich zeigt, daß es sich um eine rein motorische und vom Sehen unabhängige Zirkulärreaktion handelt. Sobald sich dieses Phänomen aber vor den Augen vollzieht, richtet Lucienne ihren Blick auf die Hand und verfolgt sie lange. Sie betrachtet auch prüfend die rechte Hand, die an einem Stoff kratzt. Mit 0; 2 (27) schaut sie ihre rechte Hand an, die eine Puppe hält, sie versteht aber noch nicht, dieses Schauspiel in ihrem Gesichtsfeld zu bewahren. Sie betrachtet auch ihre leeren Hände, die linke beinahe ebenso oft wie die rechte, aber ohne sie im Gesichtsfeld halten zu können: Der Blick sucht die Hände, aber diese gehorchen dem Blick noch nicht. Mit 0; 3 (3) besieht sie sich aufmerksam ihre rechte Hand, die an einem Federbett kratzt, es losläßt, wieder ergreift usw. Während ihre Hand das Federbett aus dem Griff verliert, betrachtet sie es, aber die Bewegungen der Hand sind noch nicht mit dem Blick koordiniert. Die Hand findet zwar das Federbett wieder, aber aufgrund einer taktilen Akkommodation und nicht einer Koordination mit dem Blick. Am Abend desselben Tages schaut sie zu, wie ihre Hand sich öffnet und sich schließt. Es besteht aber immer noch keine genaue Koordination zwischen diesen Bewegungen und dem Blick, nur scheinen sich die Finger schneller zu bewegen, wenn Lucienne sie anschaut. Mit 0; 3 (8 und 9) betrachtet sie aufmerksam ihre verbundenen Hände, während sie am Zeigefinger und am rechten Handrücken lutscht. Wir brechen hier diese Beobachtungsreihe ab, denn von diesem Zeitpunkt an beginnt Lucienne die ergriffenen Gegenstände zu ihrem Mund zu führen, was den Beginn der dritten Stufe darstellt.

Bb. 61: Jacqueline scheint ihre Hände vor 0; 2 (30) nicht betrachtet zu haben. Aber an diesem und an den folgenden Tagen beobachtet sie häufig ihre sich bewegenden Finger und betrachtet sie aufmerksam. Mit 0; 3 (13) zerknüllt sie ihre Bettdecke mit beiden Händen: Sobald diese in ihr Gesichtsfeld eintreten, bleiben ihre Augen daran haften. Ebenso betrachtet sie die Falten der Bettdecke, wenn sie in ihrem Blickfeld liegen. Mögen aber auch ihre Augen die Hände verfolgen, so hängt doch die Bewegung der Hände noch in keiner Weise von ihrem Blick ab. Mit 0; 3 (21) verfolgt sie die Hände ebenfalls mit den Augen. Mit 0; 3 (22) beobachtet sie die auseinanderweichenden Hände und scheint sehr erstaunt zu sein, als sie wieder erscheinen.

Bb. 62: Mit 0; 2 (4) entdeckt Laurent zufällig seinen rechten Zeigefinger und betrachtet ihn einen kurzen Augenblick. Mit 0; 2 (11) prüft er einen Augenblick lang seine offene rechte Hand, die er zufällig wahrgenommen hat. Mit 0; 2 (14) betrachtet er dreimal hintereinander seine linke Hand und vor allem seinen ausgestreckten Zeigefinger. Mit 0; 2 (17) verfolgt er sie einen Augenblick lang in ihren spontanen Bewegungen, dann betrachtet er sie mehrmals hintereinander prüfend, als sie zur Nase zu gelangen sucht oder nachdem sie seine Augen gerieben hat. Am folgenden Tage mache ich die gleiche Beobachtung. Mit 0; 2 (19) lächelt er der Hand zu, nachdem er sie elfmal hintereinander betrachtet hat (man hatte eben den Verband abgenommen); daraufhin lege ich wiederum einen neuen Verband an; nachdem ich ihn eine halbe Stunde später wieder wegnehme und die Hand in das Gesichtsfeld (den Sehbereich) gelangt, lächelt ihr Laurent von neuem zu. Am selben Tag betrachtet er mit großer Aufmerksamkeit seine ineinander verschlungenen Hände. Mit 0; 2 (21) streckt er die beiden geschlossenen Fäuste in die Luft und betrachtet die linke, daraufhin nähert er sie langsam dem Gesicht und reibt sich damit die Nase und dann das Auge. Einen Augenblick später wiederholt sich dieses Schauspiel: die linke Hand nähert sich von neuem dem Gesicht, er betrachtet sie und reibt sich damit die Nase. Das tut er fünfmal nacheinander und lacht dabei. Es scheint sogar, als lächle er der Hand im voraus zu, aber der Blick hat gar keinen Einfluß auf ihre Bewegung. Er lächelt also schon im voraus, aber sein Lächeln verstärkt sich, sobald er die Hand sieht. Dann reibt er sich die Nase und fängt von neuem an. Zu einem bestimmten Zeitpunkt dreht er den Kopf genau in dem Augenblick nach links, als sich seine Hand bewegt, aber der Blick hat immer noch keinen Einfluß auf ihre Richtung. Am folgenden Tage mache ich wieder dieselben Feststellungen. Mit 0; 2 (23) betrachtet er seine rechte Hand, dann die beiden verschlungenen Hände (sehr lange Zeit). Mit 0; 2 (24) kann man schließlich feststellen, daß der Blick einen Einfluß auf die Richtung der Hände ausübt, die nun versuchen, im Gesichtsfeld zu bleiben. Wir gelangen so zur dritten Stufe.

In diesen Beobachtungen wird deutlich, worin die Koordinationen zwischen dem Sehen und den ersten Zirkulärreaktionen der Hand und der Finger bestehen. Offensichtlich versuchen die visuellen Wahrnehmungsschemata, die manuellen Verhaltensschemata zu assimilieren, während das Umgekehrte noch nicht der Fall ist. Mit anderen Worten, der Blick sucht den Bewegungen der Hand zu folgen, aber die Hand ist noch nicht in der Lage zu ergreifen, was der Blick sieht. Es gelingt ihr nicht einmal, im Gesichtsfeld zu bleiben! Später jedoch wird sich die Hand nach dem Blick richten, ebenso wie dieser nach der Hand: Das wird dem Kind gestatten, die gesehenen Objekte zu ergreifen. Für den Augenblick bewegt sich die Hand noch vollständig unabhängig vom Blick, und die wenigen und vagen Zirkulärreaktionen, die sich bilden, werden nur vom Tastsinn, den Bewegungsempfindungen oder der Saugtätigkeit gelenkt. Die Beziehungen zwischen dem Sehen und den Bewegungen der Hände sind also verschieden von denjenigen zwischen der Saugtätigkeit und diesen gleichen Bewegungen. Die Saugtätigkeit richtet sich nicht nach den Handlungsschemata der Handbewegungen oder ordnet sich in sie ein, der Saugakt zieht vielmehr eine Zirkulärreaktion der Arme und der Hände nach sich, während die Handbewegungen unabhängig sind vom Blick und er sich darauf beschränkt, sie zu assimilieren, ohne sie zu lenken. Von diesem Standpunkt aus hat also die Saugtätigkeit einen Vorsprung gegenüber der Sehtätigkeit: So werden wir sehen, wie die Hände auf der dritten Stufe die Gegenstände ergreifen, um sie zum Munde zu führen, noch nicht aber, um sie zu betrachten.

Zusammenfassend kann man diese zweite Stufe folgenderweise charakterisieren: Während dieses Stadiums sind die Handbewegungen nicht mehr bloß durch autonome Reflexreaktionen bestimmt, sondern bringen bereits einige Zirkulärreaktionen hervor. Diese Reaktionen bleiben sicherlich noch recht unbestimmt, und die ursprünglichsten von ihnen (die Hände öffnen und schließen, mit den Fingerspitzen kratzen, ergreifen und loslassen usw.) scheinen noch immer einfache und selbständige Automatismen darzustellen. Es fragt sich aber, ob diese Verhaltensweisen unbestimmt sind, weil sie einen ganz »impulsiven« Charakter haben oder weil sie Zirkulärreaktionen ohne Objekt darstellen, die also nicht um des ergriffenen Gegenstandes willen ablaufen. Der Fall der Greifbewegungen entspricht in dieser Beziehung tatsächlich sehr genau dem Saugakt, dem Sehen oder dem Hören. Ebenso wie es ein Saugen im Leeren, ein Saugen an der Zunge usw. gibt, schwenkt der Säugling seine Arme hin und her, öffnet und schließt seine Hände, klammert sie ineinander, bewegt wochenlang seine Finger usw. ohne Gegenstand und ohne wirklichen Kontakt mit einer Realität, die diesen Bewegungen Widerstand leisten würde. Und wie die Sehtätigkeit eine Phase durchmacht, während welcher die Gegenstände Nahrung sind für den Blick, ohne noch irgendwelches Interesse als Bilder der Außenwelt zu besitzen, zeugen die ersten zufälligen Berührungen der Hände mit den Dingen in gleicher Weise von einer Phase rein funktioneller Assimilation (ergreifen, um zu ergreifen). Diese Phase ist durch Wiederholung allein und noch nicht durch Generalisierung und damit verbundenem Wiedererkennen gekennzeichnet. Auf diese Phase könnten sich die Bb. 50 bis 52 beziehen. Dagegen könnten die Bb. 53 und 55 bis 58 über diese ursprüngliche Funktionslust hinaus von einer generalisierenden Assimilation und einer beginnenden taktilen Wiedererkennungsfunktion Zeugnis ablegen. Sobald das Kind nämlich lernt, an den Gegenständen zu kratzen und sie anzufassen (Bb. 53), weitet es diese Verhaltensweise auf alles aus, auch auf sein eigenes Gesicht und seine eigenen Hände (Bb. 55 bis 58). Aufgrund eben dieser Ausweitung des Handlungsschemas differenziert es sich und führt zu einer wiedererkennenden Assimilation. So erkennt das Kind sehr gut seine Nase, seine Augen und seine Hände am Tastempfinden. Diesen Fortschritten der Assimilation entspricht eine graduelle Akkommodation an die Gegenstände. Die Hand bildet die Form des Gegenstandes ab, der Daumen stellt sich nach und nach den anderen Fingern entgegen, und vom dritten Monat an (oder sogar noch früher) genügt es, die Hand von außen zu streifen, damit sie zu ergreifen versucht usw. Die ersten koordinativen Organisationsgebilde treten, wie wir gesehen haben, in den beginnenden Koordinationen der Hände mit der Saugtätigkeit und dem Sehen in Erscheinung, ohne daß eine gegenseitige Assimilation dieser Schemata vorliegen würde: Der Mund lutscht an den Händen, aber ohne daß die Hände alle Dinge zum Mund zu führen versuchten, deren sie habhaft werden. Noch ergreifen sie alles, was der Mund lutscht. Auch betrachtet das Auge die Hände, ohne daß diese das, was die Augen sehen, zu verwirklichen oder zu ergreifen suchten. Diese beiden wesentlichen Koordinationen werden sich erst im Verlauf der drei folgenden Entwicklungsstufen bilden. Die Koordination zwischen Saugtätigkeit und Greifakt dagegen stellt sich schon früher ein und charakterisiert somit die dritte Stufe. Es besteht aber keine logische Notwendigkeit für diese Abfolge, und man könnte ohne weiteres die Möglichkeit einer teilweisen Umkehrung dieser Ordnung wenigstens bei einigen Ausnahmesubjekten annehmen.

Im Verlauf der *dritten Stufe* wird also ein bemerkenswerter Fortschritt sichtbar: Künftig *koordinieren sich Greif- und Saugtätigkeit.* Mit anderen Worten, die Hand ergreift Gegenstände und bringt sie zum Mund, und umgekehrt geschieht es, daß sie nach Gegenständen greift, an denen der Mund lutscht.

Wir wollen zuerst die Tatsachen beschreiben, um nachher ihre verschiedenen Aspekte zu analysieren.

Bb. 63: Mit 0; 3 (8) ergreift Lucienne mit der rechten Hand ihre Decke und lutscht daran. Ich gebe ihr nun einen Bleistift in die Hand: Sie deutet eine leichte Bewegung zum Mund an, dabei bleibt es aber. Es ist unmöglich zu entscheiden, ob noch ein Zufall oder schon eine beginnende Koordination vorliegt. Am Abend desselben Tages aber lege ich dreimal hintereinander einen losen weichen Kragen in ihre rechte Hand, die sie über die Decke streckt, und dreimal hintereinander bringt sie ihn zum Mund. Sie macht dabei gar keinen Versuch, ihn zu sehen. Mit 0; 3 (9) lege ich einen Holzgegenstand in ihre Hand: Sie nähert ihn dem Mund, läßt ihn aber dann fahren. Mit 0; 3 (13) wiederhole ich dasselbe Experiment: Sie hält den Gegenstand fest, bringt ihn zum Mund und lutscht abwechslungsweise am Gegenstand und an der Hand, ohne daß sie einen Unterschied zwischen diesen beiden Dingen zu machen scheint. Mit 0; 3 (24) ergreift sie von selbst Wäschestücke (Lätzchen, Federbett, Decken) und führt sie zu ihrem Mund. Mit 0; 4 (4) ergreift sie zufällig eine Spielklapper (natürlich ohne sie zu sehen) und hält sie während einiger Augenblicke fest. Dann macht sie plötzlich eine Bewegung, um sie zum Mund zu bringen, ohne einen Versuch, sie zu sehen. Gleiche Reaktion mit einem Stück der Decke. Sie zieht dabei noch nicht den Gegenstand an sich, sondern bringt die Gesamtheit Hand plus Gegenstand zum Mund und lutscht an dem, was zuerst ankommt. Wir stehen also in gewissem Sinn vor einer einfachen Konjunktion von zwei Verhaltensschemata: (ergreifen und halten) × (die Hand zum Mund bringen), und noch nicht vor einer einzigen Handlung, die darin bestünde, den Gegenstand zum Mund zu führen.

Bb. 64: Mit 0; 4 (9) halte ich Lucienne eine Spielklapper vor die Augen: Es erfolgt gar keine Reaktion. Dann gebe ich sie ihr in die Hände: Sie bringt sie sofort zum Mund, lutscht an ihr, schlenkert sie dann hin und her, indem sie sie betrachtet. Es scheint, daß dieses Mal die Handlung, den Gegenstand ergreifen, um daran zu lutschen, ein einziges und geordnetes Ganzes bildet. Das wird durch die folgende Reaktion bestätigt. Am Abend desselben Tages zeige ich Lucienne eine ihr vertraute Spielklapper: Sie fixiert sie mit den Augen, öffnet den Mund, vollführt Lutschbewegungen, öffnet wieder den Mund usw., aber greift nicht nach ihr. Der Anblick der Spielklapper hat also Saugbewegungen und keine Greifbewegungen ausgelöst. Aber es genügt, die ausgestreckte Hand mit dem Stiel der Klapper zu berühren, um Greifbewegungen auszulösen. Zuerst unternimmt sie dabei eine Reihe von vergeblichen Versuchen mit den Fingern, bis die Gegenüberstellung des Daumens zum

Erfolg führt. Sobald die Klapper ergriffen ist, wird sie zum Mund geführt. Mit 0; 4 (10) die gleiche Reaktion: Der Gegenstand, der unabhängig vom Gesichtsfeld ergriffen wird, wird sogleich zum Mund geführt. Wenn er seitwärts herunterfällt, tastet das Kind so lange, bis es ihn wiederfindet.

Bb. 65: Lucienne liegt mit 0; 4 (10) auf dem Rücken. Ich lege eine Puppe vor ihren Mund. Wenn sie den Kopf bewegt, gelingt es ihr, daran zu lutschen, aber nur mit Mühe. Nun bewegt sie die Hände, ohne sie aber der Puppe zu nähern. Einen Augenblick später dagegen stecke ich ihr die Klapper in den Mund, wobei ich den Stiel auf die Brust lege: Jetzt nähert sich die Hand sofort der Klapper und ergreift sie. Das Experiment wird dreimal wiederholt und führt immer wieder zu den gleichen Reaktionen. Mit 0; 4 (15) streckt sie die Hand in die richtige Richtung, sobald die Spielklapper ihren Mund berührt, greift aber immer noch nicht zu. Am Abend desselben Tages dagegen greift sie sofort zu. Von nun an erscheint dieses Verhaltensschema in definitiver Weise ausgebildet und koordiniert. Dabei braucht Lucienne in keiner Weise ihre Hände zu sehen. Sobald die Klapper den Mund auch nur ein wenig streift, gelingt es ihr, sie zu ergreifen. Sie tut das sowohl mit der linken als auch der rechten Hand, aber weniger häufig. Nach dieser Beobachtung beginnt Lucienne, ihre Greifbewegungen mit dem Blick zu koordinieren, und wechselt damit zur vierten Stufe.

Bb. 66a: Mit 0; 3 (21) bringt Jacqueline alles, was sie zufällig ergriffen hat, zum Mund; dabei legt sie den Daumen in Gegenstellung an. Mit 0; 4 (8) führt sie ebenfalls Bänder, Ecken von Wäschestücken, ihr Lätzchen usw. zum Mund.

Bb. 66b: Schon mit 0; 2 (17) lutscht Laurent, der sein Bettuch ergriffen hat, gleichzeitig sowohl am Tuch als auch an der Hand: Es besteht also eine zufällige Verbindung zwischen dem Greifschema und dem Schema »An den Fingern lutschen«. Am Tag darauf lutscht er am Verband seiner linken Hand, indem er sie mittels der rechten festhält. An den folgenden Tagen bleiben die Beziehungen zwischen Greiftätigkeit und Lutschtätigkeit noch dem Zufall unterworfen. Schon mit 0; 2 (28) genügt es aber, daß ich ihm eine Spielklapper in die linke Hand lege (außerhalb seines Gesichtsfeldes und während der Arm gestreckt ist), und schon führt Laurent diesen Gegenstand zum Munde und lutscht daran. Der Versuch gelingt mehrmals hintereinander sowohl mit der rechten wie mit der linken Hand. Der Grad der Systematisierung dieser Reaktion zeigt, daß dieses neue Schema schon seit einigen Tagen ausgebildet ist. Dasselbe Ergebnis an den folgenden Tagen. Mit 0; 3 (4) bringt er Bänder, Fransen der Bettdecke, Stoffpuppen usw. zum Mund, und mit 0; 3 (5) tut er dasselbe mit unbekannten Gegenständen (Tabakpapier, Feuerzeug, Tabakbeutel usw.), die ich ihm vor das Gesicht halte und die er ergreift, nachdem er sie beim Verschränken der Hände gestreift hat. Ebenso brauche ich ihm bloß einen unbekannten Gegenstand (für den Gesichts- wie den Tastsinn unbekannt) außerhalb seines Gesichtsfeldes in die ausgestreckte Hand zu legen, zum Beispiel eine Wäscheklammer, damit er sie sogleich zum Mund führt und nicht etwa zu den Augen.

Offensichtlich besteht bei Laurent seit der Mitte des dritten Monats eine Koordination zwischen Saug- und Greiftätigkeit. Wie wir aber später noch sehen werden, erscheint bei ihm diese dritte Etappe durch eine gewisse Verfrühung der Koordination von Greifen und Sehen stark gekürzt. Ja, es hätte bei diesem Kinde nicht viel gefehlt, und die Abfolge dieser Koordinationsbildungen wäre in umgekehrter Reihenfolge erfolgt.

Derartige Beobachtungen sind deswegen interessant, weil sie uns zeigen, wie sich das systematische Ergreifen herausbildet. Im Gefolge der Zirkulärreaktionen der zweiten Etappe (reine Assimilation, generalisierende und wiedererkennende Assimilation) beginnt sich das Kind für die Gegenstände an sich zu interessieren, mit denen die Hand in taktile Berührung gelangt. Wir haben hier dieselbe Erscheinung wie beim Sehen und beim Hören. Nachdem das Kind zuerst geschaut hat, um zu schauen, beginnt es sich in der Folge allmählich für die Gegenstände an sich zu interessieren, die es erblickt. Das wird durch die Tatsache ermöglicht, daß die Assimilation der Dinge an die Sehtätigkeit durch Koordinationen der Sehtätigkeit mit anderen Verhaltensschemata erweitert wird. Nachdem also das Kind die verschiedenen Bewegungen der Hand gleichsam im Leeren ausgeübt und folglich das Greifen um des Greifens willen betätigt hat, nachdem überdies sein Greifschema an allen festen Gegenständen, die ihm in die Quere kamen, in Aktion gesetzt und auf diese Weise immer genauer an die Gegenstände akkommodiert worden ist, wobei diese gleichzeitig stets umfassend assimiliert wurden, und nachdem es schließlich damit gleichsam eine Art taktilomotorische Erkenntnis der Dinge entwickelt hat, beginnt es sich für die ergriffenen Gegenstände selbst zu interessieren. Das geschieht in dem Maße, wie die systematisch gewordene Greiftätigkeit sich mit einem schon gebildeten Verhaltensschema, wie zum Beispiel dem Schema »Am Gegenstand lutschen«, koordiniert. Wie soll man eine solche Koordination erklären? Zu Beginn (Bb. 63) scheint es sich um eine bloß partielle Koordination zu handeln, das heißt um die einfache Verbindung zweier teilweise unabhängiger Schemata: Die Hand greift nach Gegenständen, und der Mund zieht die Hand an sich. So lutscht Lucienne noch mit 0; 4 (4) in gleicher Weise sowohl an der Hand wie am Gegenstand, wenn ihre Hand einen Gegenstand zum Mund führt. Zu einem bestimmten Zeitpunkt dagegen vervollständigt sich die Koordination. In gleicher Weise wie beim Sehen und beim Hören scheint diese Koordination deutlich aus der gegenseitigen Assimilation entsprechender Verhaltensschemata zu entspringen: Der Mund möchte an dem lutschen, was die Hand ergriffen hat, und die Hand möchte ergreifen, was der Mund lutscht. So ist zum Beispiel in Bb. 64 der Mund zum Lutschen bereit, ehe die Hand den Gegenstand entdeckt hat, und darum wird alles, was das Kind ergreift, sogleich zum Mund geführt. Umgekehrt sucht Lucienne mit 0; 4 (10) – in Bb. 65 – den Gegenstand, an dem ihr Mund lutscht, zu ergreifen, denn dieser Gegenstand ist nicht durch ein manuelles Greifschema zum Mund gelangt. Es wird damit auch in diesem Versuch wiederum sehr deutlich, daß die fortschreitende Strukturierung der Verhaltensschemata in einer gegenseitigen Anpassung, gekoppelt mit reziproker Akkommodation und Assimilation, besteht.

Das führt uns zur Koordination von Sehen und Greifen. Der Leser wird sich daran erinnern, daß im Verlauf der zweiten Etappe der Blick zwar den Bewegungen der Hand schon zu folgen vermag, daß aber umgekehrt die Hand dem Blick noch nicht gehorcht. Im Verlauf der vierten Stufe beginnt sich die Greiftätigkeit, wie wir gleich sehen werden, nach dem Blick zu richten. Auf der dritten Stufe dagegen, die uns im Augenblick noch beschäftigt, übt die Sehtätigkeit zwar schon einen Einfluß auf die Bewegungen der Hand aus, ohne aber den Greifakt (der vorerst nur von den Tastempfindungen und der Saugtätigkeit abhängt) schon zu bestimmen. Die Tatsache, daß die Hand beobachtet wird, scheint ihre Aktivität zu steigern oder doch ihre Bewegungen innerhalb der Grenzen des Gesichtsfeldes zu halten:

Bb. 67: Lucienne betrachtet mit 0; 3 (13) lange Zeit ihre rechte Hand (der Arm ist gestreckt); nun fährt die Hand ziemlich brüsk in Richtung der rechten Wange: Die Augen verfolgen diese Bewegung mit großer Genauigkeit, der Kopf dreht sich kontinuierlich in der richtigen Richtung, wie wenn er die Bewegung vorausgesehen hätte. Die Hand kehrt darauf wieder in ihre ursprüngliche Stellung zurück. Lucienne schaut sie immer noch an und lächelt breit, wobei sie sich schüttelt. Dann beginnt sie von neuem mit diesem Spiel. An den folgenden Tagen besteht immer noch dasselbe lebhafte visuelle Interesse an den Bewegungen der Hand oder an dem Schauspiel der einen Gegenstand haltenden Hand, aber die Sehtätigkeit scheint keinen anderen Effekt als eine allgemeine Belebung dieser Tätigkeiten zu haben.

Bb. 68: Mit 0; 4 (9) macht Lucienne gar keine Anstalten, eine Spielklapper, die sie mustert, zu ergreifen. Nachdem sie aber später die Spielklapper, ohne sie anzublikken, zum Munde geführt hat, bemerkt sie die Hand, die den Gegenstand hält. Jetzt bewirkt die visuelle Aufmerksamkeit eine Immobilisierung der Handbewegungen, obwohl der Mund bereits offenstand, um die Klapper aufzunehmen, die nur einen Zentimeter entfernt war. Dann lutscht Lucienne an der Spielklapper, nimmt sie wieder aus dem Mund, betrachtet sie von neuem, saugt noch einmal daran usw. Am selben Tag unternehme ich einen neuen Versuch dieser Art. Ich lege ihr eine Hülle in die linke Hand. Lucienne bringt sie auf direktem Wege zum Mund, aber gerade als sie sie einführen will (die Lippen hatten sich schon geöffnet), bemerkt sie die Hülle, daraufhin entfernt sie sie wieder und hält sie in einer Entfernung von zehn Zentimetern vor die Augen. Sie betrachtet die Hülle mit der größten Aufmerksamkeit, indem sie sie eine Minute lang beinahe unbeweglich hält. Ihre Lippen bewegen sich während der ganzen Zeit, und es geschieht auch, daß sie den Gegenstand zum Mund führt und einige Sekunden lang daran lutscht, aber sie nimmt ihn sogleich wieder heraus, um ihn weiter zu betrachten. Am selben Tag treibt Lucienne das gleiche Spiel mit ihrer Decke. Es besteht dabei aber noch gar keine Koordination zwischen dem Sehen des Gegenstandes oder der Hand und der Greiftätigkeit als solcher.

Bb. 69: Mit 0; 4 (10) betrachtet Lucienne ihre Spielklapper unter ähnlichen Reaktionen: Der Mund tendiert danach, an ihr zu lutschen; sie öffnet den Mund, saugt leer, hebt leicht den Kopf usw. Aber sie streckt die Hände nicht aus, obgleich diese bereits eine Greifbewegung andeuten. Einen Augenblick später, als die rechte Hand ausgestreckt ist, lege ich die Spielklapper neben die Hand: Lucienne betrachtet abwechselnd Hand und Klapper, wobei sich ihre Finger unaufhörlich bewegen, aber die Hand greift nicht zu. Als dagegen die Klapper die Hand berührt, greift sie sogleich danach.

Bb. 70: Mit 0; 4 (1) betrachtet Jacqueline aufmerksam ihre rechte Hand und führt sie anscheinend innerhalb der Grenzen ihres Gesichtsfeldes umher. Mit 0; 4 (8) erblickt sie zufällig die Gegenstände, die sie zum Mund führt. Darauf hält sie diese vor die Augen und vergißt ganz, an ihnen zu lutschen. Diese Bewegungen werden aber noch nicht durch den Blick gelenkt, noch werden die Gegenstände in gezielter Weise ins Gesichtsfeld gebracht. Nur wenn die Hand zufällig an den Augen vorbeikommt, wird sie vom Blick immobilisiert. Es geschieht auch, daß Jacqueline aufmerksam ihre zufälligerweise vereinigten Hände betrachtet. Mit 0; 5 (12) notiere ich, daß sie unablässig ihre Hände und ihre Finger betrachtet, aber immer noch ohne Koordination mit der Greiftätigkeit. Mit 0; 6 (0) ist diese Koordination noch immer nicht hergestellt. Jacqueline schaut zu, wie ihre Hand sich bewegt, dabei nähert sich die Hand der Nase und stößt schließlich gegen das Auge. Sie erschrickt und fährt zurück, ihre Hand gehört ihr noch nicht! Dennoch vermag sie bereits mit mehr oder weniger Erfolg die Hand im Gesichtsfeld zu behalten.

Bb. 71: Mit 0; 3 (23) hält Lucienne den rechten Arm gestreckt, wobei die Hand außerhalb ihres Gesichtsfeldes bleibt. Ich ergreife diese Hand. Sie versucht, sie freizubekommen, schaut aber keineswegs in diese Richtung. Dasselbe Ergebnis mit 0; 4 (9) usw. Erst im Verlauf der folgenden Entwicklungsstadien wird Lucienne die Hand, die man ihr festhält, mit den Augen suchen.

Bb. 72: Jacqueline reagiert noch mit 0; 5 (12), das heißt also während der gegenwärtigen Entwicklungsstufe, in ganz ähnlicher Weise. Sie liegt auf dem Rücken, und ich halte abwechslungsweise ihre rechte und ihre linke Hand fest, die flach auf der Matratze liegen. Sie unternimmt vergebliche Bemühungen, ihre Hand zu befreien, ohne aber in die richtige Richtung zu blicken, obwohl sie zu sehen versucht, was geschieht. In einem gewissen Moment nimmt Jacqueline, als sie sich krümmt, zufällig meine Hand wahr, die die ihrige hält. Sie betrachtet aufmerksam dieses ungewohnte Bild, und während dieser Zeit unternimmt sie keine Anstrengungen, sich frei zu machen. Erst nach einer Weile nimmt sie den Kampf wieder auf, indem sie dabei rundherum schaut und nicht etwa in der richtigen Richtung. Das Gefühl der Anstrengung wird also noch nicht in die wahrgenommene Hand verlegt, sondern ins Unbestimmte. Mit 0; 5 (25) noch immer dieselben Reaktionen.

Bb. 73: Laurent zeigte in bezug auf die Koordination des Blickes mit den Bewegungen der Hand eine erstaunliche Verfrühung, die er unseres Erachtens dem Verhaltensschema »Händevereinigen« (siehe Bb. 59) verdankt. Indem sich seine Hände öfter ineinander verklammerten, eine Operation, die bei einem liegenden Kind notwendigerweise im Gesichtsfeld geschieht, kam Laurent schließlich dazu, sie mit seinen Blicken aufmerksam zu studieren: siehe Bb. 52; er war damals 0; 2 (19) und

0; 2 (23). Diese zufällig entstandene, aber regelmäßig wiederholte Vereinigung der beiden Hände zog als natürliche Wirkung eine Beeinflussung der Bewegung der Hand durch den Blick nach sich. So tastet Laurent mit 0; 2 (24) seine Hände ab, die sich fünf bis zehn Zentimeter vom Mund entfernt befinden, ohne daß er an ihnen saugt. Er entfernt sie und nähert sie wieder an, mindestens zwanzigmal hintereinander, indem er sie anschaut. Bei diesem Verhalten scheint einzig und allein das visuelle Vergnügen die Wiederholung auszulösen. Eine Stunde später verstärkt sich dieser Eindruck noch, als Laurent die rechte Hand mit der linken ergreift und am Verband (den man ihm inzwischen am rechten Daumen angelegt hatte) zerrt, dann den Daumen im Gesichtsfeld stillhält und verwundert betrachtet. Mit 0; 2 (25) mustert Laurent seine unbewegliche linke Hand, nachdem er sich damit das Auge gerieben hatte. Mit 0; 2 (26 und 28) betrachtet er eine Spielklapper, die er in Händen hält, und mit 0; 2 (28 und 29) fixiert er unaufhörlich seine vor den Augen vereinigten Hände. Am Abend von 0; 2 (29) beobachte ich eine neue Kombination, die durch Differenzierung des Schemas »Händevereinigen« entstanden ist: Laurent bringt die Hände nur mit den Fingerspitzen zusammen, und zwar genau vor den Augen, zehn bis fünfzehn Zentimeter davon entfernt. Er hält sie offensichtlich im Gesichtsfeld fest und zeigt während einer guten Viertelstunde gar kein Verlangen, an ihnen zu lutschen, noch sie ganz zu verschränken: Es handelt sich um ein reines Spiel der Finger, das er aufgrund von Tastempfindungen entdeckt hat und das seinem Blick angenehm ist. Am folgenden Tag wiederholen wir diese Beobachtung.

Bb. 74: Die geschilderten Verhaltensweisen sind besonders interessant, weil sie bei Laurent zu einer seltsamen Reaktion geführt haben, die ihm sehr stark den Zugang zur definitiven und für die vierte und fünfte Stufe der Greiftätigkeit charakteristischen Koordination erleichtert hat: Seit 0; 3 (3) begann Laurent nämlich, meine Hand zu ergreifen, sobald ich sie ihm vors Gesicht hielt. Meine Hand wurde von seiner Sehtätigkeit offensichtlich seiner eigenen gleichgestellt und löste darum sein Verhaltensschema »Händevereinigen« aus.

Mit 0; 3 (3) halte ich ihm um 14 Uhr meine unbewegliche Hand vors Gesicht, ungefähr zehn bis fünfzehn Zentimeter von seinem Mund entfernt. Er schaut sie an und beginnt dabei sofort, leer zu saugen, wie wenn er sie seiner eigenen Hand gleichsetzen würde, die er jedesmal vor und nach dem Lutschen prüfend untersucht. Aber er betrachtet meine Hand, ohne einen Greifversuch zu unternehmen. Daraufhin öffne ich sie etwas mehr, ohne sie zu verschieben, berühre aber dabei ganz leicht seine linke Hand mit meinem kleinen Finger: Laurent ergreift daraufhin sofort diesen Finger, ohne daß er ihn gesehen hat. Als ich ihn zurückziehe, sucht Laurent, bis er ihn findet (das ist ein erstes Beispiel für eine für die Entwicklung der Greiftätigkeit sehr wichtige Reaktion, nämlich wieder zu erhaschen versuchen, was den Händen entweicht). Es ist noch zu bemerken, daß sich diese Greifübung im Gesichtsfeld abspielt und daß Laurent sie mit großer Aufmerksamkeit verfolgt. Am Abend desselben Tages gegen 18 Uhr genügt es, daß ich ihm meine Hand in derselben Lage zeige, und sogleich ergreift sie Laurent. Nachdem ich die seinige ein einziges Mal mit dem kleinen Finger berührt habe, ergreift er fünfmal hintereinander die meinige, ohne daß ich seine Hand vorher berühren müßte und ohne daß er seine und meine Hand gleichzeitig gesehen hätte! Anfänglich interpretierte ich dieses Verhalten als einen koordinierten und vom Anblick des Gegenstandes allein geleiteten Greifakt (also eine für die fünfte Entwicklungsstufe charakteristische Handlung), aber die weitere Beobachtung brachte mich auf eine einfachere Interpretation: Der Anblick meiner Hand hat ganz einfach den eingespielten Verhaltenszyklus der gegenseitigen Annäherung der Hände (das Schema der Vereinigung der Hände) ausgelöst, und da sich meine Hand in der Bahn seiner Hände befand, ist er auf sie gestoßen und hat sie ergriffen.

Am folgenden Tag, mit 0; 3 (4), ergreift er meine Hand, noch bevor ich die seinige berührt habe. Folgende drei Tatsachen sind eine zusätzliche Bestätigung der eben angeführten Interpretation: Erstens, wenn ich Laurent irgendwelche Gegenstände anstelle der Hand anbiete, bemüht er sich nicht, sie zu ergreifen, sondern gibt sich damit zufrieden, sie anzuschauen. Wenn ich zweitens meine Hand in einer etwas größeren Distanz (zwanzig bis dreißig Zentimeter) darbiete, und zwar nicht unmittelbar vor seinem Gesicht, begnügt er sich damit, die seinigen zu ergreifen, ohne daß er versuchte, meine Hand zu erreichen. Wenn ich schließlich drittens meine Hände ungefähr fünfzig Zentimeter von Laurent entfernt trenne und vereinige, dann ahmt er mich nach, wie wir es später sehen werden. Diese drei Tatsachen zusammen machen die Annahme wahrscheinlich, daß Laurent meine Hand, wenn er sie vor seinem Gesicht ergreift, seinem Verhaltensschema »Händevereinigen« angleicht.

Mit 0; 3 (5) ahmt Laurent die Bewegung des Händevereinigens weniger gut nach, wenn ich etwas entfernt von ihm stehe. Wenn ich aber meine Hände seinem Gesicht annähere, vereinigt er die seinigen jedesmal, und bei der entsprechenden Distanz ergreift er meine Hände. Wenn ich sie wiederum entferne, führt er seine zusammen. Am Nachmittag desselben Tages biete ich ihm meine unbewegliche Hand dar: Er ergreift sie und lacht. Darauf verwende ich zum selben Versuch anstelle meiner Hand ein Paket Tabak, ein Feuerzeug und schließlich meinen Tabakbeutel: Er ergreift alle drei nacheinander! Über das Zwischenglied meiner Hand und das Verhaltensschema »Händevereinigen« gelangt Laurent also zum Beginn der vierten Etappe.

Bb. 75: Mit 0; 3 (5), das heißt also am dritten Tag der vorangehenden Beobachtung, halte ich Laurents Hände außerhalb seines Gesichtsfelds fest: Er schaut nicht hin (vgl. Bb. 71 und 72).

Bb. 76: Es folgt schließlich noch ein Beispiel für die Kombination eines Sehschemas mit einem Verhaltensschema der vereinigten Greif- und Lutschtätigkeit. Ich zeige Lucienne, als sie 0; 4 (4) alt ist, meine unbewegte Hand: Sie mustert sie aufmerksam, dann lächelt sie, öffnet weit den Mund und steckt schließlich ihre Finger hinein. Dieselbe Reaktion zeigt sie wiederholte Male. Es scheint, daß Lucienne ihre Hand der meinigen gleichsetzt und daß der Anblick meiner Finger sie dazu veranlaßt, die ihrigen in den Mund zu stecken. Es muß dazu bemerkt werden, daß sie kurz darauf ihren eigenen Zeigefinger anschaut, dann daran lutscht, ihn von neuem anschaut usw. Ebenso verfährt Laurent mit 0; 3 (6); als er meine Hand in derselben Stellung erblickt, öffnet er weit seinen Mund, dann ergreift er meine Hand und zieht sie zu seinem Mund hin, wobei seine Blicke an meinem Finger hängen.

Diese Beobachtungen verdeutlichen den Vorgang dieser ersten Koordination von Blick- und Handbewegungen. Man kann noch nicht im eigentlichen Sinn von Koordination der Seh- und Greiftätigkeit sprechen, da das Kind noch nicht ergreifen kann, was es sieht (es ergreift nur, was es berührt oder woran es lutscht), noch vor die Augen bringen kann, was es ergriffen hat (es bringt die Dinge zum Mund und nicht zu den Augen); ja es vermag mit dem Blick nicht einmal seine Hand zu finden, wenn diese von einer fremden Hand festgehalten wird (Bb. 71, 72 und 75). Dagegen kann man nicht mehr sagen, die Hände würden in keiner Weise reagieren, wenn sie vom Blick in ihren Bewegungen verfolgt werden. Wenn die Hand zufällig ins Gesichtsfeld gelangt, ist sie bemüht, darin zu bleiben. Es geschieht auch schon, daß das Kind mit dem Lutschen am ergriffenen Gegenstand aus reinem visuellen Interesse (Bb. 68 und 70) zuwartet. Kurz, der Anfang einer wirklichen Koordination, das heißt einer reziproken Anpassung, ist gemacht: Die Hand ist bestrebt, die vom Auge verfolgten Bewegungen beizubehalten und zu wiederholen, wie das Auge bestrebt ist, alles anzuschauen, was die Hand tut. Mit anderen Worten, die Hand versucht also den gesamten Sehbereich ihren eigenen Handlungsschemata einzuverleiben, wie umgekehrt das Auge den gesamten Handlungsbereich der Hand seinen Sehschemata einordnet. Wenn das Kind künftig bestimmte visuelle Gebilde (Bilder) wahrnimmt (zum Beispiel die Finger sich bewegen sieht oder erblickt, wie die Hand einen Gegenstand festhält usw.), so versucht die Hand sie durch eine reproduktive Assimilation beizubehalten. Diese visuellen Gebilde werden also den Bewegungsschemata der Hand einverleibt.

Wie soll man diese gegenseitige Assimilation erklären? Die Bedeutung der Assimilation des motorischen Bereiches durch die Sehschemata leuchtet ein, da ja nun die Hand und ihre Bewegungen gesehen und vom Blick verfolgt werden können. Was aber sollte eine Assimilation des visuellen Bereichs durch den manuellen bedeuten? In der Folge werden wir damit einfach zum Ausdruck bringen, daß die Hand zu ergreifen versucht, was die Augen sehen. Diese vollständige Koordination aber wird sich erst viel später, nämlich im Verlauf der vierten und fünften Etappe, vollziehen. Im Augenblick assimilieren die Handlungsschemata der Hand den Sehbereich nur insoweit, als die Hand das, was die Augen von ihr sehen, zu erhalten und zu reproduzieren versteht. Wie ist das aber möglich? Der Assoziationismus gibt darauf folgende einfache Antwort: Nachdem das Sehbild der Hand oft und oft verknüpft mit den Bewegungen eben dieser Hand erlebt worden ist, erwirbt es durch Transfer Signalwert und wird daher früher oder später eben diese Bewegungen auslösen. Die Tatsache eines assoziativen Transfers als solche wird natürlich von niemandem bestritten: Jede Akkommodation impliziert eine Beziehungsbildung zwischen Erfahrungsgegebenheiten, und das Kind entdeckt die Beziehung des Sehbildes der Hände mit ihren Bewegungen lange bevor es dieses Bild und die entsprechenden kinästhetischen Eindrücke einem für sich seienden und substantiellen »Gegenstand« zuschreibt. Die Frage ist nur, ob diese Beziehung zwischen visueller Wahrnehmung und Motorik sich durch »Assoziation« bildet. Wir möchten unsererseits dem passiven Begriff der Assoziation den aktiven Begriff der Assimilation entgegenstellen. Für eine Beziehungsbildung zwischen Blick und Handbewegungen scheint uns die Tätigkeit des Subjektes fundamental und unabdingbar zu sein. Die Tätigkeit der Hand bildet Handlungsschemata aus, die die Tendenz haben, sich zu erhalten und zu reproduzieren (sich schließen und öffnen, Gegenstände ergreifen und behalten usw.). Aufgrund dieser Tendenz, sich ständig zu erneuern, verleibt sich eine solche Tätigkeit jede Realität ein, die zu ihrer Erneuerung beizutragen vermag: Darum ergreift die Hand alles, was sie antrifft usw. Dann kommt aber der Augenblick, wo das Kind seine Hand handeln sieht. Einerseits wird es nun aufgrund eines rein visuellen Interesses das Andauern dieses Schauspiels wünschen, das heißt, seine Hand nicht mehr aus den Augen verlieren wollen; andererseits neigt es auch aus kinästhetischem und motorischem Interesse dazu, die Handtätigkeit andauern zu lassen. Diese Tendenzen bewirken die Koordination der beiden Verhaltensschemata. Sie geschieht also nicht durch Assoziation, sondern durch gegenseitige Assimilation: Das Kind entdeckt, daß es seinem Blick das interessante Bild erhalten kann, wenn es seine Hand in einer bestimmten Art und Weise bewegt (zum Beispiel langsamer usw.). In derselben Weise, wie es seine Handbewegungen dem Blick assimiliert, assimiliert es das entsprechende Sehbild an seine Handtätigkeit: Es bewegt genauso mit seinen Händen das Bild, das es betrachtet, wie es mit den Augen die Bewegungen beobachtet, die es hervorbringt. Während bis jetzt nur taktil wahrnehmbare Gegenstände den Handlungsschemata der Hand als Nahrung dienen konnten, werden nun auch Sehbilder zum Übungsstoff der Hand. In diesem Sinn kann man sagen, daß sie an die sensomotorische Tätigkeit der Hände und der Arme »assimiliert« worden sind. Diese Assimilation bedeutet noch keine Identifikation, denn die gesehene Hand ist für das Kind noch nicht die gefühlte und bewegte Hand. Aber die Identifikation im selben Gegenstand ergibt sich aus der Assimilation genauso wie der geometrische Punkt aus dem Schnitt zweier Linien: Das Überschneiden assimilatorischer Tätigkeiten wird den Gegenstand im gleichen Maße definieren, wie diese auf die Außenwelt bezüglichen Tätigkeiten die Kausalität erzeugen.

Sehr schön wird dieser Prozeß durch die Bb. 73 und 74 illustriert. Nachdem Laurent mehrere Tage hindurch beobachtet hat, wie sich seine Hände vereinigen, gelingt es ihm mit 0; 3 (3), das bevorzugte Objekt, nämlich meine Hände, zu ergreifen. Wie könnte man diesen so früh auftretenden Greifakt anders erklären als durch folgende Aussage: Das Sehbild meiner Hand wird an das Sehbild der seinigen assimiliert, nachdem dieses letztere schon dem Handlungsschema »Händevereinigen« einverleibt worden ist.[7] Man sieht hier sehr deutlich das Spiel der Assimilation in ihrer zweifachen Art am Werk, der reproduktiven sowohl wie der wiedererkennenden. Wenn die Koordination von Seh- und Greiftätigkeit eine Angelegenheit rein physiologischer Reifung des Nervensystems wäre, so schiene uns der zeitliche Abstand in der Bildung dieser Verhaltensschemata, wie wir ihn bei drei ganz normalen Kindern wie Jacqueline, Lucienne und Laurent beobachtet haben, unerklärlich. Wenn man dagegen die Geschichte der psychomotorischen Assimilationen bei Laurent im einzelnen verfolgt (die Tätigkeit des Zyklus »Hände vereinigen«, Assimilation des Sehbildes seiner Hände an dieses Verhaltensschema der Vereinigung der Hände und schließlich Assimilation meiner Hand an die seinige), erkennt man die Ursache dieser Verfrühung.

Ebenso verhält es sich beim komplexeren Beispiel der Assimilation des Sehbildes an ein manuelles Handlungsschema, das uns die Bb. 76 liefert: Mit 0; 4 (4) beginnt Lucienne, an ihrer Hand zu lutschen, während sie die meinige betrachtet. Bis dahin hatte Lucienne das Greifen von Gegenständen schon mit den Bewegungen des Lutschens koordiniert: Sie bringt alles zum Mund, was ihr in die Hände gerät, mag es sich inner- oder außerhalb ihres Gesichtsfeldes befinden. Darüber hinaus erkennt sie die Gegenstände, an denen sie lutscht oder lutschen wird, am Sehbild, und so bildet sich bei ihr eine Koordination zwischen Sehen und Lutschen, wie wir es bei der Analyse der Saugtätigkeit festgestellt hatten. Unter diesen Gegenständen nimmt aber die Hand einen zentralen Platz ein, da Lucienne sie visuell seit zwei Monaten zu erkennen vermag und da sie ihr schon länger als Lutschobjekt dient und sie sie zum Mund führen kann, wenn der Blick darauf fällt. Wir haben also bezüglich der Hand die Verbindung von mindestens drei Verhaltensschemata vor uns: Lutschen, Sehen

[7] Man findet es vielleicht seltsam, daß wir aufgrund der Bb. 74 ohne weiteres annehmen, daß Laurent mit 0; 3 (3) meine Hand der seinen trotz der verschiedenen Größe und Lage gleichsetzt. Aber ein guter Grund veranlaßt uns zu dieser Interpretation. Schon seit 0; 3 (4) konnte ich tatsächlich bei Laurent feststellen, daß er die Bewegung meiner Hände nachahmt: Er trennt und vereinigt seine Hände, wie ich es ihm vormache. Diese Nachahmungsreaktionen hat er mit 0; 3 (5), 0; 3 (6), 0; 3 (8), 0; 3 (23) usw. wiederholt. Wenn aber eine solche Bewegung imitiert werden kann, während das bei anderen nicht gelingt, dann handelt es sich offensichtlich um eine Assimilation. Daß diese Assimilation ganz unsystematisch ist und sich ohne jede Identifizierung des Gegenstandes an sich vollzieht, braucht wohl nicht eigens erwähnt zu werden. Sie impliziert weder die Unterscheidung des fremden Körpers vom eigenen Körper noch den Begriff permanenter und vergleichbarer Gegenstände, die zu Klassen gruppiert sind; sie beruht wohl viel eher auf einer Verschmelzung als auf einem eigentlichen Vergleich. Aber das genügt, um von Assimilation sprechen zu können: Die Assimilation bildet den Ursprung sowohl der Imitation wie der Wiedererkennungsprozesse und ist ein Mechanismus, der jedem objektiven Vergleich vorangeht. In diesem Sinn dürfte es nicht schwerfallen anzunehmen, daß ein Kind von drei Monaten eine fremde Hand an die seinige assimilieren, das heißt die fremde Hand der eigenen gleichstellen könne.

und motorische Tätigkeit der Hand, mit Ausnahme des eigentlichen Greifaktes. Unter diesen Voraussetzungen spielt sich die Sache so ab: Lucienne sieht meine Hand, sie reagiert unmittelbar mit dem Verlangen, daran zu lutschen und vielleicht sie in Bewegung zu versetzen. Es könnte nun sein, daß sie meine Hand mit der ihren verwechselt und deshalb an der eigenen lutscht oder, was wahrscheinlicher ist, daß sie aufgrund einer globalen Assimilation den Eindruck hat, es handle sich um einen Gegenstand, der leichter als andere zum Mund geführt werden könnte. Da sie aber nicht ergreifen kann, was sie sieht, führt sie ihre eigene Hand zwischen die Lippen. Im letzteren Fall geschieht nur eine teilweise Verwechslung. In beiden Fällen aber wird das Sehbild meiner Hand an das Seh-, Bewegungs- und »Lutsch«-Bild ihrer eigenen Hand assimiliert.

Wie man diese letzten Beispiele auch interpretieren mag, die Koordinationen des Sehbildes und der Bewegungen der Hand schließen bis jetzt den eigentlichen Greifakt noch nicht mit ein. Mit anderen Worten (die Bb. 74 und 76 ausgenommen), das Kind ergreift die Gegenstände erst dann, wenn es sie zufällig berührt und wenn es seine Hände, die einen Gegenstand halten, sieht. Die Sehtätigkeit leistet also bisher noch gar keinen Beitrag zum eigentlichen Greifakt. Während der vierten und der fünften Stufe dagegen wird die Koordinierung von Sehtätigkeit und Handbewegung auch den eigentlichen Greifakt mit einbeziehen.

Die *vierte Etappe* ist dann erreicht, wenn das Kind *zugreift, sobald es gleichzeitig sowohl seine Hand wie das erwünschte Objekt wahrnimmt.* Ich konnte tatsächlich mit aller nur wünschbaren Deutlichkeit an meinen drei Kindern feststellen, daß das Greifen nach bloß mit dem Blick wahrgenommenen Gegenständen erst in den Fällen sich zu systematisieren beginnt, wo der Gegenstand und die Hand im gleichen Gesichtsfeld wahrgenommen werden:

Bb. 77: Mit 0; 6 (0) betrachtet Jacqueline meine Uhr, die sich zehn Zentimeter vor ihren Augen befindet. Sie verrät Anzeichen höchsten Interesses, und ihre Hände zittern vor Erregung, wie wenn sie gleich zugreifen wollten, ohne jedoch die richtige Richtung zu entdecken. Darauf lege ich ihr die Uhr in die rechte Hand, ohne daß sie meine Bewegung sehen könnte (ihr Arm ist gestreckt). Dann halte ich ihr die Uhr wiederum vor die Augen. Die beiden Hände, die natürlich durch die eben verspürte Berührung erregt worden sind, setzen sich darauf in Bewegung und nähern sich einander mit Schwung, um sich sogleich wieder zu trennen. Die rechte Hand stößt dabei zufällig an die Uhr: Sofort versucht Jacqueline, die Hand nach der Uhr auszurichten, und es gelingt ihr, sie zu ergreifen. Ich wiederhole dieses Experiment noch dreimal, und jedesmal, wenn die Hand gleichzeitig mit der Uhr wahrgenommen wird, kommt System in die Greifversuche. Am nächsten Tag, mit 0; 6 (1), greife ich diesen Versuch wieder auf. Wenn sich die Uhr vor Jacquelines Augen befindet, bemüht sie sich nicht, sie zu ergreifen, obwohl sie Anzeichen heftigsten Interesses für diesen Gegenstand an den Tag legt. Wenn sich die Uhr dagegen bei der Hand befindet und diese zufällig berührt oder wenn Jacqueline die Uhr gleichzeitig mit der Hand wahrnimmt, dann erst setzen gezielte Bemühungen ein, die vom Blick gelenkt werden. Nahe der Augen, aber weit ab von den Händen, wird die Uhr bloß angestaunt. Dabei sind die Hände zwar in Erregung, nähern sich der Uhr aber nicht. Bringe ich nun den Gegenstand in die Nähe der Hände, setzen sofort erfolgreiche Greifversuche ein. Halte ich die Uhr schließlich bis auf einige Zentimeter vor die Augen, wenn die Hände weit weg sind, dann fuchteln sie erregt in allen Richtungen, nähern sich aber nicht. Kurzum, für Jacqueline ist die Welt noch zweigeteilt, es gibt für sie die Welt der Bewegungsempfindungen und die Welt des visuell Wahrgenommenen. Erst wenn ein Gegenstand nahe bei der Hand wahrgenommen wird, beginnt die Hand, sich danach auszustrecken, und gelingt es ihr, ihn zu ergreifen. Am Abend desselben Tages wiederhole ich die gleichen Experimente mit verschiedenen festen Gegenständen. Wiederum zeigt es sich mit großer Regelmäßigkeit, daß der Anblick des Gegenstandes allein ohne die gleichzeitige Wahrnehmung der Hände Jacqueline nicht zu einem Greifakt anregt, während dagegen der gleichzeitige Anblick des Gegenstandes und der Hand (der rechten oder der linken) Greifversuche auslöst. Bemerkenswert ist auch, daß Jacqueline noch zu diesem Zeitpunkt mit großem Interesse ihre leere Hand beim Durchkreuzen des Gesichtsfeldes bestaunt. Die Hand wird offenbar immer noch nicht als zu ihr gehörig empfunden.

Bb. 78: Mit 0; 4 (12) betrachtet Lucienne, während sie die Brust nimmt, aufmerksam die Hand ihrer Mutter. Sie bewegt dann ihre eigene Hand, den Blick immer noch auf die fremde gerichtet. Dann bemerkt sie die eigene Hand. Ihr Blick wechselt darauf von der einen zur anderen, und schließlich ergreift sie die Hand der Mutter. Am selben Tag in der gleichen Situation bemerkt Lucienne wiederum die Hand ihrer Mutter. Sie läßt daraufhin die Brust los, um den Blick auf diese Hand zu richten, wobei sie Lippen und Zunge bewegt. Dann bewegt sie die eigene Hand in der Richtung der mütterlichen, und plötzlich steckt sie sich ihre eigene Hand zwischen die Lippen, saugt einen Augenblick daran, nimmt sie dann wieder aus dem Mund und betrachtet dauernd die Hand ihrer Mutter. Es erfolgt also eine ähnliche Reaktion wie bei der Bb. 65: Wie acht Tage zuvor lutscht Lucienne an ihrer eigenen Hand, die sie mit der wahrgenommenen Hand der Mutter verwechselt. Diesmal dauert die Verwechslung aber nicht an: Nachdem sie ihre Hand aus dem Mund genommen hat, fuchtelt sie damit und berührt dabei zufällig die mütterliche Hand, die sie sogleich ergreift. Während sie dieses Schauspiel mit der größten Aufmerksamkeit betrachtet, läßt sie die Hand los und mustert abwechselnd ihre eigene und die Hand der Mutter, steckt von neuem ihre Hand in den Mund, holt sie wieder heraus, wobei ihr Blick immer auf die Hand der Mutter gerichtet bleibt, und ergreift diese schließlich erneut, um sie für längere Zeit nicht mehr loszulassen.

Bb. 79: Mit 0; 4 (15) schaut Lucienne eine Spielklapper mit allen Zeichen des Verlangens an, ohne aber ihre Hand auszustrecken. Ich lege darauf die Klapper neben die rechte Hand. Sobald Lucienne die Klapper und die Hand zusammen wahrnimmt, nähert sie die Hand der Klapper und ergreift sie schließlich. Einen Augenblick später ist sie damit beschäftigt, ihre Hand anzuschauen. Ich lege nun die Klapper daneben: Lucienne schaut sie an, richtet dann ihre Augen auf die Hand, dann wieder auf die Klapper, darauf beginnt sie langsam ihre Hand in der Richtung der Klapper zu bewegen. Sobald sie sie berührt, bemüht sie sich, sie zu ergreifen, was ihr schließlich gelingt. Jetzt entführe ich ihr die Klapper wieder. Lucienne schaut die Hand an. Ich lege die Klapper daneben. Sie betrachtet abwechselnd die Hand und die Klapper, dann verschiebt sie wieder ihre Hand. Diese gelangt zufällig außerhalb des Gesichtsfeldes. Lucienne ergreift darauf eine Decke und führt sie zum Mund. Danach geht ihre Hand ihre eigenen Wege. Sobald sie wieder in das Gesichtsfeld eintritt, heftet Lucienne ihren Blick darauf, betrachtet dann sogleich die Spielklapper, die während der ganzen Zeit unbeweglich liegenblieb, läßt dann den Blick zwischen Hand und Klapper hin und her wandern, um ihr die Hand schließlich anzunähern und sie zu ergreifen.

Bb. 80: Am selben Tage tritt ein Fortschritt gegenüber den in Bb. 65 geschilderten Tatsachen ein (die Spielklapper ergreifen, die an ihre Wange gehalten wird). Ich halte die Klapper über das Gesicht Luciennes. Die erste unmittelbare Reaktion besteht darin zu versuchen, daran zu lutschen: Sie öffnet den Mund, saugt im Leeren, streckt die Zunge heraus und keucht vor Verlangen. Darauf nähern sich die Hände dem Mund und scheinen sich nach dem Gegenstand auszustrecken. Sobald die rechte Hand vom Blick wahrgenommen wird, zielt sie auf die Klapper und ergreift sie. Der Wunsch, am Gegenstand zu lutschen, hat also die Bewegung der Hand ausgelöst: Die fünfte Stufe beginnt sich anzubahnen. Ich halte darauf die Klapper noch höher. Lucienne manifestiert dieselben Anzeichen von Verlangen zu lutschen. Die Hand greift ins Leere. Sobald aber Lucienne ihre Hand wahrnimmt, betrachtet sie abwechselnd Klapper und Hand, dann bemüht sie sich, das Spielzeug in den Griff zu bekommen, was ihr schließlich nach einigen vergeblichen Versuchen gelingt. Mit 0; 4 (19) verhält sie sich gegenüber meinem Finger in ähnlicher Weise. Bei seinem Anblick saugt sie im Leeren. Dann nähert sie ihre Hand dem Mund, und als sie die Hand sieht, greift sie danach.

Bb. 81: Mit 0; 3 (6), das heißt im Anschluß an die Bb. 73 und 74, sieht Laurent meine Uhr, die ich ihm nicht vor das Gesicht, sondern rechts daneben halte. Dieser Anblick löst bei ihm eine geschäftige Erregung der beiden Hände, aber nicht das Vereinigungsschema aus. Die rechte Hand bleibt im Bereich der Uhr, wie wenn er sie suchte. Sobald aber Laurent Uhr und Hand zusammen wahrnimmt, greift er nach der Uhr. Die Hand hatte die richtige Orientierung, war offen und der Daumen in Gegenstellung. Einen Augenblick später biete ich ihm eine Stoffpuppe von links dar. Gleiche Reaktion: Laurent betrachtet die Puppe, dann bemerkt er seine linke Hand, schaut sie an, kehrt mit den Augen zur Puppe zurück. Darauf ergreift er sie, führt sie zum Mund und lutscht daran.

Am Abend desselben Tages mache ich eine ganz entscheidende Beobachtung. Laurent hält die Hände ausgestreckt und schaut hellwach vor sich hin. Ich biete ihm einige vertraute Gegenstände: Spielklapper, Stoffpuppe, Tabakpaket usw. an: Er greift nicht zu, sondern schaut sie nur an, als ob er noch nie einen Greifakt vollzogen hätte. Darauf halte ich ihm meine Hand unbeweglich vors Gesicht, an derselben Stelle wie die Gegenstände. Nun setzen sofort Greifbewegungen ein: Kaum ist meine Hand vor seinen Augen, setzen sich seine Hände in Bewegung und fassen mit einem Ruck nach meiner Hand. Es ist so, als ob Laurent die Idee, nach den zuerst angebotenen Gegenständen zu greifen, nicht käme, bevor er eine Hand sieht, und als ob erst der Anblick meiner Hand (als Hand und nicht als Gegenstand) sein Greifschema ausgelöst hätte.

Ein wenig später biete ich Laurent eine Stoffpuppe an (auf der linken Seite): Er mustert sie aufmerksam, ohne seine Hand zu bewegen (außer ein paar vagen Andeutungen von Bewegung). Sobald er aber seine Hand erblickt (ich überwache seinen Blick durch das Dach der Wiege), greift er nach der Puppe. Ich wiederhole denselben Versuch mit der ganzen Serie der ihm vertrauten Gegenstände, und jedesmal zeigt er die gleichen Reaktionen.

Bb. 82: Mit 0; 3 (7), also am folgenden Tage, liegt Laurent unbeweglich in der Wiege, die Hände sind gestreckt, und er ist damit beschäftigt zu lallen, als ich den ersten Versuch dieses Tages beginne: Ich biete ihm (ohne daß er mich sehen kann) eine Rolle Filterpapier (ein Gegenstand, den er noch nicht kennt) von der linken Seite an. Es folgen drei sehr deutliche Reaktionen. Zuerst geraten seine Hände sofort in Bewegung, öffnen sich und machen Anstalten, sich einander anzunähern. Während dieser Zeit schaut Laurent auf den Gegenstand, ohne seine Hände wahrzunehmen. Seine linke Hand fährt nahe am Papier vorbei, und zwar sehr langsam, aber statt in der Richtung des Gegenstandes abzuzweigen, setzt sie ihren Lauf zur anderen Hand fort und trifft sich mit ihr. Die Hände verbinden sich, während Laurent noch immer auf den Gegenstand starrt. Der Anblick des Gegenstandes hat also den Zyklus der Vereinigung der Hände ohne Modifikation ausgelöst. Während Laurent die Hände noch ineinander verschlungen hält, lege ich das Filterpapier vor ihn hin. Er schaut es an, aber reagiert noch nicht. Schließlich verschiebe ich das Papier so, daß es sich im selben Gesichtsfeld wie seine beiden vereinigten Hände befindet. Er betrachtet nun seine Hände, indem seine Augen einen Moment vom Gegenstand abweichen, dann wiederum den Gegenstand; daraufhin trennt er seine Hände und lenkt sie zum Gegenstand, und es gelingt ihm, diesen zu ergreifen. Die gleichzeitige Sicht der Hände und des Gegenstandes ist also für die Greiftätigkeit noch notwendig.

Am folgenden Tage die gleichen Beobachtungen am Morgen. Am Nachmittag biete ich Laurent eine seiner Spielklappern an; sobald sich die Klapper in der Bahn seiner Hände befindet, greift er unmittelbar danach. Sonst schaut er abwechselnd seine Hand und den Gegenstand an. Das ist insbesondere der Fall, wenn ich die Klapper auf seine Steppdecke, ungefähr zehn Zentimeter vor sein Gesicht lege. Er schaut lange seine Hand an und dann die Klapper, bevor er versucht, sie zu ergreifen. Fünf Zentimeter vor der Klapper stockt seine Hand aber wieder. Dann erst unternimmt er einen Greifversuch und hat Erfolg.

Noch zwei Tage lang zeigt Laurent dieses gleiche Verhalten, dann wechselt er zum fünften Stadium über.

Bb. 83: Während dieser vierten Etappe konnte ich bei Laurent auch Ansätze einer sich bildenden reziproken Beziehung zwischen Seh- und Greiftätigkeit feststellen. Mit 0; 3 (7), nachdem es Laurent gelungen ist, das Silberpapier zu greifen, läßt er es kurze Zeit danach wieder fahren. Er dreht darauf den Kopf, um seine leere Hand zu betrachten. Dieselbe Beobachtung mache ich einen Augenblick später. Ich halte nun nacheinander seine beiden Hände außerhalb seines Gesichtsfeldes fest, um zu sehen, ob er ihre Lage ausmachen könne. Auf sieben Versuche gelingt Laurent dies zweimal auf der linken Seite und kein einziges Mal auf der rechten Seite. Darauf lege ich ihm einen Gegenstand in die rechte Hand (ein Stück Silberpapier). Er führt es sogleich zum Mund. Bevor er es aber zwischen die Lippen stecken kann, nimmt er es mit den Augen wahr und hält es nun in seinem Gesichtsfeld fest.

Mit 0; 3 (8), beim Versuch mit der Spielklapper (Bb. 82), verliert er die Klapper auf der rechten Seite (er hat sie aber mit der linken Hand losgelassen, als er sie links und rechts von sich schüttelte). Laurent schaut hierauf vier- oder fünfmal nacheinander seine leere Hand an. Er schüttelt sie sogar ganz deutlich, wie wenn diese Erschütterung den Klang der Klapper auslösen könnte! Mag es bezüglich dieses letzten Punktes sein, wie es wolle, er macht auf jeden Fall mit dem Blick die Lage seiner Hand aus.

Die Bedeutung dieser vierten Entwicklungsstufe ist offenbar. Künftig ist das Kind fähig, die Gegenstände, die es sieht, und nicht mehr bloß diejenigen, die es berührt oder an denen es lutscht, zu ergreifen. Wir stehen also am Beginn der für die Greiftätigkeit entscheidenden Koordination. Die einzige Begrenzung des Verhaltens, die noch besteht und durch die sich die vierte Stufe von der fünften abhebt, liegt darin, daß das Kind sich nur dann bemüht, die individuell wahrgenommenen Gegenstände zu ergreifen, wenn es sie im selben Gesichtsfeld wie seine Hand wahrnimmt. Die Prüfung der Tatsachen erweist klar, daß die gleichzeitige Sicht sowohl der Hand als auch des Gegenstandes das Kind zum Greifen veranlaßt. Weder der Anblick des Gegenstandes allein, noch der Anblick der Hand allein, führen zu diesem Resultat. Die Bb. 80 scheint von dieser Regel eine Ausnahme zu machen. Lucienne bemüht sich, die Spielklapper oder den Finger, an dem sie lutschen möchte, zu ergreifen. Die Ausnahme ist aber nur scheinbar. Entweder führt Lucienne nämlich ganz einfach ihre Hand zum Mund, und während sie das tut, nimmt sie sie wahr, und das veranlaßt sie, nach dem Gegenstand zu greifen, oder aber sie verlängert ganz einfach die in der Bb. 65 geschilderten Verhaltensweisen (die den Mund berührenden Gegenstände ergreifen), die wenige Minuten vor den Verhaltensweisen der Bb. 80 aufgetreten sind.

Wie soll man diese Tendenz, die Gegenstände zu ergreifen, wenn sie im selben Gesichtsfeld wie die Hand selber wahrgenommen werden, erklären? Es bieten sich zwei extreme Lösungen an: der assoziative Transfer und die »Gestalt«. Für den Assoziationismus genügt es, daß der Anblick der einen Gegenstand haltenden Hand mehrmals mit dem Greifakt assoziiert worden ist, damit in einem bestimmten Moment, wenn Hand und Gegenstand unabhängig voneinander aber gleichzeitig vom Auge wahrgenommen werden, diese Wahrnehmung den Greifprozeß auslöst. Wie wir schon bei der Besprechung der dritten Stufe gesehen haben, weist diese Erklärung den Mangel auf, das Element der eigenen Tätigkeit zu vernachlässigen, das solchen Beziehungsbildungen innewohnt. Das Sehbild der Hand ist nicht bloß ein Signal, das den Greifakt auslöst. Es bildet mit den Bewegungen der Greiftätigkeit zusammen ein Gesamtschema. In gleicher Weise haben sich etwa im Verlauf der dritten Etappe die Sehbilder der Hand mit allen Handlungsschemata, das Greifschema ausgenommen, koordiniert. Soll man also von einer »Gestalt« sprechen und annehmen, daß der gleichzeitige Anblick der Hände und des Gegenstandes eine »Struktur« wachrufe, die weder durch den Anblick der Hände noch durch den Anblick des Gegenstandes allein hervorgebracht werden könnte? Über den Tatbestand als solchen sind wir wohl einer Meinung. Man kann die Bb. 77 bis 83 ohne weiteres mit denjenigen von W. Köhler vergleichen, nach denen der Affe sich erst dann des Stockes bedient, wenn er ihn zur selben Zeit mit den Gegenständen, die er an sich ziehen will, wahrnimmt; daß er den Stock immer unbeachtet liegen läßt, wenn er ihn außerhalb desselben Gesichtsfeldes gesehen hat. Es ist aber zu bemerken, daß diese »Struktur« nicht plötzlich aufgetreten ist, sondern im Gegenteil im Zusammenhang mit einer ganzen Reihe von vorangehenden Bemühungen und Koordinationen zwischen Sehtätigkeit und Bewegungstätigkeit der Hand. Erst wenn das Kind während der dritten Entwicklungsstufe gelernt hat, die mit den Augen wahrgenommenen Bewegungen der Hände mit dieser selben Hand von neuem auszuführen, wird es auch in der Lage sein, einen Greifakt unter Mitwirkung des Blickes zu vollziehen. Mit anderen Worten, der entscheidende Vorgang besteht nicht in der »Struktur«, sondern vielmehr im Prozeß, der zu dieser Struktur führt. Deshalb sprechen wir von aktiver Assimilation.

Wenn sich also in der dritten Etappe die visuellen Wahrnehmungsschemata und die sensomotorischen Schemata der Hand gegenseitig assimiliert haben (das Auge betrachtet die Hand, und die Hand reproduziert diejenigen Bewegungen, die das Auge wahrnimmt), dann wird diese Koordination früher oder später den Greifakt selbst mit einbeziehen. Beim Anblick der Hand, die einen Gegenstand ergreift, versucht das Kind, mit eben dieser Hand das vom Auge beobachtete Schauspiel zu unterhalten, genauso wie das Auge fortfährt zu beobachten, was die Hand tut. Nachdem diese beiden Handlungsschemata ausgebildet sind, wird das Kind natürlich einen Gegenstand zu ergreifen versuchen, wenn es gleichzeitig mit ihm seine Hand wahrnimmt. Es ist aber noch nicht zu dieser Handlung fähig, wenn es nicht gleichzeitig die Hand sieht. Den Gegenstand ergreifen, wenn es gleichzeitig Gegenstand und Hand wahrnimmt, bedeutet für das Kind einfach, den Anblick der Hand an das visuelle und motorische Verhaltensschema zu assimilieren, das darin besteht »zu sehen, wie man greift«.

Der Beweis, daß die Handlung »sehen, wie man greift« ganz einfach ein doppeltes Assimilationsschema darstellt und nicht eine von den Bemühungen und von der sich fortentwickelnden Tätigkeit des Subjekts unabhängige »Struktur«, kann darin gesehen werden, daß diese Handlung bei Laurent mit 0; 3 (6), bei Lucienne mit 0; 4 (12 bis 15) und bei Jacqueline mit 0; 6 (0 bis 1) aufgetreten ist. Es sind also beinahe drei Monate Abstand zwischen den beiden Extremen. Diese

Abweichung von einem Kind zum anderen erklärt sich durch die ganze Geschichte der bei ihnen auftretenden Koordinationen von Auge und Hand. Lucienne hat ihre Finger seit 0; 2 (3) anzuschauen begonnen, Laurent seit 0; 2 (4), während Jacqueline das erst seit 0; 2 (30) und 0; 3 (0) getan hat usw. Dennoch erlaubt gar nichts, Jacqueline gegenüber Lucienne als zurückgeblieben zu beurteilen. Die Erklärung ist ganz einfach: Jacqueline, die am 9. Januar geboren ist und ihre Tage auf einem Balkon in der freien Luft verbracht hatte, war zu Beginn viel weniger aktiv als Lucienne und Laurent, die im Juni beziehungsweise im Mai geboren wurden. Überdies, und zwar aufgrund dieser Tatsachen, habe ich während der ersten Monate auch viel weniger Experimente mit Jacqueline gemacht. Mit Laurent dagegen habe ich mich ununterbrochen beschäftigt. Seine Verfrühung erklärt sich, wie wir gesehen haben, teilweise dadurch, daß er viel früher als die anderen an seinen Fingern lutschte (zum Teil infolge meiner Versuche), und vor allem dadurch, daß dieses Fingerlutschen bei ihm das hartnäckige Verhaltensschema der Vereinigung der Hände (Bb. 59) erzeugt hat. Da er unablässig die Hände zusammenführte, begann er auch, sie dabei zu beobachten (Bb. 73). Mit diesem Anblick vertraut, begann er frühzeitig, meine eigenen Hände zu ergreifen, weil er sie an die seinigen assimilierte (Bb. 74), und so kam er von selbst dazu, die Gegenstände zu ergreifen (siehe noch die Bb. 81: Zu einem bestimmten Zeitpunkt ergreift er Gegenstände nur, nachdem er zuerst meine Hand gesehen und ergriffen hat). Das Auftreten der entscheidenden Koordination zwischen Sehen und Greifen hängt also offenbar von der ganzen psychologischen Geschichte des Subjektes ab und ist nicht durch einen unvermeidlichen physiologischen Ablauf festgelegt und fest bestimmt. Das wesentliche Moment ist also die Geschichte und der Assimilationsprozeß selbst, nicht aber die isolierte »Struktur« dieses Vorganges. Es scheint sogar ein bestimmtes Zufallsmoment bei den Entdeckungen des Kindes mit im Spiele zu sein. Die assimilatorische Tätigkeit, die auf diesen Entdeckungen aufbaut, wird dadurch mehr oder weniger verlangsamt oder beschleunigt.

Im Verlauf der *fünften Stufe* schließlich *ergreift das Kind mit dem Auge wahrgenommene Gegenstände* ohne die Einschränkungen, die mit einer bestimmten Lage der Hand verbunden sind.[8]

Es folgen zuerst die Beobachtungen:

Bb. 84: Mit 0; 6 (3), das heißt also drei Tage nachdem Jacqueline auf die vierte Stufe gelangt war, ergreift sie plötzlich Bleistifte, Finger, Krawatten, Uhren usw.,

[8] Siehe dazu H. Hetzer mit H. Beaumont und E. Wiehemeyer: Das Schauen und Greifen des Kindes, in: Zeitschrift für Psychologie, Bd. 113, 1929, S. 239 (siehe besonders die S. 257 und 262f.).

die ich ihr in zehn Zentimeter Entfernung von den Augen darbiete; mögen dabei ihre Hände sichtbar sein oder nicht.

Bb. 85: Am selben Tage bringt Jacqueline die Gegenstände, die ich außerhalb ihres Gesichtsfeldes in ihre Hand gelegt habe (Bleistifte usw.), vor die Augen. Diese Reaktion ist neu und in den vorangegangenen Tagen noch nicht aufgetreten.

Bb. 86: Immer noch am selben Tage schaut Jacqueline augenblicklich in die richtige Richtung, wenn ich ihre Hand außerhalb ihres Gesichtsfeldes festhalte. Auch das ist neu (siehe Bb. 72). Diese drei Verhaltensweisen, die gleichzeitig aufgetreten sind (ergreifen, was man sieht, die Gegenstände zu den Augen führen und nach der festgehaltenen Hand Ausschau halten), blieben auch an den folgenden Tagen bestehen und verfestigten sich.

Bb. 87: Mit 0; 3 (20) betrachtet Lucienne meinen Finger und öffnet den Mund zum Lutschen. Dabei berührt ihre Hand die meine, drückt sie und streicht dann nach und nach fingerwärts, während sich ihr Blick senkt und nach der Hand Ausschau hält. Diese Koordination der Blickrichtung mit der Geste, die die Hand außerhalb des Gesichtsfeldes ausgeführt hat, ist neu für die vierte Entwicklungsstufe und kündigt bereits die fünfte an. Ebenso schaut Lucienne einen Augenblick später eine Spielklapper an, die sich über ihrem Gesicht befindet. Ohne daß sie ihre Hand sieht, streckt sie sie in der Richtung der Klapper aus. Sobald sie die Hand wahrnimmt, greift sie zu (es war die linke Hand). Als die Klapper höher hängt, zögert Lucienne, ob sie die Hände in den Mund stecken oder versuchen sollte zu greifen. Der Anblick der Hand regt offensichtlich zum Greifen an. Mit 0; 4 (21) führt Lucienne in der gleichen Situation die Hand ins Gesichtsfeld, betrachtet abwechselnd die Hand und die Klapper und ergreift sie schließlich. Als ich die Klapper höher hänge, fuchtelt sie dagegen mit der Hand herum, ohne sie der Klapper anzunähern. Erst muß sie die Hand sehen, bevor sie versucht, den Gegenstand zu packen. Wenn der Gegenstand niedriger hängt, wird die Hand sogleich ins Gesichtsfeld geführt, und der gleichzeitige Anblick der Hand und des Gegenstandes veranlaßt dann zum Greifen. Als die Klapper hoch hing und Lucienne sie einmal berührte, ohne sie zu sehen, versuchte sie ebenfalls, die Klapper zu ergreifen, indem sie die Hand in die richtige Richtung führte. Alle diese Beobachtungen deuten also auf ein Verhalten hin, das den Übergang bildet von der vierten zur fünften Stufe: Der Anblick der Hand bleibt ein Hilfsmittel für die Greiftätigkeit, aber der Anblick des Gegenstandes genügt schon, die Hand in das Gesichtsfeld zu bringen.

Bb. 88: Mit 0; 4 (26) dagegen scheint der Anblick des Gegenstandes allein bei Lucienne unmittelbar den Greifakt auszulösen: Alle Versuche dieses Tages deuten in diese Richtung. Mit 0; 4 (28) scheint sie anfänglich wieder Rückschritte gemacht zu haben: Zu Beginn des Tages ist der gleichzeitige Anblick der Hand und des Gegenstandes notwendig. Aber am Abend dieses selben Tages sucht sie das, was sie sieht, direkt zu ergreifen. Ich halte zum Beispiel meinen Rechenschieber über ihre Augen: Sie betrachtet einen Augenblick lang diesen unbekannten Gegenstand, dann bewegen sich ihre beiden Hände gleichzeitig auf ihn zu. Vom Alter 0; 5 (1) an zögert Lucienne nicht mehr, sondern sucht zu ergreifen, was sie sieht.

Bb. 89: Mit 0; 5 (1) führt Lucienne sofort alle Gegenstände, die sie auch außerhalb ihres Gesichtsfeldes erfaßt oder die man in ihre Hände legt, zu ihren Augen. Dann lutscht sie zeitweilig am Gegenstand, und zwar nur drei- bis zehnmal im Durchschnitt, bevor sie den Gegenstand anschaut. Wenn sie sich anschickt, den Gegenstand in ihr Gesichtsfeld zu bringen, erwartet sie überdies, etwas zu sehen, und sucht mit den Augen, noch bevor sie ihn erblicken kann.

Bb. 90: Mit 0; 5 (1) schaut Lucienne in der Richtung ihrer Hand, die man ihr festhält. Ich drücke zum Beispiel ihre rechte Hand, während sie nach links schaut: sie wendet sich sofort nach der richtigen Seite. Dieser Versuch zeitigte bis jetzt nur negative Ergebnisse. Einen Augenblick später lege ich außerhalb ihres Gesichtsfeldes in ihre linke Hand einen voluminösen Gegenstand (eine Feldflasche), den sie sofort zu ergreifen sucht, den ich aber festhalte. Sie versucht nun ganz deutlich, die Hand mit dem Blick zu finden, obwohl ihr Arm längs des Körpers ausgestreckt ist und die Hand so nur schwer von ihr gesehen werden kann.

Lucienne liefert mit 0; 5 (18) eine Bestätigung dieser letzteren Fortschritte: Sie ergreift, was sie sieht, bringt den Gegenstand vor die Augen, den sie außerhalb ihres Gesichtsfeldes gefaßt hat, und hält nach der festgehaltenen Hand Ausschau.

Bb. 91: Mit 0; 3 (11) ist Laurent im Begriff, an seinen Laken, Bettdecken usw. zu ziehen, um an ihnen zu lutschen (er gibt sich dieser Tätigkeit einen guten Teil des Tages hin, seit er zu greifen versteht), als ich ihm von vorn ein Tabakpaket hinhalte. Er greift unmittelbar danach, ohne seine Hand anzusehen. Gleiche Reaktion mit einem Gummi. Mit 0; 3 (12) greift er unter denselben Umständen nach meiner Uhrkette, die sich zu seiner Linken und außerhalb der Reichweite seiner beiden Hände befindet. Am Abend dieses Tages reagiert er in gleicher Weise auf diese Kette und auf eine Rolle aus Pappe. Mit 0; 3 (13) greift er sofort nach einer Federtasche, die ich ihm reiche. Er schaut dabei seine Hände nicht an und versucht auch nicht, sie zu vereinigen, sondern streckt seine rechte Hand sogleich nach der Tasche aus. Als er sie ergriffen hat, lutscht er nicht etwa daran, sondern betrachtet sie prüfend.

Bb. 92: Noch mit 0; 3 (12) führt er einen Schlüssel, den ich ihm außerhalb seines Gesichtsfeldes in die Hand lege, zum Mund, nicht etwa vor die Augen. Aber er hatte wohl sehr großen Hunger (er hatte fünf Stunden lang nichts gegessen). Am Abend verhält er sich in derselben Weise gegenüber der Federschachtel, die er kennt. Als ich ihm aber meine Uhrkette in die Hand lege, schaut er sie zuerst an, bevor er versucht, an ihr zu lutschen.

Am folgenden Tag versetzt er eine aufgehängte Kette in Schwingungen, um seine Spielklapper zu bewegen (siehe weiter unten Bb. 98). Er greift nach ihr, ohne sie anzusehen, aber zweimal hintereinander betrachtet er dabei seine Hand, während sie die Kette hält. Ebenso knüllt er seine Laken zusammen, bevor er daran lutscht, und betrachtet dabei von Zeit zu Zeit, was er mit den beiden Händen tut.

Während er mit 0; 3 (13) in seiner linken Hand die Federschachtel hält, die er ergriffen hat (siehe Bb. 91), und mir ins Gesicht schaut, lege ich ihm unbemerkt die zusammengeknüllte Uhrkette in die rechte Hand (die er ausgestreckt neben sich liegen hat). Dann ziehe ich mich zurück und schaue durch das Dach der Wiege. Er bringt die Kette sogleich vor die Augen (und nicht zum Mund) und, da er noch immer die Schachtel in der linken Hand hält, mustert er abwechselnd die Schachtel und die Kette. In einem bestimmten Augenblick verliert er die Schachtel. Er tastet nach ihr (ohne daß er sie sieht und immer mit der linken Hand). Dann berührt er sie, aber es gelingt ihm nicht, sie aus den Falten der Decke herauszulösen. Es folgt eine große Anstrengung. Endlich vermag er sie zu ergreifen, und er führt sie sofort vor die Augen.

Bb. 93: Mit 0; 3 (12) hat Laurent seine linke Hand ausgestreckt. Ich halte sie außerhalb seines Gesichtsfeldes fest, und er schaut sogleich hin. Der Versuch gelingt nicht mit der rechten Hand, aber Laurent scheint ein wenig erregt. Am Abend halte ich wiederum die rechte Hand fest, und diesmal schaut er sogleich hin.

Die Neubildungen der fünften Stufe, die durch den definitiven Sieg der Greiftätigkeit gekennzeichnet sind, bestehen in einer vollständigen Koordination von Sehen und Greifen. Jeder Gegenstand, auf den der Blick fällt, löst eine Greifbewegung aus, auch wenn die Hand nicht gleichzeitig im selben Gesichtsfeld wie der Gegenstand wahrgenommen wird.

Wie kann diese letzte Errungenschaft erklärt werden? Sie ist als die einfache Vollendung der gegenseitigen Assimilationsbemühungen aufzufassen, die die Verhaltensschemata des Auges und der Hand bis jetzt an den Tag gelegt haben. Schon während der zweiten Etappe versucht der Blick, alles zu verfolgen (also zu assimilieren), was die Hand tut. Während der dritten Etappe dagegen versucht die Hand, die vom Auge wahrgenommenen Bewegungen zu reproduzieren, mit anderen Worten, die Verhaltensschemata der Hand dem Bereich des Visuellen einzuverleiben (zu assimilieren). Im Verlauf der vierten Etappe wird diese Assimilation des Visuellen an das Manuelle auf den Greifakt selber ausgedehnt, aber nur wenn die Hand im selben Beobachtungsfeld mit dem zu ergreifenden Objekt erscheint. Die Hand ergreift nun also, was das Auge sieht, genauso wie das Auge zu sehen versucht, was die Hand ergreift. Während der fünften Etappe schließlich wird die gegenseitige Assimilation vollständig: alles, was gesehen werden kann, ist auch etwas, was man ergreifen kann, und alles, was zu ergreifen ist, ist auch zu sehen. Daß die Hand alles zu fassen versucht, was das Auge sieht, ist ganz natürlich, da ja die charakteristischen Verhaltensweisen der vierten Etappe das Kind gelehrt haben, daß dies möglich ist, sobald die Hand gleichzeitig mit dem Gegenstand wahrgenommen wird. Die der fünften Etappe eigentümlichen Verhaltensweisen sind in dieser Hinsicht nur eine Generalisation der der vierten Etappe eigenen Koordinationen. Es ist aber erstaunlich festzustellen, daß die Tendenz anzuschauen, was man ergriffen hat, tatsächlich im gleichen Augenblick auftritt wie die komplementäre Tendenz. Die Bb. 85 und 89 zeigen, daß Jacqueline mit 0; 6 (3) und Lucienne mit 0; 5 (1) alles, was in ihre Hände gelangt, zu den Augen führen, also zum Zeitpunkt, wo sie systematisch nach den Dingen zu greifen beginnen, die sie sehen. Am selben Tage versuchen sie überdies, nach der Hand Ausschau zu halten, wenn man sie außerhalb des Gesichtsfeldes festhält (Bb. 86 und 90). Solche Tatsachen zeigen zur Genüge, in welchem Maße die Koordination von Sehen und Greifen eine Sache gegenseitiger Assimilation ist und nicht die Folge eines einfachen und irreversiblen assoziativen Transfers.

Abschließend können wir sagen, daß die Ausbildung der Greiftätigkeit bestätigt, was wir über die Saugtätigkeit und die anderen erworbenen Adaptationen gesagt haben, auch wenn sie viel komplexer ist. Jedes Anpassungsverhalten bringt eine Akkommodation und eine zu ihr komplementäre Assimilation ins Gleichgewicht und beruht gleichzeitig auf einer internen und externen Organisationsstruktur der sich anpassenden Verhaltensschemata. Im Bereich der Greiftätigkeit hat vor allem die Anpassung der Hand an den Gegenstand die Aufmerksamkeit der Autoren auf sich gezogen. Sie bestand zu Beginn aus einem reinen Reflex, durchläuft dann eine Lernphase, in deren Verlauf der Vollzug der Handbewegungen und die Gegenstellung des Daumens gleichzeitig mit der Koordination dieser Bewegungen in Abhängigkeit vom Saugverhalten und von den taktilen und visuellen Eigenschaften des Gegenstandes gelernt werden. Dieser Aspekt der Frage ist sehr wichtig, insbesondere im Hinblick auf die Erarbeitung des Raumbegriffes. Die Assimilation der Wirklichkeitsdinge an die Greifschemata entwickelt sich in analoger Weise zu den in anderen Bereichen beobachteten Prozessen. Das Kind beginnt damit, die Hand zu bewegen, um sie zu bewegen, zu ergreifen, um zu ergreifen, und zu halten, um zu halten, ohne jedes Interesse für die Gegenstände an sich. Diese rein funktionelle oder reproduzierende Assimilation (Assimilation durch einfache Wiederholung) kann im Verlauf der Reflexphase und der zweiten Stufe beobachtet werden. Wie gelangt das Subjekt von diesem rein funktionalen Interesse (das eine elementare Assimilation der Wirklichkeitsdinge an die eigene Tätigkeit kennzeichnet) zu einem Interesse an den erfaßten Gegenständen an sich? Das geschieht durch einen doppelten Prozeß: Einerseits wird die Assimilation komplexer, indem sie sich generalisiert. Zu Beginn begnügt sich der Säugling damit, die unbeweglichen Gegenstände, die eine gewisse Konsistenz besitzen und die mit der Handfläche oder der Innenseite der Finger in Berührung kommen, zu ergreifen. Je mehr aber dieser Greifakt wiederholt wird, desto mehr appliziert er diese selben Verhaltensschemata an Gegenstände von ganz verschiedener Konsistenz und verschiedener Beweglichkeit, die die Hand in vielfältiger Weise zu fassen bekommt. Wir stehen also ganz offensichtlich vor einer generalisierenden Assimilation und damit gleichzeitig vor einer Bildung von differenzierten Verhaltensschemata, das heißt also vor einer wiedererkennenden Assimilation. Die Manifestationen dieser »wiedererkennenden Assimilation« sind aber im Bereich der Greiftätigkeit weniger deutlich als in demjenigen des Sehens, des Hörens usw., weil die Greiftätigkeit viel zu schnell anderen Zielen untergeordnet wird, die ihr fremd sind, wie zum Beispiel der Saugtätigkeit oder dem Sehen. Nichtsdestoweniger gibt es ein taktiles Wiedererkennen, dessen Existenz deutlich wird an der verschiedenen Vorgehensweise, mit der das Kind zum Beispiel ein Taschentuch oder einen Bleistift zu ergreifen sucht: Sogleich nach den ersten Berührungen verändert sich das Akkommodationsverhalten. Diese Differenzierung der Verhaltensschemata, in deren Verlauf die generalisierende und wiedererkennende Assimilation mit dem Fortschritt der Akkommodation parallel verläuft, erklärt zum Teil, wie das rein funktionelle Interesse allmählich durch das Interesse für die erfaßten Gegenstände an sich ersetzt wird. Es ist aber vor allem die Koordination der Greiftätigkeit mit der Saug- und der Sehtätigkeit, die die zunehmende Verobjektivierung der Gegenstandswelt in ihrer Beziehung zur Tätigkeit der Hände erklärt.

Damit gelangen wir zur Bildung einer umfassenden Organisationsstruktur durch die Verhaltensschemata der Greiftätigkeit. Diese Verhaltensschemata treten aufgrund der Tatsache, daß sie sich an die Außenwelt anpassen, zueinander in Beziehung. So setzt jeder Greifakt eine organisierte Struktur voraus, in der sowohl taktile wie kinästhetische Empfindungen als auch Bewegungen der Arme, der Hand und des Körpers mit im Spiele sind. Solche Verhaltensschemata stellen also Ganzheitsstrukturen dar, obgleich sie erst im Verlauf einer langsamen Entwicklung und dank einer großen Zahl von Versuchen, von Fehlschlägen und Korrekturen erworben worden sind. Sehr wichtig aber ist, daß diese Schemata sich nur im Zusammenspiel mit Verhaltensschemata anderer Art ausbilden, von denen die wichtigsten die Saug- und Sehschemata sind. Das Wesen dieser Organisation haben wir besprochen. Sie entsteht durch eine gegenseitige Angleichung der beteiligten Verhaltensmuster, indem diese sich gleichzeitig sowohl gegenseitig akkommodieren wie assimilieren. Alles, was man sehen oder lutschen kann, besitzt auch die immanente Tendenz, einen Greifakt auszulösen, und alles, was man ergriffen hat, erzeugt das Verlangen, daran zu saugen und es anzuschauen. Diese Koordination krönt die Ausbildung der Greiftätigkeit und bedeutet ebenfalls einen wesentlichen Fortschritt in Richtung auf eine Objektivierung des Verhaltens: Wenn ein Gegenstand gleichzeitig ergriffen, betrachtet und gelutscht werden kann, erhält er für das Subjekt einen ganz anderen »Außenweltwert«, als wenn er nur der Greiftätigkeit als Objekt gedient hätte. In diesem letzteren Fall ist er nämlich nur Nahrung für die Funktion selbst, und das Subjekt bemüht sich nur zu greifen aus dem Bedürfnis zu greifen. Sobald aber eine Koordination von verschiedenen Verhaltensschemata stattfindet, wird das Objekt an diese verschiedenen

Schemata gleichzeitig assimiliert: So erwirbt es eine Gesamtheit von Bedeutungen und folglich eine Konsistenz, die ihm auch ein Interesse um seiner selbst willen verleiht.

5. Die ersten erworbenen Anpassungsverhalten: Konklusionen

Nachdem wir die ersten Anpassungsverhalten, die sich über die Reflexreaktionen stülpen, im einzelnen analysiert haben, ist es an der Zeit, einige allgemeine Folgerungen zu ziehen, die uns dann bei der Erforschung der eigentlichen Intelligenzprozesse leiten können. Die Verhaltensweisen, die wir in den vorangegangenen Abschnitten beschrieben haben, bilden den Übergang zwischen dem organischen und dem intellektuellen Bereich. Man kann sie noch nicht als intelligente Verhaltensweisen charakterisieren, dazu fehlt ihnen die Intentionalität (die Unterscheidung zwischen Mittel und Zweck) und die Mobilität, die erst eine fortwährende Anpassung an neue Umstände ermöglichen. Gewisse Koordinationen von verschiedenen sensorischen Bereichen, wie zum Beispiel von Greiftätigkeit und Sehtätigkeit, sind nicht mehr weit entfernt von einer eigentlichen Intelligenzleistung und künden bereits unmittelbar die Intentionalität an. Man kann diese Anpassungsvorgänge auch nicht mehr als rein organische Verhaltensweisen ansehen, da sie dem einfachen Reflexverhalten ein Element der Akkommodation und der Assimilation hinzufügen, das Erfahrungen des Subjekts verarbeitet. Es stellt sich uns darum die wichtige Aufgabe herauszufinden, auf welche Weise die Verhaltensweisen dieses zweiten Entwicklungsstadiums die Intelligenzleistungen vorbereiten.

Wenn wir das skizzierte Problem in einer für viele vertrauteren Sprache ausdrücken wollten, müßten wir sagen, daß es um die Bildung von Assoziationen und um die Rolle der Gewohnheit in der Entstehung der Intelligenz geht. An seinem Daumen oder an der Zunge lutschen, mit den Augen die sich bewegenden Gegenstände verfolgen, nach wahrgenommenen Geräuschen Ausschau halten, feste Gegenstände ergreifen, um an ihnen zu lutschen oder sie zu betrachten usw., das sind die ersten Gewohnheiten, die sich beim menschlichen Wesen herausbilden. Wir haben die Bildung dieser Gewohnheiten im einzelnen beschrieben. Man könnte sich aber auch ganz allgemein fragen, was denn eine sensomotorische Gewohnheit an sich sei und wie sie sich bilde. Weiter könnte man auch die Frage stellen – und das ist der einzige Grund, warum wir die Erforschung dieser ersten Anpassungsverhalten unternommen haben –, auf welche Weise auf Gewohnheit beruhende Assoziationen intelligente Verhaltensweisen vorbereiten und welche Beziehungen zwischen diesen beiden Arten von Verhalten bestehen. Beginnen wir mit dem ersten Punkt.

Zu allen Zeiten wohnte der Psychologie die Tendenz inne, die aktiven Operationen der Intelligenz auf rein passive Verhaltensweisen aus dem Bereich der Assoziation oder der Gewohnheit zurückzuführen: die kausale Verknüpfung auf ein Gewohnheitserlebnis, die dem Begriff eigentümliche Generalisation auf eine umfassende Anwendung von gewohnten Verhaltensweisen, das Urteil auf eine Assoziation usw. Das sind Gemeinplätze einer bestimmten Psychologie, die auf Hume und Bain zurückgehen. Der Begriff des konditionierten Reflexes, den man heute vielleicht mißbraucht, führt zwar ein neues Wort ein, aber die Verwendung dieses Begriffs in der Psychologie stellt ohne Zweifel eine geradlinige Fortsetzung dieser Tradition dar. Anderen Denkern dagegen schien die Gewohnheit zu allen Zeiten das Gegenteil der Intelligenz zu sein. Während jede Intelligenzleistung einen aktiven Erfindungsprozeß darstelle, sei die Gewohnheit rein passive Wiederholung. Die Intelligenz wird auch »bewußtes Erfassen« und »bewußtes Bemühen um Verstehen« genannt, und in der Gewohnheit sieht man ein unbewußtes und träges Verhalten usw. Die Lösung des Grundproblems der Intelligenz steht und fällt darum mit der Lösung, für die wir uns im Bereich des gewohnheitsmäßigen Verhaltens entscheiden.

Auf die Gefahr hin, die Genauigkeit der Symmetrie zu opfern, möchten wir für das Problem der Beziehungen zwischen Gewohnheit und Intelligenz fünf alternative Thesen oder Lösungen aufstellen. Sie entsprechen exakt den fünf Theorien, die wir in unserer Einführung in bezug auf die Entstehung der morphologischen Reflexstrukturen und ihrer Beziehungen zur Intelligenz aufgestellt haben. Wir wollen im folgenden diese verschiedenen Lösungen prüfen und uns für eine von ihnen entscheiden.

Die erste sieht in der Gewohnheit ein ursprüngliches Faktum. Durch immer neue und komplexere Verbindungen von solchen einfachen Gewohnheiten entstehe die Intelligenz. Das ist die Theorie der Assoziationisten und die These des konditionierten Reflexes, insofern man in ihnen ein allgemeines Erklärungsprinzip der Physiologie sieht. In der Einführung (unter 3.) haben wir darauf hingewiesen, daß dieser Haltung in der Biologie der Lamarckismus entspricht.

Die zweite Lösung ist mit dem biologischen Vitalismus und mit der psychologischen Lehre der »Fakultätenintelligenz« verwandt. Sie betrachtet die Gewohnheit als ein Abfallprodukt höherer Operationen (zu denen die Intelligenz selbst gehört), indem sich diese automatisieren.

So setzt zum Beispiel für Buytendijk die Bildung von Gewohnheiten in der Tierpsychologie etwas ganz anderes als Assoziationen voraus: »Die Erscheinungen sind nicht nur viel komplexer, sondern wir sehen hier im sensitivomotorischen Bereich bereits Erscheinungen auftreten, die große Ähnlichkeit mit den höheren Prozessen des Denkens besitzen.«[9] Nach Buytendijk beruht diese Ähnlichkeit auf der Tatsache, daß »das Zentrum, dem alle Funktionen der Seele entstammen ..., eine immaterielle Ursache sowohl der sensorischen als auch der motorischen Tätigkeiten des tierischen Psychismus darstellt.«[10]

Die dritte und die vierte Lösung laufen parallel mit dem Präformationismus und dem Mutationismus in der Biologie und dem Apriorismus und Pragmatismus in der Psychologie. Sie vertreten die Ansicht, daß die Gewohnheit absolut oder relativ unabhängig sei von der Intelligenz und in bestimmter Beziehung sogar deren Gegenteil darstelle. Wenngleich dieser Standpunkt bezüglich der Theorie der Gewohnheit von niemandem in systematischer Weise vertreten worden ist, so findet man doch zahlreiche Andeutungen dieser Art in bezug auf die Intelligenz bei Autoren, deren wichtigstes und allgemeinstes Anliegen darin besteht, die Originalität des Intelligenzaktes zu unterstreichen. So sieht die Gestalttheorie (dritte Lösung) einen unüberbrückbaren Gegensatz zwischen der Strukturenbildung im einsichtigen Denken und den einfachen Automatismen der Gewohnheit. Unter den französischen Psychologen vertritt H. Delacroix ganz deutlich eine ähnliche Position, wenn er sagt: »Die Generalisierung hängt absolut nicht notwendigerweise von der Gewohnheit ab, sie scheint im Gegenteil mit der Fähigkeit, sich von ihr frei zu machen, verbunden zu sein ..., wenn man also die Wichtigkeit der Gewohnheit als Mittel des Gruppierungsprozesses betont, so bleibt der Generalisationsprozeß ungeklärt.«[11] Wenn Claparède (vierte Lösung) uns die Intelligenz als ein Bemühen darstellt, das in der Folge des Versagens des Instinktes und der Gewohnheit auftaucht, setzt er die beiden wenigstens teilweise in Gegensatz.[12]

Schließlich ist noch eine fünfte Lösung denkbar: Sie würde die Bildung der Gewohnheiten als eine Tätigkeit auffassen, deren Ähnlichkeiten mit der Intelligenz im rein funktionalen Bereich liegen, die aber am Ausgangspunkt der intellektuellen Operationen von neuem in Erscheinung tritt, wenn entsprechende neue Strukturen sie über die Anfangsstrukturen hinausheben. Wenn wir das bedeutende Werk J.M. Baldwins richtig verstehen, scheint uns gerade der Begriff der »Zirkulärreaktion« dazu bestimmt, die Existenz dieses aktiven Faktors auszudrücken. Dieser Faktor darf gleichzeitig als Ursprung der Gewohnheit und als Quelle einer Anpassungstätigkeit angesehen werden, die sich in neuen Techniken der Intelligenz fortsetzt. Von dieser Tradition inspiriert, haben wir unsererseits die Entstehung der ersten Ge-

[9] Buytendijk: Psychologie des animaux, S. 205.
[10] Ibid., S. 290f.
[11] Delacroix, in: Dumas: Traité, Band II, S. 135.
[12] Claparède: L'éducation fonctionelle, S. 137–161.

wohnheiten beim Säugling als einen aktiven Assimilations- und Akkommodationsprozeß gedeutet. Wir wollen damit nicht sagen, daß diese Anpassungstätigkeit, deren Automatisierung die Gewohnheit darstellt, schon selbst die Intelligenz ist. Dazu fehlen ihr noch die strukturalen Eigenschaften (Intentionalität, mobile Verhaltensschemata usw.), deren Auftreten wir im folgenden Stadium beschreiben werden. Aber sie besitzt alle funktionalen Eigenschaften der Intelligenz, und diese entsteht viel eher durch Fortschritte der Reflextätigkeit und Differenzierung der Beziehungen zwischen Subjekt und Objekt. Daher steht die Intelligenz auch nicht in einem wirklichen Gegensatz zu den erworbenen Gewohnheiten.

Diese von uns unterschiedenen fünf Lösungen sollen nun im Lichte der vorgängig aufgeführten Tatsachen diskutiert werden. Das wird uns gleichzeitig die Gelegenheit geben, den Sinn so allgemeiner Begriffe wie »konditionierter Reflex«, »assoziativer Transfer«, »Gewohnheit« und »Zirkulärreaktion«, deren wir uns ohne eingehende Kritik bedient haben, genauer zu bestimmen. Überdies stellen wir uns zur Aufgabe, die Begriffe »Akkommodation«, »Assimilation« und »Organisation«, die den eigentlichen Schlüssel zur Analyse der Intelligenz bilden, noch mehr zu erarbeiten.

Die *erste Lösung* erklärt die Bildung der Gewohnheiten durch Dressur oder passive Assoziation. Sprechen aber die Tatsachen, die wir im Verlauf der Ausführungen 1. bis 4. analysiert haben, für eine solche Interpretation? Wir glauben es nicht. Weder der physiologische Begriff des »konditionierten Reflexes«, wenn er ungereinigt in die Psychologie übertragen wird, noch der Begriff des »assoziativen Transfers« vermögen unseres Erachtens den Bildungsprozeß der ersten von uns beschriebenen Gewohnheiten hinreichend zu deuten.

Zweifelsohne gibt der Begriff des konditionierten Reflexes im physiologischen Bereich gesicherte Tatsachen wieder. Selbst für diesen Bereich muß man sich aber fragen, ob dieser Begriff allen Tatsachen genügend Rechnung trägt. Erst recht ist schwer einzusehen, wie er das Gewicht aller psychologischen Vorgänge tragen könnte, wie gewisse Leute das heute vertreten. Mag man aber auch diesen Begriff in der Psychologie verwenden, so stellt sich immer noch die Frage, ob man die von ihm gemeinten Tatsachen in eine assoziationistische Sprache übersetzen soll, wie das der neue, aus der Reflextheorie entstandene Assoziationismus vertritt, oder ob sie nicht eine ganz andere Bedeutung haben. Unsere Antwort auf die erste der beiden Fragen lautet, daß der konditionierte Reflex ganz wesentlich zerbrechlich und instabil ist, wenn er nicht fortwährend durch die Außenwelt »bestätigt« wird. Auf die zweite Frage entgegnen wir, daß der konditionierte Reflex gerade dadurch, daß er einer Bestätigung oder Verstärkung bedarf, aufhört eine einfache Assoziation zu sein und einen Platz im viel komplexeren Beziehungsgefüge von Bedürfnis und Befriedigung, also in einem System von Assimilationsbezügen, beansprucht. Die Unbeständigkeit des konditionierten Reflexes, das heißt die Tatsache, daß die Ergebnisse einer Dressur schnell wieder verlorengehen, wenn sie nicht unaufhörlich durch neue Dressurakte konfirmiert werden, wurde von den Physiologen klar aufgezeigt. Daher haben sie diesen Begriff viel vorsichtiger verwendet als die Psychologen. Ein konditionierter Reflex wäre nur dann stabil, wenn er entweder gar nicht konditioniert, sondern erblich fixiert wäre oder wenn er durch Erfahrung »bestätigt« würde. Die erbliche Fixierung konditionierter Reflexe, die Pawlow zuerst vertrat, später aber widerrufen hat, und für die McDougal eintrat, scheint sehr unwahrscheinlich (siehe unsere Einführung). Es bleibt also nur die Stabilisierung durch die Umwelt, und damit gelangen wir wieder auf die Ebene der Psychologie.

Ein konditionierter Reflex kann durch die Erfahrung verfestigt werden, wenn das Signal, das den Reflex auslöst, von einer Bestätigung gefolgt wird, das heißt von einer Situation, in der dem Reflex die Gelegenheit gegeben wird, in effektiver Weise zu funktionieren. Um zum Beispiel die Assoziation zwischen einem Klang und dem Speichelreflex zu verstärken und zu verfestigen, muß man dem Tier in periodischen Abständen wirkliche Nahrung bieten, die dem Signal seine erste Bedeutung immer wieder verleiht. In gleicher Weise könnte man mehrere unserer Beobachtungen in der Sprache des konditionierten Reflexes, der durch die Erfahrung bestätigt wird, wiedergeben. Wenn der Säugling sich bereit macht zu saugen, sobald er in den Armen seiner Mutter liegt, und dann tatsächlich die Brust bekommt; wenn er den Kopf dreht, um einen bewegten Gegenstand mit den Augen zu verfolgen, und er ihn tatsächlich wiederfindet; wenn er mit den Augen die Personen sucht, deren Stimme er vernommen hat, und es ihm gelingt, ihr Gesicht tatsächlich zu entdekken; wenn der Anblick eines Gegenstandes bei ihm Greifbewegungen auslöst, und er ihn nachher zu ergreifen vermag usw., in all diesen Fällen könnte man sagen, daß die Saugreflexe, die Reflexe der auditiven und visuellen Akkommodation und die Greifreflexe durch entsprechende Signale, sei es der Stellung, des Anblicks usw., konditioniert worden sind und daß diese konditionierten Reflexe sich verfestigt haben, weil sie durch die Erfahrung unaufhörlich bestätigt wurden. Aber eine solche Sprechweise würde das Hauptproblem nur verdunkeln, das doch gerade darin besteht zu erklären, wie die Erfahrung eine Assoziation bestätigt. Mit anderen Worten, welche psychologischen Bedingungen sind notwendig, damit der Erfolg eine Verhaltensweise bestätigen und verfestigen kann? Um auf diese Frage eine Antwort zu geben, haben wir die Theorie einer kombinierten Assimilation und Akkommodation aufgestellt, eine reine Conditioning-Theorie scheint uns zur Erklärung dieses Phänomens nicht ausreichend zu sein.

Ein konditionierter Reflex, der durch die Erfahrung bestätigt wird, fügt sich dadurch von selbst in ein umfassendes Verhaltensmuster ein, das heißt, er hört auf, isoliert zu bestehen, und wird integrierender Teil einer wirklichen Gesamtheit. Er ist dann nur noch ein einfaches Glied in der gesamten Handlungsabfolge, die zur Befriedigung führt, und diese Befriedigung wird zur Hauptsache. Tatsächlich kann man eine Bewegungsabfolge, die zur Befriedigung eines Bedürfnisses führt, nicht als eine Aneinanderreihung von assoziierten Elementen interpretieren. Sie stellt im Gegenteil ein geschlossenes Ganzes dar, dessen Glieder nur von der die Abfolge bestimmenden zentralen Handlung und vom Erfolg dieser Handlung eine Bedeutung erhalten. Weil die wahrgenommenen Gegenstände vom Kind an den Greifakt assimiliert worden sind, weil sie also vom Bedürfnis zu greifen ausgelöst wurden und zu seiner Befriedigung führen, streckt sich die Hand nach ihnen aus, und nicht etwa, weil eine Assoziation zwischen einem Sehbild und dem Greifreflex gebildet worden wäre. Diese Assoziation, mit anderen Worten dieser konditionierte Reflex, stellt nur eine Abstraktion dar, einen künstlich herausgeschnittenen Moment aus der gesamten Handlungsabfolge. Diese setzt darüber hinaus ein Initialbedürfnis und eine Endbefriedigung voraus. Man hat während langer Zeit das Urteil durch eine Assoziation von Bildern oder von Empfindungen erklärt, aber man weiß heute, daß auch die einfachste Assoziation schon wiederum eine Tätigkeit voraussetzt, die etwas vom Urteil an sich hat. In gleicher Weise könnte man die Handlung, die darin besteht, visuell wahrgenommene Gegenstände zu ergreifen, durch eine Kette von konditionierten Reflexen erklären, aber die einzelnen Kettenglieder werden sich nur dann und nur in dem Maße koordinieren, als ein einheitlicher Assimilationsakt dem gesehenen Gegenstand die Bedeutung eines ergreifbaren Gegenstands verleiht.

Diese Aussagen über den konditionierten Reflex können um so mehr Anspruch auf Geltung erheben, als sie ja auch schon von den einfachen Reflexen gelten. Bekanntlich haben die interessanten Arbeiten von Sherrington, der die Erforschung des Reflexes wieder aufgegriffen hat, bewiesen, daß der klassische Reflexbogen eher eine Abstraktion als eine Realität darstellt. Die Reflexe bilden organisierte Gesamtheiten und nicht aneinandergereihte Mechanismen. Nach Graham Brown geht der Differenzierung in Teilreflexe immer ein umfassender Rhythmus voran, sagt er uns doch: »Der Reflex erklärt den Rhythmus nicht. Um den Reflex zu verstehen, müssen wir zuerst auf den Rhythmus zurückgreifen.« Auch Herrick und Coghill sprechen im Zusammenhang mit der Erforschung der embryologischen Entwicklung der Fortbewegungsreflexe bei den Fröschen von einer »umfassenden« Fortbewegungsreaktion, die dann in Einzelreflexe zerfällt.[13] Wenn all das schon von angeborenen Reflexen gilt, wieviel mehr muß es dann von konditionierten Reflexen stimmen. Hüten wir uns also vor der Erneuerung des Fehlers, aus dem konditionierten Reflex einen psychologischen Baustein zu machen, um diese Bausteine dann zu komplexeren Handlungen zusammenzusetzen.

Warten wir ab, bis uns die Biologen seine wirkliche Bedeutung genauer umschrieben haben, bevor wir diesen Begriff in unkontrollierter Weise zur Erklärung der fundamentalsten und folglich auch dunkelsten Tatbestände im Bereich der mentalen Erscheinungen verwenden.

Kurz, überall da, wo man von einem konditionierten Reflex sprechen könnte, der sich unter Einwirkung der Erfahrung verfestigt, wird man über kurz oder lang feststellen, daß ein umfassendes Verhaltensmuster die einzelnen Assoziationen zu einem organischen Gefüge verbindet. Wenn der Säugling nach der Brust sucht, sobald er in die Fütterungslage gebracht wird, wenn er mit den Augen bewegte Gegenstände verfolgt oder wenn er versucht, die Personen, deren Stimme er vernimmt, zu sehen, wenn er die Gegenstände ergreift, die er wahrnimmt usw., so kommt das daher, daß die Verhaltensschemata des Saugens, des Sehens und des Greifens sich immer zahlreichere Gegebenheiten assimiliert und ihnen dadurch gleichzeitig eine Bedeutung verliehen haben. Die kombinierte Akkommodation und Assimilation, die jedem Verhaltensschema eigen ist, gewährleistet seine Nützlichkeit und setzt es zu anderen Verhaltensmustern in Beziehung. Die globale, auf einer komplementären Assimilation und Akkommodation beruhende Handlung stellt auch den Grund dafür dar, daß die einzelnen Beziehungen, die erst das Verhaltensschema ausmachen, immer wieder durch Erfahrung bestätigt werden.[14]

Ist das aber vielleicht nicht nur eine bloß verbale Erklärung, und kommt man nicht weiter, wenn man die Begriffe Assimilation und Akkommodation durch den anscheinend viel deutlicheren Begriff des »assoziativen Transfers« ersetzt? Der Begriff des assoziativen Transfers ist allgemeiner als derjenige des konditionierten Reflexes: Es handelt sich bei ihm nicht mehr bloß um eine Assoziation zwischen einem Signal und einem Reflex, sondern zwischen einem Signal und irgendeiner Bewegung. So vermag der Anblick der Stufen bei jedem Subjekt, das gewohnt ist, Treppen hinaufzusteigen usw., einen entsprechenden

[13] Für all diese Angaben siehe Larguier: Introduction à la psychologie, S. 126–138.

[14] Daß die konditionierten Reflexe fortwährend organischen Gesamtheiten oder globalen Assimilationsschemata unterworfen bleiben, wird für den Bereich konditionierter motorischer Verhaltensweisen durch eine Reihe von experimentellen Versuchen, die André Rey, Übungsleiter an unserem Institut, gegenwärtig unternimmt und die bald veröffentlicht werden sollen, eindeutig bewiesen.

Bewegungsimpuls der Beine und der Füße auszulösen. Der assoziative Transfer wird also im Sinne der ersten der fünf von uns unterschiedenen Lösungen als das Prinzip der Gewohnheit angesehen. Nach dieser Hypothese wären unsere Assimilationsschemata nichts anderes als Systeme von assoziativen Transfers, während nach unserer Ansicht jeder assoziative Transfer ein Assimilationsschema voraussetzt, ohne das er sich nicht bilden könnte. Eine genaue Diskussion dieses Punktes drängt sich folglich auf. Diese Diskussion wird es uns ermöglichen, auch das eigentliche Wesen der sensomotorischen Assimilations- und Akkommodationsprozesse zu verstehen.

Wir wollen zuerst die beiden wichtigsten Fälle unterscheiden, bei denen ein assoziativer Transfer aufzutreten scheint: nämlich bei den Assoziationen, die im Verlauf ein und desselben Verhaltensmusters oder Verhaltensschemas auftreten, und bei den Assoziationen zwischen heterogenen Verhaltensschemata. Dieser Unterscheidung liegt folgendes Kriterium zugrunde. Wenn es sich um die Assoziation von Bewegungen und sensomotorischen Elementen handelt, die noch nicht unabhängig von dieser Handlung und in isoliertem Zustand aufgetreten sind, sprechen wir von einem einheitlichen Verhaltensschema. Wir sagen im Gegenteil, es bestehe eine Koordination zwischen Verhaltensschemata, wenn diese in anderen Situationen in isolierter Weise funktionieren. »Den Daumen in den Mund stecken« stellt zum Beispiel ein solches einheitliches Schema dar und nicht eine Koordination zwischen dem Saugschema und den Schemata der Handbewegung, weil das Kind in dem Alter, wo es lernt, an seinem Daumen zu lutschen, zwar an anderen Dingen als an seinem Daumen saugen kann, dagegen die Handlung »den Daumen in den Mund stekken« unter anderen Umständen nicht auszuführen vermag. (Man kann noch nicht einmal die wenigen spontanen Handbewegungen, die wir um das Alter von ein bis zwei Monaten festgestellt haben, mit Sicherheit als unabhängige Verhaltensschemata kennzeichnen, denn es ist nicht gewiß, daß sie schon Zirkulärreaktionen darstellen, die sich von impulsiven Bewegungen abheben würden.) Dagegen kann man als Beispiel für eine Koordination von heterogenen Verhaltensschemata das Verhalten, gesehene Gegenstände zu ergreifen (mit vier bis fünf Monaten), nennen. Denn das Ergreifen von Gegenständen unabhängig von der Sehtätigkeit bildet schon mit vier Monaten ein autonomes Schema, und Gegenstände anblicken – unabhängig von der Greiftätigkeit – ist für das Kind schon von ein bis zwei Monaten an geläufig. Daran wird deutlich, worin sich die beiden Fälle unterscheiden: Im ersten Fall erscheint die Assoziation als Wesensmerkmal des Verhaltensschemas selbst, während sie im zweiten Fall zu schon bestehenden Schemata hinzutritt. Der Begriff des assoziativen Transfers muß also für den einen und den anderen Fall getrennt diskutiert werden.

Auf den ersten Fall bezogen, lehrt die Theorie des assoziativen Transfers, daß jedes unserer Verhaltensschemata sich aufgrund einer Reihe von unabhängigen Assoziationen gebildet hat. Wenn das Kind zum Beispiel die Gewohnheiten erwerbe, zuerst an seiner Zunge, dann an seinem Daumen zu lutschen und schließlich nach der Brust zu suchen, sobald es in die Fütterungslage gebracht wird, so geschehe das ganz einfach aus den folgenden Gründen: Nachdem bestimmte Sinnesempfindungen der Lippen und der Zunge regelmäßig den Bewegungen der Zunge vorangegangen sind und nachdem diese Bewegungen zu den mit dem Saugakt verbundenen angenehmen Empfindungen geführt haben, würden die Sinnesempfindungen (Berührung mit der Zunge und den Lippen usw.) eine Art Signalwert erhalten, der nun automatisch die Bewegungen der Zunge auslöse und damit zum gewünschten Resultat führe. Nachdem in gleicher Weise gewisse mit dem gegenstandslosen Saugen verbundene Empfindungen oft genug der Einführung des Daumens in den Mund vorangegangen sind und nachdem dieser Handlung immer wieder die mit dem Lutschen des Daumens verbundenen angenehmen Empfindungen folgten, würden die sensorischen Empfindungen, die mit dem Saugen im Leeren und dem Beenden der Mahlzeiten verbunden sind, ein Signal darstellen und durch Assoziation die Handlung »Daumen in den Mund führen« auslösen. Wenn in gleicher Weise die mit der Fütterungslage verbundenen Empfindungen das Suchen nach der Brust auslösten, so wäre das nur die Folge davon, daß diese Empfindungen mit den entsprechenden Bewegungen verknüpft sind und ihnen als Signal dienen, weil sie ihnen regelmäßig vorangegangen sind. Genau dasselbe gelte für den Bereich des Sehens. Der Blick folge den Gegenständen nur deshalb, weil die Wahrnehmung ihrer beginnenden Bewegungen regelmäßig mit Muskelbewegungen des Auges gekoppelt war. Diese wiederum erlaubten dem Auge, den verschobenen Gegenstand aufzufinden. Mit anderen Worten, die Wahrnehmung der Bewegung des Gegenstandes sei für die entsprechenden Augenbewegungen zu einem Signal geworden. In der Handlung »einen Gegenstand mit den Augen verfolgen« wäre also eine ganze Kette von assoziativen Transfers verborgen. Diese Interpretation kann selbstverständlich auf alles übertragen werden: Kein einziges der Verhaltensschemata, die wir unterschieden haben, ließe sich nicht als eine Kombination von assoziativen Transfers auffassen.

Eine solche Sprechweise scheint uns aber eher bequem als genau zu sein. Diese Erklärung stellt nur eine Erneuerung der Assoziationstheorie dar und leidet an denselben Schwächen wie die Generalisierung des konditionierten Reflexes. Sie möchte als wesentlichen Prozeß in jeder Verhaltensweise den assoziativen Transfer ansehen. In Wirklichkeit ist aber nicht die Assoziation das Entscheidende, sondern die

Tatsache, daß die Assoziation zu einem günstigen oder ungünstigen Ergebnis führt. Ohne diese Beziehung eigener Art zwischen dem Handlungsergebnis und dem Subjekt würde die Assoziation nie verfestigt. Wenn die Hand sich vom Feuer zurückzieht oder wenn der Fuß sich vor einer Treppenstufe automatisch hebt, so hängt die Präzision dieser sensomotorischen Verhaltensweisen vollständig von der Bedeutung ab, die das handelnde Subjekt der Flamme oder der Treppe zuschreibt. Die aktive Beziehungsbildung zwischen dem Subjekt und den mit Bedeutung beladenen Gegenständen schafft die Assoziation, und nicht die Assoziation schafft diese Beziehung. In gleicher Weise setzen die entsprechenden Gewohnheiten des Kindes, das zum Beispiel an seiner Zunge lutscht und an seinem Daumen oder das die Brust sucht, sobald es in die Fütterungsstellung gebracht wird, und das mit den Augen bewegte Gegenstände verfolgt, selbstverständlich gezielte Assoziationen zwischen sensorischen Empfindungselementen und Bewegungen voraus. Diese assoziativen Transfers konnten sich aber nur deshalb bilden und konsolidieren, weil eine fundamentale Beziehung zwischen der Tätigkeit des Subjektes (Saugen, Sehen usw.) und dem sensorischen Gegenstand, der eben aufgrund dieser Tätigkeit mit Bedeutung beladen wird, besteht. Deshalb kann man ganz allgemein sagen, der assoziative Transfer setze eine Beziehung eigener Art zwischen der Tätigkeit und ihrem Ergebnis voraus und bilde sie nicht erst. In derselben Weise, wie die Gedankenassoziation das Urteil voraussetzt und nicht konstituiert.

Worin besteht nun aber diese Beziehung zwischen der Tätigkeit und dem Ziel der Tätigkeit? An diesem Punkte setzen in unseren Überlegungen die Begriffe »Assimilation«, »Akkommodation« und »Organisation« ein, ohne die der assoziative Transfer unseres Erachtens sinnlos bleibt. Wir wissen ja, daß der Ausgangspunkt jeder individuellen Tätigkeit ein oder mehrere vererbte Reflexe sind und daß es keine elementaren Gewohnheiten gibt, die nicht an Reflexe anknüpfen. Sie beruhen also alle auf einer schon bestehenden Organisation, die ihrerseits fähig ist, sich an eine bestimmte Umwelt mit ihren eigenen Funktionsweisen zu assimilieren. Wo immer eine Gewohnheit beginnt, wo also die Bildung von assoziativen Transfers einsetzt, beobachtet man auch die Beziehung der kombinierten Assimilation und Akkommodation zwischen der Reflextätigkeit des Subjektes und dem neuartigen Resultat, das die entstehende Gewohnheit zu verwirklichen und zu erhalten versucht. Tatsächlich erlaubt allein die Beziehung Handlung – Ergebnis die Bildung assoziativer Transfers. Eine solche Beziehung impliziert aber einen Assimilationsprozeß, denn das Interesse oder die Bedeutung des neuartigen, vom Subjekt angestrebten Ergebnisses besteht eben darin, daß es an die Reflextätigkeit assimiliert werden kann, auf die die in Bildung begriffene Gewohnheit oktroyiert wird. So saugt man an der Zunge und am Daumen, weil dieses Saugen der Saugtätigkeit als Nahrung dient. Die Gegenstände werden mit den Augen verfolgt, weil sie dem Blick als Nahrung dienen usw. Kurz, das Ergebnis der Handlung allein verleiht diesen Handlungen eine Richtung und »verstärkt« so den assoziativen Transfer. Somit unterhält das Ergebnis zu den reflexartigen Ausgangsschemata die funktionelle Beziehung der Befriedigung zum Bedürfnis, das heißt also eine Assimilationsbeziehung. Darüber hinaus setzt die Assimilation der neuen Gegenstände an die durch die Reflexe vorgeformten Verhaltensweisen eben darum eine Akkommodation dieser Verhaltensschemata an die Situation voraus, weil diese neuartig ist. So muß das Kind, um zum Beispiel an seiner Zunge oder an seinem Daumen lutschen zu können, dem Bewegungskomplex, der vom erblich angelegten Saugschema gebildet wird, neue Bewegungen einverleiben, die es im Verlauf seiner individuellen Erfahrung entdeckt hat (die Zunge herausziehen, die Hand zum Mund führen usw.). Dieses Einverleiben von Bewegungen und sensorischen Elementen in schon gebildete Verhaltensschemata nennt man in der Assoziationstheorie den konditionierten Reflex oder den assoziativen Transfer. Nur darf diese Assimilation nicht von der entsprechenden Akkommodation getrennt gesehen werden. Aus diesem Grunde ist sie viel mehr als eine bloße Assoziation. Sie stellt eine Einordnung neuer sensomotorischer Elemente in eine schon bestehende organische Ganzheit dar, aus der eben das Assimilationsschema besteht. Wenn das Kind also an seiner Zunge oder an seinen Fingern lutscht, verleibt es die neuen Empfindungen, die es verspürt, den Sinneseindrücken ein, die mit der früheren Saugtätigkeit (Saugen an der Brust usw.) verbunden waren – gerade darin besteht die Assimilation. Zur gleichen Zeit reiht es die Bewegungen des Vorstreckens der Zunge oder des Heranziehens des Daumens in die schon gebildete organische Gesamtheit von Saugbewegungen ein – und darin besteht die Akkommodation. Die Akkommodation ist also eine progressive Ausweitung des Gesamtschemas, das sich bereichert und doch wohlorganisiert bleibt. Es liegt also nicht eine bloße »Assoziation« vor, sondern eine progressive Differenzierung. Wenn das Kind zum Beispiel nach der Brust sucht, sobald es in die Fütterungsstellung gebracht wird, darf man nicht sagen, daß die mit dieser Stellung verbundenen Handlungen künftig ganz einfach an die Saugtätigkeit assoziiert sind. Man muß im Gegenteil sagen, das globale Verhaltensmuster der dem Saugakt eigentümlichen Bewegungen habe sich diese Handlungen einverleibt, und sie bilden von diesem Augenblick an mit dem übrigen Verhaltensmuster ein geschlossenes Ganzes. Kurz gesagt, der assoziative Transfer schneidet einen einzelnen Moment in künstlicher Weise aus dem gesamten Akkommodationsprozeß heraus, der durch Differenzierung eines vorher schon bestehenden Verhaltensschemas und durch Einverleibung neuer Elemente in dieses Schema (oder Muster) geschieht und nicht durch Assoziation. Deswegen darf man die Akkommodation auch nicht von der Assimilation loslösen, da sie ja ein Gesamtverhaltensmuster voraussetzt und da dieses Muster nur so funktioniert, daß es sich neue Realitäten einverleibt (assimiliert). Diese Assimilation vermag allein auch die Befriedigung zu erklären, die der Tätigkeit auf dem Fuß folgt und die sogenannten »assoziativen Transfers« verstärkt.

Es dürfte also ganz illusorisch sein, Assoziationen im Bildungsprozeß geschlossener Verhaltensschemata die entscheidende Rolle zuzuschreiben. Nur das Ergebnis einer Tätigkeit bestimmt ihre Struktur, was in der Sprache der Assoziationisten soviel bedeutet wie die Sanktion sei notwendig, um eine Dressur zu verfestigen und die Assoziationen zu stabilisieren. Die Beziehung zwischen einer Tätigkeit und ihrem Gegenstand darf nicht getrennt von der Assimilation des objektiven Ergebnisses an diese Tätigkeit und von der Akkommodation dieser Tätigkeit an dieses Ergebnis gesehen werden. Wenn dem aber so ist, folgt daraus mit Notwendigkeit, daß die Tätigkeit durch globale und gut organisierte Verhaltensmuster und nicht durch Assoziationen voranschreitet. Die Assimilation setzt tatsächlich nicht nur solche Verhaltensschemata voraus, sie stellt selbst unaufhörlich wieder ihre Einheit her.

Auch beim zweiten der beiden möglichen Fälle, das heißt bei der Koordination von zwei verschiedenen Verhaltensschemata, findet man ebenfalls keine assoziativen Transfers im Reinzustand. Wenn das Kind Hören und Sehen koordiniert (also zu sehen versucht, was es hört) oder seine Greifakte mit der Saug- und der Sehtätigkeit kombiniert usw., darf man nicht von einer einfachen Assoziation zwischen einem sensorischen Signal (akustisch, visuell oder taktil) und den Bewegungen des Auges, des Mundes oder der Hand sprechen. Alle oben bezüglich der einheitlichen Verhaltensschemata angeführten Gründe gelten nämlich auch hier. Der gegenwärtige Fall unterscheidet sich nur dadurch, daß nicht nur eine einfache Assimilations- und Akkommodationsbeziehung zwischen der Tätigkeit des Subjekts und dem Objekt dieser Tätigkeit vorliegt, sondern vielmehr eine gegenseitige Assimilation und Akkommodation von zwei schon gebildeten Verhaltensmustern stattfindet. Zwischen der Koordination von Verhaltensschemata und ihrer internen Konstitution besteht also nur ein gradueller und nicht ein qualitativer Unterschied.

Zusammenfassend dürfen wir also feststellen, daß die erste Lösung den Tatsachen, die wir im Verlauf dieses Kapitels analysiert haben, nicht Rechnung zu tragen vermag. Die Gründe dafür sind verwandt mit denjenigen, die eine Erklärung der Veränderungen im vererbten Form- und Reflexgefüge durch den einfachen Lamarckismus und eine erschöpfende Deutung der Intelligenz durch den Assoziationismus ausschalten. In allen drei Bereichen, dem Bereich der Reflexreaktion, dem Bereich der erworbenen sensomotorischen Verhaltensweisen und dem Bereich des intelligenten Verhaltens führt eine Betrachtungsweise, die der Gewohnheit oder der passiven Assoziation den Primat einräumt, zur Vernachlässigung des Organisationsfaktors und damit der kombinierten Assimilations- und Akkommodationsprozesse, wodurch der Organismus zu einem Automaten reduziert würde. Natürlich ist jede Gewohnheit in gewissem Sinne nur ein automatischer Vorgang. Sie benötigt aber zu ihrer Entwicklung eine Tätigkeit, die mehr ist als einfache Assoziation.

Sollen wir also die *zweite Lösung* annehmen und im Sinne des Vitalismus und des spiritualistischen Intellektualismus jede Gewohnheit als ein Abfallprodukt der Intelligenz betrachten? Die vorangehenden Ausführungen über die komplementären Assimilations- und Akkommodationsbeziehungen zwischen der Handlung und ihrem Ergebnis erinnern in fataler Weise an die Argumente Buytendijks zugunsten der intelligenten Finalität, die jeder gewohnheitsbildenden Tätigkeit selbst beim Tier innewohnen würde. Aus dieser These folgt, daß die Gewohnheit die Intelligenz voraussetzt. Wir würden uns hüten, so weit zu gehen. Die Ausbildung von Gewohnheiten scheint jeder eigentlichen Intelligenztätigkeit unbestreitbar voranzugehen. Die in diesem Kapitel beschriebene Verhaltensweise kann man nur von einem funktionellen Standpunkt und nicht hinsichtlich ihres Strukturniveaus mit den Handlungen vergleichen, die wir in der Folge analysieren werden und in denen wir die Anfänge der Intelligenz erblicken. Überdies benötigen unseres Erachtens die Assimilations- und Akkommodationsoperationen in keiner Weise einen Rekurs auf finalistische Betrachtungsweisen oder auf »immaterielle« Aktivitäten. Wer aus der Tatsache einer psychologischen Organisation die Hypothese einer speziellen Organisationskraft folgert oder wer in der assimilatorischen Tätigkeit die Struktur einer impliziten Intelligenz am Werke sieht, läßt sich von einem für eine psychologische Betrachtungsweise unnötigen Realismus verführen. Er wird das Opfer eines pseudopsychologischen Realismus, der ganz einfach der doppelten Illusion des philosophischen *sensus communis* entstammt, nach dem wir in uns selbst unsere intellektuelle Tätigkeit als eine Gegebenheit der inneren Erfahrung erleben (diese Anschauung führte zu den Ideen einer »synthetischen Vernunft« oder einer geistigen Energie usw., die eine Verlängerung des »Geistes« oder der »Seele« selbst wären) und nach der die Strukturen dieser Tätigkeit von den ersten Entwicklungsstadien an vorgebildet waren (damit verbunden die Theorien einer »Lebenskraft« und einer aprioristischen Vernunft etc.). Wir möchten aber unsererseits den Begriffen der Organisation, der Assimilation und der Akkommodation eine ganz andere Bedeutung zuschreiben. Wir sehen in ihnen funktionelle Prozesse und keine Kräfte. Man könnte auch sagen, diese Funktionen kristallisieren sich in Strukturen, die einander folgen und ablösen, und legen niemals eine vorgegebene Struktur frei, die das Subjekt direkt in sich selbst entdecken würde. In dieser Hinsicht dürfte ein Vergleich unserer Darstellung der ersten kindlichen Tätigkeit mit den berühmten Analysen von Maine de Biran sehr instruktiv ausfallen. Kaum ein anderer Autor als Maine de Biran hat klarer den Gegensatz zwischen tätig sein und passiven Assoziationen in den ersten erworbenen Verhaltensweisen des Individuums erfaßt. Bei der Beschreibung des Gehörs und der Stimme, des Sehens, Fühlens und Greifens und vieler anderer Primärfunktionen kommt Maine de Biran unaufhörlich auf die Faktoren Anstrengung und aktive Motorik zu sprechen, die in schärfstem Gegensatz zur Passivität seiner »affektiven Sensibilität« stehen, und folgert daraus die Unmöglichkeit einer assoziationstheoretischen Erklärung. Das könnte zur Annahme verführen, daß wir die Begriffe Assimilation und Akkommodation als Hypothesen konzipierten, die in gerader Linie die Lehre de Birans von der Aktivität weiterführen sollten. Dem scheint uns aber folgende Schwierigkeit entgegenzustehen: Bei Biran ist die »Anstrengung«, die auf allen Ebenen der psychologischen Tätigkeit neu in Erscheinung tritt und sowohl die »lebendige Intelligenz« des denkenden Erwachsenen als auch die Bildung der ersten Gewohnheiten erklärt, die Emanation eines Ich, das direkt als eine Substanz erfahren wird. Diese Anstrengung ist also eine »Kraft«, die im Verlauf ihrer ganzen Geschichte mit sich selbst identisch bleibt und sich den Kräften der Umwelt entgegensetzt, die sie eben durch ihren Widerstand erkennt. Ganz anderer Natur ist die aktive Adaptation, wie unsere Analyse der Assimilation und der Akkommodation sie erschließt. Weder Assimilation noch Akkommodation sind Kräfte und stellen sich auch nicht als solche unserem Bewußtsein dar. Sie führen auch nicht zur inneren Erfahrung eines »Ich« und einer Außenwelt, der sie sich als unmittelbare Gegebenheiten aufdrängen würden. Ganz im Gegenteil, da Akkommodation und Assimilation tatsächlich nur zusammen vorkommen, können weder Außenwelt noch Ich jemals unabhängig voneinander erkannt werden. Die Umwelt wird zur selben Zeit an das Tun des Subjektes assimiliert, als dieses sich an die Welt akkommodiert. Mit anderen Worten, die Begriffe der »physisch gegebenen Welt« und des inneren Ich werden in progressiver Weise und in geistiger Abhängigkeit voneinander elaboriert. Die Assimilations- und Akkommodationsprozesse sind nur Instrumente dieser Konstruktion und niemals ihr Ergebnis. Das Ergebnis als solches hängt immer vom Fortschritt des Konstruktionsprozesses ab. Daher existiert auf keiner Entwicklungsstufe eine direkte Erfahrung, weder des Ich, noch der Außenwelt. Es existieren nur »interpretierte« Erfahrungen, die wir gerade den immer korrelativen Assimilations- und Akkommodationsprozessen verdanken. Kurz, die dem intellektuellen Entwicklungsverlauf zugrundeliegende Organisation ist kein Vermögen (keine Fakultät), die in der Intelligenz oder einer »Ich-Kraft« bestünde. Sie ist nur ein Funktionsprozeß, dessen sukzessive Kristallisationen in Form verschiedener Strukturen niemals die Intelligenz als solche realisieren. Noch weniger wahrscheinlich ist daher die Ansicht des Spiritualismus, die erworbenen elementaren Verhaltensstrukturen, das heißt also die ersten Gewohnheiten, um die es in dieser Diskussion ja geht, wären Ausscheidungsprodukte der höheren intellektuellen Prozesse.

Aus der Tatsache, daß die Gewohnheit nicht ohne weiteres aus der Intelligenz ableitbar ist, läßt sich aber auch nicht schließen, wie das die *dritte* und die *vierte Lösung* postulieren, daß die Gewohnheit keine oder fast keine Beziehung zur Intelligenztätigkeit besitze. Wenn man die Assoziation und die Gewohnheit nicht in ihren automatisierten Endformen, sondern während ihres Bildungsprozesses betrachtet, wie wir es bei der Analyse der Tatsachen zu tun versuchten, dann scheinen sie unweigerlich enge funktionelle Ähnlichkeiten zur Intelligenz aufzuweisen. Von der Gewohnheit gilt tatsächlich dasselbe wie von der Nachahmung: Ihre automatisierte Form ist nicht die ursprüngliche, und ihre ursprüngliche Form setzt eine komplexere Tätigkeit als die weiter entwickelten Formen voraus. Im Fall der Gewohnheitshandlung besteht diese elementare Tätigkeit in der Aktivität der sensomotorischen Verhaltensstrukturen. Die Schemata funktionieren auf dieselbe Weise wie die Intelligenz, das heißt durch Assimilation und eine zu ihr komplementäre Akkommodation. Zwischen diesen Verhaltensschemata und denjenigen der Intelligenz bestehen, wie wir noch sehen werden, unzählige Übergänge. Daher ist es auch noch zu früh zu zeigen, in welchem Sinn die Gestalttheorie den Gegensatz zwischen den höheren Strukturen und den weniger festgelegten Verhaltensweisen der elementaren Stadien übertrieben hat und in welcher Beziehung ein Assimilationsschema als ein System von Relationen aufzufassen ist, das weniger rigide ist als eine Gestalt und das eine organisierende Tätigkeit mit einschließt, dessen Ausdruck es ist. Wir beschränken uns hier darauf, die Tatsache ins Gedächtnis zurückzurufen, daß Verhaltensschemata wie dasjenige des Daumenlutschens, oder des Lutschens an der Zunge, des Greifens nach gesehenen Gegenständen, der Koordination von Hören und Sehen usw. niemals *ex abrupto* entstehen, sondern den Endpunkt einer langen Reihe von graduell erfolgenden Assimilations- und Akkommodationsversuchen bilden. Diese Bemühungen kündigen bereits die Intelligenz selbst an. Der Behauptung von Delacroix, daß eine einsichtige Generalisierung in gewissem Sinne das Gegenteil der Gewohnheit sei, können wir daher zustimmen, insofern er an die voll ausgebildete und zur Passivität absinkende Gewohnheit denkt. Wir können sie aber nicht übernehmen, soweit sie sich auf die Assimilation bezieht, die am Ausgangspunkt dieser Gewohnheit steht. Wie wir gesehen haben, gibt es ja einen generalisierenden Assimilationsprozeß, der sich auf dieselbe Weise wie die Intelligenz selbst durch eine Reihe von Entscheidungen und Korrekturen vollzieht. Das versuchsweise Vorgehen (le tâtonnement), in dem Claparède die Wesenseigenschaft der entstehenden Intelligenz sieht, darf daher nicht vom Bildungsprozeß der Gewohnheiten ausgeschlossen werden. Das bedeutet allerdings nicht, daß diese schon intelligent seien, wohl aber, daß ein kontinuierlicher Organisationsprozeß existiert, der vom angelegten organischen Anpassungsverhalten zum intellektuellen Anpassungsgeschehen über die Zwischenglieder der elementarsten sensomotorischen Verhaltensschemata reicht.

Somit werden wir uns der *fünften Lösung* anschließen. Assoziation und Gewohnheit stellen den automatisierten Zustand einer Tätigkeit dar, die in ihrer Funktionsweise die Intelligenz vorbereitet, sich aber von ihr durch eine elementarere Struktur unterscheidet. Wir wollen diese Behauptungen schärfer präzisieren, und zu diesem Zweck wollen wir zuerst die allgemeinen Charakteristik des Entwicklungsstadiums, von dem wir im Augenblick reden, in Erinnerung rufen und sie gleichzeitig von denjenigen des vorausgehenden und des nachfolgenden Entwicklungsstadiums abheben.

In grober Charakterisierung könnte man sagen, daß die in den Ausführungen 1. bis 4. untersuchten Verhaltensweisen aus Bemühungen bestehen, die eine Verlängerung der Reflextätigkeit darstellen, aber noch jeder Intentionalität entbehren und trotzdem schon zu neuartigen Resultaten führen. Die Resultate werden zwar zufällig entdeckt, ihre Beibehaltung und Konsolidierung beruht aber auf einem zweckmäßigen Mechanismus, der aus einer Kombination von sensomotorischer Assimilation und Akkommodation besteht. Diese Verhaltensweisen verlängern also in geradliniger Weise diejenigen des ersten Entwicklungsstadiums. Denn ihr einziger Motor sind immer noch die mit den Reflexen verbundenen Bedürfnisse (saugen, anschauen, hören, schreien, ergreifen usw.), und es treten noch keine Bedürfnisse auf, die mit abgeleiteten und hinausgeschobenen Zielen verknüpft wären (ergreifen, um zu werfen, um zu wiegen usw.). Zum Unterschied aber vom rein reflexartigen Verhalten entfalten sich die Bemühungen dieses Stadiums zu Probehandlungen, die zu neuartigen Resultaten führen. Im Gegensatz zum folgenden Stadium werden diese Resultate noch nicht intendiert. Sie sind ein Zufallsprodukt, haben aber mit den intelligenten Verhaltensweisen das Bestreben gemeinsam, ein erreichtes Ergebnis durch Assimilation und entsprechende Akkommodation beizubehalten.

Dieses Beibehalten interessanter, durch Zufall entdeckter Resultate nennt Baldwin die »Zirkulärreaktion«. Wir haben uns dieses Begriffes in der Beschreibung der Tatsachen bedient, weil er unseres Erachtens die Stellung des gegenwärtigen Entwicklungsstadiums exakt definiert. Die Zirkulärreaktion impliziert die Entdeckung und die Beibehaltung eines neuartigen Effektes, und darin unterscheidet sie sich vom reinen Reflex, sie ist aber bar jeder Intentionalität, und in dieser Beziehung reicht sie noch nicht in den Bereich der eigentlichen Intelligenz. Dieser Begriff ruft aber nach einer Deutung. Wenn man sich, wie es oft geschieht, damit begnügt, die Wiederholung als eine »Überschußreaktion« und einen Bahnungseffekt zu erklären, dann fällt man wieder in den Fehler zurück, ein *par excellence* aktives Bemühen durch einen Automatismus zu erklären. Das Streben des Kindes, ein interessantes Resultat zu erneuern, beruht nicht auf dem Gesetz des geringsten Widerstandes, sondern besteht vielmehr in der Assimilation des Ergebnisses an ein schon bestehendes Verhaltensschema und im Bemühen, dieses Schema an das neuartige Resultat zu akkommodieren. Die »Zirkulärreaktion« ist also ein globaler Begriff, der in Wirklichkeit zwei unterschiedliche Prozesse umfaßt: die Assimilation und die Akkommodation. Daher soll unser Wissen von diesen beiden Prozessen kurz resümiert werden.

In erster Linie handelt es sich um einen *Akkommodations*vorgang. Das Neuartige an der Zirkulärreaktion und an der Gewohnheit, wenn wir sie mit dem Reflex vergleichen, wird durch eine beginnende Ablösung der Akkommodation von der Assimilation gekennzeichnet. In einem Reflexverhalten sind Akkommodation und Assimilation miteinander verschmolzen: Die Betätigung des Reflexes besteht gleichzeitig sowohl aus einer reinen Wiederholung (das heißt aus der Assimilation eines Gegenstandes an ein vollständig ausgebildetes Verhaltensschema) als auch aus einer exakten Akkommodation an seinen Gegenstand. Von dem Augenblick an jedoch, wo ein sensomotorisches Verhaltensschema auf neue Situationen angewendet wird und sich damit gleichsam ausweitet, um einen größeren Bereich zu umfassen, beginnen Akkommodation und Assimilation sich voneinander abzuheben. Betrachten wir zum Beispiel das Daumenlutschen. Im Reflexstadium bestand dieses Verhalten aus einer einfachen, gelegentlichen und zugleich unstabilen Anwendung des Saugschemas auf einen neuen Gegenstand, ohne daß dieser Umstand das Verhaltensschema in irgendeiner Weise verwandelt hätte: Der neue Gegenstand wurde an das alte bestehende Verhaltensschema assimiliert, und diese generalisierende Assimilation hatte keinen anderen Effekt als die Betätigung des Reflexes im ganz allgemeinen Sinn. Höchstens erlaubt sie ihm künftig, das Saugen an der Brust vom Saugen an irgendeinem anderen Gegenstand zu unterscheiden. Im gegenwärtigen Stadium jedoch verwandelt die Anwendung des Saugschemas auf einen neuen Gegenstand, wie zum Beispiel den Daumen oder die Zunge, das Verhaltensschema selbst. Diese Verwandlung stellt eine Akkommodation dar, die nun von der reinen Assimilation verschieden ist. Ganz allgemein darf man also feststellen, daß der Kontakt irgendeines Verhaltensschemas mit einem neuen Gegenstand im Verlauf des gegenwärtigen Stadiums zur Ausbildung eines speziellen Verhaltens führt, das zwischen Reflexverhalten und intelligentem Verhalten liegt. Im Reflex wird das Neue vollständig an das Bestehende assimiliert, und die Akkommodation deckt sich ganz mit der Assimilation. Das intelligente Verhalten dagegen ist gekennzeichnet durch ein Interesse für das Neue als solches, und der Akkommodationsprozeß hebt sich damit scharf vom Assimilationsvorgang ab. In den Verhaltensweisen des Zwischenstadiums schließlich interessiert zwar das Neue erst in dem Maße, wie es an das Bestehende assimiliert werden kann, es sprengt aber schon die ausgebildeten Verhaltensstrukturen und zwingt sie zu einer Akkommodation, die teilweise von der Assimilation verschieden ist.

Wie geschieht dieser Akkommodationsvorgang? Wie wir oben gezeigt haben, darf man ihn nicht als eine Assoziation verstehen, sondern muß ihn als die Differenzierung eines bestehenden Verhaltensschemas und als eine Einverleibung von neuen sensorischen Elementen in die Reihe derjenigen, die es schon konstituieren, auffassen. In der Reflextätigkeit besitzt ja jedes Individuum eine Reihe von vollständig ausgebildeten und vererbten Verhaltensschemata, deren Assimilationstätigkeit mit Beginn der Existenz und vor jeder Assoziation am Werke ist. Wenn sich diese Verhaltensschemata durch Akkommodation differenzieren oder, um denselben Sachverhalt in physiologischen Begriffen auszudrücken, wenn ein Reflexbogen einem kortikalen Reaktionsbogen untergeordnet wird und mit ihm eine neue Einheit bildet, darf man nicht sagen, daß eine bestehende Reaktion sich ganz einfach mit neuen Signalen oder neuen Bewegungsabläufen assoziiert hat. Richtig muß es heißen, daß eine von Anfang an organisierte Tätigkeit auf neuartige Situationen angewendet wurde und daß die sensomotorischen Elemente, die mit diesen neuartigen Situationen verbunden sind, in das ursprüngliche Verhaltensschema eingebaut wurden und es auf solche Weise differenzierten. Das Reflexschema wird also weder neuen Assoziationen untergeordnet noch umgekehrt. Im Gegenteil, eine einheitliche Tätigkeit wird von wesentlicher Kontinuität gekennzeichnet, wobei sie sich aber in komplementärer Weise differenziert und integriert.

Die Akkommodation setzt also die *Assimilation* voraus, wie im Bereich der rationalen Intelligenz die empirische Assoziation das Urteil voraussetzt. Dieser Assimilationsvorgang hat die Rolle des Organisationsfaktors, der Einheit ins Verhalten bringt, indem er die Kontinuität zwischen dem Verhaltensschema vor der Akkommodation und demselben Schema nach der Einverleibung neuer Elemente dank der Akkommodation gewährleistet. Worin besteht also die Assimilation?

Assimilation geschieht zuerst einmal als rein funktioneller Prozeß, das heißt als kumulative Wiederholung und als Assimilation des Gegenstandes an die Funktionen: saugen, um zu saugen; schauen, um zu schauen, usw. So aufgefaßt, verlängert die psychologische Assimilation ohne weiteres die funktionelle organische Assimilation und bedarf keiner speziellen Erklärung. In dem Maße aber, wie die Assimilation von Gegenständen an die Funktion immer mehr und immer verschiedenere Gegenstände umfaßt, wird die Assimilation zur »generalisierenden Assimilation«, das heißt (auf das gegenwärtige Entwicklungsstadium bezogen), sie kombiniert sich mit vielfältigen Akkommodationen. Schließlich wird sie aufgrund eben dieser Differenzierung zur »wiedererkennenden« Assimilation, das heißt zur Wahrnehmung von Gegenständen oder, genauer gesagt, von sensorischen Gebilden, die in Abhängigkeit von den vielfältigen, durch die generalisierende Assimilation ausgeübten Tätigkeiten geschieht. In diesem Vorgang verwirklicht sich ein erstes Prinzip der Außenweltrealisierung, zu dem sich später die Prozesse der Koordination heterogener Verhaltensschemata hinzugesellen, wodurch die Wahrnehmungsobjekte erst vollständig nach außen verlegt werden.

Man kann diese Assimilation genauer beschreiben, indem man sich entweder auf die Ebene des Bewußtseins oder auf die Ebene des Verhaltens stellt. Was geht im Bewußtsein des Kindes vor, wenn es an seinem Daumen lutscht, einen Gegenstand anschaut, diesen Gegenstand ergreift, nachdem es ihn bemerkt hat; wenn es Laute von sich gibt; usw.? William Stern – in: Psychologie der frühen Kindheit, Kapitel 6 – nimmt an, daß ein Eindruck erst dann individualisiert wird, wenn er mit einem als aktiv erlebten Bewegungsvorgang gekoppelt ist oder zumindest in den Gesamtverlauf einer Eigentätigkeit eingebettet ist. Dieser Sichtweise möchte man die Aufmerksamkeit entgegenhalten, die ein zwei Monate alter Säugling den Dingen und den Personen entgegenbringt – so betrachtet Lucienne mit 0; 1 (28) die Bäume über sich; sie lacht, wenn man sich vor ihr hin und her bewegt; usw. Jedes Betrachten impliziert aber notwendigerweise eine Akkommodation der Augen und des Kopfes, und der Säugling empfindet diese Akkommodation wahrscheinlich viel mehr als eine wirkliche Tätigkeit als wir: Sein Gesichtsausdruck verrät unaufhörlich sein Bemühen, seine Spannung, seine Erwartung, seine Befriedigung oder seine Enttäuschung usw. Überdies erweitert sich seine Wahrnehmung bereits zur

Nachahmung, wie wir es in der Folge sehen werden. Wir stimmen deshalb mit der Ansicht Sterns vollkommen überein.[15]

Aus dieser Tatsache ergeben sich unseres Erachtens für die die Assimilation begleitenden Bewußtseinszustände folgende Konsequenzen. Auf den primitiven Entwicklungsstufen des Bewußtseins werden die Dinge in geringerem Maße in sich selbst erfaßt, als dies beim Erwachsenen oder beim sprechenden Kind der Fall ist. Es gibt keinen Daumen, keine Hand, kein Band, das man ergreifen wird usw. Es existiert nur eine Ganzheit von taktil, visuell und gustativ usw. empfundenen Gebilden, die das Kind nicht betrachtet, sondern handelnd produziert und reproduziert.

Diese aktiven Gebilde sind gleichsam vom Bedürfnis durchdrungen, dauernd bestehenzubleiben oder nach Lust und Laune wieder aufgefunden werden zu können. Daraus ergibt sich eine wichtige Folgerung, die man ständig vor Augen haben sollte, um den assoziationstheoretischen Irrtum, der unter dem Deckmantel des Transfergesetzes immer wieder neu auftaucht, zu vermeiden. Die neuen Gegenstände, die sich dem Bewußtsein darbieten, haben keine eigenen isolierbaren Eigenschaften. Sie werden entweder ganz einfach an ein schon bestehendes Verhaltensschema assimiliert: Dann sind sie ein zu lutschendes Ding, ein zu betrachtendes Ding, ein zu ergreifendes Ding usw. Oder sie bleiben für das Bewußtsein unbestimmt und nebelhaft, weil sie nämlich nicht assimiliert werden können. Daraus entsteht ein Unbehagen, aus dem sich früher oder später eine neue Differenzierung der bestehenden Assimilationsschemata ergeben wird.

Auf der Ebene des Verhaltens stellt sich die Assimilation als ein Zyklus von Bewegungen oder von Handlungen dar, die untereinander verkettet sind, von denen die einen die anderen auslösen und schließlich wieder zu den ersten zurückführen. Für den Reflex, dessen verschiedene Erscheinungsformen wir analysiert haben, scheint das ganz eindeutig zu sein. Es gilt aber auch in der gleichen Weise von der Zirkulärreaktion. Die ausgeführte Handlung hinterläßt eine Leerstelle, die nach Erfüllung ruft und die Wiederholung derselben Handlung zur Folge hat. Die Zirkulärreaktion besitzt also eine geschlossene Form, sie besteht aus einem Zyklus von organisierten Bewegungen, die um so stärker organisiert sind, als die Handlung ein wirkliches Bedürfnis stillt. Jede Tätigkeit bildet eine Einheit. Natürlich ist diese Einheit nicht von Anfang an vollständig: Der Handlungszyklus vollzieht sich anfänglich gleichsam probeweise, abtastend und versuchsweise, und erst im Verlauf dieses ausprobierenden Versuchens gelingt

[15] Frau Bühler (in: Kindheit und Jugend, 3. Ausg., S. 22) fügt hinzu, daß das Interesse eines Kindes für eine Situation den Höhepunkt erreicht, wenn seine eigene Tätigkeit im Begriff ist, alle Schwierigkeiten zu überwinden.

es mit Leichtigkeit, die aufeinanderfolgenden Etappen zu isolieren und sie als Teilglieder eines assoziativen Transfers zu beschreiben. Das sogenannte »Signal«, das die betreffenden Bewegungen auslösen sollte, stellt viel eher ein Anzeichen für eine Tätigkeit dar, die Befriedigung verlangt, als eine Schaltvorrichtung zur Auslöung von bestimmten Bewegungen. Die eigentliche Ursache der Bewegung ist das Bedürfnis, das heißt der umfassende Assimilationsvorgang. Das bedeutet aber nicht, daß die Bewegung intentional sei. Das Bedürfnis ist im Augenblick nichts anderes als das Vakuum, das durch den abgeschlossenen Vollzug der vorangegangenen Handlung und durch die anfänglich zufällige Entdeckung eines interessanten Resultates (interessant, weil direkt assimilierbar), geschaffen worden ist.

Es folgt aus diesen Ausführungen auch, daß die Einheit von Akkommodation und Assimilation ihrerseits eine *Organisation* voraussetzt. Eine solche Organisation existiert im Innern eines jeden Assimilationsschemas (wir haben ja eben wieder an diese Tatsache erinnert). Jedes Verhaltensschema besitzt eine geschlossene Einheit, die jedem Element im Rahmen dieser Einheit eine Bedeutung verleiht. Die Organisation ist aber auch umfassend, das heißt, sie koordiniert die verschiedenen Assimilationsschemata. Wir wir aber gesehen haben, entsteht diese Koordination nicht auf andere Weise als die einfachen Verhaltensschemata selbst: mit dem wesentlichen Unterschied allerdings, daß jedes das andere in einer gegenseitigen Assimilation umfaßt. Am Ausgangspunkt stehen Bedürfnisse, die isoliert nach Befriedigung suchen: Das Kind schaut, um zu schauen; ergreift, um zu greifen; usw. Dann findet eine zufällige Koordination von einzelnen Schemata statt (das Kind sieht zufällig seine Hand etwas ergreifen usw.), und schließlich verfestigt sich diese Koordination. Wie geschieht diese Verfestigung? Beim ersten Hinsehen möchte man von Assoziation sprechen: Die Berührung der Hände mit einem Gegenstand oder die Berührung eines Gegenstandes mit den Lippen scheint ein Signal zu sein, das die Hinführung des Gegenstandes zu den Lippen und dort die Saugtätigkeit auslöst. Der Vorgang kann sich aber genausogut in umgekehrter Richtung abspielen: Das Bedürfnis zu saugen löst die Bewegung der Hand zum Mund aus usw. Die Komplementarität und Austauschbarkeit dieser Vollzüge zeigt deutlich, daß es sich im Grunde nur um einen einzigen handelt. Das wird noch deutlicher, wenn man feststellt, daß die Koordination der Verhaltensschemata gegenseitig ist, daß ein Kind zum Beispiel ergreift, was es sieht, und zu den Augen führt, was es ertastet. Kurzum, die Vereinigung von zwei Handlungsverläufen oder von zwei Verhaltensschemata muß als eine neue in sich geschlossene Ganzheit aufgefaßt werden: Es werden nicht etwa zwei Gruppen von Bildern miteinander assoziiert, noch werden zwei Bedürfnisse assoziiert, sondern es entsteht ein neues Bedürfnis, und die bestehenden Bedürfnisse organisieren sich in Abhängigkeit von dieser neuen Einheit um.

Es sei daran erinnert, daß das der Augenblick ist, wo die Assimilation sich objektiviert und die Wahrnehmung sich auf ein Außen zu beziehen beginnt. Ein sensorisches Gebilde, das gleichsam den Kreuzungspunkt mehrerer Assimilationsströme darstellt, wird dadurch verdichtet und in eine Außenwelt projiziert. Durch diesen Vorgang erhält die Außenwelt auch ihre Kohärenz.

Abschließend weisen wir noch einmal darauf hin, wie sehr die Tätigkeit dieses Stadiums, aus der die ersten sensomotorischen Gewohnheiten entspringen, vom funktionellen Standpunkt aus gesehen mit der intelligenten Tätigkeit identisch ist und sich doch in bezug auf die zugrunde liegenden Strukturen auch wesentlich von ihr unterscheidet. Von diesem Standpunkt der Funktion aus sind also die Akkommodation, die Assimilation und die Organisation der ersten erworbenen Verhaltensschemata vollständig mit denen der beweglicheren Verhaltensschemata vergleichbar, deren sich die sensomotorische Intelligenz bedienen wird. Sogar bei den Begriffen und Relationen der rationalen Intelligenz läßt sich in der Funktionsweise von Akkommodation, Assimilation und Organisation kein Unterschied feststellen. Vom Standpunkt der Struktur aber fehlt den ersten Zirkulärreaktionen die Intentionalität. Solange die Handlung vollständig durch die in direkter Weise wahrgenommenen sensorischen Gebilde bestimmt wird, kann keine Rede von Intentionalität sein. Selbst wenn ein Kind einen Gegenstand ergreift, um an ihm zu lutschen oder ihn zu betrachten, kann man nicht schließen, daß es ein bewußtes Ziel verfolgt: Das Ziel der Handlung besteht in ihrem Vollzug, weil das Koordinationsschema eine Einheit bildet. Erst mit dem Erscheinen der mobilen Sekundärschemata und der aufgeschobenen Reaktionen wird das Ziel der Handlung in gewissem Sinne nicht mehr direkt wahrgenommen und setzt eine gewisse Kontinuität des Bemühens und folglich auch eine beginnende Intentionalität voraus. Selbstverständlich bestehen aber alle möglichen Abstufungen und Übergänge zwischen diesen weiterentwickelten Tätigkeitsformen und den primitiveren Formen, von denen wir bis jetzt gesprochen haben.

Zweiter Teil
Die intentionalen sensomotorischen Anpassungsprozesse

Die Koordination der Sehtätigkeit mit der Greiftätigkeit, die wir im Verlauf des zweiten Kapitels untersucht haben, leitet eine neue Reihe von Verhaltensweisen, die intentionalen Anpassungsvorgänge, ein. Leider dürfte aber nichts schwerer zu definieren sein als die Intentionalität. Oft wird gesagt, eine Handlung sei dann intentional, wenn sie durch die Vorstellung bestimmt werde. Bei den elementaren Assoziationen dagegen werde die Handlung durch einen äußeren Stimulus bestimmt. Wenn man aber den Begriff der Vorstellung im engen und eigentlichen Sinne verwendet, können keine intentionalen Handlungen auftreten, bevor die Sprache gegeben ist, das heißt die Fähigkeit, die Dinge der Wirklichkeit mittels die äußere Handlung ersetzender Zeichen zu denken. Die Intelligenz geht aber der Sprache voran, und jede intelligente sensomotorische Handlung setzt eine Intention voraus. Wenn man aber den Begriff der Vorstellung so weit ausdehnt, daß er jede Art bewußter Bedeutungserfassung einschließt, dann wäre die Intentionalität schon mit den einfachsten Assoziationen und beinahe mit der Betätigung der Reflexe verwirklicht. Soll man vielleicht die Intentionalität an die Fähigkeit, sich Bilder vorzustellen, knüpfen? Das Suchen nach einer Frucht in einer geschlossenen Büchse wäre in diesem Sinne eine intentionale Handlung, weil es durch die Vorstellung der Frucht in der Büchse bestimmt ist. Wie wir aber sehen werden, tritt auch diese Art von Vorstellung, durch Bilder und individuelle Symbole, sehr wahrscheinlich sehr viel später auf. Das Vorstellungsbild ist das Produkt eines verinnerlichten Prozesses intelligenter Handlungen und nicht eine Vorbedingung für diese Handlungen. Wir sehen daher nur noch eine Möglichkeit, den intentionalen Anpassungsvorgang von den einfachen Zirkulärreaktionen der sensomotorischen Gewohnheit zu unterscheiden. Dieser verbleibende Weg stützt sich auf die Zahl der Zwischenglieder, die sich zwischen den Stimulus einer Handlung und ihr Ergebnis schieben. Wenn ein zwei Monate alter Säugling an seinem Daumen lutscht, kann man nicht von einem intentionalen Akt sprechen, weil die Koordination zwischen Hand und Saugtätigkeit unmittelbar und direkt ist: Das Kind braucht nur durch eine Zirkulärreaktion die zufällig erfolgten Bewegungen, die sein Bedürfnis befriedigen, zu wiederholen, damit dieses Verhalten Gewohnheitscharakter annimmt. Wenn dagegen ein Kind im Alter von acht Monaten ein Hindernis beiseite schiebt, um ein bestimmtes Ziel zu erreichen, kann man von Intentionalität sprechen, weil das durch den Stimulus der Handlung (den zu ergreifenden Gegenstand) ausgelöste Bedürfnis erst nach einer mehr oder weniger langen Reihe von Zwischenhandlungen (die Hindernisse beseitigen) befriedigt wird. Man könnte auf diese Weise die Intentionalität als das Bewußtsein eines Verlanges oder des Zielcharakters einer Handlung definieren, wobei dieses Bewußtsein selbst wiederum eine Funktion der Anzahl der durch den Hauptakt benötigten Zwischenhandlungen ist. In gewissem Sinne ist also der Unterschied zwischen den elementaren Anpassungshandlungen und den intentionalen Anpassungshandlungen nur gradueller Art. Der intentionale Akt ist ein komplexeres Gefüge von Handlungen, das zweitrangige Werte bestimmten Hauptwerten unterordnet und den Hauptunternehmungen, die dem ganzen Handlungsgefüge ein *Ziel* verleihen, intermediäre Bewegungen oder *Mittel* zuordnet. Man kann diese Ordnung allerdings auch umgekehrt sehen. Die Intentionalität impliziert nämlich eine Umkehrung des Bewußtseinsverlaufs. In zunehmendem Maße gelangt nicht nur das Endergebnis einer Handlung zum Bewußtsein, sondern schon ihre ersten, auf das Endziel ausgerichteten Ansätze. Das Bewußtsein entspringt also aus der Wahrnehmung der Unangepaßtheit und geht folglich von der Peripherie aus, um schließlich bis zu den zentralen Handlungen vorzudringen.

Für die Praxis dürfen wir annehmen, daß die intentionalen Anpassungshandlungen einsetzen, wenn das Kind die Stufe der einfachen körperlichen Betätigungen (saugen, hören, Geräusche erzeugen, schauen und greifen) überschreitet und beginnt, auf die Dinge einzuwirken und die Beziehungen der Gegenstände untereinander zu berücksichtigen. Dabei darf man allerdings nicht übersehen, daß dieser Einschnitt etwas Künstliches und Willkürliches an sich hat und daß alle möglichen Übergänge Handlungen des zweiten Stadiums mit solchen des dritten verbinden. Solange das Subjekt sich damit begnügt zu saugen, zu schauen, zu hören, zu ergreifen usw., befriedigt es damit auf mehr oder weniger direkte Weise unmittelbare Bedürfnisse, und wenn es auf die Dinge einwirkt, dann tut es das nur, um seine eigenen Funktionen zu betätigen. In einem solchen Fall kann man also kaum von Ziel und Mittel sprechen. Die Verhaltensschemata, die als Mittel dienen, sind identisch mit denen, die der Handlung ein Ziel geben. Für dieses Bewußtwerden, das die Intentionalität definiert, bietet sich in diesem kurzen Handlungsverlauf gar keine Gelegenheit. Sobald dagegen das Subjekt im Besitze koordinierter Greifschemata oder Sehschemata usw. ist und sie dazu verwendet, sich die ganze Umwelt zu assimilieren, werden vielfältige Kombinationen möglich (aufgrund einer generalisierenden Assimilation und der entsprechenden mit ihr kombinierten Akkommodation), die die Ausbildung von kurzzeitigen Mittel-Zweck-Hierarchien zur Folge haben. Daher kann sich das Individuum der Zielgerichtetheit seiner Handlungen oder ihrer Intentionalität bewußt werden.

Für die theoretische Analyse bedeutet die Intentionalität also eine

Ausweitung der im Verlauf des vorangegangenen Entwicklungsstadiums erworbenen Handlungseinheiten und Handlungsbezüge. Diese Ausweitung ermöglicht ihrerseits die fortschreitende Abspaltung von reellen und ideellen Handlungseinheiten einerseits und von Tatsachenrelationen und Wertrelationen andererseits. Sobald nämlich eine Intention gegeben ist, existieren im Bewußtsein auch ein zu erreichendes Ziel und dazu geeignete Mittel. Mit anderen Worten, es gibt nun ein Bewußtsein von Werten (der Wert ist das Interesse an einer Zwischenhandlung, die als *Mittel* dient und der Zielhandlung untergeordnet ist) und das Bewußtsein eines Ideals (die zu vollziehende Handlung ist ein Teil einer idealen Gesamtheit, die das *Ziel* der realen Gesamtheit von schon organisierten Handlungen darstellt).

Es ist somit ersichtlich, daß die Funktionskategorien der Organisationsfunktion, ausgehend von den globalen Verhaltensweisen des vorangehenden Entwicklungsstadiums, sich in Zukunft präzisieren werden. Auch die Assimilations- und Akkommodationsfunktionen kommen vom relativ undifferenzierten Zustand der ersten Entwicklungsstadien weg und gelangen im intentionalen Anpassungsprozeß ebenfalls zu einer weiteren Differenzierung. Die Assimilation hat sich bis jetzt durch beinahe rigide Verhaltensschemata vollzogen (die sensomotorischen Schemata der Saugtätigkeit, der Greiftätigkeit usw.); künftig wird sie mobile Verhaltensschemata erzeugen, die zu einer großen Streuungsbreite von Implikationen fähig sind und in denen wir ein funktionales Äquivalent der qualitativen Begriffe und quantitativen Relationen der rationalen Intelligenz entdecken werden. Die Akkommodation ihrerseits schmiegt sich der Außenwelt immer enger an und vermag so raumzeitliche Bezüge sowohl wie Beziehungen der Substantialität und der Ursächlichkeit, die bis jetzt ganz in der psychoorganischen Tätigkeit des Subjektes beschlossen blieben, immer mehr zu verdeutlichen.

Mit anderen Worten, wir stoßen jetzt auf das eigentliche Problem der Intelligenz. Ihre Entstehung und Entwicklung werden wir nun vom Stadium drei bis zum Stadium sechs verfolgen. Bis jetzt hatten wir es nicht mit der eigentlichen Intelligenz zu tun. Für das erste Stadium scheint das selbstverständlich, handelt es sich ja dort um reine Reflexe. Die Verhaltensweisen des zweiten Stadiums konnte man trotz gewisser funktioneller Ähnlichkeiten nicht mit intelligenten Anpassungsvorgängen gleichsetzen, da sie noch keine Intentionalität besaßen. Es ist hier zwar noch nicht der Ort, diesen Unterschied der Struktur genauer zu erörtern, den nur die Analyse der Tatsachen zu vertiefen erlaubt und den wir im Schlußkapitel dieses Bandes *in extenso* diskutieren werden. Wir möchten aber hier darauf hinweisen, daß die Abfolge unserer Entwicklungsstadien in den großen Linien dem Schema entspricht, das Claparède in einem bedeutenden Artikel über die Intelligenz, der 1917 zum ersten Mal erschienen ist und in der ›Education fonctionelle‹ neu abgedruckt wurde, entworfen hat. Nach Claparède ist die Intelligenz eine Anpassung an neue Situationen. Auch die Reflexe und die gewohnheitsmäßigen Assoziationen sind ein Anpassungsprozeß, der aber entweder vererbt wurde oder durch persönliche Erfahrung zustande kam und ganz wesentlich immer eine Anpassung an Situationen darstellt, die sich dauernd wiederholen. Die neuen Situationen, an die sich das Kind anzupassen hat, bieten sich aber gerade dann an, wenn die vertrauten, im Verlauf des zweiten Entwicklungsstadiums erarbeiteten Verhaltensschemata zum ersten Mal auf die Umwelt in ihrer ganzen Komplexität angewendet werden.

Außerdem könnte man im Sinne Claparèdes zwei relativ gegensätzliche Arten von intentionalen Intelligenzhandlungen unterscheiden. Claparède trennt empirische und systematische Intelligenz voneinander. Die empirische Intelligenz besteht nach Claparède aus Operationen, die von Dingen und nicht bloß von Deduktionsregeln kontrolliert werden. Die systematische Intelligenz ist ein System von Operationen, die von innen her durch die bewußte Beachtung der Relationen kontrolliert werden und so die Anfänge des deduzierenden Denkens darstellen. Die erste Art von Operationen oder Verhaltensweisen scheint uns für die Stadien drei bis fünf charakteristisch zu sein, während das Auftreten der zweiten Art unseres Erachtens das Kriterium für den Beginn des sechsten Stadiums darstellt. Dieser Begriff der »empirischen Intelligenz« bleibt aber sehr vage, solange man in der Abfolge der Tatsachen nicht einige Einschnitte vornimmt, die nicht das Ziel verfolgen, eine nur allzu reale Kontinuität zu zerstückeln, sondern einzig der besseren Analyse der immer komplexer werdenden Verhaltensweisen dienen sollen. Daher werden wir vom Beginn des Einwirkens auf die Dinge bis zu den Anfängen der systematischen Intelligenz drei Stadien unterscheiden: die Stadien drei bis fünf.

Das dritte Stadium hebt an mit dem Greifen nach visuell wahrgenommenen Gegenständen und ist durch das Auftreten eines schon fast intentionalen Verhaltens – im oben dargelegten Sinne – gekennzeichnet. Dieses Verhalten kündet die empirische Intelligenz an, bleibt aber noch zwischen der erworbenen Assoziation des zweiten Stadiums und dem eigentlichen Intelligenzakt stehen. Es offenbart sich vor allem als »sekundäre Zirkulärreaktion«, das heißt als ein Verhalten, das darin besteht, Handlungen mit interessanter Einwirkung auf die Dinge wieder hervorzubringen. Ein solches Verhalten geht tatsächlich um so mehr über erworbene Assoziationen hinaus, als ein beinahe intentionales Bemühen notwendig ist, um die zuerst zufällig erfolgten Bewegungen zu wiederholen. Es stellt aber noch keineswegs einen typischen Intelligenzakt dar, denn dieses Bemühen läuft bloß darauf hinaus wiederzufinden, was schon getan wurde, und nicht etwas Neues zu erfinden oder etwas Bekanntes auf neuartige Umstände anzuwenden. Die »Mittel« sind bei diesen Verhaltensweisen noch kaum von den »Zielen« differenziert oder differenzieren sich von ihnen höchstens nachträglich bei der Wiederholung dieser Handlungen.

Das vierte Stadium beginnt mit dem Alter von acht bis neun Monaten und erstreckt sich bis zum Ende des ersten Lebensjahres. Seine charakteristischen Verhaltensweisen bauen auf den vorangehenden auf und sind wesentlich eine »Anwendung bekannter Mittel auf neuartige Situationen«. Solche Verhaltensweisen unterscheiden sich von den vorangegangenen sowohl durch ihre funktionale Bedeutung als auch durch ihren strukturalen Mechanismus. Sie entsprechen vom Standpunkt der Funktion aus zum ersten Mal ganz der geläufigen Definition der Intelligenz: Anpassung an neuartige Umstände. Einem Kind, das ein ihm vertrautes Ziel verfolgt, von dem es aber durch unerwartete Hindernisse ferngehalten wird, stellt sich die Aufgabe, diese Hindernisse zu überwinden. Das einfachste Vorgehen besteht darin, die verschiedenen vertrauten Verhaltensschemata zu versuchen und sie dem verfolgten Zweck anzupassen. Das macht den Kern der Verhaltensweisen des vierten Stadiums aus. Was ihre Struktur angeht, bestehen sie aus einer Kombination von Verhaltensschemata in der Weise, daß die einen den anderen als »Mittel« untergeordnet sind. Daraus ergeben sich zwei Folgerungen: eine größere Beweglichkeit der Verhaltensschemata und eine genauere Akkommodation an die äußeren Gegebenheiten. Dieses Stadium muß daher vom vorangehenden nicht nur aufgrund des intelligenteren Funktionierens, mehr noch um der Struktur willen unterschieden werden, die jetzt zur Objektivierung von Gegenstand, Raum und Ursächlichkeit führt. Mit dem vierten Stadium beginnen nämlich die Dinge ihre Permanenz zu erhalten und die »objektiven räumlichen Gruppierungen« und die objektivierte räumliche Ursächlichkeit sich auszubilden.

Mit dem Beginn des zweiten Lebensjahres kündigt sich das fünfte Stadium an, das zum ersten Mal durch ein wirkliches Experimentieren gekennzeichnet ist. Daraus ergibt sich die Möglichkeit einer »Entdekkung neuartiger Mittel durch ein aktives Ausprobieren«. In diesem Verhalten vollzieht sich der Aufschwung der instrumentalen Verhaltensweisen, und es erreicht den Höhepunkt der empirischen Intelligenz.

Schließlich wird im sechsten Stadium die Gesamtheit der bis jetzt ausgebildeten Verhaltensweisen durch das »Erfinden neuartiger Mittel durch mentale Kombination« gekrönt.

Kapitel III
Das dritte Stadium: Die »sekundären Zirkulärreaktionen« und die »Vorgehensweisen, die dazu dienen, interessante Erscheinungen andauern zu lassen«

Eine gleichartige Funktionsweise scheint sich vom einfachen Reflex zum systematischsten Intelligenzverhalten durch alle Entwicklungsstadien hindurchzuziehen. Diese Funktion garantiert eine vollständige Kontinuität zwischen den immer komplexer werdenden Strukturen. Die funktionale Kontinuität schließt aber keineswegs eine Verwandlung der Strukturen aus. Ihr könnte im Bewußtsein des Subjektes eine wirkliche Umkehrung der Perspektiven parallel laufen. Zu Beginn der intellektuellen Entwicklung wird jede Handlung gleichsam in einem Stück durch einen äußeren Stimulus ausgelöst, und die Initiative des Individuums beschränkt sich einfach darauf, eine bestimmte Handlung in Gegenwart von Reizen, die dem normalen Stimulus ähnlich sind, neu vollziehen zu können oder diese Handlung in einer einfachen Wiederholung ohne ein bestimmtes Objekt zu repetieren. Am Ende der Entwicklung wird dagegen jede Handlung eine mobile Organisation mit ungezählten Möglichkeiten der Aufsplitterung und Neugruppierung besitzen, so daß sich das Subjekt Ziele stecken kann, die immer unabhängiger von den Suggestionen der unmittelbaren Umwelt werden.

Auf welche Weise vollzieht sich diese Umwandlung? Aufgrund von fortschreitenden und immer komplexer werdenden Koordinationen von Verhaltensschemata. Indem das Kind seine Handlungen durch reproduzierende und generalisierende Assimilationen unaufhörlich neu vollzieht, überschreitet es die Grenzen der einfachen Reflextätigkeit und entdeckt die Zirkulärreaktionen, auf denen es seine ersten Gewohnheiten aufbaut. Ein solcher Prozeß ist selbstverständlich einer unbegrenzten Ausweitung fähig. Zuerst läßt das Kind diese Verhaltensschemata am eigenen Körper spielen, dann beginnt es früher oder später, sie an überraschenden Erscheinungen der Außenwelt auszuprobieren, wodurch das Explorations- und Experimentationsverhalten entsteht. In der Folge lernt es schließlich auch, diese Verhaltensschemata zu zerlegen und in neuer Weise zusammenzusetzen. In dem Maße, wie diese Verhaltensweisen an immer vielfältigeren Umweltsituationen zur Anwendung gelangen, wird das Subjekt nämlich dazu geführt, die einzelnen Teilstücke dieses Verhaltens loszulösen, sie als Mittel oder als Ziele zu betrachten und sie nun in den verschiedensten Weisen neu zu gruppieren. Mit dieser Unterscheidung von Mittel und Zweck erreicht das Verhalten den Punkt der Intentionalität und kehrt damit seine Ausrichtung um: Während es bis jetzt auf das Vergangene, das heißt auf die Repetition, zielte, orientiert es sich nun nach den neuen möglichen Kombinationen und damit der eigentlichen Entdekkung.

Das Stadium, mit dessen Beschreibung wir nun beginnen wollen, bildet das Verbindungsglied, das von den Verhaltensweisen der ersten Art zu denjenigen der zweiten Art hinüberführt. Die »sekundären Zirkulärreaktionen« führen tatsächlich die Zirkulärreaktionen weiter, von denen bis jetzt die Rede war, denn auch sie bestehen wesentlich in einer Repetition. Nachdem es dem Kind gelungen ist, die interessanten, zufälligerweise am eigenen Körper entdeckten Verhaltensresultate zu erneuern, wird es sich früher oder später bemühen, auch die Ergebnisse beizubehalten, die es durch eine Einwirkung seines Handelns auf die Außenwelt erzielt. So einfach ist der Übergang zu den sekundären Zirkulärreaktionen. Ihre Verwandtschaft mit den primären Zirkulärreaktionen wird damit ganz deutlich. Man muß allerdings sofort hinzufügen, daß die Unterscheidung von Mittel und Zweck dazukommt und sich um so mehr präzisiert, als sich dieses Bemühen auf Resultate erstreckt, die von der Reflextätigkeit immer weiter entfernt sind. Als vererbte Anlage besitzt das Reflexschema eine unteilbare Einheit. Die der Reflextätigkeit eigentümliche Wiederholung kann darum die Maschinerie auch nur dann in Gang setzen, wenn sie den gesamten Verhaltenskomplex ohne Unterscheidung von Verbindungsgliedern und Zielpunkten in Aktion versetzt. Bei den ersten organischen Gewohnheiten (»am Daumen lutschen« zum Beispiel) vergrößert sich die Komplexität des Verhaltensschemas, da ja ein erworbenes Element zwischen die Reflexbewegungen eingeschoben wird. Die Wiederholung eines interessanten Ergebnisses wird deswegen immer eine Koordination von Teilgliedern implizieren, die nicht notwendigerweise miteinander verbunden sind. Obwohl ihre Vereinigung zwar neu entstand, war sie dennoch in gewissem Maße durch die besondere Gestaltung des eigenen Körpers nahegelegt und konnte durch eine verstärkte Reflextätigkeit sanktioniert werden. Darum fällt es dem Kinde auf dieser Stufe auch leicht, durch einfache Wiederholung das erhaltene Resultat wieder hervorzubringen, ohne daß es gezwungen wäre, Zwischenglieder und Endpunkte der Handlung voneinander zu unterscheiden. Sobald dagegen das neu zu erbringende Ergebnis zur Außenwelt gehört und damit zu unabhängigen Gegenständen (selbst wenn das Kind ihre gegenseitigen Beziehungen und ihre Permanenz noch nicht kennt), wird das Subjekt aufgrund seiner Bemühungen, eine erfolgreiche Geste wiederum zu vollziehen, nachträglich dazu veranlaßt, in seinem Handeln Zwischenglieder oder »Mittel« und einen Endpunkt oder ein »Ziel« zu unterscheiden. Von diesem Augenblick an darf man tatsächlich von »Intentionalität« und von einer

Umkehrung des Verlaufs sprechen, durch den das Bewußtsein die Handlung erfaßt. Diese Umkehrung wird aber erst endgültig sein, wenn die verschiedenen Handlungsabschnitte so voneinander dissoziiert sind, daß sie sich untereinander wieder auf verschiedene Weise verbinden lassen. Dann können die bekannten Mittel auf neuartige Ziele angewandt werden, und die Verhaltensschemata sind miteinander koordiniert (viertes Stadium). Die »sekundäre Zirkulärreaktion« ist noch nicht bis zu diesem Punkt gelangt: Sie besteht wesentlich in dem Bestreben, jedes interessante Handlungsergebnis, das aufgrund einer Einwirkung auf die Außenwelt erzielt worden ist, neu hervorzurufen, ohne daß das Kind danach trachten würde, die so erzielten Verhaltensschemata voneinander zu trennen und neu zu gruppieren. Das Ziel ist damit nicht von vornherein gegeben, sondern wird erst im Augenblick der Wiederholung der Handlung gesetzt. – In diesem Sinn bildet das gegenwärtige Stadium die exakte Nahtstelle zwischen vorintelligenten Handlungen und wirklich intentionalen Operationen.

Die charakteristischen Verhaltensweisen dieses Stadiums gehören in gewissem Sinne noch zu den reinen Repetitionshandlungen, obwohl sie aufgrund ihrer größeren Komplexität über sie hinaus ragen. Gleichzeitig bilden sie schon intelligente Koordinationen, obwohl bei ihnen die Dissoziation von Mittel und Zweck noch nicht vollkommen verwirklicht ist.

Wir werden diesen typischen Übergangscharakter, wie sich in ›Der Aufbau der Wirklichkeit beim Kinde‹ offenbaren wird, in allen Verhaltensweisen dieses Stadiums wiederfinden, mag es sich um den Inhalt oder, wie man auch sagen könnte, die Realkategorien der Intelligenz (Gegenstand und Raum, Ursächlichkeit und Zeit) oder mag es sich um ihre Form (deren Analyse wir vollziehen werden) handeln.

Zum Beispiel gelangt das Kind dieses Stadiums in bezug auf den Gegenstand zu einer Verhaltensweise, die genau in der Mitte zwischen der Nichtpermanenz des Gegenstandes und den später auftretenden adäquaten Reaktionen vor verschwundenen Gegenständen liegt. Einerseits lernt es, die Gegenstände, die es sieht, zu ergreifen, diejenigen, die es berührt, vor seine Augen zu bringen usw. Diese Koordinationen von Sehen und Greifen stellen einen bemerkenswerten Fortschritt in Richtung auf eine Verfestigung der Außenwelt dar. Beim Einwirken auf die Gegenstände, die in gewissem Maße sein Handeln verlängern und ihm Widerstand leisten, erfährt es sie als widerständig und permanent. Sobald aber andererseits die Gegenstände wiederum aus dem Wahrnehmungsfelde heraustreten und sich folglich dem direkten Einfluß des Kindes entziehen, reagiert es nicht mehr und wird auch nicht aktiv nach ihnen suchen, wie es das im Verlauf des folgenden Stadiums tun wird. Die Permanenz des Gegenstandes ist darum noch sehr eingeschränkt, sie gilt nur für den augenblicklichen Vollzug einer Handlung und ist nicht schlechthin gegeben.

Was den Raum betrifft, führen die vom Kind des dritten Stadiums auf die Dinge ausgeübten Handlungen zur Ausbildung einer Wahrnehmung von »Gruppen«. Eine Gruppe ist ein System von Verschiebungen, das eine Rückkehr zum Ausgangspunkt gestattet.

In diesem Sinn bedeuten die Verhaltensweisen dieses Stadiums einen bemerkenswerten Fortschritt gegenüber den vorangehenden. Sie erreichen die Koordination der verschiedenen praktischen Räume (Sehraum, Tastraum, Saugraum usw.). Die so gebildeten »Gruppen« bleiben aber noch »subjektiv«, denn das Kind trägt den räumlichen Beziehungen der Gegenstände untereinander noch keine Rechnung über den Bereich der unmittelbaren Handlung hinaus. Aufgrund dieser Handlungen, mit denen das Kind auf die Außenwelt einwirkt, nimmt auch die Kausalität ihrerseits Gestalt an. Sie wird künftig bestimmte deutlich erkennbare Phänomene an entsprechende Handlungen knüpfen. Verhaltensschemata dieses Stadiums können aber nicht in ihre einzelnen Elemente zerlegt werden, deshalb gelangt das Kind nur zu einem unbestimmten und globalen Empfinden einer kausalen Abhängigkeit und vermag die Ursächlichkeit noch nicht zu objektivieren und auch nicht räumlich zu situieren.

Dasselbe gilt erst recht von den zeitlichen Abfolgen. Sie verbinden erst einzelne Phasen des eigenen Handelns, aber noch nicht alle Ereignisse, die in einem vom Ich unabhängigen Milieu gegeben sind.

Kurz gesagt, in den ersten beiden Stadien besteht die Tätigkeit des Kindes aus einfachen Wiederholungen ohne Intentionalität. Die Außenwelt wird noch nicht von den eigenen Handlungen abgehoben, und die Kategorien behalten subjektiven Charakter. Sobald aber die Verhaltensschemata für eine intentionale Aufgliederung und Neukombination erschlossen, sobald sie also im eigentlichen Sinn intelligent werden, zieht das Bewußtsein der Beziehungen, das sich aufgrund der Unterscheidung von Mittel und Zweck langsam herausbildet, notwendigerweise die Erarbeitung einer vom Ich unabhängigen Welt nach sich. Somit stellt das dritte Stadium auch in bezug auf den Inhalt des intelligenten Verhaltens einen Wendepunkt dar. Seine charakteristischen Reaktionen stehen in der Mitte zwischen dem solipsistischen Universum zu Beginn der Entwicklung und dem objektiven Universum der ausgebildeten Intelligenz. Diese Betrachtungen waren für die folgende Beschreibung der Tatsache nicht unentbehrlich, sie können aber viele Aspekte erhellen und das Verständnis erleichtern.

1. Die »sekundären Zirkulärreaktionen«: Die Tatsachen und die reproduktive Assimilation

Die Zirkulärreaktionen des zweiten Stadiums können »primäre« genannt werden. Ihrem Wesen nach sind sie einfache Organbewegungen (saugen, schauen, ergreifen usw.), die sich selbst genügen, die untereinander koordiniert sind oder nicht und die nicht den Zweck verfolgen, ein in der Außenwelt gegebenes Resultat zu unterhalten. So ergreift das Kind, um zu ergreifen, um das Ergriffene zu lutschen oder um es zu betrachten, aber noch nicht, um es zu wiegen, um es an etwas anderem zu reiben oder um damit gehörte Geräusche von neuem zu erzeugen. Die Außenweltgegenstände, auf die das Subjekt einwirkt, bilden noch eine Einheit mit seinem Handeln, und dieses Handeln ist von strenger Einfachheit, indem Mittel und Zweck noch zusammenfallen. Bei den Zirkulärreaktionen, die wir »sekundäre« nennen wollen und die das gegenwärtige Stadium charakterisieren, liegen das Ziel und das Ergebnis des Handelns in der Außenwelt und verfolgt die Handlung den einzigen Zweck, dieses Resultat zu erhalten. Daher ist sie auch komplexer. Mit ihr beginnen sich die Mittel vom Zweck zu differenzieren, allerdings erst im Nacheinander.

Natürlich bestehen fließende Übergänge zwischen den primären und den sekundären Zirkulärreaktionen. Es ist reine Übereinkunft, daß wir als Kriterium des Auftretens der sekundären Reaktionen die Einwirkung auf die Außenwelt wählen. Mögen daher diese sekundären Zirkulärreaktionen im großen und ganzen auch erst nach der endgültigen Festigung der Greiftätigkeit auftreten, so kann man doch schon vorher Beispiele für dieses Phänomen finden.

Wir führen zunächst Zirkulärreaktionen an, die sich auf Bewegungen beziehen, in die das Kind seine Wiege oder daran befestigte Gegenstände versetzt:

Bb. 94 a: Mit 0; 3 (5) versetzt Lucienne ihren Wagen in Bewegung, indem sie heftig mit den Beinen strampelt, wobei auch die am Dach aufgehängten Stoffpuppen zu schwanken beginnen. Lucienne betrachtet sie lächelnd und beginnt sogleich von neuem.

Diese Bewegungen sind einfache Begleiterscheinungen der Freude: Wenn Lucienne große Lust verspürt, bringt sie diese in einer Gesamtreaktion des Körpers zum Ausdruck, bei der natürlich auch die Beine bewegt werden. Da sie ihren Stoffpuppen öfters zulächelte, hat sie auf diese Weise ihr Schwingen provoziert. Unterhält sie diese Schwingungen aufgrund einer bewußt eingesetzten Zirkulärreaktion, oder steckt ganz einfach das immer wieder erneuerte Vergnügen hinter ihrem Verhalten?

Am Abend desselben Tages, während Lucienne ruhig daliegt, versetze ich die Puppen in leichtes Schwingen. Das Kind reagiert mit dem gleichen Verhalten wie am Morgen, aber es bleiben immer noch beide Interpretationen möglich.

Am folgenden Tag, Lucienne ist 0; 3 (6) alt, zeige ich ihr die Puppen: Sie beginnt sofort zu strampeln, diesmal aber ohne die Andeutung eines Lächelns. Ihr Interesse ist intensiv und andauernd, es scheint also bereits eine intentionale Zirkulärreaktion vorzuliegen.

Mit 0; 3 (8) finde ich Lucienne im Begriff, ihre Puppen in Schwingung zu versetzen. Eine Stunde später versetze ich selbst den Puppen einen leichten Stoß. Lucienne schaut sie an, lächelt, wird ein wenig unruhig, wendet die Aufmerksamkeit aber sogleich wieder ihren Händen zu, die sie kurz vorher betrachtet hatte. Eine zufällige Bewegung erschüttert die Puppen: Lucienne schaut von neuem hin und strampelt nun in regelmäßiger Folge. Sie fixiert die Puppen mit den Augen, lächelt aber kaum dabei und beschreibt mit ihren Beinen weite und nervöse Bewegungen. Jeden Augenblick wird sie aber wieder von ihren Händen abgelenkt, die im Gesichtsfeld erscheinen. Sie schaut sie kurze Zeit prüfend an, kehrt dann jedoch zu den Puppen zurück. Diesmal läßt sich ganz deutlich eine Zirkulärreaktion feststellen.

Mit 0; 3 (13) betrachtet Lucienne ihre Hand in koordinierterer Weise als gewöhnlich (siehe Bb. 67). Aus Freude darüber, ihre Hand zwischen Kopfkissen und Gesicht hin und her fuchteln zu sehen, strampelt sie angesichts ihrer Hand wie vorher vor den Puppen. Diese Strampelreaktion bringt ihr aber die Puppen wieder in Erinnerung, und sie schaut sogleich zu ihnen hin, wie wenn sie ihre Bewegungen voraussehen würde. Sie betrachtet auch das Dach, das sich ebenfalls bewegt. In gewissen Momenten wechselt ihr Blick von der Hand zum Dach und vom Dach zu den Puppen usw. Darauf konzentriert sich ihre Aufmerksamkeit auf die Puppen, die sie regelmäßig erschüttert.

Mit 0; 3 (16) beginnt sie die Puppen in Schwingungen zu versetzen, sobald ich sie am Dach aufhänge. Sie lächelt nicht dabei und vollführt deutliche und rhythmische Stöße, die durch ein Intervall unterbrochen sind, wie wenn sie dabei das Phänomen studieren würde. Der Erfolg löst allmählich wieder ihr Lächeln aus. Diesmal haben wir unbestritten eine Zirkulärreaktion vor uns. Dasselbe Verhalten zeigt sich mit 0; 3 (24). Diese Beobachtungen dauern im Verlauf der folgenden Monate noch an, und zwar bis 0; 6 (10) und 0; 7 (27) in bezug auf einen Hampelmann und bis 0; 6 (13) bezüglich eines Zelluloidvogels usw.

Bb. 94b: Mit 0; 3 (9) befindet sich Lucienne in ihrer Wiege ohne die Puppen, von denen eben die Rede war. Ich versetze dem Dach der Wiege zwei oder drei Stöße, ohne daß sie mich sehen kann. Sie schaut sehr interessiert hin und beginnt das Phänomen durch kurze und deutlich intendierte Strampelbewegungen während längerer Zeit zu erneuern. – Am Abend desselben Tages überrasche ich Lucienne dabei, wie sie ihr Dach von sich aus erschüttert. Bei diesem Schauspiel lächelt sie vor sich hin. Es handelt sich also um dasselbe, in der vorherigen Beobachtung beschriebene Verhaltensschema, das hier aber auf einen neuen Gegenstand angewendet wird. An den folgenden Tagen mache ich dieselben Beobachtungen.

Mit 0; 4 (4) versucht sie, in einem neuen Wagen liegend, mit starken Stößen aus den Hüften heraus das Dach zu erschüttern. Mit 0; 4 (13) strampelt sie wuchtig mit ihren Beinen, indem sie dabei auf das Spitzengehänge ihres Wagendaches blickt. Sobald sie es nach einer Pause wieder neu wahrnimmt, fängt sie von neuem an. Gleiche Reaktion gegenüber dem Dach im allgemeinen. Mit 0; 4 (19) zeigt sie dasselbe Verhalten, wobei sie jeden einzelnen Teil des Daches prüfend betrachtet. Mit 0; 4 (21) tut sie dasselbe auch in ihrem »Sportwagen« und nicht mehr bloß im

Kinderwagen. Sie untersucht dabei mit größter Aufmerksamkeit das Resultat der Stöße. Ähnliche Beobachtungen von 0; 5 (5) bis 0; 7 (20) und darüber hinaus.

Bb. 95: Lucienne liegt mit 0; 4 (27) in ihrer Wiege. Ich hänge über ihren Füßen eine Puppe auf, die sogleich das Strampelschema auslöst (siehe die vorangehenden Beobachtungen). Aber gleich zu Beginn treffen die Füße die Puppe und versetzen ihr einen heftigen Stoß, den Lucienne mit Begeisterung betrachtet. Daraufhin betrachtet sie einen Augenblick ihren unbewegten Fuß, dann fängt sie von neuem zu strampeln an. Der Fuß wird aber nicht vom Auge kontrolliert, denn seine Bewegungen bleiben unverändert, auch wenn Lucienne nur die Puppe anschaut oder wenn ich die Puppe über ihrem Kopfe befestige. Dagegen wird er ganz eindeutig durch taktile Empfindungen geleitet. Nach den ersten unkontrollierten Stößen vollführt Lucienne langsamere Bewegungen mit dem Fuß, gleichsam als wollte sie mit ihm ergreifen und explorieren. Wenn sie der Puppe zum Beispiel einen Stoß mit dem Fuß geben will und sie ihr Ziel verfehlt, setzt sie wiederum neu an, aber diesmal sehr langsam, bis es ihr gelingt (ohne daß sie dabei ihre Füße sieht). Ich verdecke darauf ihr Gesicht mit einer Decke oder lenke ihre Aufmerksamkeit für einen Augenblick in eine andere Richtung: Sie hört dennoch keine Sekunde lang auf, in Richtung der Puppe zu stampfen und dabei ihre Bewegungen gezielt zu lenken.

Mit 0; 4 (28) beginnt Lucienne, sobald sie die Puppe sieht, ihre Beine zu bewegen. Wenn ich das Spielzeug näher zu ihrem Gesicht hinbringe, verdoppelt sie ihre Bemühungen und gelangt so zu den in den vorangegangenen Beobachtungen beschriebenen Verhaltensweisen. Mit 0; 5 (0) schwankt sie zwischen einer globalen Reaktion und gezielten Bewegungen der Füße; mit 0; 5 (1) schließlich vollzieht sie nur noch solche gezielten Bewegungen, die sie sogar, ohne darauf zu sehen, zu regulieren scheint, wenn ich die Puppe ein wenig höher hänge. Einen Augenblick später tastet sie so lange mit dem Fuß, bis sie eine Berührung mit der Puppe gespürt hat. Darauf verdoppelt sie ihre Bemühungen. Die gleiche Reaktion zeigt sie mit 0; 5 (7) und an den folgenden Tagen. Mit 0; 5 (18) befestige ich die Puppe in verschiedener Höhe, und zwar bald auf ihrer linken und bald auf der rechten Seite. Lucienne versucht zuerst, sie mit den Füßen zu erreichen. Nachdem ihr das gelungen ist, stößt sie fest zu. Das Schema ist nun also vollständig ausgebildet und beginnt sich zu differenzieren, indem es sich an die verschiedenen Situationen akkommodiert.

Bb. 96: Mit 0; 5 (8) betrachtet Jacqueline eine Puppe, die an einer zwischen Dach und Wiegengriff ausgespannten Schnur befestigt ist. Die Puppe befindet sich ungefähr über den Füßen des Kindes. Jacqueline bewegt die Füße und stößt schließlich die Puppe an, deren Bewegung sie sogleich verfolgt. Es entsteht daraus eine Zirkulärreaktion, die mit der der vorangehenden Beobachtung vergleichbar ist, aber weniger koordiniert infolge des Rückstandes von Jacqueline, die im Winter geboren wurde und deswegen körperlich weniger Gelegenheit zum Üben hatte. Zuerst bewegen sich die Füße ohne bewußte Koordination, dann gehen sie aber ganz deutlich in eine Zirkulärreaktion über: Die Bewegungen der Füße werden regelmäßiger, während Jacqueline ihre Augen auf die Puppe gerichtet hält. Wenn ich die Puppe wegnehme, beschäftigt sich Jacqueline mit ganz anderen Dingen. Befestige ich sie aber einen Moment später wiederum an derselben Stelle, beginnt sie sogleich wieder, ihre Füße in der vorherigen Weise zu bewegen. Im Unterschied zu Lucienne begreift Jacqueline aber die Notwendigkeit einer Berührung der Füße mit der

Puppe nicht. Sie begnügt sich damit zu registrieren, daß eine Verbindung zwischen der Bewegung des Gegenstandes und der Gesamtbetätigung ihres eigenen Körpers besteht. Sobald sie daher die Puppe erblickt, versetzt sie sich in den Zustand allgemeiner Bewegtheit, der in ihrer Wahrnehmung immer mit den Schwingungen der Puppe verbunden war. Sie bewegt Arme, Rumpf und Beine in einer umfassenden Reaktion, ohne dabei den Beinen besondere Aufmerksamkeit zu widmen. Der Gegenbeweis ist sehr leicht zu führen. Ich hänge die Puppe so über das Gesicht Jacquelines, daß eine Berührung nicht möglich ist. Jacqueline beginnt sogleich mit den Armen zu fuchteln, den Körper und die Beine genauso wie vorher zu bewegen, wobei sie ausschließlich die Puppe fixiert (und nicht ihre Füße). Jacqueline stellt also eine Beziehung her zwischen ihren Bewegungen im allgemeinen und denjenigen des Gegenstandes, nicht aber zwischen ihren Füßen und der Puppe. Ich beobachte auch gar keine taktile Kontrolle der Bewegungen.

Man könnte den Einwand machen, Jacqueline stelle gar keine Beziehung her, sondern begnüge sich damit, ihre Freude über die Bewegungen der Puppe auszudrücken, ohne daß sie diese Bewegung ihrer eigenen Tätigkeit zuschreiben würde. Das Strampeln und Fuchteln des Kindes wäre also nur Ausdruck und Begleiterscheinung ihrer Lust und keine Zirkulärreaktion, die auf ein objektives Resultat abzielt. Ohne daß wir für diesen besonderen Fall einen Beweis hätten, dürfen wir doch auf eine intentionale Verbindung schließen aus der Analogie zu den vorangegangenen und den noch folgenden Beobachtungen, bei denen uns frühreifere Reaktionen des Kindes gestattet haben, jede andere Deutung auszuschließen.

Bb. 97: Seit der Mitte des dritten Monats zeigt Laurent globale Lustreaktionen, wenn sein Blick auf die am Dach seiner Wiege aufgehängten Spielsachen oder das Dach selbst fällt usw.: Er zwitschert und krümmt sich vor Vergnügen, vollführt Luftstreiche, strampelt mit den Beinen, usw. So gerät seine Wiege selbst in Schwingung, was seine Freude noch mehr anstachelt. Man dürfte aber noch nicht von einer Zirkulärreaktion sprechen, denn er scheint noch keine Verbindung zwischen den Bewegungen seines Körpers und dem wahrgenommenen Schauspiel herzustellen, es handelt sich offenbar dabei einfach um einen Ausdruck der Freude und des physischen Wohlbehagens. Noch mit 0; 2 (17) bemerke ich, daß er staunend innehält, um zu schauen, wenn seine Bewegungen die Spielsachen in Schwingungen versetzt haben, ohne zu begreifen, daß er selber diese Schwingungen verursacht hat. Wenn dann die Spielsachen wieder zur Ruhe gekommen sind, fängt er von neuem an usw. Mit 0; 2 (24) mache ich dagegen folgendes Experiment, das eine beginnende sekundäre Zirkulärreaktion auszulösen scheint. Ich ertappe Laurent dabei, daß er sich auf die Brust schlägt und seine Hände schüttelt, die bandagiert und durch eine am Wiegengriff befestigte Schnur festgehalten werden (um ihn am Lutschen zu hindern). Da komme ich auf die Idee, dieses Verhalten zu einem Versuch zu benützen. Ich verbinde die Schnüre mit den am Dach hängenden Zelluloidkugeln. Laurent erschüttert natürlich zuerst ganz zufällig die Kugeln und staunt sie groß an (als die Schrotkörner in ihrem Innern erklirren), und seine Augen bleiben an diesem Spielzeug hängen. Die Stöße folgen dann immer schneller aufeinander, und Laurent beginnt sich zu krümmen vor Lust und mit Armen und Beinen zu strampeln, kurz, ein immer größeres Vergnügen an den Tag zu legen, wobei er natürlich gerade dadurch das interessante Resultat unterhält. Aber auch jetzt erlaubt noch gar nichts, von sekundären Zirkulärreaktionen zu sprechen: Es könnte sich um einen einfachen Ausdruck der Freude und nicht um eine bewußte Verbindung handeln.

Am folgenden Tage, Laurent ist 0; 2 (25) alt, verbinde ich mittels einer Schnur die rechte Hand mit den Zelluloidkugeln, lasse aber die Schnur ziemlich lang, um ihn zu zwingen, größere Bewegungen mit dem rechten Arm auszuführen und so die Wirkung des Zufalls einzuschränken. Die linke Hand bleibt frei. Anfänglich reichen die Bewegungen des Arms nicht aus, und die Spielklapper bewegt sich nicht. Nach und nach holen die Bewegungen aber weiter aus, werden regelmäßiger und bringen so die Spielklapper periodisch zum Schwanken, während der Blick des Kindes auf dieses Schauspiel gerichtet bleibt. Jetzt scheint tatsächlich eine bewußte Koordination zu entstehen, aber noch immer bewegen sich beide Arme gleichzeitig, und man kann nicht mit Sicherheit entscheiden, ob es sich nicht doch bloß um eine einfache Lustreaktion handelt. Am folgenden Tag noch immer die gleichen Reaktionen.

Mit 0; 2 (27) scheint sich dagegen die bewußte Koordination zu präzisieren, und zwar aus den folgenden vier Gründen. Erstens: Laurent wurde durch die erste Erschütterung der Klapper überrascht und war erschrocken, da er sie nicht erwartet hatte. Nach der zweiten oder dritten Erschütterung schwenkte er jedoch regelmäßig seinen rechten Arm hin und her (der mit der Klapper verbunden war), während der linke beinahe unbeweglich blieb. Dabei hätte sich der rechte Arm sehr wohl frei bewegen können, ohne die Klapper zu erschüttern, da die Schnur locker genug war, um Laurent zu erlauben, sogar am Daumen zu lutschen, ohne dabei an den Kugeln zu ziehen. Es scheint jetzt also tatsächlich ein absichtliches intentionales Schwenken des Arms vorzuliegen. Zweitens: Laurent zwinkert schon im voraus mit den Augen, sobald die Hand sich zu bewegen beginnt, und noch bevor die Klapper erschüttert wird, wie wenn er wüßte, daß er sie selbst anstößt. Drittens: Nachdem er für eine Weile das Spiel aufgegeben und seine »Hände vereinigt« hat, beginnt darauf die rechte Hand (die mit der Klapper verbunden war) wieder allein, während die linke unbeweglich bleibt. Viertens: Die regelmäßigen Stöße, die Laurent der Klapper versetzt, zeugen von einer gewissen Geschicklichkeit: Die Bewegung ist regelmäßig, und das Kind holt weit genug mit seinem Arm nach hinten aus, um die Klapper zum Klirren zu bringen. Auch an den folgenden Tagen bleibt die Reaktion gleich: Der rechte Arm, der mit der Klapper verbunden ist, ist immer aktiver als der linke. Überdies nimmt das Interesse ständig zu, und Laurent beginnt schon seinen Arm zu schwenken, sobald er das Klirren der Klapper vernimmt (während ich erst die Schnur befestige). Er wartet gar nicht erst, bis eine zufällige Bewegung sie erschüttert.

Als Laurent 0; 3 (0) alt ist, befestige ich die Schnur am linken Arm, nachdem ich sechs Tage lang hintereinander mit dem rechten Arm experimentiert habe. Die erste Erschütterung erfolgt zufällig: Erschrecken, Neugierde usw., dann folgt unmittelbar eine geordnete Zirkulärreaktion. Und zwar ist es diesmal der rechte Arm, der gestreckt und unbewegt bleibt, während der linke hin- und hergeschwenkt wird. Dabei hätte Laurent genügend Platz, um etwas anderes mit seinem linken Arm zu tun, als damit die Klapper zu schütteln. Er ist auch gar nicht etwa bemüht, seine Hand von der Schnur zu befreien, und sein Blick bleibt auf das Resultat gerichtet. – Diesmal kann man also mit Bestimmtheit von einer sekundären Zirkulärreaktion sprechen, obwohl Laurent erst in der folgenden Woche gelernt hat, seine Greiftätigkeit mit der Sehtätigkeit zu koordinieren. Diese Deutung steht um so sicherer fest, als ich mit 0; 2 (29) folgende Beobachtung machen konnte:

Ich stecke meinen Mittelfinger in seine linke Hand und versetze seinen Arm in eine Hin-und-her-Bewegung ähnlich derjenigen, die nötig war, um das Klirren der

Klapper auszulösen. Als ich diese Bewegung unterbreche, führt Laurent sie von sich aus weiter und lenkt dabei meinen Finger. Eine solche Bewegung ist also schon in diesem Alter einer intentionalen Koordination zugänglich.

Nachdem Laurent schließlich gelernt hat zu ergreifen, was er sieht, lege ich ihm, als er 0; 3 (10) alt ist, die an der Klapper befestigte Schnur direkt in die rechte Hand und schlinge sie nur ein wenig darum herum, damit er sie besser ergreifen kann. Zuerst passiert nichts, aber nach der ersten Erschütterung, die durch eine zufällige Bewegung seiner Hand erfolgt ist, stellt sich unmittelbar folgende Reaktion ein: Laurent zuckt zusammen, und indem er auf die Klapper schaut, vollführt er mit der rechten Hand allein heftige Stöße, wie wenn er den Widerstand und die Wirkung gespürt hätte. Das dauert eine gute Viertelstunde, wobei Laurent immer wieder hell auflacht. Die Reaktion ist um so deutlicher, als die Schnur ziemlich locker ist und der Knabe mit seinem Arm weit ausholen und den Schwung richtig dosieren muß.

Bb. 98: Aufgrund der vorangegangenen Beobachtungen unterwerfe ich Laurent mit 0; 3 (12) folgendem Versuch: Ich binde meine Uhrkette an den am Dach befestigten Klapperkugeln an und lasse sie senkrecht bis vor sein Gesicht herunterhängen, um zu sehen, ob er sie ergreifen und damit die Zelluloidkugeln in Schwingungen versetzen werde. Das Ergebnis ist vollständig negativ. Als ich ihm die Kette aber in die Hand gebe und er die Kugeln zufällig erschüttert und dabei den Lärm hört, bewegt er sogleich heftig die Hand (wie in der vorangegangenen Bb. 97). Er läßt aber die Kette wieder fahren, ohne zu begreifen, daß er die Klapper nur mit ihr erschüttern kann. Am folgenden Tag dagegen, mit 0; 3 (13) entdeckt er das richtige Vorgehen. Als ich ihm zu Beginn die Kette in die Hand gebe (ich tue es nur, um das Experiment in Schwung zu bringen; dieser Greifakt würde ja auf alle Fälle, früher oder später, auf zufällige Weise erfolgen), schüttelt Laurent die Hand, läßt dann die Kette los und betrachtet dabei die Kugeln. Dann vollführt er mit der Hand ganz zufällige Luftstreiche, wobei die Kette (und damit auch die Klapper) zuweilen erschüttert wird. Er ergreift dabei die Kette aber nicht. Dann packt er, ohne hinzuschauen, das Laken, das vor ihm liegt (ohne Zweifel um daran zu lutschen, wie er es während eines großen Teils des Tages tut), und ergreift gleichzeitig und unabsichtlich die Kette, ohne daß er sie erkennt. Die Kette erschüttert dabei die Klapper, und Laurent beginnt sich von neuem für dieses Schauspiel zu interessieren. So gelangt er nach und nach dazu, auch die Kette auf taktile Weise zu erkennen: Er sucht mit der Hand, und sobald er mit der Außenseite seiner Finger an sie stößt, läßt er das Laken oder das Federbett los, um nur noch die Kette zu halten. Dann beginnt er sogleich, den Arm hin und her zu schwingen, wobei er auf die Klapper guckt. Er scheint also jetzt begriffen zu haben, daß die Kette und nicht die Bewegungen seines Körpers im allgemeinen das Spielzeug erschüttern. In einem gewissen Augenblick schaut er auch seine Hand an, die die Kette hält, und mustert die Kette von oben bis unten.

Sobald er am Abend dieses selben Tages das Geräusch der Klapper vernimmt und die Kette hängen sieht, versucht er sie zu ergreifen, wobei er weder seine Hand noch das untere Ende der Kette anschaut (er betrachtet nur die Klapper). Der Vorgang spielte sich ganz genau in folgender Weise ab: Laurent schaut gespannt auf die Klapper, seine rechte Hand läßt das Laken los, an dem er gerade lutscht (er behält es aber mit der linken Hand im Mund), und sucht die Kette, wobei die linke Hand offen und der Daumen entgegengestellt ist. Sobald sie in Berührung mit der Kette kommt, greift sie zu, und er beginnt, sie zu schütteln. Nachdem er sich dieser Tätigkeit einige Augenblicke hingegeben hat, beginnt er von neuem, an seinem

Finger zu lutschen. Als ihn aber die Kette zufällig berührt, zieht er sofort die rechte Hand aus dem Mund, ergreift die Kette und streckt sie sehr langsam weit weg, wobei er die Klapperkugeln anschaut und gespannt, aber vergeblich auf ihr Klirren wartet. Nach einigen Sekunden, während denen er die Kette noch immer ganz sachte hin und her führt, beginnt er stärker daran zu schütteln, und jetzt hat er Erfolg. Er lacht nun hell auf, zwitschert vergnügt und schwingt die Kette aus vollen Kräften.

Mit 0; 3 (14) schaut Laurent die Klapper an, als ich dabei bin, die Kette daran zu befestigen. Er verharrt einen Augenblick lang unbeweglich, dann versucht er die Kette zu ergreifen (ohne sie anzublicken); er berührt sie mit dem Handrücken, ergreift sie, blickt aber weiterhin zur Klapper, ohne die Arme zu bewegen. Dann schüttelt er ganz sachte die Kette, indem er prüfend die Wirkung abwartet. Darauf beginnt er, immer stärker zu schütteln. Es folgt lautes Lachen und der Ausdruck höchsten Entzückens. Einen Augenblick später läßt Laurent jedoch die Kette seiner Hand entgleiten, ohne es zu merken. Er behält aber seine linke Hand (die bis jetzt die Kette gehalten hat) geschlossen und zusammengepreßt, während die rechte offen und unbeweglich bleibt, und er schwenkt seinen linken Arm weiter hin und her, als würde er die Kette noch halten, indem er dabei immer auf die Klapper guckt. Das tut er wenigstens fünf Minuten lang. – Diese letzte Beobachtung zeigt deutlich, wie wenig Laurent den eigentlichen Mechanismus dieser Verbindung begriffen hat, auch wenn er es versteht, die Greifbewegungen seiner Hand und die Schwenkbewegungen seines Armes mit der Bewegung der Klapper zu koordinieren.

An den folgenden Tagen ergreift Laurent die Kette, sobald ich sie anbringe, schüttelt sie und bringt damit die Spielklapper zum Schwingen. Er schaut aber die Kette nie an, bevor er zugreift. Er begnügt sich damit, sie mit der Hand zu suchen (entweder mit der rechten oder mit der linken, je nachdem) und sie zu ergreifen, sobald er sie berührt. Mit 0; 3 (18) schaut er dagegen zuerst die Klapper an, dann die Kette und ergreift diese erst, als er sie gesehen hat. Die Kette hat jetzt also eine visuelle Bedeutung erhalten und nicht mehr bloß eine taktile. Laurent weiß nun in Zukunft, daß dieses »Sehhindernis« gleichzeitig etwas ist, was man ergreifen und mit dem man die Klapper erschüttern kann. Diese Koordination von Tastsinn und Gesichtssinn in bezug auf die Kette impliziert aber keineswegs, daß Laurent auch die einzelnen Zusammenhänge in diesem Mechanismus verstanden hätte. Es besteht bei ihm ganz einfach eine wirksame Verknüpfung zwischen dem Greifen nach der Kette, das von einer Anpassung des Armes begleitet wird, und den Bewegungen der Klapper. Der Fortgang der Beobachtung (siehe Bb. 112) wird uns tatsächlich offenbaren, wie sehr dieses Verhaltensschema phänomenalistisch (das heißt dem unmittelbaren Eindruck verpflichtet) bleibt. Die Kette wird nicht als die Verlängerung der Klapper aufgefaßt, sie stellt ganz einfach etwas dar, was man ergreifen und schütteln kann, wenn man wünscht, die Klapper in Bewegung zu sehen und ihr Geräusch zu vernehmen.

Bb. 99: Nachdem Laurent in der beschriebenen Weise den Gebrauch der an der Spielklapper festgebundenen Kette entdeckt hat, generalisiert er dieses Verhalten auf alles, was an seinem Wiegendach hängt.

So bemächtigt er sich zum Beispiel mit 0; 3 (23) einer Schnur, mit der eine Gummipuppe an das Dach gebunden ist, und rüttelt sogleich daran. Diese Bewegung stellt eine einfache Assimilation der wahrgenommenen Schnur an das gewohnte und vertraute Verhaltensschema dar und bewirkt natürlich eine Erschütterung des Daches und der daran befestigten Spielsachen. Laurent schien dieses Resultat nicht zu erwarten und betrachtet es mit wachsendem Interesse. Er verdoppelt seine Anstrengungen jetzt ganz offensichtlich in der Absicht, das Schauspiel andauern zu lassen. Nach einer Pause bewege ich selbst von hinten das Dach: Darauf sucht Laurent mit den Augen die Schnur, ergreift sie und rüttelt daran. Es kommt auch vor, daß er die Puppe selbst in die Hand nimmt und schüttelt.

Am Abend desselben Tages registriere ich die gleichen Reaktionen. Wenn Laurent an der Schnur zieht, betrachtet er sie von oben bis unten; er scheint also offensichtlich das Ergebnis seines Tuns zu erwarten. Er betrachtet ebenfalls die Schnur vor dem Ergreifen, aber das ist nicht immer der Fall. Er bedarf dieses Kontrollblicks nicht, da er ja die visuelle Bedeutung dieses Gegenstandes kennt und seinen Arm aufgrund kinästhetischer Empfindungen leiten kann.

Mit 0; 4 (3) zieht er je nach Lust und Laune entweder an der Uhrkette oder an der Schnur, um die Klapper zu erschüttern und das Geräusch der Bleikügelchen wieder zu erzeugen. Die Absicht ist dabei ganz deutlich. In einem bestimmten Moment befestige ich einen Brieföffner an Kette und Schnur. Laurent zieht an der Schnur und zeigt sich sehr überrascht von der Tatsache, daß er so den Brieföffner bewegen kann. Er wiederholt auch dieses Experiment mit Interesse.

Mit 0; 4 (6) faßt er nach der Puppe, sobald er den Brieföffner an der Schnur befestigt sieht. Am selben Tag binde ich ein neuartiges Spielzeug auf halber Höhe der Schnur fest (anstelle des Brieföffners): Bei seinem Anblick beginnt Laurent zu strampeln, dann fuchtelt er mit den Händen umher. Schließlich ergreift er die Gummipuppe, schüttelt sie und schaut dabei das neue Spielzeug an. Die Koordination war ganz deutlich intendiert.

Als Laurent mit 0; 4 (30) die an der Spielklapper des Daches aufgehängte Puppe erblickt, lenkt er sogleich seinen Blick auf die Klappern und beginnt erst nachher die Puppe zu schütteln; er verfolgt also deutlich die Absicht, die Spielklappern zu erschüttern, wenn er die Puppe ergreift.

Mit 0; 5 (25) zeigt Laurent die gleichen Reaktionen beim Anblick der Schnur. Es genügt auch, daß ich selbst von hinten, ohne daß er mich sieht, das Dach ein wenig erschüttere, damit er die Schnur sucht und daran zieht, um die Erschütterung andauern zu lassen.

Bb. 100a: Mit 0; 7 (16) zeigt Jacqueline eine ähnliche Zirkulärreaktion wie die in der Bb. 99 beschriebene, aber mit der Verspätung von drei Monaten, mit der sie hinter Laurent bezüglich des Greifens von gesehenen Gegenständen zurückgeblieben ist. Vor ihr ist eine Puppe an der Schnur festgebunden, die das Wiegendach mit dem Wiegengriff verbindet. Indem sie diese Puppe ergreift, erschüttert sie das Wiegendach. Diesen Effekt bemerkt sie sogleich und wiederholt die Bewegung wenigstens zwanzig Mal hintereinander, jedesmal heftiger, wobei sie lachend das schwingende Dach betrachtet.

Mit 0; 7 (23) betrachtet Jacqueline das Dach ihrer Wiege, dem ich einige Stöße versetze, ohne mich zu zeigen. Sobald ich aufgehört habe, greift sie nach einer Schnur, die an der Stelle hängt, wo sich vorher die Puppe befunden hatte, und zieht daran. Meine Bewegung hat ihr also das bekannte Verhaltensschema in Erinnerung gebracht, und sie zieht in der gewohnten Weise an der Schnur, ohne daß sie dabei notwendigerweise diesen Mechanismus im Detail verstanden hätte. Dieselben Reaktionen treten in ganz spontaner Weise mit 0; 8 (8), mit 0; 8 (9), mit 0; 8 (13), mit 0; 8 (16) usw. auf.

Bb. 100b: Auch Lucienne zieht mit 0; 6 (5) an einer Puppe, die am Dach hängt, um dieses in Bewegung zu setzen. Dabei schaut sie schon aufs Dach, bevor sie die Puppe ergriffen hat, und bezeigt damit ihre genaue Voraussicht des Geschehens. Ich mache dieselben Beobachtungen mit 0; 6 (10), 0; 8 (10) usw.

Bb. 101: Schließlich müssen wir noch zwei andere Vorgehensweisen schildern, deren sich Jacqueline, Lucienne und Laurent bedienen, um ihre Wiege oder die am Dach befindlichen Gegenstände zu erschüttern. Mit 0; 7 (20) betrachtet Lucienne das Dach und die daran befestigten Bänder. Sie hält dabei die Arme ausgestreckt und ganz leicht rückwärts gebogen, beide genau gleich weit von ihrem Gesicht entfernt. Sie öffnet und schließt ihre Hände zuerst langsam, dann immer schneller, wobei es zu ungewollten Bewegungen der Arme kommt, die das Dach ganz leicht erschüttern. Lucienne wiederholt dann den gesamten Verlauf dieser Bewegungen mit gesteigerter Geschwindigkeit. Dasselbe Verhalten legt sie mit 0; 7 (27) usw. an den Tag. Ich beobachte es außerdem noch mit 0; 10 (27), wo sie ihre Wiege bewegt, indem sie die Hände schüttelt.

Mit 0; 8 (5) wirft Lucienne ihren Kopf hin und her, um ihren Wagen, das Dach, die Bänder, die Fransen usw. zu erschüttern.

In gleicher Weise bewegt Jacqueline mit 0; 8 (19) ihre Wiege, indem sie ihre Arme hin und her schwingt. Es gelingt ihr dabei sogar, ihre Bewegungen zu differenzieren, um bestimmte, zufällig erzielte Ergebnisse beibehalten zu können. So schwenkt sie ihren rechten Arm in einer ganz bestimmten Weise (schräg zu ihrem Körper), um damit die Wiege zum Quietschen zu bringen, indem sie sie in starke Erschütterung versetzt. Bei einem Mißerfolg korrigiert sie sich und beginnt von neuem, hält ihre Arme zuerst waagerecht zum Körper, dann immer schräger, bis sie Erfolg hat. Mit 0; 11 (16) erschüttert sie von einem Ende ihres Wagens her einen Stoffteufel, indem sie ihren Arm hin und her schwenkt und dabei den Wagen bewegt.

Laurent hat schon am Ende des vierten Lebensmonats diese beiden Zirkulärreaktionen entdeckt, was deutlich ihre Allgemeinheit verrät. So finde ich ihn mit 0; 3 (23) dabei, seinen Kopf vor einigen aufgehängten Spielsachen hin und her zu bewegen, bevor er die Schnur ergreift, die es ihm gestattet, das Spielzeug zu schütteln. Tatsächlich genügte die Kopfbewegung, um die ganze Wiege leicht zu erschüttern.

Die Armbewegungen, von denen die Rede war, sind teilweise aus Reaktionen entstanden, die im Verlauf der Bb. 97 und 98 gelernt worden sind, teilweise aber auch aus Bewegungen des gesamten Körpers, die Laurent manchmal ausführt, um seinen Wagen zu erschüttern. So beginnt er zum Beispiel mit 0; 3 (6) zuerst damit, sich selbst zu schütteln, wenn er der aufgehängten Gegenstände ansichtig wird, dann fuchtelt er mit seinem rechten Arm in der Luft umher. Diese Reaktion hat sich in den folgenden Tagen generalisiert.

Es folgen nun einige Beobachtungen von sekundären Zirkulärreaktionen gegenüber Gegenständen, die meistens nicht aufgehängt sind, sondern die das Kind ergreift, um sie in Bewegung zu versetzen. Es schwenkt sie hin und her, schüttelt sie, reibt sie gegeneinander, läßt sie erklirren usw.

Bb. 102: Das einfachste Beispiel bezieht sich ohne Zweifel auf die Gegenstände, die das Kind einfach hin und her schwenkt, sobald es sie zu fassen bekommt. Aus diesem elementaren Verhaltensschema, das noch beinahe »primären« Charakter hat, entwickelt sich sogleich folgendes Verhalten: Es genügt, daß die so ergriffenen Gegenstände ein Geräusch von sich geben, damit das Kind augenblicklich versucht, es zu reproduzieren.

Schon mit 0; 2 (26) schüttelt Laurent ein mit Schrotkugeln gefülltes Spielzeug, dessen Griff ich ihm in die Hand gegeben habe. Er hört den Lärm und lacht über das Ergebnis. Er sieht die Klapper aber nicht und lenkt den Blick in Richtung des Daches, von woher er für gewöhnlich ein solches Geräusch vernommen hat. Nachdem er endlich die Spielklapper in seiner Hand bemerkt hat, begreift er aber weder die Tatsache, daß es dieser Gegenstand ist, der klirrt, noch, daß er ihn selbst in Bewegung versetzt. Trotzdem setzt er seine Tätigkeit fort.

Mit 0; 3 (6), das heißt während der vierten Greifphase, faßt er die Spielklapper, nachdem er seine Hand im selben Gesichtsfeld wahrgenommen hat, und führt beide mit lebhafter Bewegung zum Mund. Das dabei erzeugte Geräusch weckt das Verhaltensschema der aufgehängten Klapper. Laurent schüttelt daher seinen ganzen Körper und fuchtelt besonders mit dem Arm umher. Schließlich bewegt er nur noch diesen letzteren und zeigt sich erstaunt und leicht beunruhigt über den wachsenden Lärm.

Nachdem Laurent mit 0; 3 (15) ins gegenwärtige Stadium gelangt ist, genügt es, daß er einen Gegenstand zu greifen bekommt, damit er ihn sogleich in der Luft umherschüttelt. Es genügt ihm auch, eine Klapper mit Stiel wahrzunehmen, um sich ihrer sogleich zu bemächtigen und sie in geschickter Weise zu schütteln. In der Folge jedoch kompliziert sich diese Reaktion auch dadurch, daß Laurent versucht, mit der Hand auf die Klapper einzuschlagen, während er sie mit der anderen hält, oder sie an der Seitenwand der Wiege entlangzustreichen, usw. Wir werden bei Gelegenheit dieser letzteren Verhaltensweisen darauf zurückkommen.

Als Lucienne 0; 4 (15) alt ist, ergreift sie den Stiel einer Klapper, die aus einer Zelluloidkugel besteht, in der kleine Kügelchen klirren. Beim Greifen nach der Klapper werden diese erschüttert und erzeugen plötzlich einen heftigen Lärm. Lucienne beginnt nun, ihren ganzen Körper zu entfesseln und vor allem wild mit ihren Beinen zu strampeln, um diesen Lärm zu verlängern. Ihr Ausdruck verrät eine Mischung von Furcht und Vergnügen, aber sie fährt fort. Jetzt verhält sie sich ganz ähnlich wie in den Bb. 94a und 94b. Die Hände werden aber noch nicht um ihrer selbst willen unabhängig von der Gesamtreaktion des Körpers bewegt. Dieses Verhalten dauert einige Tage, aber dann begnügt sich Lucienne, wenn sie im Besitz einer Klapper ist, sie mit der Hand allein zu schütteln.

Seltsamerweise begleitet sie aber noch mit 0; 5 (10) und 0; 5 (12) diese Handbewegungen mit Fußstößen der gleichen Art, mit denen sie einen aufgehängten Gegenstand zu erschüttern suchte (siehe Bb. 95).

In derselben Weise bewegt Jacqueline mit 0; 9 (5) einen Zelluloidpapagei (gefüllt mit einem Schrotkügelchen), den man ihr eben gegeben hatte. Sie lächelt, wenn das Geräusch nur leise ist, ist aber beunruhigt, wenn es zu stark wird, und versteht sehr wohl, das Phänomen abzustufen. Sie verstärkt den Lärm in fortschreitendem Maße bis zum Augenblick, wo sie zu große Angst bekommt und wiederum mit leisen Geräuschen beginnt. Wenn das Schrotkorn sich in einer Ecke verfängt, weiß sie überdies den Papagei so in eine andere Richtung zu halten und zu schütteln, daß das Geräusch wieder hergestellt wird.

Bb. 103: Ein zweites klassisches Verhaltensschema ist das »Schlagen«. Mit 0; 4 (28) versucht Lucienne, die Spielklapper der Bb. 102 zu ergreifen, die am Wiegendach befestigt ist und über ihrem Gesicht hängt. Im Verlauf eines unglücklichen Versuchs stößt sie heftig daran. Zuerst Schreckenszeichen, dann ein vages Lächeln. Mit einer ohne Zweifel beabsichtigten Heftigkeit vollführt sie denselben Handstreich und streift das Spielzeug von neuem. Daraufhin systematisiert sich dieses Verhalten. Lucienne schlägt regelmäßig auf die Spielklapper ein, und zwar sehr oft hintereinander.

Mit 0; 5 (0) schlägt sie ebenso heftig und in derselben Weise auf ihre aufgehängten Puppen ein.

Mit 0; 6 (2) betrachtet sie einen hölzernen Hampelmann, den ich vor ihr aufgehängt habe und mit dem sie nur selten gespielt hat. Lucienne versucht ihn zuerst zu ergreifen. Aber die Bewegung, die sie beim Ausstrecken der Hand vollführt, erschüttert den Hampelmann, noch bevor sie ihn berührt: Sogleich stößt sie Arme und Beine in regelmäßigem und schnellem Rhythmus von sich, um den Gegenstand in Schwung zu erhalten (vgl. Bb. 94). Dann ergreift sie den Hampelmann und zieht daran. Er entweicht ihr von neuem und schwingt hin und her; Lucienne reagiert wieder mit Beinstrampeln. Schließlich kommt sie zum Verhaltensschema von 0; 4 (28) und von 0; 5 (0) zurück: Sie schlägt immer heftiger auf das Spielzeug ein und unternimmt keine weiteren Versuche, es zu ergreifen.

Die Sprünge des Hampelmanns begleitet sie mit hellem und entzücktem Lachen. Die gleichen Reaktionen zeigt sie auch mit 0; 6 (3). Mit 0; 6 (10) beginnt sie schon auf den Hampelmann einzuschlagen, als ich ihn noch anbinde, und bringt ihn so zum Schwingen; dann unterhält sie diese Bewegung durch Stöße mit den Beinen. Mit 0; 6 (19) schlägt sie auf ihre aufgehängten Puppen ein, um sie zum Schwingen zu bringen.

In derselben Weise schlägt Jacqueline ab 0; 7 (15) alle ihre Spielsachen, zum Beispiel mit 0; 7 (28) ihren Raben, mit 0; 8 (5) ihre Puppe, mit 0; 9 (5) ihre Kissen und von 0; 8 (5) bis 0; 9 (0) ihren Papagei usw.

Bei Laurent ist das Schlagschema auf folgende Weise entstanden. Mit 0; 4 (7) betrachtet Laurent einen Brieföffner, der an einer herunterhängenden Puppe befestigt ist. Er versucht die Puppe oder den Brieföffner zu packen, aber wegen der Ungeschicklichkeit seiner Versuche streift und stößt er diese Gegenstände nur. Darauf hält er inne und betrachtet sie interessiert, um dann von neuem zu beginnen.

Am folgenden Tag, mit 0; 4 (8), zeigt er die gleichen Reaktionen. Laurent schlägt noch immer ohne Ziel und nur aus dem Bemühen heraus, den Brieföffner zu ergreifen. Vor der Tatsache, daß ihm das nicht gelingen will, deutet er die Greifbewegung nur noch an und begnügt sich damit, an ein Ende des Gegenstandes zu stoßen.

Mit 0; 4 (9), das heißt am folgenden Tag, versucht Laurent, eine vor ihm aufgehängte Puppe zu fassen. Aber er vermag sie nicht zu halten, sondern bringt sie bloß zum Schwanken. Darauf schüttelt er sich selbst, indem er mit den Armen umherfuchtelt (vgl. diese Verhaltensweise mit der der Bb. 101). Dabei trifft er zufällig die

Puppe. Nun wiederholt er diese Schläge mit Absicht und sehr oft nacheinander. Als er eine Viertelstunde später unter denselben Umständen sich wieder vor der gleichen Puppe befindet, fängt er sogleich an zu schlagen.

Als Laurent mit 0; 4 (15) vor sich eine andere Puppe hängen sieht, versucht er sie zu ergreifen, dann schüttelt er sich, um sie zum Schwanken zu bringen, stößt dabei zufällig daran und versucht nun nur noch ohne anderweitige Bemühungen auf sie einzuschlagen. Das Verhaltensschema hat sich also beinahe vollständig aus den anderen herausdifferenziert, stellt aber noch kein ursprüngliches und unabhängiges Verhalten dar.

Mit 0; 4 (18) schlägt Laurent auf meine Hände ein und versucht dabei nicht, sie zu ergreifen. Anfänglich fuchtelte er allerdings nur mit den Armen herum und ging erst nachher zur Tätigkeit des »Schlagens« über.

Erst mit 0; 4 (19) beginnt Laurent, unmittelbar auf eine aufgehängte Puppe einzuschlagen. Dieses Verhaltensschema ist nun also vollständig differenziert. Mit 0; 4 (21) schlägt er in derselben Weise auf die aufgehängten Klappern ein und bringt sie zum Schwingen. Gleiche Reaktionen zeigt er an den folgenden Tagen. Als Laurent 0; 5 (2) alt ist, beginnt er, die Gegenstände mit einer Hand zu schlagen, während er sie mit der anderen hält. Er hält zum Beispiel mit der Linken eine Gummipuppe und schlägt mit der Rechten auf sie ein. Mit 0; 5 (6) packt er eine Spielklapper am Stiel und schlägt auf sie ein. Mit 0; 5 (7) gebe ich ihm einige für ihn neue Gegenstände (einen Holzpinguin usw.): Er schaut sie kaum an, aber schlägt systematisch auf sie ein.

Auf diese Weise ist also das Verhaltensschema des »Gegenstände-Schlagens« allmählich aus einfacheren Verhaltensschemata herausdifferenziert worden und hat seinerseits zur Bildung des Schemas »Auf Gegenstände, die man in der Hand hält, schlagen« geführt. Dagegen ist zu bemerken, daß das vier bis sieben Monate alte Kind zwar lernt, aufgehängte Gegenstände zum Schwingen zu bringen, indem es nach Kräften auf sie einschlägt, sich aber nicht bemüht, durch einen leichten Anstoß ihr Schwingen auszulösen, um es dann nachher zu beobachten. Erst mit 0; 8 (10) habe ich dieses letztere Verhalten bei Lucienne und Jacqueline beobachtet und bei Laurent gar erst mit 0; 8 (30). Dieses Verhalten unterscheidet sich aber vom vorher beschriebenen deutlich sowohl vom Gesichtspunkt der Ursächlichkeit als auch in bezug auf den intellektuellen Mechanismus, der dabei im Spiel ist. Das Kind, das zuschlägt, um zum Schwingen zu bringen, ist dabei sehr aktiv, während das Kind, das sich damit begnügt, das Schwingen auszulösen, das Tätigsein dem Gegenstand als solchem überläßt. Wir haben darin keine einfache sekundäre Zirkulärreaktion mehr vor uns, sondern ein exploratives Verhalten und beinahe eine Art von Experimentieren. Deswegen werden wir von diesem Verhalten jetzt noch nicht sprechen, sondern schieben seine Analyse bis zum folgenden Stadium auf.

Bb. 104: Als letztes interessantes Beispiel wollen wir das Verhalten anführen, das darin besteht, Gegenstände an harten Wänden entlangzustreichen, wie zum Beispiel am Weidengeflecht der Wiegenwand. Lucienne mit 0; 5 (12) und Jacqueline ein wenig später, mit 0; 7 (20), rieben die Klappern, die sie in Händen hielten, an der Wiegenwand. Laurent hat dieses Verhalten schon mit 0; 4 (6) entdeckt, und zwar unter Umständen, die einer genaueren Analyse wert sind.

Mit 0; 3 (29) ergreift Laurent einen Brieföffner, den er zum ersten Mal sieht; er blickt ihn einen Augenblick an, dann schwingt er ihn mit der rechten Hand hin und her. Im Verlauf dieser Bewegungen streift der Gegenstand zufällig das Weidengeflecht der Wiege, Laurent fuchtelt darauf ganz wild mit dem Arm und versucht offensichtlich, das wahrgenommene Geräusch wiederum zu erzeugen. Aber er begreift noch nicht, daß dazu die Berührung des Brieföffners mit der Wand nötig ist; dieser Kontakt erfolgt daher nur gelegentlich und durch Zufall.

Mit 0; 4 (3) reagiert Laurent auf gleiche Weise, sieht aber diesmal den Gegenstand im Augenblick, wo er zufälligerweise das Weidengeflecht streift. Mit 0; 4 (5) zeigt er dasselbe Verhalten, aber mit einem leichten Fortschritt in Richtung auf Systematisierung.

Mit 0; 4 (6) erfolgt die Bewegung endlich mit Absicht. Sobald jetzt das Kind den Gegenstand in die Hand bekommt, streicht es ihn regelmäßig an der Wand der Wiege hin und her. In der Folge tut er dasselbe mit seinen Puppen, seinen Spielklappern (siehe Bb. 102) usw.

Diese wenigen Beispiele von sekundären Zirkulärreaktionen stellen die ersten Verhaltensweisen dar, die eine Einwirkung auf die Dinge implizieren und sich der Wirklichkeit nicht mehr bloß in einer Art organischer Verlängerung des eigenen Tuns bedienen. Vor dieser Sachlage stellt sich nun von neuem mit ganzer Schärfe das Problem der mentalen Assimilation.

Wenn der Säugling zum ersten Mal die Brust bekommt und sogleich zu saugen und zu schlucken beginnt oder wenn er schon vorher impulsiv seine Lippen wölbt und hinterher im Leeren saugt, könnte man annehmen, daß diese reproduzierende Assimilation ebenso wie die wiedererkennende und die generalisierende Assimilation, die daraus hervorgehen, selbst wieder von einem Bedürfnis abhängen, das diesen Mechanismus auslöst. Es könnte sich dabei um ein organisches Bedürfnis handeln, sich zu ernähren und zu saugen. Wenn das Kind schauen, hören oder greifen lernt, könnte man ebenso annehmen, daß dieses funktionelle Tun erst in zweiter Linie eine Assimilationstätigkeit darstellt, in erster Linie aber in einer einfachen physiologischen Bedürfnisbefriedigung besteht. Eine solche Annahme würde aber nicht erklären, wie das vier bis sechs Monate alte Kind zu diesen sekundären Zirkulärreaktionen gelangt, deren Ziel »draußen« liegt und die keinem bestimmten und gesonderten inneren Bedürfnis entsprechen.

Wie wir außerdem schon in Kapitel I (unter 3.) gesehen haben, stellt der Widerhall eines physiologischen Bedürfnisses im Bewußtsein keine unmittelbar gegebene Tatsache dar. Daher muß man schon im allereinfachsten und bloß wiederholenden Tun, womit sowohl die Reflextätigkeit als auch die neugebildete Assoziation beginnen, zwei deutlich verschiedene Ereignisfolgen unterscheiden: eine organische und eine psychische Ereignisfolge.

Auf der physiologischen Ebene kann das Bedürfnis ohne Zweifel die Wiederholung erklären. Weil das Saugen einem Bedürfnis entspricht, hört der Säugling nicht zu saugen auf. Und weil sich zwischen dem Daumenlutschen und der Befriedigung des Saugbedürfnisses eine Beziehung knüpft, steckt das ein bis zwei Monate alte Kind seinen Daumen immer wieder in den Mund, sobald es zu dieser Koordination fähig ist. Aber auch auf diesem ausschließlich physiologischen Standpunkt darf man nicht außer acht lassen, daß alle Bedürfnisse in näherer oder weiterer Abhängigkeit zum einen Grundbedürfnis, der Entwicklung des Organismus, stehen. Sie haben also alle eine Beziehung zum Assimilationsbedürfnis. Da alle Organe dieser zentralen Tendenz – durch die das Leben selbst definiert ist – untergeordnet sind, führt die Betätigung eines jeden Organs zur Bildung eines besonderen Bedürfnisses. Auf der psychologischen Ebene verhalten sich die Dinge genauso. Das Bedürfnis löst sowohl den einzelnen Akt als auch die fortlaufende Betätigung aus. Diese Betätigung erzeugt aber selbst wieder ein umfassenderes Bedürfnis, das von Anfang an die reine Befriedigung des ursprünglichen Bedürfnisses überschreitet. Die Frage, ob das Bedürfnis die Wiederholung erklärt oder umgekehrt, hat deshalb keinen Sinn. Der ursprüngliche Tatbestand besteht nicht im Bedürfnis, das der Handlung vorausgeht, noch in der Wiederholung, die selber wieder eine Quelle von Befriedigung darstellt, sondern im übergreifenden Zusammenhang, der Bedürfnis und Befriedigung umfaßt. Auf der Verhaltensebene besteht diese übergreifende Ordnung ganz einfach in der Funktion, durch die sich ein schon gebildeter Mechanismus verfestigt, indem er sich betätigt. Und er betätigt sich, indem er fremde, nicht zu ihm gehörende Gegebenheiten mit einbezieht. Das aber ist gerade die Assimilationsfunktion. Auf der Bewußtseinsebene ist dieser übergreifende Zusammenhang ebenfalls operativer Natur. Deshalb darf man das Grundphänomen der Psychologie weder in einen einfachen Bewußtseinszustand noch in eine isolierende Tendenz verlegen. Bedürfnis und Befriedigung können einander vertreten und ersetzen, wobei ein dauernder Wechsel zwischen der rein organischen und der funktionalen Ebene stattfindet. Überdies werden sie zueinander als relativ empfunden. Sie beziehen sich beide auf eine Grundoperation, die erst durch sie flüchtig und annäherungsweise bewußt wird. Aufgrund dieser Operation gelingt es dem Verhalten, sein eigenes Tun mit den Gegebenheiten der Umwelt in Beziehung zu setzen. Die Beziehung von Bedürfnis und Bedürfnisbefriedigung offenbart also einen noch grundlegenderen Assimilationsbezug, bei dem das Subjekt das Objekt nur nach dem Maß seiner eigenen Tätigkeit erfaßt. Ebenso wie alle physiologischen Bedürfnisse von einer zentralen Tendenz abhängen – von der Tendenz eines jeden Organismus, sich durch Assimilation der Umwelt zu entwickeln –, impliziert jede psychische Elementartätigkeit, mag sie scheinbar noch so sehr der Befriedigung eines ganz bestimmten physiologischen Bedürfnisses zu dienen haben, einen Vorgang, der nach und nach die Gesamtheit des

Verhaltens integrieren wird. Dieser Vorgang ist die ganz allgemeine Assimilation des Gegenstandes an das Subjekt.

Wenn wir uns diese Prinzipien vor Augen halten, fällt es uns leicht zu verstehen, wie die anfänglich überwiegend organischen Bedürfnisse sich nach und nach den funktionellen Bedürfnissen unterordnen und diese ihrerseits zur Bildung von Operationen führen, die die Dinge unter sich und nicht mehr bloß die Dinge zu den Organen des eigenen Körpers in Beziehung setzen. Wie kommt es zum Beispiel dazu, daß das Kind nicht mehr ohne weiteres nach der an seinem Wiegendach aufgehängten Puppe greift, sondern sich ihrer bedient, um das Dach zu erschüttern (Bb. 100)? Bis zu diesem Zeitpunkt war die Puppe für das Kind ein Gegenstand, den man betrachten, ergreifen, an dem man lutschen usw. kann. Niemals aber sah es in der Puppe ein Ding, mit dem man andere, nicht in ihm selbst begründete Ereignisse wie die Erschütterung des Daches hervorbringt. Dieser Übergang vom ersten zum zweiten Zustand bedarf einer Erklärung. Die Bewegungen des Daches werden entweder zum ersten Mal wahrgenommen, und dann sind wir eine Erklärung für die Tatsache schuldig, daß sie sofort das Bestreben, diese Wirkung zu wiederholen, hervorrufen. Oder sie stellten schon lange eine Sache dar, die man betrachten, hören usw. konnte; dann bleibt aber zu erklären, wie sie sich in ein Ereignis umzuwandeln vermögen, das durch neuartige Mittel unterhalten werden kann und muß.

Die Fragestellung klärt sich, wenn man die wesentliche Tatsache ins Auge faßt, daß unter allen vom Kinde beobachteten, unbekannten Ereignissen nur diejenigen zur Ausbildung einer sekundären Zirkulärreaktion führen, die als abhängig vom eigenen Tun erfahren werden. Wir müssen aber deutlich feststellen, daß das nicht so selbstverständlich ist, wie es scheinen möchte. Man könnte ohne weiteres annehmen, daß das Kind vor irgendeinem neuartigen Schauspiel, das auch für einen Beobachter von der Tätigkeit des Kindes unabhängig erscheint, immer versuchen würde, es andauern oder sich wiederholen zu lassen. Das wird in der Folge auch tatsächlich geschehen, wenn das Kind erst einmal daran gewöhnt ist, alle Ereignisse durch Zirkulärreaktionen zu erneuern. Dann wird es diese Verhaltensweise generalisieren und sich bemühen, Vorgehensweisen zu entdecken, »die geeignet sind, interessante Schauspiele andauern zu lassen« (siehe Bb. 112 bis 118). Die Beobachtung des kindlichen Verhaltens hat uns aber gezeigt, daß es sich dabei um abgeleitete Verhaltensweisen handelt. Bevor das Kind sich sekundärer Zirkulärreaktionen zur Assimilation neuartiger Schauspiele bedient, beschränkt es sich auf primäre Reaktionen. Wenn Laurent zum Beispiel die aufgehängte Spielklapper hin und her schwingen sieht, aber noch nicht weiß, daß er sie selbst im Schwunge hält, oder wenn er die Spielklapper klirren hört, ohne sich Rechenschaft zu geben, daß er selber die Ursache der wahrgenommenen Wirkung ist, interessiert er sich bereits für diese Phänomene, das heißt, er versucht sie schon zu assimilieren. Sein Wunsch, sie andauern zu lassen, beschränkt sich aber darauf, sie anzuschauen oder ihnen zuzuhören. Er unternimmt noch keinen Versuch, sie mittels seiner Hand- oder Armbewegungen zu reproduzieren. Das bedeutet übrigens keineswegs, daß er diese Phänomene als »objektiv« und unabhängig von seinem Tun erlebt. Es ist im Gegenteil sehr wohl möglich, daß das Kind, das seinen Blick auf einem Gegenstand haften läßt oder ihm den Kopf zuwendet, um ihm zuzuhören usw., den Eindruck hat, zur Wiederholung oder zum Andauern dieser sensorischen Erscheinung beizutragen. Wir möchten nur behaupten, das Kind verstehe bei diesen Verhaltensweisen die Beziehung zwischen den Erscheinungen und der Rolle seiner eigenen Tätigkeit, zum Beispiel seiner Hände, nicht. Eine derartige Beziehung muß aber irgendwie gespürt werden, damit die Wiederholungsbemühungen einsetzen können, die wir sekundäre Zirkulärreaktionen nannten.

Man darf daher nicht sagen, daß die Verhaltensweisen des gegenwärtigen Stadiums alles wiederholen, was zufälligerweise im Wahrnehmungsfelde des Kindes auftritt. Die sekundäre Zirkulärreaktion erfolgt nur dann, wenn eine zufällige Wirkung der eigenen Tätigkeit als ein Ergebnis dieser Tätigkeit erlebt wird. In dieser Sicht wird die Kontinuität zwischen primären und sekundären Zirkulärreaktionen leicht verständlich. Wie die primären Reaktionen darauf abzielen, der Saugtätigkeit, dem Sehen oder der Greiftätigkeit Nahrung zu liefern, so haben die sekundären Reaktionen das Ziel, Nahrung für diese oder jene durch Differenzierung aus der Greiftätigkeit oder den Gesten des Vorderarmes entstandenen Bewegungen zu liefern. Allerdings besteht ein großer Unterschied zwischen dem in gewissem Sinne zentripetalen Interesse, das sich auf die Saugtätigkeit oder selbst auf das Sehen um des Sehens willen bezieht, und dem zentrifugalen Interesse des gegenwärtigen Stadiums, das auf ein äußeres Ergebnis des Handelns hinzielt. Dieser Gegensatz verliert aber sofort an Schärfe, wenn man sich daran erinnert, daß ein sensorisches Erscheinungsgebilde um so objektiver und äußerlicher ist, je mehr Verhaltensschemata es zusammenfaßt, und daß zwischen den primären und den sekundären Reaktionen alle nur erdenklichen Übergänge bestehen. Ein sichtbarer Gegenstand zum Beispiel hat schon mehr vom eigentlichen »Objekt«, wenn er gleichzeitig gesehen, gehört und betastet werden kann, als wenn er nur ein Bild darstellt, das man anschaut. Folglich werden die Erschütterungen des Daches oder das Geräusch eines an der Wiegenwand entlanggestrichenen Stabes zu einer um so größeren Exteriorisierung führen, als sie gleichzeitig sowohl gesehen, gehört als auch vermittels der eigenen Handbewegungen reproduziert werden können. Aufgrund eines ähnlichen Paradoxons, wie es in der Entwicklung der Wissenschaft aufzuweisen ist, erscheint das Wirkliche als um so objektiver, je besser es durch die Verhaltensschemata des denkenden und handelnden Subjektes erarbeitet ist, während der Phänomenalismus der unmittelbaren Wahrnehmung in den Bereich des reinen Subjektivismus gehört. Ja noch mehr, dadurch, daß das Kind weit von ihm entfernte Ereignisse in seine Tätigkeit einbezieht, baut es eine Reihe von Zwischengliedern in seine Verhaltensvollzüge ein. Wenn es zum Beispiel das Wiegendach erschüttert, indem es nach einer daran aufgehängten Puppe faßt, so muß es wohl oder übel, auch ohne etwas von den Relationen zwischen diesen beiden Objekten zu verstehen, dennoch in der Erschütterung des Daches die Verlängerung seiner Handlung »die Puppe ergreifen« sehen. Die Assimilation der Bewegungen des Daches an das Verhaltensschema der Greiftätigkeit setzt also die Bildung einer Beziehung zwischen diesen Bewegungen und denjenigen der Puppe voraus. Ein solcher Prozeß stellt die Erklärung dafür dar, daß jede reproduzierende Assimilation eines entfernten Schauspiels eine aktive Erarbeitung von Relationen nach sich zieht. Die Handlung hört auf, ein einfacher Vorgang zu sein, und weist eine beginnende Differenzierung von Mittel und Zweck auf. Aus den Assimilationen der Dinge an das eigene Ich entsteht so die Konstruktion von Relationen zwischen den Dingen selber.

Die für die sekundäre Zirkulärreaktion charakteristische Assimilation ist also eine einfache Weiterentwicklung der Assimilation, die in den primären Reaktionen am Werke ist. Ebenso wie das primitive Weltbild des Kleinkindes entweder aus Dingen besteht, an denen man lutschen kann oder die man anschauen, berühren oder ergreifen kann, so verwandelt sich diese Welt nun nach und nach in Dinge, die man schütteln, hin und her schwingen, reiben usw. kann, je nach den verschiedenen Differenzierungen der manuellen und visuellen Verhaltensschemata. Bevor wir aber den Mechanismus dieser progressiven Akkommodation noch genauer betrachten, bleibt uns noch zu erklären, wie es dazu kommt, daß irgendein entferntes Schauspiel als von der eigenen Handlung erzeugt aufgefaßt werden kann (was, wie gesagt, die Auftretensbedingung der sekundären Zirkulärreaktion darstellt). Auf diese Frage kann man mit einem einzigen Wort antworten. Denn diese Entdeckung geschieht durch eine reziproke Assimilation der vorhandenen Verhaltensschemata. Man erinnere sich daran, wie zum Beispiel die Koordination zwischen Seh- und Hörtätigkeit sich vollzieht. Indem das Kind zu sehen versucht, was es hört, und umgekehrt, stellt es nach und nach fest, daß ein und dasselbe Objekt einen Ursprung von Geräuschen und ein visuelles Erscheinungsgebilde darstellt. In ganz analoger Weise vollzieht sich die Koordination der Sehund der Greiftätigkeit. Nachdem das Kind lange genug seine Hände und die ergriffenen Gegenstände betrachtet hat, versucht es allmählich, das ebenfalls visuell wahrgenommene Erscheinungsgebilde zu bewegen. Auf diese Weise entdeckt es, daß man ebensogut ergreifen kann, was man sieht, als auch anschauen kann, was man ergriffen hat. Im Bildungsprozeß der sekundären Zirkulärreaktionen geschieht aber ein Vorgang ganz ähnlicher Art. Wenn Laurent zum Beispiel ganz unbeabsichtigt eine Bewegung der Klappern auslöst, indem er an einer Kette zieht, oder wenn er, ohne zu wissen, was er tut, einen Brieföffner am Weidengeflecht seiner Wiege entlangstreicht, schaut er zuerst den erzeugten Effekt an, dann hört er auf das entstandene Geräusch usw. Er bemüht sich noch keineswegs, diesen Effekt durch andere Mittel zu erhalten. Indem er aber gerade im Begriffe ist, die Kette oder den Brieföffner zu schütteln, während er das Ergebnis dieser Bewegungen betrachtet oder hört, werden sich diese beiden Arten von Verhaltensschemata früher oder später gegenseitig assimilieren. Das Kind beginnt dann, das Bild, das es betrachtet, mit der Hand zu bewegen, genauso wie es früher dazu gelangte, absichtlich das betrachtete Bild seiner eigenen Glieder zu bewegen. Das bedeutet noch keineswegs, daß es versuchen würde, das Phänomen in seiner Objektivität zu reproduzieren (was der sekundären Zirkulärreaktion vorbehalten bleiben wird), sondern will nur heißen, daß seine visuellen und manuellen Verhaltensschemata, indem sie gleichzeitig in Tätigkeit sind, sich, einem allgemeinen Gesetze gehorchend, gegenseitig zu assimilieren versuchen. Sobald diese gegenseitige Assimilation auch nur andeutungsweise geschieht, versteht das Kind, daß das äußere, von ihm wahrgenommene Ergebnis (die Bewegungen der Spielklappern oder das Geräusch des Brieföffners an der Wiegenwand) ebensosehr von seiner manuellen wie von seiner visuellen oder auditiven Tätigkeit abhängt. Dieses Verständnis führt unmittelbar zu einer Zirkulärreaktion, das heißt also zu einem Akt reproduzierender Assimilation. Vom Standpunkt der Assimilation aus gesehen, verlängert also die sekundäre Zirkulärreaktion in direkter Weise die primäre Reaktion, und je mehr sich die schon bestehenden Verhaltensschemata (= primäre Schemata) koordinieren, desto mehr wendet sich das Interesse des Kindes den Relationen zwischen den Dingen selbst zu.

2. Die »sekundären Zirkulärreaktionen«: Die Akkommodation und die Organisation der Verhaltensschemata

Während des ganzen Entwicklungsverlaufs der ersten Primärreaktionen bis zu den gegenwärtigen Verhaltensweisen blieb die Akkommodation in gewisser Weise der Assimilation untergeordnet. Die Tätigkeiten des Saugens, des Schauens, des Ergreifens bestanden ganz einfach in einer Einordnung der wahrgenommenen Gegenstände in die entsprechenden Assimilationsschemata, die dann nachträglich, wenn die Notwendigkeit sich ergab, an die Vielfalt der Dinge angepaßt (akkommodiert) wurden. So verändern sich Bewegung und Stellung der Hände, der Augen, des Mundes in Abhängigkeit vom Ziel aufgrund einer kontinuierlichen Akkommodation. Diese Akkommodation begleitet die Assimilation als solche, ist in gewissem Sinne aber auch gegenläufig zu ihr. Gegen Ende der Entwicklung der sensomotorischen Verhaltensweisen, das heißt bei den tertiären Zirkulärreaktionen, wird die Akkommodation hingegen, wie wir noch sehen werden, in gewissem Sinne der Assimilation vorangehen. In Gegenwart neuartiger Gegenstände wird das Kind dann zuerst herauszufinden suchen, in welcher Beziehung sie neuartig sind, indem es an ihnen herumexperimentiert. Dann wird es sie erst an ein Verhaltensschema assimilieren, das eigens für sie aufgebaut wurde. Die Akkommodation entwickelt sich also von den primären zu den tertiären Reaktionen aus der einfachen Differenzierung von Verhaltensschemata zur eigentlichen Erforschung des Neuartigen. Welcher Art ist nun aber die Akkommodation bei der sekundären Zirkulärreaktion?

Zu Beginn geschieht auch dort keine andere Akkommodation als bei den primären Reaktionen: Die Verhaltensschemata werden in Abhängigkeit vom Gegenstand differenziert. So entdeckt Laurent die Möglichkeit, auf eine aufgehängte Gummipuppe einzuschlagen, indem er ganz einfach versucht, sie zu packen (Bb. 103). So lernen Lucienne und Laurent, eine Klapper an der Wiegenwand entlangzustreichen, indem sie sie hin und her schwingen (Bb. 104), usw. Im Unterschied zu den Vorgängen bei den primären Zirkulärreaktionen führt diese anfängliche Differenzierung des Verhaltensschemas nicht ohne weiteres zur Möglichkeit, es auf neue Gegenstände anzuwenden. Es gelingt Laurent ja gerade nicht, die Puppe zu packen noch die Klapper so zu bewegen, wie er es möchte, und eben dieser Mißerfolg läßt ihn ein unerwartetes Phänomen entdecken: Die Puppe schwingt hin und her, wenn man sie stößt, und die Klapper streift die Holzwand der Wiege. In diesem Augenblick vollzieht sich die spezifische Akkommodation der sekundären Zirkulärreaktion. Das Kind versucht nun, die Bewegungen, die zum beobachteten Ergebnis geführt haben, von neuem hervorzubringen. Wie wir oben bewiesen haben, beginnt das Kind den Assimilationsversuch dieses neuartigen Ergebnisses tatsächlich damit, daß es sich begnügt, es zu betrachten usw. (primäre Verhaltensschemata). Sobald das Kind aber durch gegenseitige Assimilation der Verhaltensschemata entdeckt hat, daß dieses Ergebnis von seiner Handtätigkeit abhängt, wird es nun den Effekt durch Assimilation an diese Handtätigkeit zu erzeugen versuchen. Da aber das Kind dieses neuartige Resultat gerade durch eine zufälligerweise erfolgte Differenzierung erzielt hat, muß es also lernen, diese Differenzierung intentional zu vollziehen. Darin besteht aber die den sekundären Reaktionen eigentümliche Akkommodation: Die Bewegungen, die zur Erzeugung des beobachteten Resultates geführt haben, sollen von neuem vollzogen werden. Diese Akkommodation geht also der Assimilation nicht voraus, wie das bei der tertiären Reaktion der Fall ist, noch deckt sie sich ganz einfach mit ihr, wie in der primären Reaktion. Sie ergänzt vielmehr die Assimilation in dem Augenblick, wo sich das neue Verhaltensschema bildet. Die Akkommodation ist also keine beinahe automatische Differenzierung von Verhaltensschemata mehr, sie ist auch noch kein intentionales Suchen nach dem Neuartigen an sich, aber sie ist eine gewollte und systematische Fixierung der durch die neuen Wirklichkeiten auferlegten und zufällig entstandenen Differenzierungen. Ein konkretes Beispiel wird uns die Sache leichter verstehen lassen:

Bb. 105: Wie wir bei der Bb. 103 gesehen haben, versteht Laurent seit 0; 4 (19), mit der Hand absichtlich auf aufgehängte Gegenstände einzuschlagen. Mit 0; 4 (22) hält er einen Stab in Händen, mit dem er nichts anzufangen weiß und den er langsam von einer Hand zur anderen wechselt. Der Stab streift dabei zufällig eine am Dach hängende Spielklapper. Laurent ist sofort gefesselt von diesem unerwarteten Effekt, hält den Stab aufrecht in der Stellung, die er eben eingenommen hatte, und nähert ihn dann umsichtig der Klapper wieder an. So stößt er ein zweites Mal daran. Darauf zieht er den Stab wieder zurück, indem er ihn aber möglichst wenig entfernt, wie wenn er sich von neuem bemühen würde, diese günstige Stellung beizubehalten. Dann nähert er ihn wieder der Klapper. In dieser Weise verfährt er immer schneller und schneller.

Dieser Akkommodationsvorgang ist in zweifacher Hinsicht interessant. Einerseits taucht das neuartige Ereignis in der Form eines zufälligen Vorgangs in einem schon gebildeten Verhaltensschema auf, das es weiter differenziert. Andererseits bemüht sich das Kind in gezielter und systematischer Weise, die Bedingungen, die zu diesem unerwarteten Ergebnis geführt haben, wieder herzustellen. Selbstverständlich hat die Verwendung des Stabes, die wir in diesem Beispiel beschrieben haben, nur episodische Bedeutung und steht in keinem Zusammenhang mit der »instrumentalen Verwendung des Stabes«, die wir anläßlich des fünften Stadiums beschreiben werden.

Diese Analyse der für die sekundären Zirkulärreaktionen charakteristischen Akkommodation läßt uns verstehen, warum die Tätigkeit des Kindes, die uns bis jetzt wesentlich konservativ erschienen ist, sich künftig in unbeschränktem Maße zu erweitern scheint.

Es ist nur natürlich, daß die Handlungen des Kindes im Reflexstadium bloß konservativ sind. Da ja die zu den einzelnen Reflexen gehörenden Verhaltensschemata erblich angelegt sind, besteht das Reflexverhalten ganz einfach in der Assimilation der Umweltgegebenheiten an diese Verhaltensschemata und in der Akkommodation der

Verhaltensschemata an diese Wirklichkeit durch ihre einfache und unveränderte Betätigung. Bei den primären Zirkulärreaktionen und den von ihnen abgeleiteten Gewohnheiten verhält es sich im Grunde genau gleich trotz offensichtlicher Neubildungen, die diesen Verhaltensweisen eigentümlich sind. Wenn das Kind nämlich greifen, schauen, hören, saugen, um zu saugen (und nicht mehr bloß, um sich zu ernähren), lernt, assimiliert es ganz einfach eine zunehmende Anzahl von Realitäten an diese Reflexschemata. Mag dabei eine Akkommodation an diese Realitäten stattfinden, so bleiben diese doch nur Nahrung für diese Verhaltensschemata. Bei den durch Koordination von bestehenden Verhaltensschemata neu gebildeten Verhaltensweisen handelt es sich dagegen, wie wir schon gesehen haben, um eine reziproke Assimilation, also noch immer um eine Erhaltung. Diese Assimilation schließt zwar eine Bereicherung nicht aus und reduziert sich in keiner Weise auf eine reine und einfache Identifikation, das versteht sich von selbst. Nichtsdestoweniger behält sie einen wesentlich konservativen (erhaltenden) Charakter.

Wie soll man es also erklären, daß zu einem bestimmten Zeitpunkt dieser Selbsterhaltungskreis gesprengt wird und daß die Erzeugung neuartiger Ergebnisse die primäre Reaktion verlängert und zu vielfältigen Beziehungsbildungen zwischen den Dingen führt? Vermag die Wirklichkeit für sich allein die eingefahrenen Assimilationsstrukturen zu sprengen und das Tun des Kindes zu einer progressiven Aufgliederung zu zwingen, oder muß man diese Aufgliederung als eine Folge der Assimilationsfunktion verstehen, die sich immer wieder durch Konsolidierung des Erreichten sichert?

Unzweifelhaft liegt beides vor. Einerseits zwingt die Wirklichkeit das Kind ständig zu immer neuen Akkommodationen. Sobald das Kind ergreifen kann, was es sieht, bringen die Gegenstände, die es manipuliert, unnachgiebig die verschiedenartigsten Erfahrungen mit sich. Die Klappern, die hin und her schwingen und dabei beunruhigende Geräusche erzeugen; die Wiege, die schwankt und so die aufgehängten Spielsachen in Bewegung versetzt; die Schachteln, die aufgrund ihres Gewichtes und ihrer Form seinen Greifbewegungen Widerstand leisten; die Decken oder Schnüre, die unerwarteterweise festgehalten werden oder angeknüpft sind; all das bietet Gelegenheit zu neuen Erfahrungen. Der Inhalt dieser Erfahrungen kann aber nicht assimiliert werden ohne fortlaufende Akkommodation, die darum in gewissem Grad ein Hemmnis für den Fortschritt der Assimilation darstellt.

Andererseits ist diese Akkommodation nie von reiner Art. Die sekundäre Zirkulärreaktion bliebe unerklärlich, wenn das Verhalten des Kindes nicht seinen wesentlich assimilierenden und konservierenden Charakter beibehalten würde. Wie wir eben gezeigt haben, ist jede der sekundären Zirkulärreaktionen, die beim Kind auftreten, durch Differenzierung aus einer primären Zirkulärreaktion oder aus einer anderen sekundären Zirkulärreaktion, die ihrerseits auf einer Primärreaktion beruht, entstanden. In letzter Analyse führen daher alle Verhaltensweisen auf Bewegungen der Beine oder Füße, der Arme oder Hände zurück. Die »zirkulären« Greifbewegungen differenzieren sich zu Bewegungen, »um zu ziehen«, »um zu schütteln«, »um hin und her zu schwingen«, »um zu verschieben«, »um zu reiben« usw.

Wenn Lucienne mit drei bis vier Monaten ihren Wagen und damit die Puppen zum Schwingen bringt (Bb. 94 und 95), so bewegt sie im Grunde Füße und Beine entsprechend einem Primärschema. Wenn Laurent mit 0; 2 (24) bis 0; 3 (0) eine an seinem Arm befestigte Spielklapper (Bb. 97) schüttelt, bevor er noch zu greifen versteht, so verlängert er ganz einfach die spontanen Zirkulärbewegungen seines Armes. Und wenn er mit 0; 3 (13) lernt, die Klapper mittels einer Kette zu schütteln, betätigt er ganz einfach sein Greifschema, das in Bildung begriffen ist (Bb. 98). So verhält es sich mit allen sekundären Zirkulärreaktionen: Jede von ihnen stellt die Verlängerung eines schon bestehenden Verhaltensschemas dar. Auch die »Vorgehensweisen mit dem Ziel, interessante Schauspiele andauern zu lassen«, auf die wir sogleich zu sprechen kommen, verlängern ihrerseits bestimmte Zirkulärreaktionen. Der einzige Unterschied zwischen den sekundären und den primären Zirkulärreaktionen besteht also darin, daß künftig das Interesse auf das äußere Ergebnis und nicht mehr bloß auf das Tun als solches gerichtet ist. Diese Ausrichtung steht aber nicht im Gegensatz zum konservativen Charakter dieses Tuns. Das äußere Ergebnis, das oft ganz plötzlich in das kindliche Handeln einbricht, fesselt das Kind, weil es sich auf seine wichtigsten Verhaltensschemata bezieht und gleichzeitig unvorhergesehen und überraschend ist. Wenn es nur neu wäre, würde es kaum mehr als eine bloß augenblickliche Aufmerksamkeit beanspruchen können. Es erscheint dem Subjekt aber im Zusammenhang mit seinen vertrautesten Handlungen oder mit Verhaltensschemata, die gerade in Tätigkeit sind. Darüber hinaus bringt dieses unerwartete Ergebnis seine gewohnten Verhaltensschemata und alles, was sie beinhalten, aus dem Gleichgewicht. Damit wird die Aufmerksamkeit erzwungenermaßen nach außen gelenkt und kann sich nicht mehr mit dem eigenen Tun allein befassen. Kurz, die sekundären Zirkulärreaktionen sind wesentlich konservierend und assimilierend, da sie ja die primären Reaktionen verlängern. Wenn daher das Interesse des Kindes sich verschiebt, indem es sich auf das äußere, materielle Ergebnis seiner Handlungen zu konzentrieren beginnt, so geschieht das nur deshalb, weil dieses Ergebnis die Konsequenz einer immer umfassenderen Assimilationstätigkeit ist.

Was bedeuten nun aber diese Neubildungen vom Standpunkt der Organisation oder Struktur des Verhaltens?

Die Organisation stellt, wie man sich sicher erinnert, den inneren Aspekt der Betätigung der Verhaltensschemata dar, auf die die Assimilation die Umwelt zu reduzieren versucht. Sie ist also, wenn man so will, eine innere Anpassung. Akkommodation und Assimilation bilden zusammen die äußere Erscheinungsweise dieser inneren Struktur. Tatsächlich bildet jedes Verhaltensschema oder jede Gesamtheit von Verhaltensschemata eine »Ganzheit«, ohne die keine Assimilation möglich wäre. Diese Ganzheit besteht selber wieder aus einem Bündel von interdependenten Elementen (siehe Einführung, 3.). Solange diese Ganzheiten noch nicht vollständig verwirklicht sind, sondern erarbeitet werden, implizieren sie überdies eine Differenzierung von »Mittel« und »Zweck« oder, vielleicht besser, von »Werten«, die der Bildung des Ganzen untergeordnet sind, und dem noch nicht verwirklichten, aber in jeder »Vorstellung« bestehenden »idealen« Ganzen. Dieser für jeden Organisationsprozeß grundlegende Mechanismus begleitet im Innern die äußeren Erscheinungen des Anpassungsgeschehens. Wie funktioniert dieser Organisationsprozeß im Verlauf des gegenwärtigen Stadiums, und in welcher Form manifestiert er sich im Verhalten des Kindes?

Wie leicht ersichtlich ist, bestehen die sekundären Verhaltensschemata, sobald sie durch komplementäre Assimilationen und Akkommodationen erarbeitet sind, aus organisierten Systemen. In diesen Systemen bildet das Verhaltensschema eine »Ganzheit«, während die »Relationen«, aus denen sie besteht, die gegenseitigen Beziehungen definieren, die die Ganzheit ausmachen.

Eine Gesamtorganisation der Verhaltensweisen, das heißt also eine Koordination von sekundären Verhaltensschemata, wird sich erst im Verlauf des folgenden Entwicklungsstadiums manifestieren. Wir werden im vierten Stadium von ihr zu sprechen haben. Aber ohne Koordination dieser Verhaltensschemata untereinander und ohne ihre intendierte Vereinheitlichung und ihren bewußt vollzogenen Zusammenschluß stehen die verschiedenen Verhaltensschemata dieses Stadiums dennoch offensichtlich in einem Gleichgewichtsverhältnis zueinander und bilden ein System von Gliedern mit einer unbewußten Interdependenz. Ohne diese ganzheitliche, die einzelnen Handlungen verbindende Organisation wäre es unmöglich zu erklären, wie irgendein Gegenstand, der dem Kind dargeboten wird, unmittelbar klassifiziert, das heißt also mittels eines gleichzeitig reproduzierenden und wiedererkennenden Assimilationsaktes, der diesem und nur diesem Objekt entspricht, assimiliert wird.

Es stellt sich aber noch die Aufgabe, die in Bildung oder Neubildung begriffenen Ganzheiten zu analysieren. Es entsteht jedesmal eine neue, ursprüngliche Ganzheit, wenn ein neues Verhaltensschema im Kontakt mit den Dingen erarbeitet wird. Diese Ganzheit verwirklicht sich auch jedesmal wieder von neuem, wenn das Subjekt mit entsprechenden Objekten konfrontiert wird und sie dem fraglichen Verhaltensschema assimiliert. Die Organisation dieser Ganzheiten stellt gegenüber der Organisation der »primären« Verhaltensschemata in dem Sinne einen Fortschritt dar, als sich zum ersten Male die »Mittel« von den »Zielen« abzuheben beginnen, und zwar in dem Maße, wie sich die »Relationen«, von denen wir sogleich sprechen werden, konstituieren. Folglich nehmen die ausgeführten Handlungen und die benützten Gegenstände künftig den Charakter von verschiedenen »Werten« an, die Abstufungen einer »idealen«, das heißt noch nicht verwirklichten Ganzheit bilden. Wenn Laurent in der Bb. 98 zum Beispiel entdeckt, daß die herunterhängende Kette dazu dienen kann, die Spielklapper, an der sie befestigt ist, zu erschüttern, wird die Handlung »an der Kette ziehen« ohne Zweifel als ein »Mittel« zum »Zweck« der Hervorbringung dieses interessanten Ergebnisses aufgefaßt, obwohl in der ursprünglichen, durch eine Zirkulärreaktion erzeugten Handlung das Mittel gleichzeitig mit dem Zweck gegeben ist. Das Subjekt unterscheidet das Ziel und die Mittel erst nachträglich, wenn es das Ergebnis um seiner selbst willen hervorzubringen sucht. Eine solche Unterscheidung stellt aber gewiß im Bewußtsein des Kindes ein Novum dar. Man könnte selbstverständlich auf dieselbe Weise irgendein primäres Verhaltensschema, wie zum Beispiel dasjenige des Daumenlutschens, analysieren: Die Handlung, den Daumen in den Mund stecken, könnte als ein Mittel aufgefaßt werden im Dienst des Ziels, des Lutschens. Eine solche Beschreibung würde aber nicht einem wirklichen Geschehen im Subjekt entsprechen, da ja der Daumen nicht unabhängig von der Handlung, die darin besteht, an ihm zu lutschen, erkannt wird. Dagegen wurde die Kette, die dazu dient, die Klapper zu erschüttern, wahrgenommen und manipuliert, bevor sie noch als ein »Mittel« aufgefaßt wurde, und sie bleibt auch weiterhin von der Klapper verschieden. Hingegen künden die Koordinationen von primären Verhaltensschemata (greifen, um zu lutschen, usw.) bereits die gegenwärtige Unterscheidung von Mittel und Zweck an, da ja die »sekundäre Zirkulärreaktion« nur aufgrund einer solchen Koordination möglich geworden ist (Koordination der Greif- und Sehtätigkeit und, in elementaren Fällen, Koordination der Bewegungen der Füße mit der Sehtätigkeit). Das Faktum bleibt aber bestehen, daß diese Koordinationen – wie wir gesehen haben – aus einfachen gegenseitigen Assimilationen bestehen und zur Bildung von neuen und globalen Verhaltensweisen führen, bei denen sich der Unterschied, von dem wir sprechen, sogleich auflöst.

Aus der Tatsache, daß die Unterscheidung von Mittel und Zweck sich erst im Verlauf der Erarbeitung sekundärer Verhaltensschemata durchsetzt, darf man aber nicht schließen, daß diese Unterscheidung schon auf der dritten Stufe ihre Vollendung erreiche. Man darf sie aber auch nicht mit dem Zustand identifizieren, den sie im folgenden Stadium annehmen wird, das heißt bei der Koordination sekundärer Verhaltensschemata. Wie wir eben gesehen haben, koordinieren sich während des gegenwärtigen Entwicklungsstadiums die sekundären Verhaltensschemata noch nicht untereinander. Jedes von ihnen stellt noch eine mehr oder weniger in sich geschlossene Einheit und Ganzheit dar und schließt sich mit anderen nicht zu Reihen zusammen (Reihen etwa in der Art, wie die Schlußfolgerung oder die Implikationen von Begriffen im rationalen Denken). Im vierten Entwicklungsstadium dagegen beginnen sich diese Verhaltensschemata untereinander zu koordinieren. So werden sie fähig, sich an unvorhergesehene Umstände anzupassen. Durch diese Koordination entstehen die Verhaltensweisen, die wir »Anwendung bekannter Verhaltensschemata auf neue Situationen« nennen werden. Erst bei ihnen werden sich die »Mittel« in definitiver Weise von den »Zielen« abheben. Ein und dasselbe Verhaltensschema kann dann als »Mittel« verschiedenen Zwecken dienen, und sein Instrumentalcharakter wird dadurch stärker betont, als das während des gegenwärtigen Stadiums bei einer Handlung (wie zum Beispiel an der Kette ziehen) möglich ist, die dauernd demselben Ziel (die Klapper erschüttern) untergeordnet bleibt und deren »Mittel«-Funktion ganz zufällig entdeckt worden ist.

Fassen wir zusammen. Die sekundären Zirkulärreaktionen künden bereits eine intelligente Anpassung an, ohne jedoch schon eigentliche Intelligenzakte darzustellen. Im Vergleich zu den primären Zirkulärreaktionen stehen sie der Intelligenz näher, weil sie zwischen den Dingen und dem Tun des Subjekts schon eine Gesamtheit von beinahe intentionalen Reaktionen erarbeiten. Diese Beziehungen zur Umwelt sind tatsächlich sehr komplexer Art, deshalb leiten sie, wie wir eben gesehen haben, beginnende Differenzierungen zwischen Mittel und Zweck ein und führen gerade dadurch zu einer rudimentären Intentionalität. Wenn ein Kind an einer Kette zieht, um eine Spielklapper zu erschüttern, führt es ein höheres Verhalten aus, als wenn es bloß einen Gegenstand, den es sieht, ergreift.

Dennoch handelt es sich bei den sekundären Zirkulärreaktionen noch um keine vollständigen Intelligenzhandlungen, und zwar aus folgenden zwei Gründen: Erstens wurden die vom Kinde verwendeten Relationen (sich schütteln, um die Wiege zu erschüttern; an einer Kette ziehen, um eine Klapper zu bewegen; usw.) zufällig entdeckt und nicht in der Absicht, ein Problem zu lösen oder ein Bedürfnis zu befriedigen. Das Bedürfnis ist aus der Entdeckung entstanden und nicht die Entdeckung aus dem Bedürfnis. Im eigentlichen Intelligenzakt dagegen wird ein Zweck um seiner selbst willen verfolgt, und dann erst werden die Mittel, die dazu führen, entdeckt. Der zweite Grund schließt sich eng an den vorangegangenen an. Das einzige Bedürfnis, das bei den sekundären Zirkulärreaktionen im Spiel ist, ist ein Bedürfnis nach Wiederholung. Das Kind möchte das interessante Ergebnis, das es zufällig entdeckt hat, erhalten und reproduzieren. Das Bedürfnis löst die Handlung bei jedem neuen Umlauf einer Zirkulärreaktion aus, und in diesem Sinn könnte man sicherlich sagen, das Bedürfnis gehe der Handlung voran. Zumindest erlaubt uns diese Tatsache, von Intentionalität und Intelligenz zu sprechen. Aber da dieses Bedürfnis nur ein Verlangen nach Wiederholung darstellt, liegen die Mittel, die zur Reproduktion dieses erwünschten Ergebnisses gebraucht werden, schon vollständig vor. Diese Mittel werden durch die Zufallshandlung geliefert, die den Ausgangspunkt der gesamten Reaktion darstellt und ganz einfach wiederholt werden muß. Das Maß an Intelligenz, das in solchen Verhaltensweisen steckt, ist beschränkt. Es handelt sich einfach darum, die Abfolge von Bewegungen wiederzufinden, die das interessante Resultat hervorgebracht hat. Die Intentionalität dieser Verhaltensweisen besteht also einzig in dem Bemühen, das Ergebnis zu reproduzieren. Um es noch einmal zu sagen, wir haben hier bloß den Entwurf einer intelligenten Handlung vor uns und keinen vollständigen Intelligenzakt. Bei einer eigentlichen Intelligenzhandlung ist das Bedürfnis, das als Motor dient, mehr als ein Versuch zu wiederholen. Es ist ein aktives Bemühen um bessere Anpassung. Eine neue Situation muß an schon bestehende Verhaltensschemata assimiliert und diese Verhaltensschemata müssen an die neuen Umstände akkommodiert werden. Im Verlauf ihrer Weiterentwicklung wird die sekundäre Zirkulärreaktion zwar dahin führen, sie selbst ist aber noch nicht soweit.

Erst recht darf man solchen Verhaltensweisen weder die Fähigkeit, Vorstellungen zu erzeugen, noch die Eigenschaft, auf Vorstellungen zu beruhen, zuschreiben. Erstens einmal kann keine Rede davon sein, daß das Kind sich die verwendeten Mittel vorstellt. Es weiß nicht im voraus, daß es diese oder jene Bewegung ausführen wird, da es sich ganz einfach bemüht, eine bestimmte und gelungene motorische Kombination wiederzufinden. Zu diesem Zweck begnügt es sich mit einer Wiederholung seiner Handlungen. Könnte die Vorstellung aber nicht wenigstens für das Ziel dieser Handlungen eine Rolle spielen? Das Kind würde zum Beispiel die Erinnerung an die Erschütterung der Spielklapper in Form von visuellen oder auditiven Bildern behalten und sich dann bemühen, irgend etwas zu reproduzieren, was dieser Vorstellung konform ist. Die Erklärung dieser Verhaltensweisen bedarf keineswegs eines so komplizierten Mechanismus. Folgende Erklärung genügt: Das Schauspiel der Klapper hat so starkes Interesse erregt, daß dieses das Tun und Handeln des Kindes wieder in die kurz vorher eingehaltene Bahn lenkt. Mit anderen Worten, wenn die Klapper aufhört sich zu bewegen, ergibt sich ein Vakuum, das das Kind sogleich auszufüllen trachtet, indem es dazu die Bewegungen verwendet, die es eben ausgeführt hat. Wenn diese Bewegungen zu einem Ergebnis führen, das dem vorherigen Schauspiel ähnlich ist, findet natürlich ein Wiedererkennen statt. Dieses Wiedererkennen setzt aber keine Vorstellung voraus. Es fordert nur, daß das neue Ergebnis sich vollständig mit der Struktur des Assimilationsschemas deckt, das sich mit den ersten Anfängen dieser Zirkulärreaktion ankündigte. Wenn dieser Mechanismus unaufhörlich repetiert wird, können sich daraus natürlich die ersten Anfänge einer Vorstellung ergeben. Ohne daß man den genauen Zeitpunkt angeben könnte, wann diese Vorstellung ausgebildet ist, scheint sie doch sicher nicht ursprünglich und zur Bildung der gegenwärtigen Verhaltensweisen nicht notwendig zu sein.

Dagegen bilden die sekundären Verhaltensschemata die erste Erscheinungsform der Strukturen, die auf der Ebene der rationalen Intelligenz »Klassen« oder »Begriffe« heißen. Einen Gegenstand als etwas »zu Schüttelndes«, »zu Streichendes« usw. aufzufassen, stellt doch tatsächlich ein funktionales Äquivalent der Klassifikationsoperation dar, die dem begrifflichen Denken eigentümlich ist. Wir werden anläßlich des vierten Entwicklungsstadiums auf diese Beziehung zurückkommen, wenn wir von den »beweglicher« gewordenen sekundären Verhaltensschemata sprechen. Es war aber nötig, jetzt schon darauf hinzuweisen.

Wie die Klassenlogik sich zur »Relationen«-Logik korrelativ verhält, so implizieren auch die sekundären Verhaltensschemata bewußte Beziehungen zwischen den Dingen. Darin besteht sogar, wie wir gesehen haben, ihre wichtigste Errungenschaft gegenüber den primären Verhaltensschemata. Wodurch sind diese Beziehungen gekennzeichnet? Sie bilden sich im Innern der einzelnen Verhaltensschemata und stützen sich nicht auf Koordination von verschiedenen Verhaltensschemata ab. Daher bleiben sie natürlich wesentlich praktischer Art und behalten einen globalen und phänomenalistischen Charakter. Sie können folglich auch in keiner Weise substantielle, räumliche oder kausale Strukturen mit wirklich »objektivem« Charakter erarbeiten. Wenn das Kind wie im schon kommentierten Beispiel an einer Kette zieht, um eine Klapper zu erschüttern, so ist die Beziehung, die es zwischen der Kette und der Klapper herstellt, noch nicht eine räumliche, kausale und zeitliche Verbindung zwischen zwei »Objekten«. Es liegt eine einfache praktische Beziehung zwischen der Handlung des Ziehens und dem beobachteten Resultat vor. Erst im vierten Stadium, wenn die sekundären Verhaltensschemata sich koordinieren und sich aus den Koordinationen bestimmte Konsequenzen ergeben, werden sich diese Beziehungen zu objektivieren beginnen. Zur tatsächlichen Objektivität gelangen sie allerdings erst im Verlauf des fünften Stadiums.

Mögen diese Beziehungen aber auch nur empirischen Charakter behalten, so stellen sie von einem formalen Standpunkt aus gesehen nichtsdestoweniger den Ansatz eines Systems dar, das sich vom System der »Klassen« abhebt und sich in der Folge immer mehr von ihm abheben wird. Mehr noch, in ähnlicher Weise wie die der rationalen Intelligenz eigentümliche »Logik der Relationen« führt diese elementare Relationsbildung von Anfang an zur Entdeckung von quantitativen Beziehungen, die von den einfachen qualitativen Vergleichen des Klassifikationsprozesses verschieden sind.

Wie man weiß, strukturieren Begriffe oder »Klassen« die Realität nur in Funktion der qualitativen Ähnlichkeiten oder Verschiedenheiten der klassifizierten Wesenheiten, während »Relationen« darüber hinaus die Quantität berücksichtigen und zur Erarbeitung mathematischer Reihen führen. Sogar die Relationen mit qualitativem Inhalt, wie zum Beispiel »dunkler« oder »Bruder von«, stellen tatsächlich eine Reihenbildung anderer Art dar als die Beziehung der Zugehörigkeit oder des Eingeschlossenseins und setzen daher entweder die Begriffe »mehr« und »weniger« voraus, die eindeutig quantitativen Charakter haben, oder sie implizieren eine Unterscheidung und eine Einstufung von Individuen, die notwendigerweise Zahlencharakter an sich haben.

Gerade das geschieht aber auf der sensomotorischen Ebene, sobald die ersten Relationen ausgebildet werden. Beispielsweise führt die Relation, die das Kind zwischen der Handlung des »an der Kette Ziehens« und der Bewegung der Klapper (Bb. 98) herstellt, von Anfang an zur Entdeckung eines dieser Relation immanenten quantitativen Bezugs: Je mehr man die Kette schüttelt, desto heftiger werden die Spielklappern erschüttert.

Bb. 106: Am Abend des Tages, an dem Laurent 0; 3 (13) alt wird, stößt er zufällig an die Kette, während er an seinen Fingern lutscht (Bb. 98). Er faßt sie an und verschiebt sie langsam, wobei er die Klappern anguckt. Dann beginnt er noch einmal, indem er die Kette sachte hin und her schwenkt, was eine leichte Bewegung der aufgehängten Klappern und ein schwaches Rascheln der Schrotkugeln verursacht. Laurent stuft daraufhin deutlich seine eigenen Bewegungen ab: Er schüttelt immer stärker und stärker an der Kette und bricht angesichts des Resultats in ein helles Lachen aus. – Der Gesichtsausdruck des Kindes verrät deutlich, daß die Abstufung gewollt (intentional) geschieht.

Mit 0; 4 (21) schlägt Laurent mit der Hand auf die am Wiegendach aufgehängten Klappern ein (Bb. 103) und stuft dabei sichtbar seine Bewegungen in Funktion des Resultates ab. Er schlägt zuerst ganz sachte und dann immer kräftiger und kräftiger.

Man kann diese Abstufungen beinahe in allen vorangegangenen Beobachtungen finden, ebenso bei der Anwendung der »Vorgehensweisen, die dazu dienen, interessante Schauspiele andauern zu lassen« (siehe Bb. 112 bis 118).

So stellt also das sekundäre Verhaltensschema nicht nur eine Art Begriff oder eine Form von praktischer »Klasse« dar, sondern ist im gewissen Sinne auch ein System von Relationen, das auch die Quantität mit einschließt.

3. Die wiedererkennende Assimilation und das Bedeutungssystem

Die bis jetzt untersuchten Tatsachen bilden wesentliche Erscheinungen der reproduzierenden Assimilation, die darin besteht, ein zufällig entdecktes Resultat durch Wiederholung neu zu verwirklichen. Bevor wir uns mit der Ausweitung dieser Verhaltensweisen zur generalisierenden Assimilation und der damit verbundenen Entstehung der »Vorgehensweisen, die dazu dienen, interessante Schauspiele andauern zu lassen«, beschäftigen, wollen wir erst noch eine Gruppe von Tatsachen hervorheben, die an sich keine Zirkulärreaktionen darstellen, aber aus der sekundären Reaktion entstanden sind. Es handelt sich um eine Art von wiedererkennenden Assimilationsvorgängen. Es geschieht nämlich, daß das Kind in Gegenwart von Gegenständen oder von Ereignissen, die für gewöhnlich eine sekundäre Zirkulärreaktion auslösen, sich damit begnügt, die gewohnte Handlung nur anzudeuten, statt sie tatsächlich auszuführen. Anscheinend gibt es sich damit zufrieden, diese Gegenstände oder diese Ereignisse wiederzuerkennen und dieses Wiedererkennen angemessen zum Ausdruck zu bringen. Das Kind kann sie aber nur dadurch zur Kenntnis nehmen, daß es das Verhaltensschema, das dem Wiedererkennen dient, von neuem vollzieht, statt es bloß zu denken. Dieses Verhaltensschema ist aber gerade dasjenige der sekundären Zirkulärreaktion, das dem fraglichen Gegenstand entspricht.

Es folgen einige Beispiele:

Bb. 107a: Mit 0; 5 (3) versucht Lucienne, einige Spulen zu ergreifen, die mittels Gummibändern über ihr aufgehängt wurden. Sie verwandte diese Spulen für gewöhnlich, um daran zu lutschen, und gerade danach gelüstet es sie im Augenblick. Es geschah aber auch, daß sie sie zum Schwingen brachte, indem sie sich schüttelte (siehe Bb. 94a und 94b). Es gelingt ihr diesmal wieder, sie zu berühren, aber noch nicht, sie zu ergreifen. Nachdem sie die Spulen aber so zufällig in Bewegung versetzt hat, unterbricht sie einen Augenblick ihre Greifbemühungen, um zu strampeln und die Spulen dann zu betrachten (sie vollführt Stöße mit den Beinen und mit dem ganzen Rumpf), dann nimmt sie ihre Greifversuche wieder auf. Warum hat sie diese Versuche unterbrochen, um einige Sekunden lang zu strampeln? Sie wollte nicht die Spulen zum Schwingen bringen, denn sie verharrte nicht dabei und war im Augenblick, da sie diese Handlung ausführte, mit etwas anderem beschäftigt. Es geschah auch nicht in der Absicht, die Spulen besser greifen zu können. Könnte es sich um einen Automatismus handeln, der durch den zufälligen Anblick der schwingenden Spulen ausgelöst wurde? Es könnte so scheinen. Aber dieses Verhalten hat sich zu oft wiederholt, als daß es automatisch sein könnte. Es hat also ganz gewiß einen Sinn. Es handelt sich auch nicht um eine Art Ritual, wie wir es bei der Entstehung des Spiels vorfinden werden; denn das Kind schien sich dabei gar nicht zu belustigen, sondern blieb ganz ernst. Die Sache hat sich so abgespielt, als würde das Kind, gesetzt den Fall, es hätte einen Augenblick lang über Reflexion und innere Sprache verfügt, sich dabei etwa folgendes sagen: »Ja, ich sehe schon, daß dieser Gegenstand hin und her geschwenkt werden könnte, aber das ist nicht das, was ich will.« Da aber Lucienne noch nicht über die Sprache verfügte, hat sie das gleichsam durch das Abspielen dieses Verhaltensschemas gedacht, bevor sie ihre Greifversuche wieder aufnahm. In dieser hypothetischen Sichtweise käme die kurze Episode des Schwingens einer Art motorischen Wiedererkennens gleich.

Eine solche Interpretation müßte abenteuerlich erscheinen, wenn sie sich nur auf eine einzige Tatsache stützen könnte. Ihre Wahrscheinlichkeit wird aber im Verlauf der folgenden Beobachtungen immer größer. Mit 0; 5 (10) zum Beispiel fällt Lucienne vor einer Spielklapper in genau dasselbe Verhalten zurück. Mit 0; 6 (5) schüttelt sie sich ebenfalls mehrmals hintereinander, aber jedesmal nur sehr kurz, sobald sie ihre Hand wahrnimmt (die aus dem Munde kommt oder zufälligerweise in ihr Gesichtsfeld gerät usw.). Die Bedeutung dieser Handlung bliebe unerklärt, wenn man in ihr nicht die Andeutung einer Handlung sehen würde, die durch diesen Anblick wachgerufen wird. Mit 0; 6 (12) nimmt Lucienne von weitem zwei Zelluloidpapageien wahr, die an einen Leuchter gebunden sind und die sie manchmal in ihrer Wiege hatte. Sobald sie sie erblickt, schüttelt sie deutlich, aber ganz kurz ihre Beine, versucht jedoch nicht weiter, aus der Distanz auf sie einzuwirken. Es kann sich hier nur um ein motorisches Wiedererkennen handeln. Ebenso braucht sie mit 0; 6 (19) nur von weitem ihre Puppen zu sehen, und sogleich deutet sie mit der Hand die Geste des Hin- und Herschwenkens an.

Von 0; 7 (27) an lösen bestimmte, allzu vertraute Situationen keine sekundären Zirkulärreaktionen mehr aus, sondern nur noch Andeutungen dieser Verhaltensschemata. Als Lucienne eine Puppe sieht, die sie oft geschüttelt hat, begnügt sie sich damit, ihre Hände zu öffnen und zu schließen oder mit den Beinen zu strampeln, aber nur kurz und ohne sich anzustrengen. Mit 0; 10 (28) sitzt sie in ihrem Wagen. Ich nähere meine Hand und versetze ihm einen leichten Stoß, indem ich den Griff berühre. Lucienne lacht und antwortet mit einem leichten Handschütteln, ohne damit einen Versuch zu machen, mich zum Fortfahren zu bewegen. Es handelt sich nur um ein Zur-Kenntnis-Nehmen.

Bb. 107b: In derselben Weise verhält sich Laurent mit 0; 4 (21). Er hält einen Gegenstand in Händen, als ich ihn ablenken will, indem ich die aufgehängten Spielklappern anstoße, auf die er gerne einschlägt. Er schaut die Klappern an, ohne sein Spielzeug loszulassen, und deutet mit der rechten Hand die Handlung des »Schlagens« an. Von 0; 5 an stelle ich bei ihm häufig solche Handlungsandeutungen vor vertrauten Gegenständen und Ereignissen fest. Sie sind denen von Lucienne ähnlich.

Derartige Verhaltensweisen bilden eine Klasse für sich. Es handelt sich nicht mehr um einfache sekundäre Zirkulärreaktionen, da das Kind gar keine Anstrengungen unternimmt, um zu seinem Ergebnis zu gelangen. Es wäre allerdings möglich, daß es um eine einfache Automatisierung früherer Reaktionen ginge. Einerseits zeugt der Gesichtsausdruck des Kindes nicht von einem rein mechanischen Handeln. Andererseits dürfte es kaum eine Erklärung dafür geben, warum eine automatische Reproduktion unnützer Handlungen so lange erhalten bleiben sollte (wir haben ja tatsächlich nur ein oder zwei Beispiele aus unzähligen Fällen herausgegriffen). Man kann diese Verhaltensweisen aber auch nicht den »Vorgehensweisen, die dazu dienen, interessante Ereignisse andauern zu lassen«, gleichstellen, von denen wir anschließend sprechen werden. Diese »Vorgehensweisen ...« treten ja in dem Augenblick auf, wo ein vom Kinde beobachtetes Schauspiel unterbrochen wird, und sie verfolgen den Zweck, auf die Dinge selbst einzuwirken, während die gegenwärtigen Verhaltensweisen bei einer einfachen Konfrontierung mit einem beweglichen oder unbeweglichen Gegenstand entstehen und keinen Versuch darstellen, auf ihn einzuwirken. Es ist schließlich auch unmöglich, diese Verhaltensweisen als »exploratives Verhalten« oder »tertiäre Zirkulärreaktionen« zu verstehen, von denen wir in der Folge sprechen werden. Denn diese letztgenannten Verhaltensweisen spielen sich vor neuen Gegenständen ab, während die gegenwärtigen durch wohlvertraute Gegenstände ausgelöst werden.

Für uns gibt es daher nur eine Deutung für die Bb. 107a und 107b: Es handelt sich da um Fälle wiedererkennender Assimilation. Vor einem Gegenstand oder vor einem vertrauten Ereignis, dessen plötzliches Auftreten das Kind nicht vorausgesehen hat, empfindet es das Bedürfnis, sich auf irgendeine Weise anzupassen. Genau das geschieht aber, wenn Lucienne zum Beispiel eine Spule in dem Augenblick hin und her schwanken sieht, in dem sie sie ergreifen wollte, oder wenn sie ihre Hand, Papageien usw. in dem Moment und an der Stelle wahrnimmt, wo sie sie nicht erwartet hat usw. Sich anpassen bedeutet in diesem Fall ganz einfach: von diesem Ereignis Kenntnis nehmen und es als bekannt, aber im Augenblick zu nichts nütze einstufen. Das Ding oder das Ereignis wird wiedererkannt und klassifiziert. Später wird das Subjekt das in äußerlich formulierten Worten oder in einer inneren Sprache zum Ausdruck bringen. Das Kind verfügt aber augenblicklich noch nicht über solche symbolischen Instrumente und beschränkt sich darauf, die Gesten des entsprechenden Verhaltensschemas anzudeuten, die dabei also gleichsam als Wiedererkennensschema verwandt werden. Mit anderen Worten, statt zu sagen »schau da die Spule, die hin und her schwankt«, oder »das ist ja meine Hand ..., das ist der Papagei ..., schau, der Wagen schwankt«, assimiliert das Kind diese Ereignisse mittels motorischer Begriffe, es verfügt ja noch nicht über verbale Begriffé. Durch das Schütteln der Beine oder der Hände gibt es sich selbst zu verstehen, daß es das Wahrgenommene begreift.

Die Existenz dieser wiedererkennenden Assimilation könnte zweifelhaft erscheinen, wenn sie nicht durch die gesamte reproduzierende Assimilation der sekundären Zirkulärreaktionen vorbereitet worden wäre. Zwei Umstände dürfen als Beweis angesehen werden, daß die reproduzierende Assimilation aus ihrer Natur heraus die Ausbildung eines sensomotorischen Wiedererkennens nach sich zieht. Erstens folgt aus der Tatsache, daß ein interessantes Resultat wieder aufgefunden wird – das ist ja die Definition der sekundären Zirkulärreaktion –, ein immer genaueres Wiedererkennen. Zweitens wird ein einmal gebildetes Verhaltensschema durch jeden neuen Kontakt mit den Gegenständen, die zu seiner Entstehung geführt haben, wieder in Tätigkeit versetzt. Jedesmal, wenn zum Beispiel ein Kind die aufgehängte Puppe sieht, die es gewohnt ist, durch Sichschütteln, Schlagen usw. zum Schwanken zu bringen, beginnt es wiederum von neuem, sich zu schütteln oder zu schlagen usw. Diese Aktivierung eines Verhaltensschemas durch unmittelbare Assimilation eines ihm entsprechenden Gegenstandes besitzt gleichzeitig sowohl den Charakter einer wiedererkennenden als auch reproduzierenden Assimilation, denn diese beiden Aspekte des Assimilationsprozesses sind während dieser Entwicklungsphase noch nicht voneinander differenziert. Zu einem bestimmten Zeitpunkt dagegen wird die bloß wiedererkennende Assimilation sich von der reproduzierenden oder rein aktiven Assimilation abheben. Zuerst kann es geschehen, wie im Beispiel der Bb. 107, daß das Kind sich durch die äußeren Gegebenheiten dazu veranlaßt sieht, in dem Augenblick ein Verhaltensschema zu aktivieren, wo sein Interesse anderweitig gefesselt ist und es ein anderes Schema betätigt. In diesem Fall wird das Verhaltensschema, das mit der Haupttätigkeit interferiert, bloß angedeutet, während die vorherrschende Tätigkeit in normaler Weise fortgesetzt wird. Dann kann es auch geschehen, wie es das Ende der Bb. 107 verrät, daß das durch die äußeren Umstände ausgelöste Verhaltensschema zu vertraut ist, als daß es die Aktivität des Kindes noch anzuziehen vermöchte. Das Kind begnügt sich in dieser Situation mit einer einfachen und kurzen Andeutung. In beiden Fällen ersetzt die Andeutung der betreffenden Tätigkeit die wirkliche Tätigkeit und gleicht eher einer kontemplativen als einer aktiven Vorgehensweise, oder eher einem einfachen Wiedererkennens- oder Klassifikationsakt als einer effektiven Handlung. Auf diese Weise löst sich die wiedererkennende Assimilation nach und nach von der reproduzierenden Assimilation, in der sie anfänglich impliziert war, und geht in einen halb aktiven, halb konstatierenden Zustand über. So nähert sie sich dem reinen Feststellungsurteil, soweit die sensomotorische Intelligenz dazu fähig ist.

Diese Bemerkungen führen uns zur Analyse der »Bedeutung« und zum Studium der für das dritte Entwicklungsstadium charakteristischen Signale oder Anzeichen. Damit der Leser den Kern der in der Folge geschilderten Tatsachen erfassen kann, müssen wir zuerst mit zwei Worten in Erinnerung rufen, wie sich für uns das Problem »Bedeutung« stellt.

Ein sensorisches Erscheinungsgebilde oder einen Gegenstand assimilieren, sei es mittels einer einfachen Assimilation, sei es durch einen Wiedererkennensakt oder eine generalisierende Ausweitung, heißt, ihn in ein System von Verhaltensschemata einzuordnen und ihm folglich eine »Bedeutung« zuzuschreiben. Mögen diese Verhaltensschemata globaler und allgemeiner Natur sein, oder, wie zum Beispiel beim Wiedererkennen eines bestimmten Ereignisses, einen exakt umschriebenen Charakter haben, das Bewußtsein erkennt jeden Zustand nur aufgrund seiner Beziehungen zu einer mehr oder weniger organisierten Gesamtheit. Daher muß man in jeder mentalen Gegebenheit zwei untrennbare Aspekte unterscheiden, deren Verbindung das Wesen der Bedeutung ausmacht, den Bedeutungsträger und das Bezeichnete. Bei den »Bedeutungen« höherer Ordnung, die gleichzeitig von einem Kollektiv sanktionierte Bedeutungen sind, ist die Unterscheidung ganz klar: Der Bedeutungsträger ist das verbale Zeichen, das heißt ein in einer bestimmten Weise artikulierter Laut, dem man nach Übereinkunft einen bestimmten Sinn zuschreibt. Das Bezeichnete ist der Begriff, in dem der Sinn des Verbalzeichens besteht. Im Bereich der elementaren Bedeutungen verhält sich die Sache genau gleich, mag es sich dabei um die Bedeutung eines wahrgenommenen Objektes oder mag es sich, wie zum Beispiel beim Kleinkind vor der Ausbildung substantieller Gegenstände, um die Bedeutung eines bloß »vorgestellten« sensorischen Erscheinungsbildes handeln. Das »Bezeichnete« einer objektiven Wahrnehmung, wie zum Beispiel der Wahrnehmung eines vom Fenster aus gesehenen Berges oder eines auf dem Tisch stehenden Tintenfasses, ist der Gegenstand selbst. Dieser Gegenstand wird nicht mehr bloß aufgrund eines Systems von sensomotorischen und praktischen Verhaltensweisen (eine Besteigung ausführen, seine Feder ins Tintenfaß tauchen) und auch nicht nur durch ein System von allgemeinen Begriffen (ein Tintenfaß ist ein Behälter, der ... usw.) definiert, sondern ebensosehr mittels ihrer individuellen Eigenschaften, wie zum Beispiel Stellung im Raum, Ausdehnung, Festigkeit und Widerstand, Farben bei verschiedenen Beleuchtungen usw. Diese letztgenannten Eigenschaften setzen, obwohl am Gegenstand selbst wahrgenommen, einen äußerst komplexen individuellen Erarbeitungsprozeß voraus. Damit ich zum Beispiel den kleinen

Lichtpunkten, die ich als einen Berg oder ein Tintenfaß wahrnehme, tatsächliche Dimensionen zuschreiben kann, muß ich sie in eine substantielle und kausale Welt und in einen organisierten Raum usw. hineinstellen und sie folglich durch einen intellektuellen Erarbeitungsprozeß zusammenbauen. Das von einer Wahrnehmung »Bedeutete« oder »Bezeichnete«, das heißt also der Gegenstand selbst, besitzt ein wesentlich intellektuelles Sein. Noch niemand hat einen Berg oder auch nur ein Tintenfaß von allen Seiten zugleich »gesehen« oder in einer gleichzeitigen Gesamtansicht ihre verschiedenen Ansichten (von oben, von unten, von Ost und von West, von innen und von außen usw.) verglichen. Um diese individuellen Realitäten als wirkliche Objekte wahrnehmen zu können, muß man das, was man sieht, notwendigerweise durch das, was man weiß, ergänzen. Der »Bedeutungsträger« dagegen ist nichts anderes als die geringe Menge von Wahrnehmungseigenschaften, die im einmaligen, im gegenwärtigen Augenblick sich vollziehenden Akt meiner Sinnesorgane registriert werden, der Eigenschaften also, die es mir gestatten, einen Berg und ein Tintenfaß zu erkennen. Eine weitverbreitete Meinung, die eine Weiterführung realistischer, kindlicher Gewohnheiten darstellt, hält diesen Bedeutungsträger für den Gegenstand selbst und glaubt, er sei »wirklicher« als jede intellektuelle Konstruktion. Wenn man aber einmal begriffen hat, in welchem Maße jeder konkrete Gegenstand eine unabsehbare Reihe von geometrischen, kinematischen, kausalen usw. Erarbeitungen voraussetzt und folglich das Produkt einer ganzen Reihe von Intelligenzakten darstellt, kann man nicht mehr zweifeln, daß das eigentlich »Bezeichnete« der Wahrnehmung oder ihr Objekt eine intellektuelle Realität ist. Dann kann man auch nicht mehr in Frage stellen, daß die im Augenblick der Wahrnehmung vorliegenden sensorischen Eindrücke nur als Anzeichen, das heißt also als Bedeutungsträger, dienen.

Selbst an den einfachen sensorischen Erscheinungsgebilden, die der Säugling vor der Ausbildung des permanenten und substantiellen Gegenstandes assimiliert, sind diese beiden Aspekte zu unterscheiden, wenn auch nicht so leicht und so deutlich. Wenn sich der Säugling anschickt, beispielsweise die Spielklapper, die er sieht, zu ergreifen, stellt die sichtbare Erscheinungsform dieses Spielzeugs nur den »Bedeutungsträger« dar, während das »Bezeichnete« alle anderen Eigenschaften desselben Gegenstandes umfaßt, die nicht gleichzeitig gegeben sind, aber vom Geist zu einem einzigen Bündel vereinigt werden (insbesondere die Eigenschaft, etwas zu sein, was man ergreifen kann). Auch hier bezieht sich also der Bedeutungsträger auf ein System von Verhaltensschemata (die Sehschemata, die Greif-, Hör-, Saugschemata usw.), und es kommt ihm nur bezüglich der Gesamtheit des Systems eine Bedeutung zu. Das gilt auch für das in der aktuellen Wahrnehmung gegebene Erscheinungsbild.

Wir möchten also den Begriff der Bedeutung mit den komplementären Begriffen des »Bedeutungsträgers« und des »Bezeichneten« auch auf die rein sensomotorische Intelligenz ausgedehnt wissen. Zur weiteren Klärung drängt sich aber noch die Unterscheidung von folgenden drei Arten von »Bedeutungsträgern« auf, die wir »Anzeichen«, »Symbol« und »Zeichen« nennen werden. Nur aufgrund dieser Unterscheidung lassen sich Tatbestände des Bedeutungsverständnisses, das wir nun sogleich beschreiben werden, in ihrem eigentlichen Lichte erfassen.

Das »Symbol« und das »Zeichen« sind die Bedeutungsträger der abstrakten Bedeutungen und setzen die Vorstellung voraus. Ein »Symbol« ist ein auf mentale Weise erzeugtes Bild oder ein materieller Gegenstand, der zur intentionalen Bezeichnung einer Klasse von Handlungen oder von Gegenständen ausgewählt wird. So symbolisiert beispielsweise das mentale Bild eines Baumes entweder alle Bäume im allgemeinen oder diesen besonderen Baum, dessen sich das Individuum gerade erinnert, oder diese bestimmte Handlung, die sich auf die Bäume bezieht usw. Das Symbol setzt also die Vorstellung voraus. Es wird, wie wir sehen werden, im Verlauf des zweiten Lebensjahres auftreten. Sowohl das Symbolspiel (oder Fiktionsspiel) als auch der Fortschritt der Intelligenz und die Verwendung praktischer Schlußfolgerungen implizieren eine Evokation der abwesenden Gegenstände. Das »Zeichen« ist ein kollektives Symbol und daher »willkürlich«. Es tritt ebenfalls im Verlauf des zweiten Jahres im Zusammenhang mit der sich ausbildenden Sprache auf und ist ohne Zweifel synchron zur Konstitution des Symbols. Symbol und Zeichen sind die beiden Pole, der individuelle und der soziale Pol, im Erarbeitungsprozeß von Bedeutungen.

Das »Anzeichen« jedoch stellt einen konkreten Bedeutungsträger dar, der an die direkte Wahrnehmung und nicht an die Vorstellung gebunden ist. Wir werden ganz allgemein jeden sensorischen Eindruck oder jede direkt wahrgenommene Eigenschaft, deren oder dessen Bedeutung (»Bezeichnetes«) in einem Gegenstand oder einem sensomotorischen Verhaltensschema gegeben ist, ein »Anzeichen« nennen. Im strikten und begrenzten Sinn des Wortes ist ein Anzeichen eine sinnenhafte Gegebenheit, die die Gegenwart eines Gegenstandes oder ein unmittelbar folgendes Ereignis ankündigt (die Tür, die sich öffnet und eine Person ankündigt). Wie wir aber eben gesehen haben, kann man den Begriff des Anzeichens auf jede sensomotorische Assimilation ausweiten. Was ich von einem Tintenfaß oder einem Berg sehe, ist das Anzeichen der Existenz dieser Gegenstände; die Klapper, die das Kind anschaut, bildet das Anzeichen für einen möglichen Greifakt; die Brustwarze, die die Lippen des Säuglings berührt, zeigt an, daß eine Saugtätigkeit möglich ist, usw. Die im gegenwärtigen

Stadium gegebenen Tatsachen gehören also zur Klasse der konkreten Bedeutungen, bei denen die Bedeutung durch das Anzeichen vermittelt wird.

Damit wir aber zum eigentlichen Wesen dieser Tatsache vorstoßen können, müssen wir verschiedene Arten von Anzeichen unterscheiden, und zu diesem Zweck ist eine Rekapitulation der Gesamtheit der bis jetzt untersuchten »Bedeutungen« notwendig.

Erstens konnten wir schon beim Reflex selbst von wiedererkennender Assimilation sprechen (Kapitel I). Wenn der Säugling Hunger hat und sich nicht damit begnügt zu saugen, um zu saugen (reproduzierende Assimilation), noch am erstbesten Gegenstand zu saugen, den er mit seinen Lippen antrifft (generalisierende Assimilation), dann versteht er sehr wohl, die Brustwarze zu suchen und sie von den sie umgebenden Geweben zu unterscheiden. Was heißt das anderes, als daß die Brustwarze für ihn eine Bedeutung hat, daß sie sich von anderen Bedeutungen abhebt (zum Beispiel derjenigen der Saugtätigkeit ohne Objekt usw.) und zu ihnen in Beziehung steht? Dieser erste Typ von Bedeutung stellt die einfachst mögliche Art dar. In diesem Fall wird der Bedeutungsträger nur durch einen elementarsensorischen Eindruck gebildet, der das Spiel der Reflextätigkeit begleitet (darunter vor allem der Eindruck, der als »Reiz« für die Saugtätigkeit dient), und das »Bezeichnete« ist ganz einfach das Saugschema. Der Beweis dafür, daß diese Interpretation nichts Künstliches an sich hat, kann darin gesehen werden, daß dieses Verhaltensschema, wie wir eben in Erinnerung gerufen haben, eine gewisse Anzahl von differenzierten Unterschemata einschließt. Die Berührung mit der Brustwarze löst die Saugtätigkeit und die Schlucktätigkeit aus, während die Berührung mit den umliegenden Gewebeteilen oder mit irgendeinem anderen Gegenstand das Saugen um des Saugens willen nach sich zieht. Die Erregung des Mundapparates führt zum Saugen im Leeren usw. Jeder dieser sensorischen Eindrücke wird also schon klassifiziert und einem ganz bestimmten Unterschema zugeordnet. Zumindest darf man sagen, wenn der hungrige Säugling nach der Brustwarze sucht, ist dieser Eindruck, der mit dieser Berührung verbunden ist, Stoff für eine wiedererkennende Assimilation und erhält dadurch eine ganz bestimmte Bedeutung.

An zweiter Stelle kommen die Bedeutungen der ersten Gewohnheiten und der Assimilation mittels erworbener, aber primärer Verhaltensschemata. Wie wir gesehen haben, setzt der charakteristische Wiedererkennensprozeß dieses Niveaus »Bedeutungsträger« voraus, die wir »Signale« genannt haben. Diese Signale sind nicht bloß einfache sensorische Eindrücke wie im vorangehenden Stadium, implizieren sie aber. Das Signal ist ein elementares Anzeichen und besteht in einem sensorischen Eindruck, der an die Reaktion und an die Wahrnehmungsgebilde, die für irgendein Verhaltensschema charakteristisch sind, assoziiert ist. Es kündigt diese Gebilde an und löst in dem Maße die entsprechenden Reaktionen aus, wie es an das betreffende Verhaltensschema assimiliert wird. So löst beispielsweise das Erleben einer bestimmten Stellung, die zum Zwecke des Stillens eingenommen wird, das Saugschema aus. Bedeutet das aber nicht, daß dieses Bewußtseinserlebnis für den »bezeichneten« (gemeinten) Gegenstand, nämlich den Stillakt, ein Signal, das heißt einen Bedeutungsvermittler, darstellt? Dieser Bedeutungsträger ist schon komplexer als derjenige des ersten Typs (direkter sensorischer Kontakt mit der Brustwarze oder den umgebenden Hautstellen), da er eine erworbene Ausweitung des Assimilationsschemas voraussetzt, aber die Bedeutung, die er vermittelt, bleibt elementar. Das Bewußtseinserlebnis, das mit der Stillage verbunden ist, bedeutet für das Kind nicht mehr als die Erwartung und den Anfang der mit der Saugtätigkeit verbundenen sensorischen Eindrücke. Man muß sich daher hüten, das Signal einem »willkürlichen« Zeichen gleichzusetzen, wie man es oft tut. Ohne Zweifel kann jedwedes Signal als Auslöser dienen für irgendeine Reaktion: Durch Dressur erreicht man so bei Tieren Assoziationen der verschiedensten Art. Wie wir aber schon gesehen haben, verfestigt sich eine Assoziation nur, wenn das Signal einem Assimilationsschema einverleibt wird und somit seine Bedeutung vom einheitlichen Handlungsvollzug, der die Anstrengung mit dem Ergebnis verknüpft, erhält. Im Bewußtsein des Subjekts wird das Signal also als Anzeichen und nicht als Zeichen erlebt: als ein Anzeichen, das heißt als ein objektiver, in der äußeren Wirklichkeit gegebener Aspekt, wie zum Beispiel die Fußspur für den Jäger das Anzeichen darstellt, daß sein Wild hier vorbeigekommen ist. Das Signal ist also nicht »willkürlicher«, in dem von den Linguisten gebrauchten Sinn dieses Wortes, als die Verbindung von Klang und Bild der schwingenden Glocke willkürlich ist.

Das letztere Beispiel erinnert an eine besondere Abart dieses zweiten Typs, an die Signale, die sich auf eine Koordination von heterogenen Verhaltensschemata gründen. Bei der Analyse der Koordinationen von Sehen und Hören, von Sehen und Saugen, von Greifen und kombiniertem Sehen und Saugen usw. haben wir festgestellt, daß die Gegenstände, die zur Ausbildung solcher Koordinationen führen, eben aufgrund dieser Verbindungen eine komplexe Bedeutung erhalten. Sie werden nach und nach mit einer festen und dauerhaften Gestalt bekleidet. Das Kind beginnt die Saugflasche und die Klapper als etwas anzusehen, an dem man saugen oder das man ergreifen kann. Wenn das Kind ein Geräusch vernimmt, versteht es sogleich, daß das Gehörte auch sichtbar sein muß usw. Daraus ergibt sich ein aktives Suchen, das einen Fortschritt in der Voraussicht mit sich bringt: Beim Hören eines bestimmten Geräusches bereitet sich das Kind darauf vor, ein bestimmtes Bild zu sehen usw. Bei all diesen Bedeutungserlebnissen aber wird der Bedeutungsvermittler immer durch sensorische Eindrücke oder Signale gebildet, die bloß vielseitiger sind als diejenigen der ersten Stufe, und das Bezeichnete besteht noch immer in praktischen Verhaltensschemata, nur sind diese jetzt untereinander koordiniert.

Daran schließt sich nun die dritte Art von Bedeutungen, auf die wir in besonderem Maße eingehen wollen: die Bedeutung der Anzeichen, die den sekundären Zirkulärreaktionen eigentümlich sind.

Schauen wir uns einmal eine sekundäre Zirkulärreaktion an, zum Beispiel »an einer Kette oder an einer Schnur ziehen, um damit die am Dach aufgehängten Gegenstände zu erschüttern« (Bb. 99 und 100). Oder betrachten wir eine Vorgehensweise, die dazu dient, interessante Schauspiele andauern zu lassen, zum Beispiel an der erwähnten Schnur ziehen in der Absicht, unerreichbare Gegenstände von ferne zum Schwanken zu bringen (Bb. 113). In derartigen Fällen sind die Bedeutungen offensichtlich komplexer als in den vorher genannten, obwohl sie sich durch Differenzierung aus ihnen herleiten. Tatsächlich bleiben die Bedeutungen der zweiten Art wesentlich funktionell und stehen in Beziehung zur Tätigkeit des Subjektes. Die sensorischen Signale kündigen an, daß da ein Ding ist, das man sehen, hören, ergreifen usw. kann. Dagegen umfassen die Bedeutungen der dritten Art von Anfang an ein Element der Voraussicht, das sich auf die Dinge selbst bezieht: Die am Wiegendach aufgehängte Schnur ist nicht nur etwas zum Sehen, zum Ergreifen und zum Ziehen, sie dient auch dazu, Gegenstände von weitem zum Schwanken zu bringen usw. In der Bedeutung der Schnur ist also auch eine gewisse Voraussicht von kommenden Ereignissen enthalten; ohne daß das Kind natürlich diese Verknüpfung in ihrem Detail verstehen würde, begreift es doch, daß die Handlung »an der Schnur ziehen« die Bewegung anderer Gegenstände zur Folge hat. Die Voraussicht ist aber noch keineswegs unabhängig von der Handlung: Die Schnur ist immer noch ein Signal, dessen Bedeutung das Verhaltensschema »ziehen, um das Dach zu erschüttern« ist. Die Voraussicht ist also noch nicht rein gegeben, sie ist in ein motorisches Verhaltensschema eingebettet. Im Vergleich zu den Bedeutungen der zweiten Art besteht aber offensichtlich ein Fortschritt. Über das bloß aktive »Signal« hinaus ahnt man bereits das »Anzeichen« im strengen Sinn des Wortes: Die Schnur bildet das Anzeichen für eine Reihe von möglichen Bewegungen.

Dieser Übergangscharakter zwischen dem »Signal«, das den vorangegangenen Stadien eigentümlich ist, und dem »Anzeichen«, das schon zum vierten Stadium gehört, ist kennzeichnend für die »Voraussicht« des dritten Stadiums und befreit sie schließlich von der notwendigen Einbettung in eine Handlung im Vollzug. Wir finden daher diesen Übergangscharakter bei einer Reihe von Zeichen verwirklicht, die sich zwischen 0; 4 und 0; 8 unabhängig von den bis jetzt untersuchten Zirkulärreaktionen manifestieren.

Bb. 108: Von 0; 4 (12) bis 0; 4 (30) ungefähr hat Laurent jedesmal vor Wut geweint, wenn man ihm nach dem Stillen ein Taschentuch oder ein Handtuch unter das Kinn legte, weil diese Objekte ihm tatsächlich einige Löffel eines Getränkes ankündigten, das gar nicht nach seinem Geschmack war.

Mit 0; 7 (10) beginnt er am Morgen zu weinen, sobald er das Bett seiner Mutter knarren hört. Bis dahin verrät er keinen Hunger, obwohl er wach liegt. Sobald er aber auch nur das geringste Knarren hört, beginnt er zu wimmern und nach seiner Flasche zu schreien. – Genauso verhält er sich, aber in noch stärkerem Maße, bei Türgeräuschen; von außen kommenden Geräuschen gegenüber bleibt er dagegen ganz gleichgültig (zum Beispiel den Geräuschen im Korridor oder in den Nachbarzimmern).

Von 0; 7 (15) an beginnt er, während ich mit ihm spiele, jeden Morgen vor Hunger zu weinen, sobald seine Mutter erscheint.

Auch mit 0; 9 (20) verhält er sich in gleicher Weise, obwohl jetzt ein Dienstbote und nicht mehr seine Mutter ihm den »Frühschoppen« reicht. Beim Anblick des Kindermädchens verliert er jedes Interesse für die Spiele, mit denen er gerade beschäftigt ist, auch wenn er sich im Bett seiner Mutter befindet.

Bb. 109: Mit 0; 8 (3) lächelt Jacqueline und sagt »aa«, sobald man die Tür ihres Zimmers öffnet und noch bevor sie die eintretende Person sieht. Sie erkennt also an diesem Zeichen, daß jemand eintreten wird. Mit 0; 8 (10) schreit sie vor Hunger, sobald ihre Mutter ins Zimmer tritt. Wenn der Vater kommt, tut sie das nicht. Mit 0; 9 (9) zeigt sie die umgekehrte Reaktion: Beim Anblick ihrer Mutter knurrt sie unzufrieden (weil sie keinen Hunger hat), während sie eben noch im Begriffe war zu lachen und sich gut zu unterhalten.

Mit 0; 8 (13) hebt sie die Hand, um ins Gesicht ihrer Mutter zu fassen, als diese ihr von hinten ins Ohr bläst. Ohne daß sie es sehen kann, begreift Jacqueline also, daß jemand hinter ihr steht. In gleicher Weise dreht sie sich mit 0; 9 (27) um und lächelt, als ich ihr auf den Hals blase, dabei hat sie mich weder kommen gesehen noch gehört.

Mit 0; 8 (18) hat sie immer noch wenig Appetit und weint, wenn man ihr das Lätzchen umbindet, weil sie weiß, daß jetzt eine Mahlzeit bevorsteht. Andererseits öffnet sie den Mund, sobald man ihre Stirn mit einem Schwamm berührt (den sie nicht gesehen hat), weil sie sich jeden Tag damit vergnügt, in den Schwamm zu beißen.

Beim ersten Betrachten scheinen solche Wiedererkennensakte von Anzeichen so stark von der Handlung losgelöst zu sein, daß sie zu echt objektiven Voraussichten führen könnten, wie das im Verlauf des vierten Stadiums der Fall sein wird. In Wirklichkeit aber besitzen die Zeichen, von denen hier die Rede ist, noch nicht die »Beweglichkeit«, die unseres Erachtens den Zeichen im vierten Stadium zukommt. Sie ermöglichen noch keine Voraussicht der Tätigkeit der Gegenstände unabhängig vom Handeln des Subjektes. Alle in den Bb. 108 und 109 beschriebenen Anzeichen sind Teile umfassender Verhaltensschemata. Entweder handelt es sich um das Essensverhalten, bei dem das Kind gewiß sehr aktiv ist, oder um ein »interessantes Erlebnis« (wie zum Beispiel sich auf den Hals oder auf die Hände blasen lassen usw.), das mit denen vergleichbar ist, die das Kind mittels seiner immer noch »zirkulären« Vorgehensweisen unterhält. Diese Vorgehensweisen werden wir im folgenden untersuchen. Mögen diese Anzeichen auch schon eine objektive Voraussicht ankündigen, so sind sie dennoch kaum vollständig von der sekundären Zirkulärreaktion losgelöst. Sie werden vielmehr in schon vorbereitete und schon bestehende Verhaltensschemata eingeordnet und erhalten ihre Bedeutung nur von diesen Schemata. Wie die Anzeichen und die Bedeutungen, an die wir soeben erinnert haben, stellen auch sie bloß einen Übergang zwischen den primären »Signalen« und den »eigentlichen Anzeichen« des vierten Stadiums dar.

4. Die generalisierende Assimilation und der Aufbau der »Vorgehensweisen, die dazu dienen, interessante Schauspiele andauern zu lassen«

Die Generalisierung der sekundären Verhaltensschemata stellt sich von selbst ein, wenn das Kind vor neue Gegenstände gebracht wird. In solchen Fällen wendet das Kind ohne weiteres seine ihm vertrauten Verhaltensweisen an und assimiliert den unbekannten Gegenstand an diese Schemata. Es ist wirklich eine erstaunliche Sache, daß die neuartigen Dinge dem Kind um so weniger neuartig erscheinen, je jünger es ist. Leider ist es unmöglich, in dieser Beziehung die sekundären Reaktionen mit den primären Reaktionen vor unbekannten Gegenständen zu vergleichen, es besteht zwischen ihnen kaum ein gemeinsames Vergleichsmaß. Wenn man aber die Reaktionen des gegenwärtigen Stadiums mit denjenigen des folgenden vergleicht und erst recht mit den »tertiären Zirkulärreaktionen« des fünften Stadiums, wird der Unterschied um so frappierender, je vergleichbarer die Situationen sind. Das Kind des fünften Stadiums ist vor einem neuartigen Phänomen in der Lage, eine Experimentierhaltung einzunehmen (das bedeutet nicht, daß es diese Haltung notwendigerweise annimmt, aber es ist dazu fähig). Es sucht nach dem Neuartigen um seiner selbst willen und variiert die Bedingungen des Ereignisses, um alle seine verschiedenen Erscheinungsweisen zu prüfen. Das Kind des vierten Stadiums gelangt noch nicht zu solchen »Experimenten, um zu sehen« (»expérience pour voir«) im eigentlichen Sinn, es hat aber doch Interesse für den neuen Gegenstand an sich. Um diesen neuen Gegenstand zu »verstehen«, versucht es, die verschiedenen ihm bekannten Verhaltenschemata auf den Gegenstand anzuwenden, um dasjenige herauszufinden, das ganz besonders auf ihn paßt. Das Kind des gegenwärtigen Stadiums dagegen behandelt das unbekannte Ding ohne weiteres als einen vertrauten Gegenstand und verwendet ihn mit Selbstverständlichkeit zur Übung gewohnter Verhaltensschemata, mag es auch manchmal von einem unbekannten Ding etwas überrascht werden. Man hat also den Eindruck, daß das Kind sich nicht im geringsten für die Sache als solche interessiert, noch ihre Neuheit an sich schätzt, sondern es trachtet aus rein funktioneller Assimilationslust heraus nur danach, seine sekundären Verhaltensschemata zu betätigen, wie es das bis jetzt mit seinen primären Schemata getan hat. Es liegt also eine einfache Generalisierung der sekundären Verhaltensschemata vor.

Einige Beispiele für diese elementare generalisierende Assimilation:

Bb. 110: Mit 0; 3 (29) sieht Laurent zum ersten Mal den Brieföffner, von dem in der Bb. 104 die Rede war. Er ergreift ihn und schaut ihn an, aber nur einen kurzen Augenblick. Darauf schwenkt er ihn mit der rechten Hand sogleich hin und her, wie er das mit allen ergriffenen Gegenständen zu tun gewohnt ist (siehe die Schemata der Bb. 102). Dabei streift er zufällig das Weidengeflecht der Wiegenwand und versucht, das wahrgenommene Geräusch von neuem zu erzeugen, wie wenn es sich um irgendeine Klapper handelte (vgl. Bb. 102). Ich gebe ihm nun den Gegenstand in seine linke Hand, und er schüttelt ihn in gleicher Weise. Schließlich lutscht er noch daran. Die Neuartigkeit des Gegenstandes hat das Kind also in keiner Weise interessiert, mit Ausnahme des kurzen Blickes zu Beginn. Der Brieföffner wurde ohne weiteres als Nahrung für die gewohnten Verhaltensschemata benutzt.

Als Laurent 0; 4 (8) alt ist, stelle ich einen großen Gummiaffen vor ihn hin, dessen Glieder und Schwanz beweglich sind und der einen großen eindrucksvollen Kopf besitzt. Der Anblick ist für Laurent vollständig neu. Er bekundet tatsächlich auch zuerst ein lebhaftes Erstaunen und sogar ein gewisses Erschrecken. Aber er beruhigt sich sogleich wieder und wendet nun am Affen einige der Verhaltensschemata an, die ihm dazu dienen, die aufgehängten Gegenstände hin und her zu schwenken: er schüttelt sich, schlägt sich in die Hände usw., wobei er seine Anstrengung je nach dem erzielten Resultat abstuft.

Mit 0; 5 (25) und an den folgenden Tagen sieht mir Laurent zu, wie ich eine Zeitung entfalte und auf das Dach seiner Wiege lege. Er beginnt sogleich an den am Dach befestigten Schnüren zu ziehen, sich selbst zu schütteln und mit Armen und Beinen zu strampeln. Beim Anblick der Bewegungen der Zeitung bricht er in helles Lachen aus, wie er es oft vor den Ausschlägen seiner Spielklapper tut.

Mit 0; 6 (0) sieht Laurent zum ersten Mal eine große, für ihn unbekannte Büchse mit Tabletten und ergreift sie sogleich. Er schaut sie dabei kaum an, sondern bedient sich ihrer, um sie an der Wand der Wiege entlangzustreichen, dann wechselt er sie von einer Hand zur anderen und fährt mit dem Gegenstand an der gegenüberliegenden Wiegenwand entlang.

Mit 0; 6 (1) ergreift er eine neue Spielklapper, die aus drei Teilen besteht, einem Stiel, in der Mitte einer Kugel mittlerer Größe und am Ende einer großen Kugel. Laurent schaut den Gegenstand ziemlich lange an, indem er ihn von einer Hand zur anderen wechselt. Er scheint sogar die Oberfläche abzutasten, was bereits die Verhaltensweisen des folgenden Stadiums ankündigt. Bald unterbricht er sich aber, um den Gegenstand in der Luft herumzuschwenken, zuerst ganz langsam, dann immer schneller und schneller, und schließlich schüttelt er ihn und streicht ihn an den Wänden seiner Wiege entlang usw.

Mit 0; 6 (7) biete ich ihm verschiedene neuartige Gegenstände an, um zu sehen, ob er wiederum räumliche Explorationsversuche anstellen werde, wie er das beim letzten Gegenstand zu tun schien. Es ist noch keine Spur davon vorhanden: Das Kind benützt den neuartigen Gegenstand ausschließlich als Nahrung für seine gewohnten Verhaltensschemata. So schaut er einen Pinguin mit langen Füßen und einem hängenden Kopf nur einen kurzen Augenblick an. Dann beginnt Laurent sogleich, auf ihn einzuschlagen, ihn an der Wand der Wiege zu reiben usw., ohne sich um das Ende zu kümmern, an dem er ihn ergriffen hat. Verschiedene Nippsachen erleiden das gleiche Los: Er hält sie mit einer Hand und schlägt mit der anderen auf sie ein.

Mit 0; 6 (14) erhält er eine neue Puppe; er guckt sie einen Augenblick an, ohne sich aber um ihre Form und Kleider zu kümmern, dann schlägt er sie, reibt sie an der Wiegenwand, schwenkt sie in der Luft umher usw.

Mit 0; 6 (18) erregt eine Pfeife seine Aufmerksamkeit etwas länger, wird dann aber auch für dieselben Handlungen verwendet. Mit 0; 6 (16) betrachtet er zuerst neugierig einen neuartigen Schwan, der von einem Ring umgeben und mit einem Griff versehen ist, beginnt dann aber, auch ihn sogleich zu schlagen, zu schütteln, zu reiben usw. Mit 0; 6 (26) werden mehrere unbekannte Gegenstände (ein Spielzeug mit Glöckchen, Bären, ein Schaf usw.) kaum angesehen, sondern sogleich geschlagen, geschüttelt usw.

Noch mit 0; 7 (2) schaut er einen unbekannten Vogel, der eine komplizierte Form besitzt und auf ein Brettchen mit Rädern montiert ist, genausowenig an, sondern begnügt sich damit, ihn zu schütteln, zu schlagen und am Rand der Wiege zu reiben.

Bb. 111: Mit 0; 5 (3) verfügt Lucienne erst über ein einziges Verhaltensschema, das sie im Verlauf ihrer zirkulären Reaktionen und ihrer Bemühungen, interessante Schauspiele andauern zu lassen, immer wieder verwendet. Es besteht darin, ihre Füße oder den ganzen Körper zu schütteln, um die Gegenstände zum Schwanken zu bringen (siehe Bb. 116). Natürlich kann sie auch noch ergreifen, lutschen usw. Wenn man ihr nun einen neuartigen Gegenstand anbietet, so versucht sie erstaunlicherweise nacheinander die Verhaltensschemata des Greifens und des Füßeschüttelns. Dabei verwendet sie die ersteren vor allem für feste, unbewegliche Gegenstände, die ganz nahe sind, und die zweiten für bewegliche Gegenstände, die vor ihr aufgehängt sind. Im folgenden einige Beispiele über den Verlauf solcher Versuche:

Vor einem Malteserkreuz, das man über ihr aufgehängt hat, beginnt Lucienne sogleich, ihre Füße zu bewegen, unternimmt aber gar nichts weiter. Schließlich verlangsamt sie ihre Bewegungen und beginnt leer zu saugen, indem sie den Gegenstand anschaut. Dann erst ergreift sie ihn und führt ihn vor die Augen, um ihn zu prüfen.

Eine Pfeife, die man unbeweglich vor sie hinlegt, löst Greifversuche, Saugen auf Distanz und Bewegungen der Füße aus, und zwar alles gleichzeitig.

Ein Gummi löst zuerst Erstaunen, dann Saugen auf Distanz und Greiftätigkeit aus. Nachdem Lucienne ihn ergriffen hat, hält sie ihn einen kurzen Augenblick lang prüfend in ihrer Hand, beginnt dann aber sogleich, ihre Füße zu bewegen.

Nun biete ich ihr noch einmal das Malteserkreuz an: Es löst sogleich anhaltende Bewegungen der Füße aus. Nachdem aber Luciennes Hand den Gegenstand gestreift hat, versucht sie ihn zu ergreifen. Diese zweite Reaktion hat also einen rein zufälligen Ursprung.

Nach einem aufgehängten Hampelmann greift sie und zieht daran. Als es ihr aber nicht gelingt, ihn ganz zu sich zu ziehen, unterbricht sie ihre Bemühungen in periodischer Weise, um hartnäckig mit den Füßen zu strampeln. Dann kehrt sie wieder zu den Greifversuchen zurück, um nachher wieder mit den Beinen zu strampeln. Diese beiden Tätigkeiten wechseln mehrmals miteinander ab.

Ein Rechenstab: ausschließlich Greifversuche; keine Bewegung mit den Füßen.

Hosenträger, die ich langsam vor ihr hin- und herschwenke: Strampeln mit den Beinen, dann Greifversuche.

Ein Siegelstempel: nur Greifversuche.

Eine Uhr, die ich ihr ganz nahe vors Gesicht halte: zuerst Greifversuche, dann, als ich sie zu hoch halte, Strampeln mit den Füßen.

Diese Beobachtung läßt uns erkennen, wie sehr neuartige Gegenstände unmittelbar an bestehende Verhaltensschemata assimiliert werden. Dadurch werden sie vom Kind ganz einfach als Dinge erkannt, die als Nahrung für vertraute Verhaltensweisen dienen können, selbst wenn diese gewohnten und vertrauten Verhaltensweisen von sehr beschränkter Anzahl sind. Wenn sich in der Folge diese Verhaltensschemata vermehren, wird der neue Gegenstand selbstverständlich immer mannigfaltigeren Versuchen unterworfen.

Diese eben beschriebenen Verhaltensweisen sind unschwer zu verstehen. Von neuartigen Gegenständen versucht das Kind noch keineswegs, das Neue daran zu erfassen, sondern begnügt sich damit, sie seinen gewohnten Verhaltensweisen zu unterwerfen. Nur selten schickt es diesen Versuchen einen kurzen Augenblick des Zögerns voraus. Um diese Gegenstände in sein Verhalten einzubauen, generalisiert es ohne weiteres die Verhaltensschemata, über die es verfügt.

Die generalisierende Assimilation dieses Stadiums beschränkt sich aber nicht auf diese elementare Form. Es kommt nämlich auch vor, daß das für das Kind Neuartige nicht in einem besonderen Gegenstand besteht, sondern in einem Ereignis oder in einem eigentlichen Schauspiel, auf das das Subjekt keinen direkten Einfluß hat. Was aber geschieht in einem solchen Fall?

Das Kind wünscht natürlich, daß sich dieses Schauspiel länger hinziehe. Um das zu erreichen, verwendet es ebenfalls seine gewohnten Verhaltensschemata, die es zu diesem Zweck generalisiert. Dieses Verhalten kündigt sich übrigens schon in der Bb. 110 an. Als Laurent mit 0; 4 (8) und 0; 5 (25) den Apfel oder die Zeitung nicht ergreifen kann, da sie zu weit weg sind, wendet er sogleich die Verhaltensschemata auf sie an, die sich auf aufgehängte Gegenstände beziehen, und versucht so, sie auf Distanz zu beeinflussen. Von da ist es nur noch ein kleiner Schritt bis zum Versuch, auf jedes Phänomen einzuwirken, auch wenn kein direkter Kontakt möglich ist.

Dieser Schritt wird im folgenden Verhalten vollzogen. Es handelt sich um ein Übergangsverhalten, das noch den Charakter einer sekundären Zirkulärreaktion an sich hat, dessen höhere Formen aber bereits charakteristische Kombinationen des vierten Stadiums ankündigen. Dies sind die Versuche, interessante Schauspiele, die das Kind erlebt, ohne selbst ihr erstes Auftreten verursacht zu haben, andauern zu lassen (wie zum Beispiel das Bemühen, das Schwingen einer unerreichbaren Uhr zu verlängern usw.). Solche Verhaltensweisen haben noch immer den Charakter einer Zirkulärreaktion an sich, weil es einfach darum geht, zu erhalten und wiederum von neuem zu reproduzieren. Sie stellen aber auch eine Generalisierung des Prinzips der Zirkulärreaktion dar, da die Verhaltensweisen, die bis jetzt in den Zyklus der eigentlichen Zirkulärreaktionen eingebaut waren, künftig auf ganz neue Umstände angewendet werden. Es folgen einige Beispiele für solche Verhaltensweisen:

Bb. 112a: Ein erstes Beispiel wird uns begreiflich machen, wie sich eine Zirkulärreaktion ohne Schwierigkeiten in eine Vorgehensweise verwandeln kann, die dazu dient, ein interessantes Schauspiel andauern zu lassen. Im Anschluß an die Bb. 98 mache ich mit Laurent, als er 0; 3 (20) alt ist, folgenden Versuch: Ich gebe ihm eine Gummipuppe, die er noch nicht kennt. Die Puppe ist mit der ihm vertrauten Spielklapper durch eine reichlich lange Schnur verbunden, so daß die Bewegungen der Puppe nicht ohne weiteres die Spielklapper erschüttern. Sobald Laurent die Puppe sieht, ergreift er sie mit der rechten Hand und lutscht an ihr. Diese Einleitungsphase dauert ungefähr zehn Minuten; während der ganzen Zeit hat sich die Klapper weder bewegt, noch hat sie gerasselt. Nun läßt Laurent seinen Arm seitlich herunterfallen, behält aber die Puppe in der Hand. Ich versetze jetzt der Klapper einen Stoß, ohne daß ihre Bewegung sich der Schnur und natürlich noch weniger der Hand Laurents mitteilt. Laurent beachtet die Klapper in diesem Augenblick nicht. Sobald er aber das Rasseln vernimmt, schaut er auf die Klapper und streckt den rechten Arm aus, wobei er die Puppe in der Hand behält. Dann schüttelt er diese Puppe in einer vollkommen angepaßten Weise.

Einen Augenblick später lehnt Laurent die rechte Hand an die Puppe, hält sie aber nicht fest. Ich schüttle nun die Klapper von neuem: Er bewegt sogleich die rechte Hand. Die Hand bleibt aber leer, und er versucht nicht, die Puppe zu ergreifen.

Man sieht an diesem Beispiel, wie unter veränderten Umständen das Verhaltensschema zerfällt und die wirksam gewesene Handlung (Ergreifen und den Arm schütteln oder einfach den Arm schütteln) in den Rang eines Vorgehens erhoben wird, das dazu dient, ein interessantes Schauspiel andauern zu lassen, selbst wenn die gewohnten Zwischenglieder fehlen (zum Beispiel die Kette).

Die Fortsetzung der Beobachtung zeigt, daß diese Armbewegung für Laurent den Charakter einer dauerhaften »Vorgehensweise« angenommen hat und nicht bloß einen episodischen Versuch darstellt. Mit 0; 3 (5) beispielsweise ist Laurent damit beschäftigt, meine Hand zu ergreifen, solange sie ihm direkt greifbar ist. Wenn ich sie aber fünfzig Zentimeter oder mehr wegziehe, schaut er sie an und beginnt dann, seine Arme zu schwenken, genauso wie er es vor seiner gewöhnlichen Spielklapper tut. – Mit 0; 3 (23) zeige ich ihm (in fünfzehn Zentimeter Entfernung) eine ihm noch nicht bekannte Puppe (sie ist kostümiert), indem ich sie einen Augenblick vor seinen Augen hin und her bewege. Solange sie in Bewegung ist, schaut er sie an, ohne sich zu rühren; sobald sie aber stillsteht, schüttelt er seinen Arm. Diesselbe Reaktion zeigt er gegenüber meiner Uhr und meiner Brieftasche. Am gleichen Tag habe ich ihn auch dabei beobachtet, wie er sich ganz spontan seiner aufgehängten Puppe gegenüber auf dieselbe Weise verhalten hat und sie dabei erwartungsvoll anschaute.

Mit 0; 3 (29) schüttelt er seinen Arm, sobald ich aufhöre, einen Brieföffner in einer Entfernung von einem Meter vor ihm hin und her zu schwenken. – Mit 0; 4 (18) schüttelt er seinen Arm, um mich zu veranlassen fortzufahren, seine Füße zu bewegen. Er lacht und schüttelt die Arme immer stärker, bis ich von neuem beginne. Mit 0; 5 (26) verhält er sich gleich, sobald ein Quietschen aufhört, das ich erzeugt habe, ohne daß er mich dabei sehen konnte. Er stuft dabei die Stärke seiner Bewegung ganz deutlich in Funktion der Wartezeit ab.

Noch mit 0; 6 (27) schüttelt er seinen Arm, wenn es ihm nicht gelingt, ein entfernteres Objekt zu ergreifen, oder wenn er einen entfernten Gegenstand bewegen möchte (ein Blatt Papier, das auf einem Schrank liegt, in einer Entfernung von eineinhalb Metern usw.). Noch mit 0; 7 (5) mache ich dieselbe Beobachtung.

Mit 0; 7 (7) sieht er vor sich eine Blechschachtel, die auf einem Kissen steht, aber so weit weg, daß er sie nicht ergreifen kann. Ich trommle einen Augenblick in einem Rhythmus, der ihn zum Lachen bringt, halte ihm dann meine Hand hin (ungefähr zwei Zentimeter von seinen Händen entfernt). Er schaut meine Hand an, aber nur einen Augenblick lang, dann wendet er sich der Büchse zu. Nun schüttelt er seinen Arm, indem er sie mit den Augen fixiert (dann stützt er sich auf, schlägt auf seine Decken, schüttelt den Kopf usw., mit anderenWorten, er spielt alle »Vorgehensweisen« ab, die ihm zur Verfügung stehen). Offensichtlich tut er das in der Erwartung, auf diese Weise das Ereignis wieder auszulösen. Mit 0; 7 (12), mit 0; 7 (13), mit 0; 7 (22), mit 0; 7 (29) und mit 0; 8 (1) zeigt er dieselbe Reaktion, allerdings unter veränderten Umständen (siehe Bb. 115).

Die Handlung des Armschüttelns, die zuerst in den Zyklus einer Zirkulärreaktion eingebaut war, ist offensichtlich aus diesem herausgelöst worden und wird nun immer häufiger in der Funktion einer »Vorgehensweise« eingesetzt, die dazu dient, irgendein interessantes Schauspiel andauern zu lassen.

Bb. 112b: Eine andere Handbewegung, deren sich Laurent als einer »Vorgehensweise« bedient hat, ist die Handlung des »Schlagens«. Im Unterschied aber zum Händeschütteln wurde dieses Schema zum ersten Mal aufgrund einer einfachen Kontinuitätsassoziation als »Vorgehensweise« benützt.

Mit 0; 7 (2) ist Laurent nämlich damit beschäftigt, auf ein Kissen einzuschlagen, als ich mit meinem Mittelfinger gegen seine Daumenwurzel schnippe. Laurent lächelt und schlägt weiter aufs Kissen ein, heftet jetzt aber seinen Blick auf meine Hand. Als ich nichts mehr tue, schlägt er immer heftiger und heftiger, begleitet von einer Mimik, die eindeutig Verlangen und Erwartung ausdrückt; und im Augenblick, da ich von neuem mit meinen Fingern schnippe, hält er inne, wie wenn er jetzt zum Ziel gelangt wäre.

Einen Augenblick später verstecke ich mich hinter einem großen Vorhang und erscheine alle paar Minuten wieder. Zwischendurch schlägt Laurent immer stärker auf seine Decken ein und schaut dabei auf den Vorhang. – Er zeigt dieselbe Reaktion beim Anblick eines Deckenleuchters. Mit 0; 7 (5) schlägt er auf den Rand seiner Wiege und schaut dabei gespannt auf die aufgehängten Spielklappern. Trotz des Mißerfolges setzt er dieses Verhalten lange fort.

Mit 0; 7 (7) schlägt er auf seine Decken ein und guckt dabei eine Blechschachtel an, auf die ich eben getrommelt habe (siehe Bb. 112). Dieselben Reaktionen treten bis 0; 8 auf.

Mit 0; 7 (11) schlägt er auf den Boden der Saugflasche in der Erwartung, dadurch den Gummisauger zum Vorschein zu bringen (siehe ›Der Aufbau der Wirklichkeit beim Kinde‹, Bb. 78).

Bb. 113: In derselben Weise wendet Jacqueline schon mit 0; 7 (16), das heißt also nach der Bb. 100, das Verhaltensschema »an den Schnüren des Daches ziehen«, auf neue Umstände an. Nachdem sie das Dach durch Hin- und Herschwenken einer aufgehängten Puppe bewegt hat, betrachtet Jacqueline meine Uhr, die ich in einer gewissen Entfernung hin und her bewege. Zuerst will sie die Uhr ergreifen, dann streift sie zufällig eine Schnur, die vom Dach herunterhängt, ergreift sie und schüttelt sie heftig, wobei sie immer auf die Uhr blickt, wie wenn diese Handlung den Gegenstand wieder zum Schwingen bringen könnte. Am Abend desselben Tages zeigt sie dieselbe Reaktion vor einer Puppe, die ich weit von ihr entfernt hin und her schwenke. Nachdem sie mit 0; 7 (23) an derselben Schnur gezogen hat, um das Dach zu erschüttern (siehe Bb. 100), betrachtet Jacqueline interessiert ein Buch, das ich vor ihr auf und ab wandern lasse, ungefähr in der Höhe des Daches, das aber zurückgeklappt ist. Sobald ich damit aufhöre, beginnt Jacqueline, die sich bis dahin nicht gerührt hat, ohne zu zögern an der vom Dach herunterhängenden Schnur zu ziehen, und fixiert dabei mit den Augen das Buch. Sie schüttelt die Schnur stärker und stärker, mindestens zehnmal, bevor sie endlich aufgibt. Darauf bewege ich das Buch von neuem. Sobald ich aufhöre, zieht Jacqueline an der Schnur, aber jetzt weniger energisch und nicht mehr so oft wie das erste Mal. So verhält sie sich noch zweimal. Wenn man die Anzahl der Züge an der Schnur während dieser vier Versuche zählt, erhält man folgende Reihe: 8–10; 5–8; 3–4; 2. Jacquelines Gesichtsausdruck läßt ebenso deutlich wie diese Reihe erkennen, daß sie hoffte, die Bewegung des Buches durch Ziehen an der Schnur andauern lassen zu können. Nur allmählich gibt sie auf. Beim fünften und sechsten Versuch schaut Jacqueline das Buch nur noch an, während ich es hin und her schwenke, und unternimmt auch nachher keinen Versuch mehr.

Nachdem sie sich dagegen mit 0; 8 (8) der Schnur bedient hat, um das Wiegendach zu erschüttern, sieht sie zu, wie ich eine Flasche fünfzig Zentimeter von ihr entfernt hin und her schwenke. Sobald ich damit aufhöre, zieht sie an der Schnur, um dieses Schauspiel andauern zu lassen, und fixiert dabei mit den Augen die Flasche, einen typisch erwartungsvollen und unruhigen Ausdruck im Gesicht. Als sie den Mißerfolg feststellt, probiert sie eine andere Vorgehensweise und ahmt mit der Hand die Bewegung der Flasche nach, ohne jedoch einen Versuch zu unternehmen, sie zu ergreifen.

Mit 0; 8 (16) schaut mir Jacqueline zu, wie ich mit den Lippen das Miauen einer Katze nachahme. Sie hält dabei ein Glöckchen fest, das am Dach befestigt ist. Nach verschiedenen anderen Vorgehensweisen (siehe ›Der Aufbau der Wirklichkeit beim Kinde‹, Bb. 132) schüttelt sie das Glöckchen, das sie in den Händen hält, um mich zum Weitermachen zu veranlassen. Ich antworte mit Miauen. Sobald ich aufhöre, schüttelt sie von neuem das Glöckchen usw. Nach einigen Augenblicken gebe ich endgültig mein Miauen auf. Sie schüttelt das Glöckchen noch zwei- oder dreimal, vor dem andauernden Mißerfolg gibt sie aber auf und wechselt das Mittel.

Bb. 114: Mit 0; 7 (29) amüsiert sich Jacqueline damit, mit der rechten Hand an der geflochtenen Wand ihres Wagens entlangzufahren. Als sie einen Augenblick später die Hand ausgestreckt und unbeweglich neben sich liegen hat, versetze ich dem Dach, ohne daß sie mich sehen kann, ein oder zwei Stöße. Darauf sucht sie nicht etwa an der Schnur zu ziehen, sondern reibt die Hand wieder am Weidengeflecht und blickt dabei gespannt auf das Dach, wie wenn es sich dadurch wieder bewegen müßte. Dieselbe Reaktion zeigt sie mehrmals hintereinander. Allerdings bringt die Handbewegung, wenn sie sehr heftig ist, eine leichte Erschütterung des ganzen Wagens mit sich, aber die weitere Beobachtung wird zeigen, daß dieser relative Erfolg die Anwendung dieser Vorgehensweise nicht genügend erklären kann.

Am folgenden Tag, mit 0; 7 (30), klatsche ich vor Jacqueline in die Hände. Als ich aufhöre, streicht sie ihre Hand am Weidengeflecht der Wand entlang und blickt meine Hände an. Als ich wieder anfange, hört sie auf, wie wenn sie jetzt ihr Ziel erreicht hätte. Wenn ich aufhöre, beginnt sie von neuem.

Einige Stunden später tut sie dasselbe angesichts meiner Mütze, die ich (ohne daß sie mich sehen kann) ungefähr einen Meter vor ihren Augen vorüberwandern lasse. Ihr Gesichtsausdruck läßt deutlich erkennen, daß sie mit diesem Mittel hofft, das interessante Schauspiel andauern lassen zu können. Mit dem Mißerfolg läßt ihre Spannung aber zusehends nach. Schließlich bewegt Jacqueline ihre Hand nur noch lässig und hört endlich ganz auf.

Bb. 115: Jedermann kennt das typische Verhalten der Säuglinge, wenn sie ihrer Freude freien Lauf lassen oder wenn ein unvorhergesehenes Schauspiel ihnen heftiges Vergnügen macht: Sie stemmen sich hoch, indem sie sich auf die Füße und die Schulterblätter stützen, und lassen sich dann schwer niederfallen. Diese Handlung dient auch oft dazu, die Wiege in Bewegung zu versetzen. Wenn das Kind die Wirkung dieser Stöße bemerkt, stemmt es sich mit Absicht auf und betrachtet dabei das Dach und die aufgehängten Gegenstände. Ist dieses Verhaltensschema einmal gebildet, so findet es auf die verschiedensten Situationen Anwendung als ein »Vorgehen, das dazu dient, ein interessantes Schauspiel andauern zu lassen«. Wir werden in ›Der Aufbau der Wirklichkeit beim Kinde‹ (Bb. 132) eine lange Beobachtung an Jacqueline zitieren, welche sich auf die Entwicklung der Kausalität bezieht. Hier wollen wir das entsprechende Verhalten von Laurent anführen.

Mit 0; 4 (2) erschüttert Laurent ganz einfach seine Wiege, indem er sich aufstützt und dann hinwirft. Aber schon mit 0; 4 (7) verwendet er dieses Schema als eine Vorgehensweise: Wenn ich aufhöre, vor mich hin zu summen, wartet er einen Augenblick, dann stemmt er sich auf, zuerst nur ganz sachte, dann immer stärker und stärker, wobei er mich anschaut. Die Absicht ist ganz deutlich. Mit 0; 7 (3) zeigt er dieselbe Reaktion.

Zwischen 0; 4 und 0; 6 verwendet er diese Vorgehensweise dazu, um das Hin- und Herschwenken andauern zu lassen usw. Mit 0; 6 (6) und 0; 7 (2) bedient er sich dieses Verhaltens, um mich zu veranlassen, weiter mit den Fingern zu schnippen (siehe Bb. 112). Er stuft dabei ganz offensichtlich seine Bemühungen in Funktion seiner Ungeduld ab.

Von 0; 7 (7) bis 0; 8 (1) stemmt er sich auf, um auf eine Blechschachtel einzuwirken, auf der ich getrommelt habe, oder auf eine Reihe von anderen ähnlichen Gegenständen (siehe Bb. 112).

Kurz, die Handlung »sich hochstemmen« ist in den Rang einer magisch-phänomenalistischen Vorgehensweise erhoben worden und wird in den verschiedensten Situationen angewendet.

Bb. 116: Lucienne hat ganz ähnliche Verhaltensweisen an den Tag gelegt, die aber natürlich aus ihren eigenen früheren Zirkulärreaktionen entstanden. Man wird sich daran erinnern (Bb. 94 und 95), daß eine ihrer häufigsten Reaktionen darin bestand, ihre Wiege oder die Klappern mittels wiederholter und unregelmäßiger Stöße ihrer Füße und Beine (eine Bewegung, die dem Radfahren sehr ähnlich ist) zu erschüttern. Mit dem sechsten Lebensmonat begann sie diese Verhaltensweisen zur Befriedigung ihrer Wünsche einzusetzen und wollte damit interessante Schauspiele andauern lassen. Schon mit 0; 4 (14) sieht Lucienne einmal meine Hand, als ich sie ihr von weitem zeige. Ihre Finger bewegen sich, aber Arme und Rumpf hält sie unbeweglich. Dabei zeigt sie jedoch einen Ausdruck von Verlangen und vollführt Saugbewegungen. Sie wird dabei ganz rot vor Erregung, öffnet und schließt den Mund, und ganz plötzlich fängt sie an, mit den Beinen in höchster Geschwindigkeit zu strampeln. Die Frage aber ist, ob es sich hier um ein einfaches Verhalten oder schon um den Versuch einer Einwirkung handelt. Dies bleibt zweifelhaft bis 0; 5 (21). Noch mit 0; 5 (10), als sie eine Klapper mit Stiel in Händen hält, strampelt sie mit den Beinen genauso, wie sie es vor einem aufgehängten Spielzeug tut.

Mit 0; 5 (21) verhält sie sich ebenso, sobald ich aufhöre, meine Hände hin und her zu schwenken. Statt meine Handlung nachzuahmen, schüttelt sie ihre Beine, um mich zu bewegen weiterzufahren. Mit 0; 7 (1) tut sie das, als ich meine Finger bewege, meinen Kopf hin und her schwenke, meine Hände usw. schwenke, um ihr Nachahmungsverhalten zu studieren. Sie beginnt zuerst damit, mich nachzuahmen, dann aber schüttelt sie ihre Beine und verfolgt dabei mit großer Aufmerksamkeit, was ich tue.

Mit 0; 8 (5) zeigt sie dasselbe Verhalten vor den verschiedensten Schauspielen, zum Beispiel einer Puppe, die ich hin und her schwenke usw. Mit 0; 8 (13) sieht sie mir zu, wie ich den Mund öffne und schließe. Sie schaut mir zuerst mit großem Interesse zu, dann versucht sie zuzugreifen, als ihr das nicht gelingt, bewegt sie leicht ihre Beine. Sobald ich aufhöre, schüttelt sie sie heftig, offensichtlich in der Absicht, mich zum Fortfahren zu bringen. Dasselbe Verhalten legt sie mit 0; 8 (15) an den Tag. Hierbei handelt es sich eindeutig nicht um eine bloß rezeptive Verhaltensweise, sondern ganz sicher um ein Vorgehen mit der Absicht der Einwirkung, denn Lucienne stuft ihre Bemühungen dauernd in Funktion des Ergebnisses ab: Sie versucht es zuerst vorsichtig und langsam. Wenn ich mit Lippenbewegungen antworte, schüttelt sie sich immer stärker und stärker.

Bb. 117: Hier folgen noch einige Vorgehensweisen, deren sich Lucienne bedient hat. Von 0; 7 (20) an gelang es Lucienne, ihre Wiege durch Bewegen der Hände zu erschüttern (siehe Bb. 101). Diese Vorgehensweise hat sie zu verschiedensten Zwecken verwendet. So sieht sie mit 0; 7 (23) mit großem Interesse zu, wie ich eine Zeitung entfalte und zusammenknülle. Sobald ich fertig bin, bewegt sie ihre Hände mehrmals hintereinander. Am selben Tag erscheine ich in ihrem Gesichtsfeld, verschwinde wieder, erscheine von neuem usw. Sie ist davon stark beeindruckt, und nach meinem Verschwinden sehe ich durch das Dach hindurch, wie sie ihre Hände bewegt und dabei gespannt in die Richtung schaut, aus der ich von neuem auftauchen muß. In der Folge wendet sie dieses Verhaltensschema auf alles an: mit 0; 7 (27) in der Absicht, mich zum Weiterfahren in meinem Gestikulieren zu bringen; mit 0; 8 (0), um einen Hampelmann auf Distanz zu bewegen; mit 0; 8 (18), um mich zu veranlassen, einen Schrei, den ich ausgestoßen habe, von neuem von mir zu geben; mit 0; 10 (12), um mich dazu zu bringen, den Zeigefinger wieder in den Mund zu stecken usw.

Wie wir schon früher gesehen haben (siehe Bb. 101), schüttelt Lucienne seit 0; 8 (5) den Kopf, um ihre Wiege in Bewegung zu setzen. An den folgenden Tagen wendet sie dieses Verhaltensschema auf die verschiedensten Situationen an: Mit 0; 8 (17) versucht sie, mich dazu zu bringen, einen Schrei von neuem auszustoßen, mit 0; 10 (7) ein in einem Eisenbahnwagen aufgehängtes Plakat, das durch Anhalten des Zuges zur Ruhe gekommen ist, wiederum in Schwingungen zu versetzen usw.

Mit 0; 9 (28) pustet sie in ähnlichen Situationen (um mich zu veranlassen, bestimmte Gesten zu wiederholen usw.). Mit 0; 10 (8) stemmt sie sich hoch, wie Jacqueline es tat (siehe Bb. 115), um eine Handlung, ein Pfeifen, eine Bewegung ihrer Puppen usw. andauern zu lassen. Mit 0; 10 (24) kratzt sie in derselben Absicht heftig an ihrer Decke usw.

Bb. 118: Erwähnen wir schließlich noch die Art und Weise, wie Laurent dazu gelangt, die Bewegungen seines Kopfes als eine »Vorgehensweise« von großer Wirksamkeit zu verwenden. Schon mit 0; 3 ist Laurent fähig, ein seitliches Neigen des Kopfes nachzuahmen. Mit 0; 3 (23) überrasche ich ihn dabei, als er den Kopf vor einem aufgehängten Spielzeug in dieser Weise bewegt. Er wollte es offensichtlich in Bewegung versetzen (siehe ›Der Aufbau der Wirklichkeit beim Kinde‹, Bb. 88). Mit 0; 3 (29) schüttelt er den Kopf, als ich aufhöre, einen Brieföffner hin und her schwingen zu lassen. In den folgenden Wochen reagiert er immer auf diese Art, sobald eine Bewegung, die er beobachtet, unterbrochen wird.

Mit 0; 7 (1) tut er es, um mich anzustacheln, weiter meinen Mittelfinger gegen den Daumen schnippen zu lassen. Mit 0; 7 (5) zeigt er dasselbe Verhalten vor einer Zeitung, die ich entfaltet habe und nun unbeweglich halte. Mit 0; 7 (7) bewegt er den Kopf, schüttelt den Arm und stemmt sich vor einer Blechbüchse hoch, auf der ich getrommelt habe.

Bis 0; 8 verwendet er dieses Verhaltensschema, um irgendein interessantes Schauspiel andauern zu lassen, mag es sich dabei um eine wahrgenommene Bewegung, welche Richtung sie auch immer hat, oder mag es sich um einen Laut (Summen usw.) handeln.

Wir haben also nicht übertrieben, wenn wir von »Generalisation« sprachen, um derartige Verhaltensweisen zu charakterisieren. In den sechs Beobachtungen, die wir eben zusammengefaßt haben, handelt es sich tatsächlich um Verhaltensschemata, die als Zirkulärreaktionen erarbeitet wurden, nun aber auf neue Umstände angewendet werden. Diesen Situationen ist eines gemeinsam, daß das Kind nämlich einem interessanten Erlebnis beiwohnt und dieses Erlebnis gerne verlängert sehen möchte. Da dieser Wunsch mit keinem angepaßten Mechanismus koordiniert ist – das Subjekt ist in diesen Fällen ja eben unfähig, direkten Einfluß auf das Geschehen zu nehmen –, strahlt er ganz natürlich in Handlungen aus, die mit Zirkulärreaktionen in Beziehung stehen, das heißt mit Situationen, in denen das Kind fähig ist, das erwünschte Ergebnis nach Belieben zu verlängern. Auf diese Weise kommen Verhaltensweisen, die sich ursprünglich auf ganz begrenzte Umstände bezogen, zuerst in allen ähnlichen Situationen und schließlich für irgendwelche Tätigkeiten zur Anwendung, vorausgesetzt, daß es sich um die Wiederholung eines interessanten Schauspiels handelt.

Diese letzte Bedingung zeigt uns aber mit aller Klarheit die Grenzen der Zirkulärreaktionen. Erstens handelt es sich also nur um eine Wiederholung, wir haben schon öfter darauf insistiert, und nicht um eine Neuerfindung mit dem Ziel der besseren Anpassung an neue Umstände. Zweitens, in dem Maße, in dem es sich um eine Generalisierung handelt, passen sich die verwendeten Vorgehensweisen nicht im einzelnen an diese neuen Situationen an. Es liegt vielmehr eine Art abstrakter Generalisation vor. Die Handlung wird gleichsam im leeren Raum angewandt, und die verwendeten Mittel werden nicht sachgerecht in den Kontext der Situation eingefügt. Zu diesem letzten Punkt ist zu bemerken, daß sich das auf allen Ebenen so verhält: Nicht nur die Verhaltensschemata, die aus den sekundären Zirkulärreaktionen entstanden sind, sondern alle Verhaltensschemata, mögen sie auch einer den Umständen angepaßten Erfindung entstammen, können in der Folge »leer« ablaufen und so zur Bildung von magisch-phänomenalistischen Verknüpfungen führen (siehe Kapitel V, Bb. 176). Auf der Ebene aber, die wir jetzt analysieren, das heißt also bei den ersten Einwirkungen auf die Dinge und auf die Beziehungen zwischen den Dingen, bleiben diese Verknüpfungen die einzig möglichen.

Glücklicherweise gibt es aber noch eine zweite Methode der Generalisierung sekundärer Verhaltensschemata. Diese Methode werden wir im Verlauf des folgenden Kapitels untersuchen, wo es darum geht zu verstehen, wie das Kind Verhaltensschemata koordiniert, wenn es sich vor die Aufgabe gestellt sieht, nicht nur zu wiederholen oder andauern zu lassen, sondern sich neuen Situationen wirklich anzupassen. Vorher müssen wir aber noch die Wichtigkeit der sekundären Zirkulärreaktionen auch für die folgenden Stadien der intellektuellen Entwicklung betonen. Die sekundäre Zirkulärreaktion als die Reproduktion eines interessanten, zufälligerweise erzielten Resultats ist keineswegs eine für das Kind spezifische Verhaltensweise. Ein Erwachsener, der nichts von der Mechanik versteht, verhält sich nicht anders als der Säugling, wenn er zufällig mit einem Motor in Berührung kommt. Er versteht den erzeugten Effekt nicht und wiederholt ganz einfach die Handlung, die ihn ausgelöst hat. Ebenso wie bei den Reflexen des ersten Stadiums und den erworbenen Assoziationen oder Gewohnheiten des zweiten Stadiums charakterisiert allein das erste Auftreten der sekundären Reaktion ein bestimmtes Stadium; sie bleiben aber auch in den folgenden Stadien als eine Art Substruktur erhalten.

Die Originalität der sekundären Zirkulärreaktionen im gegenwärtigen Stadium besteht in der Tatsache, daß sie die höchsten Intelligenzleistungen dieser Periode darstellen, während sie in der Folge immer mehr eine zweitrangige Rolle erfüllen. Dieser Punkt hat eine gewisse Bedeutung und rechtfertigt daher die Unterscheidung, die wir künftig zwischen den »typischen« sekundären Zirkulärreaktionen und den »abgeleiteten« sekundären Zirkulärreaktionen treffen werden. Wenn sich nämlich ein Kind des gegenwärtigen Stadiums bemüht, ein interessantes Resultat wieder hervorzubringen, hat es dieses Resultat immer nur auf eine höchst zufällige Weise erzielt, das heißt, ohne daß sein Tun in ein aktives Sich-Bemühen oder Experimentieren usw. eingebettet gewesen wäre. Wenn dagegen das Kind eines späteren Stadiums oder ein Erwachsener ein zufälliges Resultat entdeckt, so geschieht das meistens in der Folge von Bemühungen oder von richtigen Experimenten, und die Handlung, die zur Reproduktion führt, ist eine »abgeleitete« Handlung.

Wir werden solche »abgeleiteten« Handlungen zum Beispiel im Verlauf des vierten Stadiums beobachten, wo das Kind sich vor neuartigen Gegenständen eigentlichen »Explorations«-Versuchen hingeben wird (siehe Kapitel IV, 5.). Wenn das Kind im Verlauf seiner »Exploration« zufällig ein unvorhergesehenes Resultat entdeckt, wird es dieses sogleich wiederholen. Ein solches Verhalten ist identisch mit demjenigen einer sekundären Zirkulärreaktion, es ist aber »abgeleitet«. Auch im fünften Stadium entwickelt das Kind beim Experimentieren, das heißt, wenn es seine »tertiären« Zirkulärreaktionen ausbildet, nach und nach die Tendenz, Handlungen, die einen unvorhergesehenen Effekt erzeugen, sogleich zu wiederholen. Es fällt damit in eine sekundäre Zirkulärreaktion zurück, die aber in diesem Fall wiederum »abgeleitet« ist.

Der Augenblick ist noch nicht gekommen, diese abgeleiteten Verhaltensweisen zu untersuchen. Wir wollen uns damit begnügen, ein Beispiel einer solchen Zirkulärreaktion anzuführen, um ihre strukturelle Identität mit den vorangehenden Zirkulärreaktionen aufzuzeigen.

Bb. 119: Mit 1; 1 (7) bemüht sich Jacqueline, alle neuartigen Handlungen, die sie zufällig entdeckt, zu reproduzieren. Ebenso wiederholt sie alles, was man sie zu tun veranlaßt. Wenn ich ihr beispielsweise einen Stock auf den Kopf lege, legt sie sich ihn gleich darauf selber auf. Nehme ich ihre Wangen zwischen meine Hände und lasse sie los, dann legt sie ihre Wange wieder in meine Hand oder ergreift meine

Hand, um sie gegen ihre Wange zu drücken, oder legt sich auch selbst die eigene Hand auf ihre Wange.

Mit 1; 3 (12) sitzt sie in ihrem Laufstall und streckt ein Bein durch die Stäbe hindurch. Als sie wieder aufstehen will, gelingt es ihr anfänglich nicht, den Fuß zurückzuziehen. Sie knurrt, beginnt beinahe zu weinen und versucht es dann von neuem. Schließlich gelingt es ihr nach vieler Mühe, sich frei zu machen. Sobald sie aber frei ist, bringt sie ihr Bein in genau dieselbe Lage zurück, um von neuem zu beginnen. Das tut sie vier- oder fünfmal hintereinander, bis sie diese Situation vollständig assimiliert hat.

Mit 1; 3 (13) stößt sie sich beim Gehen mit der Stirn an einem Tisch, und zwar so stark, daß sie deutlich einen roten Flecken davonträgt. Nichtsdestoweniger ergreift sie sogleich einen Stock, der neben ihr liegt, und schlägt sich damit auf dieselbe Stelle. Als man ihr dieses gefährliche Instrument wegnimmt, stößt sie absichtlich, aber diesmal mit großer Vorsicht, gegen den Rahmen eines Lehnstuhls.

Die umfassende Einheitlichkeit der Verhaltensweisen dieses Stadiums ist beeindruckend. Mag es sich um reine »sekundäre Zirkulärreaktionen« oder um wiedererkennende Assimilationshandlungen oder auch um eine Generalisierung von Verhaltensschemata vor neuartigen Gegenständen oder um Schauspiele und Erlebnisse, die fortgesetzt werden sollen, handeln, in all diesen Fällen wiederholt das Kind ohne weiteres, was es eben getan hat oder was es schon zu tun gewohnt ist. Die vom Kind ausgeführte Handlung besteht also tatsächlich immer in einem globalen und ganzheitlichen Handlungsvollzug, der überdies durch ein einziges Verhaltensschema charakterisiert wird. Man kann in einem solchen Handlungsvollzug allerdings schon Mittel und Zweck unterscheiden, in dem Sinne, daß die Handlungen des Kindes in einer bestimmten Reihenfolge vollzogen werden und in einem recht komplexen Verhältnis zueinander stehen. Mittel und Zweck aber sind untrennbar verbunden und bilden ein zusammenhängendes Ganzes. Im nächsten Stadium beginnen sich nun diese verschiedenen Verhaltensschemata untereinander zu koordinieren, so daß die einen als Ziel und die anderen als Mittel dienen werden.

Das Bedürfnis nach Wiederholung charakterisiert nicht nur dieses Stadium und erklärt nicht nur den globalen Charakter, der der Assimilation durch sekundäre Verhaltensschemata eigen ist, es bedingt auch in gleicher Weise die Akkommodation an die besondere Umwelt derartiger Verhaltensweisen. Mag es sich um sekundäre Zirkulärreaktionen oder um ihre Generalisierung vor neuartigen Gegenständen oder Ereignissen handeln, diese Akkommodation besteht immer darin, nach Möglichkeit genau dieselbe Handlung wieder ausfindig zu machen, die Erfolg gezeitigt hat. Ganz anderer Art wird dagegen die für das vierte Stadium charakteristische Akkommodation sein. Aufgrund der Koordination der Verhaltensschemata werden diese in ihrer Struktur den Objekten angeglichen. Daher besteht diese Akkommodation nicht mehr bloß in einer unbestimmten Anwendung.

Kurz, die Erarbeitung der sekundären Verhaltensschemata im dritten Stadium bringt im Vergleich zu den primären Schemata einen bemerkenswerten Fortschritt, indem das Kind nun effektiv auf die Dinge einzuwirken beginnt. In gewissem Sinne führt sie aber bloß die charakteristische Akkommodation der primären Reaktionen weiter, denn das Tun des Kindes bleibt noch immer mehr auf sich selbst als auf die Gegenstände als solche zentriert.

Kapitel IV
Das vierte Stadium: Die Koordination der sekundären Verhaltensschemata und ihre Anwendung auf neue Situationen

Mit acht bis neun Monaten tritt eine gewisse Zahl von Veränderungen auf, die solidarisch sind und gleichzeitig sowohl den inneren Mechanismus der Intelligenz als auch die Erarbeitung des permanenten Gegenstandes, der räumlichen Gruppen sowie der kausalen und temporalen Reihen betreffen. Diese Transformationen scheinen uns so bedeutungsvoll zu sein, daß ihr Auftreten ein eigenes Entwicklungsstadium kennzeichnet, das Stadium der ersten, im eigentlichen Sinn intelligenten Verhaltensweisen.

Dieses vierte Stadium bringt im Vergleich mit dem vorangehenden tatsächlich einen sehr deutlichen Fortschritt in der Funktionsweise der Intelligenz. Die Verhaltensweisen des dritten Stadiums bestehen nur, wie wir gesehen haben, aus »Zirkulärreaktionen«. Natürlich beziehen sich diese Reaktionen bereits auf die Außenwelt und nicht mehr bloß auf den eigenen Körper. Daher nannten wir sie »sekundäre Reaktionen«, um sie von den »primären« Reaktionen zu unterscheiden. Sekundäre Verhaltensschemata treten jetzt immer dann in Aktion, wenn das Kind irgendein interessantes Phänomen andauern lassen möchte. Sie bleiben nicht mehr auf das Erlebnis beschränkt, das die Bildung des betreffenden Verhaltensschemas ausgelöst hat. Wie wir aber schon konstatiert haben, liegt hier nur eine einfache Generalisation von Verhaltensschemata vor, und es werden noch keine bestimmten Beziehungen zwischen den einzelnen Schemata und dem neuen Ziel, das man sich gesteckt hat, erarbeitet. Kurz, die Reaktionen des dritten Stadiums führen einfach die primären Zirkulärreaktionen weiter. Nur aufgrund ihrer Komplexität läßt sich bei ihnen nachträglich eine Unterscheidung zwischen Übergangs- und Zielhandlungen, das heißt zwischen Mittel und Zweck, unterscheiden. Die Verhaltensweisen des vierten Stadiums dagegen implizieren von vornherein eine solche Unterscheidung.

Das Kriterium ihres Auftretens ist die Koordination sekundärer Verhaltensschemata unter sich. Damit aber zwei Verhaltensschemata, die bis jetzt isoliert blieben, zu einem einzigen Handlungskomplex verschmelzen können, muß das Subjekt ein Ziel verfolgen, das nicht mehr direkt zugänglich ist. Zur Erreichung dieses Ziels setzt es darum Verhaltensschemata ein, die sich bis jetzt auf andere Situationen bezogen. Daher besteht die Funktionsweise dieses Handlungskomplexes nicht mehr bloß in einer einfachen Wiederholung, sondern in der Unterordnung einer mehr oder weniger langen Reihe von Übergangsschemata unter ein Hauptschema. Es liegt also gleichzeitig sowohl eine Unterscheidung zwischen Ziel und Mittel als auch eine absichtliche Koordination von Verhaltensschemata vor. Die Intelligenzhandlung beschränkt sich also nicht mehr auf eine einfache Reproduktion interessanter Ergebnisse, sondern stellt den Versuch dar, diese Ergebnisse mittels neuartiger Kombinationen von Verhaltensschemata zu realisieren.

Bezüglich der Realkategorien hat dieser Fortschritt, wie wir im Verlauf von ›Der Aufbau der Wirklichkeit beim Kinde‹ genauer sehen werden, eine weitreichende Konsequenz: Gerade aufgrund der Koordination der Verhaltensschemata, die das Instrumentarium seiner Intelligenz darstellen, lernt das Kind, die Dinge selbst untereinander in Beziehung zu bringen. Die konkreten Bezüge, die die Gegenstände der Außenwelt miteinander verknüpfen, werden zur selben Zeit aufgebaut wie die formalen Relationen der Verhaltensschemata unter sich, da diese ja die Handlungen repräsentieren, die auf die Dinge einwirken können. Der Parallelismus zwischen diesen beiden Ereignisreihen, der realen und der formalen, ist sogar so eng, zumindest im Verlauf der ersten Entwicklungsstadien, daß es sehr schwerfallen dürfte, die eigentliche Handlung und ihren Gegenstand voneinander zu trennen. Je komplexer die Handlung wird, durch Koordination von Verhaltensschemata, desto mehr objektiviert sich das Universum und löst sich vom Ich ab.

Dieses Phänomen wird zuerst am »Objekt«-Begriff sichtbar. Je besser das Kind zwei bis jetzt unabhängige Verhaltensschemata zu koordinieren lernt, desto größere Fortschritte macht es im Suchen nach verschwundenen »Gegenständen«. Es beginnt, ihnen eine vom Eigenerleben unabhängige Konsistenz zu verleihen. Einen verschwundenen Gegenstand suchen und die Hindernisse beiseite schieben, die ihn verdecken, bedeutet doch, ihn als hinter den Hindernissen liegend zu verstehen. Der Gegenstand muß auf alle Fälle in seinen Beziehungen zu den augenblicklich wahrgenommenen Dingen und nicht nur in seinen Relationen zum eigenen Handeln gedacht werden.

Dieser Fortschritt in der Erarbeitung des Gegenstandes läuft strikt parallel mit der Ausbildung des Wahrnehmungsraumes. Solange die Tätigkeit des Kindes sich nur in der Form isolierter Handlungen manifestiert, solange sie also nur aus Verhaltensschemata besteht, die untereinander nicht koordiniert sind, bleiben die Bewegungs-»Gruppen« von den eigenen Bewegungen abhängig. Mit anderen Worten, der Raum hängt noch vom eigenen Erleben ab und wird noch nicht als ein in sich selbst ruhendes Milieu, das die Dinge untereinander verbindet, wahrgenommen. Mit der Koordination der Verhaltensschemata dagegen treten die Körper in räumliche Beziehungen zueinander, und damit hebt die Ausbildung eines objektiven Raumes an. Selbstverständlich geschieht die Ausbildung des Raumes, ebensowenig wie die Bildung der »Gegenstände«, die zu ihm in Beziehung stehen, nicht auf einmal, daher findet man in diesem Stadium zahlreiche Überbleibsel der vorangehenden Entwicklungsstadien. Die Ausrichtung des kindlichen Geistes ist künftig eine andere, und statt das Universum auf sich selbst zu beziehen, beginnt das Kind, sich in eine von ihm selbst unabhängige Umwelt zu stellen.

Der gleiche Prozeß geschieht im Bereich der Kausalität und der Zeit. Im gegenwärtigen Stadium gehen die kausalen Reihen tatsächlich über die bloß globalen Beziehungen zwischen der eigenen Tätigkeit und den äußeren Ereignissen hinaus und beginnen sich zu objektivieren und räumlich zu situieren. Mit anderen Worten, die Ursache irgendeiner Erscheinung wird vom Kinde nicht mehr mit dem drängenden Empfinden identifiziert, auf dieses Ereignis einzuwirken. Das Kind macht die Entdeckung, daß eine räumliche Berührung existiert zwischen Ursache und Wirkung und daß daher jeder Gegenstand eine Quelle von Geschehnissen sein kann (und nicht mehr nur der eigene Körper). Folglich beginnen sich auch die zeitlichen Reihen ihrerseits in Abhängigkeit von den aufeinanderfolgenden Ereignissen zu koordinieren. Diese Koordination bleibt nicht mehr bloß auf die Handlungen beschränkt.

So wird deutlich, daß die Koordination der sekundären Verhaltensschemata von einem entsprechenden Fortschritt in der Erarbeitung der »Real«-Kategorien der Intelligenz begleitet wird. Die Analyse dieser Transformationen soll aber für den Band ›Der Aufbau der Wirklichkeit beim Kinde‹ reserviert bleiben, und wir wollen uns hier auf den Erarbeitungsprozeß der formalen Intelligenzmechanismen beschränken.

1. »Die Anwendung bekannter Verhaltensschemata auf neue Situationen«: Die Tatbestände

Wesentlich neu an der Situation, die wir in diesem Abschnitt untersuchen werden, ist der folgende Tatbestand: Das Kind versucht nicht mehr bloß, einen zufällig entdeckten oder beobachteten Effekt zu wiederholen oder andauern zu lassen, es verfolgt vielmehr ein nicht mehr direkt angehbares Ziel und versucht, es durch verschiedene dazwischengeschaltete »Mittel« zu erreichen. Diese Mittel sind allerdings nicht neu, es sind bekannte und vertraute Verhaltensschemata. Da das Kind sich aber nicht mehr damit begnügt zu reproduzieren, was es eben getan hat, sondern ein entfernteres Ziel verfolgt, paßt es das bekannte Verhaltensschema der besonderen Beschaffenheit dieser Situation an und erhebt es damit in den Rang eines eigentlichen »Mittels«. Wenn wir von »Ziel« sprechen, meinen wir damit selbstverständlich keinen bewußten Vorentscheid, in dem Sinne etwa, wie wir aufgrund von Überlegungen unserem Verhalten einen Plan auferlegen, der von äußeren Beeinflussungen unabhängig ist. Das Kind handelt immer unter dem Druck der wahrgenommenen Tatbestände oder in der Weiterführung einer unmittelbar vorangehenden Reaktion. In diesem Sinne sind auch diese Handlungen noch konservativ und haben keine andere Funktion, als die früher erarbeiteten Verhaltensschemata zu betätigen. Das stimmt übrigens mit dem Grundgesetz der Assimilation überein, und es ist gar keine andere Möglichkeit denkbar. Zwischen der Handlung und ihrem Ergebnis erheben sich aber Hindernisse. So gesehen, ist das Ziel vorgegeben und die Situation neu. Da, wo das Kind ergreifen, hin und her schwenken, schlagen usw. will (das sind alles Zielhandlungen, die letztlich aus primären und sekundären Zirkulärreaktionen bestehen), stellen sich ihm Umstände und Hindernisse in den Weg, die es zu überschreiten gilt. Es handelt sich also darum, im Geiste das »Ziel«, das zu erreichen ist, gegenwärtig zu halten und die verschiedenen bekannten »Mittel« zu verwenden, um diese Hindernisse zu umgehen oder zu beheben. Die Entwicklung des eigentlichen Intelligenzaktes erfolgt also durch eine Differenzierung sekundärer Zirkulärreaktionen und impliziert im Bewußtsein die vollständige »Umkehrung«, aus der die Intentionalität besteht und von der wir früher gesprochen haben.

Wir wollen nun einzelne Beispiele solcher Verhaltensweisen analysieren und beginnen mit der Beschreibung von drei Fällen, die den Übergang zwischen den sekundären Zirkulärreaktionen und den eigentlichen »Anwendungen bekannter Mittel auf neue Situationen« bilden:

Bb. 120: Wir glauben bei Laurent ein elementares Beispiel für derartige Verhaltensweisen beobachtet zu haben, als er erst 0; 6 (1) alt war, vorausgesetzt allerdings, daß die Tatsachen, die wir jetzt beschreiben werden, korrekt beobachtet wurden. Auch wenn das der Fall ist, hat die Sache als solche doch nichts Außergewöhnliches an sich, und zwar aus folgenden drei Gründen: Erstens ist diese frühe Manifestation einer »Anwendung bekannter Verhaltensschemata auf neue Situationen« noch kein ausgeprägtes Beispiel für Verhaltensweisen dieser Art. Sie steht in der Mitte zwischen einer einfachen »sekundären Zirkulärreaktion« und den eindeutigen Verhaltensweisen, deren Beschreibung wir in der Folge liefern werden. Zweitens besaß Laurent dauernd einen Vorsprung vor seinen Schwestern, und zwar aufgrund der früher schon erwähnten Umstände. Infolge dieses Vorsprungs benützte er bei 0; 6 (1) schon seit drei Monaten die verschiedensten Arten von sekundären Zirkulärverhaltensweisen. Es ist also nicht unwahrscheinlich, daß es ihm in bestimmten, außergewöhnlichen Situationen gelingt, sie zu koordinieren. Drittens – diesen Punkt halten wir für besonders wichtig – treten die charakteristischen Verhaltensweisen eines Entwicklungsstadiums um so weniger auf einmal und in Form einer Gesamtheit von simultanen Erscheinungsweisen auf, als es sich um ein höheres Entwicklungsstadium handelt, dessen Verhaltensweisen daher um so komplexer sind. Es scheint folglich vollkommen normal zu sein, daß die ersten Verhaltensweisen des vierten Stadiums sich in sporadischer Weise schon in der Mitte des dritten Stadiums zu entwickeln beginnen. Diese sporadischen Bildungsprozesse systematisieren und konsolidieren sich allerdings erst ein oder zwei Monate später. In gleicher Weise werden wir feststellen, daß die Verhaltensweisen des fünften Stadiums sich schon auf dem Höhepunkt des vierten ankündigen und daß diejenigen des sechsten Stadiums schon im fünften aufzutreten beginnen. Umgekehrt ist es selbstverständlich, daß die einem Stadium eigentümlichen Verhaltensweisen im folgenden Stadium nicht verschwinden, sondern weiterhin eine Rolle einnehmen und behalten, deren Wichtigkeit nur sehr allmählich an Bedeutung abnimmt.

Es folgt nun endlich diese Beobachtung: Mit 0; 6 (1) sucht Laurent ein großes Stück Papier zu ergreifen, das ich ihm anbiete und das ich schließlich auf das Dach seiner Wiege (und auf die Schnur, die das Dach mit dem Griff der Wiege verbindet) lege. Laurent streckt zuerst die Hand nach dem Papier aus, sobald es aber unbeweglich daliegt, reagiert er so, wie er es vor entfernten Gegenständen zu tun gewohnt ist: Er schüttelt sich, fuchtelt mit den Armen umher usw. Der Wunsch, das Papier zu ergreifen, scheint derartige Reaktionen zu inspirieren, was ich auf folgende Weise kontrolliere: Wenn ich den Gegenstand für einige Sekunden vom Dach wegnehme, um ihn dem Kinde näher zu bringen oder weiter von ihm zu entfernen, dann fängt Laurent immer in dem Augenblick an, sich zu schütteln, wo das Papier seiner Hand nicht mehr erreichbar ist. Nachdem Laurent eine Zeitlang in dieser Weise reagiert hat, beginnt er offensichtlich nach der Schnur, die vom Dach herunterhängt, zu suchen. Als er sie erwischt hat, zieht er immer stärker und stärker daran, indem er gespannt auf das Papier blickt. Im Augenblick, als dieses sich vom Dach löst und fällt, läßt Laurent die Schnur los und streckt sich nach ihm aus, um sich seiner sofort zu bemächtigen. Mehrere Versuche hintereinander zeitigten das gleiche Resultat. Man kann selbstverständlich nicht beweisen, daß Laurent in der Absicht an der Schnur gezogen hat, das Papier zu ergreifen, aber das ganze Verhalten macht den Eindruck, als ob es zu diesem Zweck und in gezielter und geordneter Weise vollzogen worden wäre.

Wenn das der Fall ist, kann man annehmen, daß das Verhaltensschema »an der Schnur ziehen« in dieser Situation als Mittel diente, das Ziel zu erreichen, das durch das Schema »den Gegenstand ergreifen« gebildet wurde. Das bedeutet aber keineswegs, daß Laurent das Fallen des Gegenstandes vorausgesehen hätte, noch, daß er die Schnur als eine Verlängerung des Gegenstandes betrachtet hätte. Er hat ganz einfach ein ihm vertrautes Verhaltensschema in einer neuen Zielsetzung angewandt. Gerade darin besteht aber das Charakteristikum der Verhaltensweisen des vierten Stadiums. Da aber das Papier sich in der Lage befand, die für gewöhnlich das Verhaltensschema »an der Schnur ziehen« auslöste, gehört dieses Beispiel noch in den Bereich der generalisierenden Assimilationen der sekundären Zirkulärreaktionen (siehe Bb. 99).

Bb. 121 a: Hier noch ein analoges Beispiel, das aber leichter zu interpretieren ist: Jacqueline sucht mit 0; 8 (20) einen Zigarrenhalter zu ergreifen, den ich ihr anbiete. Ich schiebe ihn nun zwischen die gekreuzten Schnüre, die ihre Puppen an das Dach knüpfen. Sie versucht zuerst, ihn direkt zu ergreifen. Da ihr das nicht gelingen will, sucht sie sogleich nach den Schnüren, die sie nicht in Händen hielt und von denen sie nur den Teil sehen konnte, in dem sich gerade der Zigarrenhalter befand. Sie schaut also umher, greift nach den Schnüren, zieht daran, schüttelt sie usw., der Zigarrenhalter fällt herunter, und sie ergreift ihn.

Beim zweiten Versuch der gleichen Art zeigt Jacqueline dieselben Reaktionen, mit der einen Ausnahme, daß sie nämlich diesmal schon gar keinen Versuch mehr unternimmt, den Gegenstand direkt zu ergreifen.

Mit 0; 9 (2) sucht Jacqueline auf direktem Weg ihren Zelluloidraben zu packen, als ich ihn mit dem Kopf zwischen die ineinander verwickelten Schnüre, von denen eben die Rede war, stecke. Da ihr das nicht gelingt, packt sie die beiden Schnüre, jede mit einer anderen Hand, und zieht daran. Dabei schaut sie den Raben an, der sich schüttelt, wenn sie an der Schnur rüttelt. Sie ergreift daraufhin die beiden Schnüre mit einer Hand und zieht wieder, dann packt sie mit der anderen Hand weiter oben zu und zieht noch stärker, bis der Rabe hinunterfällt.

Ich beginne nochmals, befestige den Raben aber stärker. Jacqueline zieht sogleich ganz systematisch an den Schnüren, bis sie den Raben mit den Fingern berühren kann, aber es gelingt ihr nicht, ihn zum Fallen zu bringen. Da gibt sie auf, obwohl ich den Raben mehrmals schüttle, was deutlich zeigt, daß sie den Raben ergreifen und nicht bloß hin und her schwenken wollte.

Diese Beobachtungen unterscheiden sich also deutlich von der Bb. 113, obgleich es sich in beiden Fällen darum handelt, die Schnur zu schütteln, um einen Einfluß auf ein entferntes Objekt auszuüben. Bei der Bb. 113 begnügt sich aber das Kind mit einem Vorgehen, das es unmittelbar vorher in der Absicht verwandte, ein Schauspiel, das es vor Augen hat, hinauszuziehen. Im gegenwärtigen Fall dagegen versucht das Kind, einen Gegenstand zu ergreifen, und zu diesem Zweck muß es das geeignete Mittel finden. Das Mittel, zu dem Jacqueline ihre Zuflucht nimmt, kann natürlich nur eine von den früher ausgebildeten Zirkulärreaktionen sein. Die Intelligenz dieses Verhaltens bestand im Finden des geeigneten Mittels, während ein weniger intelligentes Verhalten sich damit begnügt zu wiederholen, was man eben getan hat.

Man sollte aber die Bedeutung dieser Verhaltensweisen nicht überschätzen und in ihnen nicht etwa schon eine Verwendung von Instrumenten (zum Beispiel das Schema der Verwendung des »Stabes«) oder sogar eine Verwendung von Verlängerungen eines Gegenstandes (das Schema der Verwendung der »Schnur«) sehen. Es wird noch einige Monate dauern, bis man wirklich von »Instrumenten« sprechen kann. Auf die instrumentale Verwendung der »Schnur« werden wir im Kapitel V, 2., zurückkommen. Die folgende Beobachtung, die wir als Randglosse zitieren möchten, zeigt deutlich, daß Jacqueline die Schnüre noch nicht als eine Verlängerung des erwünschten Gegenstandes ansieht.

Bb. 121b: Mit 0; 9 (8) versucht Jacqueline ihren Papagei zu ergreifen, den ich zwischen die verschlungenen Schnüre geklemmt habe (in dieselbe Lage wie den Raben in der vorhergehenden Beobachtung). Sie zieht am unteren Ende der Schnur, an der ihre Puppe aufgehängt ist. Als sie nun den Papagei schwanken sieht, versucht sie ihn nicht mehr zu ergreifen, sondern nur noch zu schütteln. Dann aber taucht ein Verhalten auf, das wir hervorheben möchten, weil es einen echt intelligenten Anpassungsakt darstellt: Jacqueline ergreift die Puppe am anderen Ende der Schnur, packt sie mit einer Hand, schlägt ihr mit der anderen auf den Kopf und schaut dabei gespannt auf den Papagei. Das tut sie in regelmäßiger Folge, indem sie abwechselnd die Puppe und dann den Papagei anschaut und jedesmal das Ergebnis kontrolliert (der Papagei schwankt bei jedem Schlag).

Es fällt nicht schwer zu erklären, wie diese Handlung entstanden ist. Drei Tage früher (siehe Bb. 102) hat Jacqueline ihren Papagei, den sie in der Hand hielt, geschüttelt, um die Schrotkugeln in seinem Innern klirren zu hören. Als sie nun den Papagei hängen sieht, erwacht in ihr das Verlangen, ihn zu ergreifen, um ihn von neuem zu schütteln. Andererseits versteht sie jetzt, Gegenstände zu schlagen, und im Verlauf der vorangegangenen Wochen hat sie insbesondere ständig auf ihren Papagei eingeschlagen (siehe Bb. 103). Sobald sie nun entdeckt, daß der Papagei an die Schnur geknüpft ist, an der auch die Puppe hängt, bedient sie sich der Puppe als Mittel, um den Papagei zu schütteln. Auch in diesem Fall begnügt sie sich mit der Anwendung einer Handlung, die sie unmittelbar vorher ausgeführt hat (wie das im Falle der Bb. 112 bis 118 der Fall war). Sie paßt tatsächlich ein ihr schon vertrautes Verhaltensschema an eine neue Situation an.

Andererseits kommt Jacqueline beim Schlagen auf die Puppe nicht auf die Idee, die Schnur zu strecken (die die Puppe mit dem Papagei verbindet), um den Effekt zu vergrößern. Ebensowenig also wie in der vorausgehenden Beobachtung wird die Schnur als eine »Verlängerung des Gegenstandes« gesehen. Jacqueline beschäftigt sich auch noch nicht mit räumlichen und mechanischen Berührungen. Die Schnur hat also rein taktile und kinästhetische Bedeutung: Sie liefert nur den Stoff für manuelle und muskuläre Verhaltensschemata, ist eine Vorgehensweise, die dazu dient, ein bestimmtes Ergebnis zu erzielen, und ist noch kein physisches Objekt, wie es später die »Schnur« und vor allem der »Stock« sind.

Wir kommen nun zu den ausgeprägten Fällen. Aber auch hier wollen wir mit den einfachen Situationen beginnen, in denen das Kind materielle Hindernisse beiseite schiebt, die sich zwischen die Absicht und ihre Verwirklichung stellen. Die elementarste Verhaltensweise, die dieser Definition entspricht, stellt ohne Zweifel der Versuch dar, die Hand einer anderen Person oder einen Fremdkörper beiseite zu schieben, der sich in dem Augenblick zwischen das Kind und einen angestrebten Gegenstand stellt, als ein Greifakt sich andeutet. Natürlich muß der Gegenstand vollständig sichtbar bleiben. Wenn man ihn verbirgt, bildet das eine neue Schwierigkeit, die wir erst am Ende dieser Beobachtungsreihe ins Auge fassen werden.

Bb. 122: Bei Laurent hat sich ein solches Verhalten, dessen Ausbildung wir ganz genau verfolgt haben, erst mit 0; 7 (13) angezeigt. Wir möchten diese Koordination zwischen zwei deutlich differenzierten Handlungen, von denen die eine als Mittel dient (ein Hindernis beiseite schieben) und die andere als Zielhandlung (den Gegenstand ergreifen), als den Beginn des vierten Stadiums betrachten.

Bis 0; 7 (13) gelang es Laurent nie, ein Hindernis beiseite zu schieben. Er hat nur immer versucht, darüber hinwegzukommen oder, wenn ihm das nicht gelang, die magisch-phänomenalistischen »Vorgehensweisen« anzuwenden, von denen im Kapitel III, 4., die Rede war. Mit 0; 6 (0) biete ich Laurent beispielsweise eine Zündholzschachtel an, wobei ich seinen Greifakt mit meiner quergestellten Hand behindere. Laurent versucht, über meine Hand hinwegzukommen oder an ihr vorbeizugelangen, aber er versucht nicht, sie beiseite zu schieben. Als ich ihm jedesmal den Weg versperre, begnügt er sich schließlich damit, die Schachtel mit seinen Augen zu fixieren, erst seine Hand, dann sich selber zu schütteln, den Kopf seitlich fallen zu lassen usw. Mit einem Wort, er ersetzt die vereitelte Greifhandlung durch magisch-phänomenalistische »Vorgehensweisen«. Daraufhin strecke ich ihm die Schachtel hin, halte sie aber am anderen Ende noch fest: Laurent zieht daran und versucht sie mir zu entreißen, aber stößt meine Hand nicht zurück.

Dieselben Reaktionen zeigt er mit 0; 6 (8), 0; 6 (10), 0; 6 (21) usw. Mit 0; 6 (17) biete ich ihm eine Spielklapper an, stelle aber meine Hand davor, so daß nur die Hälfte des Gegenstandes sichtbar bleibt. Laurent versucht, den Gegenstand direkt zu ergreifen, bemüht sich aber nicht, meine Hand wegzuschieben.

Mit 0; 7 (10) angelt Laurent nach einer neuen Schachtel, vor die ich meine Hand halte (ungefähr in zehn Zentimetern Entfernung). Dabei schiebt er das Hindernis beiseite, aber nicht aus Absicht. Er wollte einfach die Schachtel durch Umgehen meiner Hand erreichen. Als er an sie stößt, versucht er über sie hinwegzugelangen. Diese Reaktion macht den Eindruck, als stoße er das Hindernis beiseite. In Wirklichkeit besteht aber noch gar kein differenziertes Verhaltensschema, kein »Mittel«, das sich von der Zielhandlung abheben würde (vom Verhaltensschema, das der Handlung ein Ziel steckt). Das Verhalten bleibt genau gleich, wenn ich als Hindernis ein Kissen benütze.

Noch mit 0; 7 (12) zeigt Laurent dieselben Reaktionen. Mit 0; 7 (13) reagiert Laurent endlich anders, und zwar beinahe von Anfang des Versuches an. Ich biete ihm eine Zündholzschachtel auf meiner Handfläche an, aber ganz hinten, so daß er sie nicht erreichen kann, ohne das Hindernis der Finger zu beseitigen. Zuerst versucht Laurent über die Finger hinwegzulangen, dann aber beginnt er ganz plötzlich auf meine Hand einzuschlagen, wie um sie zu entfernen oder zu senken. Ich lasse es geschehen, und er ergreift die Schachtel. – Ich baue nun mit einem Kissen ein Hindernis, das ziemlich weich ist und die Eindrücke der kindlichen Schläge bewahrt. Laurent versucht sogleich, an die Schachtel zu gelangen, wird aber durch das Hindernis behindert. Sogleich schlägt er darauf ein und drückt es so weit herunter, bis ihm der Weg freisteht.

Mit 0; 7 (17) nehme ich den Versuch wieder auf. Inzwischen haben keine anderen Versuche stattgefunden. Ich biete ihm zuerst den Gegenstand (meine Uhr) zehn Zentimeter hinter dem Kissen dar (so aber, daß der Gegenstand selbstverständlich sichtbar bleibt). Laurent versucht zuerst, die Uhr direkt zu ergreifen, dann unterbricht er sich, um auf das Kissen einzuschlagen. Ebenso verhält er sich gegenüber meiner Hand: Er schlägt sofort auf das Hindernis ein. Es leuchtet unmittelbar ein, daß diese Handlung, das Hindernis durch Schläge zu beseitigen, eine neue Verhaltensweise darstellt im Vergleich mit den Verhaltensweisen von 0; 6 (0) bis 0; 7 (12).

Bevor er versucht, das Ziel zu erreichen (den Gegenstand zu ergreifen), unterbricht Laurent künftig seine Handlung und beginnt in direkter Weise, auf das Hindernis einzuwirken (es zu schlagen, um es zu beseitigen). Dieses Vorgehen hebt sich ganz deutlich vom Zielschema ab und bleibt ihm trotzdem untergeordnet.

Die verbindende Handlung, die als Mittel dient (das Hindernis beiseite zu schieben), wird zudem ganz einfach einem bestehenden Verhaltensschema entliehen: hier dem Schema des Schlagens. Man erinnere sich daran, daß Laurent schon mit 0; 4 (7) und vor allem mit 0; 4 (19) die Gewohnheit ausgebildet hat, auf die aufgehängten Gegenstände einzuschlagen, um sie zum Schwanken zu bringen, und daß er schließlich schon mit 0; 5 (2) begann, auf alle Gegenstände einzuschlagen (siehe Bb. 103). Dieses sehr vertraute Verhaltensschema benützt Laurent jetzt meistens, aber nicht mehr um seiner selbst willen, als Zielschema, sondern als ein Mittel- oder ein Übergangsschema, das er einem andern Schema unterordnet. Das Bedürfnis, das

Hindernis zu beseitigen, erweckt aufgrund einer generalisierenden Assimilation das einfachste Verhaltensschema, das er zum Zweck der Verschiebung von Gegenständen kennt und verwendet, nämlich das Schema des Schlagens. In diesem Zusammenhang müssen wir darauf hinweisen, daß das Kind dieses Alters die Gegenstände noch nicht aus einer Lage in eine andere bewegt, wie es das später in der Absicht tun wird, handelnd die Gruppe der Verschiebungsbewegungen zu untersuchen (siehe ›Der Aufbau der Wirklichkeit beim Kinde‹, Kapitel II, 3. und 4.). Daher besitzt die Handlung, ein Hindernis beiseite zu schieben, einen so hohen Schwierigkeitsgrad, während sie uns so einfach vorkommt. Die Welt des Kleinkindes im Alter von 0; 6 bis 0; 8 ist nicht eine Welt von permanenten Gegenständen, die sich unabhängig voneinander im Raum bewegen (wir werden das im Verlauf des oben erwähnten Bandes aufzeigen, wo wir die Entwicklung des Raumbegriffes untersuchen werden). Um daher den Gegenstand zurückzustoßen, muß das Kind auf seine Zirkulärschemata zurückgreifen, von denen das Schema »schlagen, um zum Schwanken zu bringen« der vorliegenden Situation am ehesten angepaßt ist.

Wir müssen auch noch ergänzend bemerken, daß diese durch Laurent entdeckte Vorgehensweise nichts gemein hat mit dem Verhalten, das darin besteht, behindernde Gegenstände (Kopfkissen usw.) wegzunehmen. Mit 0; 5 (25) wirft Laurent beispielsweise ohne zu zögern ein Kopfkissen weg, das ich ihm auf das Gesicht lege. Eine solche Reaktion, in der sehr wahrscheinlich ein reflexartiges Element enthalten ist, erfolgt aber nur, wenn das Hindernis vor das Kind gestellt ist. Das Kind nimmt das Hindernis nicht mehr weg, wenn es sich vor dem Gegenstand befindet (siehe ›Der Aufbau der Wirklichkeit beim Kinde‹, Bb. 27). In einem solchen Verhalten haben wir also nicht ein »Mittel« zur Erreichung eines übergeordneten Zieles vor uns, sondern ganz einfach die Beseitigung einer das Subjekt behindernden Situation. Die Redeweise: »Das Kind beseitigt ein Hindernis (gleich Mittel), um irgend etwas (gleich Ziel) zu sehen«, wäre deshalb ganz unangebracht, da die Handlung, sich von dem behindernden Gegenstand frei zu machen, ein geschlossenes Ganzes bildet. – Daher darf man in diesem Verhalten auch nicht den Ursprung der Handlung sehen, die wir im Augenblick untersuchen. Der Beweis dafür könnte darin gesehen werden, daß es Laurent zwischen 0; 6 (0) und 0; 7 (12) niemals gelungen ist, Hindernisse zu beseitigen in dem Sinn, wie wir das hier verstehen, obwohl er seit 0; 5 und ohne Zweifel schon länger sehr wohl verstand, jeden behindernden Gegenstand von seinem Gesicht oder ganz allgemein von sich wegzustoßen.

Bb. 123: Nach 0; 7 (28) hat sich das Mittelschema »Hindernis beiseite schieben« bei Laurent ein wenig differenziert. Statt bloß auf die zwischen seine Hand und den Zielgegenstand geschobenen Gegenstände einzuschlagen, begann er sie zurückzustoßen oder sie ganz einfach beiseite zu schieben.

Mit 0; 7 (28) beispielsweise biete ich ihm ein Schrotkorn fünf Zentimeter hinter der Ecke eines Kissens an. Laurent schlägt auf das Kissen ein wie früher, aber danach drückt er es mit einer Hand hinunter, während er den erwünschten Gegenstand mit der anderen Hand ergreift. Dieselbe Reaktion zeigt er gegenüber meiner Hand.

Mit 0; 7 (29) drückt er ein Kissen sogleich mit der linken Hand nieder, um mit der rechten eine Schachtel ergreifen zu können. Ebenso geht er mit 0; 8 (1) vor. Als ich noch meine Hand als Hindernis dazwischenschiebe, spüre ich ganz deutlich, wie er sie immer stärker und stärker hinunterdrückt, um meinen Widerstand zu überwinden.

Mit 0; 8 (1), unmittelbar nach dem eben beschriebenen Versuch, schwenkt Laurent eine Schachtel hin und her, um die Tabletten darin rascheln zu hören. Ich lege darauf meine Hand auf seinen Arm, um ihn bei diesem Spiel zu behindern. Zuerst versucht er mit dem Arm, der die Schachtel hält, diesen Widerstand zu überwinden, dann streckt er die andere Hand vor und schiebt die meinige beiseite. Es ist das erste Mal, daß er diesen Test besteht, den ich schon in den vorangegangenen Wochen und Tagen stets erfolglos angestellt hatte.

Mit 0; 8 (28) notiere ich dagegen, daß er noch nicht versteht, meine Hand zurückzustoßen, wenn ich einen Gegenstand festhalte. Ich mache diesen Versuch seit 0; 6 (10); er zieht nur immer am Gegenstand, ohne meine Hand beiseite zu schieben. Er versucht das auch nicht, wenn ich meine Hand dem Gegenstand von hinten annähere, um ihn wegzunehmen. – Diese Reaktionen traten beide erst mit 0; 9 (15) zur gleichen Zeit auf. Wenn ich eine seiner Spielklappern am anderen Ende festhalte, stößt er meine Hand mit der Linken weg und zieht mit der Rechten den Gegenstand an sich. Wenn ich mich nun anschicke, ihm die eroberte Klapper wieder wegzunehmen, stößt er meine Hand oder meinen Vorderarm weg, bevor ich zum Gegenstand gelange.

Diese Vervollkommnungen des »Mittelschemas« haben sich also ganz deutlich durch eine schrittweise Differenzierung des ursprünglichen Vorgehens »auf das Hindernis einschlagen, um es wegzustoßen« herausgebildet.

Bb. 124: Mit 0; 8 (8) will Jacqueline ihren Zelluloidraben ergreifen, aber ich fasse ihn zur gleichen Zeit an wie sie. Daraufhin hält sie das Spielzeug mit der Rechten fest und stößt mit der Linken meine Hand zurück. Ich wiederhole diesen Versuch, indem ich den Raben nur am Schwanzende festhalte, sie stößt meine Hand wieder zurück. Nachdem sie mit 0; 8 (17) den ersten Löffel eines Heilmittels erhalten hat, stößt sie die Hand der Mutter zurück, die ihr den Löffel ein zweites Mal hinreicht. Mit 0; 9 (20) versucht sie, ihren Raben an die Wand der Wiege zu halten, wird dabei aber durch die Schnur der Schelle behindert, die vom Dach herunterhängt. Da ergreift sie die Schnur mit der rechten Hand und bringt sie aus dem Bereich des linken Armes (der den Raben hält), so daß sie kein Hindernis mehr darstellt. Kurz darauf tut sie dasselbe nochmals.

Leider war es uns nicht möglich, mit Sicherheit festzustellen, aus welchem Zirkulärschema sich die Handlung »Hindernis beiseite schieben« bei Jacqueline herausdifferenziert hat. Das geschah sehr wahrscheinlich nicht aus dem Verhaltensschema »schlagen«, denn dieses ist bei ihr erst kurz vorher aufgetreten. Es scheint viel eher die Handlung »den Gegenstand in der Hand halten, um ihn zu schütteln, hin und her zu schwenken oder zu reiben« gewesen zu sein, die sie auf die Idee brachte, die Hindernisse beiseite zu schieben. Es versteht sich von selbst, daß die Mittelschemata des vierten Stadiums bei verschiedenen Kindern aus verschiedenen Zirkulärschemata entstehen können. Wir behaupten nur, daß die Zuordnung von Mittelshandlungen unter bestimmte (dem vierten Stadium eigentümliche) Zielhandlungen in einer einfachen Koordination früherer Zirkulärschemata ihren Ursprung nimmt.

Bb. 125: Wer diese Aussage und ihre Begründung bezweifelt, weil er die Handlung »einen Gegenstand wegschieben« für zu einfach hält, als daß sie nicht aus sich selbst unabhängig von vorangegangenen Verhaltensschemata entstehen könnte, den dürfte vielleicht das folgende Beispiel überzeugen.

Man möchte vermuten, daß noch eine elementarere Handlung als die Handlung

»Hindernis beiseite schieben« als Mittelshandlung dienen könnte. Eine solche wäre ohne Zweifel die Handlung »einen Gegenstand loslassen oder ihn niederlegen, um einen anderen zu ergreifen«.

Sobald nämlich das Kind seine Greif- und Sehtätigkeit koordinieren kann (zu Beginn des dritten Stadiums), läßt es manchmal ohne Absicht die Gegenstände los, die es hält. Sehr bald wird es auf dieses Geschehen aufmerksam, denn schon seit den ersten Wochen dieses Stadiums (seit 0; 4 bei Laurent) sucht es mit der Hand nach dem verlorenen Gegenstand (siehe ›Der Aufbau der Wirklichkeit beim Kinde‹, Kapitel I und II). Und schon von der Mitte dieses Stadiums an (gegen 0; 6 bei Laurent) verfolgt es die fallenden Gegenstände mit den Augen (siehe ›Der Aufbau der Wirklichkeit beim Kinde‹, 1., Bb. 6). Aber weit davon entfernt, das Fallen des Gegenstandes in anderen Situationen als ein »Mittel« einzusetzen, läßt es das Kind lange Zeit unbenützt. Es stellt also keineswegs ein »Verhaltensschema«, das heißt eine positive Handlung dar, sondern bildet bloß einen Unfall, eine mißglückte Handlung. (Man darf aber auch nicht von einem negativen Akt sprechen, denn ein negativer Akt ist eine komplexe Handlung, die immer einer anderen untergeordnet ist.) Erst mit dem Ende des vierten Stadiums und zu Beginn des fünften wird das Loslassen eines Gegenstandes eine wirkliche Handlung, ein intentionaler Akt (siehe für Laurent die Bb. 140 und 141). Diese Tatsache stellt natürlich den Beweis dar, daß das Handlungsschema »den Gegenstand loslassen«, wenn es tatsächlich als »Mittel« verwandt wird, sich nicht ohne weiteres aus dem zufälligen Fallen des Gegenstandes ableitet, sondern sich aus anderen Verhaltensschemata, beispielsweise aus dem Schema »Gegenstand beiseite schieben«, entwickelt. Das werden wir nun sogleich feststellen.

Mit 0; 6 (26) hält Laurent eine Spielklapper, mit der er nichts Richtiges mehr unternimmt (Sättigung nach der Betätigung). Ich biete ihm nun eine Puppe an, nach der er sogleich mit beiden Händen greift (wie er das immer tut). Er packt sie mit der linken Hand, behält aber die Klapper in der rechten, dann nähert er die beiden Hände einander an im offensichtlichen Verlangen, nur die Puppe festzuhalten. Er gerät in Verlegenheit, betrachtet abwechselnd die beiden Gegenstände. Es gelingt ihm aber nicht, die Spielklapper loszulassen.

Mit 0; 6 (29) verhält er sich gleich bei zwei anderen Gegenständen. Ich biete ihm ein drittes Spielzeug an. Er versucht es mit der Rechten zu ergreifen, die ist aber schon besetzt, und er versteht offensichtlich nicht loszulassen, was er schon hält. – Natürlich verliert er schließlich einen der Gegenstände, die ihn nicht mehr interessieren, aber er schiebt ihn nicht absichtlich beiseite.

Mit 0; 7 (0) hält er eine kleine Zelluloidpuppe in Händen, als ich ihm eine (interessantere) Schachtel anbiete. Er ergreift sie mit der linken Hand, möchte sie aber mit beiden Händen zugleich packen. Dabei stoßen die beiden Gegenstände aneinander, er trennt sie sogleich (von diesem Ergebnis sehr überrascht) und schlägt sie von neuem zusammen, indem er die Schachtel mit beiden Händen umfassen will. Nun schlägt er sie mehrmals hintereinander zusammen, ganz offensichtlich aus Vergnügen, was ihn auch auf die Idee bringt, die Schachtel während einiger Sekunden am Weidengeflecht der Wiege zu reiben. Dann versucht er noch einmal die Schachtel mit beiden Händen zu fassen. Da das infolge der Puppe unmöglich ist, schaut er ganz erstaunt drein und betrachtet einen Augenblick die beiden miteinander vereinten Gegenstände.

Mit 0; 7 (28) notiere ich noch immer dieselbe Reaktion: Ungewollt stößt er die beiden Gegenstände, die er hält, zusammen, als er einen von ihnen mit beiden

Händen fassen will. – Damit dieser Versuch wirklich beweiskräftig ist, muß man natürlich zwei Gegenstände von ungleichem Interesse auswählen, sonst könnte man sich immer fragen, ob das Kind nicht beide zusammen behalten wollte. Dieser Einwurf ist übrigens nicht bloß theoretisch, denn Charlotte Bühler hat gezeigt, daß ein Säugling von acht Monaten sich sehr wohl mit zwei verschiedenen Spielsachen gleichzeitig beschäftigen kann. Tatsächlich beweisen der Blick und der Ausdruck des Kindes ganz deutlich, welches Spielzeug es bevorzugt und zu behalten wünscht. – Überdies gilt es schnell zu handeln und das Kind mit dem zweiten Gegenstand zu überraschen, bevor es den ersten aus Mangel an Interesse fallengelassen hat. Im Alltag, das heißt also unabhängig von der Versuchssituation, über die wir eben diskutieren, geschehen diese Dinge tatsächlich immer in der folgenden Weise: Wenn das Kind, das einen Gegenstand in den Händen hält, einen zweiten bemerkt und nun versucht, ihn zu ergreifen, läßt es den ersten ganz ungewollt, aus reinem Desinteresse, fahren und bemüht sich, den zweiten zu erreichen. Damit der Versuch also gelingen kann, muß man ihm diesen zweiten Gegenstand wenige Zentimeter vor der Hand anbieten, damit das Kind sich seiner ohne Mühe bemächtigen kann und nicht die Zeit hat, den ersten zu verlieren.

Mit 0; 7 (29) findet Laurent endlich die Lösung. Er hält ein kleines Schaf in der linken Hand und eine Spielklapper in der rechten. Ich biete ihm eine Schelle an, er wirft die Klapper weg, um die Schelle zu ergreifen. Die Reaktion wiederholt sich mehrmals hintereinander, aber ich bin mir nicht sicher, ob er die Spielklapper ganz einfach losläßt oder ob er sie wirklich wegwirft. Darum biete ich ihm, während er noch die Schelle hält, eine voluminöse Schachtel an, die er mit der linken (freien) und der rechten Hand (indem er die Schelle gegen die Schachtel drückt) ergreift, als er sich aber der Schwierigkeit bewußt wird, wirft er dieses Mal ganz deutlich die Schelle weg. – Dasselbe Verhalten zeigt er mit 0; 7 (30) mit einer großen Spielklapper.

Mit 0; 8 (1) hält er eine große Schachtel in Händen, und ich biete ihm meine Uhrkette an. Daraufhin legt er die Schachtel auf die Decken, um die Kette zu ergreifen. Dieses Vorgehen ist neu, er hat es bis jetzt nur zufällig ausgeführt. Es leitet sich offensichtlich von der Handlung des »Wegwerfens« her, die wir vor drei Tagen beobachtet haben. Ich biete ihm die Schachtel von neuem an, während er die Kette hält. Diesmal schiebt er die Schachtel weg.

Von diesem Tage an versteht Laurent es ausgezeichnet, einen Gegenstand entweder wegzuwerfen oder hinzulegen oder absichtlich fallen zu lassen, um einen anderen zu ergreifen. Das späte Auftreten und der komplexe Charakter dieses Mittelschemas zeigt aber deutlich, daß es sich aus den früher gebildeten Verhaltensschemata »ein Hindernis beiseiteschieben« und nicht dem zufälligen Loslassen von Gegenständen herleitet.

Bb. 126: Eine letzte Verhaltensweise, die zu dieser Gruppe von Verhaltensschemata »Hindernis beiseite schieben« gehört, besteht darin, unter einem Deckgegenstand verborgene Gegenstände zu suchen. Wir werden dieses Verhalten ausführlich besprechen, wenn wir die Entwicklung des Gegenstandbegriffes darlegen werden. Aber die Entstehung dieser Handlung durch Koordination unabhängiger Verhaltensschemata muß auch vom Standpunkt der Funktionsweise der Intelligenz beleuchtet werden.

Ein Beispiel: Mit 0; 8 (29) vergnügt sich Laurent mit einer Schachtel, die ich ihm aus den Händen nehme, um sie unter ein Kopfkissen zu legen. Während er noch vier Tage vorher in einer ähnlichen Situation nicht reagiert hat, bemächtigt er sich dieses Mal des Kopfkissens. Wir wagen allerdings nicht zu behaupten, daß er erwartet hat, unter dem Kissen die Schachtel zu finden (sein Vorgehen ist zu zögernd, als daß wir das annehmen dürften). Aber es ist doch deutlich sichtbar, daß Laurent sich nicht für das Kissen als solches interessiert und daß er es aufhebt, um etwas zu unternehmen. Die Handlung »das Kopfkissen heben« ist also für das Kind noch kein Mittel, über das es sicher verfügt, aber sie stellt schon ein »Mittel auf Versuch« dar, das heißt eine Handlung, die sich vom Ergreifen der Schachtel unterscheidet.

Mit 0; 9 (17) hebt Laurent gleichfalls ein Kissen auf, um darunter eine Zigarrenschachtel zu suchen. Wenn der Gegenstand vollständig verborgen ist, hebt das Kind das Hindernis nur zögernd. Wenn aber noch ein Ende der Schachtel herausschaut, schiebt Laurent mit einer Hand das Kissen beiseite und versucht, mit der anderen den Gegenstand freizukriegen. Die Handlung »das Kissen heben« ist also vollständig verschieden von derjenigen »den gewünschten Gegenstand ergreifen« und stellt ein selbständiges »Mittel« dar, das sich ohne Zweifel aus früheren Handlungen ähnlicher Art (das Hindernis beiseite schieben, Gegenstände, die den Weg versperren, verschieben oder wegstoßen usw.) herleitet.

In all diesen Fällen bildet die Handlung »das Hindernis beiseite schieben« ein Mittelschema, das sich deutlich vom Zielschema abhebt. Wie wir aber bei der Analyse dieser Fälle festgestellt haben, leiten sich diese Mittelschemata entweder von früher gebildeten Zirkulärschemata (Bb. 122) oder von anderen Mittelschemata (Bb. 123 bis 126) her. Die Unterordnung eines Mittelschemas unter das entsprechende Zielschema, das heißt also die Bereitstellung von »Mitteln« für bestimmte Ziele, geschieht immer durch Koordination unabhängiger Verhaltensschemata.

Als letztes soll nun eine dritte Gruppe von »Anwendungen vertrauter Handlungsschemata auf neue Situationen« erörtert werden. Dabei handelt es sich nicht mehr darum, Gegenstände beiseite zu schieben, sondern Verbindungsglieder zwischen dem Subjekt und seinem Zielgegenstand zu finden. Diese Verbindungsglieder sind noch keine »Instrumente« (Werkzeuge) im eigentlichen Sinn, wie wir ihnen im fünften Stadium begegnen, sie sind aber schon komplexer als die vollständig ausgebildeten Verhaltensschemata, die unverändert als Ganzes den sekundären Zirkulärreaktionen entliehen werden (wie das in unserer ersten Gruppe von Beispielen der Fall war: Bb. 120 und 121).

Bb. 127: Nachdem Jacqueline seit 0; 8 (8) in der Lage war, eine fremde Hand wegzuschieben, die ihren Wünschen entgegenstand, hat es nicht lange gedauert, bis sie auch zur umgekehrten Handlung »sich einer fremden Hand als Verbindungsglied bedienen, um ein erwünschtes Resultat hervorzurufen« fähig wurde. So beobachtet Jacqueline mit 0; 8 (13) ihre Mutter, die einen Stoffsaum mit der Hand hin und her schwenkt. Als dieses Schauspiel zu Ende ist, versucht Jacqueline, statt diese Handlung selber nachzumachen – was sie übrigens sehr bald tun wird –, die Hand der Mutter vor den Saum zu ziehen und sie zu stoßen, damit sie ihre Tätigkeit wiederaufnehme.

Selbstverständlich handelt es sich hier nur darum, ein eben erlebtes Schauspiel weiter andauern zu lassen. In dieser Hinsicht kann man diese Fälle mit den Bb. 112 bis 118 vergleichen. Wir stellen aber einen bemerkenswerten Fortschritt fest: Jacqueline zerlegt im Geiste das Schauspiel, dessen Zeugin sie war, und benützt die fremde Hand als Verbindungsglied. Zwei Monate später wird sie dieses Mittel auch auf eine neue Situation anwenden:

Mit 0; 10 (30) packt Jacqueline tatsächlich meine Hand, führt sie zu einer singenden Puppe, die sie selber nicht betätigen konnte, und übt einen Druck auf meinen Zeigefinger aus, damit ich das Nötige unternehme (dreimal hintereinander reagiert sie in dieser Weise!).

Später (in ›Der Aufbau der Wirklichkeit beim Kinde‹, Kapitel III, 3.) werden wir im Zusammenhang mit der Objektivierung und Verräumlichung der Kausalität diese Verhaltensweisen im einzelnen analysieren. Es scheint uns aber angebracht, sie schon jetzt vom Standpunkt der »Anwendung bekannter Verhaltensschemata auf neue Situationen« zu erwähnen und ihre Entstehung durch die Koordination unabhängiger Verhaltensschemata aufzuzeigen. Das umwälzend Neue an einer solchen Vorgehensweise liegt offenbar in folgendem Punkte: Bis 0; 8 versucht das Kind, vor dem man ein interessantes Ereignis erzeugt, direkt auf dieses Erlebnis einzuwirken. Es schaut auf den Zielgegenstand, und je nachdem bäumt es sich auf oder fuchtelt mit den Händen herum usw. (siehe Bb. 112 bis 118), oder wenn es den Gegenstand erreichen kann (zum Beispiel eine Spielklapper), schlägt es auf ihn ein, schüttelt ihn usw. Es geschieht auch häufig, daß es sich gegenüber der Hand des Erwachsenen so benimmt. Wenn ich meinen Mittelfinger an die Daumenwurzel schnellen lasse und dann meine Hand dem Kind hinhalte, bäumt es sich entweder auf usw., wenn sie unerreichbar ist, oder es schlägt auf sie ein, schüttelt sie usw., um mich zu veranlassen fortzufahren. Es liegen hier also zwei Arten von unabhängigen sekundären Zirkulärreaktionen vor: Handlungen auf den Zielgegenstand und Einwirkungen auf die Hand (die in in diesem Fall als irgendein Zielgegenstand aufgefaßt wird). In der eben angeführten Beobachtung bedient sich Jacqueline der fremden Hand als eines Verbindungsgliedes, um auf das Zielobjekt einzuwirken. Sowohl in diesem Fall als auch bei den Verhaltensschemata »Hindernis beiseite schieben« und sogar bei den einfacheren Schemata der ersten Gruppe bedeutet das nichts anderes, als daß das Kind zwei Arten von Verhaltensschemata, die bis jetzt unabhängig waren, zu koordinieren beginnt. Es versucht auf die fremde Hand einzuwirken, aber nur insofern, als diese Hand selber wiederum auf den Zielgegenstand einwirken kann. Es setzt also eines der beiden Verhaltensschemata mit dem anderen in Beziehung.

Bb. 128: Auch Laurent bedient sich schon seit 0; 8 (7) meiner Hand als eines Mittelgliedes, um mich zu bewegen, interessante Tätigkeiten wiederaufzunehmen. Ich betupfe beispielsweise mit meinem linken Mittelfinger meine Wange, dann trommle ich auf meine Brille (er lacht). Darauf halte ich meine Hand zwischen seine Augen und mein Gesicht – ungefähr in der Mitte des Weges. Er schaut meine Brille an, dann meine Hand und beginnt schließlich, diese ganz leicht auf mein Gesicht zuzudrücken (Fortsetzung dieser Beobachtung in ›Der Aufbau der Wirklichkeit beim Kinde‹, Bb. 144).

Wie in der vorherigen Beobachtung handelt es sich für das Kind noch immer darum, ein interessantes Schauspiel andauern zu lassen. Aber statt einfach die vertrauten Vorgehensweisen anzuwenden (siehe die Bb. 112 bis 118) oder die Sache selbst nachzuahmen, benützt Laurent ein Element der gesamten Erscheinung, die er eben beobachtet hat, und zwar das Element, das er an seine eigene Tätigkeit assimilieren kann, als Mittel. Die fremde Hand ist ja mit der eigenen vergleichbar, und das Kind verlängert sein eigenes Tun mittels eines Mediums, dessen Macht es aus der Ähnlichkeit mit eigenen, früheren Erfahrungen kennt.

Bb. 129: Mit 0; 9 (24) versucht Jacqueline sitzend, ihren Raben zu ergreifen, der neben ihren Füßen liegt. Da ihr das nicht gelingt, bringt sie ihn mit dem rechten Fuß etwas näher. Ich konnte nicht sehen, ob sie das zuerst nur zögernd und ausprobierend versucht hat oder ob die Reaktion auf Anhieb so vollzogen wurde. Mit 0; 11 (21) dagegen läßt sie aus dem Hängesitz, in dem sie sich hin und her schwingt, einen Zelluloidschwan zur Erde fallen. Da es ihr nicht gelingt, ihn wieder zu fassen, verschiebt sie ihn sogleich mit den Füßen und bringt ihn so näher. Mit 1; 0 (7) zeigt sie dieselbe prompte Reaktion bei ihrem Papagei. Jacqueline bedient sich natürlich auch ihrer Füße, um auf Gegenstände einzuschlagen, die ihr in den Weg kommen usw.

Diese Verhaltensweisen dürfen selbstverständlich nicht als Intelligenzhandlungen aufgefaßt werden, sondern als einfache Koordinationen ähnlich wie bei der manuellen Greiftätigkeit. Einmal aufgetreten, führten sie aber sogleich zu einer ganzen Reihe von Anwendungen, die deutlich das Siegel einer intelligenten Generalisation an sich tragen.

Mit 0; 11 (28) schüttelt Jacqueline sitzend eine kleine Glocke. Plötzlich unterbricht sie sich, stellt die Glocke ganz vorsichtig vor ihren rechten Fuß, dann versetzt sie ihr einen starken Stoß mit dem Fuß. Da sie sie nun nicht mehr erwischen kann, holt sie eine Kugel, die sie an dieselbe Stelle setzt und auch wieder mit dem Fuß tritt. Die Absicht bestand also offensichtlich vor der Handlung, und das Verhaltensschema »mit dem Fuß stoßen« ist der Situation in angemessener Weise angepaßt worden.

Am selben Tag vergnügt sich Jacqueline mit einem Fingerhut und stößt dabei an ein Holzkästchen. Diese Berührung erregt ihr Interesse, und sie wiederholt sie zwei- oder dreimal, daraufhin wendet sie sich schwungvoll ihrem Fuß zu und schlägt mit dem Fingerhut gegen ihren Lederschuh. Diese Handlung wurde exakt und schnell vollzogen und hatte alle Zeichen eines intentionalen Aktes an sich.

Ja mehr noch, mit 1; 0 (10) ist sie im Begriffe, mit einem Stück Holz auf das Geflecht der Wiege einzuschlagen, als sie sich plötzlich unterbricht, um ganz offensichtlich ihren Schuh zu suchen. Da ihre Füße mit einem Dreiecktuch bedeckt waren, nimmt sie das Tuch weg (siehe Bb. 124) und schlägt auf den Schuh ein.

Diese drei zuletzt zitierten Beobachtungen entsprechen sehr genau der Definition der Verhaltensweisen, die wir im Begriffe sind zu analysieren. Erstens: Es liegt eine Absicht vor, die der Handlung vorausgeht (den Schwung und das Geräusch der Glocke, des Fingerhutes oder des Holzstückes verstärken). Zweitens: Es wird nach einem »Mittel« gesucht, das geeignet ist, einem solchen Ziel untergeordnet zu werden. Drittens: In dieser Absicht wird ein Verhaltensschema, das früher entdeckt worden ist, angewandt (sich des Fußes bedienen, um zu bewegen, zu schlagen usw.).

Bb. 130: Mit 0; 10 (3) benützt Laurent als »Mittel« oder als »Mittelschema« eine Verhaltensweise, die er am Vorabend entdeckt hat und deren Entstehung wir in der Bb. 140 darstellen werden. Beim Spielen mit einer Seifenschale (Rasierseife) hat er mit 0; 10 (2) gelernt, diesen Gegenstand absichtlich fallen zu lassen. Als er 0; 10 (3) alt ist, gebe ich ihm dieses Ding von neuem. Er schickt sich sofort an, die Hand zu öffnen, um es fallen zu lassen, und wiederholt diesen Vorgang mehrmals hintereinander. Darauf stelle ich, ungefähr fünfzehn Zentimeter von Laurent entfernt, ein großes Waschbecken auf und schlage mit der Schale gegen das Innere des Waschbeckens, um Laurent auf das Geräusch dieser Berührung aufmerksam zu machen. Es muß noch bemerkt werden, daß Laurent schon mit 0; 9 (0) beim Waschen zufällig mit einem kleinen Topf an ein solches Becken stieß und sich sofort damit vergnügte, dieses Geräusch in einer einfachen Zirkulärreaktion zu reproduzieren. Ich wollte also sehen, ob Laurent sich der Metallschale bedienen würde, um dieses Phänomen zu wiederholen, und wie er sich dabei anstellen würde.

Laurent ergreift die Schale, streckt den Arm aus und läßt sie über dem Becken fallen. Um sicherzugehen, verändere ich die Lage des Beckens. Es gelingt ihm trotzdem mehrmals hintereinander, den Gegenstand in das Becken fallen zu lassen. Es liegt hier also ein sehr schönes Beispiel für eine Koordination von zwei Verhaltensschemata vor, von denen das erste als »Mittel« dient, während das zweite dem ganzen Geschehen ein Ziel setzt. Das Verhaltensschema »den Gegenstand loslassen« ist das Mittel, und das Ziel besteht im Schema »einen Gegenstand an einen anderen schlagen«.

2. »Die Anwendung bekannter Verhaltensschemata auf neue Situationen«: Kommentar

Derartige Verhaltensweisen stellen die ersten Intelligenzhandlungen im eigentlichen Sinn dar, denen wir bis jetzt begegnet sind. Es ist daher angebracht, sie exakt zu charakterisieren. Zu diesem Zwecke wollen wir damit beginnen, bei den bisher untersuchten Verhaltensweisen verschiedene Formen zu unterscheiden.

Diese Verhaltensweisen heben sich in erster Linie von den primären Zirkulärreaktionen und den sensomotorischen Gewohnheiten ab, die daraus entstanden sind. Bei diesen Reaktionen löste nämlich die Berührung (sei es taktil oder visuell usw.) mit dem Gegenstand unmittelbar eine globale Assimilationshandlung aus, so daß man nicht zwischen einem Handlungsziel und angewandten Mitteln unterscheiden konnte. Im vorliegenden Fall erzeugt dagegen die Berührung mit dem äußeren Gegenstand erst nur eine Absicht, der das Suchen nach geeigneten Mitteln folgt. Eine Intention, das heißt das Bewußtsein eines Wunsches, liegt dann vor, wenn das durch die Berührung mit dem Gegenstand aktualisierte Assimilationsschema sich nur in Form einer Tendenz und nicht in einer unmittelbaren Verwirklichung äußert. Derselbe Umstand erklärt auch das Suchen: Das aufgetretene Hindernis muß ja überwunden werden. So löst in der Beobachtung 122 der

Anblick des Gegenstandes das Greifschema aus. Da sich ihm aber Hindernisse in den Weg stellen, bekommt die Greifhandlung den Rang eines hinausgeschobenen Zieles, und bestimmte Mittel müssen gefunden werden, die es gestatten, zuerst diese Hindernisse zu beseitigen. Wenn sich Laurent beispielsweise bemüht, einen Gegenstand trotz meiner hindernden Hand in Besitz zu kriegen, können wir sehr schön verfolgen, wie das für das Stadium der primären Zirkulärreaktionen und der ersten Gewohnheiten charakteristische sensomotorische Verhaltensschema sich zu einem intentionalen Akt differenziert, und zwar eben wegen der Hindernisse, die sich dazwischenschieben. Wenn er einen Deckgegenstand wegheben muß, um den verborgenen Gegenstand zu finden (Bb. 126), wird die Sache schon schwieriger, aber das Prinzip bleibt dasselbe: Die Unterscheidung von Mittel und Zweck, die durch das Auftreten von Hindernissen erzwungen wird, erzeugt die Intentionalität und hebt damit das gegenwärtige Verhalten von den einfachen Gewohnheiten ab. Man wird vielleicht einwenden, daß die intersensorischen Koordinationen, die bestimmten primären Zirkulärreaktionen eigentümlich sind, sehr früh zu ähnlichen Reihenbildungen führen. Wenn das Kind einen Gegenstand ergreift, um an ihm zu lutschen, ihn anzuschauen usw., scheint es doch Ziel und Mittel zu differenzieren und sich folglich vor Beginn der Handlung ein Ziel zu setzen. Da aber kein Hindernis vorliegt, das die Aufmerksamkeit des Kindes auf sich zieht, erlaubt gar nichts im Verhalten des Kindes, seinem Bewußtsein diese Unterscheidung zuzuschreiben. Der Tatbestand »ergreifen, um zu lutschen« stellt einen einheitlichen Akt dar, bei dem die Mittel mit dem Ziel eine Einheit bilden. Dieser einheitliche Akt hat sich auch durch unmittelbare und gegenseitige Assimilation der betreffenden Verhaltensschemata gebildet. Es ist also der Beobachter und nicht das Subjekt, das Schnitte in einem solchen Verhaltensschema vornimmt. Erst wenn das Kind sich selber bemüht, die Dinge untereinander in Beziehung zu setzen, wird im Verhalten eine Differenzierung von Mittel und Zweck sichtbar. Erst dann darf man auch von einer bewußten Beziehungssetzung, das heißt von Intentionalität sprechen. Darum kann sie auch erst bei Gelegenheit äußerer Hindernisse auftreten.

Wie soll man aber die gegenwärtigen Verhaltensweisen von den sekundären Zirkulärreaktionen unterscheiden, die doch auch schon Beziehungen zwischen den Dingen selbst herstellen? Von den eigentlichen Zirkulärreaktionen (Bb. 94 bis 104) heben sich die gegenwärtigen Verhaltensweisen in erster Linie durch das Ziel ab, das sie sich stecken. Die Zirkulärreaktion kennt tatsächlich kein anderes Ziel, als ein früher oder im gegenwärtigen Augenblick zufällig entdecktes Resultat von neuem hervorzubringen. Ein solcher Prozeß kann dann Intentionalität nach sich ziehen, wenn er sich wiederholt und wenn das zu reproduzierende Resultat eine komplexe Tätigkeit voraussetzt. Dann muß nämlich die Wiederholung im voraus angestrebt werden, und das Kind muß sich bemühen, die Mittel, die es kurz vorher zu diesem Effekt gelangen ließen, wiederzufinden. In dieser Beziehung kündigen diese Verhaltensweisen bereits die Intelligenz an. Mag aber ein solches Ziel auch beabsichtigt sein, es stellt trotzdem nur eine einfache Verlängerung des vorher erzielten Effektes dar. Bei den jetzt untersuchten Verhaltensweisen wird dagegen ein Ziel gesetzt, das bisher noch nie verwirklicht worden ist, zumindest nicht in der gegebenen Situation und unter den gleichen Umständen. Wenn das Kind versucht, seine Spielsachen zu ergreifen, indem es ein Hindernis beiseite schiebt (Bb. 122 bis 124), oder wenn es versucht, mittels einer fremden Hand auf Gegenstände einzuwirken (Bb. 127 und 128) oder auf Distanz einen Papagei in Bewegung zu versetzen (Bb. 121) oder feste Gegenstände gegen seine Schuhe zu schlagen (Bb. 129), so liegen da Absichten vor, die erst in einem späteren Stadium der Entwicklung seines Handelns auftauchen. Diese Absichten gehen allerdings mit vorangehenden Zirkulärreaktionen konform. Die gesetzten Ziele unterscheiden sich also nicht wesentlich von einer Verhaltensweise zur anderen, übertragen diese aber in eine grundsätzlich neue Situation. Dabei hängt die Neuheit dieser Situation entweder an unerwarteten Hindernissen oder an unvorhergesehenen Kombinationen. Auch bezüglich der verwendeten Mittel ist ein deutlicher Unterschied festzustellen. Bei der sekundären Zirkulärreaktion wurden die zur Anwendung gelangenden Mittel zufällig entdeckt und unmittelbar vorher zum ersten Mal angewandt. Sie müssen also nur neu gefunden werden. Bei den Verhaltensweisen dagegen, die wir jetzt untersuchen, müssen die Mittel improvisiert und die Hindernisse, die sich der Verwirklichung der Absicht entgegenstellen, behoben werden. Bevor sich das Kind aber um die Erfindung neuer Mittel bemüht (das tut es erst viel später), begnügt es sich damit, die ihm bekannten Verhaltensschemata anzuwenden. Daher werden sowohl die Mittel als auch die Ziele selbst den Verhaltensschemata der früher ausgebildeten Zirkulärreaktionen entlehnt. Die Leistung besteht aber gerade darin, sich im geeigneten Moment an sie zu erinnern und sie an die aktuelle Situation anzupassen.

Wenn wir diese Verhaltensweisen schließlich mit den »Vorgehensweisen, die dazu dienen, ein interessantes Schauspiel andauern zu lassen«, vergleichen, stoßen wir auf beinahe die gleichen, wenn auch weniger akzentuierten Unterschiede, diese »Vorgehensweisen« bilden ja den Übergang zwischen den Zirkulärreaktionen und den eigentlichen Intelligenzhandlungen. In der Zielsetzung bleibt der Gegensatz zwischen dem »Andauernlassen« eines beobachteten Effektes einerseits und der Verfolgung eines Zieles in einer neuen Situation andererseits. Auch bezüglich der Mittel kann man ähnliche Unterschiede anführen. Bei den Vorgehensweisen, die dazu dienen, interessante Schauspiele andauern zu lassen, werden die verwendeten Mittel entweder einer unmittelbar vorher erfolgten Zirkulärreaktion entliehen, die durch das betreffende Schauspiel eben unterbrochen wurde; das Kind zieht beispielsweise an einer Schnur, um auf Distanz das Schwanken einer Uhr zu verlängern, während es vorher im Begriffe war, an eben dieser Schnur zu ziehen, um das Dach der Wiege in Schwingung zu versetzen. Die eingesetzten Mittel können auch Verhaltensschemata sein, die so vertraut oder sogar automatisiert geworden sind (wie zum Beispiel sich aufstemmen usw.), daß gar keine Anstrengung mehr nötig ist, um sie wieder aufzufinden und sie in allen möglichen Situationen zu verwenden. In diesen beiden Fällen bildet die »Vorgehensweise« gleichsam ein »leeres« Schema, das keine exakte Beziehung mit dem angestrebten Effekte besitzt. Die eigentlichen Intelligenzhandlungen dagegen implizieren eine Kombination der Mittel und der Situation. Sie werden zwar auch den schon gebildeten Zirkulärreaktionen entliehen, aber eine spezielle Akkommodation paßt sie an das betreffende Ziel an. In dieser Anpassung haben wir den Anfang des intelligenten Handelns vor uns.

Fassen wir das Gesagte zusammen. Verglichen mit den Verhaltensweisen des vorangehenden Stadiums (»sekundäre Zirkulärreaktionen« und »Vorgehensweisen, die dazu dienen, interessante Schauspiele andauern zu lassen«), weisen die gegenwärtig analysierten Verhaltensweisen zwei neue Eigenschaften auf. Die erste Eigenschaft bezieht sich zwar nicht auf die Art des Ziels, wohl aber auf die Situation, in der es angestrebt wird, das heißt also auf die Art und Weise, mit der das Subjekt sich ein Ziel steckt. Statt ohne weiteres zu »reproduzieren«, was es gesehen oder getan hat, indem es einfach die begonnene Handlung weiterführt, tendiert das Kind nun trotz unerwarteter und unbekannter Hindernisse oder unvorhergesehener Komplikationen nach einem bestimmten Ergebnis seines Handelns, das folglich immer in neuen Situationen auftritt. Die zweite Eigenschaft bezieht sich auf die Art der angewandten Mittel. Diese Mittel sind künftig vollständig verschieden vom Ziel und decken sich nie mehr mit ihm. Das Verhalten des Kindes setzt folglich die Koordination von unabhängigen Verhaltensschemata voraus, eines Zielschemas (das Schema, das der Handlung ein Ziel setzt) und eines Übergangsschemas (das Schema, das als Mittel dient). Es beruht nicht mehr auf der Anwendung eines einzigen, mehr oder weniger komplexen Verhaltensschemas. Bei der »sekundären Zirkulärreaktion« differenzieren sich Mittel und Zweck immer erst nachträglich. Sie besteht tatsächlich immer aus einem einzelnen Akt, aus einem vollständig ausgebildeten Verhaltensschema, so daß die gegebenen Mittel immer auf dasselbe Ziel oder wenigstens dieselbe Art von Zielen ausgerichtet erscheinen. Wenn das Kind das sekundäre Verhaltensschema generalisiert, das heißt auf andere Gegenstände anwendet (an der Schnur zieht, um eine neue, eben aufgehängte Puppe zu schütteln), kann man nicht davon sprechen, daß bekannte Mittel auf ein neues Ziel hin geordnet werden. Das ganze Verhaltensschema wird in diesem Fall vom Kinde auf ein neues Objekt übertragen, genauso, wie es einen Gegenstand an der Stelle eines anderen ergreift oder an seinem Daumen lutscht statt an der Brust.

Auch bei den »Vorgehensweisen, die dazu dienen, interessante Schauspiele andauern zu lassen«, ist das noch gar nicht anders, mag es auch anders scheinen. Ein Kind, das sich vor irgendwelchen Dingen oder Ereignissen in der Absicht aufstemmt, eine Bewegung oder einen Laut andauern zu lassen, kombiniert nicht etwa zwei Verhaltensschemata miteinander, es generalisiert ganz einfach eine Verhaltensweise, mit der es Erfolg hatte. Daher nannten wir solche Mittel »leere« Schemata, denn bei ihnen liegt keine exakte Anpassung an das angestrebte Ziel vor. Dagegen setzt die »Anwendung bekannter Mittel auf neue Situationen« immer die Koordination zweier bis dahin unabhängiger Verhaltensschemata voraus. Es erfolgt also hier gleichzeitig sowohl eine deutliche Differenzierung von Mittel und Zweck als auch eine genaue Anpassung der Mittel an den Zweck.

Im Unterschied zu den früheren Verhaltensformen liegt hier also immer eine zweifache, intelligente Anpassung vor, da diese intelligente Anpassung eine Beziehung zu mindestens zwei Assimilationsakten setzt. Die Wahl des Zieles und das Streben nach dem Ziel bilden den ersten Anpassungsschritt, die Anpassung der Mittel an das Ziel den zweiten, ohne den der erste künftig nicht mehr möglich sein wird. Analysieren wir diese beiden Phasen.

Bezüglich des ersten Anpassungsschrittes verlängern die gegenwärtigen Verhaltensweisen allerdings bloß die vorangehenden. Die primitive Intelligenztätigkeit hat keine andere Funktion als die der Assimilation der Welt an die Verhaltensschemata, die in den primären und sekundären Zirkulärreaktionen erarbeitet wurden. Dabei werden diese Verhaltensschemata an die Gegebenheiten der Dinge akkommodiert. Mit anderen Worten, die elementare Intelligenz ist wie jede Spontantätigkeit wesentlich konservativ. In den oben angeführten Beobachtungen bemüht sich das Kind, zu ergreifen oder zu behalten, zu schütteln oder zu schlagen, kurz, genau das zu tun, was ihm durch seine Zirkulärreaktionen geläufig ist. Obwohl es anders scheint und obwohl sie schon fast intentionalen Charakter hat, ist die sekundäre Zirkulärreaktion ebenso konservativ und rein assimilierend wie die Primärreaktion. Der Unterschied zwischen den primitiven Intelligenzhandlungen und den ihnen vorangehenden Tätigkeiten liegt also nicht an der Art der verfolgten Ziele, er rührt ganz einfach daher, wie wir schon gesehen haben, daß sich zwischen Absicht und Verwirklichung Hindernisse schieben, die die Verwendung von vermittelnden Zwischengliedern nötig machen.

Diese zweite Anpassungsphase stellt also den eigentlichen Kern der Intelligenz dar. Sie besteht in der Verwendung von »Mitteln«. Diese »Mittel« passen sich dem »Ziel« der Handlung in derselben Weise an, wie sich der gesamte Handlungsvollzug dank seiner Intentionalität dem angestrebten Gegenstand anpaßt. Mit anderen Worten, die Hindernisse, die sich zwischen das Subjekt und das Ziel seiner Handlungen schieben, müssen ihrerseits an bekannte Verhaltensschemata assimiliert werden, und zwar in derselben Weise, wie der Gegenstand der Handlung an das Zielschema assimiliert wird. Der Unterschied besteht nur darin, daß diese Übergangsschemata nicht um ihrer selbst willen ausgewählt werden, sondern in Funktion des Zielschemas, wobei die intermediären Objekte gleichzeitig sowohl an die Übergangsschemata als auch ans Zielschema assimiliert werden. Dieser doppelseitige und reziproke Assimilationsprozeß garantiert die Koordination der Übergangsschemata mit dem Zielschema.

Versuchen wir, das noch genauer zu formulieren. Die Koordination von Mittel und Ziel ist also in ihren ersten Anfängen von derselben Ordnung wie diejenige der sensomotorischen Verhaltensschemata in den primären Zirkulärreaktionen. Wenn die Greiftätigkeit sich mit der Saug- oder mit der Sehtätigkeit koordiniert, so erklärt sich dieser Vorgang, wie wir gesehen haben, durch eine einfache gegenseitige Assimilation. Der Mund versucht, an dem zu lutschen, was die Hand ergreift, oder die Hand versucht zu ergreifen, was die Augen sehen usw. Diese Tatsache führt oft zur Illusion einer Mittel-Zweck-Organisation (das Kind scheint »zu ergreifen, um zu lutschen« usw.), obwohl ganz einfach heterogene Verhaltensschemata zu neuen globalen Schemata verschmelzen. Auch die Koordination sekundärer Verhaltensschemata, die zu den Verhaltensweisen des gegenwärtigen Entwicklungsstadiums führt, ist anfänglich nichts anderes als eine reziproke Assimilation dieser Art. Das gilt vor allem für einige elementare Übergangsformen, die wir in der ersten Gruppe von Beobachtungen vereinigt haben (Bb. 120 und 121). Wenn Laurent beispielsweise versucht, ein auf dem Dach liegendes Papier zu ergreifen, und zu diesem Zweck an einer am Dach befestigten Schnur zieht, assimiliert er zuerst das Papier an das Greifschema (oder an ein komplexeres Verhaltensschema: es abtasten usw.), dann assimiliert er denselben Gegenstand, ohne auf die Absicht zu verzichten, das erste Schema zur Anwendung zu bringen, an das wohlvertraute Schema »an der Schnur ziehen, um zu schütteln«. Diese zweite Assimilation wird also der ersten untergeordnet, das heißt, während er an der Schnur zieht, um das Papier zu bewegen, wünscht er weiter, es zum Greifen in die Hand zu bekommen (er muß zumindest den Eindruck haben, daß er durch das Schütteln des Gegenstandes mehr Gewalt über ihn erwirbt). Kraft dieser doppelten Assimilation koordiniert sich das Schema »an der Schnur ziehen« mit dem Schema »ergreifen« und bekommt die Rolle eines Übergangsschemas im Verhältnis zu einem Zielschema (Bb. 120 und ebenso Bb. 121). Eine derartige gegenseitige Assimilation führt entweder zur Ausbildung einer symmetrischen Beziehung (»ziehen, um zu ergreifen«, und »ergreifen, um zu ziehen«) oder einer einfachen Inklusionsbeziehung (»ziehen, um zu ergreifen«).

Aber nur in ganz elementaren Situationen, wo das Kind auf einen einzigen Gegenstand einwirkt (zum Beispiel das Papier, das man sowohl schütteln wie ergreifen kann), vollzieht sich die Koordination der Verhaltensschemata kraft einer so primitiven, reziproken Assimilation. In diesen Fällen liegt beinahe eine Verschmelzung der betreffenden Verhaltensschemata vor wie bei der Koordination der primären Verhaltensschemata, mit dem Unterschied allerdings, daß die doppelte Assimilation nicht im selben Augenblick, sondern in zwei getrennten, zeitlich hintereinandergeschalteten Phasen erfolgt. In der Mehrzahl der Fälle dagegen machen Hindernisse oder notwendige Zwischenhandlungen die Koordination der Verhaltensschemata weniger einfach. Aber auch in diesen Fällen erfolgt die Koordination nur kraft einer reziproken Assimilation. Sie wird jedoch durch eine doppelte Komplikation gekennzeichnet. Erstens umgreifen die Schemata künftig mehrere Gegenstände auf einmal, und es gilt, ihre gegenseitigen Beziehungen herzustellen. Zweitens kann die Assimilation dieser Verhaltensschemata nicht mehr durch einfache Verschmelzung erfolgen, sondern führt bereits zur Ausbildung mehrerer Operationen, der Inklusions- oder hierarchischen Implikationsoperation, der Interferenzoperation und sogar der Negationsoperation. Diese Assimilation hat also vielfache Dissoziationen und Neugruppierungen zur Folge.

In diesem Zusammenhang müssen wir daran erinnern, daß die bis jetzt untersuchten sekundären Verhaltensschemata (drittes Stadium) gleichzeitig immer nur einen Gegenstand umfaßten (Klapper, die man schütteln kann, usw.), mochte es sich in einigen Fällen auch um einen komplexen Gegenstand handeln (Schnur und Dach zusammen usw.). Überdies bezog sich die gegenseitige Assimilation zweier primärer Verhaltensschemata auf ein und denselben Gegenstand (eine Person, die gleichzeitig gesehen und gehört werden kann, usw.). In Zukunft dagegen umfaßt die Koordination von Verhaltensschemata zwei oder mehr Gegenstände, die verschieden sind, aber zusammen vorliegen (Zielgegenstand und Hindernis oder Zielgegenstand und Zwischenglied usw.), so daß die gegenseitige Assimilation der Verhaltensschemata über eine einfache Verschmelzung hinausgeht und zur Konstruktion einer Reihe von komplexeren Beziehungen führt. Kurz gesagt, der Allgemeinheitsgrad der Verhaltensschemata steigt in dem Maße an, wie die Relationen (räumliche, kausale) der Gegenstände unter sich zahlreicher werden, da ja die Erarbeitung der »Arten« oder »Klassen« und der quantitativen Relationen oder Bezüge immer Hand in Hand geht.

Ein Übergangsbeispiel wird uns die Sache verdeutlichen. Es handelt sich um die Beobachtung 121 b: »auf die Puppe einschlagen, um den Papagei in Bewegung zu versetzen«. Bei diesem Beispiel benützt das Kind ein Zwischenglied (die Puppe), um auf den Zielgegenstand (den Papagei) einzuwirken. Dieses Zwischenglied ist aber nur eine Art Ersatz des Gegenstandes. Da Jacqueline ihren Papagei packen möchte, um ihn zu schütteln oder zu schlagen, und da ihr das nicht gelingt, sucht sie zuerst nach einem Verfahren, mittels dessen sie sich den Papagei näher bringen könnte. In dieser Absicht zieht sie an der Schnur. Bis jetzt gelangen wir noch nicht über die Beobachtungen 120 und 121 hinaus. Nun erinnert sie sich aber, daß am anderen Ende der Schnur eine Puppe existiert. Ihr wendet sie sich zu und bringt an ihr genau das Verhaltensschema zur Anwendung, das sie eigentlich am Papagei abrollen lassen wollte. Sie hätte nun aber den Papagei vergessen und sich nur noch mit der Puppe allein beschäftigen können. So hätte sie sich im Stadium der reinen sekundären Zirkulärreaktionen verhalten. Das Verlangen, den Papagei zu schütteln oder zu schlagen, wird aber beibehalten, und Jacqueline bedient sich der Puppe nur als eines »Mittels« zum »Zweck«. Zwei Gegenstände werden also durch Assimilation der ihnen entsprechenden Verhaltensschemata miteinander in Beziehung gesetzt. Diese Koordination bleibt allerdings sehr primitiv, da ja das Zwischenglied ganz einfach an den Zielgegenstand assimiliert wurde. Nichtsdestoweniger handelt es sich aber um eine wirkliche Koordination, da die beiden Gegenstände voneinander verschieden sind und dennoch unter dasselbe Verhaltensschema subsumiert werden, so daß sie nun miteinander in Beziehung stehen. Damit diese Koordination schließlich effektiv werde, genügt es, daß diese Beziehung räumlichen und objektiven Charakter erhält.

Dieser entscheidende Fortschritt vollzieht sich in den Beobachtungen 127 bis 130. Wie gelangen Jacqueline und Laurent beispielsweise dazu, sich einer fremden Hand zu bedienen, um auf das anvisierte Objekt einwirken zu können? Einerseits ist das Kind fähig, auf den Zielgegenstand einzuwirken (die verschiedenen Verhaltensschemata, wie zum Beispiel »den Stoff hin und her schwenken« usw.). Andererseits versteht es ebenfalls, durch Nachahmung die Hand eines anderen zu beeinflussen (siehe ›Der Aufbau der Wirklichkeit beim Kinde‹, Kapitel III, 2.). Aus Analogie mit seinen eigenen Händen kennt es auch deren Vermögen. Um diese Hand als »Mittel« einzusetzen, wenn das Zielobjekt unerreichbar ist, braucht es nur die entsprechenden

Verhaltensschemata aneinander zu assimilieren. Dadurch bringt es Zielgegenstand und Zwischenglied in physische Beziehung zueinander. Eine solche gegenseitige Assimilation fällt aber nicht besonders schwer: Die Hand eines anderen ist wie der Zielgegenstand selbst Anlaß zu vielfältigen Tätigkeiten. Diese Tätigkeiten kann man andauern lassen oder neu beginnen, ganz analog zu den Bewegungen der eigenen Hände. Wenn es dem Kind daher nicht gelingt, den Zielgegenstand auf Distanz in Bewegung zu versetzen, versucht es nun, die Verhaltensschemata, die es am Zielgegenstand anwenden wollte, auf diese Hand zu übertragen (einerseits sah das Kind diese Hand ja eben in Berührung mit dem Zielgegenstand oder hat sie früher in dieser Stellung gesehen; andererseits befindet sich diese Hand zwischen ihm und dem Zielgegenstand). Das Kind verhält sich also gegenüber Hand und Zielgegenstand wie in der Beobachtung 121 b gegen Puppe und Papagei. Nur geschieht hier die gegenseitige Assimilation nicht durch eine einfache Verschmelzung wie dort, wo die beiden verschiedenen Verhaltensschemata sich auf denselben Gegenstand beziehen (Bb. 120 und 121), oder auch wie in dem Falle, wo die beiden miteinander verbundenen Gegenstände beinahe vollständig aneinander assimilierbar waren (Bb. 121 b). Die Beziehung zwischen der Tätigkeit der fremden Hand und der Bewegung des anvisierten Gegenstandes (Flattern des Stoffes usw.) ist tatsächlich nur etwas weniger eng. Daher bleiben die beiden Gegenstände, die in ein und demselben umfassenden Verhaltensschema zusammengefaßt werden (die fremde Hand und der Zielgegenstand), deutlich verschieden, und ihre gegenseitige Assimilation vollzieht sich nicht mehr durch Verschmelzung, sondern durch Einschluß des einen Schemas in das andere.

Aufgrund der Tatsache, daß das Verbindungsschema (die fremde Hand) und das Zielschema ohne zu verschmelzen aneinander assimiliert werden, umfaßt das Gesamtschema, das aus dieser Vereinigung resultiert, zwei verschiedene Gegenstände, die miteinander in Beziehung zu bringen sind. Hier wird der eigentliche Fortschritt der Verhaltensweisen dieses Stadiums offenbar. Die in gewisser Beziehung rein formale Koordinierung der Verhaltensschemata dank des reziproken Assimilationsprozesses wird von einer physischen Konnexion dieser Gegenstände miteinander begleitet. Mit anderen Worten, es bilden sich zwischen ihnen räumliche, zeitliche und kausale Beziehungen. Man könnte sagen: Die Tatsache, daß die fremde Hand und der Zielgegenstand in mentaler Weise miteinander vereinigt werden, ohne zu verschmelzen, führt zur Bildung einer eigentlichen Ganzheit, in der das Verbindungsglied und der Zielgegenstand einander angenähert werden. Daher begnügt sich das Kind nicht damit, auf die Hand des anderen einzuschlagen und sie zu schütteln usw. Dieses Schema differenziert sich vielmehr durch Akkommodation in eine Bewegung des

Vorantreibens, durch die das Verbindungsglied dem Zielgegenstand selbst angenähert werden soll.

Diese letztere Bemerkung bringt die komplexeste der gegenwärtigen Verhaltensweisen in die Diskussion, die Fähigkeit, Hindernisse beiseite zu schieben. Um zu diesem Ziel zu gelangen, differenziert das Kind aus den Verhaltensschemata des Schlagens usw. Bewegungen des Zurückstoßens heraus. Man erinnere sich an die Entstehung dieser Fähigkeit bei Laurent: Nachdem er lange Zeit versucht hatte, über meine Hand oder ein Kissen hinwegzugelangen, die ihn daran hinderten, ein erstrebtes Objekt zu ergreifen, gelangt das Kind schließlich dazu, diese Hindernisse zurückzustoßen. Anfänglich schlägt es einfach auf sie ein, dann aber beginnt es nach und nach tatsächlich, sie beiseite zu schieben. Diese Errungenschaft ist selbstverständlich nicht so einfach durch Koordination erklärbar wie die früheren. Das dem Hindernis zugehörige Verhaltensschema läßt sich nicht ohne weiteres an das den Zielgegenstand betreffende Schema assimilieren, da ja das Hindernis nicht mit dem Zielgegenstand vereinigt, sondern im Gegenteil von ihm getrennt und entfernt werden muß. Versteckt sich aber hinter diesem kontradiktorischen Richtungsgegensatz nicht eine reelle Identität, indem etwa die Tendenz, das Hindernis beiseite zu schieben, das Negativ der Handlung darstellen würde, deren Positiv in der Verwendung der Zwischenglieder bestünde? Es ist sehr leicht, das zu zeigen. Die Fähigkeit, Verhaltensschemata zu koordinieren, impliziert tatsächlich die Fähigkeit, sie auseinander zu halten oder sie als unvereinbar miteinander zu empfinden. Die Affirmation setzt die Fähigkeit zu verneinen voraus. Die Negation wird sogar oft vor der Affirmation angewandt, indem diese manchmal nur implizit erfolgt, bevor sie ausdrücklich und bewußt gesetzt wird. Auch die ersten intentionalen Koordinationen können sehr wohl negativen Charakter haben. Dessen ungeachtet setzen sie eine gegenseitige Assimilation voraus. Wenn das Kind versucht, einen Gegenstand zu ergreifen, und dabei von einem dazwischengeschobenen Hindernis aufgehalten wird, erhält dieses Hindernis tatsächlich die Bedeutung eines »wegzuschiebenden Gegenstandes«, aber nur bezüglich des Zielgegenstandes, den das Subjekt seinetwegen nicht erreichen kann. Deshalb wird er in negativer Beziehung an das den Zielgegenstand betreffende Verhaltensschema assimiliert. So wie die Negation ihre Existenz nur einer ihr vorangehenden Affirmation verdankt,[1] genauso setzt eine ausschließende Handlung notwendigerweise einen Assimilationsakt voraus. Da sich das Hindernis auf dem Weg zum Zielgegenstand befindet, wird es an

[1] »Ein affirmativer Satz drückt ein Urteil über einen Gegenstand aus, ein negativer Satz ein Urteil über ein Urteil«, sagt H. Bergson in ›Evolution créatrice‹, S. 312, im Anschluß an Kant, Lotze und Sigwart.

das Verhaltensschema des Zielgegenstandes assimiliert (sonst wäre es ja kein Hindernis). Der Assimilationsbezug aber ist in diesem Fall negativ; so bringt man im Urteil »dieser Stein ist nicht schwer« die Eigenschaft »schwer« mit der Substanz »Stein« in der Weise in Beziehung, daß man sie von ihr ausschließt. Das Hindernis wird also als ein Ding aufgefaßt, das den Platz des Zielgegenstandes einnimmt (darin besteht seine Assimilation an den Zielgegenstand). Man muß sich daher von ihm befreien, man muß es wegschaffen, wenn man das Ziel erreichen will. Das Kind beginnt damit, sich selbst vom Hindernis abzuwenden (es fährt an ihm vorbei oder darüber hinweg), was die einfachste Form der Negation darstellt. Diesem Versuch bleibt aber der Erfolg versagt, die Schwierigkeit ruft nach einem besonderen Verhalten. Jetzt erst versucht es, die das Hindernis betreffenden Verhaltensschemata mit dem auf den Zielgegenstand sich beziehenden Schema zu koordinieren. Diese Koordination ist aber negativer Art. Das Hindernis muß an ein Verhaltensschema assimiliert werden, das seinem Objektcharakter entspricht und gleichzeitig in negativer Beziehung zum Endziel der Handlung, dem auf den Zielgegenstand bezüglichen Verhaltensschema steht. Im oben zitierten Beispiel wählte Laurent als Verbindungsschema das des Schlagens. Dieses Schema paßt auf beide Hindernisgegenstände, die Hand sowohl wie das Kissen, und gleichzeitig impliziert es ein Element des Zurückstoßens oder der Negation, das ja zur Erreichung des Zielgegenstandes vonnöten ist. Diese doppelte Assimilation bringt das Hindernis in räumliche Beziehung zum Zielgegenstand. Diese Beziehung ist allerdings auch negativer Art, denn der behindernde Gegenstand muß nicht angenähert, sondern entfernt werden. Wenn das Hindernis den Zielgegenstand vollständig verdeckt, behält dieser doppelte Assimilationsprozeß denselben Charakter, zieht aber eine weitere Schwierigkeit nach sich. In diesem Fall muß nämlich das Handlungsschema, das sich auf das Hindernis bezieht, mit einer Handlungsabfolge koordiniert werden, die auf die Erreichung eines nicht mehr direkt wahrnehmbaren Gegenstandes zielt.

3. Die Assimilation, die Akkommodation und die Organisation, die den beweglichen Verhaltensschemata eigentümlich sind

Aus den vorangehenden Überlegungen schließen wir, daß die Koordination von Mittel und Ziel immer eine gegenseitige Assimilation der betreffenden Handlungsschemata impliziert. Gleichzeitig folgt daraus, daß die unter diese Verhaltensschemata subsumierten Gegenstände immer korrelativ zueinander in Beziehung gesetzt werden. In den einfachsten Fällen kommt diese doppelte Assimilation beinahe einer

Verschmelzung gleich. Sie erinnert dann an die Assimilation, die die Koordination der primären Handlungsschemata erklärt. In anderen Fällen behält sie einen reziproken Charakter und kann so zur Ausbildung symmetrischer Serien führen. Wenn ein Kind beispielsweise mit einem Fingerhut, den es zuerst an einem anderen Körper gerieben hat, auf seinen Schuh einschlägt, läßt es am Schuh das Handlungsschema des Schlagens abrollen, weil es sich umgekehrt kurz vorher seiner Füße bedient hat, um damit Gegenstände zu stoßen usw. In der Mehrzahl der Fälle jedoch führt die Reziprozität zu den komplexen Beziehungen der Inklusion, der Interferenz, der Negation usw.

Zum besseren Verständnis dieser Vielfalt müssen wir auf eine dreifache Analogie rekurrieren, die wir schon einmal angeführt haben und die in unseren weiteren Analysen eine große Bedeutung erlangen wird. Es handelt sich dabei erstens um die funktionelle Analogie der Handlungsschemata dieses Stadiums (und der folgenden Stadien) mit den rationalen Begriffen, zweitens um die Ähnlichkeit der Handlungsassimilationen mit den Urteilen und drittens um die Analogie zwischen den betreffenden Koordinationen und den logischen Operationen oder Schlußfolgerungen.

Tatsächlich charakterisieren, vom Standpunkt der *Assimilation* aus, zwei komplementäre Aspekte die Verhaltensschemata, von denen wir eben gesprochen haben, wenn man sie mit den sekundären Handlungsschemata des dritten Stadiums vergleicht, von denen sie abstammen. Diese Handlungsschemata sind beweglicher und allgemeiner. Das sekundäre Reaktionsschema nimmt zwar in vielen Teilen die Eigenschaften der »beweglichen« Handlungsschemata des gegenwärtigen Stadiums voraus, aber in einer in gewisser Weise kondensierteren Form (weil weniger differenziert), die auch wesentlich rigider ist. Das sekundäre Handlungsschema ist eine durchorganisierte Gesamtheit von untereinander koordinierten Bewegungen. Es wird immer dann betätigt, wenn das Kind den Gegenstand, an dem sich dieses Handlungsschema gebildet hat, oder ähnliche Gegenstände wahrnimmt. Das Verhaltensschema »an einer Schnur ziehen, um eine aufgehängte Spielklapper zu schütteln« setzt beispielsweise eine sehr komplexe Koordination von Bewegungen und Wahrnehmungen voraus, die sich auf mindestens zwei Gegenstände beziehen (die Schnur und die Spielklapper). Darin kündet es bereits die Verhaltensschemata des vierten Stadiums an, die die Gegenstände selbst miteinander in Beziehung setzen, wie wir eben konstatiert haben. Das Handlungsschema »an der Schnur ziehen« wird, wie wir gesehen haben, nacheinander auf eine ganze Reihe am Dach aufgehängter Gegenstände angewandt (und nicht nur auf die ursprüngliche Spielklapper). Es findet sogar auf Gegenstände Anwendung, die nur von weitem dargeboten werden und mit dem Dach gar nicht in Berührung stehen. Auch in dieser

Hinsicht kündet es gleichfalls die »beweglichen«, zu unbeschränkten Generalisationen fähigen Verhaltensschemata an. Schaut man aber genauer hin, wird man bemerken, daß ganz wesentliche Unterschiede dieses einfache sekundäre Reaktionsschema (des dritten Stadiums) vom selben Handlungsschema unterscheiden, das im Verlauf des gegenwärtigen Stadiums »beweglich« geworden ist. In erster Linie gilt das für die Beziehungen zwischen den Gegenständen. Während diese Beziehungen beim Verhaltensschema des dritten Stadiums unverändert und ohne eine intentionale Weiterverarbeitung wiedergegeben werden, sind die Bezüge, die bei der Koordination der »beweglichen« Handlungsschemata entstehen, im eigentlichen Sinn vom Subjekt erarbeitet. Aufgrund der Tatsache, daß die sekundäre Zirkulärreaktion einfach ein durch Zufall entdecktes Ergebnis neu erzeugt, bildet das aus dieser Tätigkeit hervorgehende Handlungsschema eine globale und undifferenzierte Ganzheit. Es findet daher nur als Ganzes (en bloc) Anwendung, und wenn es bestimmte Beziehungen zwischen verschiedenen Gegenständen einschließt, bleiben diese Beziehungen rein phänomenalistisch und können nicht aus ihrem Kontext herausgelöst werden, um zur Bildung neuer Konstruktionen zu dienen. Bei ihnen treten also keine Koordinationen zwischen verschiedenen Handlungsschemata auf, und die Koordinationen innerhalb der einzelnen Handlungsschemata bleiben unveränderlich und starr. In dieser Hinsicht vollzieht sich im vierten Stadium ein großer Fortschritt: Die Verhaltensschemata werden »beweglich«. Sie koordinieren sich untereinander und können sich folglich auch wieder trennen, um sich auf neue Weise zu gruppieren. Jeder einzelne in ihnen enthaltene Bezug kann aus der entsprechenden Gesamtheit herausgezogen und in neue veränderte Kombinationen eingebaut werden. Diese verschiedenen Errungenschaften treten gleichzeitig auf. Indem die sekundären Verhaltensschemata »beweglich«, das heißt zu neuen Koordinationen und Synthesen fähig werden, verlieren sie ihren ursprünglichen Inhalt und passen auf eine immer größere Anzahl von Gegenständen. Aus partikulären Handlungsschemata mit ganz spezifischem Inhalt entstehen so generelle Verhaltensschemata mit den verschiedensten Inhalten.

In diesem Sinne führen die Koordinationen der sekundären Verhaltensschemata und folglich ihre Aufspaltung und Neugruppierung zur Bildung eines Systems von »beweglichen« Handlungsschemata, die in ihrer Funktionsweise den verbalen oder rationalen Begriffen und Urteilen sehr vergleichbar sind. Die Zuordnung von Mitteln zu bestimmten Zielen durch die praktische Intelligenz kommt der Unterordnung der Prämissen unter die Konklusionen durch die logische Intelligenz gleich. Die gegenseitige Implikation der Verhaltensschemata in der praktischen Intelligenz ist analog der Implikation der

Begriffe, auf die sich die rationale Intelligenz stützt. Zum vollen Verständnis dieses Vergleichs müssen wir die Logik der Klassen und die Logik der Relationen getrennt betrachten, denn diese beiden komplementären Operationssysteme sind die konstitutiven Elemente eines jeden Intelligenzaktes.

Wir haben in unseren Ausführungen schon mehrmals darauf hingewiesen, daß die spezifische Koordination der Handlungsschemata des gegenwärtigen Stadiums immer die Gegenstände selbst, die unter diese Handlungsschemata subsumiert werden, zueinander in Beziehung setzt. Mit anderen Worten, unter diesem Gesichtspunkt sind die wesentlichen Bezüge eines bestimmten Gegenstandes nicht nur Beziehungen der Zugehörigkeit, die seine Einordnung in ein oder mehrere Handlungsschemata gestatten. Alle Relationen, die ihn vom räumlichen, zeitlichen, kausalen usw. Gesichtspunkt definieren, gehören dazu. Wenn ein Kind zum Beispiel ein Kissen wegschieben will, das es am Ergreifen eines Gegenstandes hindert, darf es das Kissen nicht nur als ein Beispiel für das Handlungsschema »Schlagen« klassifizieren und dann in einem Inklusionsprozeß assimilieren. Mehr noch muß es begreifen, daß das Hindernis »vor« dem Zielgegenstand liegt, daß es dieses Hindernis beseitigen muß, »bevor« es versuchen kann, den Gegenstand zu fassen usw. Kurz gesagt, die Koordination von Verhaltensschemata setzt die Existenz eines Systems von Relationen zwischen den Gegenständen und zwischen den Handlungsschemata voraus. Diese Relationen sind anderer Art als die einfachen Zugehörigkeitsbezüge. Ja, die Konstitution der Verhaltensschemata setzt selber die Existenz dieser Relationen voraus. Ein sekundäres Handlungsschema ist also nicht nur eine Art primitiver »Begriff«. Es besteht viel eher aus einem ganzen Bündel von »Relationen« in dem Sinn, in dem wir eben davon gesprochen haben. Aber erst von dem Zeitpunkt an, wo die Verhaltensschemata »beweglich« werden, beginnen sich die »Relationen« deutlich von den »Klassen« abzuheben. Wir werden in ›Der Aufbau der Wirklichkeit beim Kinde‹ zeigen, daß die konstitutiven Bezüge der Gegenständlichkeit und des Raumes, der Ursächlichkeit und der Zeit sich erst vom vierten Stadium an als solche aus den einfachen, praktischen und subjektiven Beziehungen, die jedem Handlungsschema inhärent sind, herausdifferenzieren. – Die Unterscheidung der Handlungsschemata und der sie konstituierenden Relation erinnert genau an die Unterscheidung zwischen »Klassen« oder »Begriffen« mit den entsprechenden Zugehörigkeitsbezügen und den »Relationen« einerseits und mit ihren ursprünglichen Operationen der Umkehrung und der Modifikation andererseits, die durch die moderne Logistik aufgedeckt wurde. Ein Vergleich der Vorgehensweisen der sensomotorischen Intelligenz mit den Prozessen der rationalen Intelligenz muß eine solche Unterscheidung und Einteilung respektieren.

Betrachten wir zuerst die Klassen oder Arten. Es sticht in die Augen, daß das »bewegliche Verhaltensschema« trotz aller Strukturunterschiede den logischen Entitäten in bezug auf die Funktionsweise analog ist. Wie diese »benennt« das mobile Handlungsschema immer ein oder mehrere Objekte aufgrund ihrer »Zugehörigkeit« zu diesem Schema. Wie diese logischen Gebilde implizieren sich die beweglichen Handlungsschemata gegenseitig. Diese zahlreichen Verbindungen umfassen die reine »Identifikation«, die Einschachtelung oder »Inklusion« und die Überschneidung oder »Interferenz«. Aufgrund einer Assimilationsoperation, die das Äquivalent des Urteils darstellt, kann ein bewegliches Handlungsschema sowohl aktiv tätig sein als auch rein passiv angewandt werden wie ein Begriff. Je mehr sich überdies die aufeinanderfolgenden Assimilationen gegenseitig bedingen (wie zum Beispiel in der Zuordnung von Mitteln zu bestimmten Zielen), desto mehr sind solche Kombinationen den elementaren Schlußfolgerungen gleichwertig. – Funktionale Analogien dieser Art implizieren natürlich in keiner Weise eine strukturelle Identität zwischen den Handlungsschemata der praktischen Intelligenz und den Einheiten des rationalen Denkens. Vom Gesichtspunkt der Struktur sind zwei wesentliche Unterschiede zwischen dem Anfangs- und dem Endpunkt der kindlichen Intelligenzentwicklung zu beobachten. Erstens sind die sensomotorischen Handlungsschemata nicht »reflektiert«, sondern werden in die Dinge selbst hineingelegt. Das Kind ist sich der Operation seiner Intelligenz nicht bewußt und betrachtet die Ergebnisse seines eigenen Tuns als direkt von den Dingen aufgezwungen. Zweitens – dieser Punkt ist die Konsequenz des ersten – werden die Implikationen zwischen den Handlungsschemata noch nicht durch ein System von inneren Normen und Gesetzen regiert. Die einzige Kontrolle, deren das Kind dieses Alters fähig ist, stammt aus dem Bereich des *Erfolgs* und nicht der *Wahrheit*.

Wenn wir uns nun den »Relationen« zuwenden, die in der Koordination der beweglichen Handlungsschemata impliziert sind, finden wir dieselbe Situation. Auch sie lassen sich mit den Reaktionen der rationalen Intelligenz vergleichen. In erster Linie liegt auch bei ihnen eine funktionelle Analogie vor: Diese Relationen können sich ebenfalls zusammenschließen, multiplizieren usw. Es besteht aber auch derselbe strukturelle Unterschied, den wir vor allem in ›Der Aufbau der Wirklichkeit beim Kinde‹ bei der Analyse der Entwicklung des permanenten Gegenstandes, der räumlichen »Gruppen« und der kausalen und zeitlichen Reihen feststellen und untersuchen werden. Die ersten differenzierten Relationen, deren sich die sensomotorische Intelligenz bedient, sind noch in keiner Weise »objektiv«, sondern bleiben auf das eigene Ich zentriert und werden vollständig vom eigenen Standpunkt her bestimmt.

Trotz dieser Unterschiede in der Struktur implizieren die »Relationen« des vierten Stadiums deutlicher als diejenigen des dritten Stadiums ein quantitatives Element, wie es jedem System von Bezügen innewohnt. Bei kausalen Relationen nimmt das Kind eine Entsprechung zwischen der Stärke der Ursache und derjenigen des Effektes wahr (man könnte hier viele Beobachtungen anführen, die analog sind zur Bb. 106). Bei räumlichen, kinematischen oder zeitlichen Relationen ist das Kind gezwungen, um die Gegenstände untereinander in Beziehung bringen zu können, sie voneinander zu unterscheiden, dann erst kann es sie aneinanderreihen. Dieser doppelte Schritt der Trennung einerseits und der Reihenbildung andererseits leitet bereits die ersten Urformen des Zahlbegriffs ein.

Ein Gegenbeweis ist sehr leicht zu erbringen:

Bb. 131: Mit 0; 9 (4) ahmt Laurent die Laute nach, die er auf spontane Weise hervorzubringen vermag. Ich spreche ihm »Papa« vor, er antwortet mit »Papa« oder »baba«. Wenn ich »Papapapa« sage, antwortet er »Apapa« oder »Bababa«. Sage ich schließlich »Papapapapapapa«, dann antwortet er manchmal »Papapa« usw. Es liegt also eine globale Abschätzung der Anzahl der Silben vor. Die Menge, die zwei Silben entspricht, wird in jedem Fall von den drei, vier oder fünf Silben, die als »viel« empfunden werden, unterschieden. Mit 0; 10 (14) wiederholt Laurent »Pa«, wenn ich sage »Pa«, er sagt »Papa« für »Papa« und »Papapa« für eine Anzahl von vier oder mehr als vier »Pa«.

Das sind also die Eigenschaften der »beweglichen Handlungsschemata« vom Standpunkt der Assimilation. Es zeigt sich dabei, daß die drei Aspekte der Assimilation – Wiederholung, Wiedererkennen, Generalisierung –, auf die wir bei der Besprechung der primären und sekundären Handlungsschemata insistiert haben, einem Punkt zustreben, an dem sie sich immer mehr gegenseitig bedingen oder sich immer enger und enger miteinander kombinieren. Das geschieht um so mehr, je beweglicher und komplexer die Handlungsschemata werden. Daher kommen wir hier nicht mehr auf diese Unterscheidung zurück, werden sie aber im Verlauf der folgenden Paragraphen noch einmal aufgreifen, wenn wir gewisse, besondere Aspekte des Wiedererkennens und des Generalisierens, die diesen Handlungsschemata eigentümlich sind, analysieren werden.

Dagegen ist es an der Zeit, auf den für dieses Stadium charakteristischen Akkommodationsprozeß einzugehen. Denn dieser Akkommodationsmechanismus wird uns in erster Linie gestatten, die »Anwendung bekannter Mittel auf neue Situationen« von den Verhaltensweisen des fünften Stadiums zu unterscheiden und insbesondere von der »Entdeckung neuer Mittel durch aktives Experimentieren« abzuheben.

Im vorangehenden Stadium bestand die *Akkommodation* einfach im

Bemühen, die Bedingungen neu zu realisieren, die beim Vollzug einer bestimmten Handlung zur Entdeckung eines interessanten Resultates geführt hatten. Diese Art von Akkommodation wird ebenso wie die Akkommodation der ersten beiden Stadien gleichsam von der Assimilation beherrscht. Das Kind akkommodiert seine Handlungsschemata nur in dem Maße an den Gegenstand, wie es bemüht ist, seine Handlungen zu reproduzieren. Dabei interessiert der Gegenstand als solcher das Kind noch in keiner Weise. Im Verlauf des nächsten Stadiums dagegen wird das Kind versuchen, neue Eigenschaften an den Gegenständen zu entdecken. Das geschieht in einer primitiven Art von Ausprobieren. Bei diesen Versuchen erarbeitet sich das Kind manchmal sogar neue Mittel, um Ziele zu erreichen, die aufgrund einer einfachen Koordination schon bestehender Verhaltensschemata nicht erreicht werden können. Dieser Neuerwerb ruft aber, wie wir sehen werden, nach einem Akkommodationsmodus, der nun wieder auf die Assimilation rückwirkt und sie in Funktion der Gegenstandseigenschaften lenkt und bestimmt.

Die dem vierten Stadium eigene Akkommodation – mag sie sich in den »Erforschungen« manifestieren, die wir sogleich beschreiben werden (unter 5.), oder mag sie bei der »Anwendung bekannter Verhaltensschemata auf neue Umstände« auftreten – befindet sich genau in der Mitte zwischen diesen beiden Arten. Einerseits macht die Akkommodation an die Gegenstände im Verein und in Abhängigkeit von der Koordination der Handlungsschemata durch gegenseitige Assimilation Fortschritte. In dieser Hinsicht stellt die dem vierten Stadium eigene Akkommodation eine einfache Verlängerung der Akkommodation der vorangegangenen Stadien dar. Andererseits führt diese Akkommodation, obwohl sie dem Spiel der Assimilation untergeordnet bleibt, dennoch zur Entdeckung von neuen Bezügen zwischen den Gegenständen und leitet damit bereits die Akkommodation des fünften Stadiums ein.

Zum ersten Punkt ist also zu sagen, daß die Akkommodation während dieses Stadiums sich nur in Funktion der Koordination von Verhaltensschemata vervollkommnet. Das wird an Verhaltensweisen wie »ein Hindernis zurückstoßen«, »die Hand eines anderen Menschen dem angestrebten Gegenstand näher führen« usw. deutlich. In solchen Fällen versucht das Kind nicht etwa, ein neues Ziel zu erreichen (neu in bezug auf den angestrebten Gegenstand) noch ein neues Vorgehen zu entdecken. Es begnügt sich damit, zwei Verhaltensschemata miteinander zu koordinieren. Dabei wird dieser Versuch vom Zielschema gelenkt. Zur Verwirklichung dieser Koordination sieht es sich gezwungen, das Mittelschema der Situation anzupassen (zum Beispiel den Gegenstand beiseite zu stoßen, statt bloß auf ihn einzuschlagen usw.). Im Verlauf dieses Akkommodationsprozesses entdeckt es eine neue Beziehung (»wegstoßen, um zu« usw.), und damit kommen wir zum zweiten Punkt. Die Entdeckung neuer Beziehungen kennzeichnet den größten Fortschritt der Akkommodation in diesem Stadium. Hier setzt im fünften Stadium die Weiterentwicklung ein.

Die Akkommodation ist also in diesem Stadium feiner als bei den Verhaltensschemata, die wir bis jetzt untersucht haben. Denn das bewegliche Verhaltensschema verbindet die Außendinge selbst miteinander und verknüpft die Dinge nicht mehr bloß mit der eigenen Tätigkeit. Folgt daraus, daß eine so beschaffene Akkommodation bereits die Vorstellung impliziert? Wenn man unter Vorstellung die Fähigkeit versteht, den Dingen Bedeutung zu verleihen, noch bevor die Handlung einsetzt, die durch die Bedeutung gemeint ist, dann liegt selbstverständlich Vorstellung vor. Einen Schuh, der unter einem Schal verdeckt ist, zu suchen, um mit einem Holzstück auf ihn einzuschlagen (Bb. 129), ist das typische Beispiel für ein solches Verhalten. Die Fähigkeit zu solchem Tun, die natürlicherweise in Funktion des intentionalen Charakters der Handlungen zunimmt, wird aber schon früher beobachtet und reicht bis in die Anfänge des geistigen Lebens zurück. Versteht man dagegen unter Vorstellung die Fähigkeit, durch ein Zeichen oder ein symbolisches Bild im Geiste den abwesenden Gegenstand oder die noch nicht vollzogene Handlung zu repräsentieren, dann müssen wir die Frage für diese Ebene strikt verneinen. Nichts gestattet uns, eine solche Vorstellung anzunehmen. Das Kind, das seinen Schuh sucht, muß sich ihn nicht vorstellen, es braucht sich auch das Geräusch der Berührung des Holzes mit dem Leder innerlich nicht vorzuführen. Dieses Verhalten erklärt sich vollkommen ausreichend durch das sensomotorische Handlungsschema, das die Aufmerksamkeit des Kindes auf den Fuß hinlenkt. Dieses Schema wird aktualisiert, sobald die Berührung des Holzes mit irgendeinem anderen Gegenstand an die Berührung mit dem Fuß assimiliert wird.

Zum Abschluß stellt sich uns noch die Aufgabe, die innere *Organisation* der beweglichen Handlungsschemata zu präzisieren. Diese innere Organisation oder interne Anpassung charakterisiert, wie wir das schon oft betont haben, sowohl den inneren Aufbau eines jeden Handlungsschemas für sich genommen als auch die Beziehungen der Handlungsschemata untereinander. Das vorliegende Stadium bringt nun im Vergleich mit den vorangehenden eine große Errungenschaft. Die Verhaltensschemata organisieren sich untereinander zum ersten Mal in expliziter Weise. Damit offenbart sich auch die innere Organisation dieser Schemata und erweist sich als ganzheitliches Gebilde.

Wie schon früher, so dürfte es auch jetzt angebracht sein, die in Bildung begriffenen Ganzheiten von den schon vollendeten Ganzheiten zu unterscheiden. Zu den im Aufbau begriffenen Ganzheiten möchten wir sagen, daß die Ausführungen (siehe 2.) über den Prozeß der Zuordnung von Mitteln zu bestimmten Zielen zur Genüge die Existenz von Kategorien beweisen, auf die wir bis jetzt nur angespielt haben, die aber künftig eine genaue Bedeutung erhalten werden. Wir sprechen von der »Wert«-Kategorie und der Kategorie der »idealen« Gesamtheit.

Solange die Handlungsschemata untereinander noch nicht koordiniert sind, sondern jedes für sich funktioniert, lassen sich die Werturteile des Kindes, wenn man so sprechen darf, nicht von seinen Realitätsurteilen unterscheiden. Genauer gesagt, sie fallen mit der Betätigung des Handlungsschemas zusammen. Betrachten wir beispielsweise das Verhalten eines Kindes, das vor Spielklappern gestellt wird: Entweder schüttelt es sie, und dann ist ihr Wert identisch mit ihrer Eigenschaft, geschüttelt zu werden, oder das Kind zeigt kein Interesse für sie, und ihr momentaner Mangel an Wert äußert sich in der Untätigkeit des Subjektes. Dagegen wird die fremde Hand in den Verhaltensweisen des gegenwärtigen Stadiums nicht mehr bloß durch einen einzigen Wert charakterisiert oder durch das Paar »Wert und Unwert«. Diese Hand kann vielmehr als ein Hindernis oder als ein nützliches Verbindungsglied oder auch als ein Ziel in sich angesehen werden, je nachdem, ob sie mit einem Zielgegenstand in Beziehung gebracht wird, den zu erreichen sie verhindert, oder mit einem Gegenstand, auf den sie anstelle des Kindes einwirken kann, oder ob sie schließlich um ihrer selbst willen anvisiert wird. In dieser Weise wird die Hand mit einer ganzen Reihe von verschiedenen Werten behaftet, je nach der Mittel-Funktion, die sie im Hinblick auf verschiedene Ziele spielt. Je weiter weg diese Ziele liegen, desto komplexere Koordinationen von notwendigen Mitteln setzen sie voraus, um sie zu erreichen, und um so »idealer« werden diese Ganzheiten sein. Die Kategorien »Wert« und »Ideal« werden also während dieses Stadiums deutlich herausdifferenziert. Bei den untereinander nicht koordinierten Handlungsschemata war das noch nicht der Fall, weil dort Mittel und Ziele in ein und demselben Handlungsschema zusammengefaßt wurden.

Wenn man dagegen die Organisationsgebilde nach ihrer Vollendung betrachtet, findet man sie von den komplementären Weisen der »Ganzheit« und der »Relation« gekennzeichnet. Auch sie treten von jetzt an mit größerer Deutlichkeit zutage.

Wir haben schon früher betont, daß jedes Assimilationsschema eine wirkliche Ganzheit bildet, das heißt eine Gesamtheit von sensomotorischen Elementen, die sich gegenseitig bedingen und von denen die einen nicht ohne die anderen funktionieren können. Nur dank dieser Tatsache ist mentale Assimilation überhaupt möglich und kann irgendein Gegenstand in ein solches Schema eingeordnet werden oder als Nahrung des gegebenen Schemas dienen. Umgekehrt sahen wir, daß die Existenz dieser »ganzheitlichen« Struktur von der Tatsache der Assimilation abhängt. Denn ein Bündel sensomotorischer Elemente kann nur dann eine eigentliche Ganzheit bilden, wenn es sich erhalten und von neuem ablaufen kann. Das eben ist seine Assimilationstätigkeit. »Ganzheitliche« Organisation und Assimilation sind also nur zwei verschiedene Aspekte ein und derselben Sache. Der eine kennzeichnet diese Realität von innen, der andere von außen. Diese Analyse aber scheint uns noch unzureichend, sie erlaubt uns vor allem nicht, den inneren Mechanismus dieser Organisation zu erfassen. Diese Möglichkeit eröffnen aber gerade die Verhaltensweisen dieses Stadiums, sie zeigen uns nämlich, wie sich die Handlungsschemata in gegenseitiger Abhängigkeit voneinander organisieren und wie sich diese Koordination zur inneren Organisation verhält.

Die Verhaltensweisen des gegenwärtigen Stadiums offenbaren uns also in eindrücklicher Weise, daß die Koordination der Handlungsschemata in strenger Korrelation zu ihrer Differenzierung erfolgt. Anders ausgedrückt, ihre Organisation baut sich in einem Prozeß von komplementären Aufspaltungen und Neugruppierungen auf. Das Hindernis beiseite schieben, um zum Zielgegenstand zu gelangen, setzt eine Koordination des Schlagschemas mit dem Greifschema voraus. Diese Koordination erfolgt aber so, daß das Schema des »Beiseite-Schiebens« aus dem Schlagschema, in dem es enthalten war, herausgelöst wird. Eine so geartete innere Abhängigkeit zwischen äußerer Koordination und interner Differenzierung offenbart eine fundamentale Eigenschaft jeder Organisation. Jedes Handlungsschema, insofern es eine Ganzheit bildet, enthält ja eine Reihe von virtuellen Handlungsschemata. Jede organisierte Ganzheit ist aber nicht etwa aus Ganzheiten niedriger Ordnungen zusammengesetzt, sondern erlaubt vielmehr ihre Neubildung. Diese möglichen oder virtuellen Ganzheiten sind in der übergreifenden Ganzheit nicht in vorgeformter Weise enthalten, sondern entspringen erst dann aus ihr, wenn die übergreifenden Ganzheiten sich untereinander koordinieren und eben dadurch auch differenzieren.

Eine organisierte Ganzheit stellt also immer nur relativ zu einem bestimmten Maßstab eine Einheit dar. Es sei nebenher erwähnt, daß diese Tatsache erklärt, warum die psychologische Assimilation und die psychologische Organisation von derselben Art sind wie die physiologische Assimilation und Organisation, weil sie nämlich nur durch den Betrachtungsmaßstab unterscheidbar sind. Jede intellektuelle Assimilationshandlung setzt nämlich eine Reihe von Assimilationsprozessen einer niedrigeren Ordnung voraus. Diese Reihe läßt sich bis zur Ebene der physiologischen oder vitalen Assimilation zurückverfolgen. Auf der rein psychologischen Ebene macht diese Beziehung zwischen der äußeren Koordination oder Organisation der Handlungsschemata und ihrer internen, die Organisation offenbarenden Differenzierungen verständlich, warum in der späteren Weiterentwicklung der Intelligenz jede äußere, auf eine neue Koordination begründete Errungenschaft eines Individuums sich in einer Reflexion über sich selbst oder in einer Analyse des internen Organisationsmechanismus fortsetzt (vorausgesetzt allerdings, die Bewußtwerdung dieser Koordinationen funktioniere normal, das heißt, sie sei durch kein Hindernis beeinträchtigt).

Wie immer es sich damit verhalten mag, auf alle Fälle entsteht durch die diesem Stadium eigentümliche Koordination der Handlungsschemata eine neue Organisation, die alle Schemata zu einer Einheit zusammenfaßt. Damit wird das Gleichgewicht realisiert, das schon in den vorangegangenen Stadien angebahnt wurde. Die äußere Einheit verlängert also nur die interne Geschlossenheit, die wir bis jetzt analysiert haben. Mehr noch, die Tatsache, daß die äußere Ganzheit aufgrund einer gegenseitigen Assimilation der betreffenden Handlungsschemata entsteht, betont jene andere Tatsache, die wir bis jetzt nur geahnt haben, daß nämlich zwischen der Kategorie der »Ganzheit« und derjenigen der »Reziprozität« eine enge Verwandtschaft existiert. Die fundamentale Eigenschaft jeder »Ganzheit« besteht in der Reziprozitätsrelation ihrer Elemente.

Die Kategorie der Beziehung (Reziprozität) ist für den menschlichen Geist ebenso fundamental wie diejenige der Ganzheit. Wenn uns das Ziel dieses Werkes nicht Exkurse in den Bereich der Intelligenzpsychologie im allgemeinen untersagen würde, so würden wir jetzt zeigen, daß der sogenannte »Identifikationsprozeß«, in dem eine berühmte Wissenschaftsphilosophie den charakteristischen »Entfaltungsverlauf des Denkens« (»Cheminement de la pensée«) sieht, nicht in erster Linie auf den Aufbau von Identitätsrelationen, sondern vielmehr auf die Bildung von Reziprozitätssystemen abzielt. Letzte Wirklichkeit in der Analyse der Intelligenz ist also nicht die statische Erfassung der Identität, sondern der Prozeß, durch den der Geist zwei Elemente unterscheidet und sie in Beziehung setzt. Diese Beziehung kommt aber dadurch zustande, daß die Elemente gleichsinnig werden. Die Reziprozität besteht also in einer dynamischen Identität, bei der sich parallel zur Koordinationshandlung eine Differenzierungshandlung vollzieht.

In dieser Sicht stellt die Reziprozität also die fundamentale Beziehung dar, die man im Aufbau einer jeden Ganzheit finden kann. Wenn sich nämlich ein ganzheitliches Verhalten durch die Koordination von zwei oder von mehreren Verhaltensschemata aufbaut, sind die Beziehungen, die zwischen diesen Handlungsschemata bestehen, Reziprozitätsbeziehungen. Auch die Relationen, die sich zwischen den unter diese Schemata subsumierten Gegenständen etablieren, sind ihrerseits reziproke Relationen. Im inneren Aufbau der Handlungsschemata verhält es sich ebenso. Die Teile eines organisierten Gesamts stehen zueinander notwendigerweise in Reziprozitätsbeziehungen. In ›Der Aufbau der Wirklichkeit beim Kinde‹ werden wir diese Tatsache noch genauer erhellen, wo wir die Strukturen des Objekts, des Raumes oder der Ursache untersuchen. Das gilt insbesondere für den Raum, denn das gesamte motorische Verhalten tendiert zur Ausbildung einer »Gruppe«, deren Elemente eben durch die Reziprozität[2] definiert werden.

Aber selbstverständlich bilden die eigentliche Ganzheit und die vollständige Reziprozität nur Grenzfälle, denen jedes Handlungsschema und jede Gesamtheit von Handlungsschemata nur darum allmählich näher kommen, weil sie natürlicherweise einem Gleichgewichtszustand zustreben. Dieser Unterschied zwischen dem tatsächlich erreichten Zustand und dem angestrebten Grenzzustand rechtfertigt es, bei den Organisationskategorien zwischen tatsächlichen Gesamtheiten und idealen Gesamtheiten zu unterscheiden.

4. Das Wiedererkennen von Anzeichen und ihre Verwendung in der Voraussicht

Eine so komplexe Operation wie diejenige der Koordination beweglicher Handlungsschemata impliziert natürlich wiedererkennende, reproduzierende und generalisierende Assimilationsprozesse. Daher erübrigt sich eine eigene Analyse der Wiedererkennungshandlungen, derer das Kind dieses Stadiums fähig wird. Dagegen dürfte es interessant sein zu untersuchen, auf welche Weise das Wiedererkennen von Anzeichen, das die »Anwendung bekannter Handlungsschemata auf neue Umstände« voraussetzt, über dieses Verhalten hinausgeht und zu Voraussichten führen kann, die von der augenblicklichen Handlung unabhängig sind.

Es ist ganz natürlich, daß die Voraussicht im gegenwärtigen Stadium von der Handlung unabhängig wird und zu einer Art konkreter Voraussicht führt. Die Ausbildung beweglicher Verhaltensschemata und ihre Koordination zeugen ja vom Vermögen des Kindes, zusam-

[2] Auf diese Weise wird eine logische Schwierigkeit, die mit dem Identifikationsbegriff verbunden ist, überwunden. Tatsächlich gibt es kein formelles Kriterium, das die Unterscheidung einer falschen Identifikation von einer wahren gestatten würde, und der experimentelle Beweis, den man notwendigerweise für eine solche Unterscheidung anführen müßte, bleibt dem Mechanismus der reinen Vernunft fremd oder ist gleichzusetzen mit inneren Identifikationen, deren Gültigkeit zu beweisen unmöglich erscheint. Ein System von reziproken Relationen dagegen wird sowohl durch die interne Struktur als auch durch die Tatbestände garantiert, die es zu koordinieren vermochte. Seine Ausbildung ist ein Pfand seines Wertes, da es ja seine Verifikation in sich selbst besitzt.

menhängende Handlungskomplexe aufzuspalten und die Elemente auf neue Weise zu kombinieren. Die Analyse der Tatsachen kann aber auch verständlich machen, wie Bedeutungen freigelegt werden und worin die diesem Stadium eigentümlichen Anzeichen von den verschiedenen bis jetzt untersuchten Signalen abweichen.

Wie erinnerlich, entspricht jedem der bis jetzt unterschiedenen Stadien ein besonderer Typus von Anzeichen und von Bedeutungen. Zum Reflexstadium gehört eine Art von Wiedererkennens- und Bedeutungshandlungen, die der Betätigung des Reflexes immanent sind: Das Kind weiß, daß es leer saugt, daß es an irgendeinem Gewebe lutscht oder daß es an der Brust trinkt. Die primären Zirkulärreaktionen erzeugen dann eine zweite Art von Anzeichen, die »Signale«, die ein neues perzeptives Element in die vertrauten Handlungsschemata einfügen. Mögen diese Signale einfacher Natur sein oder aus einer Koordination heterogener Handlungsschemata entstanden sein, sie sind immer ein Teil des Zielgegenstandes selbst und der Handlung an sich, wobei sie diese nach Art und Weise der direkten Wahrnehmung auslösen. So provoziert das Hören eines Tones das Suchen nach dem entsprechenden Bild usw. Mit den sekundären Zirkulärreaktionen setzt, wie wir gesehen haben, eine dritte Art von Anzeichen ein, die das Verbindungsglied zwischen dem »Signal« und dem eigentlichen »Anzeichen« bildet. Sie führen das Zeichen, das die Handlung einfach auslöst, in das Zeichen über, das eine von der Handlung unabhängige Voraussicht ermöglicht. Wenn ein Kind beispielsweise ein Bett knarren hört und aus diesem Anzeichen erschließt, daß seine Mutter kommt, um es zu füttern (Bb. 108), so beschränkt es sich darauf, eine neue Wahrnehmung in die komplexen, aber geordneten Verhaltensschemata, die mit der Saugtätigkeit verbunden sind, einzugliedern. In dieser Hinsicht steht dieses Zeichen noch auf der Stufe des »Signals«. Indem es aber der Mutter bereits eine unabhängige Tätigkeit zuschreibt, kündigt diese Voraussicht schon ein eigentliches »Anzeichen« an.

Der entscheidende Fortschritt zur Voraussicht von Ereignissen, die von der eigenen Handlung unabhängig sind, vollzieht sich nun im Verlauf des vierten Stadiums. In Korrelation zur Objektivierung der Relationen, die dieses Stadium allgemein charakterisieren, bildet sich jetzt die vierte Art von Anzeichen aus, die wir »eigentliche Anzeichen« nennen möchten und die dem Kinde gestatten, nicht nur an die eigene Handlung gebundene Ereignisse, sondern auch irgendwelche anderen Ereignisse vorauszusehen. Diese Ereignisse werden als unabhängig und als mit der Tätigkeit des Objektes selbst verbunden aufgefaßt.

Bb. 132: Mit 0; 8 (6) erkennt Laurent an einem bestimmten Geräusch, das durch die angesaugte Luft verursacht wird, daß die Flasche bald leer sein wird. Statt nun die Flasche bis zum letzten Tropfen zu leeren, stößt er sie weg. Ein solches Verhalten gehört noch in den Bereich des Wiedererkennens von »Signalen«, da ja die Wahrnehmung des Geräusches in das Verhaltensschema des Saugens eingeordnet wird. Aber die Tatsache, daß Laurent trotz seines Appetites resigniert die Flasche wegwirft, scheint uns zu zeigen, daß er die Ereignisse bereits ebensosehr in Funktion des Gegenstandes an sich als in Funktion der eigenen Handlung vorauszusehen vermag. Er weiß, daß die Flasche sich leert, obwohl noch einige Gramm Milch zurückbleiben.

Mit 0; 9 (8) notiere ich, daß Laurent mir ständig nachspürt, ohne daß er mich sieht, noch meine Stimme vernimmt. Die Stimme seiner Mutter oder seiner Schwestern, die er aus dem Korridor oder aus den benachbarten Zimmern vernimmt, löst bei ihm gar keine Reaktion aus, während das geringste Knarren meines Tisches oder meines Lehnstuhles ihn dazu veranlaßt, mich zu suchen oder bedeutungsvolle Rufe auszustoßen. Er weiß also, daß ich da bin, und erkennt meine Gegenwart und meine Bewegungen an der Gesamtheit dieser Anzeichen. Dieses Interesse ist aber unabhängig von der Stunde seiner Mahlzeit.

Bb. 133a: Mit 0; 9 (15) quengelt oder weint Jacqueline, wenn sie eine Person, die neben ihr saß, aufstehen und sich ein wenig entfernen sieht (auch wenn diese nur Miene macht wegzugehen).

Mit 0; 9 (16) beginnt sie bei den Mahlzeiten auf komplexere Zeichen als früher zu reagieren. Sie liebt den Traubensaft, den man in ihr Glas gießt, aber schätzt die Suppe gar nicht, die sich in ihrer Schale befindet. Sie achtet nun genau auf das, was die Mutter tut: Wenn der Löffel vom Glas kommt, öffnet sie weit den Mund, wenn er dagegen aus der Schale kommt, bleibt der Mund geschlossen. Die Mutter versucht sie zu überlisten, indem sie einen Löffel aus der Schale nimmt und damit über das Glas fährt, bevor sie ihn Jacqueline anbietet. Aber diese läßt sich nicht täuschen. Mit 0; 9 (18) braucht Jacqueline den Löffel überhaupt nicht mehr zu sehen, sie merkt am Geräusch, ob der Löffel aus dem Glas oder aus der Schale kommt, und schließt im letzten Fall hartnäckig den Mund. Mit 0; 10 (26) sträubt sich Jacqueline ebenfalls, die Suppe einzunehmen. Bevor die Mutter ihr nun den Suppenlöffel präsentiert, schlägt sie damit an eine Silberschale, die Kompott enthält. Jacqueline läßt sich einmal täuschen und öffnet den Mund, denn sie hat die Bewegungen der Mutter nicht verfolgt und sich allein auf den Ton verlassen.

Mit 1; 1 (10) desinfiziert man ihr eine leichte Schürfwunde mit Alkohol. Sie weint vor allem aus Angst. In der Folge beginnt sie zu weinen, sobald sie die Alkoholflasche sieht, sie weiß also, was sie zu erwarten hat. Zwei Tage später zeigt sie diese Reaktion, sobald sie die Flasche wahrnimmt und noch bevor man sie geöffnet hat.

Bb. 133b: Die meisten dieser Beobachtungen machten wir auch bei Lucienne. So schließt sie mit 0; 8 (23) in gleicher Weise den Mund vor dem Löffel, wenn er aus der Suppenschale kommt. Mit 0; 10 (19) beginnt sie zu quengeln, sobald die Person, mit der sie sich vergnügt, Miene macht wegzugehen. Es genügt schon, eine Dreivierteldrehung auszuführen, ohne überhaupt aufzustehen, um sie zu beunruhigen.

Bb. 134: Als Jacqueline 0; 10 (26) alt war, beobachtete sie lange Zeit einen roten Ballon, der zuerst am Griff ihres Wagens befestigt war. In einem bestimmten Augenblick löste ich den Ballon los, ohne daß sie mir zusah. Kurz darauf schaute sie an die gewohnte Stelle beim Griff und suchte den Ballon. Als sie ihn nicht fand, schaute sie zur Decke. Mit 0; 11 (14) weint sie, als ich ihr einen Spiegel aus der Hand nehme, ohne daß sie das gesehen hatte: Sie weiß also, daß sie ihn nicht mehr sehen wird.

Von 0; 11 an weint Jacqueline jedesmal, wenn man sich anschickt, ihr einen Gegenstand wegzunehmen, weil sie sein Verschwinden voraussieht. Ein solches Verhalten steht in Beziehung mit der Entwicklung der Handlungen, die darin bestehen, verschwundene Gegenstände zu suchen (siehe ›Der Aufbau der Wirklichkeit beim Kinde‹, Kapitel I).

Ebenso fängt Jacqueline mit 0; 11 (15) an zu weinen, sobald sich ihre Mutter einen Hut aufsetzt. Es handelt sich dabei nicht mehr um Angst oder Unruhe wie früher, sondern um die Voraussicht, daß die Mutter weggeht.

Bb. 135: Als Anzeichen im Sinne des vierten Stadiums müßte man auch diejenigen Anzeichen klassifizieren, deren sich das Kind bedient, um die ihm unsichtbaren Teile seines eigenen Antlitzes mit den entsprechenden im Antlitz anderer Leute zu identifizieren. Wir werden diese Anzeichen bei Gelegenheit der Ausbildung der Nachahmung genauer untersuchen (siehe: La formation de l'imitation; deutsch: Die Entstehung der Nachahmungstätigkeit) und werden dabei feststellen, daß sie nicht einfachen Signalen gleichgestellt werden dürfen.

Laurent gelingt es zum Beispiel bis 0; 10 (7) nicht, die Handlung des Zungeherausstreckens zu imitieren. Dabei vermag er sie spontan sehr wohl herauszustrekken. Er begleitet diese Bewegung mit einem Geifergeräusch. Ich ahme ihn nach, und er ahmt nun seinerseits mich nach. Die Nachahmung mißlingt aber, wenn ich die Zunge geräuschlos herausstrecke. Von 0; 10 (10) an kann ich meine Zunge auch ohne ein begleitendes Geräusch herausstrecken, und er imitiert mich noch immer korrekt. Das Geifergeräusch hatte ihm als Anzeichen gedient, das ihm gestattete, seine Zunge mit der meinigen zu identifizieren.

Es handelt sich hier nicht um ein »Signal«, das die Handlung auslöst, da ja das Geräusch allein das Kind nicht dazu veranlaßt, die Zunge herauszustrecken, sondern ihm nur als Hinweis dient, eine Gruppe von Gegebenheiten, die es an einem andern wahrnimmt, mit den entsprechenden Teilen seines eigenen Körpers in Beziehung zu bringen. Das Anzeichen bezieht sich also auch hier auf Ereignisse, die vom eigenen Ich unabhängig sind.

Das Neue an diesen Befunden ist die Tatsache, daß sie eine von der eigenen Handlung unabhängige Voraussicht implizieren. Wenn das Kind die Anwesenheit von Personen außerhalb seiner Mahlzeiten feststellt, wenn es beim Anblick einer sich erhebenden Person quengelt, beim Spüren eines warmen Hauches im Nacken sich umwendet, eine Alkoholflasche wiedererkennt usw., führt es eine Operation aus, die wesentlich schwieriger ist, als ein beliebiges Signal mit den Handlungsschemata der Mahlzeit (dritte Art) zu verknüpfen oder ein gehörtes Ding sehen zu wollen oder einen festen Gegenstand zu ergreifen suchen, nachdem es ihn mit seinen Fingern berührt (zweite Art).

In diesen Verhaltensweisen hat das Signal tatsächlich nur ganz praktische Bedeutung. Es löst nämlich die Tätigkeit eines Assimilationsschemas aus, mit dem es durch ein beständiges und notwendiges Band verknüpft ist. Natürlich antizipiert dieses Band bereits die Voraussicht, besonders wenn die Zwischenglieder zwischen Signal und Handlung komplexer Art sind wie beim dritten Typ. Diese Voraussicht bleibt aber noch an die unmittelbare Handlung gebunden und löst sich noch nicht davon ab. Die Verhaltensweisen des vierten Typs dagegen zeugen von einer weit vollkommeneren Differenzierung zwischen Voraussicht und Handlung. Die Fähigkeit, am Klang des Löffels oder am Anblick des Behälters den Inhalt des Löffels auszumachen, stellt nur eine Ausweitung der koordinierten Schemata des Sehens und Essens dar. Obgleich die Anzeichen des gegenwärtigen Typs manchmal mehr oder weniger vertrauten Handlungsschemata entsprungen sind, können sie von nun an als Teilkomponente in neue Verhaltensweisen eintreten. Jacqueline beispielsweise wendet die Voraussicht dessen, was der Löffel enthält, dazu an, die Suppe zu verweigern und nur den Fruchtsaft anzunehmen. Bemerkenswert ist die Tatsache, daß von jetzt an auch ganz seltene Dinge oder erst kürzlich beobachtete Tatbestände vorausgesehen werden können, ja sogar von anderen vollzogene Handlungen. Die Voraussicht, daß eine Person weggeht, wenn sie aufsteht oder sich auch nur umdreht, ist schon sehr stark von der Handlung, die gerade stattgefunden hat, losgelöst. Eine Abneigung gegen eine Alkoholflasche zum Ausdruck bringen bedeutet ebenfalls, eine seltene oder erst frisch gebildete Verknüpfung zu aktivieren.

Das Neue an diesen Verhaltensweisen, obgleich nur schwer exakt zu erfassen, kann damit gekennzeichnet werden, daß die Voraussicht objektiver wird und sich von der rein zirkulären Handlung loslöst. Wie ersichtlich, stehen diese Verhaltensweisen also in enger Beziehung (Bb. 120 bis 130) zur »Anwendung bekannter Handlungsschemata auf neue Situationen«. Diese Anwendung bekannter Handlungsschemata setzt nämlich schon eine Voraussicht, das heißt die Verwendung von Anzeichen, voraus. Darüber hinaus besteht die enge Verwandtschaft zwischen diesen beiden Gruppen von Tatsachen darin, daß in beiden Fällen die verwendeten Handlungsschemata »beweglich« und somit vielfachen Kombinationen zugänglich sind. Bei den Beobachtungen 120 bis 130 erkannte man diese Beweglichkeit der Handlungsschemata daran, daß diese Handlungsschemata, die für gewöhnlich um ihrer selbst willen ablaufen, vorübergehend als Mittel zur Erreichung eines neuen Ziels eingesetzt werden. Bei den gegenwärtigen Beobachtungen haben wir dagegen Anzeichen vor uns, die für gewöhnlich in allgemeine Schemata eingebaut sind. Nun werden sie aus sich selbst verstanden und isoliert verwendet, so daß sie eine unabhängige Voraussicht ermöglichen. So wurden die Anzeichen des Knarrens eines Tisches oder des Rutschens von Stühlen, das heißt das Geräusch von Personen, die aufstehen, wie die meisten anderen im Zusammenhang mit den Handlungsschemata der Mahlzeiten ausgebildet. Nun finden sie aber künftig unter beliebigen Umständen Anwendung. Sowohl beim Einsatz bekannter Handlungsschemata zur Erreichung eines neuen Zieles als auch bei der isolierten Verwendung von Anzeichen in neuen Situationen werden die Handlungsschemata beweglich und können in beliebig viele Kombinationen eingeordnet werden. Der einzige Unterschied zwischen diesen beiden Verhaltensweisen besteht darin, daß in den Beobachtungen 120 bis 130 ein neues Mittel gesucht und schließlich auch gefunden wird, während sich in den gegenwärtigen Beobachtungen vor allem das Verständnis erweitert. Der Assimilationsprozeß ist aber in beiden Fällen derselbe.

Wir möchten diese Erwägungen mit der Bemerkung abschließen, daß der Begriff Voraussicht, dessen wir uns bedient haben, irreführend sein könnte. In unserer Auffassung drückt er nur eine ganz konkrete Erwartungshaltung aus. Es liegt dabei noch keine Deduktion vor, weil immer noch keine »Vorstellung« gegeben ist. Wenn Jacqueline erwartet, daß in der sich öffnenden Tür eine Person erscheint oder daß der Löffel, der aus einem bestimmten Gefäß kommt, Fruchtsaft enthält, braucht sie sich diese Gegenstände nicht vorstellen zu können, um diese Anzeichen zu verstehen und die Ereignisse vorauszusehen. Es genügt schon, daß das Anzeichen eine bestimmte Erwartungshaltung und ein bestimmtes Wiedererkennensschema der Personen oder der Nahrung auslöst. In ähnlicher Weise erlaubt uns der Anblick der Hindernisse in einer verstopften Straße, ein Fahrrad oder ein Automobil mit soviel Voraussicht zu lenken, daß wir uns den kaum angedeuteten Bewegungen von anderen anzupassen wissen, ohne daß wir sie uns genau vorstellen müßten. Erst im Verlauf der nächsten Entwicklungsstadien werden eigentliche, auf Vorstellungen gestützte Deduktionen zu diesen elementaren Bedeutungen hinzutreten. Im Augenblick sind wir aber noch nicht soweit, ja, wir sind noch nicht einmal auf dem Niveau, wo die Bedeutung der sensorischen Anzeichen von einem »Gegenstand« mit den Eigenschaften der Permanenz und der Festigkeit getragen wird.

5. Die Erforschung neuer Gegenstände und Phänomene und die »abgeleiteten« Sekundärreaktionen

Es stellt sich nun die Frage, wie sich ein Kind vor vollständig neuen Gegenständen oder Ereignissen verhalten wird, wenn es schon fähig ist, ihm vertraute Handlungsschemata auf neue Situationen anzuwenden und Anzeichen unabhängig von der eben vollzogenen Handlung zu verstehen.

Neue Gegenstände können nicht ohne weiteres Verhaltensweisen auslösen, die zu den Beobachtungen 120 bis 130, das heißt also zur Anwendung bekannter Mittel auf neue Ziele, analog sind. Denn das Kind, das vor solche Gegenstände gestellt wird, setzt sich gar kein bestimmtes Ziel außer dem, sie zu »verstehen«. Andererseits kann das Verständnis der Anzeichen, obwohl es sicher in dieser Assimilation eine Rolle spielt, als Erklärung dafür nicht ausreichen. Was wird also geschehen? Wir werden jetzt auf ein sehr bedeutsames Verhalten stoßen, das uns mehr als jedes andere die Wichtigkeit der Assimilation durch bewegliche Handlungsschemata begreiflich macht. Aufgrund einer Art von »generalisierender Assimilation« wird das Kind versuchen, den Gegenstand in jedes der ihm vertrauten Handlungsschemata einzuordnen, indem es sie der Reihe nach ausprobiert. Mit anderen Worten, das Kind sucht das Wesen des neuen Gegenstandes zu »verstehen«. Da aber »Verstehen« für das Kind noch mit sensomotorischen oder praktischen Assimilationen identisch ist, wird es sich damit begnügen, jedes seiner Handlungsschemata auf den Gegenstand anzuwenden. Es tut das aber nicht mehr so wie im dritten Stadium: Das Schema dient nicht mehr als Ziel und der Gegenstand nicht als Mittel. Das Handlungsschema wird gleichsam nur noch Instrument des Verstehens sein, während der Gegenstand Ziel und, wie man auch sagen könnte, Intention dieses Verstehens bleiben wird. Einfacher könnte man das so ausdrücken: Das Kind vollzieht mittels Handlungen eine Operation, die ältere Kinder mittels der Sprache ausführen, das heißt, es definiert den Gegenstand durch seinen Zweck.

Hier einige Beispiele für derartige Verhaltensweisen:

Bb. 136: Mit 0; 8 (16) ergreift Jacqueline einen Zigarettenhalter, den sie noch nicht kennt und den ich ihr darbiete. Sie prüft ihn zuerst sehr aufmerksam, wendet ihn um, dann drückt sie ihn mit beiden Händen zusammen und macht dabei »apff« (eine Art von Pfiff, den sie im allgemeinen in Gegenwart von Personen von sich gibt). Daraufhin streicht sie ihn am Weidengeflecht der Wiege entlang, eine Geste, die sie gewöhnlich mit der rechten Hand ausführt (vgl. Bb. 104), dann stemmt sie sich auf, indem sie ihn anguckt (Bb. 115), dann schwenkt sie ihn über sich hin und her und steckt ihn schließlich in den Mund.

Ein Wollknäuel: Sie betrachtet ihn, wendet ihn um, betastet ihn, drückt ihn, macht »apff«, dann läßt sie ihn aus Versehen fallen. Ich lege ihr den Knäuel von neuem auf den Bauch: Jacqueline stemmt sich drei- oder viermal auf, während sie ihn anschaut, dann betastet sie von neuem seine Oberfläche, zieht an der Schnur, indem sie ganz gespannt auf ihn blickt, schüttelt ihn in allen Richtungen und macht schließlich noch einmal »apff«.

Eine Blechschachtel: Jacqueline ergreift sie, prüft sie von allen Seiten, betastet sie und macht dann »apff«. Darauf schüttelt sie sie. Da sie damit gegen etwas stößt, hört sie ein Geräusch. Darauf schlägt sie ungezählte Male auf sie ein, stemmt sich auf, indem sie die Schachtel dabei starr anschaut, und schlägt sie wieder. In der Folge prüft sie sie lange von der Seite, indem sie sie in die Luft hält und dabei »apff« macht. Danach erzeugt sie einige Laute, die klingen wie »adda«, »bva« usw., während sie dabei die Schachtel hochstreckt und nach allen Seiten wendet. Schließlich reibt sie sie am Geflecht der Wiege und macht dabei »apfff«.

Mit 0; 9 (4) betrachtet sie lange einen Plattenuntersatz aus Stroh, berührt dann sachte dessen Rand, erkühnt sich schließlich, ihn zu betasten, ergreift ihn und hält ihn in die Luft, indem sie ihn langsam bewegt. Sie schüttelt ihn und beginnt schließlich mit der anderen Hand auf ihn einzuschlagen. Diese Verhaltensfolge wird zunächst vom Ausdruck der Erwartung, dann von dem der Befriedigung begleitet. Schließlich drückt Jacqueline ihre Gefühle noch mit dem bekannten »apff« aus. Darauf reibt sie den Gegenstand noch an der Wand der Wiege usw.

Bb. 137: Mit 0; 8 (29) prüft Laurent lange Zeit ein Notizbuch, das in seine Hände geriet. Er schiebt es von einer Hand zur anderen, wendet es nach allen Seiten um, berührt den Pappdeckel, dann die Ecken, dann von neuem den Pappdeckel, bewegt es mit großer Geste ganz langsam und reibt es schließlich am Rand der Wiege. Dabei bemerkt er, daß das Notizbuch beim Reiben am Geflecht nicht den gewohnten Effekt erzeugt (Geräusch? Festigkeit?), und prüft nun die Berührung ganz aufmerksam, indem er es noch einmal, aber viel sachter an der Wand entlangstreift.

Mit 0; 9 (6) prüft er eine Reihe von neuen Gegenständen, die ich ihm nacheinander darbiete: ein Holzmännchen mit beweglichen Beinen, einen Holzvogel von sieben Zentimetern Höhe, eine Tasche für Zündholzschachteln, einen Elefanten aus Holz (zehn Zentimeter hoch) und eine Börse mit Perlen. Ich notiere dabei vier ziemlich konstante Reaktionen. Erstens: Zuerst erfolgt eine lange visuelle Exploration: Laurent betrachtet erst die bewegungslosen Gegenstände, dann die bewegten, wenn er sie mit beiden Händen wendet oder sie von einer Hand in die andere gibt. Er scheint die verschiedenen Seiten des Gegenstandes oder auch seine verschiedenen Ansichten zu untersuchen. So faltet er zum Beispiel die Börse auseinander, faltet sie wieder zusammen, öffnet sie wieder und untersucht dabei die Veränderungen. Sobald er das Drehgelenk bemerkt, kehrt er den Gegenstand um und schaut ihn auch von vorne an. Zweitens: Teilweise zusammen mit der visuellen Exploration, meistens aber anschließend, beginnt eine taktile Exploration: Er betastet den Gegenstand, insbesondere berührt er vorsichtig den Schnabel des Vogels, die Füße des Männchens, er gleitet sachte mit den Fingern über die Unebenheiten des Gegenstandes (die Schnitzspuren am Vogel, die Perlen der Börse usw.), er kratzt an gewissen Stellen (an der Tasche für die Zündholzschachteln, am glatten Holz des Elefanten usw.). Drittens: Er bewegt den Gegenstand langsam durch die Luft, wobei er vor allem Bewegungen in der waagrechten Ebene ausführt, mit der aber vielleicht schon Verschiebungen in der Tiefe verbunden sind. Viertens: Jetzt erst versucht er die verschiedenen Dinge im vertrauten Handlungsschema, indem er sie nacheinander mit einer gewissen Vorsicht anwendet, wie wenn er ihren Effekt studieren wollte. Er schüttelt die Dinge, schlägt auf sie ein, schwenkt sie hin und her, reibt sie an der Seitenwand der Wiege, stemmt sich auf, schwenkt den Kopf hin und her, lutscht an ihnen usw.

Mit 0; 9 (21) zeigt er dieselben Reaktionen vor einem großen Rotstift aus Pappe: er berührt mit Interesse seine Spitze, wendet ihn öfters um, dann schlägt er auf ihn ein, reibt ihn, schüttelt ihn, kratzt an ihm usw. Mit 0; 9 (26) verfährt er ebenso mit einem Badethermometer: Er betrachtet es, kratzt daran, schüttelt sich selbst davor, dann schüttelt er das Thermometer, wendet es um, betastet dann seinen Stiel und umfaßt es schließlich mit seiner Hand, lutscht am äußersten Ende des Stiels (ohne eigentliches Verlangen, daran zu lutschen, sondern nur, »um zu sehen«), nimmt ihn wieder aus dem Mund, gleitet mit der Handfläche der linken Hand über das Thermometer, schüttelt sich von neuem, stellt den Gegenstand auf und schwenkt ihn hin und her. Er reibt ihn am Rand der Wiege, betrachtet prüfend den gläsernen Teil, berührt ihn und kratzt daran, betrachtet die Schnur und betastet sie usw.

Mit 0; 9 (30) verhält er sich in derselben Weise vor einer neuen Plüschkatze: Er wendet sie nach allen Seiten um, berührt den Kopf ganz vorsichtig, dann das Band, die Füße, entdeckt am Schwanz eine Pappscheibe und kratzt mit dem Nagel daran. Schließlich schlägt er auf die Katze ein, schwenkt sie in der Luft herum, schüttelt sich, indem er sie anschaut, sagt »papa, baba« usw.

Bevor wir diese Fälle von »Erforschen neuer Gegenstände« besprechen, wollen wir noch sehen, wie sie zur Bildung von neuen, aber »abgeleiteten« sekundären Zirkulärreaktionen führen. Das scheint immer dann zu geschehen, wenn die Exploration zufällig zur Entdekkung eines unbekannten Phänomens geführt hat. Wie wir schon früher betont haben (siehe Kapitel III, 4., Bb. 119), bilden sich in jedem Alter neue Sekundärreaktionen (und nicht nur während des dritten Stadiums), wobei allerdings der Kontext neu ist. Das trifft nun gerade im Verlauf der »Explorations«-Verhaltensweisen zu. Eine Handlung braucht nur zufällig ein unvorhergesehenes Ergebnis zur Folge zu haben, und schon bietet es Anlaß zu einer unmittelbaren und einfachen Wiederholung, die ihrerseits zur Erarbeitung eines eigentlichen Handlungsschemas führt. Es folgen Beispiele:

Bb. 138a: Wir haben schon bei der Bb. 103 gesehen, wie das Handlungsschema »auf aufgehängte Gegenstände einschlagen« aus einfacheren Schemata entstanden ist (ergreifen usw.) und selber wiederum zur Bildung von komplexeren Schemata geführt hat (mit einer Hand auf den Gegenstand schlagen, den die andere hält usw.). Dieses gleiche Handlungsschema des »Schlagens« hat nun bei Laurent, Lucienne und Jacqueline beinahe zur selben Zeit das neue Schema »zum Schaukeln bringen« erzeugt. Dieses Schema aber wurde im Verlauf von »Explorations«-Handlungen im eigentlichen Sinn entdeckt.

Mit 0; 8 (30) sieht Laurent zum ersten Mal ein Huhn aus Holz, an dem eine Kugel hängt, die durch ihre Schwingungen den Kopf des Tieres in Bewegung versetzt. Er betrachtet zuerst das Huhn, berührt es usw., dann schaut er prüfend die Kugel an, betastet sie, sieht, daß sie sich bewegt, und schlägt sofort auf sie ein. Dann verfolgt er aufmerksam ihr Hin- und Herschwingen, studiert es isoliert für sich, indem er die Kugel vorsichtig in Bewegung versetzt, und zwar immer sachter und sachter. Jetzt erst wird er aufmerksam auf die gleichzeitig erfolgende Bewegung des Kopfes. Nun stößt er die Kugel an und schaut dabei das Huhn an.

Bb. 138b: Mit 0; 8 (10) prüft Lucienne in gleicher Weise eine neue Puppe, die ich am Dach ihrer Wiege aufhänge. Sie schaut sie zuerst lange an, berührt sie dann sachte mit den Fingern, betastet darauf nacheinander die Füße, die Kleider, den Kopf usw. Schließlich erkühnt sie sich, sie zu ergreifen, was das Dach zum Schwingen bringt: Jetzt zieht sie an der Puppe und verfolgt die Wirkung dieser Bewegung. Dann kehrt sie wieder zur Puppe zurück, hält sie mit einer Hand und schlägt mit der anderen auf sie ein, lutscht daran, schwenkt sie über sich hin und her und schüttelt sie, indem sie ihre Beine bewegt. Darauf schlägt sie die Puppe, ohne sie zu halten, ergreift dann die Schnur, an der sie aufgehängt ist, und schwenkt sie sachte mit der anderen Hand hin und her. Nun beginnt sie sich heftig für diese Bewegung eines leichten Schwankens zu interessieren, die für sie neu ist, und wiederholt diese Bewegung ungezählte Male.

Bb. 139: Mit 0; 8 (9) sieht Jacqueline eine hängende Krawatte, die sie noch nie gesehen hatte. Ihre Hände irren um sie herum und berühren sie ganz vorsichtig. Schließlich ergreift sie die Krawatte und betastet ihre Oberfläche. In einem bestimmten Augenblick entweicht ihr ein Ende der Krawatte; sie wird sichtlich unruhig. Aber als sich das Phänomen wiederholt, zeigt sie Befriedigung, und nun setzt ein Verhalten ein, das beinahe schon einem Experiment von Loslassen und Wiederauffangen gleicht.

Am Abend desselben Tages liegt Jacqueline ausgestreckt auf ihrem Rücken und hat zur Rechten ein Handtuch, das über eine Schnur gespannt zum Trocknen aufgehängt ist. Sie versucht es zu ergreifen und bringt es sogleich zum Schwanken. Sie zieht es gegen sich, läßt es los und schaut zu, wie es hin und her schwankt. Sobald es zum Stillstand kommt, fängt sie von neuem an und gibt Zeichen großen Interesses für diese Bewegung von sich.

Mit 0; 8 (12) versucht Jacqueline eine Krawatte sogleich, nachdem ich sie ihr dargeboten hatte, zum Hin- und Herschwingen zu bringen. Sie ergreift sie ganz vorsichtig, läßt sie dann los usw. So versetzt sie sie in eine Bewegung regelmäßiger und steter Schwingungen.

Mit 0; 8 (13) verfolgt Jacqueline jede Bewegung ihrer Mutter, die den Wiegenvorhang schwingen läßt. Sobald sie aufhört, stößt Jacqueline ihre Hand, um sie zum Fortfahren zu veranlassen. Dann ergreift sie selbst den Vorhang und ahmt die Bewegung nach. – Am Abend desselben Tages bringt Jacqueline eine aufgehängte Puppe in dieser Weise ganz sachte zum Schwingen.

Mit 0; 8 (26) betastet und exploriert Jacqueline die Oberfläche eines Lampenschirmes, der dadurch ins Schwingen gerät. Sie wartet, bis die Bewegung beinahe aufgehört hat (nach zahlreichen Schwingungen), um dann mit einem einzigen Handstoß dem Gegenstand wiederum einen Impuls zu verleihen. Die Reaktion erscheint an den folgenden Tagen sehr regelmäßig, sobald man sie in die Nähe ihrer Zimmerlampe bringt. Ich notiere dieses Verhalten noch, als sie 0; 9 (5) alt ist.

Mit 0; 9 (6) verursacht Jacqueline zufällig eine heftige Bewegung des Lampenschirms, als sie ihn anstößt. Sogleich versucht sie dieses Ergebnis von neuem zu erzeugen, indem sie die Handfläche nicht gegen den Stoff, wie sie es für gewöhnlich tut, sondern vom Stoff abgewandt hält. Sie beginnt ganz vorsichtig, verwickelt sich dabei in die Fransen, schließlich aber gelangt sie zu vollem Erfolg.

Bb. 140: Hier noch ein zweites Beispiel einer »Exploration«, die zu einer »abgeleiteten sekundären Zirkulärreaktion« und einem neuen Verhaltensschema, nämlich demjenigen des »Loslassens«, führt. Dieses zweite Beispiel ist besonders lehrreich, da es die wichtigste »tertiäre Zirkulärreaktion« ankündigt und uns daher gestatten wird, den Trennstrich zu ziehen zwischen den Verhaltensweisen des gegenwärtigen und des folgenden Stadiums.

Mit 0; 10 (2) prüft Laurent eine leere Rasierseifenschale (aus weißem Metall), die er zum ersten Mal sieht. Er beginnt damit, sie nach allen Seiten zu wenden, indem er sie von einer Hand in die andere nimmt, wie er es mit den Gegenständen der Bb. 137 getan hat. Da der Gegenstand aber glatt und nicht leicht zu handhaben ist, entgleitet er zwei- oder dreimal seinen Händen. Da wird Laurent auf dieses Phänomen aufmerksam und beginnt es systematisch zu wiederholen. Anfänglich habe ich Mühe zu entscheiden, ob es sich sicher um einen intentionalen Akt handelt, denn Laurent beginnt jedesmal wieder damit, die Schale einen Augenblick in Händen zu halten und sie umzuwenden, bevor er sie losläßt. Aber nach und nach wird das Fallenlassen immer häufiger und vor allem ganz systematisch. Das geht auch aus folgenden Beobachtungen über die Art und Weise, die Gegenstände fallen zu lassen, hervor.

Zu Beginn dieses Verhaltens interessierte sich Laurent keineswegs für die Bahn des Gegenstandes, das heißt also für das objektive Phänomen des Fallens, sondern nur für die Handlung des Loslassens. Bald öffnet Laurent sachte die Hand (die Handfläche nach oben gerichtet), und die Schale rollt längs seiner Finger ab. Bald kehrt Laurent seine Hand (die er vertikal hält) um, und die Schale fällt nach hinten zwischen gespreiztem Daumen und Zeigefinger durch. Bald öffnet er einfach die Hand (die Handfläche nach unten), und der Gegenstand fällt ohne weiteres hinunter.

Um es gleich zu sagen, die Eigenschaft von Laurents Verhalten erlaubt uns, dieses Verhalten noch zu den sekundären Zirkulärreaktionen und nicht zu den tertiären Reaktionen zu rechnen. Die »tertiäre« Reaktion setzt tatsächlich erst dann ein, wenn Laurent die Bahn des Gegenstandes um ihrer selbst willen untersuchen und zu diesem Zweck ein eigentliches »Experiment, um zu sehen« anstellen wird. Er wird die Bedingungen verändern, den Gegenstand aus verschiedenen Lagen loslassen, ihn mit den Augen verfolgen, versuchen, ihn wieder aufzufangen usw. Im Augenblick aber begnügt er sich damit, dieselben Handlungen zu wiederholen, und interessiert sich nur für seine eigene Handlung, was tatsächlich eine »sekundäre« Reaktion darstellt.

Überdies hat Laurent dieses Schema des Loslassens während mehrerer Tage nur an einem einzigen Gegenstand, der Rasierseifenschale, ausprobiert. Mit 0; 10 (3) zum Beispiel, das heißt also am folgenden Tag, wiederholt er sein Verhalten vom Vortag an der Schale, läßt aber weder eine kleine Schachtel, mit der er lange spielt, noch seine Plüschkatze fallen. Mit 0; 10 (4) zeigt er noch immer dasselbe Verhalten. Mit 0; 10 (5) läßt er zweimal eine kleine Flasche (die für ihn etwas Neues darstellt) fallen, nachdem sie das erste Mal zufällig seiner Hand entglitten ist. Erst mit 0; 10 (10) fängt er an, alles auf die Erde zu werfen. Von diesem Augenblick an interessiert er sich aber auch für die Fallbahn. Damit leitet er die Reihe seiner »tertiären Zirkulärreaktionen« ein. Wir dürfen diese Beobachtung abschließen mit der Bemerkung, daß sich diese sekundäre Zirkulärreaktion offensichtlich von der »Exploration« der Seifenschale herleitet. Sie hat daher gar keine Verwandtschaft zum Mittelschema des »Beiseite-Schiebens« oder des »Gegenstand-fallen-Lassens« in der Bb. 125. Dagegen konnten wir feststellen, daß das gegenwärtige Handlungschema in der Folge als »Mittel« verwendet wurde (siehe Bb. 103).

Derartige Verhaltensweisen stehen genau in der Mitte zwischen der Generalisierung sekundärer Handlungsschemata vor neuen Gegenständen (Bb. 110 und 111) und den »tertiären Zirkulärreaktionen«, das heißt also zwischen den sich entsprechenden Verhaltensweisen des dritten und des vierten Stadiums.

Wie die »Generalisierungen« sekundärer Handlungsschemata wenden auch die gegenwärtigen Verhaltensweisen tatsächlich bereits ausgebildete Handlungsschemata auf neue Gegenstände oder Erscheinungen an. Wo das vier bis sechs Monate alte Kind auf den unbekannten Gegenstand einschlägt, ihn schüttelt, ihn reibt usw., da verschiebt ihn das acht bis zehn Monate alte Kind, schwingt ihn hin und her, schüttelt ihn, usw. Die Exploration, von der wir jetzt sprechen, führt also in direkter Weise die Generalisierung der Handlungsschemata weiter. Zwischen den beiden Arten finden sich aber alle möglichen Übergänge, und es dürfte unmöglich sein, eine scharfe Trennungslinie zwischen den beiden zu ziehen. Trotzdem scheinen sie uns nicht identisch zu sein, denn ihre Eigenschaften haben eine andere Ausrichtung, mag es auch noch so schwierig sein, sie festzustellen. Zu Beginn des dritten Stadiums interessiert der neuartige Gegenstand das Kind noch nicht als solcher. Die Neuartigkeit hält es nur einen Augenblick lang gefesselt, erweckt eine vorübergehende Neugier, dann dient der Gegenstand sogleich als Nahrung für die vertrauten Handlungsschemata. Das Interesse ist also nicht auf den Gegenstand als solchen zentriert, vielmehr auf seine Verwendung. Wenn dagegen ein acht Monate altes Kind einen Zigarrenhalter oder eine herunterhängende Krawatte prüfend untersucht, so verhält es sich so, als ob diese Gegenstände seinem Geist ein Problem stellten, das es zu »begreifen« gilt. Es betrachtet diese Gegenstände nicht nur viel länger als das Kind von vier bis fünf Monaten, bevor es seine Handlungen aufnimmt. Es unternimmt vor allem eine ganze Menge Explorationsbewegungen, die sich auf den Gegenstand beziehen und nicht auf sich selbst. Es betrachtet, erforscht die Oberfläche, die Winkel, wendet den Gegenstand um, verschiebt ihn langsam usw., wobei die letztgenannten Verhaltensweisen als Ausdruck einer neuen Einstellung bedeutungsvoll sind. Der unbekannte Gegenstand wird für das Kind offensichtlich zu einer äußeren Realität, der man sich anpassen muß, und stellt nicht mehr nur eine nach Gutdünken und Belieben manipulierbare Materie oder eine einfache Nahrung für die eigene Tätigkeit dar. Auf diese Realität werden nun vertraute Handlungsschemata angewandt. Wenn das Kind dieses Stadiums aber seine Handlungsschemata, eines nach dem anderen, einsetzt, hat man eher den Eindruck, es führe ein Experiment durch, als daß es einfach seine Verhaltensweisen generalisiere. Es versucht eben im eigentlichen Sinn »zu verstehen«.

Mit anderen Worten, die Sache läuft so ab, als ob sich das Kind vor einem neuen Gegenstand sagen würde: »Was ist denn das für eine Sache? Ich sehe sie, ich höre sie, ich kann sie ergreifen, ich betrachte sie, ich wende sie um und erkenne sie nicht: Was kann ich noch mehr damit tun?« Da aber das Verstehen in diesem Alter noch rein praktischer oder sensomotorischer Art ist und da die einzigen Begriffe, über die das Kind schon verfügt, bewegliche Handlungsschemata sind, versucht es, den neuen Gegenstand in jedes dieser Handlungsschemata einzuordnen, um zu sehen, in welcher Beziehung sie ihm entsprechen. Wir haben oben schon darauf hingewiesen, daß derartige Verhaltensweisen ein funktionelles Äquivalent der »Definitionen durch den Gebrauch« darstellen, die im verbalen Denken des Kindes einen so großen Raum einnehmen.

Wie sich diese sekundären Zirkulärreaktionen aus einem Explorationsverhalten »herleiten«, das bei neuartigen und unvorhergesehenen Phänomenen auftritt, ist sehr leicht zu verstehen. Wenn nämlich ein Kind versucht, einen unbekannten Gegenstand in seine schon bestehenden Verhaltensschemata einzuordnen, können zwei Dinge passieren. Entweder entspricht der Gegenstand der Erwartung und paßt in die angewandten Handlungsschemata. Dann ist die Anpassung geleistet. Die neue Puppe kann tatsächlich hin und her geschwenkt, geschüttelt, gerieben usw. werden, und das Kind ist damit zufriedengestellt. Oder der Gegenstand leistet Widerstand, besitzt also Eigenschaften, die bis jetzt noch unbekannt blieben. Dann verhält sich das Kind so, wie es sich in solchen Situationen immer verhalten hatte: Es versucht das zufällig Entdeckte wiederum aufzufinden. Zu diesem Zweck wiederholt es ganz einfach die Handlungen, die es zu dem zufällig beobachteten Resultat geführt hatten. So entdeckt Jacqueline beim Erforschen des »Wesens« einer herunterhängenden Krawatte oder eines Lampenschirmes das Phänomen des spontanen Hin- und Herschwingens von Gegenständen. Bis dahin kannte sie tatsächlich nur das Schwingen der am Wiegendach befestigten Spielklappern, das sie durch ihre Handlungsschemata des »Schlagens«, des »Sich-Stemmens« usw. verlängerte oder unterhielt (Bb. 103 usw.). Jetzt stellt sie die Existenz eines Schwingens fest, das gleichsam zum Gegenstand gehört, also ein ganz neues Phänomen. Sie untersucht es sogleich, und zu diesem Zweck befleißigt sie sich, es ungezählte Male zu wiederholen. Bei Laurent (Bb. 140) geschieht die Entdeckung, daß man Gegenstände »loslassen« kann, auf genau die gleiche Weise.

Solche Verhaltensweisen bereiten offenbar die »tertiären Zirkulärreaktionen« (wie zum Beispiel »fortwerfen und wieder auflesen«, »gleiten lassen«, »rollen«, »spritzen« usw.) vor, die sich während des fünften Stadiums entwickeln und die ersten wirklichen Experimentierspiele, deren das Kind fähig ist, darstellen. Die »tertiäre Zirkulärreaktion« ist in diesem Sinn tatsächlich ein »Experiment, um zu sehen«.

Es zielt nicht nur darauf ab, ein interessantes Ergebnis zu reproduzieren, sondern ist bestrebt, es bei der Wiederholung zu verändern. Auf dieser Entwicklungsstufe wird der Gegenstand endgültig unabhängig von der eigenen Handlung: Er wird zum Ursprung (Ursache) vollständig autonomer Tätigkeiten, die das Kind von außen untersucht. Künftig richtet es daher seine Aufmerksamkeit auf das Neuartige an sich.

Mögen die Handlungen des »Hin- und Herschwenkens« und des »Loslassens«, die, wie gesagt, im Verlauf der »Explorationsspiele« dieses Stadiums auftreten, in gewissem Sinne schon etwas von den »Experimenten, um zu sehen« vorausnehmen, so kann man sie dennoch nicht vollständig mit ihnen identifizieren. Einerseits begnügt sich das Kind noch immer mit einer »Reproduktion« des beobachteten Effektes und ist noch nicht bestrebt, Neues zu erfinden. Überdies werden wir besonders im Verlauf des Buchs ›Der Aufbau der Wirklichkeit beim Kinde‹ feststellen, daß der charakteristische »Gegenstand« dieses vierten Stadiums teilweise noch von der Handlung abhängig bleibt.

Es dürfte nun auch klar sein, warum wir diese Tatbestände noch in dasselbe Stadium wie die »Anwendung bekannter Mittel auf neue Situationen« einordnen. Ebenso wie die intelligenten Verhaltensweisen, die wir weiter oben (Bb. 120 bis 130) untersucht haben, bestehen die hier untersuchten ganz wesentlich in einer Anpassung der schon vorhandenen Handlungsschemata an die gegebenen Umstände. Derartige Anpassungen verlängern in gewissem Sinne einfach die sekundären Zirkulärreaktionen. Zum Unterschied aber von den »Vorgehensweisen, die dazu dienen, ein interessantes Schauspiel andauern zu lassen«, haben die gegenwärtigen Verhaltensweisen nicht nur die Funktion, das gegebene Resultat »andauern zu lassen«, sondern sich selbst der Neuartigkeit der Situation anzupassen.

Diese Tatsachen erinnern überdies an das Verstehen von Anzeichen, von dem weiter oben die Rede war. Im Verlauf der Versuche, neue Gegenstände zu assimilieren, treten tatsächlich zahlreiche Signale und Anzeichen auf, die das Kind bei der Wahl der anzuwendenden Handlungsschemata leiten. So werden in der Beobachtung 139 seine Bemühungen durch die Tatsache gelenkt, daß der Gegenstand beweglich oder unbeweglich, daß er erst aufgehängt oder schon hängend dargeboten wird. Man stellt in dieser Hinsicht von neuem fest, daß ein Anzeichen um so weniger nützt, je weniger Handlungsschemata dem Kind zur Verfügung stehen, weil dann die Assimilation eben unmittelbar und global erfolgt. Je mehr sich dagegen seine Handlungsschemata vervielfältigen, desto komplexer kann auch das Zeichensystem werden, und desto notwendiger wird es für die Handlung.

Den Unterschied zwischen den hier betrachteten Tatsachen und den früher besprochenen sehen wir in der verschiedenen Zielsetzung der

Assimilationsbemühungen. Das Kind bemüht sich zu verstehen und nicht zu erfinden noch vorauszusehen. Im Falle der Beobachtungen 120 bis 130 verfolgt das Kind tatsächlich von Beginn der Handlung an die Absicht, ein gegebenes Handlungsschema auf einen Gegenstand anzuwenden, und sein Problem ist es, die richtigen Verbindungsschemata als Mittel zu diesem Zweck einzusetzen. Es bemüht sich also, etwas Neues zu erfinden, und das Verstehen hat nur die Aufgabe, den Erfindungsakt zu fördern. Bei den hier besprochenen Verhaltensweisen möchte es dagegen wissen, welche Handlungsschemata dem Gegenstand entsprechen. Hier bemüht es sich also zu verstehen, und wenn dabei auch ein gewisses Erfindungselement eine Rolle spielt, etwa in der Form des Suchens nach Handlungsschemata, so dient es doch einzig der Förderung des Verstehens. Das Wiedererkennen der Anzeichen, von dem wir im Zusammenhang mit den Beobachtungen 132 bis 135 gesprochen haben, stellt in dieser Hinsicht eine intermediäre Verhaltensweise dar. Es tendiert nach Verstehen, insofern es ein Ereignis unmittelbar an ein Handlungsschema assimilieren will; das Verstehen, von dem hier die Rede ist, zielt aber auf Voraussicht, das heißt auf die Verwendung desselben Verhaltensschemas für die Assimilation kommender Erscheinungen, und in diesem Sinn ist es auch Erfindung.

Ganz allgemein gesehen, besitzen also die dem vierten Stadium eigentümlichen Verhaltensweisen eine wirkliche Einheit. Sie streben durchwegs nach Koordination der Handlungsschemata untereinander und nach ihrer Anpassung an den Gegenstand. Diese beiden Tendenzen sind überdies komplementär zueinander. Die »Anwendung bekannter Mittel auf neue Situationen« wird bestimmt durch die Koordination von zwei Gruppen von Verhaltensschemata, von denen die einen als Ziele und die anderen als Mittel dienen. Daraus ergibt sich eine stärkere Anpassung der Mittel an die Umstände, die diese Koordination bedingen. Die diesem Stadium eigentümlichen »Anzeichen« gestatten eine Voraussicht, die sich bereits von der eigenen Handlung loszulösen beginnt. Hier liegt also gleichfalls sowohl eine »Anwendung bekannter Handlungsschemata auf neue Situationen« als auch ein Fortschritt in der Anpassungstätigkeit an die Gegebenheit der Wahrnehmung vor. Ebenso verhält es sich mit den »Explorationen«, von denen wir eben gesprochen haben. Zwar setzt die Explorationstätigkeit nicht notwendigerweise Koordination von verschiedenen Handlungsschemata voraus, da sie nur die Anwendung von Verhaltensschemata auf neue Gegenstände impliziert, aber wie die früher genannten Tätigkeiten zieht sie tatsächlich eine Akkommodation des Handlungsschemas an den Gegenstand nach sich und besteht nicht mehr nur in einer globalen Anwendung wie im dritten Stadium.

Kapitel V
Das fünfte Stadium: Die »tertiäre Zirkulärreaktion« und die »Entdeckung neuer Mittel durch aktives Ausprobieren«

Im dritten Stadium hat das Kind durch fortwährendes Manipulieren der Dinge eine Reihe von einfachen Handlungsschemata aufgebaut, wie zum Beispiel »schütteln«, »reiben« usw., die ihre Entstehung der »sekundären Zirkulärreaktion« verdanken. Obwohl sich diese Handlungsschemata noch nicht untereinander koordinieren, ist doch jedes von ihnen durch zusammenhängende Bewegungen und Wahrnehmungen durchstrukturiert und leitet folglich eine Beziehungsbildung zwischen den Gegenständen ein. Diese Struktur greift aber noch nicht über den Rahmen des Handlungsschemas hinaus. Darum impliziert sie keine deutliche Unterscheidung zwischen »Mittel« und »Ziel«, und darum bleibt diese Beziehungsbildung aus demselben Grund rein praktischer Art und führt noch nicht zur Erarbeitung eigentlicher »Gegenstände«.

Im Verlauf des vierten Stadiums, das dem jetzt zu besprechenden unmittelbar vorangeht, koordinieren sich die sekundären Handlungsschemata unter sich und bringen so die komplexen Tätigkeiten hervor, die wir »Anwendung bekannter Mittel auf neue Umstände« genannt haben. Diese Koordination von Handlungsschemata, bei denen sich »Mittel« und »Ziel« unterscheiden lassen und die aus diesem Grunde die ersten eigentlichen Intelligenzhandlungen sind, sichern auch die Bildung neuer Beziehungen zwischen den Gegenständen unter sich. In ihnen haben wir somit den Anfang der Konstituierung wirklicher »Gegenstände« vor uns. Zwei Umstände schränken aber die Wirksamkeit dieses Verhaltens ein und bestimmen damit gleichzeitig seinen Abstand vom fünften Stadium. Um sich an die neuen Umstände, in denen es sich befindet, anzupassen, das heißt also, um das Hindernis aus dem Wege zu räumen oder das geeignete Zwischenglied zu entdecken, begnügt sich das Kind des vierten Stadiums damit, schon bekannte Handlungsschemata miteinander zu koordinieren, indem es sie gleichzeitig differenziert und durch progressive Akkommodation einander anpaßt. Dieser erste Umstand bringt es mit sich, daß die Beziehungen, die das Kind zwischen den Dingen herstellt, von den bereits vollständig ausgebildeten Handlungsschemata abhängen. Einzig ihre Koordination stellt etwas Neuartiges dar. Daher führen diese Verhaltensweisen noch nicht zur Erarbeitung von Gegenständen, die von der Handlung vollständig unabhängig sind, noch zu vollständig »objektiven« räumlichen »Gruppen« usw. Das wird sich insbesondere in ›Der Aufbau der Wirklichkeit beim Kinde‹ erweisen, wo wir die

Begriffe des Gegenstandes, des Raumes, der Ursächlichkeit und der Zeit untersuchen werden, die für das vierte Stadium charakteristisch sind. Kurz, das vierte Stadium, durch eine beginnende Koordination der Handlungsschemata gekennzeichnet, erscheint eher als eine Einleitungs- oder Grundlegungsphase als eine Periode der Verwirklichung oder der Vollendung.

Das fünfte Stadium dagegen, dessen Studium wir nun in Angriff nehmen wollen, stellt in erster Linie das Stadium der Erarbeitung des »Gegenstandes« dar. Es ist durch die Bildung von neuen Handlungsschemata charakterisiert. Sie verdanken ihre Existenz nicht nur einer einfachen Reproduktion zufällig erzielter Resultate, sondern entstehen aus einer Art von Ausprobieren oder von Suchen nach dem Neuartigen als solchem. Andererseits – und ganz entsprechend zur selben Tendenz – erkennt man das fünfte Stadium am Auftreten einer höheren Art von Koordination der Handlungsschemata. Diese Koordination wird durch das Suchen nach neuen »Mitteln« geleitet. Sowohl die eine wie die andere dieser beiden Verhaltensweisen setzen diejenigen der vorangehenden Entwicklungsstadien fort. Die »tertiäre Zirkulärreaktion« leitet sich, wie wir sehen werden, in direkter Weise von den sekundären Reaktionen und von den »Explorationen« her, die ihr Entstehen den sekundären Reaktionen verdanken. Die neue Leistung der »tertiären« Reaktionen besteht einzig darin, daß bei ihnen der zufällig erzielte, neue Effekt nicht nur reproduziert, sondern mit der Absicht modifiziert wird, sein Wesen zu erforschen. Die »Entdeckungen neuer Mittel durch aktives Ausprobieren« krönen in direkter Fortsetzung die Koordinationen der im vierten Stadium schon gebräuchlichen Handlungsschemata. Dabei wird aber die gegenseitige Anpassung dieser Handlungsschemata, die wir schon im Verlauf des vorangegangenen Kapitels beschrieben haben, zu einer Akkommodation um der Akkommodation willen, das heißt zu einem Suchen nach neuartigen Vorgehensweisen.

Obwohl also die Verhaltensweisen des fünften Stadiums diejenigen des vierten fortsetzen und ihrer natürlichen Vollendung zuführen, bringen sie dennoch einen entscheidenden Fortschritt und leiten eine charakteristische Phase ein. Zum ersten Mal paßt sich das Kind nun wirklich unbekannten Situationen an. Es verwendet dazu nicht nur früher ausgebildete Verhaltensschemata, sondern sucht und findet neue Mittel. Daraus ergibt sich eine ganze Reihe von Konsequenzen, sowohl für die Funktionsweise der Intelligenz als auch für die wesentlichen Kategorien des konkreten Denkens.

Die Funktionsweise profitiert von dieser Entwicklung in der Weise, daß die Koordination von Handlungsschemata von einer intentional gewordenen Akkommodation gesteuert wird, die sich entsprechend den neuen Umständen differenziert. Damit ist der Mechanismus der empirischen Intelligenz voll ausgebildet. Das Kind ist künftig in der Lage, neue Probleme zu lösen, auch wenn keines der schon ausgebildeten Handlungsschemata direkt zu diesem Zweck verwendbar ist. Die Lösung dieser Probleme wird zwar noch nicht aufgrund von Deduktionsprozessen oder Vorstellungen gefunden, sie ist prinzipiell in allen Fällen das Resultat eines komplexen Spiels von experimentierendem Ausprobieren und Kombinieren von Handlungsschemata.

Der Fortschritt in den »realen Kategorien« des Denkens erfolgt auch aufgrund dieser besseren Akkommodation an die Dinge. Diese Akkommodation, verbunden mit der schon im vergangenen Stadium erworbenen Koordination der Handlungsschemata, bewirkt, daß der »Gegenstand« endgültig von der eigenen Handlung losgelöst und sowohl in kohärente räumliche Gruppen als auch vom eigenen Handeln unabhängige, kausale und temporale Reihen eingeordnet wird.

1. Die tertiäre Zirkulärreaktion

Die Eigenart der jetzt zu beschreibenden Verhaltensweisen besteht darin, daß sie zum ersten Mal ein Bemühen darstellen, das Neue an sich zu erfassen.

Von den ersten Anfängen des geistigen Lebens an zwingt die Außenwelt den Reaktionen des Subjektes eine ständige Erweiterung auf, und seine neuen Erfahrungen sprengen unaufhörlich die bestehenden Verhaltensstrukturen. Daher stülpen sich über die reflexen Verhaltensschemata früher oder später erworbene Gewohnheiten, und aus ihnen entstehen die intelligenten Handlungsschemata. Diese Entwicklung wird vom Subjekt nicht als Last, sondern als Vergnügen empfunden, denn die »Zirkulärreaktion« stellt auf allen Ebenen geradezu das Bemühen dar, das Neue zu erhalten und es durch reproduzierende Assimilation zu fixieren. Überdies könnte man in gewissem Sinne die These vertreten, daß das Neue aus der Assimilationstätigkeit entsteht, da die ersten, zwar nicht sehr zahlreichen, aber heterogenen Verhaltensschemata danach streben, sich gegenseitig zu assimilieren, und so zu den vielfältigen intersensorischen Koordinationen und intelligenten Kombinationen führen.

Die gleichen Tatsachen können allerdings auch unter einem andern Gesichtswinkel betrachtet werden und offenbaren dann den Widerstand des geistigen Lebens gegen das Neue und den momentanen Sieg der Erhaltungstendenz über die Akkommodation.

In dieser Betrachtungsweise stellt die Assimilation eine Vernachlässigung des Neuen in den Dingen und Ereignissen dar, denn sie degradiert diese Dinge und Ereignisse zu einer reinen Nahrung für die bestehenden Handlungsschemata. Tendiert die Zirkulärreaktion als solche auch nach Reproduktion zufällig beobachteter neuer Effekte, darf man dennoch nicht übersehen, daß sie diesen Effekt nicht selbst gesucht hat. Er hat sich vielmehr aufgezwungen, indem er zufällig und überraschend im Zusammenhang mit vertrauten Handlungen in Erscheinung trat. So gesehen ist die Zirkulärreaktion ursprünglich eine rein reproduzierende Assimilation, und sie bezieht sich auch nur deshalb auf eine neue Gegebenheit, weil diese Gegebenheit die Stellungen gleichsam gestürmt hat und ganz überraschend in das Innere eines schon erarbeiteten Handlungsschemas eingebrochen ist. Erinnern wir uns noch daran, wie die äußeren neuartigen Ergebnisse, die die sekundäre Zirkulärreaktion charakterisieren, als Folge einer Differenzierung primärer Handlungsschemata auftreten und nur unter dem Druck der Außenwelt zustande kommen und wie sich die primäre Zirkulärreaktion selbst wieder durch Differenzierung aus den ersten Reflexschemata entwickelt hat.

Ganz anderer Art ist die tertiäre Zirkulärreaktion. Sie entsteht zwar aufgrund einer Differenzierung sekundärer Zirkulärschemata. Diese Differenzierung wird aber nicht mehr durch die Umwelt aufgezwungen, sondern gleichsam um ihrer selbst willen akzeptiert und ist sogar erwünscht. Wenn es nämlich dem Kind nicht gelingt, bestimmte Gegenstände oder Situationen an die bis jetzt ausprobierten Handlungsschemata zu assimilieren, präsentiert es nun ein überraschendes Verhalten. Es versucht, durch eine Art von Experimentieren herauszubringen, in welcher Beziehung dieser Gegenstand oder dieses Ereignis neu ist. Mit anderen Worten, es erleidet die neuen Resultate nicht nur, sondern provoziert sie selbst. Es begnügt sich also nicht mehr mit einer einfachen Reproduktion, wenn sie zufälligerweise aufgetreten sind. So entdeckt das Kind die Vorgehensweise, die man in der alltäglichen Praxis der Wissenschaft das »Experiment, um zu sehen« genannt hat. Selbstverständlich steckt im neuentstandenen Effekt, obwohl er um seiner selbst willen gesucht worden ist, die Tendenz, sich zu reproduzieren. Darum folgt dem anfänglichen Experiment sogleich eine Zirkulärreaktion nach. Aber auch in dieser Beziehung hebt sich die »tertiäre« von der »sekundären« Reaktion ab. Wenn das Kind die Bewegungen, die zu diesem interessanten Ergebnis führten, wiederholt, tut es das nicht in haargenau derselben Weise, sondern stuft sie ab und variiert sie, um auf diese Weise die Variationen des Ergebnisses selbst zu entdecken. Im »Experiment, um zu sehen« steckt also von je die Tendenz, sich auszuweiten und die Umwelt zu erobern.

Diese tertiären Zirkulärreaktionen ermöglichen nun erst die vollständigen Intelligenzhandlungen, die wir »Entdeckung neuer Mittel durch aktives Ausprobieren« nennen. Die bis jetzt untersuchten Intelligenzhandlungen bestanden tatsächlich bloß in einer Anwendung bekannter Mittel (schon ausgebildeter Handlungsschemata) auf neue Situationen. Was soll aber geschehen, wenn die bekannten Mittel sich als unzureichend erweisen, mit anderen Worten, wenn die Verbindungsglieder zwischen Subjekt und Objekt nicht mehr an die vertrauten und gewohnten Handlungsschemata assimiliert werden können? Es wird etwas ganz Ähnliches geschehen, wie wir es eben für die tertiären Zirkulärreaktionen in Aussicht gestellt haben: Das Subjekt wird auf der Stelle nach neuen Mitteln suchen und wird sie gerade durch tertiäre Reaktionen entdecken. Man darf aber nicht sagen, es wende tertiäre Verhaltensschemata auf diese Situation an, da ja die tertiäre Zirkulärreaktion definitionsgemäß nur den Rang eines Stellvertreters hat und nur während der Erarbeitung neuer Handlungsschemata existiert. Man muß vielmehr sagen, es wende die Methode der Zirkulärreaktion an.

Das Auffinden neuer Mittel durch aktives Ausprobieren verhält sich also zur tertiären Zirkulärreaktion wie die »Anwendung bekannter Mittel auf neue Situationen« sich zur sekundären Reaktion verhält. Verglichen mit einfachen Handlungsschemata, stellt sie eine Kombination oder Koordination von Verhaltensschemata dar. Noch genauer ausgedrückt, befinden wir uns vor einer ähnlichen Unterscheidung, wie man sie auf der Ebene der rationalen oder verbalen Intelligenz zwischen Schlußfolgerung und Urteil einführen kann. Die Schlußfolgerung ist eine Kombination von Urteilen, von denen die einen als Mittel und die anderen als Ziele dienen. Wenn man vom Standpunkt der Funktionsweise die rationale Intelligenz mit der sensomotorischen Intelligenz vergleicht, könnte man sagen, daß ein Urteil nichts anderes als die Assimilation einer Gegebenheit an ein Schema darstellt und daß umgekehrt die einfachen Zirkulärreaktionen, seien sie primär, sekundär oder tertiär, Urteile sind. Die »Anwendung bekannter Mittel auf neue Situationen« und das »Erfinden neuer Mittel« sind aber, vom selben funktionalen Standpunkt aus betrachtet, eigentliche Schlußfolgerungen. Wie wir es schon oft betont haben, wird das als Mittel verwendete Verhaltensschema (mag es schon bekannt oder auch erst in diesem Augenblick erfunden worden sein, das hat wenig Gewicht in diesem Zusammenhang) in derselben Weise unter das dem Endziel zugehörige Handlungsschema subsumiert, wie die Urteile im Hinblick auf die Schlußfolgerung in einen Zustand gegenseitiger Implikation gebracht werden. Das Verstehen von Anzeichen dagegen siedelt sich in dieser Hinsicht zwischen Urteil und Schlußfolgerung an. Es ist Urteil, insofern es eine direkte Assimilation des Anzeichens ist, und es ist Schlußfolgerung, insofern diese Assimilation bereits viele Voraussichten in sich enthält, das heißt Ursprung möglicher Deduktionen sein kann. Man findet ein Äquivalent dieses Zwischengliedes auch im verbalen Denken, wo die Mehrzahl der Urteile implizite Schlußfolgerungen darstellen. Nach diesen Überlegungen wollen wir nun die tertiären Zirkulärreaktionen analysieren, die folglich in gewisser Weise den funktionellen und sensomotorischen Ausgangspunkt der experimentellen Urteile bilden.

Bb. 141: Ein erstes Beispiel wird uns den Übergang von den sekundären Zirkulärreaktionen zu den »tertiären« Reaktionen verständlich machen. Es handelt sich um das bekannte Verhalten, mit dem das Kind den nicht direkt erreichbaren Raum erforscht und mit dem es sich ein Bild der Bewegung konstruiert. Zu diesem Zweck läßt es Gegenstände fallen oder wirft sie weg und versucht nachher, sie wieder aufzulesen.

Man erinnere sich daran (Bb. 140), wie Laurent mit 0; 10 (2) beim »Explorieren« einer Seifenschale die Möglichkeit entdeckt hat, diesen Gegenstand loszulassen und ihn dann fallen zu lassen. Dabei hat ihn anfänglich nicht das objektive Phänomen des Falles, das heißt die Bahn des Gegenstandes, interessiert, sondern vielmehr die Handlung des Loslassens selbst. Er beschränkte sich zu Beginn ganz einfach darauf, das zufällig erfahrene Resultat zu reproduzieren. Wir haben also darin noch immer eine »sekundäre« Reaktion vor uns, die allerdings »abgeleiteter« Art, aber von typischer Struktur ist.

Mit 0; 10 (10) ändert sich dagegen die Reaktion und wird »tertiär«. An diesem Tage manipuliert Laurent nämlich ein Stück weiches Brot (es ist kein Hungerbedürfnis mit im Spiel, er hat noch nie davon gegessen und denkt gar nicht daran, es zu versuchen). Er läßt es unaufhörlich fallen. Er geht sogar dazu über, einzelne Stücke davon loszulösen und sie nacheinander fallen zu lassen. Im Gegensatz zu den vorangegangenen Tagen gewährt er aber der Handlung des Loslassens selbst gar keine Aufmerksamkeit mehr, verfolgt jedoch mit den Augen sehr interessiert den fallenden Gegenstand. Insbesondere betrachtet er ihn ganz lange, wenn er gefallen ist, und liest ihn wieder auf, wenn er kann.

Mit 0; 10 (11) liegt Laurent auf dem Rücken, nimmt aber nichtsdestoweniger seine Versuche vom Vortag wieder auf. Er ergreift nacheinander einen Schwan aus Zelluloid, eine Schachtel usw., streckt den Arm aus und läßt sie fallen. Dabei variiert er ganz deutlich die Fallstellungen. Bald streckt er den Arm senkrecht hoch, bald hält er ihn schräg nach vorne oder nach hinten (relativ zu den Augen) usw. Wenn der Gegenstand auf einen neuen Platz fällt (zum Beispiel auf das Kopfkissen), läßt er ihn zweimal oder dreimal hintereinander auf diesen Ort fallen, wie um diese spezielle Relation genau zu studieren; dann verändert er die Situation. Einmal landet der Schwan auch nahe bei seinem Mund. Er beginnt jedoch nicht etwa daran zu lutschen (obwohl der Gegenstand für gewöhnlich diesem Zweck dient), sondern läßt ihn dreimal auf dieser Bahn hinunterfallen, wobei er nur undeutlich die Geste des Mundöffnens andeutet.

Mit 0; 10 (12) läßt Laurent gleichfalls eine Reihe von Gegenständen fallen. Dabei variiert er die Bedingungen, um ihre Fallbewegung zu studieren. Er sitzt in einem Korb von ovaler Form und läßt den Gegenstand über den Rand des Korbes fallen, bald nach rechts, bald nach links, an ganz verschiedenen Stellen. Jedesmal versucht er, den Gegenstand wieder zu erwischen, indem er sich vorbeugt und den Oberkörper soweit wie möglich vorstreckt, sogar dann, wenn der Gegenstand in einer Entfernung von vierzig oder fünfzig Zentimetern auf den Boden fällt. Auch wenn der Gegenstand unter den Rand des Korbes rollt und so für ihn unsichtbar wird, versucht er, ihn immer wieder zu finden.

Bb. 142: Mit 0; 10 (29) betrachtet Laurent prüfend eine Uhrenkette, die an meinem Zeigefinger hängt. Zuerst berührt er sie ganz sachte, ohne sie zu ergreifen. Er scheint sie ganz einfach zu »explorieren«. Dadurch löst er aber ein leichtes Schwingen aus, das er sogleich fortzusetzen versucht. Auf diese Weise entdeckt er eine »abgeleitete Sekundärreaktion« von neuem, die wir schon in der Bb. 138 (Handlungsschema des Hin- und Herschwingens) beschrieben haben. Er bleibt aber nicht dabei stehen, sondern ergreift die Kette mit der rechten Hand und versetzt sie mit der linken in Schwingungen. Dabei probiert er einige neue Kombinationen aus (damit beginnt jetzt die »tertiäre Reaktion«). Vor allem läßt er sie an seinem linken Handrücken hinuntergleiten, um zu sehen, wie sie, am Ende angekommen, zurückschwingt. Daraufhin hält er das Ende der Kette fest (mit Zeigefinger und Daumen der rechten Hand) und läßt sie langsam zwischen den Fingern seiner linken Hand hindurchgleiten (die Kette ist dabei waagrecht und nicht mehr schräg wie vorher). Er untersucht jetzt sorgfältig den Augenblick, wo die Kette von seiner linken Hand herunterfällt, und wiederholt dieses Schauspiel zehnmal hintereinander. Daraufhin schüttelt er die Kette heftig, indem er sie immer noch mit der rechten Hand an einem Ende festhält, so daß die Kette eine Reihe von mannigfaltigen Bahnen und Linien in die Luft zeichnet. Nachher verlangsamt er seine Bewegung und sieht zu, wie die Kette über seine Bettdecke kriecht, wenn er sie ganz einfach zieht. Schließlich läßt er sie von verschiedenen Höhen herunterfallen und wiederholt so das im Verlauf der vorangegangenen Beobachtungen ausgebildete Verhaltensschema.

Vom zwölften Lebensmonat an hat Laurent eine große Zahl derartiger Experimente unternommen mit allem, was ihm in die Hand geriet, zum Beispiel meinem Notizbuch, »Holzstäbchen« usw. Er vergnügt sich damit, sie gleiten oder fallen zu lassen oder sie in verschiedenen Stellungen loszulassen und von verschiedenen Höhen herunterfallen zu lassen, um ihre Bahn zu beobachten. Mit 0; 11 (20) läßt er beispielsweise einen Holzklotz drei Zentimeter über dem Boden los, dann ungefähr zwanzig Zentimeter usw. und beobachtet jedesmal den Fall mit größter Aufmerksamkeit.

Bb. 143: Hier noch ein anderes Beispiel für ein »Experiment, um zu sehen«, das wir bei Laurent aufgezeichnet haben und das sich auf den Klang bezieht.

Mit 1; 1 (24) befindet sich Laurent zum ersten Mal vor einem Möbelstück, von dem wir später noch im Zusammenhang mit dem »Erfinden neuer Mittel durch aktives Experimentieren« sprechen werden. Es handelt sich um eine Art von Blumenständer, bei dem jedes Plateau von rundlicher Form sich um eine gemeinsame Achse dreht. Laurent faßt eines dieser Plateaus an, um es an sich zu ziehen. Das Plateau bewegt sich, aber nicht in einer geraden Linie, wie das Kind erwartet hatte, sondern dreht sich um sich selbst. Nun schüttelt Laurent es, schlägt darauf und nimmt dann eine deutlich »experimentierende« Haltung ein, um seinen Klang zu untersuchen. Er schlägt mehrmals nacheinander darauf, bald sachte, bald stark, und dazwischen schlägt er auf das Plateau seines eigenen Tisches. Ohne Zweifel vergleicht er die Töne miteinander. Dann schlägt er auf die Lehne seines Stuhls und wiederum auf das große drehbare Plateau. – Hier liegt also bereits mehr als bloße »Exploration« vor, da ja mehrere Gegenstände miteinander verglichen und die erzielten Effekte eingestuft werden.

Darauf bemüht er sich von neuem, das Plateau zu sich heranzuziehen, und bringt es zufällig wieder zum Drehen. Die Fortsetzung dieses Verhaltens werden wir in der Bb. 148b beschreiben, denn es ist sehr schnell komplexer geworden.

Bb. 144: Jacqueline ließ von 0; 11 an mit Absicht, wie mir schien, die Gegenstände, die sie in Händen hielt, zur Erde fallen, um sie nachher wieder aufzuheben, oder sie begnügte sich damit, sie dort zu betrachten.

Bei den ersten Handlungen dieser Art ist es aber schwierig zu entscheiden, was noch Zufall und was bereits Absicht ist. Mit 0; 11 (19) dagegen ist die Sache eindeutig: Während ihrer Mahlzeit, die sie sitzend einnimmt, schiebt sie ein kleines Pferdchen immer näher zum Rand ihres Tischchens, bis es fällt. Dabei verfolgt sie es mit den Augen. Eine Stunde später gibt man ihr eine Postkarte: Jacqueline läßt sie mehrmals hintereinander zur Erde fallen und sucht sie dann mit den Augen. Mit 0; 11 (28) schiebt sie ebenso systematisch einen Fingerhut bis zum Rand der Schachtel, auf dem er sich befindet, und schaut ihm zu, wie er fällt. Um derartige Verhaltensweisen richtig zu interpretieren, muß man sich vor Augen halten, daß das Kind die Bedeutung der Schwerkraft noch nicht kennt. Mit anderen Worten, wenn es einen Gegenstand losläßt, weiß es nicht, was geschehen wird. Wenn es versucht, ihn zur Erde fallen zu lassen, glaubt es sich gezwungen, ihn von oben nach unten zu stoßen, und es begnügt sich damit, ihn ganz einfach loszulassen. So stößt Jacqueline noch mit 1; 0 (26) ihre Kugel zur Erde, statt sie bloß fallen zu lassen. Am selben Tage sucht sie sich von einem Kissen zu befreien, das ihr einen Gegenstand verbirgt. Sie drückt nun ganz einfach dieses Kissen an die Rückwand des Sofas, wie wenn es da von selbst halten würde. Sie wiederholt das ungezählte Male, nicht in einer Art Zirkulärreaktion, sondern nur aus der Absicht, sich dieses Gegenstandes zu entledigen, der sie behindert.[1]

Mit 1; 1 (28) schaut mir Jacqueline zu, wie ich mehrmals hintereinander einen runden Serviettenring aus fünfzehn Zentimeter Höhe auf ihren Tisch fallen lasse. Als ich aufhöre, ergreift sie ihn und legt ihn ganz einfach auf den Tisch; dann zeigt sie deutliche Anzeichen von Enttäuschung, weil sie feststellen muß, daß sich nichts weiter ereignet. Das tut sie fünf- oder sechsmal hintereinander, als ich ihr dann den Versuch von neuem vorspiele, hält sie nun systematisch den Gegenstand genau an dieselbe Stelle wie ich (fünfzehn Zentimeter über den Tisch), aber statt ihn loszulassen, legt sie ihn von oben auf den Tisch!

Auch das Handlungsschema »auf die Erde werfen und dann wieder auflesen« hat sich sehr lange erhalten und sich erst nach und nach differenziert. Mit 1; 3 (21) und 1; 3 (27) beginnt Jacqueline, notiere ich, Gegenstände fallen zu lassen, statt sie auf die Erde zu werfen. Das gelingt ihr insbesondere dann, wenn sie ihren Arm in die Höhe streckt, die Hand nach hinten richtet und den Gegenstand nach hinten fallen läßt. Mit 1; 4 (1) schleudert sie mehrmals nacheinander einen Gegenstand unter den Arbeitstisch ihrer Mutter, von wo sie ihn nur mit Mühe wieder hervorholen kann: dasselbe tut sie beim Tischtuch des Frühstückstisches. Schließlich akkommodiert sich ihre Methode, Gegenstände wieder aufzulesen, in progressiver Weise: Mit 1; 5 (7) bringt Jacqueline es fertig, die Gegenstände wieder aufzuheben, ohne sich dazu hinzusetzen, und sich dann wieder aufzurichten, auch ohne sich anzulehnen.

[1] Fräulein A. Szeminska hat mir in dieser Beziehung eine Beobachtung mitgeteilt, die sie an einem anderthalbjährigen Jungen machen konnte. Dieses Kind versuchte, einen voluminösen Gegenstand durch die Gitterstäbe seines Laufstalls hindurch an sich zu ziehen. Da ihm das nicht gelang, entscheidet es sich dazu, den Gegenstand über die Stäbe hinüberzuholen. Zu diesem Zweck hebt es den Gegenstand bis zu dem Punkt, wo sein Arm durch den horizontalen Abschlußstab aufgehalten wird, dann läßt es den Gegenstand los und versucht ihn nun von der anderen Seite zu erfassen!

Bb. 145: Mit 0; 11 (20), das heißt also am Tag nach dem Versuch mit dem Pferdchen (siehe Bb. 144), läßt Jacqueline ungezählte Male eine Reihe von Gegenständen auf ihrer herunterhängenden Bettdecke hinunterrollen. Es liegt ein wirklicher Versuch und nicht bloß eine Wiederholung vor, denn sie verändert die Gegenstände und die Stellungen.

Mit 1; 0 (2) läßt sie einen Bleistift über einen Tisch rollen, indem sie ihn unmittelbar über der Tischplatte losläßt oder ihn leicht anstößt. Am folgenden Tage treibt sie dasselbe Spiel mit einem Ball.

Mit 1; 0 (3) ergreift sie ihren Plüschhund, legt ihn auf ein Sofa und erwartet ganz offensichtlich eine Bewegung. Als der Hund aber unbeweglich bleibt, stellt sie ihn auf einen anderen Platz. Nach einigen erfolglosen Versuchen stößt sie ihn ganz leicht an, nachdem sie ihn kaum hingesetzt hat oder als er sich noch einige Millimeter über dem Stoff befindet, wie wenn er so leichter rollen würde. Schließlich ergreift sie ihn und legt ihn auf ein schräges Kissen, so daß der Hund nun tatsächlich hinunterrollt. Das wiederholt sie sogleich. Es liegt also deutlich ein Ausprobieren vor. Man dürfte aber im letzten Fall nicht eine sichere Voraussicht annehmen: Man hat ja gesehen (Bb. 144), daß Jacqueline noch mit 1; 0 (26) die Wirkungen der Schwerkraft nicht vorauszusehen vermag.

Mit 1; 1 (18) tut sie dasselbe mit ihrem Kaninchen.

Mit ebenfalls 1; 1 (19) legt Jacqueline ihren roten Ball auf die Erde und erwartet, daß er davonrollen wird. Sie wiederholt diesen Versuch fünf- oder sechsmal und bezeugt jedesmal ein lebhaftes Interesse, sobald der Gegenstand auch nur die kleinste Bewegung macht. Darauf stößt sie ihn beim Hinlegen mit einer kleinen Fingerbewegung an, und jetzt rollt der Ball besser. Sie wiederholt nun diesen Versuch, indem sie immer stärker und stärker stößt.

Mit 1; 3 (16) läßt Jacqueline einen Stab parallel zum Rahmen ihres Laufstalles fallen. Er rollt einige Zentimeter weit über den Boden (außerhalb des Stalles).

Sobald ich den Stab wieder in ihre Nähe bringe, ergreift ihn Jacqueline und beginnt mit dem Experiment von neuem. Sie hebt ihn ganz leicht, läßt ihn dann fallen, um ihn rollen zu sehen. Das tut sie ungefähr zehnmal nacheinander. Darauf lege ich ein Handtuch unter den Rahmen, um den Stock am Rollen zu hindern. Jacqueline läßt ihn fallen, aber als sie sieht, daß er unbeweglich bleibt, streckt sie die Hand durch die Gitterstäbe hindurch und gibt ihm einen kleinen Anstoß. Dieses Spiel wiederholt sie drei- oder viermal, aber angesichts des Mißerfolgs gibt sie schließlich auf, ohne zu versuchen, den Stab von höher oben hinunterzuwerfen.

Gleiche Versuche mit 1; 4 (0). Im Verlauf eines dieser Versuche läßt sie zufällig den Stab von ganz oben fallen, und er rollt wunderbar bis zur Zimmerwand. Jacqueline ist über dieses Ergebnis hoch erstaunt. Sobald ich ihr aber den Stab wieder zurückbringe, legt sie ihn ganz einfach und sachte, ungefähr drei bis vier Zentimeter vom Gitter entfernt, zu Boden. Sie schaut ihn längere Zeit an und erwartet offensichtlich, daß er von sich aus zu rollen beginne.

Bb. 146: Mit 1; 2 (8) hält Jacqueline einen für sie neuen Gegenstand in Händen. Es handelt sich um eine kleine runde und platte Schachtel, die sie nach allen Seiten wendet, schüttelt, an der Wand der Wiege reibt usw. Sie läßt sie fallen und versucht, sie wieder aufzuheben. Aber sie ist so weit weg, daß sie sie nur mit dem Zeigefinger erreicht und sie nicht ergreifen kann. Trotzdem gibt sie sich alle Mühe und drückt mit dem Finger kräftig auf den Rand der Schachtel. Da richtet sich die Schachtel auf und fällt wieder zurück. Jacqueline ist sofort interessiert an diesem zufälligen Effekt und befleißigt sich, ihn zu untersuchen. – Bis jetzt handelt es sich aber nur um eine den Bb. 136 und 137 ähnliche Assimilationsbemühung und um die zufällige Entdeckung eines neuen Resultates. Aber diese Entdeckung führt nicht zur Bildung einer einfachen Zirkulärreaktion, sondern wächst sich sogleich zu einem »Experiment, um zu sehen« aus.

Jacqueline setzt also die Schachtel sofort wieder auf den Boden und schiebt sie so weit wie möglich von sich weg (diese Sorge, die Schachtel möglichst weit wegzuschieben, um dieselben Bedingungen wie beim ersten Versuch herzustellen, wie wenn es eine notwendige Bedingung zur Erreichung des Resultates wäre, ist ganz besonders hervorzuheben). Darauf setzt sie ihren Finger auf die Schachtel und drückt. Da sie aber ihren Finger in der Mitte der Schachtel ansetzt, verschiebt sie diese nur ein wenig und bringt sie nicht zum Aufstehen. Sie begnügt sich nun mit dem Spiel und setzt es während einiger Minuten fort (nach einer kleinen Pause fängt sie wieder damit an usw.). Dann wechselt sie den Druckpunkt und setzt den Finger schließlich wieder am Rand der Schachtel auf, was diese zum Aufstehen bringt. Sie wiederholt dieses Spiel sehr oft, indem sie die Bedingungen verändert, aber dabei immer ihre Entdeckung berücksichtigt und nur noch am Rande drückt.

Einen Augenblick später biete ich Jacqueline meinen Zigarettenhalter an, sie wirft ihn so weit wie möglich weg und drückt mit dem Zeigefinger an verschiedenen Stellen darauf, um ihn zum Aufstehen zu bringen. Aber dieses Problem geht über ihre Möglichkeiten hinaus, sie wird seiner müde.

Bb. 147: Während des Bades hat Jacqueline zahlreiche Versuche mit ihren auf dem Wasser schwimmenden Spielsachen aus Zelluloid unternommen. Mit 1; 1 (20) und an den folgenden Tagen läßt sie beispielsweise nicht nur ihre Spielsachen von oben auf das Wasser fallen, um das Wasser spritzen zu sehen. Sie verschiebt sie auch mit der Hand, um sie über Wasser schwimmen zu lassen. Mehr noch, sie taucht sie halb ins Wasser hinein, um sie auftauchen zu sehen.

Mit 1; 7 (20) bemerkt sie die Wassertropfen, die vom Thermometer herunterfallen, wenn sie es in die Luft hält und leicht schüttelt. Sie versucht nun auf die verschiedenste Weise, Spritzer zu werfen: Sie zückt das Thermometer und bremst es plötzlich, oder sie katapultiert es von sich weg.

In den ersten sechs Monaten des zweiten Jahres vergnügt sie sich damit, ihre Eimer, Flaschen, Gießkannen usw. mit Wasser zu füllen und das Fließen und Fallen zu untersuchen. Sie lernt ebenfalls, Wasser mit Vorsicht zu tragen, ohne es auszuschütten, und die Schale dabei horizontal zu halten.

Sie vergnügt sich auch damit, ihren Schwamm mit Wasser zu füllen und ihn dann entweder an ihrer Brust oder über dem Wasser zusammenzudrücken. Es macht ihr Spaß, den Schwamm am Wasserhahn sich vollsaugen zu lassen oder auch das Wasser aus dem Hahn längs ihres Arms fließen zu lassen usw.

Die Verwandtschaft dieser tertiären Zirkulärreaktionen mit den sekundären und sogar primären Reaktionen liegt klar zutage. Einerseits wird das neuartige Resultat immer durch Zufall entdeckt, denn selbst, wenn das Kind die Neuheit als solche sucht, kann es sie doch nur durch Ausprobieren finden. Andererseits beginnt das »Experiment« immer mit einer Wiederholung. Um die Veränderung der Position, die Bahn der geworfenen oder gerollten Gegenstände zu untersuchen usw., gilt es ja immer, zu denselben Bewegungen zurückzukehren und sie höchstens ein wenig zu variieren. Das »Experiment, um zu sehen« ist also eine richtige Zirkulärreaktion höherer Art, entspricht aber in seinem Aufbau genau den vorangehenden Reaktionen.

Die tertiäre Zirkulärreaktion bringt aber auch einige wichtige Neuerungen: Auch wenn das Kind seine Bewegungen wiederholt, um ein interessantes Ergebnis wieder auffinden zu können, variiert es diese Bewegungen und stuft sie ab. Wenn es zum Beispiel Gegenstände wegwirft oder rollen läßt (Bb. 144 und 145), wenn es eine Schachtel zum Aufstehen oder zum Verschieben bringt (Bb. 146) usw., läßt es diese Gegenstände bald aus einer größeren, bald aus geringeren Höhen fallen, setzt seinen Finger auf diesem oder jenem Punkt der Schachtel an usw. Ohne Zweifel ist das auch schon bei früheren Zirkulärreaktionen der Fall. Bei den sekundären Reaktionen besonders geschieht es sehr oft, daß das Kind seine Wirkungen abstuft: Es schüttelt seinen Wagen mehr oder weniger stark, zieht mehr oder weniger fest an den aufgehängten Schnüren, stuft den Lärm der Spielklapper, die es schüttelt, ab usw. Bei diesen zuletzt erwähnten Fällen halten sich diese Variationen allerdings immer an denselben festen Rahmen, und man hat eher den Eindruck, das Kind wolle ein gegebenes Resultat wieder erzeugen, indem es seine möglichen Verwirklichungsweisen erforscht, als daß es etwas Neues zu entdecken bemüht sei. Im vorliegenden Fall dagegen weiß das Kind nicht, was geschehen wird, und es ist gerade bestrebt, neuartige, unbekannte oder auch bloß erahnte Erscheinungen aufzustöbern. In den Beobachtungen 141 bis 144 beispielsweise wiederholt das Kind fortwährend die Handlungen des Loslassens, Werfens oder des Rollenlassens, aber es weiß dabei nicht, welchen Effekt sie haben werden. Es verfolgt geradezu die Absicht, das zu entdecken. In den Beobachtungen 146 und 147 sucht Jacqueline allerdings einen Effekt zu reproduzieren, den sie schon beobachtet hat (die Schachtel aufrichten, schwimmen lassen, werfen oder Wasser ausgießen usw.). Dieser Effekt stellt aber ein Thema mit zahlreichen Variationen dar und bildet für das Kind viel eher eine Erscheinung, die es zu verstehen gilt, als ein einfaches Resultat, das wiederholt werden kann. Bei den ersten Sekundärreaktionen dagegen scheint das Kind weniger analysieren und verstehen zu wollen, als vielmehr einen Effekt ganz einfach zu reproduzieren.

Dieser letztere Unterschied charakterisiert am besten die tertiäre Reaktion. Wie wir schon zu Beginn dieses Kapitels sagten, besteht die Originalität dieser Verhaltensweisen im Suchen nach dem Neuen. Es handelt sich für das Kind nicht mehr bloß darum, bekannte Verhaltensschemata auf neue Gegenstände anzuwenden, sondern diesen Gegenstand selbst mit dem Geist zu erfassen. In dieser Hinsicht stellen die Handlungen »die Position verändern«, »Gegenstände werfen oder rollen«, »eine Schachtel aufrichten«, »schwimmen lassen«, »Wasser ausgießen« usw. aktive Versuche dar, die natürlich noch weit entfernt sind von der Verifizierung einer vorher konzipierten Deduktion, wie das beim wissenschaftlichen Experiment der Fall ist. Dennoch sind sie bereits ein funktionelles Äquivalent des »Experimentes, um zu sehen«. Aufgrund der Tatsache, daß diese Experimente von Variationen und Abstufungen begleitet werden, künden sie überdies beinahe ein eigentliches Experimentierverhalten an. Wenn Jacqueline beispielsweise entdeckt, daß es notwendig ist, am Rand der Schachtel zu drükken und nicht in ihrer Mitte, um sie aufzurichten (Bb. 146), zeugt das von einem gezielten und kontrollierten Bemühen. Selbstverständlich liegen auch schon dafür in der sekundären Reaktion Andeutungen vor. Wenn ein Kind an einer Schnur ziehen muß, um die am Dach aufgehängten Gegenstände zu erschüttern, muß es natürlich auch die richtige Bewegung entdecken. Es ist aber wesentlich leichter, im Verlauf eines mehr oder weniger diffusen Probierens beinahe automatisch die richtigen Bewegungen auszuwählen und die notwendige Bedingung für ein solches Ergebnis zu suchen.

Das Suchen nach dem Neuen stellt das interessanteste Problem, das wir im Zusammenhang mit diesen Verhaltensweisen zu analysieren haben. Während doch alle bis jetzt untersuchten Verhaltensweisen wesentlich erhaltenden Charakter besitzen, gilt es nun zu erklären, wie das Kind in einem bestimmten Augenblick dazu kommt, das Neue um seiner selbst willen zu verfolgen. Wir werden übrigens diesem Problem wiederum begegnen, wenn wir die Situationen besprechen werden, in denen das Kind neue Mittel aufgrund derselben Vorgehensweisen, das heißt durch Ausprobieren, erfindet. Für den Augenblick aber wollen wir uns auf die folgende exakte Frage beschränken: Wie kann das Spiel von Assimilation und Akkommodation das Interesse des Kindes für das Neue erklären, wodurch das »Experiment, um zu sehen« charakterisiert ist?

Infolge eines Paradoxons, das wir später noch zu analysieren haben, sind Akkommodation und Assimilation bei den primitiven Verhaltensweisen zugleich undifferenziert und antagonistisch. Relativ undifferenziert sind sie in dem Sinne, als jedes Assimilationsbemühen gleichzeitig auch ein Akkommodationsbemühen ist, ohne daß man im intellektuellen Tun des Kindes zwei alternierende Phasen ausmachen könnte, von denen die eine dem Deduktionsprozeß der rationalen Intelligenz (Assimilation schlechthin) und die andere dem Experiment (Akkommodation schlechthin) entsprechen würde. Jedes Assimilationsschema ist also unmittelbar auch ein Akkommodationsschema. Die primitive Assimilation, mag sie reproduzierend, generalisierend oder wiedererkennend sein, funktioniert nur insoweit, als sie auch eine zunehmende Akkommodation an die Realität darstellt. Obgleich also Assimilation und Akkommodation als unterschiedliche Prozesse eng miteinander korrelieren, stehen sie einander in einem andern Sinn anfänglich antagonistisch gegenüber. Das Kind akkommodiert sich ja tatsächlich zu Beginn nur dann an die Dinge, wenn es in irgendeiner Weise von ihnen dazu gezwungen wird, während es von Anfang an durch eine unwiderstehliche und lebensnotwendige Tendenz dazu angetrieben wird, das Wirkliche zu assimilieren. So interessiert es sich während der ersten Stadien nur insoweit für die Außenwelt, als die Gegenstände seinen Assimilationsschemata als Nahrung dienen können. Daher ist das Tun des Kindes anfänglich wesentlich auf Bewahrung ausgerichtet und akzeptiert das Neue nur, wenn es sich im Rahmen eines schon ausgebildeten Handlungsschemas aufdrängt (indem es zum Beispiel die vom Wiegendach herabhängenden Schnüre ergreift, bemerkt es die dadurch bewirkten Schwingungen).

Aufgrund der Fortschritte im Assimilationsprozeß verändern sich die Dinge aber nach und nach. Wenn nämlich die Assimilation durch mobile Handlungsschemata ausgebildet ist (wir haben gesehen, wie diese Assimilation sich kontinuierlich aus der aus einfachen Handlungsschemata bestehenden Assimilation entwickelt und herausdifferenziert), weist das Kind von dem Standpunkt, der uns hier beschäftigt, her gesehen, zwei sehr wichtige Tendenzen auf. Einerseits kreist sein Interesse immer mehr und mehr um das äußere Ergebnis seiner Handlungen, nicht nur, weil dieses Resultat zu sehen, zu hören, zu ergreifen usw. ist (weil es also mittels der »primären« Handlungsschemata assimiliert werden kann), sondern auch weil dieses durch die Außenwelt aufgedrängte Resultat die »sekundären« Handlungsschemata fortschreitend weiter differenziert und so die Aufmerksamkeit des Subjektes auf sich zieht. Andererseits versucht das Kind, alle neuen Gegenstände in seine bereits ausgebildeten Handlungsschemata einzuprägen. Diese ständige Assimilationsbemühung läßt es den Widerstand gewisser Gegenstände und die Existenz bestimmter Eigenschaften, die nicht aus diesen Schemata erklärbar sind, entdecken. Dann erst wird die Akkommodation zu einem Wert an sich und beginnt sich von der Assimilation abzuheben, um schließlich immer mehr in ein komplementäres Verhältnis zu ihr zu treten.

Aufgrund dieser beiden Tendenzen, die wir eben in Erinnerung gerufen haben, gewinnt die Akkommodation an das Neue ständig an Interesse. Beginnen wir mit der zweiten Tendenz. Je mehr das Kind beim Versuch, die neuen Gegenstände zu assimilieren, auf Widerstand stößt, desto lebhafter wird es sich für die überraschend entdeckten Eigenschaften interessieren. Das Interesse für das Neue entspringt also, so paradox eine solche Behauptung klingen mag, auch der Assimilation. Wenn der neue Gegenstand oder die neue Erscheinung keine Beziehung zu den bestehenden Assimilationsschemata besäße, würden sie das Kind nicht interessieren. Daher rufen sie auch tatsächlich beim allzu jungen Kinde (auch wenn es schon ergreifen kann) nur eine visuelle oder auditive Aufmerksamkeit hervor. Sobald sie aber beinahe assimilierbar geworden sind, erwecken sie lebhafteres Interesse und größeres Akkommodationsbemühen, als wenn sie unmittelbar assimiliert werden könnten. Je komplexer daher das System von Assimilationsschemata ist, über das ein Kind verfügt, desto größer ist auch seine Aufnahmebereitschaft für das Neue im allgemeinen. Die Chance der neuen Ereignisse, wenigstens ein Schema zu erregen, ist tatsächlich um so größer, je zahlreicher die voll ausgebildeten Verhaltensschemata sind. Das Interesse für die Veränderungen der Perspektive beispielsweise oder für die Bewegung der Gegenstände oder das Werfen, das Rollen usw. erstreckt seine Wurzeln bis hinunter in die sekundären Zirkulärschemata (erschüttern, hin und her schwingen, reiben usw.), mit denen diese neuen Handlungsschemata große Ähnlichkeit besitzen, aber keineswegs identisch sind. In diesem Sinn zieht der Fortschritt der Assimilation auch den Fortschritt der Akkommodation nach sich. Die Akkommodation wird dabei zu einem Ziel an sich, das von demjenigen der Assimilation verschieden ist, sich aber komplementär zu ihm verhält. Wir haben schon an anderer Stelle etwas Ähnliches bezüglich des Sehens festgestellt: Je mehr Gegenstände ein Kind sieht, um so mehr neue wünscht es zu sehen. In diesem letztgenannten Fall ist aber die Akkommodation von der generalisierenden Ausweitung des Assimilationsschemas nicht zu trennen. In Zukunft jedoch erfolgt die Akkommodation immer, bevor eine effektive Assimilation einsetzt, und diese Akkommodation wird ganz einfach durch die vorangehenden Assimilationen ausgelöst, ohne sich direkt von ihnen herzuleiten.

Auch das Interesse für das äußere Ergebnis der Handlung, das den sekundären Zirkulärreaktionen eigentümlich ist, ruft seinerseits früher oder später nach einer Akkommodation um der Akkommodation willen. Wir werden bei Gelegenheit der Ausbildung der Begriffe des Gegenstandes und der Ursächlichkeit darauf zurückkommen. Es sei hier nur vermerkt, daß der Fortschritt der assimilativen Verwendung materieller Gegenstände sogar ihre Substantivierung zur Folge hat. Ein aufgehängter Gegenstand zum Beispiel, den man schütteln, hin- und herschwenken, schlagen und schließlich fallen lassen kann, entwickelt sich dadurch nach und nach zu einem unabhängigen Kräftezentrum und hört auf, bloß Element eines in sich geschlossenen Handlungszyklus zu sein, der durch das Assimilationsschema umschrieben wird. Wenn sich aber die Kausalität in dieser Weise objektiviert und das Universum sich mit Kraftzentren bevölkert, wird das Kind selbstverständlich nicht mehr bloß bestrebt sein, die Dinge in die ihm vertrauten Handlungsschemata einzuordnen. Darüber hinaus wird es sich nun bemühen, die Eigenschaften dieser Kraftzentren zu entdecken, und zwar um so mehr, je weniger Erfolg der direkte Assimilationsversuch hat. In der Beobachtung 145 zum Beispiel sieht man ganz deutlich, wie die Versuche, einen Stab »rollen zu lassen«, Haltungen der Erwartung, der Überraschung, beinahe der Unruhe und des Erstaunens erzeugen – dasselbe geschieht, wenn der Stab tatsächlich rollt, mit 1; 4 (0). Diese Haltungen bezeugen ausdrücklich, daß das Kind in zunehmendem Maße den Dingen eine eigene Spontaneität zuschreibt. Es ist hier auch noch nicht der Ort, von den Personen zu sprechen, denen das Kind natürlich eine noch größere Spontaneität zuschreibt. Kurz gesagt, die Objektivierung der Kausalität ist eine der Quellen des Experimentierens. Auch in diesem Fall geht also die Assimilation in Akkommodation über, und diese wiederum hebt sich allmählich von der ursprünglichen Assimilationstendenz ab, die zu ihrer Entstehung geführt hat.

Auf diese Weise erklärt sich die Tatsache, daß die zunehmende Komplexität der Assimilation ein Interesse für das Neue an sich erweckt, das seinerseits ein ausprobierendes Verhalten und differenzierte Akkommodationsprozesse nach sich zieht. Wird diese frei gewordene Akkommodation weiterhin im Gegensatz zur Assimilation stehen, oder wird sie nach und nach immer mehr komplementären Charakter annehmen? Wenn wir das »Erfinden neuer Mittel durch aktives Ausprobieren« untersuchen, werden wir feststellen, in welchem Maße Assimilation und Akkommodation sich miteinander versöhnen, wenn es darum geht, ein ganz bestimmtes Ziel zu erreichen. Die Akkommodation verwirklicht in diesen Fällen das Handlungsziel, das die Assimilation setzt. Aber auch im gegenwärtigen Zustand, in dem die Akkommodation in der scheinbar reinen Form des »Experimentes, um zu sehen«, auftritt, ist es schon möglich, eine enge Korrelation zwischen ihr und der Assimilation festzustellen.

Beim »Experiment, um zu sehen« geschieht die Akkommodation tatsächlich durch ausprobierende Versuche. Es existieren aber mehrere Arten von Ausprobieren, die wir bei der Diskussion der Theorie von Claparède anführen werden (siehe Schlußkapitel, 4.). Wir können uns daher im Augenblick mit folgender Bemerkung begnügen: Das »Experiment, um zu sehen« stellt noch lange kein reines Ausprobieren dar, an dem die Akkommodation schlechthin ohne Assimilation zum Ausdruck käme. Es besteht viel eher aus einer Art von kumulativen Versuchen, bei denen jeder neue Versuch durch die vorausgehenden gelenkt wird. Wenn Jacqueline beispielsweise die Perspektiven eines Gegenstandes variiert, wenn sie einen Gegenstand schleudert oder das, was sie gerade in Händen hält, rollen läßt, experimentiert sie bei den ersten Versuchen ohne Zweifel ganz blind drauflos, beginnt dann aber, in der Folge ihre Versuche immer gezielter zu lenken. Das ist insonderheit beim Aufrichten der Schachtel in der Beobachtung 146 zu erkennen. Man kann daher die Ansicht vertreten, daß dieses Experimentierverhalten zwar einem Bedürfnis nach Akkommodation entspringt, daß aber die aufeinanderfolgenden Versuche fortlaufend aneinander assimiliert werden. In diesem Sinn ist die tertiäre Reaktion eine echte »Zirkulär«-Reaktion trotz ihres ständigen Suchens nach Neuigkeiten, das sie charakterisiert. Wenn in diesem Prozeß also eine differenzierte Akkommodation erfolgt, zieht sie sogleich wieder eine Assimilation nach sich.

Letztlich kann man also sagen, daß im Unterschied zu den früheren Verhaltensweisen die Akkommodation sich beim »Experiment, um zu sehen« von der Assimilation in der Weise differenziert, daß sie diese in jedem Augenblick leitet, während bei den sekundären Zirkulärreaktionen und den aus ihnen entspringenden Verhaltensweisen die Assimilationsbemühung die Akkommodation bestimmt und ihr vorangeht. Daher besitzt in diesen früheren Fällen die Akkommodation ein sowohl undifferenziertes als auch teilweise antagonistisches Verhältnis zur Assimilation, während die Akkommodation künftig einen komplementären Charakter zur Assimilationstendenz anzunehmen beginnt, von der sie sich abhebt.

Um aber jedem Mißverständnis zu begegnen, muß noch gesagt werden, daß die dem »Experiment, um zu sehen« eigentümliche Akkommodation, auch wenn sie in gewissem Sinne der Assimilation vorangeht, dennoch immer Akkommodation eines Handlungsschemas ist. Ebenso bedeutet die Akkommodation eines früher ausgebildeten Assimilationsschemas seine Differenzierung. Diese wiederum erfolgt in Funktion der gegenwärtigen Erfahrung. Es kann tatsächlich nie »eine reine Erfahrung« geben. Auch wenn das Kind Versuche anstellt, um das Neue zu entdecken, erfaßt es die Wirklichkeit nur in Funktion seiner Assimilationsschemata. Daher sind die ausprobierenden Versuche, die in Gegenwart einer neuen Erfahrung erfolgen, immer nur bloße Akkommodationsprozesse an vorher gebildeten Handlungsschemata, mag diese Akkommodation künftig auch um ihrer selbst willen gewollt und gesucht werden. Die Perspektiven variieren, Gegenstände loslassen oder fortwerfen, rollen oder schwimmen lassen usw., das sind zu Beginn einfache Differenzierungen sekundärer Handlungsschemata von der Art wie »beiseite schieben«, »hin und her schwingen« usw. Auch wenn die Akkommodation künftig neuen Assimilationen vorangeht und sie lenkt und leitet, führt sie dennoch immer die vorangegangenen Assimilationen weiter. Das werden wir noch deutlicher bei den folgenden Verhaltensweisen sehen.

2. Die Entdeckung neuer Mittel durch Ausprobieren
Die Schemata der instrumentalen Verwendung der »Unterlage«, der »Schnur« und des »Stockes«

Die »Entdeckung neuer Mittel durch aktives Ausprobieren« verhält sich (abgesehen von der Entwicklungsgeschwindigkeit) zu den tertiären Zirkulärreaktionen wie die »Anwendung bekannter Mittel auf neue Situationen« zu den sekundären Zirkulärreaktionen.

Die Verhaltensweisen, denen wir uns jetzt zuwenden wollen, stellen somit die höchsten Formen intellektueller Tätigkeit vor dem Auftreten der systematischen Intelligenz dar; diese impliziert dann bereits Deduktion und Vorstellung. Im Unterschied zu den in den Beobachtungen 120 bis 130 beschriebenen Intelligenzhandlungen sind die jetzt zu untersuchenden Verhaltensweisen überdies Erfindungen oder doch wenigstens wirkliche Entdeckungen und offenbaren bereits das der menschlichen Intelligenz eigene konstruktive Element. Das dürfte Grund genug sein, die Befunde möglichst genau anzusehen. Daher werden wir die einzelnen Verhaltensweisen getrennt analysieren, um erst nachher die erhaltenen Konklusionen zu gruppieren.

Die erste Manifestation einer erfindungsfähigen Intelligenz bei unseren Kindern bestand in der Entdeckung, daß man entfernte Gegenstände dadurch ergreifen kann, daß man sie auf ihrer Unterlage zu sich heranzieht. Wir werden dieses Verhalten das »Schema der instrumentalen Verwendung der Unterlage« nennen (französisch: la conduite du support) im Gegensatz zur instrumentalen Verwendung der Schnur oder des Stockes. Es ist zugleich das einfachste Verhalten im fünften Stadium und gestattet uns daher auch, wie alle Übergangsfälle, den Unterschied zwischen den Verhaltensweisen des vierten und des fünften Stadiums festzustellen.

An und für sich könnte das »Schema der instrumentalen Verwendung der Unterlage« schon genauso im Verlauf des vierten Stadiums auftreten, und tatsächlich geschieht es auch manchmal, daß sie in unsystematischer Weise während dieser Periode in der Form einer einfachen Koordination von Handlungsschemata in Erscheinung tritt. Wie wir aber sehen werden, bedarf die Systematisierung dieses Verhaltens mehr als einer bloßen Koordination. Sie setzt vielmehr eine besondere Akkommodation voraus, deren Funktionsweise wir in erster Linie verstehen wollen. In dieser Absicht werden wir von den gelegentlichen Situationen ausgehen, wo im Verlauf des vierten Stadiums die »Vorgehensweise mit der Unterlage« episodisch auftritt. Es handelt sich dabei immer um Fälle, in denen das Kind versucht, einen zu weit entfernten Gegenstand zu erreichen. Sein unbefriedigtes Verlangen wird nun dadurch zufriedengestellt, daß es nach dem erstbesten Gegenstand greift, der ihm in den Weg kommt. Wenn dieser

Gegenstand zufälligerweise die Unterlage des Zielobjektes ist, zieht es damit auch dieses letztere zu sich heran. Das Handlungsschema »nach dem Zielgegenstand greifen« wird somit also vorübergehend mit dem auf einen anderen Gegenstand bezogenen Greifakt koordiniert. Ebenso wird in der Beobachtung 121 b die Handlungsweise des Einschlagens auf eine an einer Schnur befestigte Puppe mit dem Handlungsschema »auf den Papagei einschlagen«, der am anderen Ende der Schnur befestigt ist, koordiniert. In gleicher Weise verbinden sich in der Beobachtung 127 die Einwirkung auf die fremde Hand und die Tätigkeit der eigenen Hand, mit der das Kind den Zielgegenstand anfassen möchte. Mag eine solche gelegentliche Koordination auch manchmal einen Zufallserfolg zeitigen, insbesondere, wenn die Unterlage stark beweglich ist, so vermag sie dennoch kein stabiles Vorgehen zu konstituieren, und zwar aus folgenden Gründen: Bei diesen angeführten Beispielen aus dem vierten Stadium liefen die Beziehungen zwischen den betreffenden Gegenständen immer in gleicher Richtung wie der Koordinationsprozeß der entsprechenden Verhaltensschemata selbst, da diese Relationen scheinbar oder wirklich von großer Einfachheit sind. So braucht das Kind, um ein Hindernis beiseite zu schieben oder die Hand einer anderen Person als Verbindungsglied zu benützen usw., keine anderen Beziehungen zu verstehen als die gegebenen. Diese sind entweder in den bekannten, für sich allein betrachteten Handlungsschemata enthalten (die Hand der anderen Person zum Beispiel wird an die eigene Hand assimiliert) oder in der Tatsache ihrer Koordination. (Die Beziehung, die in der Handlung »den Gegenstand beiseite schieben« impliziert ist, setzt nur das Verständnis voraus, daß das Hindernis der Handlung im Wege steht, welche das Kind am Zielgegenstand auszuführen wünscht.) Einfacher gesagt, die Koordination der dem vierten Stadium eigenen Handlungsschemata impliziert keinen Erfindungsakt, auch keine Konstruktion neuer »Mittel«. Die Beziehung zwischen einem Gegenstand und seiner Unterlage ist dagegen in dem Augenblick, wo das zu beschreibende Verhalten auftritt, eine dem Kind noch unbekannte Relation.[2]

Zumindest müssen wir sagen, daß dieses Verhalten bei unseren Kindern in dieser Reihenfolge aufgetreten ist, daher reihen wir es in das fünfte Stadium ein. Wenn sie die Relation »gestellt auf« schon gekannt hätten (was bei anderen Kindern ohne Zweifel der Fall sein könnte), wäre das Verhalten mit der Unterlage nur eine Angelegenheit der Koordination von Handlungsschemata, die wir selbstverständlich dem vierten Stadium zugeordnet hätten. Da diese Relation für das

[2] Die Beziehung »gestellt auf«, das heißt die Beziehung zwischen einem Gegenstand und seiner Unterlage, kann tatsächlich nur mittels einer »tertiären Zirkulärreaktion« entdeckt werden (siehe ›Der Aufbau der Wirklichkeit beim Kinde‹, 3. und 4.).

Kind aber neu ist, vermag es sie erst dann in systematischer Weise zu verwenden (im Gegensatz zu den zufälligen und gelegentlichen Erfolgen, von denen eben die Rede war), wenn es sie versteht. Es wird sie aber erst aufgrund eines aktiven Ausprobierens ähnlich dem einer »tertiären Zirkulärreaktion« verstehen lernen. In dieser Hinsicht stellt das »Schema der instrumentalen Verwendung der Unterlage« etwas Neues dar und unterscheidet sich von einer einfachen Koordination von Handlungsschemata. Sie beruht aber auf einer solchen Koordination. Unter dem Anstoß solcher Koordinationsprozesse beginnt das Kind nämlich nach neuen Mitteln zu suchen, indem es die in Kombination begriffenen Handlungsschemata den unbekannten Gegebenheiten des Problems anpaßt (akkommodiert).

Ganz allgemein formuliert, beinhaltet also die »Entdeckung neuer Mittel durch aktives Ausprobieren« nicht nur eine Koordination von bekannten Handlungsschemata (wie die Verhaltensweisen des vierten Stadiums, die damit durch das gegenwärtige Verhalten erweitert werden), sondern auch eine Konstruktion neuer Beziehungen, die aufgrund einer der tertiären Zirkulärreaktion sehr ähnlichen Methode erzielt wird.

Hier folgen nun die Tatsachen:

Bb. 148a: Man kann sagen, daß Laurent bis 0; 10 (16) die Relation »gestellt auf« nicht verstanden hat, daß ihm also die Beziehung zwischen einem Gegenstand und seiner Unterlage unbekannt war. Das werden wir in ›Der Aufbau der Wirklichkeit beim Kinde‹ ausführlich zu beweisen versuchen, wenn wir den für das vierte Stadium charakteristischen Raumbegriff untersuchen (Ibid., Kapitel II, Bb. 103).

I.: Zahlreiche Experimente und ihre Wiederholungen zwischen 0; 7 (29) und 0; 10 (16) haben gezeigt, daß Laurent bis zu diesem Tag unfähig war, das »Schema der Unterlage« systematisch zu verwenden. Mit 0; 7 (29) gelingt es ihm zwar, einmal bei vier Versuchen ein Kissen zu sich heranzuziehen, um eine darauf liegende Schachtel zu ergreifen. In gleicher Weise verhält er sich mit 0; 8 (1) und sogar noch mit 0; 8 (7) usw. Es handelt sich dabei aber nur um eine Koordination von Handlungsschemata, wie sie auch im vierten Stadium erfolgen kann: Da das Kind die Schachtel nicht direkt ergreifen kann, bemächtigt es sich an ihrer Stelle des erstbesten Gegenstandes. Es ordnet allerdings diese Handlung dem andauernden Verlangen nach dem Zielgegenstand unter. Den Beweis dafür könnte man in folgenden Reaktionen erblicken:

1.: Wenn die Unterlage (zum Beispiel das Kissen) sich nicht in unmittelbarer Reichweite der Hände des Kindes befindet (wenn sie etwa fünfzehn bis zwanzig Zentimeter entfernt ist), versucht Laurent nicht mehr, sie zu erreichen, um den Gegenstand an sich zu bringen, sondern er bemüht sich, den Zielgegenstand direkt zu ergreifen. Erst anschließend bemächtigt er sich der Dinge diesseits der Unterlage (er zieht zum Beispiel an seinen Decken oder an seinem Laken).

2.: Wenn ich den Zielgegenstand in die Luft halte, ungefähr zwanzig Zentimeter oberhalb der Unterlage, zieht Laurent trotzdem die Unterlage an sich, wie wenn der Gegenstand noch darauf läge.

3.: Wenn die Unterlage schräg gestellt ist, so daß das Kind sie nicht direkt vor sich hat, sie aber doch durch eine seitliche Wendung erreichen könnte – sie liegt etwa zwanzig Zentimeter von seiner Hüfte entfernt – versucht Laurent nicht, sie zu packen, sondern streckt sich nach dem Zielgegenstand direkt aus. Wenn er ihn nicht ergreifen kann, faßt er nach den zwischen dem Gegenstand und seinem eigenen Körper gelegenen Dingen (zum Beispiel den Laken). Mehr Einzelheiten über diese Verhaltensweisen sind in ›Der Aufbau der Wirklichkeit beim Kinde‹, Bb. 103, zusammengetragen.

II.: Mit 0; 10 (16) entdeckt Laurent nach und nach die wirklichen Beziehungen zwischen der Unterlage und dem Zielgegenstand. Daraus folgt auch die Möglichkeit einer Verwendung der Unterlage als Mittel, um den Gegenstand an sich heranzubringen. Die Reaktionen des Kindes sind folgende:

1.: Ich lege meine Uhr auf ein großes rotes Kissen (einfarbig und ohne Fransen). Das Kissen liegt direkt vor dem Kind. Laurent versucht, die Uhr auf direkte Weise zu erreichen; da ihm das aber nicht gelingt, packt er wie früher das Kissen und zieht es an sich. Statt dann aber die Unterlage sogleich wieder loszulassen (so hat er bis zu diesem Tage immer getan) und sich von neuem nach dem Zielgegenstand auszustrecken, beginnt er jetzt sichtbar interessiert, das Kissen zu bewegen, wobei er auf die Uhr schaut. Das geschieht in einer Weise, daß man den Eindruck hat, als ob Laurent zum ersten Mal die Relation zwischen Gegenstand und Unterlage merken würde und sie nun untersuchen wollte. So gelingt es ihm schließlich ganz leicht, die Uhr in seinen Besitz zu bringen.

2.: Ich stelle darauf sogleich folgenden Versuch eines Gegenbeweises an: Ich lege vor das Kind zwei Kissen von derselben Farbe, Form und Größe. Das erste liegt unmittelbar vor dem Kind wie vorher. Das zweite liegt etwas weiter weg und ist so gedreht, daß eine Ecke auf das Kind zeigt. Diese Ecke ruht überdies auf dem ersten Kissen auf. Ich habe aber an dieser Stelle die beiden Kissen ein bißchen eingedrückt, damit das zweite nicht zu stark hervorrage und zu leicht sichtbar sei. Nun lege ich meine Uhr auf das gegenüberliegende Ende des zweiten Kissens.

Sobald Laurent die Uhr wahrnimmt, streckt er die Hände aus, bemächtigt sich des ersten Kissens und zieht es etwas an sich. Als er aber feststellen muß, daß die Uhr sich nicht bewegt (er hält seinen Blick ununterbrochen darauf gerichtet), wendet er seine Aufmerksamkeit der Stelle zu, wo die beiden Kissen übereinanderliegen (dies ist immer noch ein wenig der Fall trotz der Verschiebung des ersten Kissens) und bewegt sich sogleich auf das zweite zu. Er packt es an der Ecke und zieht es über das erste hinweg an sich heran. Nun kann er die Uhr ergreifen. Dieses Experiment wird wiederholt und zeitigt ein zweites Mal dasselbe Ergebnis.

3.: Jetzt lege ich die beiden Kissen hintereinander, so daß die mir zugewandte Seite des zweiten Kissens eine Parallele zu der mir abgewandten Seite des ersten bildet. Ich schiebe nun das zweite etwa zwanzig Zentimeter unter das erste Kissen (die Uhr liegt selbstverständlich auf dem entfernten Ende des zweiten Kissens). Laurent zieht sogleich am ersten Kissen. Als er aber feststellen muß, daß die Uhr sich nicht bewegt, versucht er, das erste Kissen hochzuheben, um auf diese Weise Zugang zum zweiten zu gewinnen. Es gelingt ihm schließlich, das erste Kissen zu heben, ohne es beiseite zu schieben; jetzt kann er mit der rechten Hand am zweiten ziehen. Die Operation hat Erfolg, und Laurent eignet sich die Uhr an. Er zeigt damit deutlich, daß er die Rolle der Unterlage klar verstanden hat.

4.: Ich lege das zweite Kissen wiederum hin wie bei 2., aber seitwärts vom ersten. Wiederum deckt die nähere Ecke des zweiten eine der entfernteren Ecken des ersten Kissens. Laurent läßt sich aber nicht täuschen, er bemüht sich sogleich um das zweite Kissen.

Diese vier Reaktionen zusammengenommen zeigen, daß die Beziehung zwischen Zielgegenstand und Unterlage ausgebildet ist.

Bb. 148b: Während der folgenden Wochen verfügt Laurent über dieses Handlungsschema in allen Fällen, wo es darum geht, einen Gegenstand an sich zu ziehen, vorausgesetzt, daß er die Unterlage geradlinig verschieben muß. Die Situationen dagegen, in denen die Unterlage gedreht werden muß, bedürfen einer neuen Lernphase.

Wir haben im Verlauf der Bb. 143 konstatiert, daß Laurent mit 1; 1 (24) erfolglos versucht hatte, eine der runden Platten des Blumenständers an sich zu ziehen. Da die Platte um eine Achse beweglich war, drehte sie sich zwar leicht, näherte sich ihm aber nicht. Um das Interesse des Kindes an diesem Phänomen zu verstärken, entzog ich sofort eines seiner interessantesten Spielzeuge der Reichweite seiner Hände. Das »Experiment, um zu sehen« verwandelt sich so in eine Handlung, die in die gegenwärtige Gruppe von Verhaltensweisen einzuordnen ist.

Laurent betrachtet zuerst das Spielzeug, ohne sich zu bewegen, und macht gar keine Anstalten, es in direkter Weise zu erreichen. Dann greift er nach der Platte und versucht, sie in gerader Linie zu sich heranzuziehen. Die Platte dreht sich dabei zufälligerweise (nur um einige wenige Grade). Laurent läßt die Platte los, streckt sich aber dann wieder von neuem nach ihr aus. Dies geschieht mehrmals hintereinander. Es handelt sich dabei nur um eine Reihe von Handlungen, die unverbunden nebeneinanderstehen und die das Kind offensichtlich als Mißerfolge ansieht. Plötzlich aber scheint Laurent wahrzunehmen, daß der gewünschte Gegenstand sich nähert. Da zieht er von neuem an der Platte, läßt sie wieder los, faßt wieder an, bis er schließlich Erfolg hat. Aber das Verhalten des Kindes macht noch nicht den Eindruck, als ob es die Rolle der Drehung verstanden hätte. Es wiederholt ganz einfach eine Handlung, die Erfolg zu versprechen scheint, ohne dabei die Platte absichtlich zu drehen.

Mit 1; 2 (6) setze ich Laurent wiederum vor die Platte und lege einen Stein auf den gegenüberliegenden Rand. Sogleich versucht das Kind, die Platte in gerader Linie an sich zu ziehen; sie dreht sich aber wie im vorigen Versuch um einige Grade um sich selbst. Daraufhin wiederholt es diese Handlung mehrmals hintereinander, bis es den Stein erreichen kann. Man kann aber immer noch nicht aus Laurents Verhalten schließen, daß er die Platte mit Absicht dreht.

Mit 1; 2 (7) versucht Laurent dagegen nur noch ein einziges Mal, die Platte direkt auf sich zu zu ziehen, er dreht sie in der Folge ganz deutlich um sich selbst. Von 1; 2 (10) an bemüht er sich ausschließlich, die Platte in eine Drehbewegung zu versetzen, um die sich außerhalb seiner Reichweite befindenden Gegenstände zu erreichen. Das der Situation angepaßte Handlungsschema ist damit definitiv erworben.

Bb. 149: Schon mit 0; 9 (3) entdeckt Jacqueline zufällig die Möglichkeit, ein Spielzeug zu sich heranzubringen, indem sie an der Decke zieht, auf der es liegt. Sie sitzt nämlich auf dieser Decke und streckt die Hand aus, um ihr Zelluloidentchen zu greifen. Nach einigen Mißerfolgen faßt sie einen kurzen Augenblick lang energisch nach der Decke, so daß das Entchen erschüttert wird. Als sie das wahrnimmt, packt sie die Decke sofort wieder und zieht so lange daran, bis sie auf direkte Weise den Zielgegenstand zu erreichen vermag.

Zwei Interpretationen bieten sich für dieses Verhalten an. Entweder faßt sie das Entchen und die Decke als eine komplementäre ganzheitliche Struktur auf (als einen einzigen Gegenstand oder einen Komplex von miteinander verbundenen Gegenständen), oder sie befriedigt ganz einfach ihr Bedürfnis, das Entchen zu ergreifen, dadurch, daß sie irgend etwas ergreift und dabei zufällig die mögliche Funktion der Decke entdeckt.

Bis 0; 11 wies Jacqueline nie mehr ein ähnliches Verhalten auf. Mit 0; 11 (7) liegt sie dagegen flach auf dem Bauch auf einer anderen Decke und versucht wiederum, ihr Entchen zu ergreifen. Im Verlauf der Bewegungen, die sie anstellt, um den Gegenstand zu erhaschen, bewegt sie zufälligerweise die Decke, was das Entchen von der ursprünglichen Stelle verrückt. Daraufhin versteht sie sogleich die Beziehung zwischen Gegenstand und Unterlage und zieht an der Decke, bis sie das Entchen ohne weiteres fassen kann.

In den folgenden Wochen gebraucht Jacqueline häufig das so erworbene Handlungsschema, aber mit solcher Geschwindigkeit, daß ich ihr Verhalten nicht analysieren kann. Mit 1; 0 (19) schließlich setze ich sie auf ein großes Umschlagtuch und lege ungefähr einen Meter von ihr entfernt eine Reihe von Gegenständen nieder. Jedesmal versucht sie zuerst auf direkte Weise, die Gegenstände zu erlangen, bemächtigt sich dann aber des Tuches und zieht mit seiner Hilfe das Spielzeug an sich. Das Verhalten hat sich also systematisiert. Es scheint allerdings, als ob es noch keine bewußte Voraussicht der Beziehungen impliziere, da Jacqueline dieses Handlungsschema immer erst nach einem vergeblichen Versuch, den Gegenstand direkt zu ergreifen, anwendet.

Bb. 150a: Bei Lucienne ist dasselbe Verhalten mit 0; 10 (27) aufgetreten. Auf ihrem Bett sitzend, versucht sie ein von ihr entfernt liegendes Spielzeug zu ergreifen, als sie sieht, wie sich der Gegenstand infolge einer zufälligen Verschiebung des zurückgeschlagenen Lakens leicht bewegt. Sogleich ergreift sie dieses Laken, stellt dabei die neuerliche Erschütterung des Gegenstandes fest und zieht alles zusammen an sich. Da diese Reaktion aber zu schnell abgelaufen ist, um entsprechend analysiert werden zu können, denke ich mir folgende Situation aus:

Mit 1; 0 (5) sitzt Lucienne in ihrem Faltstuhl und hat vor sich eine kleine Platte A, die auf eine Platte B des mit dem Stuhl verbundenen Tisches heruntergeschlagen ist. Die Platte A bedeckt also nur teilweise die Platte B. Ich breite nun ein Taschentuch über die Platte B, so daß der vordere Rand dieses Taschentuches unter die Platte A zu liegen kommt und nicht direkt ergriffen werden kann. Dann setze ich eine kleine Flasche auf das Taschentuch. Ohne jedes Zögern nimmt Lucienne sogleich das Taschentuch in die Hand und bringt damit die Flasche zu sich heran. Dasselbe geschieht fünf- oder sechsmal abwechslungsweise mit der Flasche und mit einer Uhr. Da aber die Reaktion wiederum so schnell verlaufen ist, kann ich nicht entscheiden, ob Lucienne versucht hat, den Gegenstand zu ergreifen, oder ob das Taschentuch als solches sie angelockt hat. Ich lasse mir daher folgendes Experiment einfallen:

Ich breite das Taschentuch wieder aus wie vorher, aber anstatt den Gegenstand darauf zu legen, setze ich ihn ungefähr fünf Zentimeter vom linken Rand des Taschentuches entfernt auf die Platte B. Lucienne zieht sofort am Taschentuch und versucht dann, die Flasche zu erreichen. Da ihr das nicht gelingt, greift sie wieder zum Taschentuch, hält es eine oder zwei Sekunden in Händen und wirft es dann weg. Dieselben Reaktionen zeigt sie bei dem zweiten Versuch, wo die Flasche durch meine Uhr ersetzt wurde, aber diesmal wirft sie das Taschentuch noch schneller fort.

Jetzt vergrößere ich den Abstand zwischen Gegenstand und Taschentuch. Ich stelle die Flasche ungefähr zehn bis fünfzehn Zentimeter neben das Taschentuch. Lucienne beschränkt sich nur auf Bemühungen, den Gegenstand direkt zu erreichen, und kümmert sich nicht mehr um das Tüchlein. Wenn ich den Gegenstand näher zum Taschentuch bringe, betrachtet sie abwechslungsweise die Flasche und das Tuch, und wenn ich schließlich die Flasche auf das Taschentuch setze, greift sie sogleich danach. Sie scheint also die Bedeutung des letzteren klar verstanden zu haben. – Ich wiederhole das Experiment noch einmal, indem ich wiederum die Abstände von fünfzehn Zentimeter neben dem Taschentuch bis zum direkten Aufsetzen auf das Taschentuch variiere; Lucienne legt dieselben Reaktionen an den Tag.

Schließlich lege ich meine Uhr fünfzehn bis zwanzig Zentimeter neben das Taschentuch. Lucienne versucht, sie direkt zu ergreifen. Dann breite ich die Uhrenkette zwischen Taschentuch und Uhr aus, so daß das eine Ende der Kette auf dem Taschentuch aufliegt. Lucienne hat nicht gesehen, was ich getan habe, und versucht zuerst, die Uhr auf direkte Weise zu erreichen. Dann bemerkt sie die Kette, und nun zieht sie am Taschentuch – man muß wissen, daß Lucienne seit 1; 0 (3) versteht, sich der Kette zu bedienen, um die Uhr an sich heranzuziehen! Dieses letztere Verhalten verrät deutlich, daß das Greifen nach dem Taschentuch nicht eine automatische Handlung ist.

Bb. 150b: Als Lucienne am gleichen Tag eine grüne Flasche sieht, die ihr nicht erreichbar ist, aber auf einem Deckel steht, der sich in Greifnähe ihrer Hände befindet, zieht sie diesen Deckel sogleich an sich, um in den Besitz der Flasche zu gelangen (siehe Bb. 157).

Bb. 151: Mit 1; 0 (16) sitzt Lucienne vor einem großen karierten Kissen C, das auf der Erde liegt. Jenseits des Kissens C befindet sich ein zweites Kissen D von genau gleichem Aussehen, so daß Lucienne vor sich zwei hintereinanderliegende Kissen sieht. Ich lege meine Uhr auf D, und zwar so weit wie möglich vom Kind entfernt. Lucienne schaut die Uhr an, versucht aber nicht, die Hand direkt danach auszustrecken. Sie packt zuerst das Kissen C, schiebt es beiseite, dann zieht sie das Kissen D zu sich heran. Jetzt kann sie die Uhr ergreifen.

Mit 1; 1 (4) sitzt Lucienne im Bett eines Erwachsenen. Vor ihr liegt ein Frottiertuch, das selbst wieder auf dem Laken liegt. Sobald ich meine Brille auf das Frottiertuch lege, zieht Lucienne dieses an sich. Wenn ich die Brille hinter dem Frottiertuch ablege, nimmt sie es sofort weg und zieht am Laken.

Bb. 152: Mit 1; 0 (5), das heißt unmittelbar nach den in Bb. 150 beschriebenen Versuchen, wird Lucienne mit einer festen Unterlage und nicht mehr mit einer weichen (wie zum Beispiel den Decken, dem Umschlagtuch oder dem Taschentuch) konfrontiert. Ich lege nämlich auf die Platte B ihres Tisches einen Pappdeckel mit umgebogenen Rändern (den umgekehrten Deckel einer großen Schachtel), dessen vordere Seite ich unter die Platte A klemme. Auf den Deckel setze ich so weit hinten wie möglich die Flasche oder die Uhr, von denen in der Bb. 150 die Rede war. In diesem Versuch konnte ich sieben aufeinanderfolgende Reaktionen notieren:

1.: Lucienne versucht sofort, den Pappdeckel zu greifen, aber sie stellt sich an, als ob es sich noch um das Taschentuch handle. Sie versucht, ihn in der Mitte mit zwei Fingern zu fassen, und müht sich einen Augenblick ab, ohne einen Ansatz zu finden. Dann berührt sie ihn mit einer schnellen und ohne Zögern ausgeführten Bewegung am rechten Rand. (Da Lucienne den Pappdeckel nicht in der Mitte fassen konnte, wollte sie ihn offensichtlich zu einer Kugel zusammenknüllen, ihn freibekommen oder ihn ganz einfach verschieben, deshalb hat sie den Rand berührt.) Dabei stellt sie das Gleiten des Deckels fest und läßt ihn sich drehen, ohne zu versuchen, ihn aufzuheben. Nachdem der Deckel sich auf diese Weise gedreht hat, gelingt es ihr leicht, die Flasche zu bekommen.

2.: Diesmal lege ich die Uhr ans andere Ende des Deckels. Lucienne versucht wiederum zuerst, den Deckel in der Mitte zu packen. Als es ihr nicht gelingt, gibt sie noch schneller auf als das erste Mal und verschiebt den Deckel, indem sie ihn von rechts stößt.

3.: Beim dritten Versuch bemüht sie sich gar nicht, in der Mitte anzufassen, sondern dreht gleich die Unterlage.

4.: Um ihr Interesse zu beleben, setze ich eine neue Puppe auf den Deckel. Lucienne versucht von Anfang an, den Pappdeckel um sich selbst zu drehen. Da die Drehung aber noch nicht genügt, vermag sie den Gegenstand nicht zu ergreifen. Ihre Hand kehrt darum wieder zum rechten Rand zurück und stößt noch stärker.

5.: Dasselbe Spiel wiederholt sich mit dem Unterschied, daß Lucienne diesmal von der Mitte her korrigiert.

6.: Ohne Zweifel, um schneller ans Ziel zu gelangen, versucht sie diesmal, den Deckel aufzuheben, indem sie ihn an derselben Stelle wie vorher anfaßt, ihn aber statt zu schieben an sich zieht. Aufgrund des Mißerfolges (der Deckel wird durch die Platte A festgehalten) gibt sie auf und kehrt wieder zum Drehen zurück.

7.: Dieselben Reaktionen treten wieder auf, nur kehrt Lucienne diesmal noch schneller zur einfachen Drehbewegung zurück.

Mit 1; 0 (11), also sechs Tage später, wiederhole ich den gleichen Versuch mit einer anderen Pappe ohne Ränder (also einem einfachen Pappstück und nicht mehr einem Deckel).

Ich klemme sie wiederum unter die Platte A und stelle verschiedene Gegenstände darauf, soweit wie möglich vom Kind entfernt. Lucienne zeigt sukzessive folgende drei Reaktionen:

Zuerst versucht sie, das Pappstück in der Mitte zu fassen, als ob es sich um ein Stück Stoff handelte. Dann bemüht sie sich, das Pappstück am rechten Rand hochzuheben und es so direkt an sich zu ziehen. Dieser zweite Versuch dauert einige Minuten, weil sie ständig glaubt, nahe am Erfolg zu sein. Drittens kehrt sie schließlich zum einfachen Schieben zurück. Indem sie sachte am rechten Rand des Pappstückes stößt, bringt sie es auf der Platte D zum Gleiten, wobei als Drehachse der unter die Platte A geklemmte Teil dient. Auf diese Weise gelingt es ihr, die Gegenstände zu ergreifen. Bei den folgenden Versuchen bringt sie sofort die letztere Methode in Anwendung.

Diese ersten Beispiele zeigen uns unmittelbar den Mechanismus des Verhaltens, das wir »Entdeckung neuer Mittel durch aktives Ausprobieren« genannt haben. Die Gesamtsituation ist genau gleich wie bei den Beobachtungen 120 bis 130, das heißt bei der »Anwendung bekannter Mittel auf neue Umstände«: Das Kind will zu einem Ziel gelangen, aber Hindernisse (Abstand usw.) stellen sich ihm in den Weg. Die Situation ist also »neu«, und das Problem besteht darin, die entsprechenden Mittel zu finden, um das Ziel dennoch zu erreichen. Anders aber als bei den früher besprochenen Verhaltensweisen (Bb. 120 bis 130) bietet sich dem Kind dafür kein bekanntes Mittel mehr an. Es muß also erfinden. Hier setzt nun ein Verhalten ein, das Parallelen zu den tertiären Zirkulärreaktionen aufweist, das heißt also einem »Experiment, um zu sehen« ähnlich ist: Das Kind beginnt auszuprobieren. Der einzige Unterschied besteht darin, daß jetzt dieses Ausprobieren in Funktion des Ziels selbst erfolgt. Die Handlung wird damit also vom gestellten Problem (von dem der Handlung vorausgehenden Bedürfnis) geleitet und geschieht nicht mehr bloß, »um zu sehen«.

In diesem besonderen Fall – wir wollen hier noch nicht die Gesamtheit der allgemeinen Probleme, die durch die Beobachtungen aufgeworfen werden, entscheiden – führt das Ausprobieren ganz offensichtlich zur Entdeckung neuer Mittel und setzt also die Akkommodation bekannter Handlungsschemata an das vorliegende Experiment voraus. Die Akkommodation selbst geschieht also in tastenden Versuchen, und nur die bereits erarbeiteten Handlungsschemata verleihen den Entdeckungen dieses ausprobierenden Handelns eine Bedeutung. Wenn Jacqueline zum Beispiel ihr Entchen nicht erhaschen kann, ergreift sie statt dessen die Decke und bemerkt nun die Bewegung des Entchens. Sie könnte diese Erscheinung nicht verstehen, wenn sie nicht den Anblick gewohnt wäre, daß die Gegenstände sich bewegen, wenn man an einer Schnur zieht usw. (sekundäre Verhaltensschemata). Da sie aber weiß, daß Verbindungsglieder auch die Einwirkung auf Gegenstände gestatten, die nicht mehr direkt greifbar sind, nimmt sie sogleich eine Beziehung zwischen der Decke und dem Entchen wahr. Getrieben von dem Bedürfnis, das Entchen zu erhaschen, zieht sie nun ganz zufällig an der Unterlage und hat Erfolg. In einer solchen Verhaltensweise steckt also einerseits ein durch das Zielschema (das Entchen ergreifen) gelenktes Probieren. Andererseits wird den vermittelnden Ereignissen in Abhängigkeit von den zur Verfügung stehenden Handlungsschemata und in Funktion des Zieles selbst eine Gesamtheit von Bedeutungen zugeschrieben.

Auch die Beobachtung 152 erhärtet diese Interpretation. Wenn Lucienne einen auf einem Papierdeckel liegenden Gegenstand zu ergreifen versucht und dabei die Möglichkeit entdeckt, daß man diesen Deckel drehen kann, so gelingt ihr diese Entdeckung ohne Zweifel aufgrund von tastenden Versuchen. Wenn das Kind schließlich den Deckel am Rand anstößt, werden seine tastenden Versuche in doppelter Weise gelenkt. Erstens erhalten sie durch das Verhaltensschema, das der Handlung ein Ziel verleiht, eine Richtung. Da Lucienne den auf dem Deckel liegenden Gegenstand zu sich heranbringen will, behandelt sie den Deckel wie das Taschentuch, an das sie gewöhnt ist. Sie versucht deshalb, den Pappdeckel wie das Taschentuch anzupakken. Als ihr das nicht sofort gelingt, probiert sie es auf verschiedene Weise, das heißt, sie sucht das Handlungsschema der gegenwärtigen Situation anzupassen. Dabei geschieht es auch, daß sie den Rand des Deckels berührt. In zweiter Linie werden die ausprobierenden Versuche durch die bestehenden Handlungsschemata geleitet, die den zufällig auftauchenden Ereignissen Bedeutung verleihen. Auch das erfolgt wiederum in Abhängigkeit vom Handlungsziel. Da Lucienne den Rand des Pappdeckels berührt hat, sieht sie, daß er sich bewegt, und assimiliert ihn sogleich an das Schema »fester Gegenstand, der sich verschieben läßt«. Nun stößt sie so lange am Pappdeckel, bis sie das erwünschte Objekt ergreifen kann. Das Wesen des ausprobierenden Verhaltens läßt sich also folgendermaßen charakterisieren: Wie die tertiären Zirkulärreaktionen besteht es in einer Akkommodation früher ausgebildeter Handlungsschemata, die sich in Funktion der gegenwärtigen Erfahrung differenzieren. Hier stellt die Akkommodation aber noch kein Ziel an sich dar, sondern ein Mittel zur Verfolgung eines Zieles.

Überdies ist das Ausprobieren kumulativer Art, das heißt, jeder der aufeinanderfolgenden Versuche stellt ein Assimilationsschema für die nächsten Versuche bereit. Als Lucienne zum Beispiel entdeckt hat, daß sie am Pappdeckel stoßen muß, um in den Besitz des Gegenstandes zu gelangen, wird diese Hilfsfunktion im Verlauf der folgenden Versuche jedesmal schneller wiederentdeckt. Darin ist auch ein Lernvorgang gegeben. Die Akkommodation wird also nicht nur von außen gelenkt (durch die vorher ausgebildeten Handlungsschemata), sondern auch von innen (dank eben dieses Lernvorganges): Auf diese Weise wird die Akkommodation in doppeltem Sinne komplementär zur Assimilation.

Ein zweites Beispiel für eine »Entdeckung neuer Mittel durch aktives Ausprobieren« besteht im »Schema der instrumentalen Verwendung der Schnur«, die Karl Bühler so gut untersucht hat. Es geht hier darum, einen Gegenstand zu sich heranzuziehen, indem man sich seiner Verlängerung (Schnur, Kette) bedient usw.[3]

Bb. 153: In den Bb. 121 a und 121 b wurde ausgeführt, wie sich Jacqueline am Dach ihrer Wiege aufgehängter Schnüre bediente, um Gegenstände, nach denen sie verlangte, an sich zu ziehen. Man kann aber diese Versuche noch nicht vergleichen mit

[3] Charlotte Bühler und Hildegard Hetzer betrachten dieses Verhalten in ›Kleinkinder-Tests‹ auf S. 52 und vertreten den Standpunkt, daß es im Verlaufe des elften und zwölften Monats auftrete.

dem Verhalten, einen Gegenstand mittels einer Schnur heranzuholen. In diesem letzteren Fall wird die Schnur nämlich als eine Verlängerung des Gegenstandes aufgefaßt, während im ersteren Fall der Gegenstand einfach an diejenigen assimiliert wird, die man mittels einer Schnur hin und her schwenken kann.

Die eigentliche Verwendung der Schnur als Instrument ist bei Jacqueline zum ersten Mal mit 0; 11 (7) aufgetreten. Sie vergnügt sich gerade mit einer Bürste, als ich vor ihren Augen an diesem Gegenstand eine Schnur festbinde. Dann lege ich die Bürste zu Füßen des Lehnstuhls, auf dem Jacqueline sitzt, und zwar so, daß sie sie nicht mehr sieht (das Kind kann aber jede meiner Bewegungen verfolgen). Das Ende der Schnur lasse ich über den Arm des Lehnstuhls baumeln. Sobald meine Vorbereitungen beendet sind, beugt sich Jacqueline in Richtung Bürste und streckt die Hände aus. Da sie aber nichts anderes wahrnimmt als die Schnur, ergreift sie diese und zieht daran. Darauf erscheint ein Ende der Bürste. Jacqueline läßt die Schnur sofort los, um zu versuchen, den Gegenstand auf direkte Weise zu ergreifen. Natürlich fällt die Bürste zurück. Jacqueline beugt sich wieder danach, findet dann die Schnur, zieht einen Augenblick daran und läßt sie aber sofort wieder los, als sie den ersehnten Gegenstand wahrnimmt. Dieselbe Reihe von Operationen wiederholt sich drei- oder viermal, wobei jede mit einem Mißerfolg endet, weil Jacqueline die Schnur losläßt, sobald sie die Bürste sieht. Wenn sie aber an der Schnur zieht, sieht sie ganz deutlich in die Richtung der Bürste und wartet auf ihr Erscheinen.

Man muß allerdings darauf hinweisen, daß das Kind die Rolle der Schwerkraft noch nicht kennt (siehe Bb. 144). Wenn es also die Schnur losläßt, um die Bürste zu ergreifen, verhält es sich, als ob beide Gegenstände sich auf einer horizontalen Ebene befänden. Dennoch wird man bemerken, wie wenig Nutzen das Kind aus der Erfahrung zieht. Die einzige wirkliche Akkommodation an die Situation fand folgendermaßen statt: Jacqueline zieht zu einem bestimmten Zeitpunkt mit einer Hand an der Schnur, als sie nicht weit von der Bürste entfernt (ungefähr zehn bis fünfzehn Zentimeter) einen deutlich sichtbaren Knoten erblickt. Das Stück Schnur zwischen Knoten und Bürste erscheint ihr nun als Verlängerung der Bürste. Während sie tatsächlich weiter mit der rechten Hand am Ende der Schnur zieht, streckt sie die linke Hand aus und versucht, den Knoten zu ergreifen. Daran zieht sie weiter, bis sie sich der Bürste bemächtigen kann.
Während der anschließenden Reihe von Versuchen scheint dieses Verhalten endgültig erworben zu sein. Ich knüpfe die Bürste los und ersetze sie vor den Augen Jacquelines durch einen Papagei, den ich auf den Boden zu Füßen des Lehnstuhls stelle. Das freie Ende der Schnur lege ich neben das Kind. Jacqueline ergreift die Schnur und zieht sogleich daran, als sie das Geräusch der Bleikugeln im Papagei hört. Dabei blickt sie gespannt auf die Stelle, wo das Spielzeug erscheinen muß. Sobald sie es wahrnimmt, sucht sie es mit einer Hand zu erfassen, während sie mit der anderen weiter an der Schnur zieht. Im Verlauf der folgenden Versuche erhalte ich die gleichen Reaktionen, die immer zum Erfolg führen.

Dritte Versuchsreihe: Ich ersetze den Papagei durch ein Buch. Jacqueline zieht an der Schnur und schaut dabei gespannt auf den Ort, wo der Gegenstand erscheinen muß. Sobald sie ihn sieht, gelingt es ihr, ihn zu ergreifen. Genauso reagiert sie auf eine Wäscheklammer und eine »englische« Nadel.

Bb. 154: Mit 1; 0 (7) sitzt Jacqueline in ihrem Wagen, dessen Griff gegen einen Tisch gelehnt ist. Ich zeige ihr ihren Schwan, um dessen Hals ich eine Schnur gebunden habe, dann setze ich den Schwan auf den Tisch und lasse die Schnur im Wagen. Jacqueline ergreift sofort die Schnur und zieht daran, indem sie auf den Schwan blickt. Da die Schnur aber lang ist, wird sie durch die ersten Züge nicht gestreckt, und Jacqueline begnügt sich damit, sie hin und her zu bewegen. Jede Erschütterung der Schnur setzt aber auch den Schwan in Bewegung, nur nähert er sich auf diese Weise nicht.

Nach zahlreichen Versuchen dieser Art setze ich den Schwan weiter weg, so daß die Schnur gestreckt wird. Jacqueline schüttelt sie noch, ohne wirklich daran zu ziehen. Der Schwan fällt um: Jacqueline behält die Schnur in Händen, zieht daran, da aber der Schwan nicht sogleich näher kommt, beginnt sie, nur wieder an der Schnur zu rütteln.

Neuer Versuch: Jacqueline schüttelt stärker und stärker, das hat zur Folge, daß der Schwan ein wenig näher kommt. Aber das Spiel ist ihr verleidet, und sie gibt auf.

Mit 1; 0 (8), also am folgenden Tag, greife ich den Versuch wieder auf. Auch diesmal schüttelt Jacqueline die Schnur zuerst, dann beginnt sie zu ziehen. Als der Schwan ziemlich nahe bei ihr ist, möchte sie ihn mit den Händen direkt ergreifen. Als ihr das nicht gelingt, gibt sie auf, anstatt weiterzuziehen. An den folgenden Tagen zeigt sie noch immer die gleichen Reaktionen, es sieht aber so aus, als ob sie jedesmal etwas weniger an der Schnur schüttelt und dafür mehr daran zieht.

Mit 1; 0 (19) bringt Jacqueline den Gegenstand endlich vollständig zu sich heran, indem sie an der Schnur zieht. Bei jedem neuen Versuch schüttelt sie aber zuerst daran, wie wenn das notwendig wäre. Erst zehn Tage später beginnt sie, von Anfang an zu ziehen.

Bb. 155: Mit 1; 0 (26) lege ich in Gegenwart Jacquelines meine Uhr außerhalb ihrer Greifweite auf den Fußboden. Die Uhrenkette breite ich in gerader Linie in Richtung auf Jacqueline aus und lege ein Kissen auf die dem Kind zugewandte Hälfte. Zuerst streckt sich Jacqueline direkt nach der Uhr aus. Als sie sie nicht erreicht, schaut sie die Kette an. Sie stellt dabei fest, daß diese unter dem Kissen verschwindet. Darauf nimmt sie das Kissen mit einem Ruck weg, zieht an der Kette und blickt dabei auf die Uhr. Die Handlung ist genau angepaßt und läuft schnell ab. Sobald sich die Uhr in Jacquelines Reichweite befindet, läßt sie die Kette los, um den Gegenstand direkt zu ergreifen. Sie hat also gar kein Interesse an der Kette an sich, die Uhr ist das einzig erwünschte Objekt.

Die gleichen Reaktionen wiederholen sich mehrmals hintereinander bei veränderten Bedingungen.

Ebenso sucht Lucienne mit 1; 0 (3) und an den folgenden Tagen die Uhr, sobald sie die Kette um den Hals ihrer Mutter findet. Wenn diese bloß irgendein Halsband trägt, begnügt sie sich damit, es zu ergreifen, während der Anblick der Kette ausnahmslos das Suchen nach der Uhr und die Handlung »an der Kette ziehen« auslöst.

Bb. 156a: Laurent hat an einem einzigen Tag das »Schema der instrumentalen Verwendung der Schnur« erworben. Aber das gelang ihm nur aufgrund eines »aktiven Ausprobierens« und nicht eines unmittelbaren Verständnisses oder einer geistigen Konstruktion.

Stellen wir zuerst fest, daß Laurent trotz der häufigen Gelegenheiten, mit herunterhängenden Schnüren zu spielen (siehe Bb. 120), bis 0; 11 keinerlei Tendenz zeigte, sich der Verlängerung des Zielgegenstandes als eines Verbindungsgliedes oder einer »Schnur« zu bedienen. Obwohl er schon mit 0; 8 (1) mit meiner Uhrenkette (von der Uhr losgelöst) gespielt hatte, »fiel ihm nicht ein«, daß er sich ihrer bedienen könnte, um damit die erwünschte Uhr zu sich heranzuholen, wenn die Kette wiederum an der Uhr befestigt war. Er streckte bloß die Hand in Richtung der Uhr aus und beachtete die Kette, die ich zwischen dem Zielobjekt und ihm ausgebreitet hatte, gar nicht. Verschiedene ähnliche Versuche, sowohl mit der Uhrenkette als auch mit Schnüren, die an verschiedenen Gegenständen befestigt waren, ergaben nichts bis 0; 10.

Mit 0; 11 (16) kann ich dagegen bei Laurent folgendes Verhalten feststellen: Er sitzt auf einem dunklen Teppich. Ich zeige ihm einen roten Gegenstand (einen Schuh), der an einer Schnur hängt. Dann lege ich diesen Gegenstand ungefähr einen Meter von ihm entfernt auf den Boden und breite die Schnur in einer kurvenreichen Bahn auf dem Boden so aus, daß das Ende beim Kind ankommt. Statt sich aber der Schnur als eines Verbindungsgliedes zu bedienen, um den Zielgegenstand zu erlangen, begnügt sich Laurent damit, die Hände in der Richtung des Gegenstandes auszustrecken. Ich verschiebe mehrmals die Schnur, damit Laurent sie bemerkt, vermeide aber geflissentlich, sie in gerader Linie zwischen Kind und Gegenstand auszulegen. Jedesmal betrachtet Laurent die Schnur, verwendet sie aber nicht, sondern sucht von neuem, den Gegenstand in direkter Weise zu ergreifen.

Dann breite ich die Schnur in einer geraden Linie aus, jedoch in der Weise, daß sie neben Laurent und nicht vor ihm endet. Er reagiert immer noch wie vorher, das heißt, er kümmert sich nicht um die Schnur und streckt sich nach dem Zielgegenstand direkt aus (ich muß noch erwähnen, daß ich diesen bei jedem Versuch ein wenig verschiebe, um das Interesse des Kindes zu steigern).

Schließlich bringe ich die Schnur wieder in eine Kurvenform, lasse sie aber diesmal vor Laurent enden. Nachdem er noch zweimal versucht hat, sich des Schuhs auf direkte Weise zu bemächtigen, ergreift er endlich die Schnur, aber trifft keine Anstalten, sie zu strecken, sondern schaut sie nur an und schüttelt sie leicht. Er hat sie also ganz um ihrer selbst willen ergriffen, weil es ihm nicht gelang, den Schuh, den er zu haben wünschte, zu erreichen. Er versteht die Beziehungen, die zwischen den beiden Gegenständen bestehen, überhaupt noch nicht. Als er aber die Schnur schüttelt, bemerkt er, daß sich der Schuh dabei bewegt. Da schüttelt er immer heftiger und heftiger und schaut dabei gespannt auf die Bewegungen des Pantoffels.

Dieses letztere Verhalten unterscheidet sich noch gar nicht von den sekundären Zirkulärreaktionen, wie wir sie in den Bb. 94 bis 104 beschrieben haben: an einer Schnur ziehen, um das Dach der Wiege in Bewegung zu versetzen usw., wenn das Kind zufällig die Wirkung, die es damit hervorbringt, entdeckt hat. Nachdem Laurent aber so die Möglichkeit wahrgenommen hat, mittels der Schnur auf den Pantoffel einzuwirken, erwacht in ihm von neuem der anfängliche Wunsch, den Gegenstand zu ergreifen. Statt nun den Pantoffel an der Schnur umhertanzen zu lassen, scheint er jetzt absichtlich an der Schnur zu ziehen und bringt den Gegenstand allmählich näher zu sich heran. Als dieser endlich in seinen Besitz gelangt ist, beginne ich das Experiment von vorn und wiederhole es mehrmals hintereinander. Bei jedem neuen Versuch ergreift Laurent von Anfang an die Schnur, schüttelt sie einen Augenblick und zieht dann mehr oder weniger systematisch daran.

Dieses letztere Verhalten scheint uns aber noch nicht ein authentisches Beispiel für eine instrumentale Verwendung der Schnur darzustellen. Zwar gelangt Laurent bereits zu seinem Ziel, aber er hält sich tatsächlich immer noch für verpflichtet, vor dem Ziehen an der Schnur sie einen Augenblick lang zu schütteln. Zwischen die Handlung des Schüttelns und diejenige des Ziehens sind alle möglichen Übergänge geschaltet. Mit anderen Worten, Laurent verwendet ein schon ausgebildetes Verhaltensschema im Hinblick auf ein neues Ziel. Die so vollzogene Handlung bleibt also noch auf der Ebene des vierten Stadiums, das heißt auf der Ebene der Koordination von Handlungsschemata. Schon mit 0; 6 (1) hat Laurent ein ziemlich ähnliches Verhalten an den Tag gelegt (Bb. 120).

Wie wird das Kind diese Etappe einer einfachen Koordination von Handlungsschemata überschreiten, um zur eigentlichen Entdeckung der Rolle der Schnur zu gelangen? Im Verlauf der folgenden Versuche lege ich die Schnur in immer mehr Schleifen, so daß Laurent beim bloßen Schütteln den Pantoffel nicht sogleich in Bewegung versetzt. Trotzdem versucht er noch ein- oder zweimal, zuerst die Schnur zu schütteln. Bei jedem Versuch kürzt er aber diese Phase ab und beginnt immer früher nur noch zu ziehen. Es fällt schwer, im einzelnen und ohne Unterstützung durch einen Film zu beschreiben, wie er die Handlung des Ziehens gelernt hat. Ganz grob könnte man sagen, daß ein Probieren, verbunden mit fortschreitender Verbesserung des betreffenden Verhaltensschemas, vorlag. Das Kind eliminiert aus dem früheren Handlungsschema die Handlungen des Schüttelns und entwickelt diejenigen des Ziehens. Sehr schnell und trotz der Komplikationen, die ich in das Experiment einfüge, versteht es Laurent, das vorteilhafteste Vorgehen zu finden. Er zieht mit beiden Händen abwechselnd an der Schnur und erreicht damit den Gegenstand mit einigen wenigen Bewegungen.

Bb. 156b: Eine Stunde später setze ich Laurent auf ein Sofa. Vor ihn stelle ich einen Stuhl und darauf den roten Pantoffel. Die Schnur, die daran befestigt ist, läuft am Stuhl hinunter bis zum Boden und steigt von da zum Sofa hinauf, wo sie neben dem Kind endet. Laurent schaut den Gegenstand einen Augenblick an, dann verfolgt er die Schnur mit den Augen, bemächtigt sich ihrer und zieht mit beiden Händen abwechselnd daran. Als der Schuh aus seinem Gesichtsfeld verschwindet, setzt er nichtsdestoweniger sein Manöver fort bis zum vollen Erfolg.

Darauf zeige ich ihm mehrere Gegenstände (Bücher, Spielsachen usw.), aber außerhalb seiner Reichweite und an Bänder, Schnüre usw. (die sich von der bisher verwendeten Schnur unterscheiden) geknüpft. Überdies verändere ich auch die Bahnen dieser Verbindungsglieder, um jede visuelle Suggestion zu vermeiden. Dennoch besteht Laurent alle Prüfungen beinahe ohne Probieren: Das Schema der instrumentalen Verwendung der Schnur ist also voll ausgebildet.

An den folgenden Tagen kontrolliere ich dieses Ergebnis an verschiedenen neuen Gegenständen. Laurent nimmt sofort beide Hände zu Hilfe, um die Objekte mittels der an ihnen befestigten Schnüre zu sich hinzuziehen. Er betrachtet zuerst den Gegenstand, dann sucht er nach dem passenden Verbindungsglied.

Bezüglich dieses Schemas der instrumentalen Verwendung der Schnur können wir die Diskussion wieder aufgreifen, die wir im Zusammenhang mit den »Unterlagen« begonnen haben. Auch im vorliegenden Fall gelangt das Kind zu einer Vorgehensweise, die geeignet ist, entfernte Gegenstände zu sich heranzubringen. Sie kommt ebenfalls durch eine ausprobierende Akkommodation zustande, die in doppelter Weise durch Assimilationsschemata gelenkt wird. Die Rolle dieser Akkomodation und Assimilation muß aber genau bestimmt werden. Es handelt sich dabei um die Beziehung zwischen der Erfahrung und der intellektuellen Tätigkeit, und wir finden einmal mehr einen besonderen Aspekt dieser Beziehung auf.

Die Akkommodation birgt notwendigerweise eine Anpassung der schon früher ausgebildeten Verhaltensschemata an die neuen Umstände in sich. Vorab in diesem Sinne wird sie durch die Assimilation gelenkt. Diese Lenkung erfolgt ebenso durch ein Verhaltensschema, das der gegenwärtigen Handlung ein Ziel verleiht, wie durch andere Verhaltensschemata, die der Handlung als Mittel dienen und die eben durch die Akkommodation differenziert werden. Vor eine Bürste gestellt, die mit einer Schnur verbunden ist, will Jacqueline zum Beispiel diese Bürste ergreifen, und zu diesem Zweck bedient sie sich einmal mehr des Handlungsschemas der am Dach aufgehängten Gegenstände, an denen eine Schnur befestigt ist. Man erinnere sich daran, daß sie sich tatsächlich dieser Schnüre bedient hat, um die an sie geknüpften Gegenstände zu ergreifen (Bb. 121 b). Sie zieht also an der Schnur, um die Bürste zu erreichen. Bei diesem Vorgehen erlebt aber Jacqueline die Schnur noch als Teil eines rein magisch-phänomenalistischen Vorgehens und keineswegs als eine Verlängerung des Zielgegenstandes – siehe Beobachtung 153, wo sie 0; 11 (7) alt ist.

Als sie tatsächlich die Bürste erscheinen sieht, vergißt sie die Schnur und sucht den Gegenstand direkt zu erreichen, was ihr natürlich mißlingt. Jetzt erst setzt die eigentliche Akkommodation und das ausprobierende Versuchen ein. Die Erfahrung zeigt dem Kind, daß sein früheres Handlungsschema nicht ausreicht; es sieht sich also gezwungen, die eigentliche Beziehung zwischen der Schnur und dem daran befestigten Gegenstand zu entdecken. – Genau das gleiche spielt sich in der Beobachtung 154 ab: Jacqueline schüttelt die Schnur, als ob sie am Dach aufgehängt wäre; erst als sie den Mißerfolg feststellt, versucht sie, sich an die neue Situation zu akkommodieren.

Wie geschieht aber diese Akkommodation? Durch eine tertiäre Zirkulärreaktion. In der Beobachtung 153 versucht Jacqueline neue Kombinationen: Sie ergreift zuerst die Schnur an einem sichtbaren Knoten, und es gelingt ihr auf diese Weise, die Bürste zu erhaschen. Oder aber sie zieht so lange an der Schnur, bis sie den Papagei und das Buch erreichen kann.

In der Beobachtung 154 ersetzt sie das Schütteln der Schnur allmählich durch ein Strecken usw. Es liegen also Erfahrung und Verwendung dieser Erfahrung vor. Wie soll man aber diese doppelte Fähigkeit erklären? Insofern die Akkommodation einen direkten experimentellen Kontakt mit der gegebenen Wirklichkeit darstellt, gibt es nichts zu erklären, außer vielleicht der Tatsache, daß das Kind bei seinen Bemühungen den Widerstand der Gegebenheiten spürt. Die Berührung mit den Gegebenheiten erfolgt zufällig, und diese zwingen sich auf, weil sie der Erwartung aufgrund früherer Handlungsschemata widersprechen. Unsere Ausführungen über das Interesse für das Neue, die wir im Zusammenhang mit der tertiären Zirkulärreaktion gemacht haben, finden auch hier Anwendung. Da das Kind auf neue Erfahrungen gefaßt ist, versucht es nicht mehr, die Wirklichkeit mit Gewalt in die bestehenden Handlungsschemata einzuordnen.

Was dagegen die Verwendung der Erfahrung betrifft, muß das ausprobierende Akkommodieren einmal mehr durch die Assimilation gelenkt werden, aber in einem zweiten Sinn. Diesmal erhält es seine Richtung durch die Handlungsschemata, die den zufällig auftretenden Ereignissen eine Bedeutung zu verleihen vermögen. Diese Handlungsschemata ordnen sich nämlich von selbst dem Schema unter, das der Gesamthandlung ein Ziel steckt. Die im Verlauf der Erfahrung stattfindenden Ereignisse können ja durch das Bewußtsein des Subjektes nur in Funktion der früheren Assimilationsschemata erfaßt werden. Wenn Jacqueline zum Beispiel entdeckt, daß sie durch das Strecken der Schnur und durch das Ziehen daran den Gegenstand zu sich heranbringt, assimiliert sie diese Tatsache, mag sie auch noch so neu sein, notwendigerweise an schon bekannte Handlungsschemata: Sie »versteht«, daß die Schnur ein »Mittel zum Heranholen« ist, das heißt, sie klassifiziert die Schnur in die Kategorie der »Mittel zum Heranholen«, zu der zum Beispiel die »Unterlage« usw. gehört. Die Wechselfälle der Bemühungen des Kindes erhalten also ihre Bedeutung in Abhängigkeit vom verfolgten Ziel und von den anderen Handlungsschemata, die schon früher mit diesem ganz bestimmten Ziel in Beziehung gebracht wurden.

Zusammenfassend können wir sagen, die Akkommodation werde durch zwei Arten von Assimilation gelenkt. Erstens durch die zu Beginn eingesetzten Handlungsschemata (das Zielschema und die Schemata der Mittel), die eben der neuen Situation angepaßt werden sollen. Zweitens durch die Handlungsschemata, die erst im Vollzug des Handelns auftreten (man könnte sie als »Hilfs«-Schemata bezeichnen) und den Produkten der Erfahrung, das heißt der Akkommodation, eine Bedeutung verleihen, was auch wieder in Funktion des Handlungsziels geschieht. Besitzen aber diese Produkte der Assimilation in den Augen des Kindes gar keinen Neuheitswert? Ist mit anderen Worten die neue Erfahrung schon bekannt und gar nicht neu, weil sie sogleich interpretiert wird? Selbstverständlich nicht, da ja gerade die Akkommodation alle Handlungsschemata, von denen sie abhängt, sprengt und differenziert, wie wir es schon bei der tertiären Zirkulärreaktion festgestellt haben.

Wie soll man den Bildungsprozeß dieser Vorgehensweisen schließlich verstehen? Hier setzt der Lernvorgang ein, das heißt das kumulative Element des Ausprobierens. Indem die Akkommodation (also die Erfahrung) durch die früheren Assimilationsschemata gelenkt und orientiert wird, lockert sie diese auf, differenziert sie und geht so einem neuen Assimilationsbemühen voraus, dem sie nun selbst eine bestimmte Ausrichtung verleiht. Der Lernvorgang besteht also in diesem Assimilationsprozeß, der den aufeinanderfolgenden Akkommodationsakten immanent ist. Jeder Versuchsschritt prägt tatsächlich in gewisser Weise den nächsten und stellt folglich den Entwurf eines neuen Assimilationsschemas dar. Nachdem Jacqueline zum Beispiel gelernt hat, die Schnur zu strecken, zieht sie immer stärker daran. Die drei Versuchsreihen der Beobachtung 153 und die aufeinanderfolgenden Versuche, die wir in der Beobachtung 154 beschrieben haben, zeigen deutlich diesen Fortschritt. Es ist kein leeres Spiel mit Worten, wenn wir diesen der Akkommodation immanenten Fortschritt einmal mehr als Assimilation charakterisieren. Der Lernvorgang ist tatsächlich nichts anderes als eine Zirkulärreaktion, die mittels reproduzierender, wiedererkennender und generalisierender Assimilation voranschreitet. Nur weil die Komplexität der Assimilationsschemata, wie wir schon zu Beginn dieses Kapitels gesehen haben, künftig ein gezieltes Suchen nach dem Neuen an sich gestattet, ist diese Zirkulärreaktion »tertiärer« Art, das heißt auf die Akkommodation als solche ausgerichtet.

Kurz gesagt, diese Analyse zeigt also die hohe Komplexität der Vorgänge, die der assoziationistische Empirismus als eine primäre Gegebenheit betrachtet und die den Kontakt mit der Erfahrung ausmachen. Dieser Kontakt, das heißt also die Akkommodation, ist immer zwischen zwei (oder sogar drei) Reihen von Assimilationsschemata geschaltet und wird von ihnen eingerahmt. Es sind sowohl die zuerst eingesetzten oder die nachfolgenden zusätzlichen Handlungsschemata, die der Akkommodation eine Richtung geben, als auch die Assimilationsschemata, die die Ergebnisse registrieren, indem sie sich durch die Akkommodation leiten lassen.

Schließlich ist noch folgendes zu bemerken: Wenn das neue Handlungsschema einmal ausgebildet, das heißt der Lernvorgang beendet ist, findet es von selbst Anwendung auf ähnliche Situationen. So wird zum Beispiel in der Beobachtung 145 das Schema der Verwendung der Schnur ohne Schwierigkeit auf eine Uhrenkette übertragen. Nach dem Neuerwerb jeder dieser Vorgehensweisen findet ein Rückfall in die »Anwendung bekannter Mittel auf neue Situationen« statt. Bis zum Beginn der systematischen Intelligenz (Kapitel VI) alternieren auf diese Weise Neuerwerb und Rückfall.

Eine dritte Form der »Entdeckung neuer Mittel durch aktives Ausprobieren« wird uns erlauben, diese Analyse noch zu präzisieren. Es handelt sich um das »Schema der instrumentalen Verwendung des Stockes«. Die Schnur ist kein Instrument, sie ist einfach die Verlängerung des Gegenstandes; der Stock dagegen ist ein Instrument. Wie geschieht nun die Eroberung dieses ersten Werkzeuges? Eine plötzliche geistige Konstruktion kann die Ursache sein, wenn das Kind den Stock erst spät, nämlich auf der Ebene der systematischen Intelligenz (siehe Kapitel VI, 1.) entdeckt. Dann können aber auch Ausprobieren und aktive Erfahrung zur Entdeckung dieses Werkzeugs führen. Lucienne und Jacqueline haben uns ein Beispiel für dieses letztere Vorgehen vorgeführt, Lucienne auf ganz spontane Weise, Jacqueline dagegen unter Zuhilfenahme von Nachahmung. Wir werden uns hier vor allem auf den Fall von Lucienne berufen, während der Fall von Jacqueline nur als zusätzliches Hilfsmittel für die Analyse herangezogen wird.[4]

Bb. 157: Mit 1; 0 (5) besitzt Lucienne, wie wir in den Bb. 150 und 152 gesehen haben, bereits das Schema der Verwendung der Unterlage. Am selben Tag versuche ich festzustellen, ob sie auch das Schema des Stockes beherrscht. Wir werden sehen, daß das nicht der Fall ist.

Das Kind ist im Begriff, mit einem länglichen Deckel zu spielen, der als Stab dienen könnte. Es schlägt damit auf die Platten seines Tisches, die Armlehnen des Stuhls usw. Nun stelle ich eine kleine grüne Flasche, die Lucienne sofort heftig begehrt, vor sie auf den Tisch, aber außerhalb der Reichweite ihrer Hände. Sie versucht, die Flasche mit gestrecktem Arm zu erreichen, gebärdet sich wie wild, seufzt und stöhnt, kommt aber keinen Augenblick auf die Idee, sich des Deckels als eines Stabes zu bedienen. Nun lege ich den Deckel zwischen das Kind und die Flasche: Es zeigt dasselbe Unverständnis. Dann setze ich die Flasche auf das entfernte Ende des Deckels. Lucienne zieht jetzt den Deckel zu sich und ergreift die Flasche, was wir schon in der Bb. 150b festgestellt haben. Ich entferne jetzt die Flasche wiederum aus ihrer Reichweite, lege den Deckel aber diesmal daneben, so daß er noch zur Verfügung des Kindes steht. Trotzdem kommt Lucienne nicht auf den Gedanken, ihn wie einen Stab zu gebrauchen.

Mit 1; 2 (7) macht Lucienne dagegen zufällig eine bemerkenswerte Entdeckung. Sie vergnügt sich damit, auf einen kleinen Eimer mit einem Stab einzuschlagen (ohne dabei ein besonderes Ziel zu verfolgen). Schließlich fällt ihr auf, daß der Eimer sich bei jedem Schlag bewegt, und sie versucht nun, ihn durch ihr Schlagen zu verschieben. Sie schlägt mehr oder weniger schräg, um die Bewegung des Eimers zu verstärken, und wiederholt dies oftmals hintereinander. Als ich den Eimer weiter wegschiebe, benützt sie diese Entdeckung aber weder dazu, ihn zu sich heranzubringen, noch dazu, seinen tanzenden Bewegungen eine bestimmte Richtung zu geben.

Bb. 158: Mit 1; 4 (0) sitzt Lucienne vor einem Sofa, auf dem sich eine kleine kürbisförmige Aluminiumflasche befindet. Neben ihr liegt derselbe Stock, mit dem

[4] Nach Ch. Bühler und H. Hetzer: Kleinkinder-Tests, S. 63, tritt die instrumentale Verwendung des Stockes normalerweise in der zweiten Hälfte des Jahres auf.

sie sich während der letzten Wochen amüsiert hat, indem sie damit auf Gegenstände und auf den Fußboden einschlug. Seit 1; 2 (7) hat sie damit aber keine Fortschritte gemacht. Zuerst bemüht sie sich, die Flasche direkt mit der rechten Hand zu erreichen. Da ihr das nicht gelingt, greift sie nach dem Stock. Diese Handlung stellt eine wichtige Neuheit dar: Der Stock wird nicht nur benützt, wenn er sich schon zufällig in ihren Händen befindet, er wird mit Absicht gesucht. Mehr noch, nachdem Lucienne ihn in der Mitte erwischt hat und nach dem ersten Versuch feststellt, daß er nicht lang genug ist, wechselt sie ihn in die linke Hand über, nimmt ihn dann wieder in die rechte, aber dieses Mal an seinem Ende. Der weitere Fortgang der Beobachtung zeigt jedoch, daß der Stab noch nicht mit dem Zweck ergriffen worden ist, die Flasche gezielt zu stoßen. Lucienne schlägt nämlich damit nur auf den Gegenstand ein, ohne daß man annehmen dürfte, sie würde sein Fallen voraussehen. Die Flasche fällt aber tatsächlich herunter, und Lucienne hebt sie auf. Es ist offensichtlich, daß das Verlangen nach der Flasche das Handlungsschema »mit dem Stock schlagen« aktualisiert hat, aber man kann in diesem Verhalten noch nicht ein Vorgehen erblicken, das der Situation in allen Einzelheiten angepaßt gewesen wäre.

Einen Augenblick später lege ich die Flasche fünfzig Zentimeter von Lucienne entfernt auf den Boden. Sie streckt sich zu Beginn wieder direkt nach dem Gegenstand aus, dann nimmt sie aber den Stock zur Hand und schlägt auf die Flasche ein, die sich daraufhin ein wenig bewegt. Nun beginnt Lucienne mit großer Aufmerksamkeit, das Zielobjekt mit dem Stock von links nach rechts zu stoßen, wodurch es sich nähert. Nach einem neuen Versuch, die Flasche direkt zu ergreifen, packt Lucienne wieder den Stock und stößt diesmal von rechts nach links, wobei sie den Gegenstand immer näher zu sich herbringt. Entzückt ergreift sie schließlich Besitz von ihm und hat in allen folgenden Versuchen Erfolg.

Bb. 159: Wir haben früher (Bb. 139) gesehen, wie Jacqueline mit acht Monaten begann, Gegenstände aufgrund einer »abgeleiteten Zirkulärreaktion« hin und her schwingen zu lassen. Diese Verhaltensweise hat bei ihr zufällig das Schema der »instrumentalen Verwendung des Stockes« vorbereitet. Mit 1; 0 (13) hat Jacqueline nämlich eine längliche Spielklapper in Händen, als sie den Schwanz des Spielzeugesels wahrnimmt, der vor ihr herunterbaumelt: Sie macht sich sogleich daran, ihn hin- und herpendeln zu lassen; da sie aber die Klapper in den Händen hält, führt sie nicht die Hand, sondern die Klapper zum Esel und versetzt damit dessen Schwanz in Schwingungen. Dieses Experiment wiederholt sie sehr häufig. Man kann natürlich dabei noch nicht von einer »instrumentalen Verwendung des Stokkes« sprechen. Die Klapper wurde nicht ergriffen, um damit auf den Gegenstand einzuwirken, sondern wurde rein zufällig als Verlängerung der Hand gebraucht. Da diese Verhaltensweise an den folgenden Tagen nicht wieder auftrat, versuchte ich, sie künstlich auszulösen, indem ich mich der Nachahmung bediente. Wir verfolgten dabei nicht das Ziel, die Nachahmung zu studieren, sondern den Entstehungsmechanismus dieser Verhaltensweisen besser analysieren zu können. Mit 1; 0 (28) bemüht sich Jacqueline um einen Korken, der sich vor ihr in Augenhöhe, aber außerhalb der Reichweite ihrer Hände befindet. Sie hält in ihrer Rechten einen Stab, verwendet ihn aber nicht, sondern streckt die linke Hand direkt nach dem Korken aus. Ich fasse nun den Stock und bringe selber den Korken zum Fallen, worauf ihn Jacqueline sofort ergreift. Dann lege ich den Korken wieder an seinen Platz und händige Jacqueline den Stock aus. Da sie mir sehr aufmerksam zugesehen hat, wiederholt sie sogleich meine Handlung mit großer Genauigkeit. Sie lenkt den Stock zum Korken hin und bringt ihn zum Fallen.

An diesem Punkt des Experimentes, wo wir die Dinge forciert und den Faktor Nachahmung ins Spiel gebracht haben, bieten sich uns zur Erklärung des Geschehens zwei mögliche Hypothesen an. Entweder aktualisierte die Nachahmung eine Art von vollständig vorbereiteter »Gestalt«, dann wird das Kind künftig diese Gestalt ohne weiteres Ausprobieren anwenden können. Oder aber die Nachahmung hat dem Kind nur ein Beispiel vorgeführt. Es wird also in der Folge neue Versuche anstellen müssen, um die Verhaltensweise wiederzufinden, und zwar in der gleichen Weise, wie Lucienne vor den Dingen probiert hat. Der weitere Fortgang der Beobachtung wird uns zeigen, daß die zweite Hypothese die richtige ist.

Ich lege den Korken wieder auf den Rand des Wagens. Der Stock befindet sich neben dem Kind. Jacqueline streckt nun die Hände in der Richtung des Korkens aus, knurrt vor Enttäuschung und beginnt beinahe zu weinen, denkt aber keineswegs daran, den Stab zu benützen. Um ihr zu helfen, zeige ich ihr den Stock, indem ich ihn aufhebe und wiederum unter ihre Augen vor ihr niederlege. Aber sie ergreift ihn nicht und fährt fort, den Korken direkt erreichen zu wollen.

Neuer Versuch: Ich biete ihr den Stock an; sie ergreift ihn und richtet ihn sogleich gegen den Korken, den sie so zum Fallen bringt und dann sofort in Besitz nimmt. Die Tatsache, daß Jacqueline den Stock in Händen hat, bewirkt eine Wiederholung der eben nachgeahmten Handlung aufgrund einer Zirkulärreaktion. Aber diese Fähigkeit bedeutet nicht, daß das Kind selbst die Verhaltensweise wiederzufinden und anzuwenden vermag, wenn es den Stock nicht gerade zufällig in Händen hält. Es begnügt sich statt dessen damit, ihn vor sich liegen zu sehen.

In den folgenden drei Versuchen wiederholt sich dasselbe Ergebnis. Jacqueline will auch weiterhin den Korken auf direkte Weise erreichen und gebraucht den Stock nur, wenn ich ihn vor sie hinhalte. Ich unterbreche daraufhin das Experiment für eine gewisse Zeit.

Bei der Wiederaufnahme stellt sich ein Fortschritt ein. Jacqueline versucht noch immer, den Gegenstand ohne Hilfsmittel zu ergreifen, sie sucht noch immer nicht nach dem Stock, der doch innerhalb ihres Gesichtsfeldes und in Reichweite ihrer Hand liegt. Wenn ich aber mit dem Finger auf den Stock zeige, nimmt sie ihn und bedient sich seiner. Die gleiche Reaktion wiederholt sich fünfmal hintereinander.

Wir kommen zur letzten Versuchsreihe. Jacqueline versucht immer noch, mit der bloßen Hand den Korken zu erlangen (obgleich er sich an derselben Stelle befindet). Nachdem sie aber einen Augenblick lang gegrollt hat, sucht sie von selbst den Stock und verwendet ihn als Instrument.

Während all dieser Versuche bezeugte Jacqueline höchstes Interesse, indem sie ständig grollte oder beinahe weinte, wenn sie keinen Erfolg hatte (wenn die Hand den Korken nicht erreichte). Sobald sie bei jedem neuen Versuch die Verwendbarkeit des Stockes als Instrument begriffen hatte, veränderte sich ihr Gesichtsausdruck und hörte ihr Klagen auf. Anfänglich war das der Fall, wenn ich ihr den Stock in die Hand gab, später, wenn ich mit dem Finger darauf zeigte, und schließlich, wenn sie sich bei seinem Anblick an seine Verwendungsmöglichkeit erinnerte. Man sieht also, daß das dynamische Handlungsschema, das durch den anfänglichen Nachahmungsvorgang skizziert wurde, sich erst nach und nach die optischen Faktoren einverleibt hat. Mit anderen Worten, dieses Handlungsschema verlieh dem visuellen Anblick des Stockes nur sehr langsam eine Bedeutung.

Bb. 160: Am folgenden Tag, Jacqueline ist gerade 1; 0 (9) alt, präsentiere ich ihr denselben Korken, stelle ihn an denselben Platz und lege den Stock vor sie hin. Ohne zu zögern, bemächtigt sie sich des Stockes und lenkt ihn zum Korken hin. Unterwegs bemerkt sie aber, daß der Stab zu kurz ist (sie hat ihn bei drei Vierteln seiner Länge gepackt).

Darauf wechselt sie ihn in die andere Hand und ergreift ihn nun am Ende. Auf diese Weise kann sie den Korken mit dem Stock erreichen und herunterschlagen, so daß sie ihn ergreifen kann.

Nachdem sie einen Augenblick mit dem Korken gespielt hat, nehme ich ihn wieder weg und bringe ihn aus der Reichweite ihrer Hände. Jacqueline sucht sogleich am Boden (sie sitzt), aber statt nach dem Stock zu greifen, den sie doch gut sieht, nimmt sie ihr Bilderbuch (in biegsames Leinen gebunden) und langt damit nach dem Korken. Das Buch faltet sich aber und reicht nicht bis zum Ziel. Jacqueline grollt, hält aber durch und wiederholt den Versuch zehnmal. Darauf legt sie das Buch weg, streckt die Hand allein aus und nimmt schließlich den Stock zu Hilfe (sie faßt ihn aber zu kurz). Da wirft sie auch den Stock weg und ergreift eine Banane aus Gummi. Da diese noch kürzer ist, legt sie sie nach einigen ergebnislosen Versuchen weg und kehrt wieder zum Stock zurück. Jetzt endlich hat sie Erfolg.

Das Schema der instrumentalen Verwendung des Stockes ist also ausgebildet und wird sogleich generalisiert, auch auf biegsame Gegenstände.

Bb. 161: Mit 1; 1 (0) versucht Jacqueline, eine Plüschkatze zu erreichen, die auf ihrem Wagen sitzt, aber außerhalb ihres Greifraumes. Nach einer Reihe von ergebnislosen Versuchen gibt sie es auf, ohne an den Stock zu denken. Ich halte nun meinen Finger etwa zwanzig Zentimeter über den Stock: Sie bemerkt ihn, ergreift ihn sofort und bringt die Katze zu Fall. Mit 1; 1 (28) sitzt sie auf dem Teppich und bemüht sich um dieselbe Katze, die diesmal auf dem Boden steht. Sie berührt sie mit ihrem Stock, aber ohne den Versuch zu unternehmen, das Stofftier zu sich hinzuschieben, wie wenn die Tatsache der Berührung allein genügen würde.

Mit 1; 3 (12) entdeckt Jacqueline endlich die Möglichkeit, mittels des Stabes die Zielgegenstände auf dem Boden gleiten zu lassen und sie so bis zu sich heranzubringen. Um eine Puppe zu erlangen, die am Boden außerhalb ihrer Reichweite sitzt, schlägt sie zu Beginn mit dem Stock auf sie ein. Als sie die leichten Verschiebungen des Spielzeugs bemerkt, stößt sie es, bis sie es mit der rechten Hand erreichen kann.

Diese wenigen Beobachtungen gestatten, wie uns scheint, die Analyse der Akkommodation um einen Schritt weiterzuführen. Wir wollen aber zuerst auf einige Gemeinsamkeiten mit den vorangehenden Beobachtungen hinweisen.

Das Schema der instrumentalen Verwendung des Stabes entsteht wie die Schemata der Unterlage und der Schnur durch Differenzierung früherer Handlungsschemata. Der Wunsch, auf Gegenstände zu schlagen oder sie hin und her zu bewegen, offenbart dem Kinde die Verwendungsmöglichkeit des Stabes, wenn dieser zufällig die Wirkung der Hand verlängert. So zeigen uns die Beobachtung 157 und der Anfang der Beobachtung 159, wie das Schema der Verwendung des Stabes vorbereitet wird. Wenn das Kind nun einen Gegenstand, der außerhalb seines Greiffeldes liegt, erreichen möchte, so aktualisiert dieser Wunsch natürlich die betreffenden Handlungsschemata (aufgrund des Koordinationsmechanismus, der schon seit dem vierten Stadium vertraut ist). Das zeigt uns der Anfang der Beobachtung 158. In ihren ersten Schritten wird die Akkommodation also sowohl durch das Zielschema geleitet (den entfernten Gegenstand ergreifen) als auch durch die mit ihm koordinierten Handlungsschemata (schlagen usw.), die als »Mittel« dienen. Diese Handlungsschemata müssen aber an die gegenwärtige Situation akkommodiert werden. Es genügt nicht, mit einem Stab auf einen Gegenstand einzuschlagen, um ihn zu sich heranzubringen, sondern man muß herausfinden, wie man den Gegenstand in eine entsprechende Bewegung versetzen kann. Hier erst setzt die Akkommodation ein.

Es ist noch hervorzuheben, daß diese Akkommodation wie im Falle der Unterlage und der Schnur durch eine Reihe von früheren Handlungsschemata bedingt ist, die den aufeinanderfolgenden Entdeckungen eine Bedeutung verleihen. Wenn das Kind sieht, daß sich der Gegenstand unter der Wirkung seiner Stockschläge ein wenig verschiebt, begreift es die Möglichkeit, diese Verschiebungen zum Heranholen des betreffenden Objektes zu verwenden. Dieses Verständnis verdankt das Kind nicht nur den »anfänglichen« Handlungsschemata, die seine Bemühungen auslösen (das Schema des Greifens und das Schema des Schlagens) und deren gegenwärtige Akkommodation in einer Differenzierung besteht, es verdankt dieses Begreifen auch den »Hilfs«-Schemata, die sich mit den ersteren verbinden. Da das Kind die Gegenstände schon mittels der Unterlage und der Schnur zu verschieben versteht, hat es nun ohne Zweifel auch Einsicht in die Bedeutung der kleinen Verschiebungen, die es mit seinen Stockschlägen hervorruft.

Wie geschieht aber die Akkommodation an sich, das heißt die Differenzierung der früheren Handlungsschemata oder der Lernvorgang, dessen kumulativer Prozeß zur Entstehung einer neuen Assimilation führt? An dieser Stelle gestatten uns die Beobachtungen der Verwendung des Stockes, über die Folgerungen hinauszugehen, die wir bei der Analyse des Verhaltens mit Unterlage und Schnur gezogen haben. Bei der Schnur haben wir ja gesehen, daß der Erwerb neuer Verhaltensweisen, das heißt der Lernvorgang, in einer tertiären Zirkulärreaktion bestand, die sich selber wieder in reproduzierenden, wiedererkennenden und generalisierenden Assimilationsschritten vollzog. Die Akkommodation der früheren Handlungsschemata führt so zur Bildung neuer Handlungsschemata, die ihrerseits einer eigenen Assimilation fähig sind. Wie ist das aber möglich? Die Beobachtung der »instrumentalen Verwendung des Stockes« wird uns das jetzt deutlich machen.

Drei Lösungen sind denkbar. Entweder besteht die Differenzierung des früheren Handlungsschemas (die Akkommodation stellt ja eine solche Differenzierung dar; im vorliegenden Fall ist es die Verwandlung des Schemas »schlagen« in ein neues Schema »mit dem Stock bewegen«) in einer Art innerer Verschiebung innerhalb dieses Schemas. Es liegt hier, genauer gesagt, ein einfaches ungerichtetes Ausprobieren vor, das ganz zufällig Variationen im allgemeinen Trend dieses Schemas mit sich bringt. Bei dieser ersten Lösung würde also die Erreichung des Ziels als eine nachträgliche Selektion der zufällig erfolgenden Variationen aufzufassen sein. Die zweite Lösung postuliert im Gegenteil eine unmittelbare Reorganisation der Handlungsschemata: Aus dem Schema »mit einem Stock schlagen« entsteht durch Koordination mit dem Schema »ergreifen« oder »an sich ziehen« in einem bestimmten Augenblick ganz plötzlich das neue Handlungsschema »mit einem Stock an sich ziehen«. Diese plötzliche Kristallisation wäre also den ganzheitlichen Umgestaltungen des Wahrnehmungsfeldes vergleichbar, in denen die Gestalttheorie den wesentlichen Kern der intellektuellen Entdeckung sieht. An dritter Stelle könnte man eine Zwischenlösung postulieren, die aber keineswegs eine Vermischung der beiden anderen oder einen Kompromiß darstellt, sondern die durch die Intervention eines Prozesses gerichteter Tätigkeit gekennzeichnet ist. Das Handlungsschema, das als Mittel dient (Schlagen, Hin- und Herschwenken usw.), differenziert sich in dieser Sichtweise in Abhängigkeit vom Zielschema (an sich ziehen) und erhält folglich von ihm eine Richtung. Diese Verbindung zweier Handlungsschemata führt aber nicht sogleich zu einer plötzlichen Umstrukturierung, sondern erzeugt einfach eine Abfolge von kumulativen Versuchen, das heißt also eine progressive Akkommodation, bei der jeder einzelne Vollzug an die vorangehenden assimiliert wird und gleichzeitig durch die Gesamtheit der verbundenen Schemata eine Richtung empfängt. Die Originalität dieser dritten Lösung im Vergleich zur zweiten besteht also darin, daß das neue Schema nicht von Anfang an strukturiert ist, sondern in einem Zustand aktiver Strukturierungsfähigkeit verharrt, bis es die Gesamtheit der Situation assimiliert hat.

Wenn wir diese drei unterschiedlichen Lösungen betrachten, so kann kein Zweifel bestehen, daß nur die dritte allein den Beobachtungen 157 bis 161 wie auch allen vorangehenden adäquat ist. Die erste Lösung scheidet aus, weil das Ausprobieren des Kindes in unseren Beispielen niemals in einer Abfolge von rein zufällig ausgeführten Handlungen besteht. Einerseits spielt sich die Akkommodation nämlich im Spannungsfeld zwischen Zielschema (»zu sich heranziehen«) und Mittelschema (»schlagen«) ab, das sich zur Erreichung dieses Zieles differenziert. Die Konjunktion der beiden Schemata reduziert den Anteil des Zufalls auf ein geringes Maß. Andererseits bedingt jeder

Versuch die folgenden und hängt auch von den vorangegangenen ab. Ohne Zweifel spielt der Zufall bei der Entdeckung manchmal eine Rolle. So bemerkt Lucienne in der Beobachtung 157, daß der Eimer sich verschiebt, wenn sie auf ihn einschlägt. Diese Entdeckung charakterisiert übrigens eine reine tertiäre Zirkulärreaktion (wir fügen sie aber hier ein, da sie sich ebensogut im Verlauf der Bemühungen, etwas an sich zu ziehen, hätte einstellen können). Sie wird nun unmittelbar assimiliert und bedingt sofort die folgenden Versuche. Der Zufall spielt also im Akkommodationsprozeß dieselbe Rolle wie in der wissenschaftlichen Entdeckung: Er nützt nur dem Wissenden, dem Ignoranten bleiben seine Offenbarungen ohne Bedeutung. Mit anderen Worten, ohne ein gerichtetes Suchen kann nicht vom Zufall profitiert werden, denn der Zufall allein vermag den Fortschritt nicht zu orientieren.

Die zweite Lösung kann schon eher befriedigen. Sie ist aber unvereinbar mit der Tatsache, daß in unseren Versuchen die Akkommodation in keinem Fall unmittelbar erfolgt. Nicht die Struktur, die aus der Akkommodation resultiert, erscheint als das wesentliche Faktum, sondern die strukturierende Tätigkeit. In dieser Beziehung ist die Beobachtung 159 sehr lehrreich. Als ich Jacqueline das Beispiel einer »instrumentalen Verwendung des Stockes« vollständig strukturiert zur Nachahmung vorführte, hätte ich doch im Geiste des Kindes, so möchte man glauben, ein unmittelbares Verständnis für die Verwendungsmöglichkeit dieses Instrumentes provozieren müssen. Jacqueline imitiert mich tatsächlich auch ohne zu zögern und mit Interesse und Genauigkeit. Das müßte die Annahme begünstigen, daß sie nun fähig sei, dieselbe Verhaltensweise nach Belieben zu wiederholen. Der Fortgang der Beobachtung zeigt aber, daß das durch die Nachahmung skizzierte Handlungsschema in einem Zustand der tendenziellen oder dynamischen Bereitschaft verharrt und keineswegs sofort zu einer Umstrukturierung der Wahrnehmung führt. Der Anblick des Stockes genügt tatsächlich in den unmittelbar auf die Imitation folgenden Versuchen noch nicht, das Schema seiner Verwendung auszulösen. Jacqueline muß ihn bereits in Händen halten, um seine Bedeutung wiederzufinden, was dann auch ohne jede Schwierigkeit geschieht. Erst nach und nach und nur sehr langsam werden dann in der Folge die visuellen Elemente der Situation diesem dynamischen Schema einverleibt. Anfänglich mußte ich noch mit dem Finger auf den Stock zeigen, damit er gebraucht wurde, schließlich genügte sein Anblick allein.

Aus derartigen Beobachtungen darf man schließen, daß die zur Entdeckung neuer Mittel führende Akkommodation sich nicht aufgrund einer plötzlichen Umstrukturierung vollzieht, sondern eine Reihe von kumulativen Versuchen voraussetzt, von denen die einen an die anderen assimiliert werden. Sie führen so zur Ausbildung eines Handlungsschemas, das nun die Gesamtheit der Situation assimiliert (in diese Assimilation werden nach und nach auch die visuellen Elemente einbezogen). Wie wir es schon bei den »Unterlagen« und bei der »Schnur« gesehen haben, wird die Akkommodation nicht nur von außen durch die Koordination des Zielschemas mit den Mittelschemata geleistet, die selber durch die Akkommodation differenziert werden. Ebensowenig wird sie durch die Hilfsschemata allein ausgerichtet, die den Entdeckungen dieses Akkommodationsprozesses eine Bedeutung verleihen. Sie verdankt ihre Zielsetzung vor allem einem Assimilationsprozeß, der sie hervorruft und ihr immanent ist, ebenso wie die Zirkulärreaktion aus den zu ihrer Bildung führenden neuen Elementen entsteht.

Wir müssen noch hinzufügen, daß sich das neue Handlungsschema, sobald es gebildet ist, durch Generalisation auf ähnliche Situationen ausweitet, wie das bei den Schemata der »Schnur« und der »Unterlage« der Fall ist. Damit reiht sich diese Verhaltensweise in die Gruppe der »Anwendungen bekannter Mittel auf neue Situationen« ein. Nachdem Jacqueline gelernt hat, den Stock ohne Zögern zu verwenden, sehen wir sie in der Beobachtung 160 in gleicher Weise ein Buch und eine Banane als Instrumente gebrauchen.

3. Die Entdeckung neuer Mittel durch aktives Experimentieren Weitere Beispiele

Die Analyse der zur Entdeckung neuer Mittel führenden Akkommodation können wir jetzt durch die Untersuchung komplexerer Verhaltensweisen erweitern. Wir werden zuerst erörtern, auf welche Weise das Kind vorgeht, um Gegenstände durch die Gitterstäbe seines Laufstalles zu sich zu bringen. Dieses Experiment gestattet uns nämlich, die Prüfung der Beziehungen zwischen dem dynamischen Handlungsschema und der Wahrnehmung oder der visuellen Vorstellung weiterzuführen.

Bb. 162: Mit 1; 3 (12) sitzt Jacqueline in ihrem Laufstall, das heißt in einem quadratischen Raum, der auf allen vier Seiten von senkrechten Gitterstäben begrenzt wird, die oben und unten durch eine Querstange verbunden sind. Die Stäbe stehen sechs Zentimeter auseinander. Ich lege nun außerhalb des Gitters und parallel zu der Jacqueline am nächsten liegenden Seite einen Stab von zwanzig Zentimeter, der somit die Länge von drei Zwischenräumen zwischen den Stäben einnimmt. Wir werden diese drei Zwischenräume a, b und c nennen; b entspricht also dem mittleren Teil des Stockes, a und b seinen beiden Enden. Das Problem besteht nun darin, den Stab von außen nach innen durch die Gitterstäbe hindurchzubringen.

1.: Jacqueline beginnt sogleich, durch den Zwischenraum b nach dem Stock zu greifen und ihn längs der Stäbe hochzuheben, wobei sie ihn aber horizontal und parallel zum Gitter hält, so daß er sich natürlich um so weniger bewegt, je mehr sie daran zieht. Sie streckt nun auch ihre andere Hand durch c, hält aber den Stab immer noch waagrecht; darum gelingt es ihr natürlich nicht, ihn hindurchzubekommen. Schließlich läßt sie den Gegenstand los, und ich bringe ihn in seine Ausgangsposition zurück.

2.: Jacqueline fängt sofort wieder an und greift den Stock von neuem durch c. Während sie ihn aber hochhebt, richtet er sich zufällig ein wenig auf und erhält so eine leicht schräge Position. Sie versteht sofort aus dem, was sie wahrnimmt, Nutzen zu ziehen: Indem sie ihre andere Hand durch c hindurchstreckt, stellt sie ihn so weit senkrecht, daß er durch die Stäbe hindurchpaßt. Sie führt ihn durch den Zwischenraum b ins Innere des Laufstalles. – Warum hat sie den Stock so aufgerichtet? Geschah es aus Voraussicht, oder hat sie ganz einfach die zufällig erfolgte Bewegung fortgesetzt, um zu sehen, was nun geschehen würde? Der weitere Fortgang der Versuche spricht eher für die zweite Interpretation.

3. und 4.: Dieses Mal ergreift Jacqueline den Stock durch den Zwischenraum c, das heißt also an seinem Ende (ohne Zweifel, weil sie ihn beim letzten Versuch in c aufgerichtet hat). Sie zieht ihn waagrecht gegen die Gitterstäbe; als sie aber den Widerstand der Stäbe spürt, richtet sie den Stock sehr schnell auf und führt ihn ohne Schwierigkeiten hindurch. Dieser Anpassungsvorgang verlief so schnell, weil sie den Stock am Ende ergriffen hatte; die folgenden Versuche zeigen nämlich, daß dieses Verhalten noch nichts Systematisches an sich hat.

5.: Jacqueline ergreift den Stock jetzt wieder in der Mitte, nämlich durch den Zwischenraum b hindurch. Sie hebt ihn hoch und prallt mit ihm wieder waagerecht gegen die Gitterstäbe wie bei 1. Sie zieht und scheint von ihrem Mißerfolg sehr überrascht zu sein. Erst nach längeren Bemühungen richtet sie ihn auf (es scheint, daß es diesmal absichtlich geschieht), und es gelingt ihr, ihn durch das Gitter zu führen.

6. bis 10.: Immer noch beobachte ich dieselben Reaktionen. Bei jedem neuen Versuch beginnt Jacqueline zuerst damit, den Stock horizontal und parallel zum Gitter einführen zu wollen. Erst nach diesem anfänglichen Mißerfolg richtet sie ihn auf, und zwar immer recht langsam.

11.: Dieses Mal dreht Jacqueline den Stock schneller, weil sie ihn im Zwischenraum c erfaßt hat.

12. bis 15.: Sie ergreift den Stock von neuem im Zwischenraum b und beginnt wiederum damit, ihn horizontal durch die Stäbe hindurchführen zu wollen (wie in 5. bis 10.) Dann richtet sie ihn auf, aber wieder langsamer als bei 11., und hat Erfolg.

16.: Sie fährt damit fort, den Stock in b zu ergreifen und sich zu bemühen, ihn horizontal durch die Stäbe hindurchzubringen, aber diesmal verharrt sie nicht in diesem Vorgehen, sondern dreht ihn sogleich.

17.: Zum ersten Mal richtet Jacqueline den Stock auf, bevor er noch die Gitterstäbe berührt hat. Sie versucht also nicht mehr, ihn waagerecht einzuführen, und das, obwohl sie ihn in der Mitte (in b) ergriffen hat.

18. und 19.: Sie beginnt wieder damit, ihn waagerecht durchführen zu wollen, aber es scheint, als ob das ganz automatisch erfolge; sie richtet ihn sogleich danach auf.

20. und folgende Versuche: Jacqueline dreht jetzt den Stock in systematischer Weise, noch bevor er die Gitterstäbe berührt hat (vgl. 17.).

Bb. 163: Als Jacqueline 1; 3 (13) alt ist, wiederholen wir mit ihr dasselbe Experiment, indem wir es aber in der folgenden Weise komplexer gestalten: Der Stab, den wir nun benützen, ist zu lang, um senkrecht durchgeführt werden zu können. Die Gitterstäbe des Laufstalles sind nämlich nur fünfzig Zentimeter hoch (bei sechsundvierzig Zentimeter Zwischenraum zwischen dem unteren und dem oberen Rahmen), und der Stock, den wir dem Kinde anbieten, ist fünfundfünfzig Zentimeter lang. Wir werden die Mitte des Stockes mit A bezeichnen und mit B und C zwei Punkte, die sich ein Drittel beziehungsweise zwei Drittel der halben Länge vom Mittelpunkt entfernt befinden. Der Stock wird wiederum parallel zum Rahmen außerhalb des Gitters hingelegt und wie vorher auf der Seite, vor der Jacqueline sitzt. Zehn Versuche genügen dem Kind zur Lösung dieses Problems:

1.: Jacqueline ergreift den Stock in B. Sie hebt ihn waagerecht hoch und drückt ihn so gegen die Gitterstäbe. Sie zieht unter Anspannung aller Kräfte, dann verschiebt sie ihn ganz unsystematisch, nimmt ihn wieder hoch, und plötzlich führt sie ihn ganz zufällig, ohne überhaupt begriffen zu haben, wie, durch die Stäbe hindurch.

2.: Dieses Mal ergreift sie den Stock in A, bringt ihn wieder waagerecht gegen die Stäbe und zieht daran so fest sie kann. Darauf richtet sie ihn in systematischer Weise auf, da aber der Stock mit seinem unteren Ende den Boden berührt, bleibt er schräg. Sie zieht von neuem sehr stark daran und gibt dann schließlich auf.

3. und 4.: Sie zieht immer noch zu Beginn in horizontaler Richtung, hebt den Stock dann hoch, zieht von neuem und neigt ihn schließlich so, daß er glatt durch die Stäbe geht. Beide Male hat sie ihn in B ergriffen.

5.: Jacqueline ergreift den Stock in C, zieht waagerecht daran und hebt ihn hoch. Aber sie richtet ihn so stark auf, daß er über den oberen Rand hinausragt und gleichzeitig auch unten hängenbleibt. Daraufhin schüttelt sie ihn und hat schließlich zufällig Erfolg.

6.: Sie beginnt in gleicher Weise wie vorher. Der Stock wird aber oben durch den Rand des Gitters festgehalten und unten durch das Kleidchen Jacquelines, das gegen den unteren Rahmen des Laufstalles gepreßt ist. Nun betrachtet sie aufmerksam die beiden Enden des Stockes, hebt ihn dann sachte hoch, um ihn von ihrem Kleid loszubringen, und führt ihn langsam von unten her durch die Gitterstäbe hindurch, wobei sie so lange daran zieht, bis sie vollen Erfolg hat.

7.: Sie ergreift zuerst den Stock in A, führt ihn waagerecht vorwärts und zieht daran. Darauf ergreift sie ihn mit der anderen Hand in C (wobei sie ihn aber in A noch festhält und gegen die Gitterstäbe preßt). Jetzt führt sie ihn durch den Zwischenraum, indem sie ihn zuerst aufrichtet und dann von unten her daran zieht wie das letzte Mal (siehe oben, 6. Versuch).

8.: Diesmal hat Jacqueline unmittelbar Erfolg, beinahe ohne mit dem Stock die Gitterstäbe zu berühren: Sie ergreift ihn, richtet ihn auf und führt ihn mit dem unteren Ende durch das Gitter.

9.: Sie ergreift ihn mit der linken Hand (aber zu hoch, um ihn von hinten einführen zu können). Nach diesem Mißerfolg wechselt sie sogleich die Hand und hat unmittelbar Erfolg.

10.: Ohne zögernde Versuche und ohne vorher die Gitterstäbe zu berühren löst Jacqueline nun die Aufgabe: Sie berührt sogar im Vorbeigehen kaum die Stäbe.

Mit 1; 3 (15) unterläuft Jacqueline beim ersten Versuch wiederum ein Mißerfolg, weil sie von neuem waagerecht zieht. Beim zweiten Versuch findet sie aber die beiden miteinander kombinierten Handlungen wieder, die darin bestehen, den Stab aufzurichten und ihn von unten her durch die Stäbe zu führen. Nach einer Unterbrechung von einigen Tagen fällt sie mit 1; 4 (0) noch einmal in ihre früheren Irrtümer zurück, hat aber schließlich Erfolg.

Bb. 164: Die folgenden Befunde werden uns helfen, die Möglichkeiten und Grenzen der visuellen Wahrnehmung zu präzisieren. Mit 1; 3 (13) versucht Jacqueline ein Brillenetui in das Laufgitter hineinzuziehen, was ihr sogleich gelingt. Sie hat es zwar waagerecht ergriffen, aber in eine vertikale Stellung gebracht, noch bevor es die Gitterstäbe berührt hat. Dasselbe gelingt ihr mit einem Petschaft.

Dann stelle ich vor das Gitter ein Buch in Oktavformat, und zwar auf die Schnittfläche, so daß der Buchrücken nach oben schaut und parallel zum Rahmen liegt. Sie ergreift es und zieht es in seiner ganzen Breite gegen die Stäbe. Darauf wendet sie den Buchrücken waagerecht gegen das Gitter und zieht wieder daran, schließlich richtet sie in einem dritten Versuch das Buch auf und bringt es in senkrechter Stellung ohne Schwierigkeit durch die Stäbe hindurch, den Buchrücken voran.

Eine halbe Stunde später beginnt Jacqueline wiederum damit, den Band mit seiner ganzen Breite gegen die Stäbe zu ziehen, um ihn so in den Laufstall zu bringen, wobei sie von neuem mit allen Kräften daran zieht. Darauf stellt sie ihn wieder mit der Schnittfläche auf den Boden, und zwar parallel zum Rahmen, ergreift ihn schließlich mit der anderen Hand am Rücken, richtet ihn senkrecht auf, bevor er noch die Gitterstäbe berührt, und bringt ihn ohne weiteres hindurch.

Im Verlauf eines letzten Versuchs richtet sie das Buch sofort wieder auf, noch bevor sie irgend etwas anderes unternimmt, und zieht es ohne Zögern zu sich herein.

Mit 1; 4 (21) versucht sie dagegen, ihre zylindrischen russischen Puppen aus Holz aus dem Laufstall hinauszubefördern; sie sind aber zu breit, um durch die Zwischenräume der Gitterstäbe hindurchzugehen. Sie begreift diesen Mißerfolg in keiner Weise und stößt ganz einfach darauflos. Auch später kommt sie nicht darauf, die Puppen längs den Stäben hochzuschieben, um sie über den Rahmen hinüberzuwerfen.

Bb. 165: Mit 1; 3 (14) hat Jacqueline einen Hahn aus gekneteter Papiermasse erhalten, mit dem ich nun folgendes Experiment anstelle: Ich lege ihn außerhalb des Laufstalles auf den Boden, indem ich aber den Kopf und den Schwanz des Hahns in Richtung auf das Kind durch die Gitterstäbe führe. Mit anderen Worten, der Kopf reicht durch einen Zwischenraum hindurch in den Stall hinein, der Schwanz in gleicher Weise durch den nächsten, der Rücken des Hahns dagegen wird durch den Stab, der die beiden Zwischenräume trennt, zurückgehalten. Das Kind muß also, wenn es den Hahn zu sich heranziehen will, ihn zuerst ein wenig zurückführen, ihn dann aufrichten und Kopf oder Schwanz voran einführen.

Beim ersten Versuch begnügt sich Jacqueline damit, einfach am Hahn zu ziehen, entweder am Kopf oder am Schwanz, ohne ihn aber vorher zurückzuführen oder aufzurichten; somit mißlingt ihr die Lösung der Aufgabe vollständig.

Mit 1; 3 (16) vereinfache ich die Situation ein wenig, indem ich den Hahn nicht mehr so nahe an das Gitter lege, sonst aber alles beim alten lasse. Er ist diesmal also nicht eingeklemmt, da er sich fünf Zentimeter vor dem Stab befindet. Hier nun die Reihe der aufeinanderfolgenden Versuche von Jacqueline:

1.: Jacqueline zieht wiederum den Hahn einfach an sich, so daß er sich am Stab verfängt. Sie zieht mit allen Kräften, ohne nachzulassen, während einer guten Zeitspanne und wechselt dann die Hand. Dabei fällt der Hahn zufällig ein ziemlich großes Stück zurück, so daß sie ihn beim erneuten Ergreifen ohne Schwierigkeit aufrichten kann. Sie sieht ihn nun im Profil und braucht ihn nur noch von vorne her durch das Gitter zu ziehen. Diese Handlungen, das liegende Tier aufzurichten und es dann von vorne einzuführen, stellen natürlich nur die Anwendung der mit dem Stab (siehe Bb. 162 und 163) und natürlich auch mit dem Buch (Bb. 164) gemachten Erfahrungen dar. Sie stehen also im Zusammenhang mit den Entdeckungen der vorangehenden Tage.

2.: Indem Jacqueline den Hahn ergreift, rückt sie ihn zufällig ein wenig zurück, und so gelingt es ihr, ihn von neuem und ohne Mühe aufzurichten. Sie tut das in systematischer Weise und ohne zu zögern.

3.: Diesmal verklemmt sich der Hahn. Jacqueline zieht nichtsdestoweniger mit allen Kräften, ohne daran zu denken, ihn zuerst zurückzuschieben. Nach ihren ergebnislosen Bemühungen wechselt sie die Hand und beginnt von neuem. Dann ergreift sie ihn wieder mit der rechten Hand und zieht noch einmal mit aller Kraft daran. Endlich versucht sie, ihn aufzurichten, aber immer noch, ohne ihn vorher zurückzuschieben. Schließlich gibt sie auf und läßt ihn los.

4.–6.: Der Hahn verklemmt sich wiederum bei jedem neuen Versuch. Jacqueline beginnt nun, mit beiden Händen abwechselnd an ihm zu ziehen. Jedesmal aber fällt er durch Zufall ziemlich weit weg, so daß sie ihn ohne Mühe aufrichten kann. Sie versteht also, den Gegenstand aufzurichten, aber sie hat noch immer nicht begriffen, daß sie ihn zu diesem Zweck zuerst frei machen muß. Nur mit Hilfe des Zufalls gelingt es ihr, ihn aufzurichten.

7.: Der Hahn bleibt längere Zeit verklemmt. Sie zieht mit beiden Händen daran, bis er fällt. Diesmal verklemmt sie ihn aber wieder, als sie versucht ihn aufzurichten. Sie begreift nicht und zieht erneut mit allen Kräften. Schließlich fällt er weit genug von den Stäben weg, so daß sie ihn ohne Schwierigkeit aufrichten und zu sich hereinführen kann.

8.: Dieses Mal fällt der Hahn, der anfänglich verklemmt war, sechsmal hintereinander bloß ein ganz klein wenig zurück, und jedesmal hätte es genügt, wenn Jacqueline ihn noch ein klein wenig weiter zurückgeschoben hätte, und es wäre ihr gelungen, ihn vollständig aufzurichten. Bei jedem neuen Versuch verklemmt sie ihn aber wieder und zieht verständnislos daran.

9. und 10.: Wiederum die gleichen Verhaltensweisen. Jacqueline wird der Sache überdrüssig, und wir brechen das Spiel ab.

Am Nachmittag des folgenden Tages, ungefähr um 1 Uhr, greifen wir den Versuch wieder auf. Ergebnis: Vollständiger Mißerfolg.

Am Abend gegen 6 Uhr werden neue Versuche vorgenommen, die diesmal zum Erfolg führen:

1.: Mißerfolg: Jacqueline zieht, wechselt die Hand usw. und gibt auf.

2.: Zufällig gelingt es ihr, den Hahn aufzurichten, noch bevor er die Gitterstäbe berührt und sich verfangen kann. So geht er ohne Schwierigkeiten hindurch.

3.: Er verfängt sich, sie zieht einen Augenblick daran, läßt ihn aber fallen, vielleicht sogar mit Absicht. Daraufhin richtet sie ihn auf, noch bevor er an das Gitter stößt.

4. bis 9.: Sie beginnt in derselben Weise, aber diesmal ist es ganz offensichtlich, daß sie das Spielzeug absichtlich fallen läßt, und zwar immer schneller im Verlauf jedes neuen Versuchs.

Sie richtet es dann sehr leicht auf, indem sie gut aufpaßt, daß dies beizeiten geschieht (noch bevor sie daran zieht), und so kann sie den Hahn schließlich in Besitz nehmen. Das Spiel amüsiert sie so sehr, daß sie den Hahn, sobald sie ihn ins Innere des Laufstalles gebracht hat, sogleich wieder hinausbefördert, um von neuem zu beginnen.

10.: Ich verklemme ihn wieder im voraus wie zu Beginn dieser Versuchsreihe – mit 1; 3 (14), das heißt also am Anfang dieser Beobachtung. Jacqueline zieht sogleich daran und ist über ihren Mißerfolg erstaunt. Sie versteht es also immer noch nicht, den Gegenstand zuerst von sich wegzuschieben. Dagegen ist sie schon sehr wohl imstande, den Hahn mit Absicht loszulassen, sobald sie ihren Mißerfolg feststellt. Er fällt hierauf drei Zentimeter von den Stäben zurück, so daß sie ihn aufrichten und ohne Mühe hereinführen kann.

11. und 12.: Dieses Mal gibt es eine bemerkenswerte Neuigkeit: Der Hahn verfängt sich, und sie zieht einen Augenblick daran. Ohne ihn aber loszulassen, legt sie ihn auf die Erde (indem sie dabei den Kopf festhält), richtet ihn auf und zieht ihn nun zu sich heran. Sie hat ihn nicht im eigentlichen Sinn von sich weggeschoben: Indem sie den Hahn aber auf dem Boden absetzte, gab sie ihm genügend Spielraum, so daß sie ihn ohne Mühe aufstellen konnte.

13.: Sie zieht, läßt ihn dann von neuem mit Absicht fallen, wie in den Versuchen 4. bis 10. Dann richtet sie ihn auf und führt ihn ein.

14.: Jacqueline zieht und richtet dann den Hahn am Boden auf, ohne ihn fallen oder loszulassen (wie bei 11. und 12.).

15. und 16.: Sie läßt ihn von neuem fallen, wendet ihn dann sehr sorgfältig um, wobei sie den Schwanz überwacht, der sich in den Stäben zu verfangen droht.

17.: Dieses Mal schiebt Jacqueline den Hahn ganz deutlich von sich weg, bevor sie daran zieht und ihn aufstellt, ohne ihn loszulassen.

18.: Gleiches Verhalten, aber sie wirft den Hahn außerdem noch von selbst aus dem Laufstall, sobald sie ihn hineingezogen hat. Sie möchte offenbar den Versuch sogleich von neuem beginnen, so sehr ist sie über ihre letzte Entdekkung entzückt. Dieses Spiel dauert bis zur Sättigung.

Bb. 166: Mit 1; 3 (17), das heißt also am Tag nach dieser eben beschriebenen Versuchsreihe, nehme ich das Experiment mit dem Hahn, der durch die Gitterstäbe hindurchzubringen ist, wieder auf. Es scheint der Mühe wert, die Ergebnisse dieser wiederholten Versuche in einer neuen Beobachtung darzustellen, obwohl das richtige Vorgehen bereits entdeckt worden ist. Sie sind nämlich in der Lage, die Beziehungen zwischen visueller Vorstellung und dynamischen Verhaltensschemata aufzuhellen. Es folgt die Reihe dieser neuen Versuche:

1.: Jacqueline zieht den Hahn an sich, wie wenn der Stab zwischen Kopf und Schwanz den Rücken des Tieres nicht zurückhalten würde. Sie zieht also wie am ersten Tag mit Ausdauer und mit immer neuen kräftigen Ansätzen nach kurzen Erholungspausen. Dann fällt der Hahn zufälligerweise um, und sie kann ihn nun ohne Schwierigkeit aufrichten und in den Laufstall ziehen.

2.: Gleiche Reaktion, wobei sie aber den Hahn schneller losläßt, vielleicht sogar mit Absicht, und ihn am Boden aufrichtet.

3.: Sie beginnt immer noch damit zu ziehen, dann führt sie ihn, ohne loszulassen, zu Boden, schiebt ihn mit Absicht zurück, richtet ihn auf und bringt ihn durchs Gitter herein.

4.: Sie zeigt ganz deutlich dasselbe Verhalten, schiebt den Hahn aber am Boden zurück und dreht ihn so, daß er sich auf der anderen Seite verfängt.

5. bis 7.: Sie schiebt ihn beinahe sofort zurück, aber die erste Reaktion bleibt immer noch ein direktes Ziehen.

Wir sehen also, daß die Entdeckung des richtigen Vorgehens viel schneller erfolgt als am Vorabend, stellen dabei aber auch fest, daß der Fortschritt nicht aufgrund von Vorstellungen, sondern von motorischer Assimilation erfolgt. Eine Viertelstunde später greife ich das Experiment wieder auf und beobachte dabei die folgenden zehn Reaktionen:

1. bis 4.: Jacqueline zieht zuerst am Hahn, dann schiebt sie ihn aber sogleich zurück, um ihn aufzurichten, ohne ihn dabei loszulassen.

5. und 6.: Jetzt endlich schiebt sie den Hahn gleich von Anfang an zurück. Sie läßt ihn das zweite Mal sogar um etwa fünfzehn Zentimeter rückwärts auf dem Boden gleiten, ohne ihn loszulassen, und führt ihn triumphierend in den Laufstall ein, nachdem sie ihn aufgerichtet hat.

7.: Sie fängt noch einmal damit an zu ziehen, dann schiebt sie das Spielzeug aber rückwärts und richtet es auf.

8. bis 10.: Richtiges Vorgehen wie bei 5. und 6.

Mit 1; 3 (21), das heißt vier Tage später, zieht Jacqueline noch zweimal in direkter Weise am Hahn, bevor sie ihn rückwärts schiebt, erst beim dritten Mal stößt sie ihn von Anfang an zurück.

Mit 1; 3 (27) besteht noch immer dieselbe Abfolge. Mit 1; 4 (0) schiebt sie ihn vom zweiten Versuch an sogleich zurück. Das geschieht aber aus reiner Gewohnheit, denn beim 5. Versuch, als sich der Hahn zufällig verfängt, zieht sie von neuem mit allen Kräften daran, ohne zu wissen, wie sie es besser machen könnte. Dann beim 6. Versuch beginnt sie wieder, ihn gleich von Anfang an zurückzuschieben. Mit 1; 4 (20) mache ich dieselbe Beobachtung. Es genügt aber, ihr einen neuen Hahn zu zeigen, und sogleich gelingt es ihr, ihn auf den ersten Anhieb durchzubringen, indem sie ihn sogleich rückwärts schiebt und aufrichtet wie den alten Hahn.

Diese neue Reihe von Befunden gestattet uns, die Erörterung des Akkommodationsmechanismus wieder aufzunehmen. Bei der Besprechung des »Stock-Verhaltens« haben wir gesehen, daß sich drei Lösungen zur Interpretation derartiger Tatbestände anbieten: der Zufall verbunden mit Selektion, die »Gestalt«-Hypothese und die Hypothese einer strukturierenden, aber nicht von Anfang an strukturierten Assimilationstätigkeit.

Die erste dieser Lösungen scheint zunächst eine große Wahrscheinlichkeit zu besitzen: Die eben beschriebenen Beobachtungen sprechen scheinbar noch mehr als diejenigen im Zusammenhang mit dem Stock (siehe zum Beispiel Bb. 159, wo Jacqueline allmählich lernt, ein Vorbild nachzuahmen) zugunsten einer Art Dressur, bei der die unangepaßten Vorgehensweisen nach und nach durch die korrekten Methoden ersetzt werden. Wenn man die Dinge aber genau ansieht, merkt man, daß das nur der äußere Anschein ist und daß der allmähliche Durchbruch der korrekten Vorgehensweisen keineswegs einer automatischen Selektion zu verdanken ist. Es handelt sich ganz einfach um ein allmählich reifendes Verstehen, ähnlich der Situation, die wir selber erleben, wenn wir nach und nach die verschiedenen Aspekte eines Problems begreifen und erst nach langen Bemühungen zu einer klaren und einheitlichen Sicht gelangen.

In solchen Fällen erfassen wir die richtige Lösung zuerst nur ahnungsweise. Mit anderen Worten, eine Akkommodation bekannter Verhaltensschemata an die neue Situation erlaubt uns, diese Ausgangsschemata zu einem relativ adäquaten Schema zu differenzieren, wobei dieses aber vorerst nur der Intention nach existiert oder die Form eines bloß strukturierenden Entwurfs besitzt. Dieses Schema lenkt also unsere Bemühungen, ohne jedoch in der Lage zu sein, die falschen Lösungen auszuschalten, und es koordiniert die Fortschritte bei unseren Versuchen, ohne daß es selbst schon vollständig strukturiert wäre. Schließlich macht es sich die günstigen Zufälle zu Nutzen und kann auch ihres Beitrages noch nicht entraten (es leitet sich aber nie von derartigen Zufällen selbst ab). Genau gleich verhält es sich in unseren Beobachtungen 162 bis 166. Das Kind versucht, den Gegenstand an sich zu bringen (dieses Verhaltensschema verleiht der Handlung ein Ziel und leitet dadurch die Versuche). Angesichts seiner Mißerfolge begreift es sehr schnell, daß gewisse Verschiebungen des Gegenstandes notwendig werden (das sind die Verhaltensschemata, die als Mittel dienen und die durch die Akkommodation differenziert werden). Der Ursprung dieser letzteren Verhaltensweisen ist in den tertiären Zirkulärreaktionen zu suchen, die Ortsveränderungen von Gegenständen betreffen (Bb. 141 und 142 sowie 144 und 145). Auch die täglichen Versuche, irgendwelche Gegenstände zu ergreifen, sie aufzurichten oder von anderen, in die sie geraten sind, zu befreien usw. (vgl. Bb. 146), haben dieselbe Funktion. Dieser Lösungsentwurf, der durch gezielte Differenzierung früherer Verhaltensschemata erreicht wird, gibt sodann Anlaß zu einer Reihe von Versuchen, bei denen zweifelsohne der Zufall eine Rolle spielt, die aber nicht von ihm beherrscht werden. Wenn also die falsche Lösung immer wieder auftritt (den Gegenstand in direkter Weise zu sich heranziehen), so bedeutet das nur, daß der Entwurf der richtigen Lösung noch zu schwach ist, um den Einfluß einer Vorgehensweise auszugleichen, die auf der Macht der Gewohnheit beruht und für die Verführungskraft einer scheinbaren Selbstverständlichkeit spricht. Das bedeutet also keineswegs, daß die richtige Lösung durch eine rein automatische Dressur zustande kommt, wo der Zufall und die nachträgliche Selektion die entscheidenden Faktoren wären.

Nachdem die richtige Lösung nämlich undeutlich erfaßt ist, verstärkt sie sich allmählich, aber nicht wie ein Phänomen, das statistisch und in Funktion einer sich in der Zeit vollziehenden Selektion ein anderes Phänomen überwiegt, sondern vielmehr in der Weise einer Erfahrung oder eines Verstehensaktes, der sich zu dem vorangehenden kumulativ verhält. Bei der Beobachtung 165 zum Beispiel stellt man in den ersten zehn Versuchen gar keinen Fortschritt fest, weil die richtige Lösung (den Gegenstand rückwärts schieben, um ihn dann aufzurichten) noch nicht erahnt wird. Sobald das Kind sie aber andeutungsweise erfaßt (zu Beginn der zweiten Serie), konsolidiert sich die richtige Lösung (in den Versuchen 3. bis 10.), wird expliziter (Versuche 11. bis 14.) und setzt sich schließlich endgültig durch (in den Versuchen 17. und 18.). Der Prozeß der Lösungsfindung besteht also nicht aus einer Reihe von blinden Versuchen, in deren Verlauf die angepaßten Handlungen dank einer nachträglichen Selektion fixiert werden: Es handelt sich im Gegenteil ganz offenbar um einen gezielten Lernvorgang, ähnlich zum Beispiel dem Fall eines Schülers, der sich zwanzigmal hintereinander um Lösung desselben arithmetischen Problems bemüht und der das Endresultat kennt, jedoch die Verknüpfung zwischen den verschiedenen auszuführenden Operationen zwar erahnt, aber noch nicht genau versteht.

Durch diese Hinweise wird uns gleichzeitig der Unterschied zwischen der kumulativen Assimilation, die von derartigen Akkommodationen vorausgesetzt wird, und den vollendeten »Gestalten« der Gestaltpsychologie verständlich. Wenn wir uns an das Beispiel der Beobachtung 165 halten, so finden wir drei Operationen, die ausgeführt werden müssen: den Hahn rückwärts schieben, ihn aufrichten und ihn mit dem Kopf voran in den Laufstall einführen. Jacqueline vermag die beiden letztgenannten dank ihrer neuesten Fortschritte auszuführen (Bb. 162 bis 164). Sie muß nur noch die Notwendigkeit der ersten Operation entdecken und diese mit den beiden anderen koordinieren. Sie gewinnt aber eine Ahnung von dieser Lösung, als sie den Hahn fallen läßt, und erwirbt damit die Möglichkeit, ihn mühelos aufzurichten: Das so angedeutete Verhaltensschema (Beginn der zweiten Versuchsreihe) konsolidiert sich, wird deutlicher und verfestigt sich, wie wir eben bereits ausgeführt haben. Wie soll nun diese Entwicklung erklärt werden? Es kann selbstverständlich nicht von einer unmittelbaren Strukturierung gesprochen werden, da ja eben im Verlauf der ersten sechzehn Versuche keine richtige Lösung auftritt, sondern höchstens ein leichter Fortschritt in Richtung auf die Lösung. Es bleibt also nichts anderes übrig, als die Existenz einer kumulativen Assimilation anzunehmen, ebenso wie für die tertiären Zirkulärreaktionen. Aufgrund dieser kumulativen Assimilation entwickelt sich das neue motorische Verhaltensschema, das durch eine erste Akkommodation entworfen worden ist. Wiederholungen, Wiedererkennungsakte und Generalisierungen sind wie bei jedem anderen Assimilationsschema die Werkzeuge dieser Entwicklung. Einmal mehr haben wir es also mit einer strukturierenden Assimilation zu tun und nicht mit einer von Anfang an strukturierten Koordination. Erst im Verlauf der Betätigung strukturiert sich das Verhaltensschema und nicht schon, bevor es zu funktionieren beginnt. Um überhaupt tätig zu sein, das heißt, um die wirkliche Situation assimilieren zu können, setzt ein Verhaltensschema allerdings ein Minimum an Struktur voraus. Diese Struktur aber ist in keiner Weise unabhängig vom Assimilationsakt selbst und kristallisiert sich somit im Verlauf dieses Aktes.

Die Beobachtungen 162 bis 164 sind ein gutes Beispiel für unsere Erörterungen: Im Verlauf der Versuchsreihen konsolidiert sich die anfänglich angedeutete Lösung, wird deutlicher aufgrund von reproduzierenden Assimilationen, generalisiert sich und wird zu Rekognitionen fähig.

Im Zusammenhang mit diesem dynamischen Prozeß muß auch noch die entsprechende Rolle der visuellen Vorstellung und der rein motorischen Assimilation erörtert werden. Wie kommt es, daß Jacqueline im Verlauf der Beobachtungen 165 und 166 immer wieder von neuem versucht, einen Hahn durch die Gitterstäbe hindurchzuziehen, obwohl sie sieht, daß einer dieser Stäbe ihn zurückhält, und obwohl sie vorher schon wiederholt die richtige Lösung entdeckt hat? Wie ist es andererseits möglich (Bb. 162 und 163), daß sie sogar versucht, einen langen Stock, der von zwei, drei oder sogar vier Gitterstäben zurückgehalten wird, an sich zu ziehen, wie wenn der Stock die Gitterstäbe durchschneiden oder durch sie hindurchfahren könnte, wie ein Faden durch die Butter? Oder warum (Bb. 164) versteift sie sich darauf, eine Puppe durch den Zwischenraum zwischen zwei Gitterstäben ziehen zu wollen, der jedoch für die Puppe zu schmal ist? Muß man den Grund darin suchen, daß die visuelle Wahrnehmung nur eine sekundäre Rolle bei solchen Verhaltensweisen spielt und daß diese rein motorische Prozesse darstellen? Oder liegt es daran, daß die kindliche Wahrnehmung noch anders beschaffen ist und der Festigkeit der Gegenstände noch nicht Rechnung trägt? Es scheint uns, daß beide Lösungen tatsächlich dasselbe besagen. Das Kind verhält sich so, als ob die Gitterstäbe bloße Bilder ohne Tiefe noch Festigkeit wären (Bilder und keine Substanzen) und ohne Schwierigkeit durchquert werden könnten. Warum ist das aber so? Eben gerade deshalb, weil eine sensomotorische Erarbeitung ihnen die fehlenden Eigenschaften des Widerstandes und der Substantialität noch nicht verliehen hat. Auch in diesem Punkte kann man sich also schwerlich der Ansicht der Gestalttheoretiker anschließen, nach der das Wahrnehmungsfeld unabhängig von einer strukturierenden Assimilationstätigkeit ganz plötzlich gestaltet wird: Erst das Handeln organisiert das Wahrnehmungsfeld und nicht umgekehrt.

Zusammenfassend können wir sagen, daß die »Versuch und Irrtum«-Theorie aus der Entdeckung neuer Vorgehensweisen einen einfachen Akkommodationsprozeß macht, in dem sie dabei die der Assimilation eigentümliche formale Koordination vernachlässigt. Diese Theorie ließe sich also mit einem Empirismus vergleichen, der neue Ideen auf die Erfahrung allein zurückführt und die Tätigkeit des Geistes in diesem Prozeß übersieht. Die Gestalttheorie dagegen unterstreicht die Existenz formaler Koordinationen, vernachlässigt aber die Akkommodation, womit sie sich auf den Boden eines Apriorismus stellt, der die Erfahrung verachtet. Nach unserer Ansicht dagegen muß die Akkommodation notwendigerweise von einer kumulativen, strukturierenden und nicht von vornherein strukturierten Assimilation begleitet werden. In dieser Sicht kombiniert das Assimilationsschema somit die notwendige Rolle der Erfahrung, das heißt also der Akkommodation, mit der nicht weniger notwendigen Rolle der formalen Koordination.

Bevor wir dieses Kapitel abschließen, wollen wir noch eine gewisse Anzahl von verschiedenen Beobachtungen zitieren, bei denen die Entdeckung neuer Mittel durch aktives Experimentieren gleichzeitig all die Probleme aufwirft, die wir bis jetzt erörtert haben:

Bb. 167: Mit 1; 3 (12) hat Jacqueline einen Plüschhund aus ihrem Laufstall hinausgeworfen und versucht nun, ihn wieder zu erhaschen. Da sie ihn nicht erreichen kann, stößt sie ihr Laufgitter selbst in der Richtung des Hundes! Indem sie sich mit einer Hand am Gitter festklammert, während sie mit der andern den Hund zu fassen versucht, stellt sie tatsächlich fest, daß das Gitter beweglich ist. Ohne zu wollen, hat sie es aber weiter vom Hund entfernt. Sogleich versucht sie nun, diese Bewegung auszugleichen, und stellt dabei fest, daß sich das Gitter dem Zielgegenstande wieder nähert. Diese beiden zufälligen Entdeckungen veranlassen sie, die Bewegungen des Gitters auszunützen und es zuerst versuchsweise und dann systematisch voranzustoßen.

Mit 1; 3 (16) stößt Jacqueline dagegen auf Anhieb ihr Gitter in die Richtung der Gegenstände, die sie auflesen möchte.

Bb. 168: Diese Beobachtung, in deren Verlauf das Kind sich selbst beiseite bewegt, um den Zielgegenstand zu erreichen, führt uns zur Situation, in der das Subjekt sich gezwungen sieht, seinen ganzen Körper oder einen Teil davon zurückzuziehen, um nicht die Bewegungen des Gegenstandes zu behindern. Mit 1; 6 (15) steht Jacqueline zum Beispiel auf einem Wäschestück (fünfzig auf dreißig Zentimeter), das sie aufzuheben versucht. Sie zieht daran, ist erstaunt über den Widerstand, kommt aber nicht auf den Gedanken, sich auf die Seite zu stellen. Schließlich gibt sie auf.

Mit 1; 7 (0) dagegen steht sie auf einem Taschentuch. Nachdem sie vergeblich versucht hat, es an sich zu ziehen, nimmt sie ihre Beine weg, so daß es frei wird. Beim zweiten Versuch stellt sie sich gleich daneben, aber beim dritten zieht sie zuerst lange Zeit, ehe sie den hinderlichen Fuß hebt.

Bb. 169: Hier noch eine Verhaltensweise, die man zwischen die eben besprochenen Handlungen und die Verwendung der Beziehungen eines Behälters zu seinem Inhalt einordnen könnte. Mit 1; 3 (14) versucht Jacqueline, ein Schmuckkästchen (drei auf fünf Zentimeter) zu öffnen. Mit einer Hand hält sie das Kästchen, indem sie dabei, ohne es zu merken, den Deckel gegen die Schachtel drückt, und mit der anderen Hand versucht sie eben diesen Deckel hochzuheben, natürlich ohne Erfolg. Nachdem sie aber den Gegenstand mehrmals von einer Hand in die andere gewechselt hat (wir können hier nicht alle Versuche und Wege angeben), gelangt die rechte Hand, die das Kästchen hält, schließlich an dessen äußersten Rand, während sie mit der linken Hand am Deckel zieht. Aber in diesem Verhalten steckt noch gar kein systematisches Vorgehen.

Nachdem Jacqueline dagegen mit 1; 3 (15) zwei vergebliche Versuche unternommen hat, die Schachtel zu öffnen, obwohl sie den Deckel mit einer Hand festhielt, stellt sie die Schachtel auf den Boden und öffnet sie nun ohne Schwierigkeit. Diese Handlung, die Schachtel auf die Erde zu stellen, war nicht das Ergebnis einer eigentlichen Erfindung: Sie wollte bloß ihre rechte Hand wegnehmen, und da sie nicht gleichzeitig mit der linken Hand die Schachtel halten und öffnen konnte, hat sie sie auf den Boden gestellt.

Am Abend desselben Tages versucht sie, ein Pfeifenetui zu öffnen (der Schließmechanismus ist von gleicher Art: zwei aufeinander abgestimmte Schalen). Sie versucht unaufhörlich, es mit einer Hand zu öffnen, während sie es mit der anderen zusammendrückt. Zufällig fällt das Etui aber zu Boden und öffnet sich von selbst. Jacqueline öffnet und schließt es nun mehrere Male hintereinander am Boden, und zwar mit einer Hand allein. Dann ergreift sie es wieder mit einer Hand und versucht von neuem, es mit der anderen zu öffnen, was ihr natürlich nicht gelingt. Sie legt es nun wieder auf den Boden, diesmal mit voller Absicht, und öffnet es ohne Mühe.

Nach einem neuerlichen Versuch mit beiden Händen legt sie es hin und versucht nur noch am Boden, es zu öffnen.

Mit 1; 3 (16) zeigt Jacqueline immer noch dieselben Reaktionen. Einerseits versteht sie sehr gut, das Etui zu öffnen, wenn sie es auf den Boden legt. Sie sucht den Spalt mit dem Finger und hebt eine der Schalen, ohne die andere zu berühren. Wenn ihr Finger beide Schalen faßt, senkt sie ihn ganz aufmerksam, bis sie den Spalt fühlt, und öffnet dann das Etui ohne Schwierigkeit. Wenn sie aber das Etui in beiden Händen hält, wird sie mit der Aufgabe nicht fertig. Während sie mit der einen Hand versucht, eine Schale zu heben, hält sie sie mit der anderen fest zurück. Darauf legt sie das Etui auf den Tisch, und jetzt vermag sie es mit einer Hand allein zu öffnen. Schließlich verzichtet sie auf jeden Versuch mit beiden Händen und legt das Etui gleich auf die Unterlage.

Bb. 170: Hier folgt nun eine ganz ähnliche Beobachtung, die wir bei Lucienne machen konnten. Mit 1; 1 (23) legt Lucienne (zufällig?) einen ringförmigen Kuchen in eine Holzschachtel derselben Form. Sie versucht sogleich, ihn wieder herauszunehmen, dabei legt sie aber ihren Daumen an die Außenseite der Schachtel, während sie mit den anderen Fingern am Kuchen zieht, so daß ihre eigene Handfläche den Gegenstand am Herauskommen hindert. Nach langen Bemühungen gelingt es ihr aber doch. Sie steckt darauf den Kuchen von selbst wieder in die Schachtel hinein und beginnt von neuem, und zwar zwanzigmal hintereinander in offensichtlichem Bedürfnis nach Assimilation dieser Situation. Von Zeit zu Zeit bringt sie ihn durch einfaches empirisches Ausprobieren zum Herausspringen, indem sie die Schachtel schüttelt oder umkehrt (allerdings ohne es absichtlich zu tun), aber im großen und ganzen ist ein deutlicher Fortschritt zu verzeichnen: Es gelingt ihr nach und nach, die Schachtel mit einer Hand festzuhalten, während sie mit der anderen den Kuchen herausholt, ohne dabei mit ihrem Daumen den Weg zu versperren.

Hier liegt also außer einer kumulativen Assimilation auch der Prozeß einer progressiven Unterscheidung vor. Das Kind trennt drei Gegenstände voneinander: die Schachtel, den Kuchen und die Hand. Anfänglich sah sie nicht, daß die Hand sowohl Hindernis als auch Instrument sein kann. Aber dank ihrer gezielten Versuche versteht sie nach und nach die genauen Beziehungen zwischen den Gegenständen und gelangt zur Lösung des sich selbst gestellten Problems.

Bb. 171: Diese letzteren Verhaltensweisen führen uns zu den Handlungen, in denen es um Beziehungen zwischen Behälter und Inhalt geht. Führen wir zuerst die einfachste der von uns beobachteten Handlungen an.

Mit 1; 3 (28) erhält Jacqueline ein Spiel aus ineinandergeschachtelten Würfeln, die wir vor ihren Augen auseinandernehmen und verstreuen. Wir möchten gerne wissen, auf welche Weise sie lernen wird, die kleineren in die größeren hineinzustellen.

1.: Jacqueline beginnt mit acht Würfeln verschiedener Größe zu spielen, indem sie versucht, in verschiedenen Kombinationen die kleinen in die großen und die großen in die kleinen zu stecken (detaillierte Beschreibung siehe ›Der Aufbau der Wirklichkeit beim Kinde‹, Kapitel II).

Gegen Ende dieser ersten Versuche scheint sie schneller als zu Beginn die Absicht aufzugeben, einen großen Block in einen kleinen hineinzustellen.

Schließlich ergreift sie einen großen Würfel mit einer Hand und einen kleinen mit der anderen und sucht mit den Augen die Öffnung des großen, um den kleinen hineinzustecken. Der Versuch wird also in diesem Augenblick von einer Art Überlegung oder geistiger Konzentration begleitet.

2.: Mit 1; 3 (29), das heißt also am folgenden Tag, gebe ich Jacqueline, die in ihrem Laufstall sitzt, die Würfel von neuem. Zuerst versucht sie, einen Würfel durch die Gitterstäbe hindurchzubringen, der aber dafür zu groß ist. Nachdem sie dieses Verlangen aufgegeben hat, stellt sie einen kleinen Würfel in einen großen hinein und schüttelt diesen, um Lärm zu erzeugen. Sie interessiert sich dabei für nichts anderes als das Geräusch, und ich nehme ihr das Spiel wieder weg.

3.: Mit 1; 4 (0) versucht sie gleich zu Beginn, einen Würfel in einen nur ganz wenig größeren hineinzustellen. Dann möchte sie aber wieder einen großen in einen kleinen hineinbringen, korrigiert sich jedoch selbst sehr schnell.

4.: Von 1; 4 (5) an führen Jacquelines Versuche zu befriedigenden Resultaten. Sie bemüht sich nicht mehr, die großen Würfel in die kleinen hineinzustecken, sie beachtet sogar die Winkelstellung, und es gelingt ihr, die in anderen steckenden Würfel mit dem Zeigefinger herauszuholen. Diese drei Verhaltensweisen wurden also aufgrund der gezielten Versuche und der progressiven Verbesserung der anfänglichen Verhaltensschemata allmählich erworben.

Bb. 172: Es folgt nun ein etwas komplexeres Beispiel. Ich biete Lucienne im Alter von 1; 1 (3) einen Holzeimer an (zehn Zentimeter Durchmesser), mit dem sie schon vertraut ist. Gleichzeitig lege ich meine Uhrenkette daneben. Lucienne versucht sofort, die Uhrenkette in den Eimer hineinzubringen, da sie gewohnt ist, die verschiedensten Gegenstände in den Eimer zu werfen. Sie ergreift die Kette mit Daumen und Zeigefinger, und zwar (wohl zufällig) in der Mitte, und legt sie auf den

Rand des Eimers. Natürlich bleibt der größte Teil der Kette draußen, und nur ein kleines Ende gelangt in den Eimer. Lucienne packt sofort den nach außen hängenden Teil, um auch ihn hineinzubefördern. Aber sie hebt die Kette hoch, als ob der schon im Eimer befindliche Teil mit dem anderen nicht zusammenhängen würde, so daß die ganze Kette wieder herauskommt, und sie von neuem beginnen muß. Diese Szene wiederholt sich nun mehrmals hintereinander, weil Lucienne aus einem Assimilationsbedürfnis heraus von selbst immer wieder beginnt, die Kette in den Eimer zu stecken. Aber jedesmal geht sie wieder in derselben Weise vor. Nach und nach gelingt es ihr jedoch, ihre Handlungen etwas vorsichtiger auszuführen und den äußeren Teil der Kette zu ergreifen, ohne das andere Ende mit herauszuziehen. Gegen Schluß gelingt es ihr auf diese Weise einmal, die ganze Kette in den Eimer hineinzustecken.

Mit 1; 3 (13) versucht sie von sich aus, genau dieses Problem noch einmal zu lösen, aber mit einer Halskette und einer Gießkanne. Sie steckt zuerst ein Stück der Kette hinein, schiebt dann Stück für Stück den Rest nach, und gibt gut acht, daß der schon eingeführte Teil nicht wieder herausfällt. Es gelingt ihr nach einigen Mißerfolgen, zweimal hintereinander die ganze Halskette hineinzuschieben.

Bb. 173a: Wir gelangen nun zur Analyse eines Experimentes, das sich als sehr fruchtbar erwies: Das Kind soll eine Uhrenkette durch eine enge Öffnung hindurchbringen. Dieser Versuch, der bei Lucienne auf die oben geschilderten folgte, zeitigte bei ihr ganz andere Ergebnisse als bei Jacqueline. Sie verhielt sich auch ganz anders als bei den Experimenten mit der Kette und dem Eimer, der Halskette und der Gießkanne. Sie löste dieses Problem in einem eigentlichen Einsichtakt, den wir im Verlauf des folgenden Paragraphen (siehe Bb. 179) untersuchen werden. Bei Jacqueline dagegen beobachteten wir ein ähnliches Verhalten wie bei Lucienne in der vorangehenden Beobachtung.

Mit 1; 7 (25) hält Jacqueline eine rechteckige, tiefe und enge Schachtel in den Händen, deren Öffnung vierunddreißig auf sechzehn Millimeter beträgt. (Es handelt sich um eine Zündholzschachtel, die zu drei Viertel geöffnet ist.) Jacqueline versucht nun, meine fünfundvierzig Zentimeter lange Uhrenkette in diese Schachtel hineinzustecken. Während der ersten fünfzehn Versuche geht sie auf folgende Weise vor: Sie steckt zuerst ein Ende der Kette (zwei bis vier Zentimeter) in die Schachtel hinein, ergreift dann die Kette ungefähr fünf Zentimeter weiter und führt ein zweites Stück in die Schachtel ein. Dann schickt sie sich an, dasselbe mit einem dritten Abschnitt zu tun. Dabei gleitet die Kette, die von der Hand des Kindes nicht mehr gehalten wird, aus der Schachtel heraus und fällt geräuschvoll hinunter. Jacqueline beginnt sogleich wieder von neuem, und vierzehnmal hintereinander sieht sie die eben eingeführte Kette wieder herausfallen. Beim zehnten Versuch beginnt Jacqueline der Sache überdrüssig zu werden und schickt sich an, das Spiel aufzugeben. Darauf lege ich die Kette selbst in die Schachtel (ohne daß das Kind sehen kann, wie). Jetzt schöpft sie wieder Hoffnung, weil sie festgestellt hat, daß das Resultat nicht unmöglich ist.

Beim sechzehnten Versuch geschieht etwas Neues: Da Jacqueline die Kette näher an der Mitte ergriff, verlängert sie sich beim Hochheben nicht mehr wie vorher, sondern nimmt die Form von zwei ineinander verschlungenen Schnüren an. Jacqueline versteht sogleich, diese Tatsache auszunutzen, indem sie die beiden Enden gleichzeitig in die Schachtel einführt (genauer gesagt, zuerst das eine und unmittelbar danach das andere). Sie läßt die Kette also nicht mehr los, nachdem sie eines der Enden eingeführt hat, wie das in den ersten fünfzehn Versuchen der Fall war, sondern versucht, sie auf einmal ganz hineinzubringen. Wie es aber immer geschieht, wenn ein Kind dieses Alters mit flexiblen Körpern hantiert, betrachtet auch Jacqueline die Kette als fest und läßt sie los, sobald die beiden Enden drin sind. Daraufhin gleitet die Kette natürlich wieder ein Stück zurück, Jacqueline schiebt aber den heraushängenden Teil (den Mittelteil) sachte wieder in die Schachtel hinein.

17. Versuch: Jacqueline versuchte ganz offensichtlich, den Bewegungsablauf des letzten Versuchs zu wiederholen. Sie faßt die Kette nicht an einem Ende, sondern schiebt sie ein wenig zusammen und ergreift sie dann in der Mitte (natürlich bemüht sie sich nicht, genau die Mitte zu finden), so gelingt es ihr von neuem, die beiden Enden gleichzeitig einzuführen.

18. Versuch: Sie kehrt zum ersten Vorgehen zurück und hat keinen Erfolg.

19. Versuch: Diesmal hat Jacqueline Schwierigkeiten, das zweite Ende einzuführen. Da es ihr nicht gelingen will, gibt sie auf und versucht, zuerst ein Ende allein einzuführen. Da die Kette dabei herausgleitet, kehrt sie wiederum zur Vorgehensweise des 16., 17. und 19. Versuchs zurück.

21. und 22. Versuch: Es treten immer noch dieselben Schwierigkeiten auf, am Ende hat sie aber immer Erfolg.

Bb. 173b: Eine Stunde später biete ich Jacqueline die Kette und die Schachtel von neuem an. Es ergeben sich vier interessante Verhaltensweisen:

1.: Jacqueline ergreift die Kette mit beiden Händen, wahrscheinlich aus Zufall. Dann prüft sie neugierig die so entstandene Form: Sie hat die Kette ungefähr nach dem ersten und zweiten Drittel ihrer Gesamtlänge ergriffen, und die beiden Enden hängen parallel zueinander hinunter, ungefähr fünfzehn bis zwanzig Zentimeter voneinander entfernt, während der Mittelteil waagrecht ist. Dann begnügt sich Jacqueline aber damit, ein Ende allein in die Schachtel zu stecken, statt beide gleichzeitig. Sie macht das zwar ganz vorsichtig, läßt dann aber die Kette los, wie wenn das eine Ende den Rest nach sich ziehen würde. Die Kette fällt natürlich heraus.

2.: Sie ergreift diesmal die Kette in der Mitte und versucht die beiden Enden gleichzeitig einzuführen. Das ist das Vorgehen, das sie in der vorangegangenen Versuchsreihe entdeckt hat, und es gelingt ihr auch dieses Mal.

3.: Diesmal ergreift sie die Kette nahe an einem der beiden Enden, korrigiert sich aber, noch bevor sie das Ganze losläßt: Als sie nämlich sieht, daß nur ein Teil der Kette sich in der Schachtel befindet, verschiebt sie ihre Hand mit Absicht gegen die Mitte der Kette, um einen besseren Ansatzpunkt zu erhalten und beide Enden gleichzeitig einführen zu können. Bei dieser Operation begegnet sie aber Schwierigkeiten (die beiden hängenden Teile gehen auseinander), worauf sie sich ein zweites Mal verbessert und auf Anhieb ein neues Verfahren erfindet.

4.: Als sie sieht, daß die beiden hängenden Teile auseinanderweichen, formt Jacqueline die Kette zu einem Knäuel und läßt sie so mit großer Leichtigkeit in die Schachtel gleiten. – Dieses zuletzt geschilderte Vorgehen ist natürlich das einfachste. Die einzelnen Versuchsschritte 16 bis 22 der vorangehenden Reihe und die ersten Versuche der gegenwärtigen Reihe haben es vorbereitet. Die Verbesserung des dritten Versuchs hat schließlich zu seiner Entdeckung geführt. Während Lucienne die Vorgehensweise »zu einem Knäuel formen« auf Anhieb entdeckt, wie wir sehen werden, entwickelte Jacqueline also dieses Vorgehen nach und nach, durch kombinierte Assimilation und Akkommodation.

Mit 1; 8 (2) entdeckt Jacqueline die Vorgehensweise »zu einem Knäuel formen« auf Anhieb wieder, kehrt dann aber zu dem System zurück, das darin besteht, die Kette in der Mitte zu ergreifen und hochzuheben. Diese letztere Methode wird mit 1; 9 (21) allein benützt, wobei ihr allerdings der erste Versuch infolge eines inkorrekten Vorgehens mißlingt.

Bb. 174: Man kann diese Lernversuche noch komplexer gestalten, indem man vom Kind verlangt, nicht nur Stellung und Art des einzuführenden Gegenstandes, sondern auch des Behälters zu berücksichtigen. So schaut mir Lucienne mit 1; 1 (23) zu, wie ich einen Ring in ein Brillenetui stecke. Sie betrachtet den Gegenstand im Innern des Futterals, schüttelt es und läßt so den Ring herausfallen. Sie versucht nun sogleich, den Ring wieder zurückzulegen. Der Lernvorgang vollzieht sich in zwei Abschnitten.

Während einer ersten Phase versucht Lucienne vier verschiedene Vorgehensweisen nacheinander, die alle gleich unwirksam sind. Erstens: Zuerst hält sie die drei Finger mit dem Ring ganz einfach gegen die Öffnung des Etuis und läßt den Ring ohne weiteres los: Der Ring fällt daneben, weil ihn die Finger daran hindern, ins Etui zu gelangen. Zweitens: Sie hält den Ring an das geschlossene Ende des Etuis und läßt ihn los. Drittens: Sie hält das Etui verkehrt und steckt den Ring von unten in die Öffnung, dreht das Etui aber nicht um: Der Ring fällt bei der ersten Bewegung heraus. Viertens: Sie legt den Ring auf den Boden und drückt die beiden Flügel der Öffnung abwechselnd dagegen, wie wenn der Ring von selbst hineingehen würde.

Während einer zweiten Phase dagegen beginnt Lucienne ihre Versuche zu korrigieren. Den ersten Fortschritt verzeichnet sie dadurch, daß sie das Etui nicht mehr auf den Ring legt, wie wenn dieser von selbst hineingelangen würde. Wenn sie sodann den Ring an das falsche Ende des Futterals hält, läßt sie ihn nicht mehr fallen, sondern dreht das Etui beinahe senkrecht. Wenn es zu schräg steht, richtet sie es auf, bevor sie den Ring losläßt. Vor allem aber lernt sie es, den Ring erst loszulassen, wenn er sich im Innern des Futterals befindet. Dazu läßt sie ihn vorher bis zu den Fingerspitzen gleiten. Früher ließ sie ihn schon fallen, wenn ihre Finger die Öffnung des Etuis noch verstopften.

Mit 1; 1 (24) sieht mir Lucienne zu, wie ich den Ring von ihrem Daumen ziehe, um den er durch Zufall gelangt ist, und ihn über einen Stab stülpe. Sie versucht ihn nun ohne weiteres an sich zu ziehen, ohne ihn zuerst am Holz entlangzuführen. Dann schüttelt sie den Stab, und der Ring fällt hinunter. Beim Versuch, ihn wieder auf den Stab zu stülpen, hält sie ihn ganz einfach an einen Punkt und läßt ihn los. Dasselbe tut sie sechsmal hintereinander. Dann versucht sie, ihn über ein Ende zu stülpen, läßt ihn dabei aber fallen. Am Nachmittag des gleichen Tages gelingt es ihr zweimal hintereinander, ihn auf den Stab zu stecken, aber es kommt immer noch vor, daß sie ihn ganz einfach gegen den Stab hält. An den folgenden Tagen existieren beide Verhaltensweisen nebeneinander, ohne sich auszuschließen, aber die Handlungsweise »über den Stab stülpen« nimmt nach und nach überhand.

4. Die Entdeckung neuer Mittel durch aktives Ausprobieren Folgerungen

Nachdem wir gesehen haben, wie diese letztgenannten Tatbestände die früher geschilderten vervollständigen, wollen wir nun unter Berücksichtigung aller Befunde den Charakter der hier untersuchten Verhaltensweisen herausschälen. Wir beginnen mit dem Versuch, diese Handlungen in den Gesamtbereich der intelligenten Verhaltensweisen einzuordnen.

Die der sensomotorischen Intelligenz eigentümlichen Verhaltensweisen können in zwei große Gruppen eingeteilt werden. Eine erste Gruppe von Handlungen ist dadurch gekennzeichnet, daß ihr Ziel in gewisser Weise durch die Umwelt gegeben wird. Zu dieser Art gehören die sekundären oder tertiären Zirkulärreaktionen, die ganz einfach ein zufällig erzieltes und interessantes Ergebnis wiederholen oder variieren. Ebenso gehören dazu auch Tatbestände, bei denen ein Verstehen von Anzeichen oder ein Explorationsverhalten vorliegt. Denn hier muß das Subjekt eine äußere Gegebenheit, die nicht von ihm selbst ausgewählt wurde, sondern sich ihm von außen einfach aufdrängt, assimilieren. Diese verschiedenen Verhaltensweisen sind ohne Zweifel intelligente Handlungen, da bei ihnen allen die passenden und geeigneten Mittel für ganz bestimmte Ziele gefunden werden müssen. Dabei ist es nicht so wichtig, ob es sich bei diesen Zielen um Wiederholung, um Verstehen oder Vorhersehen handelt. Aber diese Verhaltensweisen sind in einem verschiedenen Grad intelligent. Grob gesprochen ist eine Handlung um so intelligenter, je mehr Verhaltensschemata sie umfaßt und je schwieriger es ist, diese Verhaltensschemata miteinander zu koordinieren. Daher benötigt die sekundäre Zirkulärreaktion am wenigsten Intelligenz, da sie ganz einfach die Mittel wieder aufzufinden trachtet, die ein interessantes Ergebnis hervorgebracht hatten. Die Operationen des Verstehens, des Vorhersehens und des Explorierens sind dagegen um so intelligenter, je komplexer sie sind. Sie können tatsächlich auch schon einen hohen Grad von Komplexität erreichen. Da aber diese Verhaltensweisen in gewissem Sinne ihre Zielsetzung von außen bekommen, von den Tatsachen nämlich, die sich der Aufmerksamkeit des Kindes aufdrängen, führen sie nicht zu eigentlichen Erfindungsakten. Sie lösen also noch nicht die komplexesten Systembildungen aus, deren die sensomotorische Intelligenz in ihren Anfängen fähig ist und die wir als einsichtige Erfindungsakte charakterisieren. Daher bestehen die ersten Verstehens-, Voraussichts- und Explorationshandlungen in der einfachen Operation, irgendeinen Gegenstand oder ein beliebiges Ereignis in ein oder mehrere aufeinanderfolgende Verhaltensschemata einzuordnen. Die eigentliche Leistung der Intelligenz ist dabei nicht die Koordination dieser Handlungsschemata, sondern die Auswahl der passenden Schemata.

Eine zweite Gruppe von intelligenten Verhaltensweisen wird dagegen durch die Handlungen gebildet, deren Ziel einer spontanen Absicht des Subjektes entspringt. Natürlich muß diese Unterscheidung cum grano salis genommen werden, da eine Absicht immer bei Gelegenheit der Begegnung mit einer äußeren Erscheinung auftritt. Aber diese äußere Erscheinung besitzt in diesem Fall nicht mehr den Charakter eines Motors oder Anregers des Denkens. Sie läßt ganz einfach verschiedene Ziele im Denken erstehen. Folglich ist es auch verständlich, daß sich zwischen Absicht und Verwirklichung Hindernisse stellen und daß eine mehr oder weniger große Zahl von Mitteln mobilisiert werden muß, um diese Schwierigkeiten zu beheben. Die Unterordnung dieser Mittel unter das Ziel macht die Intelligenzhandlung aus. Bei derartigen Verhaltensweisen muß man also immer das Haupthandlungsschema, das durch die Assimilation aller Gegebenheiten dem Handlungsverlauf ein Ziel setzt, und die sekundären Handlungsschemata, die als die Mittel dem Hauptschema untergeordnet werden, unterscheiden. Überdies kann im Verlauf der Assimilationsbemühungen je nach Notwendigkeit auch noch eine gewisse Anzahl von Hilfsverhaltensschemata eingesetzt werden. Es ist die Aufgabe des Zielschemas, die Gesamtheit dieser einzelnen Glieder zu einer neuen Einheit und einem geschlossenen System zu verbinden. Sind die sekundäre oder tertiäre Zirkulärreaktion, das Verstehen von Anzeichen und die Explorationshandlung in gewissem Sinne ein sensomotorisches Äquivalent des Urteils, dann bilden die komplexeren Verhaltensweisen, von denen wir jetzt sprechen, im Gegenteil eine Art von Schlußfolgerung. Die Unterordnung der Mittel unter das Ziel kann tatsächlich mit der Unterordnung der Prämissen unter die Konklusion verglichen werden, wie wir schon einmal vertreten haben. Diese Tatsache erklärt auch, warum die Verhaltensweisen der ersten Gruppe immer wieder als Elemente in die Handlungskomplexe der zweiten Gruppe eintreten. Trotzdem darf man diese Unterscheidung nicht zu absolut nehmen. Ebenso wie das Urteil in gewissen Fällen virtuell eine Schlußfolgerung enthält, gibt es alle möglichen Abstufungen zwischen den Handlungskomplexen der beiden Gruppen. Zu den höchsten Verhaltensweisen der zweiten Gruppe gehört das einsichtige Verstehen, das, zum Selbstzweck geworden, die gleichen komplexen Deduktionsgefüge hervorbringt wie der Erfindungsakt selbst.

Mag es sich damit verhalten, wie es wolle, auf jeden Fall umfaßt die zweite Gruppe von intelligenten Verhaltensweisen selbst wieder drei deutlich verschiedene Arten: Die »Anwendung bekannter Mittel auf neue Situationen«, die »Entdeckung neuer Mittel durch aktives Ausprobieren« und die »Erfindung neuer Mittel durch geistige Kombinationen«. Wir können daher das Wesen der ersten Art von Verhaltensweisen nur verstehen, wenn wir sie in Beziehung zu den beiden anderen Arten analysieren. Die »Entdeckung durch Ausprobieren« ist ganz wesentlich ein Übergangsprozeß von der einfachen Anwendung bekannter Dinge auf neue Situationen zum einsichtigen Erfindungsakt.

Um sowohl die Kontinuität als auch die relative Gegensätzlichkeit dieser drei Handlungsarten zu begreifen, müssen wir zuerst zwei Eigenschaften hervorheben, die diesen verschiedenen Verhaltensweisen gemeinsam sind. Die erste ist das »Experimentieren durch gezieltes Ausprobieren«, das die Ursache von Neubildungen ist, die zweite die »Anwendung schon bekannter Verhaltensweisen«, die den Ausgangspunkt einer gewissen Systematisierung bildet. Von den drei genannten Arten von Handlungsweisen ist die erste durch den Primat der Anwendung, die zweite durch den Primat des Ausprobierens und die dritte durch die Kombination dieser beiden Eigenschaften gekennzeichnet. Trotz dieses Vorherrschens ist das »Ausprobieren« aber keiner einzigen dieser drei Arten von Handlungsweisen fremd, wie wir sehen werden, und die »Anwendung« bleibt auch beim zweiten Typus ein wesentliches Element, mag es auch vom »Ausprobieren« überdeckt sein.

Die Verwandtschaft dieser drei Handlungsarten beruht also auf der doppelten Tatsache, daß sich das Subjekt vor einer neuen Situation befindet, und daß es zur Erreichung seines Ziels passende, nicht unmittelbar gegebene Mittel entdecken muß. In einem solchen Fall besteht natürlich die einfachste Lösung darin, im bereits vorhandenen Verhaltensrepertoire nachzusehen, ob irgendein bekanntes Vorgehen zur Lösung dieses Problems geeignet ist. Dieses Vorgehen erzeugt die »Anwendung bekannter Mittel auf neue Umstände«. Daß der Anwendung in einem solchen Verhalten der erste Rang zukommt, ist nur natürlich. Aber auch dem Ausprobieren kommt darin ein Platz zu, handelt es sich doch darum, bekannte Verhaltensschemata einer neuen Situation anzupassen. Zugleich setzt eine solche Anpassung das Suchen nach dem passenden Handlungsschema, die Elimination der unnützen Schemata und die Aufbereitung des passenden Schemas voraus. Das ist der Grund, warum das Subjekt entweder im Verlauf des Suchens oder im Prozeß der Aufbereitung zögert und sich korrigiert, kurz, das charakteristische Verhalten der zweiten Art an den Tag legt. Daher existieren auch alle möglichen Übergangsformen zwischen diesen beiden Handlungsarten. So liefert uns die Beobachtung 122 ein Beispiel für ein offensichtliches Ausprobieren. Solange aber dieses Ausprobieren einfach dahin tendiert, ein schon bekanntes Vorgehen wieder aufzufinden und es unverändert einzusetzen, haben wir immer noch ein Verhalten der ersten Art vor uns. Die Verhaltensweisen der zweiten Art beginnen genau in derselben Weise, gehen aber bald darüber hinaus: Nachdem das Kind ein erstes Mittel probiert hat (durch einen Assimilationsprozeß entdeckt, der wesentlich mit der »Anwendung bekannter Mittel auf neue Situationen« identisch ist), sieht es sich gezwungen, diese Mittel zu differenzieren. Diese Differenzierung wird durch die »ausprobierende Akkommodation« erreicht, wie wir es bei den Vorgehensweisen der »Unterlage«, der »Schnur« und des »Stockes« gesehen haben. In dem Augenblick nämlich, wo das bekannte Mittel zur Lösung des Problems nicht ausreicht, bleibt nichts anderes übrig, als andere auszuprobieren. Dieses Ausprobieren beginnt mit einfachen Anpassungsversuchen. Je mehr das Kind sich mit Erfahrungen anreichert, desto schneller verwandelt sich diese Anpassung in eine Umwandlung, so daß sich aus der anfänglichen Differenzierung von vertrauten Handlungsschemata schließlich eine Neubildung von Handlungsschemata entwickelt. Diese neuen Schemata stellen eine wirkliche Entdeckung dar. Ein solches Verhalten, das sich also immer mehr und mehr von der einfachen »Anwendung von bekannten Verhaltensweisen auf neue Situationen« unterscheidet, behält doch ein wesentliches Element von früher bei. Wir haben tatsächlich bei jedem der analysierten Beispiele festgestellt, daß das »Ausprobieren« vom konstanten Bemühen, frühere Verhaltensweisen auf die gegenwärtige Situation anzuwenden, gelenkt wird und daß die Ereignisse, die im Verlauf dieses Bemühens auftreten, ebenfalls von diesen Erfahrungen ihre Bedeutung erhalten. Kurz gesagt, trotz des Unterschiedes zwischen der ersten und der zweiten Art besteht dennoch eine vollständige Kontinuität der Entwicklung.

Ähnliche Feststellungen gelten auch, wie wir sehen werden, für die Beziehungen, die die zweite mit der dritten Art verbinden. Das Ausprobieren, das in der zweiten Art überwiegt, verschwindet bei der »Erfindung neuer Mittel durch geistige Kombination« nicht, aber es wird verinnerlicht. Es stützt sich nun auf Vorstellungen und nicht mehr ausschließlich auf äußeres und unmittelbares Tun. Mit anderen Worten, aus dem Experimentieren an realen Dingen entsteht ein »geistiges Experiment«. Andererseits gewinnt die Anwendung früherer Verhaltensweisen, die bei den Handlungen der zweiten Art (tatsächliches Ausprobieren) keineswegs abwesend ist, bei der Erfindung durch geistige Kombination wiederum jenes Gewicht und jene Bedeutung, die sie in den Verhaltensweisen der ersten Art (Anwendung des Bekannten auf das Neue) besaß. Indem die Erfindung also die beiden vorangegangenen Verhaltenstypen weiterführt, vereinigt sie in sich Prozesse des Ausprobierens und des Ableitens.

Diese Erörterungen lassen uns die Art der Beziehungen von Assimilation und Akkommodation im Prozeß des empirischen Ausprobierens verstehen. Wir hatten festgestellt, daß sich Assimilation und Akkommodation erst auf der Ebene der tertiären Zirkulärreaktion im eigentlichen Sinn zu differenzieren beginnen. Bei der Ausbildung der ersten Gewohnheiten durch primäre Zirkulärreaktionen bleiben die beiden Pole noch recht undifferenziert: Jede Assimilationsbemühung ist zur gleichen Zeit auch eine Akkommodationsbemühung. Mit dem Auftreten der sekundären Zirkulärreaktion erscheint ein neuer Tatbestand: das Interesse für das äußere Ergebnis der Handlungen. Dieses Interesse stellt zweifelsohne einen Fortschritt auf dem Weg zur Differenzierung dar. Das äußere Ergebnis der Handlungen bringt eine Differenzierung der ursprünglichen Handlungsschemata und zwingt diese folglich zu einer unaufhörlichen Akkommodation. Diese Akkommodation wird aber immer noch, wie wir es damals festgestellt haben, von außen aufgezwungen und nicht um ihrer selbst willen gesucht. Das interessante Geschehen, das das Kind durch Assimilation andauern lassen möchte, entspringt gleichsam ex abrupto und vermag das Subjekt nur insofern zu fesseln, als es mit den schon bestehenden Verhaltensschemata durch eine Kontinuitäts- oder Kontrastbeziehung verbunden ist. Mit Beginn der tertiären Zirkulärreaktion wird dagegen die Akkommodation zum Selbstzweck. Sie bezieht sich zwar auf schon bestehende Assimilationsschemata (das Subjekt vermag immer nur bereits ausgebildete Handlungsschemata zu akkommodieren), geht aber aus neuen Assimilationsimpulsen hervor und differenziert so in gezielter Weise die Handlungsschemata, aus denen sie entsprungen ist. Das geschieht also in dem Augenblick, wo sich die Fähigkeit, Erfahrung aufzunehmen, ausbildet und sich von der einfachen Verwendung der Wirklichkeit als Nahrung für das interne Funktionieren der Verhaltensweisen abzuheben beginnt. Von nun an existiert also ein Interesse für das Neue an sich. Verhält sich aber diese differenzierte Akkommodation antagonistisch oder komplementär zu Assimilation? Die Analyse des empirischen Ausprobierens beim Suchen und Entdecken von neuen Mitteln liefert in dieser Beziehung eine klare Antwort: Die Akkommodation an die Erfahrung und die deduktive Assimilation wechseln sich künftig in einem Rhythmus ab, dessen Verlauf und Geschwindigkeit sich verändern können, dessen zyklischer Charakter aber für eine immer engere Beziehung zwischen den beiden Polen zeugt. Es ist tatsächlich der Druck des Bedürfnisses (das heißt des Hauptassimilationsschemas) und der als erste Mittel verwendeten Verhaltensschemata, der die ausprobierende Akkommodation in Bewegung setzt. Diese sucht und forscht nun nach neuen Mitteln und führt schließlich zur Ausbildung neuer Verhaltensschemata, die sich mit den vorhandenen verbinden. Die »Entdeckung neuer Mittel durch aktives Ausprobieren« schließt somit nach und nach Erfahrung und Assimilationstätigkeit in einem einheitlichen Prozeß zusammen. Die »Erfindung durch geistige Kombination« bestätigt diese Verbindung und erhebt sie in den Rang einer Interdependenz.

Hüten wir uns aber vor Übertreibungen. Auf der Ebene des empirischen Ausprobierens behält diese Verbindung, mag sie im Vergleich zu den vorangehenden Verhaltensweisen noch so bemerkenswert sein, eher den Charakter eines Versprechens oder eines Entwurfs, wenn wir sie mit ihren späteren Entwicklungen vergleichen. Die primitive Akkommodation an die Erfahrung und die entsprechende Assimilation der Gegebenheiten, die das empirische Ausprobieren charakterisieren, beziehen sich beide nur auf die unmittelbar vorliegende Realität und sind durch sie in ihrer Reichweite begrenzt. Die »Erfahrung« auf der Stufe des sensomotorischen Ausprobierens ist in dem Sinne unmittelbar, als sie die Dinge so erfaßt und betrachtet, wie sie erscheinen, statt sie zu korrigieren und in geistiger Weise zu verarbeiten. Überdies stützt sich diese Assimilation noch ausschließlich auf direkte Wahrnehmung und verfügt noch nicht über die Möglichkeiten der Vorstellung. Diese beiden Merkmale sind übrigens nur die verschiedenen Seiten ein und desselben Phänomens.

Von der Vorstellung haben wir schon bei Gelegenheit des Experimentes gesprochen, das die Aufgabe stellte, Gegenstände durch die Gitterstäbe des Laufgitters hindurchzubringen. Die Beobachtungen 167 bis 174 bestätigen unsere Folgerungen in vollem Umfange. Auf der Ebene des Ausprobierens geht dem Handeln keine Vorstellung voraus, und es wird auch nicht von Vorstellungen gefolgt. Das Kind handelt im Gegenteil so, als ob das wahrgenommene Objekt identisch wäre mit dem in der unmittelbaren Erfahrung gegebenen Erscheinungsbild. Als Jacqueline in der Beobachtung 173 eine lange Kette in eine kleine Schachtel hineinlegen will, begnügt sie sich damit, ein Ende der Kette einzuführen. Sie versucht nicht, die Kette in einen Knäuel zu verwandeln, noch sieht sie die Biegsamkeit und das Fallen des Gegenstandes voraus. Trotz der ersten erfolglosen Versuche beginnt sie wieder und wieder in derselben Weise. Ihre Sicht der Dinge wird nur durch das sensomotorische Ausprobieren korrigiert. Ganz ähnlich Lucienne, als sie in der Beobachtung 174 einen Ring in ein Etui hineinlegen oder über einen Stock stülpen will: Sie begnügt sich damit, den Ring unter das Etui zu legen oder an den Stock zu halten. Auch hier ist es wiederum die Erfahrung und nicht die Vorstellung, die dem Kind gestattet, diese primitiven Reaktionen abzulegen. Man erklärt solche Dinge oft mit dem Übergewicht des »optischen Kontakts«, der jedes andere Bemühen verhindere. Dieses Übergewicht des Visuellen spricht aber keineswegs zugunsten eines Primates der Vorstellung. Diese Tatsachen zeigen im Gegenteil, daß die optischen Strukturen beim Subjekt noch auf einem primitiven Niveau stehenbleiben und nicht zu geistigen Konstruktionen verarbeitet werden, die das Erscheinungsbild des Gegenstandes in die Form des objektiven Gegenstandes umwandeln. Diese Umgestaltung erfolgt nur ganz allmählich in unmittelbarer Abhängigkeit von den motorischen Verhaltensschemata, die im Prozeß des Experimentierens und Ausprobierens eingesetzt werden. Diese Umwandlung wird darum auch nicht von der Vorstellung geleitet, sie bereitet im Gegenteil die Erarbeitung der entsprechenden Vorstellungen vor. Zusammenfassend darf man sagen, daß auf der Ebene des empirischen Ausprobierens noch keine Vorstellung vorliegt und daß das progressive Verstehen der Situation durch reine sensomotorische Assimilationsakte garantiert wird.

Für die Akkommodation bedeutet das, daß die Erfahrung des Subjektes an unmittelbare Eindrücke gebunden bleibt und folglich ein Opfer des naiven Phänomenismus wird. Ein entsprechender Ausdruck dafür sind nicht nur der Primat des »optischen Kontaktes«, im oben besprochenen Sinn verstanden, sondern auch die Beobachtungen 168 bis 170. Zwei korrelative Bedingungen müssen erfüllt sein, um die Welt, so wie sie erscheint, durch die Welt, so wie sie wirklich ist, zu ersetzen. Die erste Voraussetzung ist die Ausbildung permanenter Gegenstände (sie müssen zu diesem Zweck in kohärente Gruppen von Ortsveränderungen eingeordnet und ihre Kausalitätsbezüge müssen durchschaut werden). Die zweite Bedingung ist die Überwindung von Illusionen, die durch die alleinige Berücksichtigung des eigenen Standpunktes zustande kommen (dazu muß der eigene Standpunkt in ein objektives System von gesetzmäßigen Perspektiven und Beziehungen eingebaut werden). Diese beiden Prozesse bedingen sich gegenseitig: Aus einem System von räumlichen und kausalen Beziehungen die »Gegenstände« herausarbeiten heißt, sich selbst bezüglich dieser Gegenstände zu situieren und somit aus seiner eigenen begrenzten Perspektive herauszutreten. Das kann man nur dann tun, wenn man ein System von räumlichen, kausalen und objektiven Bezügen aufbaut.

Die Beobachtungen 168 bis 170 zeigen uns nun die naiven und primitiven Reaktionen, welche aus dem Verhaftetsein an die unmittelbare Erfahrung entspringen, solange sie sich bezüglich des Gegenstandes nicht zu situieren vermag. Es wird uns dabei bewußt, in welchem Maße die Ausbildung des Gegenstandes in erster Linie bedeutet, ihn von der eigenen Sicht abzulösen. Weder Jacqueline noch Lucienne gelingt es auf den ersten Anhieb, Wäschestücke aufzuheben, Schachteln zu öffnen oder aus einem Behälter den Inhalt herauszunehmen, weil sie sich, ohne es zu merken, selber im Wege stehen. Wir sind uns selber in allen Situationen das Hindernis, das am schwersten wahrzunehmen ist. Es leuchtet ein, daß derartige Tatsachen von neuem den Vorrang der Handlung über die Vorstellung und folglich den Unmittelbarkeitscharakter der ersten Erfahrungen und Assimilationen beweisen.

Mag sich also auch im Verlauf dieses fünften Entwicklungsstadiums die Vorstellung noch nicht von der Wahrnehmung loslösen, so vollzieht sich im Zeichensystem dank der wachsenden Beweglichkeit (Mobilität) der Verhaltensschemata doch ein neuer Fortschritt in Richtung auf Voraussicht. Von dem Moment an, wo die sekundären Verhaltensschemata sich untereinander zu koordinieren beginnen (viertes Entwicklungsstadium), erlaubt diese Beweglichkeit den Signalen, sich von der Eigentätigkeit des Individuums abzulösen, und führt sie zur Ausbildung einer gewissen, sich auf die Gegenstände beziehenden Voraussicht. Diese Fähigkeit zur Voraussicht entwickelt sich während des fünften Stadiums noch weiter, und ohne daß sie bereits eigentliche Vorstellungen ermöglichen würde, gibt sie dennoch Anlaß zu praktischen Antizipationen, die auf der Generalisierung früherer Erfahrungen beruhen.

Es sollen hier einige Beispiele folgen:

Bb. 175: Mit 1; 2 (30) steht Jacqueline in einem Zimmer, das nicht das ihrige ist, und betrachtet prüfend die grüne Tapete der Wand. Dann berührt sie vorsichtig die Tapete, um sogleich die Finger prüfend anzusehen. Es handelt sich hier offensichtlich um die Generalisierung von Verhaltensschemata, die aufgrund von sekundären oder tertiären Zirkulärreaktionen der folgenden Art entstanden sind: die Nahrung berühren (Konfitüren usw.) und sich die Finger ansehen, oder vor allem während der Toilette: die Fingerspitzen in den Seifenschaum hineinstecken, um sie dann prüfend zu betrachten.

Ein anderes Beispiel: Mit 1; 1 (23) findet Jacqueline eine Orangenschale und legt sie sogleich umgekehrt auf den Tisch, um sie auf und ab zu wiegen. Sie sieht also die Bedeutung dieses Gegenstandes sofort voraus.

Mit 1; 3 (12) steht sie in ihrem Laufgitter, und ich stelle einen Clown, den sie erst neulich erhalten hat, auf den oberen Gitterrahmen, und zwar nacheinander an verschiedene Stellen. Jacqueline zieht sich mühsam dem Gitter entlang, sobald sie aber zum Clown gelangt, ergreift sie ihn sachte mit der größten Vorsicht, weil sie gut weiß, daß er bei der kleinsten Erschütterung herunterfallen würde. Schon beim ersten Versuch verhielt sie sich in dieser Weise.

In jedem dieser drei Fälle sieht also Jacqueline bestimmte Eigenschaften des Gegenstandes voraus, die von ihrem Handeln unabhängig sind: Von der grünen Tapete glaubt sie, daß sie Farbspuren hinterlasse; die Orangenschale kann sich nach ihrer Ansicht von selbst auf und ab wiegen, wenn man sie nur in die richtige Lage bringt, und vom Clown weiß sie, daß er bei der ersten Berührung herunterfallen wird. Diese Voraussichten zeugen genau wie diejenigen des vierten Stadiums von einer Objektivierung der Signale, die sich nun in Anzeichen verwandeln und sich auf die äußeren Vorgänge selbst beziehen. Mit anderen Worten, die Bedeutung der wahrgenommenen Gegenstände besteht nicht mehr nur in der Möglichkeit, ergriffen, geschüttelt, hin und her bewegt, gerieben usw. werden zu können, sondern in ihrer Fähigkeit, Erscheinungen, die unabhängig sind von der eigenen Handlung, zu verursachen. Diese Anzeichen beschränken sich auch nicht auf die Voraussicht von Bewegungssequenzen, die schon einmal beobachtet wurden, wie das bei den Beobachtungen 132 bis 135 der Fall war. Bei den drei Fällen der Beobachtung 175 scheint sowohl eine Generalisierung, die von ähnlichen Erfahrungen ausgeht, als auch eine Generalisierung, die mit aktuellem Ausprobieren verbunden ist, vorzuliegen. Derartige Anzeichen bereichern also die Objekteigenschaften, die auf den beweglichen Verhaltensschemata einfacher Art beruhen, mit den Errungenschaften des »Experimentes, um zu sehen« und des gezielten Ausprobierens, die dem gegenwärtigen Stadium eigentümlich sind.

Bevor wir aber zur Analyse der einsichtigen Erfindungsakte übergehen, die auf geistigen Kombinationen und Vorstellungen beruhen, müssen wir noch in Erinnerung rufen, daß dem gezielten Ausprobieren und dem aktiven Experimentieren eigentlich nur eine stellvertretende Rolle zukommt. Sobald diese Prozesse zur Ausbildung neuer Verhaltensschemata geführt haben, können diese Schemata bei der Erfindung durch geistige Kombination Verwendung finden, wie wir sogleich sehen werden, oder sie können auch als bekannte Mittel dienen, die auf neue Umstände übertragen werden. Im zweiten Fall fallen wir in die im vierten Kapitel untersuchten Situationen zurück. Das ist aber nichts Außergewöhnliches und bedeutet nur, daß die »bekannten Mittel« sowohl durch aktives Experimentieren als auch durch sekundäre Zirkulärreaktionen erworben werden können.

Es drängt sich aber noch eine ganz allgemeine Bemerkung auf. Die charakteristischen Verhaltensweisen der einzelnen Entwicklungsstadien folgen sich nicht in einer linearen Weise (indem etwa die Verhaltensweisen eines Stadiums verschwinden, wenn sich diejenigen des folgenden Stadiums abzuzeichnen beginnen). Sie sind im Gegenteil in der Art und Weise der verschiedenen Stufen einer Pyramide aufeinander geschichtet (einer geraden oder umgekehrten Pyramide), indem die neuen Verhaltensweisen ganz einfach zu den alten hinzutreten und sie vervollständigen, korrigieren oder sich auch mit ihnen kombinieren. Daher kann man in diesem Stadium Zirkulärreaktionen finden, die die neuartigen Umstände weder durch »aktives Experimentieren« noch durch »Anwendung bekannter Mittel auf neue Situationen«, sondern ganz einfach in der Art und Weise der »Vorgehensweisen, die dazu dienen, ein interessantes Schauspiel andauern zu lassen« (die wir in Kapitel III, 4. untersucht haben), bewältigen. Es soll hier ein Beispiel folgen:

Bb. 176: Mit 1; 6 (8) sitzt Jacqueline im Bett einer erwachsenen Person und hat vor sich ein großes aufgebauschtes Federbett. Ich stelle ein kleines Schaf aus Holz auf den Gipfel dieses Berges, und indem ich auf den unteren Teil des Federbettes schlage, bringe ich das Tier dazu, bei jedem Schlag einige Zentimeter hinunterzurücken. Jacqueline macht sich diese Beobachtung sofort zu eigen und läßt das Schäfchen jedesmal zu sich herhüpfen, sobald ich es wieder auf den Gipfel des Federbett-Berges gestellt habe.

Darauf stellte ich das Schäfchen auf einen Tisch, ungefähr einen Meter vom Bett entfernt, aber von derselben Höhe. Ein Gang von fünfzig Zentimetern trennt Bett und Tisch, was Jacqueline sehr gut sehen kann. Trotzdem schickt sie sich wie vorher an, auf das Federbett einzuschlagen und dabei auf das Schäfchen zu schauen. Nach einiger Zeit nehme ich das Schäfchen weg, stelle es dann aber wieder zurück auf denselben Tisch. Jacqueline beginnt sofort wieder von neuem, auf das Federbett einzuschlagen.

Eine Viertelstunde später nehme ich den Versuch mit einem Fisch aus Zelluloid wieder auf. Jacqueline bringt ihn dazu hinunterzufallen, indem sie auf das Federbett schlägt. Als ich den Fisch auf den Tisch lege, schlägt sie weiter auf das Federbett ein. Wenn ich dagegen den Fisch (oder das Schäfchen) auf den Fenstersims, der weiter weg und höher liegt, lege, unternimmt sie keinen Versuch mehr.

Mit 1; 6 (12) unternimmt Jacqueline auf eigenen Antrieb einen Versuch der gleichen Art, ohne daß sie vom eben geschilderten Experiment dazu angeregt sein konnte. Zufällig bringt sie einen Stuhl zum Schwanken, dessen Lehne das offene Fenster berührt. So bringt sie auf indirekte Weise das Fenster in Bewegung. Sie greift diese Entdeckung sofort auf und beginnt absichtlich den Stuhl zu schütteln und dabei auf das Fenster zu gucken. Dann bewegt sie sich durch das Zimmer und scheint dabei nicht mehr an diese Sache zu denken. Als sie aber mit einem anderen Stuhl zusammenstößt, ungefähr eineinhalb Meter vom anderen entfernt, schüttelt sie ihn sofort in derselben Weise und schaut wiederum zum Fenster hin. Sie fährt geraume Zeit damit fort, trotz des Mißerfolgs, und schaut dabei dauernd erwartungsvoll zum Fenster hin.

Mit 1; 6 (20) läßt Jacqueline eine Uhrenkette von einem Federbett herunterrutschen, indem sie auf dieses einschlägt. Hierauf lege ich die Kette auf einen Stuhl, ungefähr fünfzig Zentimeter vom Bett entfernt: Sie schlägt sogleich dreimal auf das Federbett ein und betrachtet dabei die Uhr. Sie tut es aber ohne Überzeugung und gleichsam nur, »um zu sehen, ob« das noch irgendeinen Effekt haben könnte.

So können also sowohl gezieltes Ausprobieren als auch tertiäre Zirkulärreaktionen auf neue, dem Kind im einzelnen ganz unverständliche Erfahrungen und Situationen angewandt werden. Dabei regredieren sie zu »Anwendungen bekannter Mittel auf neue Situationen« und sogar zu »Vorgehensweisen, die dazu dienen, ein interessantes Schauspiel andauern zu lassen«, und erinnern somit an die Verhaltensweisen des vierten und des dritten Entwicklungsstadiums.

Zusammenfassend dürfen wir sagen, daß die charakteristischen Verhaltensweisen des fünften Entwicklungsstadiums ein homogenes Ganzes bilden: Die »tertiäre Zirkulärreaktion« leitet diese experimentierenden Verhaltensweisen ein, während die »Entdeckung neuer Mittel durch aktives Ausprobieren« die Methode der tertiären Zirkulärreaktion auf die Lösung neuer Probleme ausdehnt. Wir werden in ›Der

Aufbau der Wirklichkeit beim Kinde‹ sehen, daß diese so überaus weit gediehene Anpassung der Intelligenz an die Realität von einer Strukturierung der Außenwelt begleitet wird. In dieser Periode beginnt das Kind permanente Gegenstände zu bilden und sie durch kohärente Raumbezüge zu verbinden. Damit gelangt es auch zur Objektivierung und korrelativ dazu zur Verräumlichung von Ursächlichkeit und Zeit.

Kapitel VI
Das sechste Stadium: Die Erfindung neuer Mittel durch geistige Kombination

Die Gesamtheit der bis jetzt untersuchten intelligenten Verhaltensweisen – sekundäre Zirkulärreaktionen, Anwendung bekannter Mittel auf neue Situationen, tertiäre Zirkulärreaktionen und Entdeckung neuer Mittel durch aktives Ausprobieren – charakterisiert letztlich nur eine einzige zusammenhängende Periode. Gewiß besteht ein Fortschritt von einem Verhaltenstypus zum anderen, und man kann die großen Gruppen von Verhaltensweisen, die wir in den vorangehenden Kapiteln unterschieden haben, als Ausdruck von drei aufeinanderfolgenden Entwicklungsstadien auffassen. Dabei setzen wir allerdings voraus, daß jeweils mit dem Beginn des folgenden Stadiums die Verhaltensweisen des vorangegangenen keineswegs verschwinden. Die neuen Verhaltensweisen stülpen sich einfach über die alten. Die Fakten sind aber so ineinander verflochten, und ihre Aufeinanderfolge kann so schnell geschehen, daß es gefährlich wäre, diese Stadien zu stark zu trennen. Mit den Verhaltensweisen, die wir jetzt beschreiben werden, beginnt aber eine ganz neue Periode. Deshalb herrscht auch ein allgemeines Einverständnis darüber, daß diese Reaktionen viel später als die oben genannten auftreten. Wir können also von einem sechsten Stadium sprechen, womit aber nicht gesagt sein soll, daß die bis jetzt untersuchten Verhaltensschemata verschwinden werden, sondern nur, daß sie künftig durch Handlungen einer neuen Art ergänzt werden. Wir meinen den einsichtigen Erfindungsakt aufgrund von Deduktion oder geistiger Kombination.

Diese neue Art von Verhaltensweisen charakterisiert tatsächlich die systematische Intelligenz. Diese wird nach Claparède durch das Bewußtsein von Beziehungen und nicht mehr durch empirisches Ausprobieren gekennzeichnet. Nach Köhler dagegen sind plötzliche Umstrukturierungen des Wahrnehmungsfeldes die Ursache dieser Fortschritte. Nach Rignano begründen sie sich auf das rein geistige Experiment. Alle Autoren, seien sie Assoziationisten wie Rignano oder Gestalttheoretiker wie Köhler, oder seien sie Anhänger einer bestimmten Versuch-und-Irrtum-Theorie wie Claparède, sind sich einig, daß jetzt ein entscheidender Punkt in der Entwicklung der Intelligenz erreicht wird. Der Punkt nämlich, wo die Beziehungsbildung einen solchen Grad von Bewußtheit erlangt hat, daß überlegte Voraussichten möglich werden. Mit anderen Worten, das Kind wird nun fähig, einsichtige Erfindungsakte aufgrund rein geistiger Kombination zu vollziehen.

Wir stehen damit vor dem schwierigsten Problem, dem sich jede Theorie der Intelligenz zu stellen hat: dem Problem des schöpferischen Denkens. Bis jetzt boten die verschiedenen Verwirklichungsformen der Intelligenz, die wir zu beschreiben hatten, keine besonderen Interpretationsschwierigkeiten. Entweder bestanden sie in Lernvorgängen, bei denen die Rolle der Erfahrung ganz evident war und die Entdekkung oder Feststellung das schöpferische oder erfinderische Element bei weitem überwog, oder aber sie bestanden aus einfachen Anwendungen von bekannten Verhaltensweisen auf neue Situationen. Sowohl im einen wie im anderen Fall läßt sich der Anpassungsmechanismus mit Leichtigkeit durchschauen, und das Spiel der primitiven Assimilationen und Akkommodationen reicht zur Erklärung aller Kombinationen aus. Sobald aber einsichtige Erfindungsakte auftreten, scheint der Prozeß des Denkens sich jeder Analyse zu entziehen und jedem Determinismus zu entrinnen. Werden wir also auf die vertrauten Lösungsschemata verzichten müssen, mit denen wir bisher alle Erscheinungen zu deuten vermochten, weil sie zur Interpretation dieser Prozesse nicht ausreichen? Oder wird es uns im Gegenteil möglich sein, einmal mehr zu zeigen, daß die jetzt zu beschreibenden Tatsachen im funktionellen Mechanismus der früheren Tätigkeiten vorgebildet sind?

Wir möchten gleich von vornherein feststellen, ohne damit schon eine Erklärung bieten zu wollen, daß das Auftreten schöpferischer Erfindung als Folge und Funktion eines gewissen Rhythmus auftritt, der durch die Gesamtheit der vorangehenden Verhaltensweisen bedingt ist. Dieser Rhythmus ist definiert durch den Wechsel von Neubildung und Anwendung. Mit der sekundären Zirkulärreaktion sind wir in einem Stadium von Neubildung: Neue Verhaltensschemata bilden sich durch die Kombination von reproduzierender Assimilation und Akkommodation. Mit dem Prozeß der »Anwendung bekannter Mittel auf neue Situationen« führen dieselben Handlungsschemata zu originellen Anwendungen (durch generalisierende Assimilation), ohne daß dabei eine eigentliche Neubildung vorläge. Bei der tertiären Zirkulärreaktion und der Entdeckung neuer Mittel durch Lernprozesse sind wir wieder in einer Periode von Neubildungen. In diesem Fall impliziert aber die Komplexität der Neubildungen die konstante Intervention aller früher erworbenen Handlungsschemata. Im Fall des Erfindungsaktes durch geistige Kombination können wir wiederum von einem neuen Anwendungsprozeß sprechen, denn jede Erfindung setzt die geistige Kombination von schon erarbeiteten Verhaltensschemata voraus. Diese Anwendung läuft allerdings mit einer Neubildung parallel, da ja eine Erfindung und folglich eine originelle Neukombination vorliegt. In Anbetracht dieses Rhythmus dürfen wir den Erfindungsakt mit der »Anwendung bekannter Mittel auf neue Situationen« vergleichen, da beide auf Deduktionsprozessen beruhen.

Da diese Deduktion aber schöpferischen Charakter hat, hat sie auch etwas von den Bildungsprozessen, die wir bis jetzt untersucht haben, und vor allem von der »Entdeckung neuer Mittel durch aktives Experimentieren« an sich.

1. Die Befunde

Es folgt zuerst eine Reihe von Beobachtungen, die sehr stark an die »Entdeckung durch gezieltes Ausprobieren« erinnern. Es geschieht ja, daß ein und dasselbe Problem, beispielsweise das Problem, einen Stock durch Gitterstäbe hindurchzubringen, einmal aufgrund schöpferischer Erfindungsakte, ein andermal aufgrund eines einfachen Ausprobierens und Experimentierens gelöst wird. Die Analyse dieser Fälle macht uns auf Anhieb mit der Originalität dieser neuen Verhaltensweisen vertraut und macht gleichzeitig ihre Verwandtschaft mit den Experimentierhandlungen deutlich. Wir können diese beiden Möglichkeiten, die Lösung zu finden, sowohl bei verschiedenen Kindern als auch bei ein und demselben Kind im Zeitraum von einigen Monaten beobachten.

Bb. 177: Um den Unterschied zwischen den gegenwärtigen Verhaltensweisen und den früher untersuchten verständlich zu machen, kann eine Analyse des Verhaltens sehr lehrreich sein, durch das Laurent auf Anhieb die Verwendung des Stockes entdeckt hat, nachdem er über Monate hin mit diesem Instrument nichts anzufangen wußte.

Im Unterschied zu Jacqueline und Lucienne, die, wie wir wissen, im Verlauf von zahlreichen Experimenten die Gelegenheit hatten »zu lernen«, sich des Stocks zu bedienen, durfte Laurent nur dann und wann einmal einen Stock manipulieren. Denn wir wollten auf den Augenblick warten, wo er ihn ohne Lernphase richtig verwenden könnte. Um diesen Augenblick richtig abschätzen zu können, dürfte es nützlich sein, alle früheren Situationen, in denen Laurent einen Stock manipulierte, in kurzer Zusammenfassung anzuführen.

Mit 0; 4 (20), also schon zu Beginn des dritten Stadiums, hat Laurent ein kurzes Stäbchen vor sich, das er wie irgendeinen anderen Gegenstand behandelt. Er schüttelt es, streicht es am Wandgeflecht der Wiege entlang, stemmt sich davor auf usw. Er tut also mit ihm genau dasselbe, was er mit dem Brieföffner getan hat, von dem in der Bb. 104 die Rede war. Mit 0; 4 (21) stößt Laurent zufällig mit einem Stäbchen, das er in Händen hält, an eine aufgehängte Spielklapper und führt sofort dieses Verhalten weiter. In den folgenden Stunden versucht er aber nicht mehr, dieses Ergebnis zu produzieren, auch wenn ich ihm das Stäbchen direkt in die Hand gebe. – Es handelt sich also bei dieser Reaktion keineswegs um ein Beispiel des »Schemas der instrumentalen Verwendung des Stockes«. Laurent hat ganz einfach eine Zeitlang in ein schon bestehendes Verhaltensschema (das Schema des Schlagens) ein neues Element eingebaut. Dieses neue Element führte aber weder zu einem unmittelbaren Verständnis noch zu irgendeinem Experimentieren. An den folgenden Tagen gebe ich ihm den Stab wieder in die Hand und versuche ihn dahin zu bringen, daß er ihn mit einem seiner verschiedenen Handlungsschemata assoziiert. Aber Laurent reagiert nicht darauf, ebensowenig wie in den folgenden Wochen. Die Verwendung des Stockes in der Funktion eines Mittels oder eines Instrumentes scheint sich also im Stadium der sekundären Zirkulärreaktion noch nicht ausbilden zu können, selbst wenn der Zufall eine momentane Einverleibung des Stockes in ein schon existierendes Verhaltensschema begünstigt hat.

Im Verlauf des vierten Stadiums, das durch die Koordination von Verhaltensschemata gekennzeichnet ist, macht der Gebrauch des Stockes kaum Fortschritte. Zwar wird das Kind in diesem Stadium fähig, die Hand einer anderen Person als Mittel zu verwenden, um auf entfernte Gegenstände einzuwirken. Das ist der erste Schritt zur Verräumlichung und in der Wegbereitung von ausprobierenden Verhaltensweisen. Wenn ich aber mit 0; 8 oder sogar 0; 9 Laurent einen Stock anbiete, bedient er sich dessen nur, um damit um sich zu schlagen, und keineswegs, um Gegenstände zu verschieben oder zu sich heranzuholen.

Mit 1; 0 (0), das heißt also auf der Höhe des fünften Entwicklungsstadiums (während dieses Stadiums ist es Jacqueline und Lucienne gelungen, die Verwendung des Stockes zu entdecken), spielt Laurent längere Zeit mit einem langen Lineal aus Holz, gelangt aber dabei nur zu den drei folgenden Reaktionen: Erstens dreht er den Stab systematisch um, indem er ihn von einer Hand in die andere wechselt. Dann schlägt er damit auf den Boden, auf die Schuhe und auf verschiedene andere Gegenstände. Schließlich verschiebt er ihn auf dem Boden, indem er ihn sachte mit seinem Zeigefinger anstößt. Mehrmals hintereinander stelle ich in einem gewissen Abstand einen anziehenden Gegenstand vor das Kind hin, um zu sehen, ob Laurent, der schon den Stock in Händen hält, sich seiner bedienen würde. Er versucht aber jedesmal, den Gegenstand mit der freien Hand zu erreichen, und kommt nie auf den Gedanken, den Stab dazu zu benutzen. Bei anderen Gelegenheiten lege ich den Stab auf den Boden, zwischen den Gegenstand und das Kind, um dadurch eine visuelle Suggestion zu erzeugen; aber auch in diesem Fall reagiert das Kind noch nicht. – Es besteht also bei ihm noch keine Spur des Schemas der »instrumentalen Verwendung des Stockes«.

Mit 1; 0 (5) spielt Laurent mit einem kleinen Spazierstock, den er zum ersten Mal manipuliert. Er ist sichtlich erstaunt über die Interdependenz, die er zwischen den beiden Enden dieses Gegenstandes beobachtet. Er bewegt den Stock in allen Richtungen, indem er dabei das freie Ende über den Boden streifen läßt, und studiert mit großem Interesse das Hin und Her dieses freien Endes in Abhängigkeit von den Bewegungen, die er am oberen Teil vornimmt. Kurz gesagt, er lernt den Stock als ein festes Ganzes aufzufassen. Dieser Fortschritt führt ihn aber noch nicht zur Entdeckung der »instrumentalen Bedeutung des Stockes«. Nachdem er nämlich zufällig mit dem Stock eine Blechdose gestreift hat, schlägt er von neuem auf sie ein, ohne auf die Idee zu kommen, sie damit vorwärts zu schieben oder zu sich heranzuholen. – Ich lege an die Stelle der Büchse verschiedene Gegenstände, die ihn mehr locken könnten; die Reaktion des Kindes bleibt aber dieselbe.

Mit 1; 2 (25) gebe ich ihm wieder einen Stock, weil er neuerdings beträchtliche Fortschritte gemacht hat. Er hat nämlich eben gelernt, Gegenstände aufeinanderzuschichten, sie in eine Tasse hineinzulegen und dann wieder auszukippen usw.: alles Beziehungen, die normalerweise auf der Ebene der »instrumentalen Verwendung des Stockes« auftreten (siehe ›Der Aufbau der Wirklichkeit beim Kinde‹). Laurent ergreift den Stock und schlägt damit auf den Boden und auf verschiedene Gegenstände (Schachteln usw.), die auf dem Boden liegen. Dadurch bewegt er sie ein wenig, kommt aber nicht auf die Idee, dieses Ergebnis in systematischer Weise zu verwenden. Einmal verwickelt sich sein Stock sogar in ein Wäschestück, und er zieht es einige Augenblicke bei seinen Bewegungen mit sich. Als ich aber ungefähr fünfzig Zentimeter bis einen Meter vor Laurent verschiedene ihm sehr wertvolle Gegenstände auf den Boden stelle, bedient er sich nicht des Instrumentes, das er in Händen hält. – Wenn ich während dieser Zeit öfter solche Experimente angestellt hätte, dann hätte Laurent selbstverständlich ebenso wie seine Schwestern durch gezieltes Ausprobieren und allmähliches Lernen die Verwendung des Stockes entdeckt. Aber an diesem Punkt habe ich die Versuche unterbrochen, um sie erst wieder im Verlauf des sechsten Entwicklungsstadiums aufzunehmen.

Mit 1; 4 (5) sitzt Laurent vor einem Tisch, und ich lege eine Brotrinde vor ihn hin, jedoch außerhalb seiner Reichweite. Außerdem lege ich zur Rechten des Kindes ein Stäbchen von ungefähr fünfundzwanzig Zentimetern Länge. Zuerst versucht Laurent direkt und ohne sich um das Instrument zu kümmern, das Brot zu erreichen, dann gibt er dies auf. Nun lege ich das Stäbchen zwischen ihn und das Brot; es berührt den Gegenstand nicht, erzeugt aber dennoch unzweifelhaft eine visuelle Suggestion. Laurent betrachtet das Brot von neuem, ohne sich zu rühren, schaut dann einen kurzen Augenblick das Stäbchen an, und plötzlich ergreift er es und hält es gegen das Brot. Aber er hat es ungefähr in der Mitte gefaßt und nicht an einem seiner Enden, so daß es zu kurz ist, um bis zum Gegenstand zu reichen. Darauf läßt Laurent es fallen und streckt wiederum die Hand nach dem Brot. Das dauert aber nicht lange, dann ergreift er erneut das Stäbchen, dieses Mal aber am Ende (Zufall oder Absicht?), und schiebt damit das Brot zu sich her. Zuerst berührt er es nur ein wenig mit dem Stäbchen, wie wenn diese Berührung genügen könnte, um den Gegenstand in Bewegung zu versetzen. Aber nach höchstens ein oder zwei Sekunden beginnt er die Rinde mit Absicht zu schieben. Er bewegt sie zuerst leicht nach rechts und holt sie dann ganz heran. Zwei aufeinanderfolgende Versuche zeitigen dasselbe Ergebnis.

Eine Stunde später lege ich ein Spielzeug vor Laurent (außerhalb der Reichweite seiner Hände) und einen neuen Stock neben ihn. Er versucht nicht einmal, den Gegenstand mit der Hand zu erhaschen, sondern ergreift sofort den Stock und zieht das Spielzeug damit zu sich heran. So hat also Laurent die Verwendung des Stockes beinahe ohne jedes Ausprobieren entdeckt, während er ihn früher (in den vorangehenden Stadien) manipulierte, ohne seine Nützlichkeit zu begreifen. Diese Reaktion erfolgte bei ihm also ganz anders als bei seinen Schwestern.

Bb. 178: Man erinnere sich an die langwierigen Bemühungen von Jacqueline, mit 1; 3 (12) den Stock durch die Gitterstäbe ihres Laufstalles hindurchzuziehen (Bb. 162). Dasselbe Problem wird von Lucienne mit 1; 1 (18) beinahe unmittelbar gemeistert, wobei eindeutig das Erfinden das Ausprobieren überwiegt. Lucienne sitzt vor den Stäben ihres Gitters, und ich halte das Stäbchen der Bb. 162 gegen die Gitterstäbe, und zwar waagerecht und in halber Höhe der Stäbe.

Lucienne faßt es in der Mitte und zieht daran. Als sie ihren Mißerfolg feststellt, führt sie das Stäbchen rückwärts, richtet es auf und bringt es ohne Schwierigkeit hindurch.

Darauf lege ich das Stäbchen einige Male auf den Boden. Sie hebt es nicht etwa hoch und zieht es dann direkt zu sich her, sondern ergreift es in der Mitte, richtet es zuerst auf und führt es durch die Stäbe. Manchmal ergreift sie es auch an einem Ende und zieht es mit Leichtigkeit ins Gitter hinein.

Ich beginne dasselbe Spiel mit einem längeren Stab (dreißig Zentimeter): Entweder faßt sie ihn in der Mitte und richtet ihn auf, bevor sie daran zieht, oder aber sie packt ihn an einem Ende und führt ihn so hinein.

Denselben Versuch unternehme ich mit einem Stock von fünfzig Zentimetern Länge. Luciennes Vorgehen ist genau das gleiche. Wenn sich der Stock aber verfängt, zieht sie einen kurzen Augenblick daran, läßt ihn dann aber murrend los und beginnt von neuem, indem sie besser zufaßt.

Am folgenden Tag, als Lucienne 1; 1 (19) alt ist, führe ich dieselben Experimente durch. Lucienne beginnt damit, den Stab direkt gegen sich zu ziehen (aber nur ein einziges Mal), dann richtet sie ihn auf und findet damit ihre Vorgehensweisen vom Vorabend wieder. Mit 1; 2 (7) greife ich die Beobachtung wieder auf. Diesmal richtet Lucienne den Stab auf, bevor er noch die Stäbe berührt hat.

Diese Versuche erinnern an diejenigen von Jacqueline. Während aber Jacqueline lange probieren mußte und die Lösung erst nach mühsamem Lernen fand, zieht Lucienne sogleich eine Lehre aus ihrem ersten Mißerfolg und geht zu einem Vorgehen über, das sie augenblicklich durch reine Vorstellung erfindet.

Bb. 179: Komplexer ist die Aufgabe, eine Uhrenkette in eine enge Öffnung von sechzehn auf vierunddreißig Millimeter hineinzubringen. Man erinnere sich in dieser Beziehung an die langwierigen Versuche von Jacqueline (Bb. 173a und 173b). Auch dieses Problem hat Lucienne in einem plötzlichen Einsichtsakt (Erfindungsakt) gelöst:

Mit 1; 4 (0) zeige ich Lucienne zum ersten Mal die Schachtel mit der Kette und drehe sie um, noch bevor das Kind den Inhalt gesehen hat. Die Kette fällt heraus und breitet sich am Boden aus. Lucienne versucht sogleich, sie in die Schachtel zurückzubringen. Sie hat noch nie so etwas gesehen oder getan. Sie beginnt damit, ein Ende der Kette in die Schachtel zu legen, und versucht dann, den Rest nachfolgen zu lassen. Dieses Vorgehen, das auch von Jacqueline zuerst angewandt worden ist, gelingt Lucienne zufällig beim ersten Versuch (das in die Schachtel eingeführte Ende verklemmt sich durch Zufall), aber der zweite und dritte Versuch zeitigen auch bei ihr einen Mißerfolg. Beim vierten Versuch beginnt Lucienne wie am Anfang, unterbricht dann aber ihre Tätigkeit, und nach einem kurzen Augenblick des Innehaltens legt sie von selbst die Kette auf ein danebenstehendes Tablett (wir haben das Experiment auf einem Halstuch durchgeführt), legt sie sorgfältig zu einem Knäuel zusammen, nimmt den Knäuel zwischen zwei Finger und führt ihn mit einemmal in die Schachtel ein.

Der fünfte Versuch beginnt mit einem kurzen Rückfall ins erste Vorgehen. Lucienne korrigiert sich aber sogleich und kehrt zur richtigen Methode zurück.

Sechster Versuch: Sie macht es sofort richtig. Der Unterschied im Vorgehen von Jacqueline und Lucienne ist eindeutig. Was bei Jacqueline als Frucht eines langwierigen Lernprozesses erfolgte, wird von ihrer Schwester in einem Akt plötzlicher Einsicht gefunden. Ein derartiger Unterschied hängt offensichtlich mit dem Entwicklungsniveau zusammen. So löst auch Jacqueline mit 2; 6 (25), als ich diesen Versuch mit ihr noch einmal anstelle, das Problem, ohne zu zögern: Sie ergreift die Kette mit beiden Händen, führt mit der linken ein Ende in die Schachtel ein und hält mit der rechten den hängenden Teil fest, um ihn am Fallen zu hindern. Wenn sich die Kette verfängt, korrigiert sie die Bewegung.

Bb. 180: Aufgrund eines anderen elementaren Erfindungsaktes, der auch einer geistigen Kombination entsprang und keines sensomotorischen Lernvorganges bedurfte, vermochte Lucienne einen Gegenstand aus einer Zündholzschachtel herauszuholen. Mit 1; 4 (0), das heißt unmittelbar nach dem eben geschilderten Versuch, verstecke ich zum Spaß die Kette, von der eben die Rede war, in der Schachtel, deren wir uns für die Versuche der Bb. 179 bedient hatten. Ich ziehe zuerst die Schachtel so weit wie möglich heraus und lege die Kette hinein, und zwar an die Stelle, wo sie Lucienne selbst hineingesteckt hat, nur tiefer. Lucienne, die gewohnt ist, ihren Eimer und andere Behälter zu füllen und zu leeren, bemächtigt sich sogleich der Schachtel und kippt sie ohne Zögern um. In dieser Handlung steckt natürlich keinerlei Erfindung (es liegt die einfache Anwendung eines durch Ausprobieren erworbenen Verhaltensschemas vor). Aber es ist nützlich zu wissen, daß Lucienne über dieses Verhalten verfügt, um das Folgende zu begreifen.

Darauf lege ich die Kette ins Innere der leeren Zündholzschachtel (also an die Stelle, wo normalerweise die Zündhölzer sind) und schiebe die Schachtel wieder in die Hülle, lasse aber einen kleinen Spalt von zehn Millimetern offenstehen. Lucienne kippt zuerst die Schachtel um, dann versucht sie die Kette durch den Spalt hindurch zu ergreifen. Als ihr das nicht gelingt, steckt sie ihren Zeigefinger in den Spalt hinein. So gelingt es ihr, ein Stück der Kette herauszubekommen; nun kann sie daran ziehen, und die Aufgabe ist gelöst.

Jetzt beginnt der Versuch, den wir besonders hervorheben wollen. Ich lege die Kette wieder in die Schachtel zurück und verkleinere den Spalt auf drei Millimeter. Wir müssen hinzufügen, daß Lucienne selbstverständlich den Vorgang des Schließens und Öffnens von Zündholzschachteln nicht kennt und daß sie nicht gesehen hat, wie ich den Versuch vorbereitet habe. Sie verfügt nur über die beiden eben genannten Verhaltensschemata »die Schachtel umkippen, um ihren Inhalt auszuleeren« und »den Finger in den Spalt hineinstecken, um die Kette herauszuholen«. Natürlich probiert sie zuerst die letztgenannte Vorgehensweise: Sie steckt ihren Finger hinein und müht sich ab, die Kette zu erreichen, hat aber keinen Erfolg. Es folgt eine Unterbrechung, während der Lucienne eine seltsame Reaktion zeigt. Diese Reaktion ist geeignet, uns davon zu überzeugen, daß sie versucht, die Situation zu denken, die auszuführenden Handlungen im Geiste zu kombinieren und sich die Lösung vorzustellen. Gleichzeitig weist das Verhalten auf die Bedeutung hin, die die Nachahmung im Entstehen von Vorstellungen spielt. Lucienne ahmt in gewisser Weise die Vergrößerung des Spaltes nach. Sie tut das folgendermaßen: Sie betrachtet aufmerksam den Spalt, dann öffnet und schließt sie den Mund mehrmals hintereinander, zuerst nur ganz wenig, dann immer mehr und mehr. Offensichtlich versteht Lucienne, daß unterhalb des Spaltes eine Höhlung besteht, und sie wünscht, diese Höhlung zu erweitern. Ihre Anstrengung, sich das vorzustellen, äußert sich in dieser plastischen Weise. Da sie die Situation nicht in Worten oder visuellen Bildern denken kann, benützt sie als »Bedeutungsträger« oder Symbol eine einfache motorische Handlung. Die motorische Reaktion, die sich quasi von selbst zur Übernahme dieser Rolle anbietet, ist die Nachahmung, das heißt die aus Handlungen bestehende Vorstellung. Diese Nachahmung gestattet noch vor dem ersten Auftreten von geistigen Bildern, das wahrgenommene Schauspiel nicht nur aufzugliedern, sondern es auch nach Belieben in Erinnerung zu rufen und zu reproduzieren. Mit dem Öffnen und Schließen des eigenen Mundes denkt Lucienne, wenn man will, ihren Wunsch, die Öffnung der Schachtel zu vergrößern: Dieses ihr vertraute Nachahmungsschema stellt also für sie das Mittel dar, die Situation zu denken. Es steckt übrigens in diesem Verhalten ohne Zweifel auch ein Element magisch-phänomenalistischer Kausalität oder Wirksamkeit. Ebenso wie sie oft durch Nachahmung auf andere Personen einzuwirken versucht, um sie dazu zu bewegen, eine interessante Handlung von neuem zu setzen, so ist es nicht ausgeschlossen, daß die Handlung, den Mund vor dem zu vergrößernden Spalt zu öffnen, ein Element magischer Wirksamkeit impliziert.

Sofort nach dieser plastischen Reflexionsphase steckt Lucienne ohne Zögern ihren Finger in den Spalt und zieht, statt wie bisher nach der Kette zu angeln, an der Schachtel, um die Öffnung zu vergrößern. Sie hat Erfolg und kann die Kette in Besitz nehmen.

Bei den folgenden Versuchen (der Spalt bleibt immer drei Millimeter groß) geht sie jedesmal ohne Zögern in derselben Weise vor. Dagegen ist Lucienne unfähig, die Schachtel zu öffnen, wenn sie ganz geschlossen ist: Sie probiert verschiedene Möglichkeiten aus, schleudert die Schachtel zu Boden usw., aber hat keinen Erfolg.

Bb. 181 a: Mit 1; 6 (23) spielt Lucienne zum ersten Mal mit einem Puppenwagen, dessen Griff bis in die Höhe ihres Gesichtes reicht. Sie rollt ihn über einen Teppich, indem sie daran stößt. An der Wand angelangt, zieht sie den Wagen, indem sie rückwärts geht. Da ihr aber diese Stellung unbequem ist, unterbricht sie ihre Tätigkeit und wechselt ohne Zögern die Seite. Nun kann sie den Wagen von der anderen Seite stoßen. Sie hat also das richtige Vorgehen durch einen Einsichtsakt entdeckt, selbstverständlich in Analogie zu anderen Situationen, aber ohne Dressur, auch nicht in einem Lernvorgang und ohne Mitwirkung des Zufalls.

In dieselbe Klasse von plötzlichen und schöpferischen Erfindungsakten durch kinematische Vorstellungen gehört noch folgende Tatsache: Mit 1; 0 (27) versucht Lucienne, sich vor einem Hocker hinzuknien. Da sie sich dabei aber auf den Hocker stützt, schiebt sie ihn bei jedem Versuch von sich weg. Darauf erhebt sie sich, nimmt den Hocker und lehnt ihn gegen ein Sofa. Da er gut verankert ist, stützt sie sich darauf und kann sich ohne Mühe hinknien.

Bb. 181 b: Mit einer Pflanze in jeder Hand kommt Jacqueline mit 1; 8 (9) vor eine geschlossene Tür. Sie streckt die rechte Hand gegen die Türklinke, sieht aber, daß es ihr nicht möglich ist, daran zu ziehen, ohne die Pflanze loszulassen. Sie legt sie also auf den Boden, öffnet die Tür, ergreift die Pflanze wieder und tritt ein. Als sie aber das Zimmer verlassen will, werden die Dinge komplizierter. Sie legt die Pflanze auf den Boden und greift nach der Türklinke, bemerkt aber, daß sie die Pflanze beim Schließen der Tür wegschieben und zerdrücken wird, denn sie hat sie zwischen Tür und Schwelle gelegt. Sie hebt sie daher wieder auf und bringt sie außerhalb der Reichweite des Türflügels.

Diese Handlungen stellen sicher keine bedeutende Erfindung dar, sind aber dennoch charakteristisch für Intelligenzhandlungen, die auf Vorstellung und Bewußtsein von Beziehungen gründen.

Bb. 182: Mit 1; 8 (30) sieht Jacqueline vor sich eine Elfenbeinplatte, die von einer Reihe von Löchern mit ein bis zwei Millimetern Durchmesser durchbohrt ist, und schaut mir zu, wie ich die Spitze eines Bleistiftes in eines der Löcher stecke. Der Bleistift bleibt senkrecht darin stecken, und Jacqueline lacht. Sie bemächtigt sich des Bleistiftes und wiederholt die Handlung. Dann reiche ich ihr einen anderen Bleistift, halte aber das stumpfe Ende gegen die Platte. Jacqueline ergreift ihn, dreht ihn aber nicht um, sondern versucht dieses Ende (der Bleistift hat fünf Millimeter Durchmesser) nacheinander in jedes der Löcher zu stecken. Sie verharrt lange Zeit hartnäckig bei diesen Versuchen, indem sie sogar immer wieder die engsten Löcher probiert. Wir machen bei dieser Gelegenheit drei wichtige Beobachtungen:

1.: Als ich Jacqueline den ersten Bleistift anbiete, steckt sie ihn sogleich richtig ins Loch. Als ich ihn ihr verkehrt reiche, kehrt sie ihn ohne Zögern um, noch bevor sie versucht, ihn mit dem falschen Ende einzustecken. Offensichtlich ist sie sehr wohl fähig, die Bedingungen für das Einstecken zu begreifen. Als ich ihr den zweiten Bleistift in der richtigen Stellung (also mit der Spitze nach unten) darbiete, steckt sie ihn gleichfalls mit der Spitze ein. Wenn ich ihn aber umgekehrt halte, dreht sie ihn nicht um und bemüht sich trotzdem, ihn mit dem ungespitzten Ende einzustecken. – Jacqueline verharrte während ungefähr dreißig Versuchen ganz konstant bei diesem Verhalten, das heißt, sie hat den zweiten Bleistift nie umgedreht, während sie den ersten immer in die richtige Stellung brachte. Es scheint also, daß die ersten Versuche zur Ausbildung eines sensomotorischen Verhaltensschemas geführt hatten, das während der ganzen Reihe wirksam blieb: Die beiden Bleistifte werden als gegensätzlich aufgefaßt, der erste ist derjenige, den man leicht einstecken kann, und der zweite jener, der Widerstand leistet. Natürlich können diese beiden Bleistifte mit derselben Leichtigkeit eingesteckt werden. Der erste ist nur etwas kürzer als der zweite und von grüner Farbe, während der zweite länger und braun ist (die Mine beider Bleistifte ist schwarz und hart).

2.: Als Jacqueline sieht, daß der zweite Bleistift sich nicht einstecken läßt, versucht sie mehrmals, ihn in dasselbe Loch hineinzustecken wie den ersten. Sie will ihn also nicht nur mit dem ungespitzten Ende einstecken, sondern bemüht sich sogar, ihn in ein schon besetztes Loch zu stecken. Sie gibt dieses seltsame Bemühen trotz mehrmaliger Mißerfolge nicht auf. Diese Beobachtung zeigt deutlich, daß das Kind dieses Alters in seiner Vorstellung von den Dingen noch gar nichts von den elementarsten mechanischen und physikalischen Gesetzen weiß. Wir begreifen nun auch, warum Jacqueline mit solcher Hartnäckigkeit versuchte, den zweiten Bleistift mit dem falschen Ende einzustecken. Da sie nicht weiß, daß zwei Gegenstände nicht gleichzeitig eine enge Öffnung besetzen können, gibt es auch keinen Grund für sie, nicht zu versuchen, einen festen Körper von fünf Millimetern Breite in ein Loch von ein bis zwei Millimetern stecken zu wollen.

3.: Beim dreißigsten Versuch ändert Jacqueline plötzlich ihre Methode. Sie wendet den zweiten Bleistift um, wie sie es mit dem ersten getan hat, und versucht nie mehr, ihn mit dem falschen Ende einzustecken. Wenn man die neuen Versuche mit der ersten Reihe vergleicht, hat man den Eindruck eines plötzlichen Einsichtsaktes. Es ist gleichsam plötzlich eine Idee aufgetaucht und hat sich sofort nach ihrem Auftreten definitiv durchgesetzt. Mit anderen Worten, der zweite Bleistift wurde plötzlich dem ersten gleichgestellt: Das anfängliche Verhaltensschema (das die beiden Bleistifte in Gegensatz zueinander brachte) löste sich auf. Der Bleistift, den man nicht umwendet, wurde dem anderen Verhaltensschema assimiliert, das sich auf den umzuwendenden Bleistift bezog. Ein solcher Prozeß wirft neues Licht auf den Mechanismus des Erfindungsaktes.

Die Neuheit dieser Verhaltensweisen im Vergleich zu den früheren liegt klar zutage. Das Kind befindet sich in einer neuen Situation: Die Hindernisse, die sich zwischen seine Absichten und die Erreichung des Ziels stellten, fordern eine unvorhergesehene und ganz besondere Anpassung. Mit anderen Worten, es müssen adäquate Mittel gefunden werden. Diese Mittel können aber nicht ohne weiteres von den früher unter anderen Umständen ausgebildeten Vorgehensweisen bezogen werden (wie das bei der »Anwendung bekannter Mittel auf neue Umstände« der Fall war). Es muß also etwas Neues erfunden werden. Vergleicht man diese Verhaltensweisen mit den früheren, stellt man fest, daß sie der »Entdeckung neuer Mittel durch aktives Ausprobieren« am nächsten kommen. Der funktionelle Zusammenhang ist derselbe. Der Unterschied besteht darin, daß die gegenwärtigen Verhaltensweisen nicht mehr aufgrund eines Ausprobierens oder eines Lernvorgangs entstehen, sondern durch einen plötzlichen Einsichts- oder Erfindungsakt zustande kommen. Sie werden also nicht mehr bei jeder einzelnen Etappe und a posteriori durch die Tatsachen kontrolliert. Das Suchen nach diesen geeigneten Verhaltensweisen wird gleichsam a priori durch geistige Kombination gesteuert. Das Kind sieht, noch bevor es sie versucht hat, voraus, welche Handlungen gelingen und welche mißlingen werden. Die Kontrolle der Erfahrung umfaßt jetzt also den gesamten Ableitungsvorgang und nicht mehr wie früher nur die einzelnen Vorgehensschritte. Überdies ist die ganze Vorgehensweise, die als erfolgreich konzipiert wird, neu. Sie entspringt nämlich einer originalen, im Geiste vollzogenen Kombination und nicht einer Kombination von tatsächlich ausgeführten und in viele Einzelschritte zerfallenden Bewegungen.

2. Erfindung und Vorstellung

Derartige Verhaltensformen werfen im Vergleich zu den früher analysierten zwei wesentliche Probleme auf, das Problem der *Erfindung* und das Problem der *Vorstellung.* Es liegt jetzt Erfindung und nicht mehr bloß Entdeckung vor, und es ist Vorstellung gegeben und nicht mehr bloß sensomotorisches Ausprobieren. Diese beiden Aspekte der systematischen Intelligenz stehen übrigens in Interdependenz zueinander, denn Erfinden bedeutet geistige, das heißt also vorstellungsmäßige Verhaltensschemata, miteinander zu kombinieren. Damit sich aber sensomotorische Verhaltensschemata in geistige verwandeln können, müssen sie fähig werden, sich untereinander auf jede Weise zu kombinieren. Dann können sie nämlich erst zu eigentlichen Erfindungsakten führen.

Wie soll man also diesen Übergang vom gezielten Ausprobieren zur Erfindung und vom motorischen Verhaltensschema zum Vorstellungsschema erklären? Beginnen wir damit, die Kontinuität zwischen diesen beiden Extremen aufzuweisen, damit wir nachher ihre fortschreitenden Differenzierungen verstehen können.

Zum ersten Problem ist zu sagen, daß der Gegensatz zwischen gezieltem Ausprobieren und eigentlichem *Erfindungsakt* in erster Linie auf das Konto einer unterschiedlichen Geschwindigkeit geht. Im Prozeß des Experimentierens und Ausprobierens vollzieht sich die strukturierende Assimilationstätigkeit nur Schritt für Schritt, so daß sie kaum unmittelbar sichtbar wird und man versucht ist, ihre Entdekkungen und Leistungen allein der zufälligen Berührung mit den äußeren Tatbeständen zuzuschreiben. Im Erfindungsakt dagegen geschieht sie so schnell, daß die Strukturierung den Charakter der plötzlichen Umstellung erhält. Auf den ersten Blick ist die strukturierende Assimilationstätigkeit auch hier nicht sichtbar, und man ist versucht anzunehmen, daß sich die »Strukturen« von selbst organisieren. Es scheint daher ein unüberbrückbarer Gegensatz zwischen dem Empirismus des einfachen Ausprobierens und dem »Rationalismus« des deduktiven Erfindens zu bestehen. Sobald man aber die mit der kombinierten Assimilation und Akkommodation verbundene intellektuelle Tätigkeit näher anschaut, wird man diese Tätigkeit sowohl im Prozeß des empirischen Ausprobierens vorfinden als auch feststellen, daß sie für die Strukturierung der Vorstellungen nicht unnütz ist. Ganz im Gegenteil, sie stellt den eigentlichen Motor beider Verhaltensformen dar, die sich im wesentlichen nur durch die verschiedene Geschwindigkeit unterscheiden, mit der der Motor läuft. Im ersten Fall wird die Geschwindigkeit durch die Hindernisse, die auf dem Weg auftreten, verlangsamt und im zweiten Fall durch die erworbene Übung verstärkt.

Diese allmähliche Geschwindigkeitszunahme zieht aber eine Differenzierung der Funktionsweise nach sich. Vollzog sich dieser Prozeß anfänglich ruckweise und in sichtbaren Schritten, so wird er nach und nach immer regelmäßiger und scheint sich zu verinnerlichen, wobei er gleichzeitig schneller wird. In dieser Beziehung ist der Unterschied zwischen empirischem Ausprobieren und schöpferischem Erfinden mit demjenigen zwischen Induktion und Deduktion vergleichbar. Die Empiristen versuchten die Deduktion auf die Induktion zurückzuführen, indem sie die Induktion zum einzigen wirklichen Überlegungsprozeß machten. Nach ihnen wäre die Induktion nur ein passives Registrieren der Erfahrungsergebnisse. In der Deduktion sahen sie folglich eine Art inneres Spiegelbild dieser Erfahrung oder, wie Mach und Rignano sagen, ein »geistiges Experiment«. Gegen diese These opponiert ein gewisser Logizismus, der Induktion und Deduktion gänzlich voneinander trennen will. Die erstere bestünde dann aus einem Katalog von Feststellungen, genauso wie es auch die Empiristen dachten, und die zweite aus rein formalen Kombinationen. Die gesunde logizistische Analyse hat aber sowohl eine Verwandtschaft als auch eine gewisse Gegensätzlichkeit zwischen diesen beiden sich ergänzenden Prozessen aufgezeigt. Induktion und Deduktion beruhen auf Konstruktionen und Kombinationen von Relationen, wobei die Induktion die Deduktion impliziert und auf ihrer konstruktiven Tätigkeit aufbaut. Bei der Induktion wird dieser Aufbau unaufhörlich von außen kontrolliert und kann sich auf extralogische Antizipationsprozesse stützen, die den Empiristen das Wesen des Denkens auszumachen schienen. Bei der Deduktion dagegen wird die Konstruktion von innen heraus geleitet aufgrund des Spiels der Operationen allein. In gleicher Weise setzt auch das empirische Ausprobieren bereits den Mechanismus des Erfindens voraus. Es gibt, wie wir gezeigt haben, keine reine Akkommodation. Die Akkommodation wird immer durch ein Spiel von Verhaltensschemata gelenkt, deren Reorganisation, wenn sie spontan erfolgte, sich mit der konstruktiven Deduktion der gegenwärtigen Verhaltensweisen decken würde.

Die in jeder Akkommodation enthaltene Reorganisation kann nicht immer auf eine fortwährende äußere Kontrolle und Bestätigung verzichten. Wenn das Problem nämlich das Niveau des Subjektes übersteigt, vollzieht sie sich durch kumulative Assimilation. Die strukturierende Tätigkeit schreitet dann nur noch langsam voran, indem sie nach und nach die anfallenden Gegebenheiten der Wahrnehmung miteinander kombiniert. Sobald aber der Geist ausreichend mit fertig ausgebildeten Verhaltensschemata ausgerüstet ist, können sich diese Schemata spontan umstrukturieren, und die Reorganisationstätigkeit braucht sich nicht mehr dauernd und fortwährend auf die aktuellen Gegebenheiten der Wahrnehmung abzustützen. Sie interpretiert diese Gegebenheiten durch ein komplexes System von Schemata, die bloß angedeutet werden. Der schöpferische Erfindungsakt ist also nichts anderes als diese schnelle Reorganisation, und die Vorstellung reduziert sich auf dieses Andeuten. Dabei führen sowohl Erfindung als auch Vorstellung die Mechanismen weiter, die in allen früher besprochenen Verhaltensweisen am Werke sind.

Zum Beleg wollen wir noch einmal die Beobachtungen 177 bis 182 durchgehen und sie mit dem Mechanismus des empirischen Ausprobierens vergleichen. Auch diese Verhaltensweisen werden durch einen Anstoß ausgelöst, den das Zielschema dem Handeln gibt. In der Beobachtung 180 zum Beispiel erregt der Anblick der Kette in der Zündholzschachtel den Wunsch, sie zu ergreifen. Dieses Zielschema erweckt seinerseits sofort eine gewisse Anzahl von anderen Verhaltensschemata, die das Kind als erste Hilfshandlungen einsetzt. Diese Hilfshandlungen müssen nun allmählich akkommodiert, das heißt in Funktion der neuen Situation differenziert werden. Während der Beobachtung 180 versucht Lucienne die Schachtel umzukippen oder ihren Finger in den Spalt zu schieben, um die Kette herauszuholen. Bei der Anwendung dieser Verhaltensschemata bemerkt das Kind aber die mit dieser Situation verbundenen Schwierigkeiten. Anders ausgedrückt, wie beim empirischen Ausprobieren prallt das Kind auch hier auf unvorhergesehene Tatbestände, die ihm Widerstand leisten (der Spalt ist zu schmal, um den Finger durchzulassen). In beiden Fällen zieht dieser Aufprall eine Reaktualisierung früherer Verhaltensschemata nach sich.

Diesen ist es zu verdanken, daß die unvorhergesehenen Tatbestände eine Bedeutung erhalten. Der einzige Unterschied besteht darin, daß künftig derartige Zusammenstöße mit Widerständen nicht mehr erst im Verlauf des Entdeckungsvorgangs geschehen (daß das Entdecken nicht mehr in einem schrittweisen Ausprobieren geschieht, sondern durch einen plötzlichen Erfindungsakt zustande kommt), sondern schon viel früher, in dem Augenblick nämlich, wo die ersten probeweise angesetzten Versuche scheitern und das Problem sich aufgrund dieses Scheiterns präzisiert. Bei der Beobachtung 180 verleihen die Hilfsschemata den Befunden eine Bedeutung und erlauben dem Kind zu verstehen, was dieser Spalt ist, den es vor Augen hat (nämlich das Anzeichen für eine darunter liegende Öffnung), und in welcher Beziehung er ein Hindernis darstellt (indem er zu eng ist). Das Kind hat ja schon öfter Schachteln geöffnet und geschlossen, es wollte schon oft seine Hand durch zu enge Öffnungen schieben usw. Derartige Verhaltensschemata verleihen nun der gegenwärtigen Situation eine Bedeutung und lenken damit gleichzeitig das Bemühen des Kindes. Sie bekleiden also die Rolle zweitrangiger Mittel und ordnen sich damit gleichzeitig dem anfänglichen Vorgehen unter. Jetzt geschieht der Erfindungsakt, und zwar in der Form einer plötzlichen Akkommodation der Gesamtheit dieser Verhaltensschemata an die gegenwärtige Situation. Wie vollzieht sich diese Akkommodation?

Wie immer differenziert sie die vorhandenen Verhaltensschemata in Abhängigkeit von der gegenwärtigen Situation. Während aber früher diese Differenzierung im Verlauf eines tatsächlichen Ausprobierens und kumulativen Assimilierens erfolgte, resultiert sie jetzt aus einer spontanen, viel schneller verlaufenden Assimilation, die ihre Versuche nur in der Vorstellung vollzieht. Mit anderen Worten, statt den Spalt mit dem Finger zu erforschen und die verschiedenen Möglichkeiten bis zur Entdeckung des erfolgreichen Vorgehens (die Schachtel herausziehen, um die Öffnung zu erweitern) schrittweise auszuprobieren, begnügt sich jetzt das Kind damit, diese Öffnung zu betrachten und die Versuche nicht mehr an ihr, sondern an symbolischen Ersatzmitteln anzustellen.

Lucienne öffnet und schließt ihren Mund und schaut dabei prüfend auf den Spalt. Das beweist, daß sie den Spalt assimiliert und auf geistige Weise seine Vergrößerung ausprobiert. Aufgrund dieser Assimilation bildet sich eine Analogie zwischen dem wahrgenommenen Spalt und anderen Öffnungen, die das Kind mit dem Mundöffnen angedeutet hat. Das führt zur Voraussicht, daß ein Druck auf den Rand der Öffnung diese erweitern wird. Nachdem so die Verhaltensschemata durch einfache geistige Assimilation spontan akkommodiert worden sind, kann Lucienne zum Handeln übergehen und hat auf Anhieb Erfolg.

Auch alle unsere übrigen Beobachtungen können auf diese Weise interpretiert werden. Wenn Lucienne in der Beobachtung 179 die Kette in einen Knäuel verwandelt und sie dann so in die Schachtel legt, nachdem sie zuerst den Mißerfolg der direkten Methode konstatiert hat, dann tut sie das nur deshalb, weil früher erworbene Verhaltensschemata ihr eine ausreichende Assimilation dieser neuen Situation gestatten. Solche Verhaltensschemata sind: eine Kette in einen Eimer oder ein Halsband in eine Gießkanne (Bb. 172) hineinbringen, Stoffe zusammenknüllen, zum Beispiel das Kopfkissen, oder das Taschentuch in den Mund stopfen usw. Statt sie tatsächlich auszuprobieren, kombiniert Lucienne im Geiste die auszuführenden Operationen. Dieses geistige Experiment besteht aber keineswegs in einer gedächtnismäßigen Evokation vollständig fertiger Bilder. Es ist vielmehr ein wesentlich konstruktiver Prozeß, in dem die Vorstellung nur die Rolle eines Symbole liefernden Hilfsmittels spielt. Denn es liegt schöpferisches Erfinden vor, und Lucienne hat noch nie eine Situation wie die eben erarbeitete wahrgenommen. Bei den Beobachtungen 180a und 180b betätigen sich die Bewegungsschemata ebenfalls in spontaner Weise. Diese Aktualisierung wird allerdings durch die Ähnlichkeit dieser Schemata mit anderen Erfahrungen des Kindes sehr begünstigt. Die Ähnlichkeit zieht die Erfindung neuer Kombinationen nach sich. In der Beobachtung 182 endlich erleben wir die Differenzierung eines Verhaltensschemas mit, ohne daß man von fortschreitendem Ausprobieren sprechen könnte, denn diese Differenzierung erfolgt aufgrund plötzlicher Dissoziierung und anschließender Assimilation.[1]

[1] Zum besseren Verständnis des Mechanismus dieser deduktiv gewordenen Assimilation, die aber die Ebene der sensomotorischen Operationen noch nicht überschreitet, wollen wir noch einen Fall eines elementaren Erfindungsaktes analysieren, den ich an mir selber beobachtet und durch Introspektion verfolgt habe.

Als ich einmal ein altes Automobil fahre, ergießt sich Öl über das Steuerrad und macht es schlüpfrig und hindert mich am Lenken. Da ich aber keine Zeit habe anzuhalten, ziehe ich mein Taschentuch hervor und wische die Flecken ab. Als ich es aber in meine Tasche zurückstecken will, stelle ich fest, daß es zu fettig ist, und suche einen Ort, wo ich es verstecken könnte, ohne zu riskieren, irgend etwas schmutzig zu machen. Ich schiebe es so tief wie möglich in den Spalt zwischen meinem eigenen und dem Nachbarsitz. Eine gute Stunde später zwingt mich der Regen, die Windschutzscheibe ganz herunterzuschlagen. Es wird jetzt aber so warm, daß ich versuche, sie wieder ein wenig zu öffnen. Da die Schrauben aber schon abgenutzt sind, gelingt es mir nicht: Die Windschutzscheibe hält nur noch ganz offen oder ganz geschlossen. Ich versuche nun mit der linken Hand die Windschutzscheibe offenzuhalten, aber die Müdigkeit

Wie kann man aber diese spontane Reorganisation von Verhaltensschemata erklären? Betrachten wir zum Beispiel den Aufbau des Schemas »zu einem Knäuel machen« der Beobachtung 179 oder denjenigen des Schemas »den Spalt erweitern« der Beobachtung 180. Besteht dieser Aufbau in einer plötzlichen Umstrukturierung der Vorstellungen oder des Wahrnehmungsfeldes, oder muß man in ihm die Vollendung der Assimilationstätigkeiten sehen, die der Erfindung vorangehen? Wir haben schon daran erinnert, daß eine gewisse Anzahl von bereits erworbenen Verhaltensschemata das Suchen im Augenblick des Erfindungsaktes steuert, ohne daß jedoch ein einziges von ihnen die richtige Lösung enthalten würde. Bevor Lucienne zum Beispiel die Kette zu einem Knäuel verwandelt hat, um sie so durch die enge Öffnung hindurchzubringen, hat sie schon erstens Stoffe zusammengeknüllt, zweitens die Kette durch eine weite Öffnung hindurchgesteckt, drittens voluminöse Gegenstände mit ungenügenden Öffnungen verglichen, als sie zum Beispiel versuchte, Gegenstände durch die Gitterstäbe ihres Laufgitters hindurchzuziehen. Im Fall der Beobachtung 180 verfügt sie ebenfalls über frühere Verhaltensschemata, auf die wir schon hingewiesen haben. Das Problem besteht also darin zu erklären, wie diese verschiedenen Verhaltensschemata sich untereinander koordinieren, um den Erfindungsakt vorzubereiten. Geschieht das durch eine von der Entstehung dieser Schemata unabhängige Umstrukturierung, oder ist dabei die Tätigkeit im Spiel, die diese Schemata erzeugt

bringt mich auf die Idee, daß irgendein Gegenstand meine Hand ebensogut ersetzen könnte. Ich schaue um mich, aber nichts bietet sich an. Als ich wiederum die Windschutzscheibe betrachte, habe ich den undeutlichen Eindruck, daß man den Gegenstand nicht unbedingt gegen die untere Seite der Scheibe zu stellen braucht (man stößt von unten, um sie zu öffnen), daß man ihn ebensogut in den Winkel klemmen könnte, der durch den rechten Rand der Windschutzscheibe und die aufsteigende Strebe der Karosserie gebildet wird. Dabei habe ich auch das undeutliche Gefühl einer Ähnlichkeit zwischen der zu findenden Lösung und einem früher schon gelösten Problem. Die Lösung wird immer deutlicher: Die Tendenz, einen Gegenstand in den Winkel der Windschutzscheibe zu schieben, verbindet sich mit einer gewissen motorischen Erinnerung, eben vor kurzem einen Gegenstand in eine Spalte geschoben zu haben. Ich versuche mich zu erinnern, um was es sich handeln könnte, aber keine deutliche Vorstellung drängt sich meinem Bewußtsein auf.

Plötzlich aber, noch bevor ich die Zeit hatte, mir irgend etwas deutlich vorzustellen, verstehe ich die Lösung und finde mich schon dabei, mit der Hand das in den Spalt geschobene Taschentuch hervorzuholen. Dieses letztere Verhaltensschema hat also seit einem gewissen Augenblick mein Suchen gelenkt und mich in Richtung auf den seitlichen Winkel der Windschutzscheibe hingesteuert, während ich doch vorher eine andere Idee verfolgte.

Diese banale Beobachtung zeigt, wie ein sensomotorisches Suchen kurz vorher erworbene Verhaltensschemata zu erwecken vermag und sie unabhängig von einer inneren Sprache oder einer klaren Vorstellung zum Funktionieren bringt. Die Tendenz, einen Gegenstand in einen Spalt zu schieben, fügt sich in diesem Beispiel nahtlos in ein Verhaltensschema ein, das noch beinahe auf rein motorischer Ebene stehenblieb. Die dadurch hergestellte Verbindung genügt zur Entdeckung einer Lösung. Das macht verständlich, daß beim kleinen Kind eine sensomotorische Deduktion aufgrund einer einfachen und praktischen Evokation von Verhaltensschemata möglich ist. Dazu bedarf es keiner Vorstellungen.

hat und weiter funktioniert, ohne noch länger von den äußeren Umständen abzuhängen, unter denen sie begonnen hat? Man kann sich ebensogut fragen, ob sich die Gedanken bei einem schöpferischen Erfindungsakt auf theoretischem Gebiet von selbst organisieren oder nur in Abhängigkeit von den impliziten Urteilen und ihrer jederzeit möglichen Aktualisierung durch die Intelligenz. Für uns kann kein Zweifel bestehen, daß die zweite dieser Thesen in beiden Fällen (sowohl bei der sensomotorischen Intelligenz als auch im rationalen Denken) bei weitem die befriedigendere Lösung darstellt. Die erste Lösung ist im Grunde genommen eine Sprechweise, die die Dynamik der Tatsachen durch eine statische Sprache verdeckt.

Wie soll man aber die Reorganisation der Verhaltensschemata auffassen, damit sie der doppelten Bedingung gerecht werden, der Wiederbelebung ihrer assimilatorischen Tätigkeit und der Loslösung von den äußeren Umständen, in denen sie gebildet worden ist? Diese Reorganisation geschieht nur aufgrund eines reziproken Assimilationsprozesses, der sich nun allerdings unabhängig vom unmittelbaren Handeln vollzieht.

Wir stoßen hier wieder auf einen Befund, den wir schon bei der »Anwendung bekannter Mittel auf neue Umstände« erbringen konnten. Bei einer praktischen Intelligenzhandlung werden die Mittel den Zielen aufgrund einer Koordination untergeordnet, die der intersensorischen Koordination von Verhaltensschemata (hören und sehen usw.), ähnlich ist. Es liegt also eine reziproke Assimilation der betreffenden Verhaltensschemata vor. Mit anderen Worten, es steckt in jedem Assimilationsschema die Assimilationstätigkeit, die zu seiner Bildung geführt hat (ebenso wie in jeder Idee die Urteile, die zu ihrer Bildung geführt haben, weiter enthalten sind), und es findet daher von selbst auf alle dafür geeigneten Situationen Anwendung. Im Fall der Uhrenkette, die durch eine enge Öffnung hindurchzubringen ist, sind alle Verhaltensschemata, die eine gewisse Analogie zu der Situation besitzen, fähig, deren Gegebenheiten zu assimilieren, und treten daher auch von selbst in Tätigkeit. Wir sind unaufhörlich auf Beispiele gestoßen, die diesen Vorgang beleuchten. Nur hat bis jetzt die auf diese Weise ausgelöste Tätigkeit immer zu effektiven Handlungen geführt, mochte es sich dabei um direkte Anwendungen (»Anwendung bekannter Mittel auf neue Umstände«) oder um empirisches Probieren handeln. Das Neue am Erfindungsakt besteht dagegen darin, daß die aktualisierten Verhaltensschemata im Zustand einer latenten Aktivität verharren und sich miteinander vor (und nicht nach) ihrer äußeren Anwendung kombinieren. Daher macht es den Anschein, als ob der Erfindungsakt aus dem Nichts entspringe; die ganz plötzlich auftauchende Handlung entspringt aber in Wirklichkeit einem vorher erfolgten gegenseitigen Assimilationsprozeß, dessen einzelne Schritte ganz im Innern geschehen und nicht nach außen in Erscheinung treten. Das beste Beispiel für diesen Prozeß haben wir als Fußnote auf S. 348/349 angeführt. Die Introspektion gestattete uns tatsächlich, die progressive, innerliche Assimilation des Verhaltensschemas »Taschentuch in einen Spalt schieben« an das Schema »Gegenstand in den Öffnungsspalt der Windschutzscheibe schieben« und umgekehrt deutlich zu verfolgen, wobei diese gegenseitige Assimilation zum Auffinden der richtigen Lösung führte. Die Beobachtung 180 offenbart am Beispiel Luciennes die Berechtigung dieser Erklärungsweise: Die Handlung, den Mund vor dem zu erweiternden Spalt zu öffnen und zu schließen, weist deutlich darauf hin, daß die innere Reorganisation der Verhaltensschemata aufgrund einer Assimilation vor sich geht. Die berühmte Formel von G. Tarde beleuchtet sehr schön diesen Mechanismus: Die Erfindung entspringt, so sagte Tarde, der Interferenz von unabhängigen Handlungsströmen.[2] Dieser Begriff der Interferenz drückt in einer anderen Terminologie dasselbe aus, was wir mit gegenseitiger Assimilation bezeichnet haben.

Wir können zusammenfassend sagen, daß der Erfindungsakt aufgrund einer sensomotorischen Deduktion durch spontane Reorganisation von schon bestehenden Verhaltensschemata zustande kommt, die sich durch gegenseitige Assimilation mühelos an die neue Situation anpassen. Bis zu diesem Punkt der Entwicklung (also auch beim Prozeß des empirischen Probierens) konnten früher erworbene Verhaltensschemata immer nur in einer äußeren Tätigkeit aktualisiert werden, sie mußten, mit anderen Worten, auf eine konkrete, hic et nunc wahrgenommene Gegebenheit Anwendung finden. So mußte Jacqueline noch in Beobachtung 165 tatsächlich erleben, daß der Hahn durch die Stäbe des Laufgitters zurückgehalten wird und daß er sich beim Herunterfallen zufällig vom Gitter entfernen kann. Sie mußte auch die Möglichkeit, ihn aufzurichten, tatsächlich festgestellt haben, damit sie auf den Gedanken kam, ihn zuerst systematisch vom Gitter zu entfernen, bevor sie ihn aufrichten und durch die Stäbe hindurch führen konnte. Die früheren Verhaltensschemata verleihen also vielen Ereignissen eine Bedeutung, aber nur dann, wenn eine hic et nunc wahrgenommene Gegebenheit (das Fallen des Hahnes usw.) diese Schemata wieder tatsächlich aktualisiert. Bei der »vorbeugenden« Deduktion dagegen funktionieren die Verhaltensschemata innerlich und gleichsam von selbst, ohne daß eine ununterbrochene Reihe von äußeren Handlungen nötig wäre, um diesen Prozeß zu erhalten. Natürlich muß das Problem immer noch von außen aufgedrängt werden. Es sind bestimmte Gegebenheiten, die ein Problem stellen und die Anwendung eines bestimmten sensomotorischen Verhaltensschemas nahele-

[2] G. Tarde: Les lois sociales.

gen, das als erstes Mittel oder gleichsam als Arbeitshypothese dienen kann (ohne diese Bedingung befänden wir uns nicht mehr im Bereich der praktischen Intelligenz, sondern bereits auf der Ebene der rationalen Intelligenz). Wenn das Ziel aber einmal gesteckt ist und wenn einmal die Schwierigkeiten, an denen die Anwendung der ersten Mittelshandlungen scheitert, wahrgenommen sind, verbindet sich das Zielschema mit den zuerst eingesetzten Mittelshandlungen und den Hilfsschemata (die aufgrund des Bewußtseins der Schwierigkeiten erweckt werden) von selbst zu einem neuen und geschlossenen Komplex, und zwar ohne daß ein äußeres Probieren notwendig wäre, um diesen Prozeß zu unterhalten.

Die empiristische Theorie des »geistigen Experiments« ist also nicht exakt, wenn sie von einer einfachen Verinnerlichung der vorher im äußeren Handeln vollzogenen Versuche spricht. Verinnerlicht wurden einzig die aufgrund dieser Versuche erworbenen Erkenntnisse. Der im äußeren Handeln vollzogene Versuch impliziert ebensosehr wie die rein geistige Deduktion eine interne assimilatorische Tätigkeit, die zur Bildung dieser Schemata führt. Diese von Anfang an interne Tätigkeit funktioniert künftig von selbst und bedarf keiner äußeren Nahrung mehr. Wir können dennoch den Terminus »geistiges Experiment« beibehalten, um damit diese primitiven Deduktionen zu bezeichnen, wenn wir uns vor Augen halten, daß jeder Versuch, unter Einschluß des empirischen Probierens, immer organisierte Assimilationsschemata voraussetzt und daß die reine Berührung mit den Tatbeständen auf keiner Ebene eine Wirkung hat ohne nachfolgende Akkommodation dieser Schemata. Das Kleinkind, das im Geiste die Handlungen, die die Öffnung der Zündholzschachtel erweitern, miteinander kombiniert, befindet sich in derselben Situation wie das schon etwas ältere Kind, das die Äpfel nicht mehr mit den Fingern zu zählen braucht, um festzustellen, daß »zwei und zwei gleich vier« ist, sondern sich damit begnügt, Zahlen miteinander zu kombinieren. Dieses »geistige Experiment« wäre aber unverständlich, wenn nicht mit dem ersten Auftreten der Fähigkeit zu zählen von dieser Tätigkeit dauernd Dinge assimiliert worden wären, die an und für sich keine numerischen Eigenschaften besitzen. Das geistige Experiment besteht also aus einer von selbst funktionierenden Assimilation, die im Gegensatz zur anfänglichen, rein materiellen Assimilation teilweise einen formalen Charakter erworben hat. In ähnlicher Weise resultiert die Deduktion, die Lucienne bezüglich der Zündholzschachtel vollzieht, direkt aus einer spontanen Aktualisierung ihrer Assimilationsschemata. Diese Aktualisierung setzt nur voraus, daß sich die Schemata ohne einen konkreten Wahrnehmungsinhalt kombinieren und gleichsam nur aufgrund von Andeutungen ablaufen können. In ihren Anfängen hat die Deduktion also den Charakter einer direkten Weiterführung der ihr vorangehenden Assimilations- und Akkommodationsmechanismen, beginnt aber über die direkte Wahrnehmung und die äußere Tätigkeit bereits hinauszugelangen.

Stimmen wir also mit der Gegentheorie überein, die den Erfindungsakt einer unmittelbaren Umstrukturierung des Wahrnehmungsfeldes zuschreibt, die unabhängig ist von jedem Lernprozeß und allen früheren Handlungen? Unsere Beobachtungen scheinen einer so radikalen Theorie ebensosehr zu widersprechen wie derjenigen des »geistigen Experimentes« bei den reinen Empiristen. Die empiristische Theorie vermag das kreative Element des Erfindungsaktes nicht zu erklären. Indem sie aus der Deduktion die rein interne Wiederholung früher im äußeren Handeln durchgeführte Versuche macht, negiert sie die Existenz einer Aufbautätigkeit, die auf allen Ebenen im Innern verläuft und allein in der Lage ist, die progressive Reinigung des Überlegungsprozesses zu erklären. Aber auch die Gestalttheorie führt durch Überbetonung der Einmaligkeit des Erfindungsaktes zum selben Resultat und sieht sich gezwungen, die Erklärung der neuentstandenen Lösung vorgeformten Strukturen zuzuschreiben, weil sie nicht auf eine kombinierte Assimilations- und Akkommodationstätigkeit zurückgreifen kann. Während der empiristische Assoziationismus jede konstruktive Deduktion als eine interne Wiederholung äußerer, schon vollständig organisierter Versuchsverhalten ansieht, macht die Gestalttheorie aus ihnen eine Projektion innerer Formen in die Außenwelt. Diese Formen sind bereits vollständig angelegt (weil im Nervensystem grundgelegt und mit den aprioristischen Gesetzen der Wahrnehmung usw. verknüpft). Die Analyse der Assimilationstätigkeit hat unsere Zweifel an dieser Erklärung erhärtet. Wenn es im Fall der Beobachtungen 177 bis 182 den Anschein erweckt, als ob die Assimilationsschemata sich vor einem durch die äußere Umwelt gestellten Problem auf spontane Weise reorganisieren würden, so bedeutet das keineswegs, daß diese Verhaltensschemata, mögen sie auch noch so global und ganzheitlich sein, in Wirklichkeit mit »Gestalten« identisch sind, die sich von selbst und unabhängig von einem intellektuellen Konstruktionsprozeß aufdrängen. Das Assimilationsschema ist tatsächlich keine von der Assimilations- und Akkommodationstätigkeit verschiedene Wesenheit. Es bildet sich nur beim Funktionieren, und es funktioniert nur im tatsächlichen Versuch. Das Wesentliche an diesem Prozeß ist also nicht das Verhaltensschema als Struktur, sondern vielmehr die strukturierende Tätigkeit, die zur Bildung dieser Verhaltensschemata führt. Wenn von einem bestimmten Augenblick an beinahe von selbst eine Umstrukturierung der Verhaltensschemata erfolgt, die schließlich zu Erfindungsakten aufgrund rein geistiger Kombinationen führt, so nur deshalb, weil die Assimilationstätigkeit durch lange Monate der Übung im Kontakt mit konkreten Wahrnehmungsgegebenheiten geschult und dadurch so weit verfeinert wurde, daß sie zu ihrem Vollzug nur noch stellvertretender Symbole bedarf. Das bedeutet aber keineswegs, wir möchten es noch einmal betonen, daß diese Reinigung eine einfache Verinnerlichung früherer Versuche ist. In dieser Beziehung hat die Gestaltpsychologie mit Erfolg darauf hingewiesen, daß die dem Erfindungsakt eigene Umstrukturierung tatsächlich etwas Neues hervorbringt. Es bedeutet vielmehr, daß die Umstrukturierung nicht von selbst erfolgt, wie wenn die Verhaltensschemata eine eigene, von der Assimilationstätigkeit unabhängige Struktur besäßen. Daher stellt die Umstrukturierung, die den Erfindungsakt charakterisiert, ganz einfach eine Weiterführung dieser Tätigkeit dar. Dadurch ist es möglich, in den an unseren Kindern gemachten Beobachtungen (Bb. 177 bis 182) – und sicher auch bei jedem anderen Kind, wenn man die Geschichte seiner Verhaltensstrukturen kennt – die früheren Verhaltensschemata zu isolieren, die im Verlauf eines Erfindungsprozesses auftreten. Obwohl also der Erfindungsakt immer einen genetischen Prozeß voraussetzt, bleibt ihm der schöpferische Charakter erhalten.

Welche Rolle spielt die *Vorstellung* in diesen ersten sensomotorischen Deduktionsprozessen? Beim ersten Hinschauen erscheint sie von grundlegender Wichtigkeit: Dank der Vorstellung kann sich die reziproke Assimilation innerlich vollziehen und braucht nicht sogleich zu einem empirischen Ausprobieren zu führen. Daß das »geistige Experiment« das im äußeren Handeln vollzogene Ausprobieren ersetzen kann, ist nur aufgrund der Vorstellung möglich. Ebenso ist es der Vorstellung zu verdanken, daß die Assimilationstätigkeit auf einer neuen, von der unmittelbaren Wahrnehmung und dem äußeren Handeln verschiedenen Ebene eine Fortsetzung und Verfeinerung findet. Es ist daher verständlich, daß Köhler bei seinen Untersuchungen über die Intelligenz der Tiere dazu kam, das Hauptgewicht auf die Umstrukturierung des Wahrnehmungsfeldes zu legen, wie wenn diese Umstrukturierung der Wahrnehmung den intellektuellen Erfindungsakt nach sich ziehen würde und nicht umgekehrt.[3] Die Vorstellung tritt im gegenwärtigen Stadium tatsächlich als große Neuheit in den Bildungsprozeß der einsichtigen Erfindungsakte ein und hebt sie damit von den Verhaltensweisen der früheren Stadien ab. Selbst die komplexesten Verhaltensweisen der vorangegangenen Stadien, die »Entdeckung neuer Mittel durch aktives Ausprobieren«, bedürfen noch keiner Vorstellungen, wenn man die Vorstellung als die Fähigkeit definiert, sich nicht anwesende Gegenstände gegenwärtig zu ma-

[3] Es ist übrigens für eine gestalttheoretische Erklärung nicht notwendig, der visuellen Wahrnehmung dieses Gewicht zuzuschreiben; man kann mit K. Lewin die Prinzipien der Gestalttheorie in erster Linie auf Fähigkeiten und Interaktionsprozesse beziehen.

chen. Die den beweglichen Assimilationsschemata eigene motorische Antizipation genügt ja dazu, Anzeichen zu verstehen und Mittel und Zweck zu koordinieren, die Wahrnehmung braucht dabei nicht durch Vorstellungen ergänzt zu werden. Die Erfindung durch geistige Kombinationen impliziert im Gegenteil diese Vorstellung. Eine Kette vor jedem Versuch zu einem Knäuel umzuformen, um sie so durch eine enge Öffnung hindurchzubringen (wenn die Versuchsperson noch nie die Gelegenheit hatte, irgend etwas unter gleichartigen Umständen zu einem Knäuel zu machen), alle möglichen Stellungen eines Stockes zu antizipieren, bevor man ihn kunstgerecht durch die Gitterstäbe hindurchführt (wobei dieses Experiment für das Kind ganz neu ist), einen Spalt zu erweitern, um ein darin verborgenes Objekt herauszuholen (wenn das Kind zum ersten Mal vor einem solchen Problem steht), all das setzt voraus, daß sich das Subjekt die Gegebenheiten, die sich seinem Blick darbieten, vorstellt, und zwar anders vorstellt, als es sie direkt wahrnimmt. Es korrigiert also im Geiste seine direkten Wahrnehmungen und vergegenwärtigt sich Stellungen, Ortsverschiebungen und vielleicht sogar Gegenstände, die sich im Augenblick nicht in seinem Gesichtsfeld finden.

Mag die Vorstellung auch eine wesentliche und für dieses Stadium charakteristische Errungenschaft darstellen, so darf ihre Bedeutung dennoch nicht übertrieben werden. Die Vorstellung ist gewiß notwendig für den Erfindungsakt, aber es wäre verfehlt, sie als dessen einzige Ursache zu betrachten. Man könnte sogar mit ebensoviel Wahrscheinlichkeit die gegenteilige These vertreten, daß die Vorstellung aus dem Erfindungsakt resultiert. Der dynamische Prozeß des Erfindens geht ja tatsächlich der Umstrukturierung der Bilder voran, da der Erfindungsakt einer spontanen Aktualisierung der Assimilationsschemata entspringt. In Wahrheit scheint also zwischen Erfindung und Vorstellung ein Interaktionsprozeß und nicht eine einfache Abhängigkeit zu bestehen. Welcher Art ist aber diese Interaktion?

Die Dinge klären sich, sobald man im Sinne der Theorie der Zeichen in den visuellen Vorstellungsbildern einen einfachen Symbolismus erblickt, der als »Bedeutungsträger« dient, und wenn man den dynamischen Prozeß des Erfindungsaktes als die Bedeutung oder, wie man auch sagen könnte, das Gemeinte oder Bezeichnete versteht. Die Vorstellung würde dann dem Erfindungsakt gleichsam als Symbol dienen, was ihrer Wichtigkeit keinen Abbruch täte, da das Symbol ja für jeden Deduktionsprozeß notwendig ist. Das würde sie aber von der allzu schweren Bürde befreien, die man ihr manchmal zugeschoben hat, indem man in ihr den Motor des Erfindungsaktes zu sehen glaubte.

Zwei Fälle sind hier zu unterscheiden. Im ersten Fall vergegenwärtigt sich das Kind eine früher vollzogene Bewegung oder Operation. Wenn Lucienne beispielsweise wahrnimmt, daß ihr Stock nicht quer durch die Gitterstäbe hindurchgeht, und sie ihn aufrichtet, noch bevor sie versucht hat, ihn hindurchzubringen (Bb. 178), vergegenwärtigt sie sich wahrscheinlich die früher ausgeführten Bewegungen des Stockes visuell und benützt sie bei der Kombination der neuen Bewegungen, die für diese Operation notwendig sind. Es mag sich dabei um Bewegungen handeln, die sie unmittelbar vorher oder auch bei anderen Gelegenheiten wahrgenommen hat. In diesem Fall kommt der Vorstellung die Rolle einer einfachen visuellen Erinnerung zu, und man könnte geneigt sein anzunehmen, daß der Erfindungsakt in einer einfachen Kombination dieser Erinnerungsbilder besteht.

Diese einfache Theorie, die vor allem im »geistigen Experiment« der Assoziationisten zum Ausdruck kommt, stößt aber auf eine gewichtige Schwierigkeit. Unsere Beobachtungen scheinen nämlich in keiner Weise dafür zu sprechen, daß die äußere Handlung während des ersten Entwicklungsjahres auf so leichte Weise durch visuelle Vorstellungsbilder überhöht wird. Die bei Gelegenheit der »Erfindung neuer Mittel durch aktives Ausprobieren« (Bb. 148 bis 174) beschriebenen Tatsachen wären nicht zu erklären, wenn sich das visuelle Bild einfach im Gefolge der Wahrnehmungstätigkeit ausbilden würde. Wie sollte man sonst beispielsweise erklären, daß Jacqueline in der Beobachtung 165 so große Mühe hat, aus ihren Erfahrungen zu lernen (ihre Unfähigkeit, den Hahn durch die Gitterstäbe hindurchzubringen), wenn ihr eine adäquate visuelle Vorstellung die Registrierung des Gesehenen gestatten würde? Der Lernfortschritt scheint in diesem Fall viel eher im motorischen Bereich zu erfolgen, und das Bild überhöht die Bewegung offenbar noch nicht von selbst. Daher sehen wir uns außerstande, den Erfindungsakt durch geistige Kombination als eine einfache Umstrukturierung des Wahrnehmungsfeldes zu deuten. Diese Umstrukturierung der Wahrnehmung resultiert aus der Abfolge der Bewegungen und geht ihnen nicht voraus. Soweit dabei Bilder im Spiele sind, begleiten sie als Symbole den motorischen Prozeß und gestatten den Verhaltensschemata, sich bei ihrer Aktualisierung unabhängig von der unmittelbaren Wahrnehmung auf sie abzustützen. Die Bilder sind also in diesem Fall nicht die Elemente, sondern einfache Hilfsmittel des entstehenden Denkens.[4]

Warum spielt das Bild auf der Stufe des empirischen Ausprobierens noch keine Rolle, scheint aber für den Erfindungsakt durch geistiges Kombinieren bereits notwendig zu sein? Das könnte mit Hilfe derselben Theorie erklärt werden. Da das Bild ein Symbol ist, verlängert oder überhöht es nicht ohne weiteres die Bewegung und die Wahrnehmung und tritt daher beim empirischen Ausprobieren noch nicht

[4] Wir verweisen in dieser Beziehung auf den interessanten Artikel von I. Meyerson über die Bilder: Les images, in: Dumas: Noveau traité de psychologie, Band II.

auf. Sobald aber die Verhaltensschemata autonom und spontan funktionieren, das heißt ohne ein direktes Ausprobieren, sobald sie sich also auf geistiger Ebene zu kombinieren beginnen, verleihen sie den Wahrnehmungsspuren[5] eben dadurch eine Bedeutung und erheben folglich diese Spuren in den Rang von Symbolen bezüglich der Wahrnehmungen. Das so entstandene Bild wird dadurch zum Bedeutungsträger, dessen Bedeutungsgegenstand eben das sensomotorische Verhaltensschema ist.

Damit gelangen wir zum zweiten Fall: Wenn die Vorstellung den Erfindungsakt durch geistige Kombination begleitet, kann es geschehen, daß das Kind sich nicht mehr bloß die früher ausgeführten Operationen vergegenwärtigt, sondern in der Vorstellung verschiedene Bilder miteinander kombiniert oder vergleicht. Ein gutes Beispiel für diesen Tatbestand stellt die Beobachtung 180 dar, bei der Lucienne den Mund öffnet, während sie den zu erweiternden Spalt betrachtet. Damit verrät sie, daß sie im Begriff ist, in der Vorstellung Kombinationen zu vollziehen. In einem solchen Fall ist das Bild aber erst recht ein Symbol. Denn wer die bildhaften Bewegungen des Mundes dazu verwendet, um gleichsam die an einer in der Wahrnehmung gegebenen Öffnung auszuführenden Operationen zu denken, benützt doch das Bild ohne Zweifel als Bedeutungsträger, dessen »gemeinter« Gegenstand die motorische Operation ist.

Fassen wir zusammen: Die Tatsache, daß der Erfindungsakt von Vorstellungen begleitet wird, spricht weder zugunsten der assoziationistischen Theorie des geistigen Experimentes noch für die These einer spontanen Umstrukturierung des Wahrnehmungsfeldes, die durch gewisse weithin berühmte Arbeiten aus der Gestaltschule vertreten wird. In der theoretischen Analyse umfaßt jede Vorstellung zwei Gruppen von Elementen, von denen eine den Worten oder Symbolen, die andere den Begriffen entspricht. Wir meinen Zeichen und Bedeutungen. Das Bild ist in die erste Gruppe einzuordnen, während die zweite Gruppe von den Verhaltensschemata selbst gebildet wird, deren Aktualisierung den Erfindungsakt hervorbringt. Man kann also

[5] Man wird vielleicht entgegnen, daß eben diese Spuren die Bilder darstellen und daß das Bild somit dem Erfindungsakt vorangeht. Wir werden aber sehen (siehe: La genèse de l'imitation, in: La formation du symbole), daß die Wahrnehmung erst dann durch Vorstellungsbilder überhöht wird, das heißt also eine dauerhafte Spur hinterläßt, wenn sie sich zu einem eigentlichen Nachahmungsakt ausweitet und wenn diese Nachahmung selbst wieder verinnerlicht wird. Diese Verinnerlichung der Nachahmung (sowohl bezüglich von Dingen wie von Personen) vollzieht sich aber erst im Verlaufe des sechsten Stadiums, in dem Augenblick also, wo der Nachahmungsmechanismus unter dem Einfluß der Loslösung der Verhaltensschemata von der unmittelbaren Handlung vollständig erworben wird. Wir stehen also hier vor einer Gesamtheit von intellektuellen Prozessen. Diese Prozesse hängen untereinander zusammen und stellen keineswegs eine einfache Abfolge dar, die von der einfachen Sinnesempfindung bis zum Vorstellungsbild reicht, wie es der klassische Assoziationismus wollte.

einerseits sagen, der Erfindungsakt setze die Vorstellung voraus, und ebensogut, die Vorstellung setze den Erfindungsakt voraus, weil ein Zeichensystem nicht unabhängig vom System der Bedeutung aufgebaut werden kann.

Es bleibt uns zweifellos die Aufgabe, die Entstehung des Bildes und seine Vollendung genauer zu erklären, vor allem auch den Zusammenhang zwischen Bild und Verhaltensschemata. Aber hier ist noch nicht der Ort, darüber zu reden, da vorher das gewichtige Problem der Nachahmung zu behandeln ist. Wenn das Bild nämlich nicht von Anfang an die Bewegung begleitet, muß ein Zwischenglied den Übergang von der motorischen Handlung zum Vorstellungsakt erklären, das heißt, das Bild wird in gewisser Weise zuerst gespielt und dann erst gedacht. Daher sehen wir in der Nachahmung dieses Verbindungsglied. Die Beobachtung 180, bei der wir Lucienne die Öffnung, die sie betrachtet, mittels der Bewegungen ihres Mundes, das heißt mit einem Organ, das sie selbst nicht mit dem Auge wahrnehmen kann, nachahmen sehen, ist ein ausgezeichnetes Beispiel für diesen Übergang. Verschieben wir daher dieses Problem auf einen späteren Zeitpunkt, wo es uns möglich sein wird, die Geschichte der motorischen Schemata vom speziellen Standpunkt der Nachahmung wieder aufzugreifen.

Abschließend wollen wir festhalten, daß die Vorstellungen in den Mechanismen des gegenwärtigen Stadiums die Rolle einer sechsten (und letzten) Art von Bedeutungsträgern spielen, nämlich die Rolle von *symbolischen Bildern.* Wie erinnerlich, beginnen sich während des vierten Stadiums die »Signale«, die bis dahin mit den Bewegungen des Kindes verbunden waren, von der unmittelbaren Handlung loszulösen und die Form von »Anzeichen« anzunehmen. Diese »Anzeichen« gestatten eine Voraussicht der Ereignisse, die unabhängig sind von der eigenen Handlung (Bb. 132 bis 135). Im Verlauf des fünften Stadiums machen diese »Anzeichen« solche Fortschritte, daß sie dem Kinde ermöglichen, selbst die Eigenschaften der Gegenstände vorauszusehen. Dadurch gleichen sie sich dem Mechanismus der »tertiären Zirkulärreaktionen« (Bb. 175) an. Die Entwicklung der »Anzeichen« sowohl im Hinblick auf bessere Akkommodation an die Dinge und im Hinblick auf größere Unabhängigkeit von der unmittelbaren Handlung findet ihre Vollendung im Verlauf des sechsten Stadiums, wo die Verhaltensschemata einzig aufgrund rein geistiger Kombination abzulaufen beginnen. Dank dem Fortschritt der Akkommodation (die sich notwendigerweise zur Nachahmung erweitert, wie wir noch sehen werden), schmiegen sich die Anzeichen immer mehr den Eigenschaften der Dinge an und entwickeln sich so nach und nach zu »Bildern«. Da die »Anzeichen« zweitens immer unabhängiger werden von der Notwendigkeit ihrer sofortigen äußeren Aktualisierung und in rein geistige Kombinationen eingebaut werden, befreien sich diese »Bilder« auch von der direkten Wahrnehmung und erhalten »symbolischen« Charakter.

Sehr gut kann man diesen doppelten Fortschritt bei Nachahmung und Spiel beobachten. Die charakteristische Nachahmung des sechsten Stadiums erhält aus einem zweifachen Grund Vorstellungscharakter. Erstens, weil das Kind beginnt, neue Ereignisse mittels der ihm selber unsichtbaren Teile seines eigenen Körpers nachzuahmen (Nachahmung der Bewegungen am und mit dem Kopf usw., die nach und nach zu einer Vorstellung des eigenen Gesichtes führt). Zweitens dank der »verschobenen Nachahmungen«, die bereits den Symbolismus ankündigen (zum Beispiel abwesende Personen nachahmen usw.). Während derselben Periode erhält aber auch das Spiel symbolischen Charakter, denn jetzt setzt das »als ob«-Spiel ein.

Vom Standpunkt der Bedeutungen und der Erkenntnis im allgemeinen setzt sich diese Entwicklung der Vorstellung nicht nur in der »Erfindung neuer Mittel durch geistige Kombination« durch, sondern auch noch in einer Reihe von anderen Verhaltensweisen, die von der Existenz der für die Vergegenwärtigung von abwesenden Gegenständen notwendigen Vorstellungsbilder zeugen.

Wir bringen dafür ein einziges Beispiel:

Bb. 183: Mit 1; 6 (8) spielt Jacqueline mit einem Fisch, einem Schwan und einem Frosch. Sie steckt die Gegenstände in eine Schachtel, holt sie wieder heraus, legt sie wieder hinein usw. In einem bestimmten Moment verliert sie den Frosch. Als sie es bemerkt, legt sie die Schachtel mit dem Schwan und dem Fisch weg und sucht ganz offensichtlich nach dem Frosch. Sie hebt alles auf, was in ihrer Reichweite liegt (einen großen Deckel, einen Teppich usw.), und sagt (aber lange Zeit, nachdem sie mit dem Schwan begonnen hat) »inine« (französisch: grenouille, deutsch: Frosch). Nicht das Wort löste ihr Suchen aus, umgekehrt hat das Suchen das Wort ausgelöst. Ein abwesender Gegenstand wurde also vergegenwärtigt ohne irgendeinen direkt wahrnehmbaren Reiz. Der Anblick der Schachtel, in der sich nur noch zwei Gegenstände statt drei befanden, hat die Vorstellung des Frosches hervorgerufen, mag diese Vorstellung die Handlung begleitet haben oder ihr vorausgegangen sein, das ist nicht von Belang.

Die Einheit der Verhaltensweisen des sechsten Stadiums liegt auf der Hand: geistige Kombination der Verhaltensschemata mit der Möglichkeit, deduktive Prozesse zu vollziehen, die über das äußere Experimentieren hinausführen; schöpferische Erfindungsakte und vorstellungsmäßige Vergegenwärtigungen durch bildhafte Symbole, das sind alles Hinweise, daß die Entwicklung der sensomotorischen Intelligenz abgeschlossen ist. Diese Eigenschaften machen sie fähig, in den Rahmen der Sprache eingespannt zu werden und sich so mit Hilfe sozialer Einflüsse und Anregungen in die rationale Intelligenz zu verwandeln.

Zusammenfassung und Ausblick
Die »sensomotorische« oder »praktische« Intelligenz im Rahmen der Intelligenztheorien

Es existiert eine sensomotorische oder praktische Intelligenz, die die Mechanismen früherer Entwicklungsstufen weiterführt. Diese Intelligenz schließt an die primären Zirkulärreaktionen, an die Reflexe und sogar an die Formbildungstätigkeit des Organismus an. Das scheint uns die wichtigste Erkenntnis der gegenwärtigen Untersuchung zu sein. Um aber ihre ganze Bedeutung und Tragweite verstehen und abschätzen zu können, wollen wir hier eine zusammenfassende Darstellung dieser elementaren Intelligenz versuchen. Zuerst bringen wir eine Übersicht über die möglichen Erklärungsformen der verschiedenen psychologischen Prozesse, in die wir dann unsere Beschreibung einordnen können. Die Funktionsweise der Intelligenz kann nämlich auf mindestens fünf verschiedene Weisen interpretiert werden. Die fünf Interpretationen entsprechen den Auffassungen, die wir bezüglich der Genese der erworbenen Assoziationen und Gewohnheiten (Kapitel II, 5.) und selbst der biologischen Strukturen (siehe Einführung, 3.) aufgezählt haben.

Der intellektuelle Fortschritt könnte erstens dem äußeren Druck der Umwelt zugeschrieben werden. Nach dieser Auffassung würden sich die Eigenschaften der Umweltgegenstände (die als in sich bestehend und als vollständig unabhängig von der Tätigkeit des Subjektes angeschaut werden) nach und nach dem kindlichen Geist eindrücken. Wenn wir diese Interpretation auch auf vererbte Strukturen ausdehnen, dann haben wir das Grundprinzip des Lamarckismus. In dieser Erklärung wird die Gewohnheit als ein ursprüngliches Faktum verstanden, und die auf mechanische Weise entstandenen Assoziationen werden als das Prinzip der Intelligenz gedeutet. Es können auch schwerlich andere Verbindungen zwischen Umwelt und Intelligenz konzipiert werden als diejenigen aufgrund atomistischer Assoziationen, wenn man mit dem Empirismus die Bedeutung der intellektuellen Tätigkeit verkennt und die Wichtigkeit der äußeren Einflüsse übertreibt. Auch wenn einige dieser Theorien die Umwelt als eine Gesamtheit oder ein Kollektiv von Gesamtheiten betrachten, müssen sie dennoch annehmen, daß entweder die Intelligenz oder die Wahrnehmung den Dingen diesen Charakter der Ganzheit verleihen (auch wenn dieser Charakter sich auf Gegebenheiten bezieht, die unabhängig von uns sind, was allerdings die These einer prästabilierten Harmonie zwischen den »Strukturen« des Gegenstandes und des Subjektes nach sich zieht). Auch wenn die Theorie des Empirismus die Umwelt als ein geschlossenes Ganzes auffaßt, kann sie jedenfalls keine andere Erklärung angeben als die, daß die Umwelt sich in einzelnen fragmentarischen und aufeinanderfolgenden Schritten dem Geiste einprägt. Dieser Vorgang kann also nur auf dem Wege über die Assoziation geschehen, denn ein Primat der Umwelt zieht notwendigerweise eine *assoziationistische* Theorienbildung nach sich.

Die zweite Interpretation erklärt die Intelligenz durch die Intelligenz selber. Die Existenz einer strukturierenden Tätigkeit wird in dieser Deutung vor jeder Intelligenztätigkeit vorausgesetzt. Die Entwicklung der Intelligenz geschieht daher durch ständige Anreicherung von immer komplexeren Inhalten. So postuliert man schon für die physiologische Ebene eine »organische Intelligenz«, die sich dann in der sensomotorischen Intelligenz fortsetzt und schließlich in die rationale Intelligenz übergeht. Eine solche Erklärung läuft selbstverständlich mit dem biologischen Vitalismus parallel. Diese Theorie sieht in den Assoziationen und Gewohnheiten, wie wir schon gezeigt haben, ein Abfallprodukt der verschiedenen Intelligenzformen und nicht ursprüngliche Fakten. Wir bezeichnen diese zweite Lösung als *intellektualistisch.*

Für die *aprioristische* Deutung sind drittens die Fortschritte der Intelligenz nicht die Folge eines vollständig ausgebildeten Vermögens, sondern die Manifestation einer Reihe von Strukturen, die sich von innen der Wahrnehmung und der Intelligenz in Abhängigkeit von der Berührung mit der Umwelt und den dadurch erzeugten Bedürfnissen aufzwingen. Die Strukturen stellen in dieser Sicht die Organisationsgestalt des Organismus und seiner vererbten Eigenschaften dar und machen jeden Versuch überflüssig, Intelligenz und Assoziation oder Gewohnheit, soweit sie unter dem Einfluß der Umwelt erworben wurden, einander anzunähern.

Viertens kann die Intelligenz aufgefaßt werden als eine Reihe von abtastenden Versuchen, die durch Bedürfnisse und ihre Folgeerscheinungen ausgelöst, durch die Außenwelt aber selektiert werden (wie in der Biologie die Mutationen zwar endogener Art sind, ihre Anpassung aber aufgrund einer nachträglichen Selektion stattfindet). Diese *pragmatische* Auffassung der Intelligenz steht unseres Erachtens zwischen Empirismus und Apriorismus. Wie die aprioristische Konzeption sieht sie zwischen der Intelligenz und in der auf Gewohnheit beruhenden Assoziation einen Gegensatz, der aber weniger tiefgreifend ist, da die erworbene Assoziation in den abtastenden Versuchen eine wesentliche Rolle spielt.

Die fünfte Theorie versteht die Intelligenz als die Entwicklung einer assimilatorischen Tätigkeit. Ihre Funktionsgesetze sind schon auf der Stufe des organischen Lebens gegeben, ihre aufeinanderfolgenden Strukturen, die der Assimilationstätigkeit gleichsam als Organe dienen, werden aber aufgrund eines Interaktionsprozesses zwischen diesen Strukturen und der Außenwelt erarbeitet. Im Unterschied zur ersten Auffassung legt diese Lösung den Akzent nicht nur auf die Erfahrung, sondern ebensosehr auf die Aktivität des Subjektes, die diese Erfahrung erst ermöglicht. Dadurch kommt sie den anderen drei Lösungen näher. Sie betrachtet aber nicht wie die zweite Theorie die Intelligenz als ein von Anfang an ausgebildetes Ganzes, sondern lehrt, daß die Intelligenz sich selbst aufbaut und daß nur ihre Funktionsgesetze im Aufbau des Organismus und seiner Assimilationstätigkeit angelegt sind. Dem statischen Apriorismus der dritten Lösung setzt sie eine strukturierende Tätigkeit entgegen, die ohne präformierte Strukturen auskommt und die Organe der Intelligenz im Verlauf der Tätigkeit und in stetiger Fühlungnahme mit der Erfahrung hervorbringt. Gegenüber der vierten Auffassung endlich schränkt sie die Rolle des Zufalls beim abtastenden Ausprobieren zugunsten der Idee eines gezielten Suchens ein. Dabei erklärt sie diese gezielte Ausrichtung durch die Kontinuität der assimilatorischen Tätigkeit, die sich von der Reflexorganisation über die Erarbeitung der elementarsten Gewohnheiten bis zu den komplexesten Strukturen der deduzierenden Intelligenz erstreckt und sie alle trägt. Durch diese Kontinuität wird aber das Höhere nicht auf das Niedere zurückgeführt, noch das Niedere auf das Höhere: Sie besteht vielmehr in der fortschreitenden Ausbildung von Organen, die denselben Funktionsgesetzen gehorchen.

Um diese zuletzt angeführte Deutung rechtfertigen zu können, wollen wir zuerst die vier vorher genannten Auffassungen prüfen und im Lichte unserer Ergebnisse diskutieren.

1. Der assoziationistische Empirismus

Niemand wird leugnen können, so scheint es uns, daß der Druck der Außenwelt in der Entwicklung der Intelligenz eine wesentliche Rolle spielt. Wir können der Gestalttheorie nicht folgen, wenn sie den Erfindungsakt unabhängig von früheren Erfahrungen erklären will (siehe 3.). Daher ist es verständlich, daß der Empirismus immer wieder in neuer Gestalt auftritt und als Antagonist aller aprioristischen Erklärungsformen eine nützliche Rolle spielt. Das eigentliche Problem betrifft aber nicht die Tatsache, sondern die Art und Weise dieses Einflusses: Wie übt die Umwelt ihre Wirkung aus? Wie registriert das Subjekt die Umweltgegebenheiten in der Erfahrung? In diesem Punkt zwingen uns die Tatsachen, uns vom Assoziationismus loszulösen.

Zugunsten des Empirismus könnten wir all das aufzählen, was in der Stadienabfolge den Einfluß der Geschichte der Verhaltensweisen auf ihren gegenwärtigen Zustand offenbart. Die Bedeutung der Umwelt wird ja erst im historischen Verlauf sichtbar. Erst in der historischen Betrachtung gestattet die Summe der Erfahrung einen gültigen Vergleich der einzelnen Verhaltensreihen untereinander und macht es möglich, die Rolle der äußeren Faktoren zu bestimmen. In einem einzelnen Verstehens- oder Erfindungsakt für sich betrachtet, kann dagegen der aktuelle Druck der Dinge auf den Geist immer wieder als Effekt interner Eigenschaften der Wahrnehmung oder des intellektuellen Verstehens interpretiert werden. In der Geschichte eines jeden Individuums scheint der Einfluß der früheren Erfahrungen auf den im Augenblick ablaufenden Erfahrungsprozeß ganz beträchtlich zu sein. Vom ersten Stadium an konstatiert man eine unglaubliche Abhängigkeit der Reifung eines Reflexmechanismus von seiner Betätigung. Was bedeutet das anderes, als daß von Anfang an die Umwelt eine große Wirkung ausübt: Die Anwendung oder die Nichtanwendung eines vererbten Verhaltensmechanismus hängt tatsächlich vor allem von den äußeren Umständen ab. Im Verlauf des zweiten Stadiums nimmt die Wichtigkeit der Erfahrung noch zu. Einerseits bestehen nämlich alle konditionierten Reflexe und erworbenen Assoziationen und Gewohnheiten, die charakteristisch sind für diese Periode, aus Verbindungen, die durch die Umwelt nahegelegt wurden. Welche Erklärung man auch wählen mag für diese Fähigkeit, Verbindungen zu knüpfen (bezüglich ihres formalen Mechanismus), so kann doch kein Zweifel darüber bestehen, daß ihr Inhalt empirischer Art ist. Andererseits haben wir festgestellt, daß gewisse Reifungsprozesse, von denen man für gewöhnlich glaubt, daß sie von internen Faktoren allein abhängen, in Wirklichkeit zumindest teilweise durch die Umwelt bestimmt werden. So tritt zum Beispiel die Koordination von Sehen und Greifen zwischen 0; 3 und 0; 6 auf, je nach den Erfahrungen des Subjektes (Bb. 84 bis 93).

Die das dritte Stadium kennzeichnenden Verhaltensweisen nannten wir die »sekundären Zirkulärreaktionen«. Sie rufen interessante, aber zufällig erzielte Ergebnisse immer wieder hervor. Auch bei dieser sekundären Zirkulärreaktion besteht kein Zweifel, daß ihre erworbenen Verknüpfungen aufgrund faktischer Umstände zustande gekommen sind. In dieser Beziehung führen die sekundären Zirkulärreaktionen die primären Reaktionen weiter (denen wir die ersten Gewohnheiten verdanken). Das Subjekt entdeckt tatsächlich Beziehungen nur aufgrund einer fortwährenden Einwirkung auf die Dinge oder auf den eigenen Körper. Diese aktive Wiederholung muß aber durch die Gegebenheiten der Erfahrung ausgelöst werden.

Im vierten Stadium koordinieren sich die Verhaltensweisen untereinander. Die Tätigkeit des Kindes besteht nun nicht mehr bloß in einer Wiederholung oder Bewahrung, sondern im Versuch, neue Kombinationen herzustellen. Man könnte daher erwarten, daß die Bedeutung der Erfahrung zugunsten einer aprioristischen Strukturenbildung abnimmt. Das ist aber nicht der Fall; da ja alle Verhaltensschemata frühere Erfahrungen in geraffter Form enthalten, drücken auch ihre gegenseitigen Assimilationen oder Kombinationen, mögen sie noch so raffiniert sein, in irgendeiner Weise immer eine experimentelle Wirklichkeit aus, die in dieser Weise erfahren wurde oder erfahren werden könnte. Diese Koordinationen von Verhaltensschemata setzen ebenso wie die Zirkulärreaktionen und sogar die Reflexe eine Eigentätigkeit des Subjektes voraus, sie verwirklichen sich außerdem nur in Funktion dieser Tätigkeit, ihres Gelingens oder Mißlingens. Die Bedeutung der Erfahrung nimmt also vom dritten zum vierten Stadium nicht ab, sondern im Gegenteil noch zu. Im Verlauf des fünften Stadiums nimmt die Verarbeitung von Erfahrung noch mehr Raum ein. Denn diese Periode ist ja durch die »tertiäre Zirkulärreaktion« oder das »Experiment, um zu sehen« gekennzeichnet, und die Koordination von Verhaltensschemata weitet sich von nun an zu den »Entdeckungen neuer Mittel durch aktives Ausprobieren« aus.

Das sechste Stadium fügt den erwähnten Verhaltensweisen eine weitere hinzu, nämlich »die Erfindung neuer Mittel durch Deduktion oder geistige Kombination«. Wie beim vierten Stadium könnte man sich wiederum fragen, ob die Erfahrung jetzt nicht durch die Arbeit des Geistes ausgeschaltet und durch neue Verknüpfungen aus einer aprioristischen Quelle ersetzt werde. Auch das ist zumindest bezüglich des Inhalts dieser vom Subjekt erarbeiteten Bezüge zu verneinen. Sogar beim schöpferischen Erfindungsakt, der der Erfahrung scheinbar vorangeht, spielt diese in der Form des »geistigen Experimentes« eine gewichtige Rolle. Mag das Spiel der Erfindung noch so frei sein, so verbindet sie sich doch mit der Erfahrung und unterwirft sie schließlich ihrem Verdikt. Diese Unterwerfung kann allerdings manchmal unmittelbar und vollständig erscheinen, wodurch dann die Illusion einer auch inhaltlich endogenen Struktur aufkommt, die aufgrund einer prästabilierten Harmonie die Wirklichkeit trifft. Aber in der Mehrzahl der von uns beobachteten Fälle (im Unterschied zu den Fällen plötzlicher Umstrukturierung, die von W. Köhler zitiert werden) vollzieht sich die Anpassung nur allmählich und schließt keineswegs eine Reihe von unentbehrlichen Korrektionen aus.

Mit einem Wort, die Erfahrung ist auf allen Stufen für die Entwicklung der Intelligenz notwendig. Auf diese Grundtatsache stützen sich die empirischen Thesen und lenken mit Recht immer wieder die Aufmerksamkeit darauf. Zu ihren Gunsten sprechen auch die Analysen der Entstehung der Intelligenz beim Kinde. Im Empirismus ist aber mehr als eine bloße Behauptung der Bedeutung der Erfahrung enthalten, er bringt vor allem eine ganz bestimmte Sicht der Erfahrung und ihrer Wirksamkeit zum Ausdruck. Die Erfahrung ist für ihn etwas, was sich dem Subjekt von selbst und ohne seine Mitwirkung aufzwängt, als ob sie sich in direkter Weise und ohne eine Tätigkeit des Subjektes dem Organismus einprägen könnte. Daher betrachtet der Empirist die Erfahrung als ein selbständiges Phänomen, das seinen Wert entweder einem System von äußeren, in sich abgeschlossenen

»Dingen« und von gegebenen Beziehungen zwischen diesen Dingen (metaphysischer Empirismus) oder einem System von autonomen Gewohnheiten und Assoziationen (Phänomenalismus) verdankt. Dieser doppelte Glaube an die Existenz einer Erfahrung an sich und an ihre direkte Einwirkung auf den Geist des intelligenten Subjektes erklärt im letzten, warum der Empirismus notwendigerweise assoziationistisch ist. Jede andere Art von Erfahrungsregistrierung als diejenige der Assoziation mit all ihren verschiedenen Formen (konditionierter Reflex, »assoziativer Transfer«, Assoziation von Bildern usw.) setzt ja eine intellektuelle Tätigkeit voraus, die am Aufbau der äußeren, vom Subjekt wahrgenommenen Wirklichkeit mit beteiligt ist.

Selbstverständlich stellt der so charakterisierte Empirismus heute nur noch eine Abstraktion dar. Bestimmte berühmte Theorien der Intelligenz liegen aber noch sehr nahe an diesem Idealbild. Wenn M. Spearman die drei Etappen des intellektuellen Fortschrittes mit den Begriffen der »Intuition der Erfahrung« (unmittelbares Erfassen der Gegebenheiten), »Eduktion von Beziehungen« und »Eduktion von Korrelaten« beschreibt, verwendet er zwar eine Sprache, die sehr verschieden ist von derjenigen des Assoziationismus und die Existenz einer geistigen Tätigkeit sui generis zu postulieren scheint. Worin könnte sie aber in diesem besonderen Fall bestehen? Die unmittelbare Intuition der Erfahrung geht nicht über das passive Bewußtwerden der unmittelbaren Gegebenheiten hinaus. Auch die »Eduktion« von Relationen oder von Korrelaten besagt nur, daß in der äußeren Wirklichkeit vorliegende Tatbestände konstatiert werden. Dabei wird der Mechanismus dieser Konstatierung im einzelnen gar nicht exakt beschrieben. M. N. Isaacs hat kürzlich in einer subtilen Weiterführung von Spearman versucht, diesen Prozeß zu analysieren.[1] Der entscheidende Prozeß in der Erfahrungsgewinnung sei die Erwartung, das heißt eine Antizipation, die das Resultat früherer Beobachtungen ist und durch die aktuellen Ereignisse bestätigt oder dementiert wird. Wenn die Voraussicht durch die Tatsachen widerlegt wird, so überlasse sich das Subjekt neuen Antizipationen (stelle neue Hypothesen auf) und wende sich schließlich im Falle eines Mißerfolges auf sich selbst zurück, um seine Methode zu ändern. Zwei Möglichkeiten bieten sich dieser Theorie, die Schemata der Erwartung und ihre Kontrolle durch die Ergebnisse zu erklären. Entweder sind diese Schemata nur ein im Gedächtnis gespeicherter Überrest der früheren Erfahrungen, und wir fallen wieder in einen Assoziationismus zurück, dessen einziger Fortschritt darin besteht, motorisch und nicht mehr rein kontemplativ zu sein. Oder diese Schemata implizieren eine eigentliche Intelligenzstruktur (eine aktive Erarbeitung von Antizipationsschemata auf-

[1] In Suzan Isaacs: Intellectual growth in young children, London 1930.

grund eines Assimilations- oder Konstruktionsmechanismus). Mit dieser Lösung verlassen wir aber den Boden des Empirismus, denn in diesem Fall wird die Erfahrung durch das Subjekt selbst strukturiert.

Wenn wir annehmen, daß die Erfahrung auf allen Ebenen notwendig ist, und wenn wir uns mit allen Ausführungen M. Isaacs (wenn auch nicht mit alldem, was er bestreitet) einverstanden erklären können, so untersagen uns doch die im Verlauf dieser Studie analysierten Tatsachen, die Erfahrung empiristisch, das heißt im Sinne eines direkten Kontakts zwischen den Dingen und dem Geist, zu verstehen.

Der erste Grund, den wir anführen möchten, könnte paradox erscheinen, aber reiflich bedacht, zieht er alle anderen nach sich. Er beruht auf der Tatsache, daß die Wichtigkeit der Erfahrung im Verlauf der sechs Entwicklungsstadien, die wir unterschieden haben, zunimmt und nicht abnimmt. Der Geist des Kindes schreitet tatsächlich in der Eroberung der Dinge immer weiter voran, und es sieht so aus, als ob die Fortschritte der Erfahrung eine intelligente Tätigkeit voraussetzten, die die Erfahrung strukturiert und nicht selbst aus ihr resultiert. Mit anderen Worten, der Kontakt mit den Dingen ist zu Beginn weniger direkt als am Endpunkt des ins Auge gefaßten Entwicklungsverlaufs. Mehr noch, er ist überhaupt nie direkt, sondern strebt nur immer danach, es zu werden. Das vermochten wir durch die Tatsache zu erklären, daß die Erfahrung immer nur eine »Akkommodation« darstellt, mag sie auch noch so exakt werden. Es macht aber im Gegenteil das Wesen des Empirismus aus, das »Ding« oder an seiner Stelle die »unmittelbare Gegebenheit« und konsequenterweise eine rein aufnehmende Einstellung des Geistes an den Anfang jeder intellektuellen Entwicklung zu stellen und den Fortschritt der Intelligenz einfach in der Konstruktion von »abgekürzten« oder immer mehr »hinausgeschobenen« Reaktionen zu sehen, die den direkten Kontakt entbehrlich machen und so dem Geist ermöglichen, nur noch dann und wann in direkte Berührung mit den Dingen zu treten.

Wir wollen diesen progressiven Akkommodationsprozeß an die Außenwelt im Verlauf unserer sechs Entwicklungsstadien nochmals kurz beleuchten. Im ersten Stadium besteht selbstverständlich überhaupt keine direkte Berührung mit der Erfahrung, da die Tätigkeit des Individuums rein reflexartig verläuft. Die Akkommodation an die Dinge liegt hier ausschließlich in der Betätigung des Reflexes. Während des zweiten Stadiums bilden sich neue Assoziationen aus, und mit ihnen beginnt die Erfahrung einen Druck auszuüben. Diese Assoziationen beschränken sich aber anfänglich auf die Verknüpfung von zwei oder mehr verschiedenen Bewegungen des eigenen Körpers untereinander oder auf die Verbindung einer Reaktion des Subjektes mit einem äußeren Signal. Hier liegt gewiß schon Erfahrung vor. In dieser »Erfahrung« wird der Geist aber noch nicht mit festen Gegenständen konfrontiert, sondern genau auf halbem Weg zwischen Außenwelt und eigenem Körper belassen. Die Akkommodation unterscheidet sich also auf dieser Stufe noch nicht von einer reinen Wiederholung. Sie beschränkt sich daher auf zufällig erzielte Ergebnisse und ist nicht mehr dem Ablauf einer Reflextätigkeit allein zu verdanken.

Im dritten Stadium bilden die erworbenen Assoziationen bereits Beziehungen zwischen den Dingen selbst und nicht mehr nur zwischen verschiedenen Bewegungen des eigenen Körpers. Diese Relationen bleiben aber noch von der eigenen Tätigkeit abhängig, das heißt, das Individuum beginnt noch nicht zu experimentieren. Seine Akkommodation an die Dinge besteht noch immer im einfachen Bemühen, das Erreichte zu wiederholen. Die reproduzierten Ergebnisse sind daher auch bloß komplexer als im vorangegangenen Stadium. Im vierten Stadium nähert sich die Erfahrung dem Gegenstand noch mehr an. Denn jetzt gestatten die Koordinationen zwischen den Verhaltensschemata dem Kind, wirkliche Bezüge zwischen den Dingen herzustellen (im Gegensatz zu den rein praktischen und phänomenalistischen Bezügen). Aber erst im fünften Stadium befreit sich die Akkommodation in definitiver Weise von allen Unvollkommenheiten und ermöglicht nun die eigentliche Erfahrung, die sich dann im sechsten Stadium noch weiter entwickelt.

Der Geist dringt also vom reinen Phänomenalismus, dessen Erscheinungen auf halbem Weg zwischen eigenem Körper und Außenwelt stehenbleiben, zum aktiven Experimentieren vor, das allein zum Kern der Dinge vorstößt. Was wird damit anderes gesagt, als daß das Kind nicht einfach dem Druck der Außenwelt erliegt, sondern sich ihr im Gegenteil erst nach langen Bemühungen anzupassen vermag! Die Erfahrung ist also nicht Rezeption, sondern Aktion und progressive Konstruktion. Das ist die Grundtatsache in der Entwicklung der Intelligenz.

Dieser erste Grund, der uns veranlaßt, die empiristische Interpretation zu korrigieren, zieht einen zweiten nach sich, den man als Frage so formulieren könnte: Ist nicht die Tatsache, daß der »Gegenstand« nicht am Ausgangspunkt der geistigen Entwicklung, sondern erst ganz an ihrem Ende steht, ein Beweis dafür, daß er nicht unabhängig von der Tätigkeit des Individuums erfaßt werden kann? In diesem Punkt scheint uns die Analyse der Tatsachen eine kategorische Antwort zu liefern: Die »Akkommodation«, durch die wir die Berührung mit der Erfahrung definiert haben, ist immer untrennbar verbunden mit einer »Assimilation« der Gegebenheiten an die Tätigkeit des Individuums selbst. Wählen wir irgendein Ding aus, das wir von unserem Beobachterstandpunkt aus als einen von uns unabhängigen »Gegenstand« betrachten – was zweifellos soviel bedeutet, als daß wir ihn an die geistigen Strukturen unseres erwachsenen Denkens assimilieren –, und prüfen wir einmal nach, in welcher Weise sich das Kind Schritt für Schritt an ihn anpaßt.

In den ersten beiden Stadien besitzt die Außenwelt nur eine einzige Bedeutung: Die Dinge sind nur Nahrung für die Betätigung der Reflexe (saugen usw.) oder der Mechanismen, die im Begriffe sind, ausgebildet zu werden (mit den Augen verfolgen usw.). In diesem Prozeß paßt sich das Individuum in rein empirischer Weise an die Eigenschaften des Gegenstandes an, dabei akkommodiert es ganz einfach seine angeborenen oder erworbenen Verhaltensschemata an diesen Gegenstand, der umgekehrt unmittelbar an diese Verhaltensschemata assimiliert wird. Der Erwerb der Verhaltensschemata der zweiten Art beruht wesentlich auf dem Assimilationsprozeß. Indem das Kind versucht, einen Gegenstand an ein schon bestehendes Verhaltensschema zu assimilieren, akkommodiert es das Schema an den Gegenstand (so gelangt man bis zu den Reflexschemata zurück), und indem das Individuum die erfolgreiche Bewegung wiederholt (durch »reproduzierende Assimilation«), bildet es das neue Verhaltensschema aus. Die Erfahrung kann also auch zu Beginn nicht in einer direkten Berührung des Subjektes mit einer von ihm unabhängigen Wirklichkeit bestehen, da die Akkommodation untrennbar verbunden ist mit einem Assimilationsakt, der dem Gegenstand in bezug auf eigene Tätigkeit eine Bedeutung verleiht.

Im dritten Stadium hat es den Anschein, als ob die Erfahrung sich von der Assimilation loslöse. Wenn das Kind zum Beispiel entdeckt, daß die Bewegungen seiner Hände, die nach einer Schnur greifen, die Bewegungen des Wiegendaches auslösen, so scheint ein solches Phänomen, dessen plötzliches Auftreten auf keinen Antizipationsakt zurückgeführt werden kann, den Typ der reinen Erfahrung darzustellen. Aber auch dieses Erlebnis veranlaßt das Kind unmittelbar zum Versuch einer Wiederholung, das heißt also zu einer Assimilationsreaktion, bei der die Akkommodation nur darin besteht, die Handlungen neu zu vollziehen, die zum gewünschten Resultat geführt haben. Diese Wiederholung könnte aber nicht erklärt werden, wenn das zufällig auftretende Phänomen nicht schon beim ersten Erscheinen unter irgendeinem Aspekt an ein schon bestehendes Verhaltensschema assimiliert worden wäre und wenn es mehr als eine bloße Differenzierung dieses Schemas darstellen würde. So werden die Erschütterungen des Wiegendaches schon bei ihrem ersten Auftreten nicht nur als »etwas zu sehen«, »etwas zu hören« usw. (primäre Verhaltensschemata), sondern auch als Verlängerung von Handbewegungen (an der Schnur ziehen usw.) oder Handlungen des gesamten Körpers (sich schütteln usw.) wahrgenommen. Sobald nun diese ersten Sekundärreaktionen aufgrund ihrer assimilatorischen Wiederholungen zur Ausbildung von neuen Schemata geführt haben, assimilieren diese ihrerseits alle neuen empirischen Ereignisse, die wiederum zu ihrer Differenzierung beitragen. Die ersten Sekundärschemata leiten sich also aufgrund eines kontinuierlichen Assimilationsprozesses aus den primären Verhaltensschemata ab und erzeugen selbst wieder durch Differenzierung alle weiteren Sekundärschemata. Es existiert also nie eine von jeder Assimilation unabhängige Akkommodation.

Im vierten Stadium erzeugt die Koordination der Verhaltensschemata Versuche, die dann nur noch durch die Erfahrung bestätigt oder entkräftet werden. Da aber diese Koordination ihrerseits das Ergebnis einer reziproken Assimilation darstellt, ist also die Akkommodation der Verhaltensschemata auch hier untrennbar mit einem Assimilationsakt verbunden. Im Verlauf des fünften Stadiums dagegen strebt die Akkommodation nach Befreiung von der Assimilation und bringt dabei vor allem die abtastenden und ausprobierenden Versuche hervor. Zwei Umstände genügen aber, um zu beweisen, daß auch diese »tertiären« Reaktionen immer die Assimilation voraussetzen. Einerseits stammen die tertiären Verhaltensschemata durch Differenzierung von den sekundären ab: Während nämlich die sekundären Schemata in Aktion sind, entspringt aus ihnen die Experimentiertätigkeit. Diese besteht selbst in einer Zirkulärreaktion, das heißt also in einem aktiven Bemühen und nicht in einer reinen Aufnahme. Mögen auch ihre Akkommodationen in großen Schritten erfolgen, so wird sie doch immer von der Assimilation angetrieben und begnügt sich damit, die Zirkulärreaktionen im Hinblick auf die Bewältigung der neuen und ungewohnten Situation zu differenzieren. Andererseits bestehen die Verhaltensweisen, die wir als »Entdeckung neuer Mittel durch aktives Ausprobieren« definiert haben, in Koordinationen ähnlich denen des vierten Stadiums. Darüber hinaus sind sie eine Angleichung an die Gegebenheiten der Erfahrung, die eben durch die Methode der tertiären Reaktionen zustande kommt. Dieses Faktum verdeutlicht die doppelte Abhängigkeit dieser Verhaltensweisen von der Assimilation. Im sechsten Stadium verhält es sich erst recht so, da die »geistigen Erfahrungen« oder »geistigen Experimente« dieser Periode Zeugnis ablegen für das Assimilationsvermögen der Verhaltensschemata, die sich jetzt im Innern und ohne äußeren Vollzug miteinander kombinieren.

Zusammenfassend können wir zwei Feststellungen treffen: Die Erfahrung wird nicht nur aktiver und einsichtiger, je mehr die Intelligenz heranreift, sie erfaßt auch ihren eigentlichen Gegenstand, die »Dinge«, nie unabhängig von der Tätigkeit des Individuums. Die zweite Feststellung bestätigt die erste und zeigt an, daß der Prozeß der Erfahrungsgewinnung in der intellektuellen Entwicklung nicht im Sinne der empiristischen Theorie als sich selbst genügend interpretiert werden kann. Je aktiver die Erfahrungsgewinnung ist, desto unabhängiger wird die Wirklichkeit, auf die sie sich bezieht, und folglich auch desto »objektiver«. Das werden wir insbesondere in ›Der Aufbau der Wirklichkeit beim Kinde‹ beweisen, wo wir untersuchen werden, wie der Gegenstand sich vom Subjekt nach Maßgabe des intellektuellen Fortschrittes abhebt. Dieses Phänomen spricht aber nicht nur gegen den Empirismus, sondern scheint uns im Gegenteil am besten geeignet, das eigentliche Wesen der Erfahrung zu charakterisieren. Denn je aktiver das Individuum ist, desto mehr objektiviert sich seine Erfahrung. Objektivität bedeutet also nicht Unabhängigkeit von der assimilatorischen Tätigkeit der Intelligenz, nur Loslösung vom Ich und von seiner egozentrischen Subjektivität. Die Objektivität der Erfahrung wird allmählich aufgrund von kombinierten Akkommodations- und Assimilationsprozessen erobert; sie setzt also die gesamte intellektuelle Tätigkeit des Individuums voraus und ist nicht eine primäre Gegebenheit, die sich ihm von außen aufdrängt. Daher verliert die Assimilation im Verlauf der Entwicklung der sensomotorischen Intelligenz keineswegs an Wichtigkeit, mag sich die Akkommodation auch mehr und mehr von ihr abheben. Im Gegenteil, in dem Maße, wie die Akkommodation an Eigenständigkeit gewinnt und sich als die zentrifugale Tätigkeit der Verhaltensschemata durchsetzt, erhält auch die Assimilation immer mehr Gewicht und erfüllt ihre Aufgabe der Koordination und Vereinheitlichung immer besser. Der in zunehmendem Maße komplementäre Charakter der beiden Funktionen erlaubt uns also den Schluß, daß die Erfahrung sich nicht von der Intelligenztätigkeit abspaltet, sondern im Gegenteil nur dann Fortschritte machen kann, wenn sie von innen heraus durch die Intelligenz bewegt und gesteuert wird.

Der dritte Grund, der sich zu den beiden ersten gesellt und uns daran hindert, die empiristische Deutung der Intelligenz unbesehen zu akzeptieren, ist folgender: Der Kontakt zwischen Geist und Dingen besteht auf keiner Stufe aus einfachen Wahrnehmungen von Gegebenheiten oder aus Assoziationen derartiger Wahrnehmungseinheiten, sondern immer in der Erfassung von mehr oder weniger »strukturierten« Komplexen. Für das erste Stadium bietet sich gar keine Schwierigkeit. Die elementaren Wahrnehmungen, die die Reflextätigkeit begleiten, führen ja notwendigerweise den Reflexmechanismus weiter. Sie besitzen also von Anfang an eine Struktur. Bezüglich des zweiten Stadiums haben wir versucht zu zeigen, daß die ersten Assoziationen und elementaren Gewohnheiten niemals in der Form nachträglich hergestellter Verbindungen von ursprünglich isolierten Elementen auftreten, sondern immer Komplexen und von Anfang an strukturierten Verhaltensweisen entspringen. Eine gewohnheitsmäßige Assoziation kann sich erst bilden, wenn das Individuum ein bestimmtes Ziel verfolgt und den vorliegenden Gegebenheiten in bezug auf dieses Ziel eine Bedeutung verleiht. Das ergibt sich übrigens auch aus dem schon erwähnten Faktum, daß sich die Akkommodation an die Dinge immer auf eine Assimilation dieser Dinge an schon strukturierte Verhaltensschemata stützt (die Ausbildung eines neuen Verhaltensschemas besteht ja tatsächlich immer in einer Differenzierung schon ausgebildeter Verhaltensschemata). Die Verbindungen, die während der folgenden Stadien hergestellt werden (vom dritten zum sechsten Stadium), sind noch komplexer, da sie von den sekundären und tertiären Reaktionen und von den verschiedenen gegenseitigen Assimilationen dieser Verhaltensschemata abstammen. Daher ist man noch weniger berechtigt, in ihnen reine Assoziationen zu erblicken: Ihre Entstehung ist immer in wohlorganisierte oder in Umwandlung begriffene Strukturen eingebettet.

Wir haben schon erwähnt, daß nach unserer Überzeugung der Empirismus seinen assoziationistischen Charakter unmöglich aufgeben könne. Wenn man mit Hume sagt, daß Raum- und Zeitwahrnehmungen von Anfang an »zusammengesetzte Eindrücke« sind, und wenn man behauptet, daß die Ordnung und die Abfolge der Töne in einem musikalischen Satz eine in direkter Weise wahrgenommene »Gestalt« bilden, gibt man in dieser Beziehung die empiristische Erklärung preis. Die Erfahrung der Wahrnehmung kann nur dann als von Anfang an strukturiert erscheinen, wenn sie entweder selbst auf diese Weise strukturiert ist oder die Wahrnehmung ihre eigene Struktur der wahrgenommenen Sache aufzwingt. In beiden Fällen setzt die Berührung mit der Erfahrung eine organisierende oder strukturierende Tätigkeit voraus. Die Erfahrung wird dem Geist des Individuums nicht direkt eingeprägt. Nur wenn man isolierte Gedächtnisspuren annimmt und glaubt, daß die Assoziationen aufgrund rein mechanischer Wiederholung (oder der Wiederholung der äußeren Umstände) zustande kommen, kann man von einer rein passiven Aufnahme sprechen. Jede Hypothese, die das Subjekt an die Dinge heranträgt, widerspricht einer rein empiristischen Auffassung und zieht das Postulat eines Adaptionsvermögens mit allem, was dieser Begriff einschließt, nach sich.

Kurz gesagt, die Erfahrung scheint uns eine wesentliche Bedingung der Intelligenz zu sein, gleichzeitig widerlegt aber die Analyse der ersten Entwicklungsstadien eine empiristische Konzeption dieser Erfahrung.

2. Der vitalistische Intellektualismus

Wenn nun als gesichert gelten darf, daß die Intelligenz nicht aus einer Summe von Spuren besteht, die die Umwelt hinterlassen hat, noch aus Assoziationen, die unter dem Druck der Dinge zustande gekommen sind, dann könnte die einfachste Lösung sein, aus ihr eine angeborene Organisationskraft zu machen: ein Vermögen also, das dem menschlichen und sogar jedem lebendigen Geist innewohnt.

Diese Theorie, die während der ersten Periode der experimentellen Psychologie aufgegeben wurde, gewinnt heute unter dem Einfluß sowohl biologischer (Neovitalismus) wie auch philosophischer Überlegungen (Wiedererneuerung des Artistotelismus und Thomismus) wieder an Boden. Uns interessiert hier aber nicht irgendeine spezielle historische oder zeitgenössische Form des Intellektualismus, sondern einzig und allein die Möglichkeit, eine derartige Theorie, soweit sie auf unsere Ergebnisse anwendbar ist, zu begründen. Es kann nämlich nicht bestritten werden, daß gewichtige Gründe für diese Theorie sprechen und daß Tatsachen ähnlicher Art, wie sie in der Biologie den Vitalismus stützen, in der Psychologie der Intelligenz ein Argument für den Intellektualismus darstellen.

Es sind zumindest zwei Gründe. Der erste hängt mit der Schwierigkeit zusammen, die Intelligenz im Zustand der Vollendung durch etwas anderes als ihre eigene Organisation, die als eine ganzheitliche, in sich geschlossene Struktur aufgefaßt wird, zu erklären. Die vollendete Intelligenz kann tatsächlich nicht auf etwas anderes als sich selbst zurückgeführt werden; sie erscheint überdies als ein ganzheitliches System, von dem man keinen Teil lostrennen und unabhängig vom Ganzen verstehen kann. Daher ist es ein leichtes, aus der Intelligenz ein Vermögen sui generis zu machen (wie der Vitalismus im Organismus eine Lebenskraft am Werke sieht). Wenn wir von »Organisationen« der Verhaltensschemata und von spontaner »Anpassung« an die Umwelt gesprochen haben, streiften wir immer hart die Denkweise der Vitalisten und Spiritualisten, die sich verhalten, wie wenn solche Gesamtheiten sich selbst erklärten. Wir widersetzten uns aber dieser Tendenz mit Erfolg, denn wir sahen weder in der Organisation noch in der Assimilation Kräfte, sondern einzig Funktionen, und wir haben uns immer gehütet, diese Funktionen zu substantivieren und sie als Mechanismen aufzufassen, denen eine vollständig ausgebildete und dauerhafte Struktur zukommt.

Darum ist nun eine zweite Gruppe von Argumenten anzuführen, die der genetischen Ordnung angehören. Wenn wir annehmen, daß die Intelligenz einen Mechanismus darstellt, der sich selbst erklärt, dann müssen wir auch vertreten, daß ihre charakteristische Organisation schon in den primitivsten Entwicklungsstadien verwirklicht ist.

Damit ist die Intelligenz schon keimhaft im Leben selbst enthalten, indem sie also »organische Intelligenz«, die auf der physiologischen Ebene am Werke ist, der Möglichkeit nach schon die höchsten Verwirklichungen der abstrakten Intelligenz enthält oder ihnen wie einem notwendigen Ziel zustrebt, sich ihnen dabei dauernd annähert und sie allmählich hervorbringt. Wir wollen aber die Tatsache nicht verdekken, daß es auch uns trotz der Verschiedenheit der verwendeten Begriffe darum geht, die Kontinuität zwischen Leben und Intelligenz herzustellen, und daß unsere Theorie in dieser Beziehung vom Vitalismus inspiriert ist. Wir haben unaufhörlich die tiefe Einheit zwischen allen Organisations- und Anpassungsphänomenen von der morphologisch-reflexbedingten Ebene bis hin zur systematischen Intelligenz betont. Die intellektuelle Anpassung an die Außenwelt und ihre interne Organisation führen in diesem Sinn die Mechanismen weiter, die man schon in den elementarsten Lebensreaktionen am Werke sieht. Die Erzeugung von Intelligenzstrukturen ist nahe verwandt mit der Erarbeitung von Formen, die charakteristisch ist für alle Lebensprozesse. Allgemeiner formuliert, es scheint uns unmöglich zu sein, Erkenntnis und Wirklichkeit nicht miteinander in Beziehung zu setzen und in ihren Beziehungen nicht das ideale Gleichgewicht zu erblicken, dem die gesamte biologische Entwicklung zustrebt, weil diese Beziehungen allein die volle Harmonie von Assimilation und Akkommodation verwirklichen, die bis jetzt in starkem Maße antagonistischen Charakter besaßen. Es wäre darum ein leichtes, unsere Beobachtungen und Erkenntnisse in eine vitalistische Sprache zu kleiden; man würde sich dann auf die Hierarchie der vegetativen, sensitiven und rationalen Seelen berufen, um die funktionelle Kontinuität der Entwicklung zu deuten, und würde einen Gegensatz zwischen Leben und anorganischer Materie konstruieren, um metaphysisch die intellektuelle Tätigkeit zu rechtfertigen.

Der Vitalismus hat sich also einerseits immer wieder das Verdienst erworben, auf die Schwierigkeiten und insbesondere die Lücken aller positivistischen Lösungsversuche hinzuweisen. Andererseits liegt es auf der Hand, daß seine eigenen Erklärungen den Nachteil der Simplifikation und eines voreiligen Realismus in sich tragen. Daher wird er durch die Fortschritte sowohl der biologischen Analyse als auch der Reflexion der Intelligenz über sich selbst immer von neuem bedroht. Da es nun gerade unser Ehrgeiz ist, die Entwicklung der Intelligenz mit den Mitteln der biologischen Analyse und der Erkenntniskritik zusammen anzugehen, wäre es wohl paradox, wenn dieser doppelte Gesichtspunkt noch zu einer Verstärkung der vitalistischen These führen sollte. Tatsächlich existieren drei wesentliche Unterschiede zwischen unserer eigenen Beschreibungstheorie und dem vitalistischen System: Der erste Unterschied betrifft die realistische Deutung der Intelligenz als Vermögen, der zweite die realistische Deutung der Organisation als Lebenskraft und der dritte die realistische Deutung der Erkenntnis als Anpassung.

Es ist eines der Grundprinzipien des vitalistischen Intellektualismus, die Intelligenz als ein Vermögen anzusehen, das heißt als einen in seiner Struktur und seiner Funktionsweise vollständig angelegten Mechanismus. In dieser Beziehung drängt sich aber eine grundsätzliche Unterscheidung auf. Wenn die epistemologische Analyse, mag sie auf einfacher Reflexion beruhen oder sich auch auf wissenschaftliche Erkenntnisse stützen, die einsichtige Erkenntnis immer als einen nicht reduzierbaren Akt darstellt, handelt es sich aber dabei immer um den Erkenntnisvorgang, insofern er idealen Wahrheitsnormen gehorcht und im Denken als Bewußtseinszustand eigener Art in Erscheinung tritt. Aus dieser inneren Erfahrung des Erkenntnisaktes kann man aber keine Folgerungen bezüglich der tatsächlichen psychologischen oder biologischen Bedingungen des intellektuellen Mechanismus ableiten. Als Beweis mag dienen, daß man sich selbst auf wissenschaftlicher Ebene bis jetzt noch nicht einigen konnte, weder auf eine von den vielen möglichen Weisen, die rationale Wahrheit logisch-mathematisch zu analysieren und zu interpretieren, noch auf eine der zahlreichen Theorien in der Intelligenzpsychologie. Noch weniger ist daher eine Einigung zwischen diesen beiden Forschungseinrichtungen zu erwarten. Der Intellektualismus erhebt aber nun den Anspruch, aus der Tatsache der einsichtigen Erkenntnis ein einfaches psychisches Erkenntnisvermögen ableiten zu können, das er die Intelligenz nennt. Diese Theorie hält also nicht nur den einsichtigen Erkenntnisakt für unreduzierbar, sondern reifiziert diesen Akt in der Form eines vollständig angelegten Mechanismus.

In diesem Punkt können wir dem Intellektualismus aber nicht mehr folgen. Aus der Tatsache, daß das Lebewesen zur Erkenntnis gelangt und daß das Kind dazu befähigt ist, eines Tages wissenschaftliche Erkenntnisse zu erwerben, ziehen auch wir die Konsequenz einer Kontinuität zwischen Leben und Intelligenz. Mehr noch, aus der Tatsache, daß die komplexesten Operationen des logischen Denkens offenbar schon auf dem Niveau der elementaren sensomotorischen Reaktionen vorbereitet werden, schließen wir, daß diese Kontinuität schon im allmählichen Übergang vom Reflex zu den ersten erworbenen Anpassungen und von diesen zu den einfachsten Erscheinungsweisen der praktischen Intelligenz zum Ausdruck kommt. Damit ist aber die Frage nicht gelöst, was im Verlauf dieser Entwicklung konstant bleibt und was für jede einzelne Entwicklungsstufe charakteristisch ist.

Unsere Beobachtungen legen uns die Lösung nahe, daß einzig die Funktionen der Intelligenz (im Gegensatz zu den Strukturen) den verschiedenen Entwicklungsstadien gemeinsam sind und folglich als

Verbindungsglied zwischen dem organischen Leben und der Intelligenz dienen. Diese gemeinsame Funktion ist die Assimilation: Auf jeder Stufe ordnet das Individuum seine Umwelt den bestehenden Verhaltensschemata zu; durch diese Betätigung erhält, verstärkt und generalisiert es gleichzeitig diese Schemata. Auf jeder Stufe erfordert dieser Anpassungsprozeß also zugleich eine Akkommodation des Organismus an die Gegenstände und eine Assimilation der Gegenstände an die Tätigkeit des Organismus. Auf jeder Stufe wird er auch von einem Bemühen um Kohärenz begleitet im Bestreben, die Vielfalt der Erfahrung durch Koordinierung der Verhaltensschemata zu vereinheitlichen. Kurz, es existiert eine allen Entwicklungsstufen gemeinsame Funktion, die sich in der Funktion der logischen Intelligenz zu verlängern scheint (wobei der formale Mechanismus der Begriffe und der Beziehungen das Korrelat der Verhaltensschemata ist und die Anpassung an die Erfahrung sich aus der Akkommodation an die Umwelt ergibt). Diese sensomotorische Funktion stellt ihrerseits wieder eine Verlängerung der Funktionen des Organismus dar, wobei das Spiel der Verhaltensschemata funktional etwa mit demjenigen der Organe vergleichbar ist, deren »Form« aus einer Interaktion von Umwelt und Organismus resultiert.

Aus dieser Permanenz oder Konstanz der Funktion folgt aber nicht die Existenz einheitlicher und konstanter Strukturen. Daß das Spiel der Reflexe, der zirkulären Reaktionen, der beweglichen Verhaltensschemata usw. identisch ist mit dem Vollzug logischer Operationen, beweist in keiner Weise, daß die Begriffe sensomotorische Verhaltensschemata sind, noch, daß diese reflexartige Reaktionsschemata sind. Neben den Funktionen gibt es also auch Strukturen, und es darf nicht übersehen werden, daß ein und derselben Funktion die verschiedensten Organe entsprechen können. Das Problem der Intelligenz in psychologischer Sicht ist das Problem der Bildung dieser Organe oder Strukturen. Die Lösung dieses Problems wird in keiner Weise durch die Tatsache der Funktionspermanenz präjudiziert. Diese Permanenz setzt keineswegs die Existenz eines vollständig ausgebildeten »Vermögens« voraus, das jede Form von genetischer Ursächlichkeit übersteigt. Könnte man nicht einwerfen, daß eine Permanenz der Funktionen notwendigerweise die Idee eines konstanten Mechanismus impliziert oder einer »Funktionsweise«, die sich selbst erhält, und daß sie folglich, ob man es wolle oder nicht, eine »Fakultät« mit invarianter Struktur voraussetzt? Auf diese Weise ist in der gängigen psychologischen Sprache aus dem Wort »Funktion« manchmal ein Synonym von »Vermögen« geworden. Im Schutz dieser Terminologie versteckt sich eine ganze Reihe von Wesenheiten, wie zum Beispiel das Gedächtnis, die Aufmerksamkeit, die Intelligenz, der Wille usw., die allzuoft in einer Weise als »Funktionen« behandelt werden, die nichts »Funktionales« mehr an sich hat, sondern immer mehr einen strukturalen oder pseudoanatomischen Charakter annimmt (wie wenn man von der »Zirkulation« spricht und dabei nicht mehr an deren Funktion, sondern einzig an die Apparate denkt, die sie ermöglichen). Haben wir unter diesen Umständen das Recht, konstante Intelligenzfunktionen zu postulieren und gleichzeitig die Existenz eines Intelligenzvermögens zu leugnen? In diesem Punkt geben Vergleiche mit biologischen Tatbeständen eine entscheidende Antwort. Dort findet man Funktionen, deren absolute Invarianz von beträchtlichen strukturalen Variationen von einer Gruppe zur anderen begleitet wird (zum Beispiel die Ernährung). Man möchte sogar behaupten, daß die wichtigsten und allgemeinsten Funktionen, die geeignet sein könnten, das Leben zu definieren (Organisation, Assimilation im weiten Sinn des Wortes usw.), sich nicht auf ein bestimmtes Organ beziehen, sondern als strukturales Instrument den gesamten Organismus verwenden. Die Permanenz dieser Funktionen läuft also mit einer noch größeren Austauschbarkeit der Organe parallel. Folglich dürfen wir die Existenz einer permanenten Intelligenzfunktion annehmen, ohne in irgendeiner Weise die Existenz eines invarianten, strukturalen Mechanismus zu präjudizieren. Vielleicht existiert er tatsächlich, ebenso wie ein Kreislaufsystem für den Blutkreislauf notwendig ist. Vielleicht steht die Intelligenz für die Gesamtheit des Verhaltens[2] oder wenigstens für einen seiner allgemeinen Aspekte, ohne daß es notwendig wäre, diesen allgemeinen Aspekt in der Form eines überdauernden, mit konstanten Vermögen ausgerüsteten Organs zu isolieren. Auch wenn jedoch die Intelligenz das gesamte Verhalten kennzeichnet, braucht man in ihr aus denselben Gründen nicht ein Vermögen oder den Ausfluß einer substantivierten Seele zu sehen.

Der biologische Realismus, auf dem die vitalistische Interpretation fußt, läuft mit dem intellektualistischen Realismus streng parallel, den wir eben verworfen haben. Ebenso, wie die Permanenz der intellektuellen Funktionen die Existenz eines Intelligenzvermögens zu implizieren scheint, so zieht die Tatsache einer Lebensorganisation in gleicher Weise, aber völlig zu Unrecht die Hypothese einer Organisationskraft nach sich. In beiden Fällen argumentiert die vitalistische Lösung auf gleiche Art. Von der Funktion schließt man ohne weiteres auf eine Struktur; man projiziert derart die gesamte Funktionsweise in der Form einer einzigen und einfachen Ursache in die Realität hinein. Auch in diesem zweiten Punkt können wir dem Vitalismus nicht folgen. Wenn die Organisation des Lebewesens die Fähigkeit zur Anpassung einschließt, die sich in der Intelligenz vollendet, folgt daraus in keiner Weise, daß diese so verschiedenen Funktionen unerklärbar und unreduzierbar sind. Die Probleme des Organisations- und An-

[2] H. Piéron: Psychologie expérimentale, Paris 1927, S. 204–208.

passungsprozesses (unter Einschluß der Assimilation) überschreiten den Rahmen einer psychologischen Sichtweise und rufen nach einer umfassenden biologischen Deutung.

Diese beiden ersten Formen des vitalistischen Realismus führen zu einer Reifikation der Anpassungsprozesse selbst, der die Ergebnisse unserer Untersuchungen unseres Erachtens noch deutlicher widersprechen. Der Vitalismus hält das Leben für nicht rückführbar auf die Materie und glaubt, daß die Intelligenz eine dem Leben innewohnende Fakultät sei. Daher faßt er auch das Erkennen als einen Anpassungsprozeß eigener Art auf, bei dem dieses Vermögen sich einem vom Individuum unabhängigen Gegenstand angleicht. Mit anderen Worten, dieser Anpassungsprozeß, wie er vom Vitalismus verstanden wird, ist zwar geheimnisvoll und unerklärlich, weil voller Gegensätze, stellt aber im Grunde doch nur Abbilder der Dinge her, was der Sensus communis immer als das Wesen des Erkennens betrachtet hat. Danach strebt die Intelligenz nach einer Angleichung an den Gegenstand und versucht gleichsam, ihn in einer Art geistiger Identifikation zu besitzen. Der Denkende »wird die Dinge«, die er denkt. In diesem Sinn läuft der Vitalismus immer auf einen Empirismus hinaus, allerdings auf der Ebene der Erkenntnis schlechthin und mit dem Unterschied, daß die Intelligenz sich in dieser Auffassung von selbst den Dingen anpaßt und ihnen nicht einfach durch äußeren Druck unterworfen wird. Es liegt also gewollte Nachahmung und nicht etwa bloß passive Aufnahme vor.

Dieser erkenntnistheoretische Realismus ist aber unseres Erachtens unvereinbar mit der Grundtatsache, auf die wir im Verlauf unserer Analysen unaufhörlich hingewiesen haben, daß nämlich der Anpassungsprozeß – der intellektuelle sowohl wie der biologische, das heißt die Anpassung der Intelligenz an die »Dinge« und die Anpassung des Organismus an seine »Umwelt« – immer auf einem Gleichgewicht zwischen Akkommodation und Assimilation beruht. Mit anderen Worten, die Erkenntnis stellt nicht ein Abbild dar, da sie ja immer Beziehungen zwischen Subjekt und Objekt voraussetzt, indem sie den Gegenstand in die Verhaltensschemata des Subjektes einordnet. Diese Verhaltensschemata aber verdankt das erkennende Individuum seiner eigenen Tätigkeit; sie akkommodieren sich an den Gegenstand und machen ihn gleichzeitig für das Subjekt verständlich. Noch anders ausgedrückt, der Gegenstand existiert für das erkennende Subjekt nur aufgrund seiner Beziehungen zu diesem Subjekt, und wenn der Geist immer mehr Dinge erobert, dann nur deshalb, weil er seine Erfahrungen stets aktiver organisiert und nicht bloß außen eine in sich vollendete Wirklichkeit imitiert. Der Gegenstand ist nicht eine »Gegebenheit«, sondern das Ergebnis eines Konstruktionsprozesses.

Dieser Interaktion zwischen intelligentem Tun und Erfahrung entspricht in der biologischen Ordnung die notwendige Interaktion zwischen Organismus und Umwelt. Wenn man sich nämlich weigert, das Leben im Sinne des Vitalismus als eine Organisationskraft sui generis zu definieren, ist man gezwungen anzunehmen, daß die Lebewesen einerseits durch das physikalisch-chemische Universum bedingt sind und ihm andererseits Widerstand leisten und es assimilieren. Zwischen Organismus und Universum besteht also eine gegenseitige Abhängigkeit, sowohl objektiver wie subjektiver Art. Objektiv ist diese Abhängigkeit insofern, als der Organismus aus dem Universum entsteht, indem er es gleichzeitig ergänzt und umgestaltet. Sie ist auch subjektiv, da die Anpassung des Geistes an die Erfahrung eine Tätigkeit voraussetzt, die als ein Teilelement in das Spiel der objektiven Beziehungen eintritt.

Fassen wir zusammen. Die biologische Interpretation der Intelligenzprozesse, die sich auf die Analyse der Assimilation stützt, widerspricht dem erkenntnistheoretischen Realismus des vitalistischen Intellektualismus. Selbst wenn man in der Erkenntnis nur einen Sonderfall der organischen Anpassung sieht, gelangt man dennoch zu dem Schluß, daß die eigentliche Realität nicht ein in seiner Entelechie isolierter Organismus noch eine äußere Welt ist, die als solche weiterbestehen kann, wenn man Leben und Denken von ihr abzieht. Die konkrete Realität ist nichts anderes als die Gesamtheit der reziproken Beziehungen von Umwelt und Organismus, das heißt das System der Interaktionen, die Umwelt und Organismus in gegenseitige Abhängigkeit bringen. Diese Beziehungen vorausgesetzt, kann man versuchen, sie entweder durch eine biologische Analyse zu erhellen, indem man von einer in sich vollendeten Umwelt ausgeht, um von da aus den Organismus und seine Eigenschaften zu erklären, oder man kann eine psychologische Analyse ansetzen, in der man von der geistigen Entwicklung ausgeht und zu verstehen versucht, wie die Umwelt in der Intelligenz Gestalt annimmt. Wenn der Anpassungsprozeß aber, wie wir es angenommen haben, in einem Gleichgewicht zwischen der Akkommodation der Verhaltensschemata an die Dinge und der Assimilation dieser Dinge an die Verhaltensschemata besteht, folgt daraus mit Notwendigkeit, daß die beiden Methoden der Analyse sich ergänzen. Das setzt allerdings voraus, daß man nicht mehr an eine von Anfang an vollendete Intelligenz oder eine von der Außenwelt unabhängige Lebenskraft glaubt.

3. Der Apriorismus und die Gestaltpsychologie

Die intellektuelle Entwicklung ist also nicht allein eine Folge der durch die äußere Umwelt ausgeübten Einflüsse, noch stellt sie sich dar als die progressive Erfassung dieser Umwelt durch ein vollständig angelegtes Vermögen. Vielleicht aber ist sie als die schrittweise Entfaltung einer Reihe von Strukturen aufzufassen, die in der psychologischen Konstitution des Subjektes vorgeformt sind.

Diese Lösung trat in der Geschichte der philosophischen Erkenntnistheorien mit dem Kantianismus auf. Kant hat sich sowohl vom englischen Empirismus als auch vom klassischen Intellektualismus (und zwar vor allem von der Wolffschen Theorie des rationalen Vermögens) losgelöst und seine Zuflucht zur Theorie des Apriori genommen, um die Möglichkeit wissenschaftlicher Erkenntnis zu retten. In der Biologie dagegen tauchte der Apriorismus auf, als die Vererbungslehre beim Problem der Vererblichkeit erworbener Eigenschaften auf Schwierigkeiten stieß und sich gezwungen sah, den Lamarckschen Empirismus zu verwerfen. Die einen kehrten nun zum Vitalismus zurück, während andere die Evolution und die Anpassung durch die Theorie der Präformation der Gene zu erklären suchten. Auch im Bereich der Psychologie folgte auf den assoziationistischen Empirismus und den intellektualistischen Vitalismus eine Lösung ähnlicher Art. Sie erklärt jeden Einsichtsakt der Intelligenz durch eine endogene Umstrukturierung des Wahrnehmungsfeldes oder des Begriffs- und des Beziehungssystems. Die Strukturen, die auf diese Weise aufeinanderfolgen, haben immer den Charakter von Ganzheiten, das heißt, sie lassen sich nicht auf Assoziationen oder Kombinationen empirischen Ursprungs reduzieren. Dabei postuliert aber die »Gestalttheorie«, von der wir im Augenblick sprechen, weder ein Erkenntnis- oder Organisationsvermögen noch eine Lebenskraft. Die Formen oder Gestalten, die von dieser Theorie postuliert werden, stammen also weder von den Dingen selbst noch von einer schöpferischen Fakultät. Nach dieser Theorie reichen ihre Wurzeln in das Nervensystem hinein oder sind, allgemeiner ausgedrückt, in der Gesamtstruktur des Organismus vorgeformt. In diesem Sinn dürfen wir diese Lösung als »aprioristisch« bezeichnen. In der Mehrzahl der Fälle geben die Gestalttheoretiker allerdings den genauen Ursprung dieser Gestalten oder Strukturen nicht an und begnügen sich mit der Behauptung, daß sie sich einem Individuum in einer bestimmten Situation mit Notwendigkeit aufzwingen. Diese Lehre erinnert in gewissem Sinne an eine Art Platonismus der Wahrnehmung. Da aber die Gestalttheorie immer auf die psychophysiologische Konstitution des Individuums zurückgreift, wenn es gilt, die Notwendigkeit dieser Gestalten zu erklären, kommt die gestalttheoretische Interpretation tatsächlich einem biologischen Apriorismus oder einer Abart des Präformationismus gleich.

Die Gestalttheorie hat sich aber nicht damit begnügt, eine Reihe von allgemeinen Prinzipien aufzustellen. Sie hat eine große Zahl von fundamentalen Arbeiten zum Verständnis der Intelligenzmechanismen geliefert. So die Arbeiten von Wertheimer über die psychologische

Natur des Syllogismus, die von Köhler über den Intelligenzakt und den Einsichtsakt, die von K. Lewin über die »Feld«-Theorie usw. Alle diese Untersuchungen erheben den Anspruch, das, was wir der Assimilation zuschreiben, durch eine Umstrukturierung des Wahrnehmungs- oder des Begriffsfeldes zu erklären. Es ist daher unumgänglich, dieses Erklärungssystem mit dem unseren zu konfrontieren. Um eines besseren Vergleichs willen werden wir versuchen, unsere Ergebnisse in gestalttheoretischen Begriffen auszudrücken. Dabei finden wir, daß wir uns wenigstens in zwei wesentlichen Punkten mit der Gestalttheorie einigen können.

Erstens scheint es auch uns eine Grundwahrheit zu sein, daß jede intelligente Lösung und sogar jedes Verhalten, mit dem eine gegebene Situation begriffen wird (wobei das Wort »begreifen« im weitesten Sinn verstanden werden muß), als eine Ganzheit und nicht als einzelne isolierte Assoziationen oder Ansammlungen von isolierten Elementen in Erscheinung tritt. In dieser Hinsicht kann das »Verhaltensschema«, dessen Existenz wir ständig postuliert haben, mit einer »Form« oder »Gestalt« verglichen werden.

Das Verhaltensschema ist in dieser Hinsicht ein bestimmtes und in sich geschlossenes System von Bewegungen und Wahrnehmungen und wird gekennzeichnet durch die doppelte Eigenschaft der Strukturiertheit (denn es strukturiert das Wahrnehmungs- oder Begriffsfeld) und der Ganzheitlichkeit, die es von Anfang an besitzt und die nicht das Ergebnis einer Assoziation oder Synthese vorher isoliert existierender Elemente ist. Ohne von den Reflexschemata zu sprechen, die um so ganzheitlicher und strukturierter sind, als sie schon bei der Geburt angelegt sind, kann man diese Eigenschaften auch schon bei den ersten nichtvererbten Verhaltensschemata feststellen, die ihre Entstehung primären Zirkulärreaktionen verdanken. Weder die einfachsten Gewohnheiten noch die sogenannten »erworbenen Assoziationen« sind das Resultat eigentlicher Assoziationen. Sie vereinigen nicht isoliert vorliegende Elemente miteinander, sondern stellen ganz im Gegenteil Verbindungen dar, die von Anfang an eine strukturierte Ganzheit besitzen. Nur die globale Bedeutung der Handlung (das Assimilationsband, das das Ergebnis mit dem zu befriedigenden Bedürfnis verknüpft) vermag die Existenz von Relationen zu sichern, die von außen gesehen als »Assoziationen« erscheinen könnten. Auch die »sekundären Verhaltensschemata« bilden immer ganzheitliche, den »Gestalten« ähnliche Systeme. Denn nur in dem Maße, wie das Kind versucht, ein Schauspiel, dessen Zeuge oder ungewollter Urheber es geworden ist, zu rekonstituieren, verbindet es eine Handlung mit einer anderen. Wahrnehmungen und Bewegungen werden daher nur dann miteinander assoziiert, wenn ihre Bedeutungen schon in Beziehung stehen und wenn dieses System von gegenseitigen

Beziehungen in eine übergreifende Bedeutung eingebettet ist, die schon in der ursprünglichen Wahrnehmung enthalten war. Ebensowenig können die für das vierte Stadium charakteristischen Koordinationen von Verhaltensschemata als Assoziationen betrachtet werden. Diese Koordinationen vollziehen sich durch reziproke Assimilationen, das heißt also aufgrund eines Prozesses, der einer globalen Umstrukturierung näher steht als einer einfachen Verknüpfung. Aber diese Umstrukturierung zielt von Anfang an noch viel mehr auf die Ausbildung eines neuen Verhaltensschemas, das alle Eigenschaften einer neuen und originären Ganzheit besitzt. Mit den »Experimenten, um zu sehen« und den Intelligenzakten, die sich daraus ergeben (fünftes Stadium), befinden wir uns ohne Zweifel außerhalb des Bereiches der reinen »Gestalt«. Die Gestalttheorie hat aber niemals die Existenz eines ausprobierenden Bemühens ganz ausgeschlossen. Sie hat nur versucht, dieses Bemühen aus dem Bereich der im eigentlichen Sinn intelligenten Verhaltensweisen zu verbannen, faßte es als Ersatz für den Strukturierungsvorgang auf und setzte es in den Perioden zwischen zwei Umstrukturierungen an. Im sechsten Stadium dagegen finden wir wieder authentische Gestalten vor. Die »Erfindung neuer Mittel durch geistige Kombination« besitzt tatsächlich alle Eigenschaften dieser schnellen oder sogar augenblicklichen Umstrukturierungen, die nach Köhler den eigentlichen Intelligenzakt kennzeichnen.

Im ganzen gesehen, besitzen also die von uns festgestellten Verhaltensschemata mit Ausnahme des Ausprobierens – dessen Rolle zwar konstant bleibt, sich aber vor allem bei Gelegenheit der ersten experimentierenden Verhaltensweisen (fünftes Stadium) offenbart – die wesentlichen Eigenschaften strukturierter Ganzheiten, die nach der Gestalttheorie die Gestalten von den klassischen Assoziationen unterscheiden.

Zweitens sind sich die beiden Erklärungssysteme in der Ablehnung von Vermögen oder spezifischen Organisationskräften einig. Wolfgang Köhler insistiert auf der Tatsache, daß sich seine Kritik des Assoziationismus auf ähnliche Argumente stützt, wie sie schon der Vitalismus hervorgebracht hat. Aus dieser Übereinstimmung darf man aber nicht folgern, fügte er mit Recht bei, daß die Gestalten als das Produkt einer spezifischen Organisationsenergie zu verstehen seien. Der Vitalismus zieht tatsächlich vorschnell aus der Existenz von Ganzheiten die These eines lebensnotwendigen Vereinheitlichungsprinzips. Wir sympathisieren daher im vollen Umfang mit dem Bemühen der Gestaltpsychologie, die Wurzeln der intellektuellen Strukturen in biologischen Prozessen zu finden, die als Relationssysteme und nicht als Ausdruck substantieller Formen und Kräfte aufzufassen sind.

Nachdem wir diese gemeinsamen Züge aufgewiesen haben, können wir nun mit um so größerer Freiheit zeigen, in welcher Beziehung die

Theorie der Assimilation über die Gestalttheorie hinauszugelangen und nicht nur ihr zu widersprechen versucht. Wir können nun auch darauf hinweisen, daß unser Verhaltensschema eine dynamisch gewordene Gestalt ist und nicht ein Gebilde, das die Fortschritte der gestalttheoretischen Bewegung wieder rückgängig machen würde. Um den Vergleich zwischen der Gestalttheorie und dem erkenntnistheoretischen Apriorismus wieder aufzugreifen, könnte man sagen, die Gestalt besitze dieselben Vorzüge gegenüber der Assoziation wie ehemals das kantianische Apriori gegenüber dem klassischen Empirismus, es stoße aber auch auf ganz entsprechende Schwierigkeiten. Nachdem der Apriorismus den statischen Realismus bezüglich der Außenwelt überwunden hat, findet er ihn im Inneren des Geistes wieder vor und ist am Ende der Gefahr ausgesetzt, auf einen Empirismus mit umgekehrten Vorzeichen hinauszulaufen. Die Gestalttheorie hat ja wie früher der erkenntnistheoretische Apriorismus die interne Tätigkeit der Wahrnehmung und der Intelligenz gegen den Mechanismus äußerer Assoziation verteidigen wollen. Sie hat daher das Organisationsprinzip in uns hinein und nicht aus uns hinaus verlegt, und um es noch besser vor der empiristischen Erfahrung zu schützen, hat sie es in der präformierten Struktur unseres Nervensystems und unseres gesamten psychophysiologischen Organismus verankert. Auf diese Weise wollte sie die interne Organisationstätigkeit gegen die Einflüsse der Außenwelt abdecken, hat sie damit aber zugleich unserem persönlichen Zugriff entzogen und in ein Gefüge von statischen Formen eingeschlossen, von denen sie glaubt, daß sie präexistieren oder zumindest ohne unser Zutun erarbeitet werden. Dieses Gefüge von Formen bringt gewiß einen großen Fortschritt gegenüber dem Assoziationismus, weil damit die Existenz von geschlossenen Ganzheiten behauptet und der Atomismus bekämpft wird. Dieser Fortschritt ist aber sehr heikler Natur. Je mehr nämlich die »Gestalten« wie einst die »Kategorien« unserem gezielten Bemühen vorangehen, desto mehr fallen sie auf die Stufe von toten Mechanismen zurück. Daher verliert die Intelligenz in der Gestalttheorie auch wesentlich an Bedeutung zugunsten der Wahrnehmung. Da sie überdies der Auffassung ist, die Wahrnehmung werde durch vollständig angelegte, innere Strukturen determiniert und präformiert, wird sie schließlich mehr und mehr der »empiristischen« Wahrnehmung zum Verwechseln ähnlich, die man als von außen determiniert auffaßt. Denn im einen wie im anderen Fall verliert die Tätigkeit an Gewicht zugunsten eines schon vollständig erarbeiteten Ganzen.

Unsere kritische Auseinandersetzung mit der Gestalttheorie muß also alles bewahren, was diese an Fortschritten gegenüber dem Assoziationismus bringt – das heißt das von ihr entdeckte Maß an Eigentätigkeit des Geistes –, aber alles verwerfen, was sie zu einem umgekehrten Empirismus stempelt, das heißt zu einem statischen Apriorismus. Die Gestalttheorie kritisieren heißt also nicht sie verwerfen, sondern sie beweglicher gestalten, indem man ihren Apriorismus durch einen genetischen Relativismus ersetzt.

Die Analyse des ersten Unterschieds zur Gestalttheorie wird uns sogleich gestatten, dieses Vorhaben näher zu bestimmen. Eine Gestalt hat keine Geschichte, weil sie der früheren Erfahrung keine Rechnung trägt, während ein Verhaltensschema die gesamte Vergangenheit in sich zusammenfaßt und daher immer in einer aktiven Strukturierung der gemachten Erfahrung besteht. Dieser Punkt ist grundlegend. Die Analyse des Verhaltens unserer drei Kinder, deren Reaktionen von der Geburt bis zum Erwerb der Sprache beinahe vollständig beobachtet wurden, hat uns nämlich überzeugt, daß keine Verhaltensweise von ihrem geschichtlichen Kontext, in den sie eingebettet ist, losgelöst gesehen werden darf. Die Setzung von »Gestalten« macht die geschichtliche Betrachtung überflüssig und veranlaßt die Gestalttheoretiker, den Einfluß der erworbenen Erfahrung auf die Lösung neuer Probleme zu verneinen.[3]

So haben wir selbst im sechsten Stadium nie eine »einsichtige« Umstrukturierung beobachtet, mochte sie auch noch so unvorhergesehen und plötzlich in Erscheinung treten, ohne daß der geistige Erfindungs- und Kombinationsakt, der diese Umstrukturierung definierte, durch vorausgegangene Erfahrungen vorbereitet worden wäre. Nach der Gestalttheorie dagegen besteht ein Erfindungsakt (wie zum Beispiel die Erfindung der Leiter aus Kisten bei den Köhlerschen Schimpansen) aus einer Umstrukturierung des Wahrnehmungsfeldes, die durch nichts in der Vergangenheit des Individuums erklärt wird. Daraus ergibt sich natürlich die These, daß diese Struktur einzig und allein einem bestimmten Reifungsgrad des Nervensystems oder der Wahrnehmungsapparate zu verdanken sei und daß kein äußerer Vorgang, weder eine aktuelle noch eine frühere Erfahrung, Ursache ihrer Bildung sei (die aktuelle Erfahrung beschränkt sich darauf, diese Strukturierung auszulösen oder zu erzwingen, erklärt sie aber nicht). Auf den ersten Blick scheinen gewisse Beobachtungen des sechsten Stadiums diese Sichtweise zu bestätigen. Jacqueline und Lucienne haben, wie wir wissen, erst nach und nach den Gebrauch des Stockes aufgrund eines aktiven Ausprobierens entdeckt, Laurent aber, den wir erst viel später in diese Situation versetzten, erfaßte auf Anhieb die Bedeutung dieses Instrumentes. Man könnte also den Eindruck gewinnen, daß eine Struktur, die bei den erstgenannten Kindern noch

[3] Vergleiche bei Claparède die Zusammenfassung der Arbeiten von K. Duncker und von N.R.F. Maier, die versuchen, die Unnötigkeit der erworbenen Erfahrung zu beweisen (Claparède: La genèse de l'hypothèse, in: Archives de psychologie, Band 24, S. 53–58).

nicht reif war, sich der Wahrnehmung Laurents von selbst aufdrängte. In gleicher Weise fand Lucienne auf Anhieb die Lösung des Problems der Uhrenkette, während Jacqueline mühsam danach suchen mußte. Hüten wir uns aber, aus solchen Beobachtungen vorschnell auf die radikale Neuheit dieser geistigen Kombination zu schließen und zu ihrer Erklärung die plötzliche Aktivierung endogener Strukturen zu postulieren, die in keiner früheren Erfahrung des Individuums verankert sind. Demgegenüber drängen sich zwei Feststellungen auf. Erstens darf man aufgrund des Fehlens eines aktiven äußeren Ausprobierens nicht die Möglichkeit ausschließen, daß ein »geistiges Experimentieren« in den Augenblicken des Zögerns und Überlegens unmittelbar vor der Handlung stattgefunden haben könnte. Die introspektive Erforschung unserer Einsichts- und Erfindungsprozesse, mögen diese auch noch so plötzlich auftreten, enthüllt immer wieder, daß diesen Prozessen wenigstens ansatzweise ein Bemühen und ein inneres Ausprobieren vorangeht, ohne das sich weder Gedanken noch Wahrnehmungen von allein umgruppieren. Dieses »geistige Experimentieren« besteht auch nicht in einem bloß passiven Wiederaufleben früherer Erlebnisse, sondern ebenso wie das äußere und effektive Probieren aus einer wirklichen Tätigkeit, wie wir schon oft gezeigt haben. Auch wenn äußerlich kein probierendes Handeln sichtbar wird, können sich im Denken des Individuums dennoch experimentierende Kombinationen von unmeßbarer Geschwindigkeit abspielen. Die plötzliche Umstrukturierung stellt daher nur den Grenzfall geistiger Kombinationsprozesse dar. Dieser ersten Bemerkung ist eine zweite ebenso wesentliche anzuschließen. Dieses geistige Experimentieren bringt in der gegenwärtigen Situation, auch wenn die Gegebenheiten des Problems vollständig neu sind, Verhaltensschemata zum Einsatz, die schon früher, in mehr oder weniger analogen Fällen angewandt wurden. Diese Verhaltensschemata werden durch irgendeinen Aspekt dieser Situation aktualisiert und beeinflussen wenigstens die Methode zur Bewältigung dieses Problems in einer bestimmten Richtung. So hat Lucienne beispielsweise noch nie eine Uhrenkette zu einem Knäuel zusammengelegt, um sie besser durch eine kleine Öffnung hindurchzubringen; aber sie vollzog ähnliche Handlungen, wenn sie Stoffe zusammenrollte und Schnüre in einen Knäuel verwandelte. So vermag auch Laurent, ohne je einen Stock benützt zu haben, in einer neuen Situation sehr wohl Verhaltensschemata zu aktualisieren, die er bei der Verwendung anderer Vermittlungs- oder Verbindungsglieder (»Unterlage«, »Schnüre« usw.) entwickelt hatte. Zwischen dem einfachen Greifakt und dem Gedanken, einen festen Körper zu gebrauchen, um damit einen anderen zu verschieben, gibt es eine lange Reihe von unmerklichen Übergängen.

Die plötzlichen, für das sechste Entwicklungsstadium charakteristischen Erfindungsakte sind also in Wirklichkeit das Endprodukt einer langen Entwicklungsgeschichte der Verhaltensschemata und nicht bloß eines inneren Reifungsprozesses der Wahrnehmungsstrukturen (die Existenz dieses letzteren Faktors muß selbstverständlich offengelassen werden). Den Beweis für diese These kann man in der Existenz des fünften Stadiums erblicken. Dieses Stadium ist ja gerade durch experimentierende Versuche gekennzeichnet und verbindet das vierte (Koordination der Verhaltensschemata) mit dem sechsten Stadium (geistige Kombinationen). Nach der Gestalttheorie sind ausprobierende und nicht vollständig gelingende Handlungen eine Nebenerscheinung der Reifung dieser Strukturen und bleiben selbst ohne Einfluß auf diesen Reifungsprozeß. Wir glauben dagegen, festgestellt zu haben, daß der plötzliche, neue Strukturen erzeugende Einsichtsakt immer auf eine Phase des Ausprobierens oder auf eine Reihe von »tertiären Zirkulärreaktionen« folgt. Was bedeutet aber diese Tatsache anderes, als daß tatsächlich ausgeführte Probehandlungen notwendige Vorbedingung für das Auftreten geistiger Experimente sind und daß der Erfindungsakt nicht plötzlich in einer vollständig angelegten und vorgebildeten Gestalt da ist, mag es auch diesen Anschein erwecken?

Darüber hinaus zeugt auch die Abfolge der einzelnen Stadien, vom ersten bis zu den beiden letzten, für die These der Entwicklung der Verhaltensschemata und der Bedeutung der Erfahrung und folglich für die Wichtigkeit der Geschichte. Wir wissen ja um die vollständige Kontinuität zwischen den charakteristischen Verhaltensweisen der verschiedenen Stadien. Die primären Zirkulärreaktionen setzen die Tätigkeit der Reflexschemata fort und weiten systematisch ihren Anwendungsbereich aus. Die sekundären Zirkulärreaktionen gehen sodann ohne Bruch aus den primären Reaktionen hervor, dabei führt jede Entdeckung zu einer Reihe von weiteren. Auf diese Weise veranlaßt die Koordination von Sehen und Greifen das Kind dazu, Gegenstände zu ergreifen, die vom Dach der Wiege herunterhängen, und das Hantieren mit diesen Gegenständen verführt es dazu, auf das Dach einzuwirken usw. Nachdem die sekundären Verhaltensschemata im geschichtlichen Entwicklungsverlauf der Zirkulärreaktionen ausgebildet sind, koordinieren sich im vierten Stadium die einzelnen Verhaltensschemata, die selber aus früheren Tätigkeiten entstanden sind. Die Handlung des Wegschiebens eines Hindernisses zum Beispiel koordiniert die Handlungsschemata des Greifens mit den Handlungsabfolgen des Schlagens usw. Wir konnten wirklich in keinem einzigen Fall das Auftreten derartiger Koordinationen erklären, ohne die gesamte Vergangenheit des Individuums zu kennen. Wenn wir nun die Entdeckung neuer Mittel durch schrittweises Ausprobieren (fünftes Stadium) ins Auge fassen, stellen wir fest, daß auch sie ausgebildete Verhaltensschemata koordinieren und so die Koordinationsprozesse des vorangehenden Stadiums weiterführen, mit dem Unterschied allerdings, daß diese Koordination nicht mehr direkt geschieht, sondern einen mehr oder weniger mühsamen Anpassungsprozeß, das heißt eben ein schrittweises Ausprobieren, voraussetzt. Aber auch dieses Ausprobieren ist selbst wieder vorbereitet durch das Explorationsverhalten, das die durch bewegliche Verhaltensschemata erfolgende Assimilation kennzeichnet.

Mit einem Wort, neue Verhaltensweisen, die eine einzelne Entwicklungsphase definieren, erscheinen immer als eine Weiterentwicklung der Verhaltensweisen des vorangehenden Stadiums. Für diese Tatsache gibt es aber zwei mögliche Deutungen. Man könnte erstens in diesem Faktum den Ausdruck eines rein inneren Reifungsprozesses sehen, bei dem die formale Struktur der Wahrnehmungen und der Intelligenzhandlungen sich von selbst und ohne Übung entwickelt und die unabhängig von jeder gemachten Erfahrung entsteht und ihre Inhalte auch nicht von einem Stadium auf andere überträgt. Man könnte zweitens diese Verwandlung als eine historische Entwicklung auffassen, in deren Verlauf die Übung und Betätigung der einzelnen Verhaltensschemata zu ihrer Strukturierung notwendig ist und das Erreichte von einer Periode zur andern weitergegeben wird. Nur diese zweite Interpretation scheint uns mit allen Befunden vereinbar. Wenn man die Intelligenzfortschritte unserer drei Kinder Tag für Tag miteinander vergleicht, kann man wunderbar verfolgen, wie jedes neue Verhalten durch Differenzierung und Anpassung früherer Verhaltensweisen entsteht. Auf diese Weise läßt sich die Geschichte eines jeden Verhaltensschemas durch alle aufeinanderfolgenden Entwicklungsstadien Schritt für Schritt nachvollziehen. Der Aufbau der Strukturen darf also nicht vom historischen Verlauf der Erfahrung losgelöst werden.

Jedes Verhaltensschema ist also eine Gestalt, die eine Geschichte besitzt. Welche Gründe veranlaßten aber die Gestalttheoretiker, die Rolle der früheren Erfahrungen zu bestreiten? Wenn man es ablehnt, die Verhaltensschemata als ein einfaches Produkt äußerer Einwirkungen (gleichsam als die Summe passiver Assoziationen) aufzufassen, braucht man nicht etwa notwendigerweise anzunehmen, daß sich ihre Struktur aufgrund vorgegebener Gesetze und ohne geschichtliche Entwicklungen durchsetzt. Es reicht schon aus, eine Interaktion von Form und Inhalt zu postulieren, bei der die Strukturen sich dauernd umbilden, weil sie sich immer neuen und vielfältigeren Gegebenheiten anzupassen haben. Welche subtilen Gründe führen so gewiegte Forscher wie die Gestalttheoretiker dazu, eine so evident scheinende Interaktion abzulehnen?

Um Antwort auf diese Frage geben zu können, müssen wir auf eine zweite Divergenz hinweisen. Unser Verhaltensschema findet auf die

Vielfalt der Außenwelt Anwendung und generalisiert sich folglich in Abhängigkeit von den Inhalten, die es in seinen Mechanismus einbezieht. Eine Gestalt dagegen generalisiert sich nicht; man kann auch nicht sagen, daß sie angewandt wird, sie zwängt sich vielmehr auf unmittelbare und innere Weise den wahrgenommenen Situationen auf. Wir lernten das Verhaltensschema als eine Art sensomotorischen Begriff oder, noch weiter gefaßt, als motorisches Äquivalent eines Systems von Relationen und Klassen kennen. Der geschichtliche Entwicklungsverlauf des Verhaltensschemas drückt sich daher vor allem in seiner Generalisierung aus, die durch Anwendung auf immer mannigfaltigere Umstände geschieht. Eine Gestalt hingegen präsentiert sich ganz anders. Stellen wir uns zwei Gegenstände vor, zum Beispiel einen Zielgegenstand und seine »Unterlage«, die zuerst ohne Beziehungen miteinander wahrgenommen und dann plötzlich »umstrukturiert« werden. Machen wir auch noch die zusätzliche Annahme, daß das Kind zuerst einmal die Beziehung zwischen diesen beiden Gegenständen »begreift« und dann in der Folge auch eine Reihe von ähnlichen Beziehungen versteht. Zur Erklärung eines solchen Tatbestandes fordert die Gestalttheorie weder die Generalisierung der Gestalt noch ihre sukzessive Anwendung auf verschiedene Gegenstände. Wenn eine anfänglich unstrukturierte Wahrnehmung plötzlich eine Gestalt annimmt, dann ist das nur deshalb möglich, weil in einem bestimmten Moment der Reifung das Individuum fähig wird, die Dinge anders zu sehen, wenn es die Gesamtheit der Situation ins Auge faßt. Die gute Gestalt beruht also in gewissem Sinne auf einer den Strukturen innewohnenden notwendigen Gesetzlichkeit, die sich von selbst der Wahrnehmung aufzwingt. Wenn die Gestalttheoretiker diesen Prozeß vom phänomenologischen Standpunkt aus beschreiben, sprechen sie von dieser Gestalt, wie die Platoniker von der Idee oder die Logiker von einem in sich selbst subsistierenden Wesen gesprochen haben. Die gute Gestalt drängt sich ganz einfach aufgrund ihrer »Prägnanz« auf. Manche dieser Autoren greifen auch zu physiologischen Erklärungskategorien und fügen hinzu, daß dieser innere Wert an der Konstitution des Nervensystems hängt. In beiden Fällen handelt es sich immer um eine innere Notwendigkeit, die bei jeder Wahrnehmung von neuem gegeben ist und die Existenz eines Generalisationsmechanismus nicht voraussetzt. Diesen Tatbestand drücken die Gestalttheoretiker auch mit dem Wort »Einsicht« aus. Wer ein »Einsichtserlebnis« hat, versteht eine umfassende Situation in Abhängigkeit vom verfolgten Ziel. Mit Duncker kann man hinzufügen, daß »die Überlegung ein Kampf ist, der sich seine eigenen Waffen schmiedet«.[4] Wir behaupten nur deshalb, die Gestalttheorie sei eine aprioristische Theorie, weil sie

[4] Zitiert von Claparède im oben angeführten Artikel, S. 53.

eine Strukturierung aus inneren Notwendigkeiten und ohne Abstützung auf die Erfahrung postuliert. Diese Prozesse hängen dann auch von den Bedingungen des Subjekts allein ab. Das Kriterium für das »Apriori« bestand ja immer in der Notwendigkeit als solcher. Die »Gestalten« bestehen also nicht aus beweglichen Strukturen, die sukzessive auf verschiedene Inhalte angewandt werden. Die Strukturierung ist im Gegenteil ein prädeterminierter Prozeß, das heißt ein Prozeß, der früher oder später mit Notwendigkeit abläuft. Er erneuert sich jedesmal, wenn die Situation es erfordert. Er impliziert auch keine Eigentätigkeit der Verhaltensschemata, die darum auch keine Geschichte haben und sich nicht laufend generalisieren.

Vermag die genetische Beobachtung diese Alternative zwischen notwendiger Präformation und generalisierender Eigentätigkeit zu entscheiden? Wenn man den einzelnen Strukturierungen eine Geschichte zuschreibt, muß man auch einen Generalisationsprozeß postulieren. Aufgrund dieser Generalisierung lösen sich die Strukturen von den strukturierten Situationen ab und verwandeln sich in aktive Verhaltensschemata, die durch eine strukturierende Assimilation zu erklären sind. Schon bei der Ausübung seiner vererbten Reflexe erweckt das Individuum den Eindruck, nach Nahrung für seine Tätigkeit zu suchen. Diese Tätigkeit besitzt also bereits einen generalisierenden Charakter. So lutscht, schaut, hört das Kind in einer wachsenden Reihe von verschiedensten Situationen. Mag es aber in dieser ersten Periode und auch noch in der folgenden, bei den primären Zirkulärreaktionen, recht schwer sein, eine aktive Generalisierung von einer einfachen Strukturierung zu unterscheiden, so heben sich diese beiden Prozesse im dritten Stadium klar und deutlich voneinander ab. Von dem Augenblick an, wo das Kind wirklich auf die Außenwelt einwirkt, führt jede seiner Neuerwerbungen nicht nur zu einer sogleich erfolgenden Wiederholung, sondern auch zu einer künftig deutlich erkennbaren Generalisierung. Nachdem ein Kind beispielsweise nach einer Schnur gegriffen hat, die von seinem Wiegendach herunterhängt, und zufällig die Wirkungen dieser Handlung feststellte, wendet es dieses Verfahren sogleich auf alle aufgehängten Gegenstände an. Es dürfte sehr schwer sein, ein solches Verhalten nicht als Generalisierung zu deuten, da sich das Kind ja nicht damit begnügt, das Dach auf die verschiedenste Weise zu erschüttern, sondern in der Folge sogar mit diesem gleichen Mittel versucht, »interessante Schauspiele andauern zu lassen«, wie weit es auch von ihnen entfernt sein mag. Diese fortwährende Ausweitung der sekundären Verhaltensschemata läßt aus ihnen schließlich sogar »Vorgehensweisen, um interessante Schauspiele andauern zu lassen«, entstehen und stellt den besten Beweis für ihr Generalisationsvermögen dar. Das vierte Stadium ist durch eine noch größere Beweglichkeit der Verhaltensschemata gekennzeichnet.

Es bringt also einen neuen Fortschritt in der Generalisierungsfähigkeit. Einerseits kommt die Koordination bestimmter Verhaltensschemata nur durch ihre gegenseitige Assimilation zustande, das heißt also aufgrund eines Generalisierungsprozesses. Andererseits konkretisiert sich das den beweglichen Verhaltensschemata eigentümliche Generalisierungsvermögen geradezu in einer besonderen Art von Verhaltensweisen, die wir »Erforschung neuer Gegenstände« genannt haben. Diese Verhaltensweisen führen die generalisierenden Assimilationen des dritten Stadiums weiter und bestehen in einer Anwendung aller dem Kind zur Verfügung stehenden Verhaltensschemata auf einen neuen Gegenstand mit dem Ziel, diesen Gegenstand »verstehen« zu können. In einem solchen Fall scheint ganz eindeutig eine Generalisierung und nicht die Enthüllung einer präformierten Struktur vorzuliegen, da ja eine mühsame Angleichung des Bekannten an das Unbekannte erfolgt und da dieses Bemühen eine ganze Reihe von Entscheidungen voraussetzt. Auch im fünften Stadium wird die Folge der ausprobierenden Handlungen, die schließlich zur Entdeckung der Verhaltensschemata der »Unterlage«, der »Schnur« und des »Stockes« führen, durch alle früher erworbenen Handlungsschemata geleitet. Sie verleihen allen einzelnen Bemühungen eine Bedeutung. Auch diese Anwendung bekannter Schemata auf unbekannte Phänomene setzt eine konstante Generalisierung voraus. Schließlich erkannten wir auch für die geistigen Kombinationen des sechsten Stadiums die Generalisierung als unentbehrlich.

Mag man also die Entwicklung aller Verhaltensweisen zusammen oder auch einer jeden einzelnen für sich genommen von Stadium zu Stadium verfolgen, immer stößt man auf die Geschichte eines kontinuierlichen Generalisationsprozesses. Jede Strukturierung kann vor den Ereignissen, die ihr erstes Auftreten ausgelöst haben, nicht nur neu vollzogen werden, sie kann auch auf neue Gegenstände angewandt werden. Dabei vermögen diese unbekannten Gegenstände sie, wenn nötig, zu differenzieren. Diese Generalisierung und die sich aus ihr ergebende Differenzierung beweisen, so will uns scheinen, daß eine Gestalt nicht etwas Unveränderliches ist, dem die Wahrnehmung gleichsam unter dem Druck einer Prädetermination zustrebt. Sie besitzt vielmehr eine plastische Organisation, deren Strukturen sich dem jeweiligen Inhalt anpassen und sogar teilweise von ihm abhängen. Die Gestalten existieren also nicht, bevor sie tätig werden, sie sind sogar mit Begriffen oder mit Systemen von Relationen vergleichbar, die sich ganz allmählich durch immer umfassendere Generalisierungen aufbauen. Unsere Beobachtungen zwingen uns also dazu, sie nicht nur als reine Wahrnehmungsfaktoren zu betrachten, sondern ihnen auch den Rang intellektueller Verhaltensschemata zu geben. Denn nur ein Verhaltensschema ist zu wirklichem Tätigsein fähig und unterliegt folglich einer fortwährenden Generalisierung und Differenzierung.

Damit gelangen wir zur dritten Schwierigkeit, die sich für die Gestalttheorie ergibt. Besitzen nämlich die Gestalten keine Geschichte und verfügen sie nicht über ein Generalisierungsvermögen, wird die Intelligenztätigkeit zu einem mehr oder weniger automatischen Mechanismus degradiert. Die Gestalten besitzen ja in sich selbst gar keine Tätigkeit. Sie treten erst im Augenblick der Umstrukturierung des Wahrnehmungsfeldes auf und setzen sich durch, ohne daß sie aus einem ihnen vorangehenden Prozeß entstehen würden. Auch wenn man annimmt, daß sie von einem internen Reifungsprozeß begleitet werden, so wird dieser Reifungsprozeß doch durch präformierte Strukturen gelenkt, und er kann daher nicht selber wieder diese Strukturen erklären.

In diesem Punkt verbieten uns die Tatsachen und vor allem die übergreifende historische Kontinuität der Verhaltensschemata, der Gestalttheorie zu folgen, auch nicht mit gewissen Vorbehalten. Für eine rein statische Betrachtungsweise besteht zwar eine große Analogie zwischen den »Gestalten« und unseren Verhaltensschemata. Tatsächlich sind aber die Verhaltensschemata in keinem einzigen Fall als selbständige Wesenheiten in Erscheinung getreten, sie erscheinen uns immer als das Produkt einer kontinuierlichen und immanenten Eigentätigkeit, deren sukzessive Kristallisationsphasen sie darstellen. Da die Quelle dieser Eigentätigkeit nicht außerhalb der Schemata liegt, ist sie nicht der Ausdruck eines Vermögens, wie wir weiter oben gesehen haben. Sie bildet mit den Verhaltensschemata eine Einheit, wie die Tätigkeit des Urteilens sich in der Bildung von Begriffen offenbart. Ebenso aber, wie die Begriffe sich von der kontinuierlichen Kette von Urteilen, die zu ihrer Bildung geführt haben, loslösen, spalten sich auch die Verhaltensschemata nach und nach von der organisierenden Tätigkeit ab, die sie hervorbrachte und die im Moment ihrer Bildung mit ihnen identisch war. Genauer gesagt, die Verhaltensschemata dienen nach ihrer Entstehung der Tätigkeit, die sie hervorgebracht hat, als Instrumente, so wie die Begriffe nach ihrem Hervorgehen aus dem Urteilsakt den Ausgangspunkt für neue Urteile bilden.

Wie ist aber diese organisierende Tätigkeit zu verstehen, die nicht außerhalb, sondern innerhalb der Verhaltensschemata liegt und dennoch nicht als einfache Reifung begriffen werden darf? Wie wir oft genug betont haben, ist die Struktur der Verhaltensschemata nur der innere Aspekt ihres Anpassungsprozesses, der zugleich aus Akkommodation und Assimilation besteht. Das Grundfaktum müssen wir daher in der Assimilationstätigkeit selbst sehen, ohne die auch keine Akkommodation möglich ist. Die aus Assimilation und Akkommodation bestehende Handlung erklärt somit die Existenz der Verhaltensschemata und folglich ihre innere Organisation.

Mag man auch die Reihe der ersten psychologischen Verhaltensweisen so weit zurückverfolgen, wie man will, man findet immer Mechanismen, die nach der Befriedigung eines Bedürfnisses tendieren. Das bedeutet doch, daß die Verhaltensweisen von Anfang an Ausdruck und Funktion der umfassenden Organisation des Lebewesens sind. Jedes Lebewesen stellt ja eine Ganzheit dar, die danach strebt, sich zu erhalten, und sich zu diesem Zweck die äußeren Elemente assimiliert, deren sie bedarf. Vom biologischen Standpunkt aus gesehen, laufen also Assimilation und Organisation parallel, ohne daß es möglich wäre zu sagen, die organischen Formen seien früher als die assimilatorische Tätigkeit oder umgekehrt. Die Befriedigung der Bedürfnisse wird zuerst durch Reflexe gesichert, die der Gesamtheit des Organismus untergeordnet sind. Daher muß man im Bedürfnis den Ausdruck einer Assimilationstendenz sehen, die einerseits von der Organisation abhängt und andererseits geeignet ist, sie zu erhalten. Vom subjektiven Standpunkt dagegen scheint das gleiche Bedürfnis, mag die Reflexorganisation, dessen Ausdruck es ist, noch so komplex sein, in seiner ursprünglichen Form ganz einfach eine globale Tendenz nach Befriedigung zu sein. Es ist also kaum von den Bewußtseinszuständen zu unterscheiden, die vom Verlangen zu einem Gefühl des Befriedigtseins und von diesem Gefühl des Befriedigtseins zum Wunsch übergehen, diesen Zustand zu erhalten und immer wieder von neuem zu erzeugen. Für eine psychologische Betrachtungsweise ist die Assimilationstätigkeit, die sich unmittelbar in der Form der reproduzierenden Assimilation fortsetzt, das eigentliche Grundfaktum. In dem Maße aber, wie diese Tätigkeit nach Wiederholung strebt, erzeugt sie ein elementares Verhaltensschema – das Verhaltensschema wird ja durch aktive Reproduktion gebildet. Dank der sich allmählich bildenden Organisation weitet sich die Assimilation zur generalisierenden und wiedererkennenden Assimilation aus. Die so gebildeten Verhaltensschemata akkommodieren sich an die Außenwelt, wenn sie diese zu assimilieren versuchen. Dabei differenzieren sie sich ständig mehr. Auf diese Weise ist sowohl auf der psychologischen wie auf der biologischen Ebene der Schematismus der Organisation untrennbar verbunden mit einer Assimilations- und Akkommodationstätigkeit. Diese doppelte Tätigkeit vermag allein die Entwicklung der aufeinanderfolgenden Strukturen zu erklären.

Es wird damit auch verständlich, warum die Auffassung, die die Gestalten als geschichtslos konzipiert und ihre unaufhörliche Umstrukturierung und Neukombination als unabhängig von jeder aktiven Generalisierung versteht, früher oder später zu einer Geringschätzung der Intelligenztätigkeit führen muß. Nur wenn man sich die Verhaltensschemata als ein gleichzeitig sowohl assimilierendes als auch akkommodatives Geschehen denkt, erscheinen sie in der Lage, die späteren Fortschritte der systematischen Intelligenz zu erklären. Denn dort werden die einfachen sensomotorischen Prozesse und Mechanismen durch begriffliche Strukturen und logische Beziehungen abgelöst. Wenn man aber im Gegenteil glaubt, die statische Gestalt überwiege das Tätigsein, mag diese Gestalt auch mit einem unbegrenzten Reifungs- und Reorganisationsvermögen begabt sein, bleibt es dennoch unmöglich zu erklären, wozu die Intelligenz notwendig ist und worin sie sich von der einfachen Wahrnehmung unterscheidet. Damit berühren wir ohne Zweifel die wesentliche Divergenz zwischen unserer Auffassung und derjenigen der Gestalttheoretiker. Das letzte Ziel der Gestalttheorie ist es, die Intelligenz durch die Wahrnehmung zu erklären, während unseres Erachtens auch die Wahrnehmung durch Intelligenzprozesse zu erklären ist.

Es kann kein Zweifel bestehen, daß sowohl in der Wahrnehmung als auch in der Intelligenz ähnliche Mechanismen am Werke sind. Jede Wahrnehmung erscheint uns als eine Erarbeitung oder Anwendung eines Schemas, das heißt als eine mehr oder weniger schnell erfolgende Strukturierung von sensorischen Gegebenheiten in Abhängigkeit von der Gesamtheit aller Handlungen und Bewegungen, die explizit gesetzt oder auch nur angedeutet wurden. Die Intelligenz impliziert ihrerseits schon in ihren elementarsten Formen ein Element des Suchens und Ausprobierens. Im Verlauf des sechsten Stadiums erfolgen nun plötzliche Umstrukturierungen, die in den extremsten Fällen als direkte »Wahrnehmungen« der richtigen Lösung erscheinen. Die Gestalttheorie tut also gut daran, die Analogie von Wahrnehmung und praktischer Intelligenz zu unterstreichen. Diese Gleichsetzung kann aber ein Doppeltes bedeuten. Nach der ersten Auffassung würde die Wahrnehmung sich selbst genügen und das Suchen in gewissem Sinne eine Bruchstelle darstellen oder eine Art Zwischenspiel, das uns verrät, daß keine organisierte Wahrnehmung vorhanden ist. Die zweite Auffassung versteht dagegen jede Wahrnehmung als das Produkt einer Tätigkeit, die aus komplexen Ansätzen und Versuchen besteht. In diesen Ansätzen erkennen wir die einzelnen Schritte ihrer Entfaltung. Tatsächlich haben sich die Dinge uns immer in dieser Weise präsentiert. Jede Wahrnehmung ist eine Akkommodation (mit oder ohne Umstrukturierung) von Verhaltensschemata, die zu ihrer Bildung einer systematischen Assimilations- und Organisationsarbeit bedurften. Die Intelligenz ist darum nur die stets komplexer gewordene Form dieser selben Arbeit, wenn die unmittelbare Wahrnehmung der richtigen Lösung nicht möglich ist. Das Hin und Her zwischen direkter Wahrnehmung und suchendem Bemühen gestattet es aber nicht, sie als Gegensätze aufzufassen. Nur unterschiedliche Geschwindigkeit und Komplexität heben die Wahrnehmung vom Verstehen oder sogar vom Einsichtsakt ab.

Diese Bemerkungen leiteten gleichzeitig die Prüfung einer vierten der Gestalttheorie anhaftenden Schwierigkeit ein: Wie soll man den Mechanismus der für den Intelligenzakt wesentlichen Umstrukturierungen erklären, oder noch genauer gesagt, wie soll man die Entdeckung der »guten Gestalt« im Unterschied zu den weniger guten verstehen? Wenn es sich bloß um eine statische Wahrnehmung handelt (wie zum Beispiel die Wahrnehmung einer Figur, zusammengesetzt aus Punkten auf einem Blatt Papier) und man sich auf einem relativ hohen geistigen Niveau bewegt, stellt man häufig fest, daß gute Gestalten mehr befriedigen als die Gestalten, die ihnen vorausgehen. Hat man zum Beispiel die Punkte zuerst als eine Reihe von nebeneinanderliegenden Dreiecken wahrgenommen, findet man plötzlich ein Polygon vor. Daraus ergibt sich der Eindruck, daß die Gestalten einem »Prägnanzgesetz« gehorchen und daß die guten Formen, die sich durchsetzen, bestimmte aprioristische Eigenschaften der Einfachheit, der Kohärenz und der Vollendung besitzen (zum Beispiel wie sie »geschlossen« sind usw.). Dieses Phänomen legte die Hypothese nahe, daß der Einsichtsakt in einer Reorganisation des Wahrnehmungsfeldes besteht, durch die inadäquate Gestalten durch befriedigendere ersetzt werden, und daß der Fortschritt der Intelligenz ganz allgemein einer internen Reifung zu verdanken ist, die nach den besten Gestalten tendiert. Nach unserer Theorie aber bilden perfekt strukturierte Wahrnehmungen den Abschluß komplexer Aufbauprozesse. Bei diesem Aufbau ist sowohl die Erfahrung als auch die intellektuelle Tätigkeit mit im Spiele. Die Wahrnehmungen sind daher auch nicht repräsentativ für den Prozeß der Entdeckung »guter Gestalten«. Sobald man nämlich nicht bloß eine einzelne dieser statischen Wahrnehmungen ins Auge faßt, sondern ihre Strukturierung im gesamten Entwicklungsverlauf der Intelligenz analysiert und die Aufbauprozesse berücksichtigt, in die alle Wahrnehmungen in natürlicher Weise eingebettet sind, wird man erkennen, daß die »guten Gestalten« nicht ganz plötzlich und von allein entstehen, sondern immer das Endprodukt langwieriger Bemühungen und gezielten Suchens sind. Dieses Suchen kann nicht mit einem Reifungsprozeß oder einer einfachen Betätigung verwechselt werden, sondern stellt ein wirkliches Ausprobieren dar und besteht aus Experimenten und nachfolgenden Kontrollen.

Das ausprobierende Handeln erscheint, um es noch einmal zu sagen, in der Gestalttheorie als eine außerhalb des Bereiches der Intelligenz liegende Tätigkeit und ist dazu bestimmt, die für den systematischen Vollzug zu schwierigen Umstrukturierungen durch empirische und zufällige Entdeckungen zu ersetzen. Ungeordnete Versuche dieser Art existieren tatsächlich, entsprechen auch teilweise dieser Konzeption, entstehen aber einfach deshalb, weil das gestellte Problem das Anspruchsniveau des Subjektes übertrifft. Wir konnten aber auch ständig auf einen anderen häufiger vorkommenden Typus von ausprobierendem Handeln hinweisen, dessen Versuche alle in eine bestimmte Richtung zielten. Diese Art ist der natürliche Ausdruck der Tätigkeit, deren eigentliches Ergebnis die vollendeten Strukturen sind. Sie besteht auch wesentlich aus einem dynamischen Umstrukturierungsprozeß. Die Verhaltensschemata sind die statistischen Produkte dieses dynamischen Vorgangs.

In allen Stadien scheinen uns die Verhaltensschemata ein Ausfluß der Assimilationstätigkeit zu sein und diese selbst immer den Charakter einer funktionellen Betätigung zu besitzen, die schließlich zu den verschiedenen Strukturierungen führt. Schon vom ersten Stadium an scheint eine gewisse Übung notwendig zu sein, um die Reflexmechanismen ihrer normalen Funktionsweise zuzuführen. Diese Übung schließt natürlich auch ein Element des Probierens ein. Im Verlauf des zweiten und dritten Stadiums resultieren die primären und sekundären Reaktionen aus einer reproduzierenden Assimilation, deren probeweiser Vollzug für die Ausbildung der entsprechenden Verhaltensschemata notwendig ist. Dasselbe gilt auch für die dem vierten Stadium eigentümlichen Koordinationen. Die Verhaltensweisen des fünften Stadiums offenbaren aber noch besser als die vorangehenden die Beziehung zwischen dem probeweisen Vollzug und der vollendeten Organisation dieser Verhaltensschemata. Es bewahrheitet sich dabei, daß die für das ausprobierende Verhalten charakteristischen Bemühungen nicht als eine passive Registrierung zufälliger Ereignisse zu verstehen sind, sondern im Gegenteil ein gezieltes Verhalten darstellen. Die Richtung dieses Verhaltens stammt aus drei Quellen: erstens den Verhaltensschemata, die der Handlung von Anfang an ein Ziel verleihen; zweitens den anderen Schemata, die nach und nach als Mittel eingesetzt werden, und drittens jenen Schemata, die dem Hin und Her der Erfahrungsprozesse eine Bedeutung verleihen. Mit anderen Worten, die zweite Art ausprobierenden Handelns besteht in erster Linie aus einer schrittweisen Akkommodation der Verhaltensschemata an die Gegebenheiten der Wirklichkeit und an die Forderungen der Koordination. Mag dieses Probieren im äußeren Vollzug geschehen, wie im fünften Stadium, oder sich verinnerlichen, wie bei den Verhaltensweisen des sechsten Stadiums, es setzt immer das permanente und aktive Bemühen voraus, die Leistung dauernd zu kontrollieren und zu verbessern.

Diese Kontrolle der Verhaltensschemata ist ein ganz fundamentaler Prozeß. Die Prägnanzhypothese verleitete die Gestalttheorie dazu, die Rolle des sich Korrigierens fast vollständig zu übersehen. Die Gestalttheoretiker nehmen allerdings an, daß die guten Formen allmählich die weniger guten ersetzen, nicht nur weil diese weniger befriedigen, sondern auch weil sie der Gesamtheit der gegebenen Situation weniger adäquat sind. Mag in diesem Punkt der Prozeß der Umstrukturierung aber auch durch eine Art globaler Kontrolle ausgelöst werden, sein eigentlicher Mechanismus bleibt von dieser Kontrolle unabhängig. Uns erschien es immer wieder, als ob jede Umstrukturierung von Verhaltensschemata zu einer Verbesserung früher erarbeiteter Schemata durch fortschreitende Differenzierung führte und als ob jede Struktur in jeder Phase ihres Aufbaus als ein Gleichgewichtszustand zwischen der Tendenz nach weiteren Assimilationen und der Forderung nach besserer Akkommodation zu verstehen sei und folglich eine kontrollierte Betätigung darstellte.

In dieser Weise wird schon im ersten Stadium die Reflextätigkeit durch ihre eigenen Wirkungen ständig kontrolliert und je nach den Umständen verstärkt oder abgeschwächt. Im Verlauf des zweiten und des dritten Stadiums ruft die Ausbildung der Zirkulärreaktionen nach einer Weiterentwicklung dieses Kontrollvorgangs, denn um die interessanten, zufällig erzielten Ergebnisse wieder auffinden zu können, müssen die einsetzenden Bemühungen in Funktion der Erfolge oder Mißerfolge korrigiert werden. Auch die Koordination der Verhaltensschemata im vierten Stadium kann nur erfolgen, wenn sie laufend durch die Ergebnisse sanktioniert wird. Mit Beginn des fünften Stadiums differenzieren sich die Kontrolloperationen noch weiter. Das Kind begnügt sich nicht mehr mit der automatischen Sanktion durch die Wirklichkeit, sondern versucht im Gegenteil mittels der ersten Anfänge eines eigentlichen Experimentierens, die Reaktionen des Gegenstandes vorauszusehen. Es unterwirft somit sein Suchen nach dem Neuartigen einer aktiven Kontrolle. Im sechsten Stadium endlich erfährt dieser Kontrollprozeß in der Form einer im Geiste vollzogenen Korrektur der Verhaltensschemata und ihrer Kombinationen eine Verinnerlichung. Wir dürfen also festhalten, daß der Kontrollprozeß von Anfang an existiert und sich im Verlauf der einzelnen sensomotorischen Entwicklungsstadien immer mehr durchsetzt. Gewiß behält er den Charakter einer empirischen Kontrolle bei, insofern Erfolg oder Mißerfolg der Handlung sein einziges Kriterium bilden. Das Suchen nach der Wahrheit an sich beginnt ja erst auf der Ebene der rationalen Intelligenz. Dieser Kontrollprozeß reicht aber dennoch aus, um die Verhaltensschemata immer aktiver und gezielter zu korrigieren. Er erklärt damit gleichzeitig, warum die guten Gestalten die weniger befriedigenden ersetzen und wie das durch schrittweise Akkommodation aller Strukturen an die Erfahrung und der einen Struktur an die andere geschieht.

Bis jetzt haben wir vier Hauptunterschiede zwischen der Gestalttheorie und der Theorie der Assimilation hervorgehoben. Ein fünfter

Unterschied ergibt sich aus den ersten vier und faßt sie in gewisser Weise zusammen. Er läßt sich in einem Satz zusammenfassen: Die Gestalten sind für sich bestehende und beziehungslose Gebilde, die Verhaltensschemata dagegen bilden Relationssysteme, deren Entwicklung sich nur in dauernder Abhängigkeit der einen von den anderen vollziehen kann.

Die Behauptung, daß die Gestalten als für sich selbst existierend und ohne Beziehungen zueinander begriffen werden, wird zur Genüge bewiesen durch die verschiedenen Weiterentwicklungen der Gestalttheorie. Bei den Autoren, die sich auf die Analyse der psychologischen Tatbestände im Bereich der Wahrnehmung und der intelligenten Einsicht beschränken, sind die Gestalten zwar in gleicher Weise gegeben wie irgendwelche Beziehungen, und der Begriff der Gestalt impliziert bei ihnen keine Reifizierung. Je mehr man aber jeden Versuch, die Genese dieser Gestalten zu erklären, zurückweist, desto mehr erhalten diese den Charakter von Wesenheiten, und man nähert sich einem Platonismus der Wahrnehmung und der Einsicht. Von diesem phänomenologischen Charakter des »Für sich selbst Bestehens« ist man noch einen Schritt weiter gegangen und postulierte für die Gestalten einen apriorischen Charakter. Dadurch versuchte man, die ihnen innewohnende Notwendigkeit durch eine dem Organismus angeborene psycho-biologische Struktur zu erklären, womit sie der Erfahrung in definitiver Weise entraten. Schließlich ging man noch weiter und machte die Gestalten zur unabdingbaren Voraussetzung für jede mögliche Erfahrung. So beschrieb W. Köhler in der Analyse des wissenschaftlichen Denkens »physische Gestalten« als Bedingungen der Außenwelterscheinungen selbst, indem diese Gestalten die elektromagnetischen, chemischen oder physiologischen Systeme bestimmen.

Wenn wir den oben gemachten Einschränkungen Rechnung tragen, gestattet uns gar nichts, an die Existenz der »Strukturen« an sich zu glauben. Wenn es sich erstens um ihre äußere Existenz handelt, so kann offenbar die Übereinstimmung zwischen den Erscheinungen und den Strukturen unseres Geistes sowohl durch die Theorie einer Assimilation der Wirklichkeit an die Formen der Intelligenz als auch durch die Theorie des Realismus erklärt werden. Diese Denkformen dürfen überdies nicht als in sich selbst subsistierend begriffen werden, weil sie ja eine Geschichte besitzen und von einer Tätigkeit zeugen. Wegen ihrer Beweglichkeit sind diese Formen auch nur relativ zueinander und zu den Gegebenheiten, die in systematischer Weise geordnet werden sollen, gut oder schlecht. Dem Relativismus kommt also hier wie immer die Aufgabe zu, den Realismus zu dämpfen, der sich immer wieder erhebt. Natürlich setzt ein derartiger Relativismus die Existenz einiger Invarianten voraus. Diese Invarianten sind aber funktionaler und nicht strukturaler Ordnung. So ist eine »Gestalt« um so besser, je mehr sie der doppelten Forderung nach Organisiertheit und Angepaßtheit des Denkens entspricht, wobei die Organisiertheit in der Interdependenz der gegebenen Elemente und die Angepaßtheit in einem Gleichgewicht zwischen Assimilation und Akkommodation besteht. Dieses doppelte Postulat schließt chaotische Formen aus und ruft nach einer Kohärenz, die ohne Zweifel mittels einer unendlichen Reihe von Strukturen erreicht werden kann. So lehrt uns das Kontradiktionsprinzip nicht, wann zwei Begriffe sich widersprechen oder nicht widersprechen. Zwei Aussagen können lange Zeit als miteinander verträglich gelten, die sich schließlich als kontradiktorisch erweisen (natürlich ist auch der umgekehrte Fall möglich).

4. Die Versuch-und-Irrtum-Theorie

Eine berühmte Hypothese Jennings', die Thorndike wieder aufgegriffen hat, postuliert eine Methode der aktiven Anpassung an neue Umstände, die Methode der probierenden Handlungen. Diese Methode umfaßt einerseits eine Reihe von »Versuchen«, die im Prinzip ebenso viele »Irrtümer« wie zufällige Erfolge verzeichnet. Andererseits ist sie gekennzeichnet durch eine progressive Selektion, die nachträglich in Funktion der Erfolge und Mißerfolge dieser Versuche geschieht. Die Versuch-und-Irrtum-Theorie kombiniert also die aprioristische Idee, nach der die richtigen Lösungen der Eigentätigkeit des Individuums entspringen, mit der empiristischen Idee, nach der die Entscheidung für die richtige Lösung in letzter Analyse dem Druck der Außenwelt zuzuschreiben ist. Im Gegensatz zu unserer Ansicht postuliert diese Theorie keine untrennbare Verknüpfung von Subjekt und Objekt, sondern unterscheidet zwei Phasen. Die erste Phase umfaßt die einzelnen Versuche; sie sind dem Subjekt zuzuschreiben, da sie in bezug auf den Gegenstand in ganz zufälliger Weise gesetzt werden. Die zweite Phase besteht in ihrer Selektion; diese ist allein dem Gegenstand zu verdanken. Der Apriorismus und der Empirismus stehen in dieser Theorie also in gewisser Weise unverbunden nebeneinander und wurden nicht in einer höheren Einheit überwunden. Dieses zwiespältige Denken inspiriert alle pragmatischen Erkenntnistheorien und die mutationistischen Systeme in der Biologie. Die Quelle der Intelligenztätigkeit oder der Lebensfunktionen allgemein bleibt unabhängig von der Außenwelt, der Wert ihrer Produkte aber ist durch den Erfolg dieser Tätigkeit im Bereich der Außenwelt bestimmt.

In seiner bekannten Theorie der Intelligenz hat Claparède die Theorie von Jennings wieder aufgegriffen und generalisiert, indem er sie in eine Gesamtkonzeption der Anpassungsprozesse eingeordnet hat.[5] Nach Claparède stellt die Intelligenz eine geistige Anpassung an neue Umstände oder, noch genauer gesagt, »die Fähigkeit, durch Denken neue Probleme zu lösen« dar. Jeder vollständige Intelligenzakt umfaßt also drei Phasen: Die Frage (die dem Suchen die Richtung verleiht), die Hypothese (oder das eigentliche Suchen) und die Kontrolle. Darüber hinaus ist die Intelligenz nach Claparède nicht ein Ausfluß der Anpassungsprozesse niedriger Ordnungen; sie entwickelt sich also nicht aus dem Reflex, noch stammt sie aus vererbten Anpassungsprozessen und leitet sich auch nicht aus gewohnheitsmäßigen Assoziationen oder erworbenen Anpassungsvorgängen an sich wiederholende Umstände her; sie entsteht vielmehr erst dann, wenn Reflex und Gewohnheit versagen. Was geschieht, wenn die Strukturen des Instinktes oder der erworbenen Assoziationen der Neuartigkeit einer Situation nicht mehr gewachsen sind? Das Individuum bleibt nicht passiv, sondern verhält sich im Gegenteil so, wie Jennings es beschrieben hat: Es probiert hin und her und überläßt sich einer ganzen Reihe von »Versuchen und Irrtümern«. Das ist nach Claparède der Ursprung der Intelligenz. Bevor die »systematische Intelligenz« erarbeitet wird, die durch die Verinnerlichung der ausprobierenden Prozesse gekennzeichnet ist, manifestiert sich die Intelligenz in einer empirischen Form. Sie bereitet die höheren Formen vor und stellt ihr praktisches oder sensomotorisches Äquivalent dar. Der »Frage« entspricht in diesem Stadium das Bedürfnis, das im Individuum durch die neue Situation geweckt wird. Der »Hypothese« entspricht das probierende Handeln, die Reihe von »Versuchen und Irrtümern« kann dabei als eine Abfolge von Annahmen und Vermutungen aufgefaßt werden, die zuerst nur handelnd gesetzt, bevor sie im Geiste gedacht werden. Der »Kontrolle« entspricht schließlich die Selektion der erfolgreichen Versuche. Diese Selektion erfolgt unter dem Druck der Dinge, bis das Bewußtsein der Beziehungen dem Denken gestattet, sich selber mittels eines geistigen Experimentes zu kontrollieren. Die empirische Intelligenz wäre somit durch das probierende Handeln gekennzeichnet, und die progressive Verinnerlichung und Systematisierung dieser Prozesse würde in der Folge zur eigentlichen Intelligenz führen.

Diese Theorie kann sich auf die weite Verbreitung und das allgemeine Vorkommen »ausprobierender Verhaltensweisen« in jedem der von uns untersuchten Entwicklungsstadien berufen. Die »Korrektur« der Verhaltensschemata durch progressive Akkommodation, auf die wir bei der Diskussion der Gestalttheorie immer wieder hingewiesen haben, stellt ein erstes Beispiel für dieses probierende Handeln dar.

[5] Ed. Claparède: La psychologie de l'intelligence, in: Scientia 11, 1917, S. 353–367. Neu abgedruckt in: L'éducation fonctionelle, Neuchâtel 1931.

Sodann stellten wir tatsächlich fest, daß dieses probierende Verhalten sich im Verlauf des sechsten Stadiums unter der Gestalt eines experimentierenden Überlegens oder eines geistigen Experimentes verinnerlicht (wie zum Beispiel bei Lucienne in der Bb. 180, wenn sie vor der zu erweiternden Öffnung den Mund öffnet). Dasselbe ausprobierende Verhalten finden wir in »nicht verinnerlichtem Zustand« im fünften Stadium vor, wo es den Kernprozeß der »tertiären Zirkulärreaktion« und der »Entdeckung neuer Mittel durch aktives Experimentieren« ausmacht. Es ist sodann relativ leicht zu beobachten, daß dieses ausprobierende Verhalten, das im fünften Stadium so manifest zutage liegt, selber wieder durch eine ganze Reihe von ähnlichen Prozessen im Verlauf der vorangehenden Stadien vorbereitet wird. Schon bei den ersten reflexartigen Akkommodationen haben wir ein ausprobierendes Verhalten, beispielsweise im Suchen des Neugeborenen nach der Brustwarze, festgestellt. Beim Erwerben der ersten Gewohnheiten offenbart sich die Wichtigkeit ausprobierender Handlungen in der Betätigung der primären Zirkulärreaktionen. Mit der Ausbildung der sekundären Schemata und der späteren Koordinierung dieser Schemata gewinnt dieses Verhalten immer mehr an Gewicht. Mit einem Wort, die Geschichte des probeweisen Verhaltens ist die Geschichte der Akkommodation und ihrer sukzessiv größer werdenden Komplexität. In dieser Beziehung kommt also der Theorie, die die Intelligenz mit einem aktiven Suchen und Probieren identifiziert, ein gutes Stück Wahrheit zu.

Man kann aber das probierende Handeln auf zwei verschiedene Weisen deuten. Entweder nimmt man an, daß die probierenden Handlungen von Anfang an durch ein gewisses Verständnis der äußeren Situation geleitet werden. In diesem Fall ist das Probieren niemals ganz rein; die Rolle des Zufalls wird sekundär. Diese Interpretation deckt sich mit der Assimilationstheorie (das Ausprobieren besteht dann nämlich in einer progressiven Akkommodation der Assimilationsschemata). Oder man postuliert ein reines Probieren, das dem Zufall gehorcht und bei dem erst nachträglich die günstigen Handlungen selektiert werden. In der Versuch-und-Irrtum-Theorie wird das Spiel der probierenden Versuche in diesem zweiten Sinn interpretiert. Eine solche Deutung können wir nicht akzeptieren.

Wohl scheinen gewisse Tatsachen Jennings recht zu geben. Es geschieht tatsächlich, daß das probierende Verhalten sich nach dem Gesetz des reinen Zufalls abwickelt, das heißt, die richtigen Lösungen werden zufällig entdeckt und prägen sich aufgrund einer einfachen Wiederholung ein, noch bevor das Subjekt die Möglichkeit besitzt, ihren Mechanismus zu verstehen. So löst das Kind manchmal schon sehr früh Probleme, die sein Einsichtsniveau überschreiten und nur gewissen Glückszufällen zu verdanken sind, aber nicht einem gezielten Suchen (Beweis dafür ist die Tatsache, daß solche Erwerbungen oft wieder verlorengehen, um später in einem intelligenten Akt neu entdeckt zu werden). Es gibt aber, wie wir schon gesagt haben, zwei Arten von ausprobierenden Handlungen. Sie sind allerdings eher als Extremfälle aufzufassen, denn zwischen ihnen existiert eine ganze Reihe von Abstufungen oder Übergängen. Die erste Art tritt auf, wenn sich das Problem zwar schon in Reichweite des Subjektes befindet, aber noch nicht einer direkten Lösung zugänglich ist; in diesem Fall löst es ein gezieltes Suchen und Bemühen aus. Die andere Art macht sich bemerkbar, wenn das Problem das intellektuelle Niveau oder die Kenntnisse des Individuums überschreitet, dann tappt das Problemlösungsverhalten im dunkeln. Die Beschreibung von Jennings paßt nur auf diese zweite Situation, während unsere Interpretation des probierenden Verhaltens auf den ersten Fall zutrifft. Es stellt sich aber nun die Frage, welche Beziehung zwischen diesen beiden Arten von ausprobierenden Handlungen besteht. Sind sie unabhängig voneinander, oder leitet sich die eine von der anderen ab? Wenn ja, welche von beiden?

Um zwischen diesen Alternativen leichter entscheiden zu können, dürfte es sehr lehrreich sein, die Entwicklung der Lehre Claparèdes in den Jahren 1917 bis 1933 zu verfolgen. Unter dem Einfluß der Tatsachen, die er in ›La genèse de l'hypothèse‹[6] mit großartiger Klarheit analysierte, vertieft er seine Lehre stetig und gelangte zu einer exakten Abgrenzung der Bedeutung der ausprobierenden Handlungen.

Von Anfang an hat Claparède die beiden genannten Arten des probierenden Handelns unterschieden, schreibt er doch: »Ich hatte damals zwei Arten oder Abstufungen von ausprobierenden Versuchen unterschieden: Erstens das *unsystematische* Probieren, das rein zufällig erfolgt, dessen ›Versuche‹ in rein mechanischer Weise durch die äußeren Umstände gleichsam gesiebt und selektioniert werden. Zweitens das *systematische* Probieren, das vom Denken geleitet und kontrolliert wird, und zwar namentlich durch das Bewußtsein der Beziehungen. Das unsystematische Probieren charakterisiert das, was ich die ›empirische Intelligenz‹ nannte; das systematische Probieren dagegen ist das Kennzeichen der ›eigentlichen Intelligenz‹.«[7] Von der Untersuchung von 1917 bis zu derjenigen von 1933 kehrt sich aber der Sinn und die Bedeutung der beiden Arten des Probierens um. 1917 wird das unsystematische Probieren als das ursprüngliche Faktum der Intelligenz angesehen. Damals glaubte Claparède, diese Art führe durch progressive Berührung mit der Erfahrung, die sich daraus er-

[6] Ed. Claparède: La genèse de l'hypothèse, in: Archives de psychologie, Band 24, 1933, S. 1–155.

[7] La genèse de l'hypothèse, S. 149.

gibt, und durch das Bewußtsein der Beziehungen, die ihre Konsequenzen sind, zur Entwicklung des systematischen Probierens. Mit seinen eigenen Worten: »Der Intelligenzakt besteht ganz wesentlich in einem geistigen Probieren, das sich vom ausprobierenden Verhalten herleitet und das man auch bei den niedrigsten Tieren findet, wenn sie sich in einer neuen und ungewohnten Situation befinden.«[8] In der Studie von 1933 dagegen führen drei Neuerungen zu einer eigentlichen Umkehrung dieser Ableitung. Erstens: Die beiden Arten von probierendem Verhalten werden nicht mehr »als zwei vollständig verschiedene Arten aufgefaßt, sondern als die beiden Extreme einer Kette verstanden, die alle möglichen Abstufungen zuläßt«.[9] Zweitens: Das unsystematische Probieren besitzt schon eine gewisse Gerichtetheit: »Kein Probieren ist vollständig inkohärent: Denn es hat immer die Funktion, ein bestimmtes Ziel zu erreichen oder irgendein Bedürfnis zu befriedigen, das heißt, es ist immer in eine bestimmte Richtung orientiert ..., bei den niedrigen Formen des Denkens ist diese Richtung noch sehr unbestimmt und vage. Je höher aber das geistige Niveau des Suchenden ist, um so mehr macht er sich die Beziehungen bewußt. Dadurch präzisiert sich die Richtung, in der das Suchen nach der Lösung des Problems erfolgt ... So verengt jeder neue Versuch ein wenig den Umkreis, in welchem sich die folgenden probeweisen Handlungen ansiedeln ... Das ausprobierende Verhalten, das anfänglich durch *das Bewußtsein der Beziehungen gesteuert wird – Beziehungen zwischen bestimmten auszuführenden Handlungen und einem gewissen zu erreichenden Ziel* –,[10] ist also der Faktor, der die Entdeckung neuer Beziehungen gestattet.«[11] Drittens: Schließlich ist noch ganz besonders hervorzuheben, daß das unsystematische Probieren, wie wir eben sahen, nicht nur ein Bewußtsein gewisser Beziehungen, die es von Anfang an lenken, voraussetzt, sondern daß diese elementaren Beziehungen selbst einem fundamentalen Mechanismus der Anpassung an die Erfahrung entspringen. Diesen Mechanismus untersucht Claparède in seinem Artikel von 1933 mit Scharfsinn und nennt ihn mit den Logikern die »Implikation«. »Die Implikation ist ein Prozeß, der für unsere Anpassungsbedürfnisse unumgänglich notwendig ist. *Ohne ihn vermöchten wir nicht aus der Erfahrung zu profitieren.*«[12] Die Implikation ist also ein ursprüngliches Phänomen, das nicht durch Wiederholung entsteht wie die Assoziation. Sie verknüpft im Gegenteil von Anfang an mit dem Band der Notwendigkeit die beiden sich gegenseitig implizierenden oder einschließenden Fak-

[8] Ibid.
[9] Ibid.
[10] Von uns hervorgehoben.
[11] Ibid., S. 149f.
[12] Ibid., S. 104 (im Text hervorgehoben).

toren. Daher reichen die Wurzeln der Implikation bis hinunter in das organische Leben: »Der Organismus erscheint uns von seinen ersten, reflexartigen Manifestationen an als eine ›Implikations-Maschine‹.«[13] Die Implikation ist auch der Ursprung der konditionierten Reflexe und der Zirkulärreaktionen. Darüber hinaus leitet sie von Anfang an das unsystematische Probieren. »Implizieren bedeutet erwarten und erwarten heißt sich nach dem ausstrecken, was man erwartet.«[14] Je weniger die Erwartung enttäuscht wird, um so weniger nützlich sind probierende Handlungen. Je mehr sie aber enttäuscht wird, um so mehr wird das probierende Verhalten, dem die Erwartung eine Richtung verleiht, durch die Implikation, die das Ziel mit dem verspürten Bedürfnis verbindet, auf eben dieses Ziel hingelenkt.

Nach diesen Ausführungen möchten wir nun zeigen, warum die Theorie eines reinen Probierens nicht aufrechterhalten werden kann und in welcher Beziehung die von Claparède an seiner Interpretation angebrachten Korrekturen sich nicht nur vollständig mit unseren Beobachtungen über die Entstehung der Intelligenz beim Kinde decken, sondern darüber hinaus notwendigerweise eine Theorie der Verhaltensschemata und der Assimilation im allgemeinen einzuschließen scheinen.

Die Theorie eines rein zufälligen Probierens als Ausgangspunkt der Intelligenz kann nicht aufrechterhalten werden. Denn das unsystematische Probieren ist eine Randerscheinung des gezielten Probierens und tritt oft sogar erst nach diesem auf. Wenn es aber dem gezielten Probieren vorangeht, dann steht es entweder unter seinem Einfluß oder verfolgt schon selbst eine bestimmte Richtung und ist folglich bereits systematisch.

Erinnern wir zuerst daran, daß der Unterschied zwischen unsystematischem Probieren und gezieltem Probieren bloß gradueller Art ist und daß die Situationen, in denen sich diese beiden Arten von Verhaltensweisen manifestieren, selbst nur graduelle Unterschiede zueinander aufweisen und nicht grundlegend verschieden sind. Das systematische Probieren ist durch folgende Punkte gekennzeichnet: Erstens, die aufeinanderfolgenden Versuche bedingen sich gegenseitig, und ihre Wirkungen kumulieren sich. Zweitens, die schon zur Verfügung stehenden Verhaltensschemata hellen diese Versuche auf und verleihen den zufälligen Entdeckungen eine Bedeutung. Drittens erhalten diese Versuche auch noch durch die Verhaltensschemata, die der Handlung ein Ziel setzen oder ihr als Mittel dienen, eine Richtung. Dabei bewirken die probierenden Versuche eine schrittweise Differenzierung oder Akkommodation (siehe Bb. 148 bis 174) dieser Schemata. Das syste-

[13] Ibid., S. 106.
[14] Ibid., S. 107.

matische Probieren ist also in drei- oder vierfacher Weise gerichtet, je nachdem das Ziel und die anfänglichen Mittel ein einheitliches Ganzes bilden oder voneinander verschieden sind. Beim unsystematischen Probieren dagegen, wie zum Beispiel bei den Katzen von Thorndike, sind die aufeinanderfolgenden Versuche mehr oder weniger unabhängig voneinander und werden nicht durch frühere Erfahrungen geleitet. In diesem Sinn ist das Probieren zufällig, und die Lösung wird allein aufgrund eines Zufalls entdeckt. Wenn aber selbst die unsystematischen Versuche immer von einem verspürten Bedürfnis angetrieben werden, das heißt durch das Verhaltensschema, das der Handlung ein Ziel setzt (Thorndike muß selbst zugeben, daß die Versuche aufgrund des auf den Mißerfolg folgenden Unbehagens selektioniert werden), dann spielt die frühere Erfahrung offensichtlich doch eine Rolle. Das System der fertig erarbeiteten Verhaltensschemata ist nicht ohne Beziehungen zu den anscheinend ungeordneten Handlungen des Individuums. Die aufeinanderfolgenden Versuche sind nur relativ unabhängig voneinander, und die erzielten Ergebnisse, auch wenn sie zufällig entstanden sind, erhalten nur aufgrund verborgener, aber wirksamer Verhaltensschemata, die sie von innen erleuchten, eine Bedeutung. Der Unterschied zwischen den unsystematischen Versuchen und dem gezielten Probieren ist also nur gradueller und nicht quantitativer Art.

Wenn dem so ist, so ist es auch klar, warum das unsystematische Probieren dem gezielten Suchen nicht nur nicht vorausgeht, sondern sehr oft nur am Rande dieses gezielten Suchens oder sogar nach ihm auftritt, und warum das unsystematische Probieren, auch wenn es dem gezielten Bemühen anscheinend vorangeht, dennoch immer von ihm geleitet wird oder wenigstens unter seinem Einfluß steht. Die Beziehungen zwischen den beiden extremen Verhaltensarten werden nämlich durch die Situation definiert, in der sie sich manifestieren. Gezieltes Suchen liegt immer dann vor, wenn das Problem dem intellektuellen Niveau und den Kenntnissen des Subjektes so weit angepaßt ist, daß dieses die richtige Lösung mittels einer Umwandlung und Angleichung der ihm vertrauten Verhaltensschemata finden kann. Ungezieltes Probieren dagegen ist gegeben, wenn das Problem das Niveau des Subjektes übersteigt und eine einfache Angleichung von Verhaltensschemata nicht zu seiner Bewältigung ausreicht. Das Probieren ist daher um so gezielter, je mehr sich die Situation der ersten Art annähert, und es ist um so weniger systematisch, je näher sie dem zweiten Extrem kommt.

Es ergeben sich folglich zwei Möglichkeiten für die Abfolge dieser beiden Arten von probeweisem Verhalten. Die erste Möglichkeit besteht darin, daß das Subjekt die Methode des reinen Probierens durch »Versuch und Irrtum« erst dann aufgreift, nachdem es alle Möglichkeiten des gezielten Suchens erschöpft hat. Diese Reihenfolge kann sogar beim erwachsenen Menschen beobachtet werden. Bei einer Automobilpanne zum Beispiel beginnt der Intellektuelle, der keine mechanische Ausbildung besitzt, seine Kenntnisse bezüglich des Vergasers, der Kerzen, des Zündsystems usw. anzuwenden. Das ist ein Fall von gezieltem Suchen aufgrund von früheren Verhaltensweisen, also ein systematisches Probieren. Da dieses Suchen aber nicht zum Erfolg führt, nimmt es einen rein zufälligen Charakter an: Er berührt Teile, deren Bedeutung ihm vollständig unbekannt ist, und in seltenen Gelegenheiten gelingt es ihm auf diese Weise sogar, seinen Motor aufgrund eines rein zufällig vollzogenen Eingriffs wieder in Gang zu bringen; das ist ein unsystematisches Probieren. In einem solchen Fall verlängert natürlich das reine Probieren das gezielte Suchen. Das Individuum generalisiert sein Lösungsverhalten, das darin bestand, eine große Zahl von Lösungen auszuprobieren. Je weniger es aber von den Gegebenheiten des Problems versteht, um so schneller wechselt es vom gezielten Suchen zum unsystematischen Probieren. In diesem ersten Fall stellt also das probierende Handeln in gewissem Sinn die uneigentlichste Form intellektuellen Suchens dar und ist keineswegs Ursprung und Ausgangspunkt des Intelligenzaktes.

Es gibt aber eine zweite Möglichkeit, die dann auftritt, wenn das Problem für das Individuum absolut neu ist. Das unsystematische Probieren scheint dann vor dem gezielten Suchen aufzutreten. Ein Tier kann auf der Suche nach Nahrung beispielsweise viele verschiedene Wege nacheinander rein zufälligerweise einschlagen, ohne fähig zu sein, die Beziehungen zwischen diesen Wegen zu sehen. Ein Kind möchte einen durch verschiedene Hindernisse halb verdeckten Gegenstand erlangen, es gelingt ihm schließlich, aber ohne daß es die Beziehung »hinter oder unter etwas anderem liegen« versteht. Für diesen Fall ergeben sich wieder zwei Möglichkeiten: Entweder spielt der Zufall die Hauptrolle beim Erfolg, und die unsystematischen, aber erfolgreichen Versuche haben nichts mit einem intelligenten Verhalten zu tun; sie sind auch in der Folge nicht fähig, aus sich selbst ein gezieltes Suchen auszulösen. Oder, und das ist die zweite Möglichkeit, dieses unsystematische Probieren besitzt schon eine gewisse Richtung, so daß man ihr den Erfolg des Handelns zuschreiben kann. Hier haben wir den ersten Anfang eines Systems vor uns, das die später systematisch erfolgenden Versuche erklärt. Greifen wir das Beispiel des Kindes, das einen halb verdeckten Gegenstand ergreifen will, noch einmal auf. Es kann selbstverständlich geschehen, daß das Individuum zum Ziel gelangt, ohne zu wissen, wie. In diesem Fall bereitet dieses unsystematische Probieren mit seinem Zufallserfolg keineswegs das gezielte Suchen vor, das dem Kind später die Entdeckung der Beziehungen »gestellt auf«, »gelegt unter« usw. gestatten wird. Das unsystematische Probieren ist in diesem Fall ein rein sporadisches Verhalten, eine Randerscheinung der Intelligenztätigkeit, es führt ganz einfach das probierende Handeln weiter, das allen Stadien gemeinsam ist (Reflextätigkeit, Zirkulärreaktion usw.). Wir haben hier den Extremfall einer Akkommodation vor uns, die nicht mehr durch die Assimilation bestimmt wird. Es kann aber auch geschehen, daß das Individuum zwar noch nicht über die Kenntnis der Beziehung »unter etwas gelegt« verfügt und sein Probieren folglich noch einen stark zufälligen Charakter hat, daß aber sein Suchen nach dem halb verdeckten Gegenstand dennoch bereits durch bestimmte allgemeine Verhaltensschemata geleitet wird. Solche Schemata sind zum Beispiel »einen Gegenstand beiseite schieben«, »einen beweglichen Gegenstand verwenden, um das entfernte Zielobjekt an sich zu ziehen« (im Fall der am Wiegendach befestigten Spielsachen). In diesem Fall bereitet das unsystematische Probieren sehr wohl das spätere gezielte Versuchen vor (das nun dem Kind gestattet, die Beziehung »unter etwas gelegt« tatsächlich zu verstehen). Diese Art probierenden Handelns ist also bereits, wenngleich in einer unbestimmten und allgemeinen Weise, gezielt. Man kann diese beiden Möglichkeiten mit Leichtigkeit an der Tatsache unterscheiden, daß bei der ersten die zufällige Entdeckung des Kindes nicht zu einer dauerhaften Anwendung dieser Handlung führt, während sie bei der zweiten immer wieder von neuem angewendet wird (in der Form von Zirkulärreaktionen oder reproduzierenden Assimilationshandlungen mit schrittweiser Akkommodation) und einen mehr oder weniger kontinuierlichen Fortschritt einleitet.

Selbst wenn das unsystematische Probieren vor dem gezielten Suchen aufzutreten scheint, erklärt es dieses nicht, sondern muß im Gegenteil von ihm her verstanden werden, da es von Anfang an ein Minimum an Zielsetzung enthält. Ohne also die Idee des probierenden Handelns verwerfen zu wollen, glauben wir nicht, daß sie allein den Intelligenzmechanismus zu erklären vermag. Gerade das hat Claparède in seiner letzten Studie mit Scharfsinn bewiesen. Nachdem er sich gezwungen sah, die Hypothese eines rein zufälligen Probierens zu verwerfen, und nachdem er feststellte, daß das bewußte Bedürfnis eines zu erreichenden Ziels selbst die primitivsten Versuche orientiert, gelangte er zur Überzeugung, daß eine elementare Implikation von Handlung und Interesse die Grundgegebenheit darstellt, die selbst vom ausprobierenden Verhalten vorausgesetzt wird. Wir möchten nun zeigen, inwiefern diese Implikation die Theorie der Assimilation und der Systeme von Verhaltensschemata zwingend nach sich zieht.

Auf dem Niveau der rationalen Intelligenz setzt die Implikation selbstverständlich ein System von Begriffen und folglich die assimilatorische Tätigkeit des Urteils voraus. Die Aussage »A impliziert B« (zum Beispiel die Rechtwinkligkeit eines Dreiecks impliziert die Tatsache, daß es dem Pythagorassatz gehorcht) bedeutet, daß man über einen bestimmten Begriff C (zum Beispiel »rechtwinkliges Dreieck«) verfügt, der A und B entweder aufgrund einer logischen Notwendigkeit oder *per definitionem* vereinigt. Die Implikation ist also das Ergebnis von Urteilen, die auch die Begriffe C, A und B erzeugt haben, und die Notwendigkeit der Implikation beruht auf den früher erfolgten Assimilationen, die in diesen Urteilen vollzogen wurden.

Genauso verhält es sich bei der sensomotorischen Intelligenz mit Einschluß ihrer Vorbereitungsphasen, die durch die Ausbildung der ersten gewohnheitsmäßigen Assoziationen (zweites Stadium) charakterisiert werden. Claparède betrachtet mit Recht die Implikation als die Grundbedingung im Prozeß der Erfahrungsgewinnung (»ohne sie vermöchten wir keinen Nutzen aus der Erfahrung zu ziehen«) und beweist auf sehr eindrückliche Weise, daß der konditionierte Reflex ein Implikationsphänomen ist. »Tatsächlich impliziert«, so sagt er, »die Situation A die Situation B, wenn A gegeben ist und wenn das Individuum sich in ihr so verhält, wie es sich in B verhalten würde ... Der Anblick der rosa Farbe A, die einem Hund zuerst in Verbindung mit einer Mahlzeit B dargeboten wurde, löst bei ihm Speichelfluß und Verdauungsreaktionen aus, wie sie zuerst durch die Mahlzeit B verursacht wurden. Der Hund verhält sich also A gegenüber, wie wenn B in A enthalten wäre, das heißt in ihm impliziert wäre ... Wenn nur eine einfache Assoziation und keine Implikation vorläge, würde die rosa Farbe im Gedächtnis des Hundes ganz einfach die Erinnerung an die Mahlzeit wachrufen, es würde daraus aber nicht eine Reaktion folgen, die bedeutet, daß die rosa Farbe *für die Mahlzeit gehalten* würde und *wie die Mahlzeit funktioniert.*«[15]

Wie erklärt es sich aber, daß die Farbe »für die Mahlzeit gehalten wurde«, um den Ausdruck dieser hervorragenden Beschreibung zu verwenden: Claparède weist mit Nachdruck auf die Tatsache hin, daß von Anfang an die Notwendigkeit zu solchen Verknüpfungen besteht. »Weit entfernt davon, daß erst die Wiederholung eines Paares von solchen Elementen zwischen ihnen ein Implikationsband zu schaffen vermag, entsteht die Implikation vielmehr schon bei der ersten Begegnung der beiden Elemente dieses Paares. Die Erfahrung dient nur noch dazu, diese Implikationsbeziehung zu zerschlagen, wenn sie sich nicht als legitim erweist.« Und er fährt fort: »Eine solche Verknüpfung scheint also schon ganz zu Anfang den Charakter der Notwendigkeit zu besitzen. Wenn die Notwendigkeit nicht schon zu Beginn bestehen würde, wüßte man nicht zu sagen, wann sie überhaupt auftreten sollte, denn Gewohnheit ist keine Notwendigkeit.«[16] Damit wird das Problem aber nur verschoben: Wie soll man diese Notwen-

[15] La genèse de l'hypothèse, S. 105f.
[16] Ibid., S. 105.

digkeit erklären, die bei der ersten Begegnung zweier Elemente in Erscheinung tritt, die bis dahin einander fremd waren? Wie erklären, daß das Individuum unmittelbar den Eindruck gewinnt: Diese beiden Elemente implizieren sich?

Auf dieselbe Weise interpretiert Claparède mittels der Implikation die klassische Analogie zwischen Wahrnehmung und Überlegung: »Die Wahrnehmungsoperation kann nur dann identisch sein mit der Grundoperation rationaler Überlegungen, *wenn diese Operation eine Implikation ist.* Wenn wir bei der Wahrnehmung eines orangenen Farbkleckses einen süßlichen Geschmack verspüren, so geschieht das nicht aufgrund einer bloßen Assoziation, sondern kraft einer Implikation. Weil nämlich der Anblick des orangenen Farbkleckses diesen süßlichen Geschmack impliziert ...«[17] Aber auch hier stellt sich die Frage, wie man die Tatsache erklären soll, daß die in der Sinnesempfindung gegebenen Eigenschaften sogleich eine erweiterte Bedeutung annehmen und nach einer Gesamtheit von anderen Eigenschaften rufen, die unter sich mit Notwendigkeit verknüpft sind?

Die einzig mögliche Antwort heißt: Es existieren Verhaltensschemata (das heißt organisierte Gesamtheiten, deren Strukturelemente sich gegenseitig implizieren) und eine Operation, die diese Verhaltensschemata und ihre gegenseitigen Implikationen aufbaut und die wir *Assimilation* nennen. Ohne eine solche implikationsbildende Operation, die das sensomotorische Äquivalent des Urteils darstellt, könnte irgendein Ding irgendein anderes aufgrund einer bloß zufälligen, wahrnehmungsmäßigen Annäherung einschließen. Die Implikation würde dann von einem Gesetz beherrscht, das William James das Gesetz der »Verschmelzung« nennt und nach dem gleichzeitig wahrgenommene Gegebenheiten eine Einheit bilden, solange sie durch die Wahrnehmung nicht wieder gespalten werden.

»Das Gesetz der Verschmelzung«, sagt Claparède, »erzeugt auf der Ebene der Handlung die Implikation und auf der Ebene der Vorstellung den Synkretismus.«[18] Wenn dem so wäre, müßte man sich fragen, ob der Begriff der Implikation noch einen Wert besitzt und ob die Notwendigkeit, die den Implikationsrelationen innewohnt, nicht illusorisch ist. Wesentlich tiefer ist die Interpretation Claparèdes, wenn er die Implikation mit dem von ihm aufgestellten »Gesetz der Reproduktion des Ähnlichen« in Verbindung bringt und hinzufügt: »Die Wurzeln der Implikation sind in den motorischen Schichten des Lebewesens zu suchen. Man könnte sagen, das Leben impliziere die Implikation.«[19] Aber auch in dieser Auffassung fehlt immer noch ein Bindeglied zwischen der motorischen Organisation und der Implika-

[17] Ibid., S. 107.
[18] Ibid., S. 105.
[19] Ibid., S. 104f.

tion. Dieses Bindeglied ist eben die Assimilation. Einzig und allein die Assimilation vermag nämlich zu erklären, wie der Organismus gleichzeitig danach strebt, die günstigen und erfolgreichen Handlungen neu zu setzen (reproduzierende Assimilation) – diese Reproduktion genügt zur Ausbildung von Verhaltensschemata, nicht nur, weil die äußeren Bedingungen sich wiederholen, sondern vor allem, weil die früheren Verhaltensweisen in Funktion dieser Bedingungen in aktiver Weise neu gesetzt werden – und den so entstandenen Verhaltensschemata alle die Gegebenheiten einzuordnen, die ihnen als Nahrung dienen könnten (generalisierende Assimilation). Die Assimilation vermag also zu erklären, wie die aktive Reproduktion die Implikation erzeugt. In der Absicht, interessante Handlungen zu wiederholen, assimiliert nämlich das Subjekt an diese Verhaltensweisen unaufhörlich all die ihm vertrauten Gegenstände, die es unter ähnlichen Umständen schon einmal benutzt hat, das heißt, es verleiht ihnen eine Bedeutung, indem es sie in ein Implikationssystem einbaut. In dieser Weise impliziert die am Wiegendach hängende Puppe für den Säugling die Eigenschaft »gezogen, geschlagen oder geschüttelt werden können« usw., weil sie bei jeder neuen Wahrnehmung an die Verhaltensschemata des Ziehens usw. assimiliert wird. Aber auch neue Gegenstände werden aufgrund ihrer ins Auge stechenden Eigenschaften oder aufgrund ihrer Lage an die schon bestehenden Verhaltensschemata assimiliert, woraus neue Bedeutungs- und Implikationssysteme entstehen. So wird zum Beispiel in der Beobachtung 136 der von Jacqueline geprüfte Zigarettenhalter nacheinander gelutscht, gerieben, geschüttelt usw. Sowohl die reproduzierende Assimilation (und die wiedererkennende) als auch die generalisierende Assimilation bilden zusammen die Quelle der Implikation, die ohne sie nicht zu erklären wäre. Diese Implikationen sind keineswegs einfache »Verschmelzungen«, es handelt sich im Gegenteil um von Anfang an durch das gesamte System der Verhaltensschemata gerichtete und organisierte Prozesse.

Im konditionierten Reflex, um die Beispiele von Claparède noch einmal aufzugreifen, ist die rosa Farbe A in der Mahlzeit B impliziert, weil mit den eigenen Worten des Autors diese Farbe »für die Mahlzeit genommen wird«. Was wird damit anderes gesagt, als daß die Farbe an die Mahlzeit assimiliert wird und daß sie in Funktion dieses Verhaltensschemas eine Bedeutung erhält? Hier wie überall resultiert die Implikation aus einer Assimilation. Der süßliche Geschmack der Orange ist nur deshalb in ihrer zugleich mit der Empfindung des Geschmacks wahrgenommenen Farbe impliziert, weil diese Farbe direkt an das schon bekannte Schema assimiliert wird. Mit einem Satz, ohne die Assimilation bleibt die »Notwendigkeit« der Implikation unerklärbar, die Claparède an den »Anfang« setzt und mit Recht von der aufgrund rein passiver Wiederholung entstandenen Gewohnheit unterscheidet (die nicht verwechselt werden darf mit der aktiven Reproduktion). Die Implikation ermangelt denn auch eines organischen Fundaments. Daß die Wurzeln der Implikation tatsächlich bis in den Organismus hinabreichen, was auch uns unbestreitbar erscheint, beruht ganz einfach auf der Tatsache, daß jede sensomotorische Tätigkeit sich durch ihre Betätigung entwickelt (reproduzierende Assimilation) und kraft der generalisierenden Assimilation die Gegenstände benutzt, die ihr als Nahrung dienen können. Daher werden alle äußeren Gegebenheiten in Funktionen der sensomotorischen Verhaltensschemata wahrgenommen. Diese unaufhörliche Assimilation verleiht allen Dingen die verschiedensten Bedeutungen und Implikationen aller Art. Jetzt können wir auch verstehen, warum jedes probierende Handeln immer ein Ziel verfolgt, mag es noch so vage sein. Das probierende Handeln geht notwendigerweise durch Akkommodation früherer Verhaltensschemata vor sich: Diese Schemata assimilieren sich die Gegenstände oder sind bestrebt, sie zu assimilieren; dabei werden sie von ihnen akkommodiert.

So verstanden, ist die Theorie des »probierenden Handelns« mit der Assimilationstheorie und der Theorie der Verhaltensschemata in Einklang. Vorbereitet wurde diese Versöhnung durch die Analyse von Claparède. Er hat auf die zentrale Rolle des Bedürfnisses und der Fragestellung hingewiesen und hat die »Versuch-und-Irrtum«-Theorie durch den Vorrang der Implikation korrigiert.

5. Die Assimilationstheorie

Aus den vorangehenden Diskussionen sind unseres Erachtens zwei Folgerungen zu ziehen. Erstens, die Intelligenz stellt eine organisierende Tätigkeit dar: Sie führt die Funktion der biologischen Organisation weiter und geht zugleich über sie hinaus, weil sie neue und höhere Strukturen erarbeitet. Zweitens, die aufgrund der intellektuellen Tätigkeit entstandenen und aufeinanderfolgenden Strukturen gehorchen immer denselben Funktionsgesetzen, mögen sie qualitativ noch so verschieden sein. Es ist nützlich, in dieser Beziehung die sensomotorische Intelligenz mit der rationalen Intelligenz zu vergleichen, denn dieser Vergleich fördert die Analyse der beiden extremen Formen der Intelligenz.

Mögen die wichtigsten Erklärungstheorien der Biologen noch so stark voneinander abweichen, so anerkennt doch jedermann eine gewisse Anzahl von elementaren Wahrheiten, und gerade von diesen sprechen wir hier. Niemand bestreitet, daß der lebendige Organismus eine organisierte Struktur besitzt, das heißt ein System von interdependenten Relationen; daß er dauernd in Aktion ist, um seine Struktur zu erhalten, und daß er zu diesem Zweck die notwendigen chemischen und energetischen Nahrungsmittel der Umwelt entnimmt und sich einverleibt. Jedermann geht auch einig damit, daß der Organismus auf die Aktionen der Umwelt immer in Funktion seiner besonderen Struktur reagiert und danach strebt, dem gesamten Universum ein Gleichgewicht aufzuerlegen, das von seiner Organisation abhängt und bestimmt ist. Im Gegensatz nämlich zum anorganischen Wesen, das sich gleichfalls mit dem Universum im Gleichgewicht befindet, sich die Umwelt aber nicht einverleibt, assimiliert das Lebewesen das gesamte Universum und akkommodiert sich ihm zugleich. Denn die Gesamtheit der für diese Aktionen und Reaktionen gegenüber den Dingen charakteristischen Bewegungen jeder Art schließt sich zu einem Zyklus zusammen, der ebensosehr durch seine eigene Organisation wie durch die Natur der äußeren Gegenstände bestimmt ist. Im allgemeinsten Sinn darf die Assimilation als die Einordnung irgendeiner äußeren Wirklichkeit in einen Teilbereich des lebendigen Organisationszyklus verstanden werden. Mit anderen Worten, alles, was einem Bedürfnis des Organismus entspricht, gilt der Assimilation als Materie. Das Bedürfnis ist der Ausdruck der Assimilationstätigkeit an sich. Die einseitig vom Milieu ausgeübten Einflüsse entsprechen keinem Bedürfnis und führen daher nicht von selbst zu ihrer Assimilation, solange der Organismus sich nicht an sie angepaßt hat. Da aber das Wesen des Anpassungsprozesses gerade darin besteht, äußeren Zwang in Bedürfnis zu verwandeln, kann im Endeffekt alles Assimilationsmaterie werden. Die Relationsfunktionen sind – unabhängig vom psychischen Erleben, das aus ihnen entspringt – in doppelter Weise Ursache von Assimilationsprozessen: Sie dienen einerseits der allgemeinen Assimilation des Organismus, da ihre Betätigung für das Leben unentbehrlich ist; andererseits setzt jede ihrer Manifestationen eine besondere Assimilation voraus, da die Assimilationstätigkeit sich immer auf eine Reihe von äußeren und für sie spezifischen Bedingungen bezieht.

So ist die organische Grundlage beschaffen, aus der das psychische Leben entspringt. Unsere Theorie postuliert nun, daß die Entwicklung der Intelligenz diesen Mechanismus übernimmt und weiterführt. Sie widerspricht ihm nicht. An erster Stelle können wir feststellen, daß schon auf dem Niveau der reflexhaften Verhaltensweisen und der aus ihnen abgeleiteten erworbenen Handlungsvollzüge Prozesse vermerkt werden können, in denen Dinge in die Verhaltensschemata des Subjektes eingeordnet werden. Diese Schemata suchen nach der für die Entwicklung des Verhaltens notwendigen funktionellen Nahrung, und diese das Wachstum stimulierende Tätigkeit bildet die elementarste Form der psychologischen Assimilation. Da dabei die Dinge an die Tätigkeit der Verhaltensschemata assimiliert werden, erlebt das Subjekt noch keineswegs bewußt die Dinge als solche. Diese primitive Assimilation gibt daher noch nicht zu objektiven Urteilen Anlaß, konstituiert indessen die ersten Operationen, die in der Folge in den eigentlichen Urteilen ihren Abschluß finden. Derartige Operationen sind die Operationen des Reproduzierens, des Wiedererkennens und des Generalisierens. Diese schon in der reflexartigen Assimilation enthaltenen Operationen bringen die ersten erworbenen Verhaltensweisen hervor und erzeugen folglich die ersten nicht erblich angelegten Verhaltensschemata. Diese Schemata sind das Produkt des reproduzierenden und generalisierenden Assimilationsaktes.

Jeder Bereich der sensomotorischen Reflexorganisation umfaßt so eine Reihe von spezifischen Assimilationsprozessen, die in funktionaler Hinsicht die physikalisch-chemische Assimilation weiterführen. An zweiter Stelle ist hervorzuheben, daß diese auf vererbten Tendenzen aufbauenden Verhaltensweisen von Anfang an in den allgemeinen Plan der individuellen Organisationsstruktur eingeordnet werden. Noch bevor sie bewußt werden, fügen sie sich in die Funktionsgesamtheit und Funktionseinheit des Organismus ein. Sie tragen damit unmittelbar zur Erhaltung und Sicherung des Gleichgewichts zwischen Universum und eigenem Körper bei. Dieses Gleichgewicht besteht, wie wir wissen, in einer Assimilation des Universums an den Organismus, ebensosehr wie in einer Akkommodation des Organismus an das Universum. In der psychologischen Sicht bedeutet das, daß die erworbenen Verhaltensweisen von Anfang an nicht nur eine Summe von organisierten Elementen, sondern viel eher eine gesamtheitliche und durchstrukturierte Organisation konstruieren, die aus einem System von interdependenten Operationen besteht. Diese Interdependenz existiert anfänglich nur der Möglichkeit nach, dank ihrer Verwurzelung im biologischen Unterbau, wird dann aber infolge des Mechanismus der gegenseitigen Assimilation der betreffenden Verhaltensschemata effektiv.

Zusammenfassend kann man festhalten, daß die intellektuelle Organisation in ihren ersten Anfängen die biologische Organisation weiterführt. Sie ist keine bloße Ansammlung von Reaktionen, die durch äußere Stimuli auf mechanische Weise determiniert worden sind, wie es eine vom empiristischen Assoziationismus getragene Reflextheorie glauben machen wollte. Sie besteht auch nicht nur aus einer Ansammlung von korrelativen Verknüpfungen neuer Stimuli mit alten Reaktionen. Sie ist im Gegenteil eine wirkliche Tätigkeit, die sich auf eine eigene Struktur stützt und sich immer mehr äußere Gegenstände assimiliert.

Die sensomotorische Assimilation der Dinge an die Verhaltensschemata des Subjektes setzt nicht nur die biologische Assimilation der Umwelt an den Organismus fort, sondern kündet ebenfalls die intellektuelle Assimilation des Gegenstandes an den Geist an, wie man sie bei den höchstentwickelten Formen des rationalen Denkens feststellt. Die Vernunft verfügt tatsächlich über eine formale Organisation der verwendeten Begriffe, paßt diese Begriffe aber auch an die Wirklichkeit an; diese organische Struktur und ihre Anpassungsfunktion sind übrigens untrennbar verbunden. Die Anpassung der Vernunft an die Erfahrung umfaßt sowohl eine Einverleibung der Gegenstände in die Organisation des Subjektes als auch eine Akkommodation dieser Organisation an die äußeren Umstände. In rationalen Begriffen ausgedrückt heißt das: Die Organisation ist Ausdruck der formalen Kohärenz, die Akkommodation entspricht der Erfahrung und die Assimilation dem Urteilsakt, der die erfahrungsmäßigen Inhalte mit einer logischen Form versieht.

Dieser schon oft angeführte Vergleich zwischen biologischer, sensomotorischer und rationaler Ebene gestattet uns, die Assimilation vom funktionellen Standpunkt aus als das Urfaktum zu verstehen, von der die Analyse ausgehen muß, welcher Art auch immer die wirkliche Interdependenz dieser Mechanismen sei. Auf allen drei Ebenen ist die Akkommodation nämlich nur in Abhängigkeit von der Assimilation möglich, da die Bildung der zu akkommodierenden Verhaltensschemata dem Assimilationsprozeß zu verdanken ist. Das Verhältnis zwischen der Organisation der Verhaltensschemata und dem Assimilationsprozeß ist dadurch charakterisiert, daß die Assimilation den dynamischen Prozeß und die Organisation seinen statischen Ausdruck repräsentiert.

Es ließe sich allerdings einwenden, daß auf der biologischen Ebene jede Assimilationsoperation eine Organisation, das heißt eine organische Struktur voraussetzt. Was ist aber eine organische Struktur anderes als ein Zyklus von Operationen, der so gestaltet ist, daß jede der Operationen für die andere notwendig ist? Die Assimilation ist also das System in Aktion, dessen strukturaler Aspekt die Organisation ist.

Auf der Ebene der rationalen Vernunft entspricht dem Primat der Assimilation der Primat des Urteils. Urteilen heißt nicht notwendigerweise gleichsetzen, wie man manchmal gesagt hat, sondern bedeutet assimilieren, das heißt eine neue Gegebenheit in ein schon bestehendes Schema oder in ein schon erarbeitetes Implikationssystem einordnen. Die rationale Assimilation setzt daher immer eine Organisation voraus. Woher stammt aber diese Organisation? Aus der Assimilation natürlich, denn jeder Begriff und jede Relation entstehen durch ein Urteil. Die Interdependenz von Urteil und Begriff beweist einerseits die Interdependenz von Assimilation und Organisation, andererseits kennzeichnet sie zugleich das Wesen dieser Interdependenz: Das assimilatorische Urteil bringt die aktive Seite des Prozesses zum Ausdruck, dessen Resultat im organisatorischen Begriff zu sehen ist.

Auf die Rolle des Assimilationsmechanismus im Bereich der elementarsten Form geistigen Lebens, das heißt in der sensomotorischen Intelligenz, haben wir zur Genüge hingewiesen. Wir haben immer wieder zu zeigen versucht, daß er die Verhaltensschemata und ihre Organisation (Struktur) hervorbringt. Die einfachste Form der psychologischen Assimilation ist in der Tendenz einer jeden Verhaltensweise oder eines jeden psychischen Zustandes verwirklicht, sich zu erhalten und zu diesem Zweck seine funktionelle Nahrung der Außenwelt zu entnehmen. Diese reproduzierende Assimilation formt also die Verhaltensschemata aus, und diese beginnen zu existieren, sobald ein Verhalten, mag es auch gar nicht besonders komplex sein, sich spontan zu wiederholen und dabei zu schematisieren beginnt. Diese Reproduktion besitzt aus sich selbst gar keine Struktur, soweit sie nicht in einen früheren Schematismus eingebaut ist, führt aber notwendigerweise zur Bildung eines organisierten Ganzen. Das geschieht auf folgende Weise: Zuerst erweitern die aufgrund der reproduzierenden Assimilation einander folgenden Wiederholungen den Assimilationsvorgang und verleihen ihm die Gestalt von wiedererkennenden und generalisierenden Operationen. Das Wiedererkennen geschieht dann, wenn der neue Gegenstand dem alten ähnlich ist, und das Verhaltensschema wird in dem Maße generalisiert und folglich akkommodiert, wie es von ihm verschieden ist. Nur die Wiederholung einer Operation vermag also eine organisierte Ganzheit entstehen zu lassen. Dabei ist diese Organisation ganz einfach das Ergebnis der wiederholten Anwendung ein und desselben Assimilationsschemas an vielen Gegenständen und Situationen.

In allen Bereichen scheint die Assimilationstätigkeit sowohl Ergebnis als auch Ursache der Organisation zu sein. Sie muß also vom psychologischen Standpunkt aus, der notwendigerweise funktional und dynamisch ist, als ein ursprüngliches Ereignis im eigentlichen Sinn angesehen werden. Stadium für Stadium haben wir gezeigt, in welcher Weise mit dem Fortschritt des Assimilationsmechanismus die verschiedenen intellektuellen Operationen entstehen und sich entwikkeln. In einer synthetischen Zusammenfassung bleibt aber noch zu zeigen, wie das ursprüngliche Phänomen der Assimilation die wesentlichen Eigenschaften der Intelligenz erklärt, vor allem das kombinierte Spiel der in der Deduktion zur Vollendung gelangenden geistigen Konstruktion und des tatsächlich durchgeführten oder auch nur vorgestellten Experiments.

Das wichtigste Problem, das eine auf der Assimilation beruhende Intelligenztheorie wie übrigens jede andere sich auf die biologische Tätigkeit des Subjektes stützende Intelligenztheorie zu lösen hat, scheint das folgende zu sein: Wenn ein und derselbe Assimilationsprozeß der Umwelt an den Organismus von der physiologischen Ebene bis zur rationalen am Werke ist, wie ist es dann möglich, daß das Subjekt im Endeffekt dazu gelangt, die äußere Wirklichkeit in »objektiver« Weise zu erkennen und sich selbst in diese Wirklichkeit einzuordnen? Die physiologische Assimilation ist ja tatsächlich vollständig auf den Organismus zentriert, denn sie verleibt die Umwelt dem lebendigen Organismus ein. Dabei ist der zentripetale Charakter dieses Prozesses so stark, daß die einverleibten Elemente ihre spezifische Natur verlieren und zu Substanzen umgeformt werden, die denjenigen des eigenen Körpers identisch sind. Die rationale Assimilation, so wie sie sich im Urteil offenbart, zerstört dagegen keineswegs den dem Subjekt einverleibten Gegenstand, da sie ja die Tätigkeit des Subjektes der Realität des Gegenstandes unterwirft. Der Gegensatz zwischen diesen beiden Extremen ist so groß, daß man sich weigern würde, sie demselben Mechanismus zuzuschreiben, wenn nicht die sensomotorische Assimilation eine Brücke zwischen ihnen schlagen würde. In ihren Anfängen ist die sensomotorische Assimilation zwar ebenso egozentrisch wie die physiologische Assimilation, da sie sich ja des Gegenstandes nur als Nahrung für die Betätigung ihrer Operationen bedient. Je mehr der Assimilationsvorgang aber seiner Vollendung nahe kommt, desto mehr ist er bestrebt, die Wirklichkeit in Strukturen einzubauen, die den objektiv gegebenen Eigenschaften genau angepaßt sind. Dann können diese Strukturen auch auf die sprachliche Ebene gehoben werden und die Form von Begriffen und logischen Beziehungen annehmen. Dieser Übergang von der egozentrischen Einverleibung zur objektiven Anpassung stellt das eigentliche Problem dar, das es zu klären gilt. Ohne diesen Übergang würde der Vergleich der biologischen Assimilation mit der intellektuellen Assimilation nur ein Spiel mit Worten sein.

Man könnte sich die Lösung leicht machen, wenn man diese Entwicklung einzig den Fortschritten der Akkommodation zuschriebe. Zwar bringt die Akkommodation, die anfänglich nur in einer einfachen globalen Angleichung bestand, mit dem Beginn der Koordination der sekundären Verhaltensschemata und vor allem der tertiären Zirkulärreaktionen ein gezieltes Probieren und ein immer genaueres Experimentierverhalten hervor. Sollte man sich also nicht bloß auf die Akkommodation als den die Assimilation begleitenden Prozeß berufen können, um den Übergang von der deformierenden Assimilation zur objektiven Assimilation zu erklären?

Ohne Zweifel kennzeichnet der Fortschritt der Akkommodation die zunehmende Objektivität der Assimilationsschemata. Wenn man sich aber mit dieser Erklärung begnügt, würde man im Grunde mit der Frage auf die Frage antworten. Oder man brächte indirekt zum Ausdruck, daß die Assimilation der Dinge an das Subjekt mehr und mehr an Bedeutung verliert, je weiter die Entwicklung der Intelligenz voranschreitet. In Wirklichkeit spielt die Assimilation aber auf jeder Stufe eine wesentliche Rolle. Das Kernproblem heißt darum: Wie sind die Fortschritte der Akkommodation möglich? Auch dieses Problem kann nur durch die Analyse des Assimilationsmechanismus geklärt werden.

Warum ist denn die Akkommodation der Verhaltensschemata an die Umwelt nicht schon in den Anfängen der Intelligenzentwicklung so genau und präzise, wie sie es gegen Ende sein wird? Warum erscheint die Entwicklung der sensomotorischen Intelligenz als eine fortschreitende Hinwendung an die Umwelt, während die elementaren Operationen der Außenwelt noch nicht vollständig zugewandt erscheinen? Diese stufenweise stärker werdende Exteriorisierung erscheint beim ersten Blick als die wesentliche Eigenschaft in der Abfolge unserer sechs Entwicklungsstadien. In Wirklichkeit ist sie aber nur einer von den beiden wesentlichen Aspeken dieser Entwicklung. Der Exteriorisierung ist eine zweite Bewegung exakt komplementär und für ihre Erklärung absolut notwendig. Es handelt sich um den Prozeß der zunehmenden Koordination, der die Fortschritte der Assimilation kennzeichnet. Während noch die Anfangsschemata nur dank einer reflexhaften und organischen Substruktur miteinander verknüpft sind, organisieren sich die höher entwickelten Verhaltensschemata, sowohl die primären als auch die sekundären und erst recht die tertiären Reaktionen, nach und nach aufgrund eines Prozesses gegenseitiger Assimilation zu kohärenten Systemen. Wir haben oft und oft auf diesen Koordinationsprozeß hingewiesen und ihn mit der wachsenden Implikation der Begriffe und Relationen verglichen. Dieser Fortschritt der Assimilation durch Koordination steht aber nicht nur mit der Akkommodation in Beziehung, er allein macht auch die schrittweise Objektivierung der Intelligenz möglich.

Jedem Assimilationsschema wohnt bekanntlich die Tendenz inne, an allen Dingen zur Anwendung zu gelangen und auf diese Weise das gesamte wahrgenommene Universum zu erobern. Je mehr es sich aber generalisiert, um so mehr muß es sich auch notwendigerweise differenzieren. Dabei ist für diese Differenzierung nicht nur die Verschiedenheit der Gegenstände verantwortlich, an die das Assimilationsschema sich akkommodieren muß. Das wäre ein Rückfall in die schon verworfene Erklärung, die viel zu einfach ist, weil nichts das Kind zwingen könnte, der Vielfalt der Dinge Rechnung zu tragen, solange seine Assimilation noch deformierend ist, das heißt, solange es die Gegenstände einfach als Funktionsnahrung für seine Verhaltensschemata verwendet. Die Differenzierung der Verhaltensschemata vollzieht sich in dem Maße, wie die Gegenstände von mehreren Schemata gleichzeitig assimiliert werden. Dadurch werden die Aufmerksamkeit und das Interesse auf die Verschiedenheit an sich gerichtet, so daß sie sich der Akkommodation aufzudrängen beginnt (das ist zum Beispiel der Fall, wenn die visuellen Bilder durch die Greiftätigkeit, die Saugtätigkeit, das Hören usw. differenziert werden). Auch ohne die Koordination mit anderen Verhaltensschemata gibt natürlich jedes Schema bereits Anlaß zu spontanen Differenzierungen, die aber nicht von Bedeutung sind. Erst die unendliche Vielfalt der möglichen Kombinationen zwischen Verhaltensschemata stellt den wesentlichen Differenzierungsfaktor dar. Damit wird auch deutlich, in welcher Weise der Fortschritt der Akkommodation von dem der Assimilation abhängt. In dem Maße, wie die Koordination der Verhaltensschemata das Individuum dazu veranlaßt, sich um die Vielfalt der Wirklichkeit zu kümmern, differenziert die Akkommodation die Verhaltensschemata; dies geschieht also nicht aufgrund einer unmittelbaren Akkommodationstendenz.

Diese Koordination und Differenzierung der Verhaltensschemata reichen aber zur Erklärung der wachsenden Objektivierung der Assimilation aus, und es ist nicht mehr nötig, die Einheit dieses Prozesses auseinanderzubrechen, um den Übergang von der egozentrischen Einverleibung zum eigentlichen Urteil zu erklären. Man vergleiche zum Beispiel die Haltung eines Säuglings vor einem Gegenstand, den er hin und her schwingt, oder vor einem Gegenstand, den er auf den Boden wirft, mit der Haltung, wie sie beispielsweise in folgendem Urteil zum Ausdruck kommt: »Das ist ein aufgehängter Gegenstand«, oder: »Alle Körper fallen«. Diese Urteile sind zweifelsohne viel »objektiver« als die ihnen entsprechenden Handlungen. Die praktischen Handlungen begnügen sich nämlich mit einer Assimilation der wahrgenommenen Gegebenheiten an ein praktisches Tun des Subjektes, während die formulierten Aussagen diese Gegebenheiten nicht mehr nur in ein einziges und elementares Verhaltensschema, sondern in ein komplexes System von Verhaltensschemata und Relationen einbauen. Die Definitionen des aufgehängten Gegenstandes und des freien Falls der Körper setzen tatsächlich eine Erarbeitung der Eigenschaften der Dinge in hierarchischen Klassen voraus, die durch vielfache Beziehungen miteinander verbunden sind und aus Schemata und Bezügen bestehen, die direkt oder indirekt die gesamte gegenwärtige und vergangene Erfahrung des Individuums umfassen. Wenn wir aber von diesem Unterschied an Komplexität und folglich an Differenzierung und Koordination der Verhaltensschemata absehen (wobei wir natürlich bewußt die symbolische Umsetzung in den sprachlichen Bereich und ihre Umstrukturierung, die diese verbale Konstruktion und Sozialisation voraussetzt, vernachlässigen), so tun diese Urteile nichts anderes, als die wahrgenommenen Eigenschaften in ein System von Verhaltensschemata einzuordnen, die in letzter Analyse auf dem Handeln des Individuums beruhen. Es würde daher nicht schwerfallen zu zeigen, daß die in diesen Urteilen enthaltenen Klassen und hierarchischen Bezüge auch bei den jeder aktiven Erarbeitung zugrunde liegenden sensomotorischen Verhaltensschemata vorliegen. So sind die Eigenschaften der Lage, der Form, der Bewegung usw., die das Kind am aufgehängten Gegenstand oder an den fallenden Körpern wahrnimmt, für sich selbst weder mehr noch weniger objektiv als die globalen Eigenschaften, die ihm dazu dienen, den Gegenstand, den es hin und her schwingen oder hinunterwerfen will, zu erkennen. Es ist die Koordination, das heißt also die gegenseitige Assimilation von Verhaltensschemata, die eine wachsende Anzahl von Relationen zwischen Handlungen und Gegenständen konstruiert und deren Objektivierung erklärt. Diesen Prozeß werden wir in ›Der Aufbau der Wirklichkeit beim Kinde‹ im einzelnen analysieren, wo wir die Konstruktion des Gegenstandes, die Objektivierung des Raumes, der Kausalität und der Zeit während der ersten Lebensjahre des Kindes untersuchen.

Derselbe Assimilationsprozeß versetzt das die Umwelt assimilierende Subjekt in die Lage, erstens diese Welt in Funktion seiner eigenen Organisation zu strukturieren und zweitens seiner eigenen Tätigkeit einen Platz inmitten dieser Dinge zuzuteilen. Die allmähliche Umkehrung der Richtung der Assimilation ist also nicht der Erfahrung allein zu verdanken, die Akkommodation an die Erfahrung ist ebenso notwendig. Die geläufigen Theorien neigen entweder zu einer Überschätzung der Bedeutung der Erfahrung, wie der neo-assoziationistische Empirismus, oder sie unterschätzen sie, wie zum Beispiel die Gestalttheorie. Wie wir aber eben gesehen haben, entwickelt sich in Wirklichkeit die Akkommodation der Verhaltensschemata an die Erfahrung streng parallel zur Assimilation. Mit anderen Worten, die Beziehungen zwischen Subjekt und Umwelt bestehen wesentlich in einer umfassenden Interaktion, und das Bewußtsein beginnt nicht mit dem Wissen um die Gegenstände noch mit dem Wissen um die eigene Tätigkeit, sondern mit einem Zustand der Undifferenziertheit. Diesem Zustand entspringen zwei komplementäre Bewegungen, die eine verleibt die Dinge dem Subjekt ein, die andere akkommodiert seine Schemata an die Dinge.

Worin besteht aber der Beitrag des Subjekts, und worin hebt sich der Einfluß des Gegenstandes davon ab? Zu Beginn unterscheiden sie sich nicht: Der Gegenstand als funktionale Nahrung und die eigene Tätigkeit des Subjekts sind dauernd vermengt. Erst wenn die Akkommodation sich von der Assimilation abzuheben beginnt, konzentriert sich die Aufgabe des Subjektes im wesentlichen auf eine Erarbeitung von Formen, während der Erfahrung die Rolle zukommt, diese mit Inhalt zu füllen. Hier stellt sich aber ein Problem. Wie wir schon früher gezeigt haben, kann die Form nicht vom Inhalt getrennt werden: Die Strukturen sind nicht im Inneren des Subjektes vorgeformt, sondern werden nach Maßgabe der Bedürfnisse und der Situationen aufgebaut. Sie hängen also wenigstens teilweise von der Erfahrung ab. Umgekehrt ist auch die Erfahrung allein nicht in der Lage, die Differenzierung der Verhaltensschemata zu erklären, da diese Schemata auch durch bloßes Koordinieren vermehrt werden können. Die Assimilation reduziert sich also nicht auf eine einfache Identifikation, sondern besteht sowohl in einer Konstruktion von Strukturen als auch in einer Einverleibung von Dingen in diese Struktur. Mit einem Wort, der Dualismus von Subjekt und Objekt muß auf eine progressive Differenzierung des zentripetalen Poles vom zentrifugalen Pol im Gefüge der konstanten Interaktionen von Organismus und Umwelt zurückgeführt werden. Daher ist die Erfahrung nie rein passive Aufnahme, sie ist immer aktive Akkommodation, die in enger Abhängigkeit von der Assimilation vor sich geht.

Diese Interaktion der Akkommodation an die Erfahrung und der organisierenden Assimilation gibt unseres Erachtens eine Antwort auf die entscheidende Frage in jeder Intelligenztheorie: Wie ist die Verbindung von Fruchtbarkeit, die der intellektuellen Konstruktion eigentümlich ist, mit ihrer zunehmenden logischen Strenge zu erklären? Wir dürfen nämlich die erstaunliche Tatsache nicht übersehen, daß die Psychologie, obwohl sie in der Hierarchie der Wissenschaften den biologischen Disziplinen am nächsten steht, auch die Prinzipien der Mathematik zu erklären hat. Aufgrund der Interdependenz von Subjekt und Objekt bilden nämlich die Wissenschaften einen Kreis: Die physikalischen und chemischen Wissenschaften liefern der Biologie die Prinzipien, setzen aber gleichzeitig die mathematischen Wissenschaften voraus. Diese gehen ihrerseits aus dem Tun des Subjektes hervor und setzen somit die Psychologie und in letzter Analyse die Biologie voraus. Das ist der Grund, warum die Mathematiker ihre Zuflucht zu psychologischen Gegebenheiten nehmen, um die Bildung des Raumes und der festen Gegenstände zu erklären. Dieser Kreis der Wissenschaften ist auch der letzte Grund dafür, daß die Gesetze der sensomotorischen Intelligenz die Entstehung der »Gruppe der Ortsveränderungen« und der Permanenz des Gegenstandes erklären, wie wir im Verlauf von ›Der Aufbau der Wirklichkeit beim Kinde‹ zeigen werden. Jede Theorie der Intelligenz muß die Allgemeinheit der hier aufgeworfenen Probleme berücksichtigen. Das hat Wertheimer zum Beispiel gut verstanden, als er versuchte, die Gestalttheorie auf das Problem des Syllogismus anzuwenden.

Zum Problem der Fruchtbarkeit des Denkens, das heißt der geistigen Konstruktion, gibt es ebenso viele divergente Auffassungen. Für die einen besteht diese Fruchtbarkeit in der Entdeckung einer äußeren und vollständigen Realität (Empirismus); für die anderen in der Entfaltung einer inneren, schon präformierten Struktur (Gestalttheorie). Mag im ersten Fall die Arbeit der Intelligenz auch unermeßlich fruchtbare Ergebnisse hervorbringen, da der Geist ja die Aufgabe hat, nach und nach ein schon vollständig strukturiertes und konstruiertes Universum zu entdecken, so steckt in dieser Arbeit doch kein internes

Konstruktionsprinzip und folglich auch kein Prinzip logischer Strenge. Im zweiten Fall dagegen geht der intellektuelle Fortschritt vom Subjekt selbst aus, und die innere Ausreifung der Strukturen ist daher auch in der Lage, ihre zunehmende Kohärenz zu erklären; das kann aber nur auf Kosten der Fruchtbarkeit geschehen. Wie könnten denn die Gestalten, über die das Individuum verfügt und die allein dem Strukturenschatz des Subjektes ohne Mitwirkung der Erfahrung entspringen, dazu ausreichen, die gesamte Wirklichkeit zu umfassen, mögen diese Strukturen noch so zahlreich sein? Postuliert man aber eine notwendige Interdependenz der Akkommodation an die Erfahrung und der Assimilation an die eigene Tätigkeit, dann werden sich Fruchtbarkeit und logische Kohärenz gegenseitig ergänzen. In diesem Fall werden sich alle möglichen Abstufungen von der einfachen empirischen Entdeckung, die sich aus der rein zufälligen Einordnung einer neuen Gegebenheit in ein Verhaltensschema ergibt, zur inneren Konstruktion und geistigen Kombination von Verhaltensschemata ergeben. Auch bei einer im stärksten Grade empirischen Entdeckung (wie zum Beispiel der Entdeckung, die aus tertiären Zirkulärreaktionen resultiert) ist ein Assimilationselement im Spiel, das unter den Aspekten der aktiven Wiederholung und des intellektuellen Erhaltungsbedürfnisses bereits das Identitätsurteil ankündigt. Ebenso stellt sich auch der raffiniertesten innerlichen Kombination (wie zum Beispiel im Fall mathematischer Konstruktionen) noch eine Gegebenheit entgegen, an die sich das Denken akkommodieren muß. Es existiert folglich kein prinzipieller Gegensatz zwischen Entdeckung und Erfindung (ebensowenig wie zwischen Induktion und Deduktion), da beide Prozesse gleichzeitig vom Tätigsein des Geistes und vom Kontakt mit der Wirklichkeit zeugen.

Vielleicht wendet man ein, die assimilatorischen Organisationsprozesse besäßen aus sich heraus keine Fruchtbarkeit, sondern beschränkten sich auf eine Identifikationsleistung, und das Neue sei immer auf die assimilierte äußere Wirklichkeit zurückzuführen. Infolge der Interdependenz von Assimilation und Akkommodation ist aber die Interaktion zwischen Subjekt und Objekt so groß, daß es unmöglich ist, einen der Pole ohne den anderen zu denken. Mit anderen Worten, die Intelligenz ist Konstruktion von Beziehung und nicht nur Identifikation. Die Erarbeitung der Verhaltensschemata impliziert ebensosehr eine Logik der Relationen wie eine Logik der Klassen. Folglich muß die intellektuelle Organisation an sich fruchtbar sein, da die Relationen sich gegenseitig erzeugen. Diese Fruchtbarkeit spiegelt den Reichtum der Wirklichkeit wider, da die Relationen nicht losgelöst von den zu verknüpfenden Elementen gedacht werden können, ebensowenig wie umgekehrt.

Die so erreichte logische Strenge oder Kohärenz steht in direkter

Proportion zur Fruchtbarkeit, das heißt, das schöpferische Element ist um so größer, je mehr die Koordination der Verhaltensschemata dem Grad der Differenziertheit dieser Schemata vergleichbar ist. Da aber gerade die zunehmende Koordination die Akkommodation an die Vielfalt der Wirklichkeit gestattet und da die Koordination nicht nur durch identifizierende Verschmelzung geschieht, sondern ebensosehr durch Systeme von reziproken Relationen, ergibt sich selbstverständlich eine starke Korrelation zwischen der Einheitlichkeit eines Systems von Verhaltensschemata und seinem Reichtum. Die logische Strenge der Operationen ist nämlich nicht notwendigerweise das Resultat einer Identifikation, sondern vielmehr einer allgemeinen Reziprozität. Die reziproke Assimilation erklärt also einerseits die Koordination der Verhaltensschemata und begründet andererseits die Reversibilität der Operationen: Diese Reversibilität aber ist auf allen Ebenen das Kriterium der logischen Strenge und der Kohärenz.

Mit einem Wort, das Problem des schöpferischen Erfindungsaktes, das in vieler Hinsicht das zentrale Problem der Intelligenz darstellt, beansprucht in der Theorie der Verhaltensschemata keine eigene und besondere Lösung. Der Grund dafür ist ganz einfach der, daß die Organisationsstruktur, die für die Assimilationstätigkeit Zeugnis ablegt, ganz wesentlich Konstruktion (Aufbau) und somit von Anfang an schöpferisches Finden ist. Daher erscheint uns das sechste Entwicklungsstadium, das heißt das Stadium der Erfindung durch geistige Kombination, als die Krönung der vorangehenden Stadien und nicht als der Beginn einer neuen Periode. Im Keime ist dieses Konstruktionsvermögen schon in den empirischen Intelligenzleistungen des vierten und fünften Stadiums, ja sogar schon im Aufbau der primären und sekundären Verhaltensschemata enthalten und offenbart sich daher auch in jeder Operation.

Halten wir zusammenfassend fest: Assimilation und Akkommodation sind anfänglich antagonistisch, weil die eine vorwiegend egozentrisch arbeitet und die andere vorwiegend durch die Umwelt bestimmt wird. Nach und nach beginnen sie aber, sich zu ergänzen, indem sie sich gleichzeitig differenzieren. Dabei ermöglicht und begünstigt die Koordination der Assimilationsschemata die Fortschritte der Akkommodation und umgekehrt. Wir finden also schon in der sensomotorischen Intelligenz eine enge Verbindung von Erfahrung und Deduktion. Im Verlauf der Weiterentwicklung der Intelligenz wird die Einheit von Erfahrung und Deduktion schließlich in der logischen Strenge und in der schöpferischen Fruchtbarkeit der Vernunft zum Ausdruck kommen.